Wunderer · Grunwald
Führungslehre Band I

Führungs-lehre

von
Rolf Wunderer und Wolfgang Grunwald
unter Mitarbeit von Peter Moldenhauer

Band I
Grundlagen der Führung

Walter de Gruyter
Berlin · New York 1980

Dipl.-Kfm. Dr. oec. publ. Rolf Wunderer

o. Professor für Allgemeine Betriebswirtschaftslehre, insbes. Personalwesen und Unternehmensführung an der Universität Essen – GHS

Dipl. Psych., Betriebsw. (grad.) Wolfgang Grunwald
Wissenschaftlicher Assistent am Institut für Unternehmungsführung, Fachrichtung Unternehmungspolitik, an der Freien Universität Berlin

CIP-Kurztitelaufnahme der Deutschen Bibliothek

Wunderer, Rolf:
Führungslehre / von Rolf Wunderer u. Wolfgang
Grunwald unter Mitarb. von Peter Moldenhauer.
– Berlin, New York : de Gruyter.
NE: Grunwald, Wolfgang:
Bd. 1. Grundlagen der Führung. – 1980.
  ISBN 3-11-007885-6

© Copyright 1980 by Walter de Gruyter & Co., vormals G. J. Göschen'sche Verlagshandlung. J. Guttentag, Verlagsbuchhandlung, Georg Reimer, Karl J. Trübner, Veit & Comp., Berlin 30.
Alle Rechte, insbesondere das Recht der Vervielfältigung und Verbreitung sowie der Übersetzung, vorbehalten. Kein Teil des Werkes darf in irgendeiner Form (durch Photokopie, Mikrofilm oder ein anderes Verfahren) ohne schriftliche Genehmigung des Verlages reproduziert oder unter Verwendung elektronischer Systeme verarbeitet, vervielfältigt oder verbreitet werden. Printed in Germany.
Einbandgestaltung: Rudolf Hübler, Berlin. Satz und Druck: Georg Appl OHG, Wemding. Bindung: Lüderitz & Bauer Buchgewerbe GmbH, Berlin.

Vorwort

Die zweibändige Führungslehre soll die relevanten theoretischen wie empirischen Forschungsergebnisse der betriebswirtschaftlichen, sozialpsychologischen und teilweise betriebssoziologischen Literatur zusammenfassen.
In Band I werden Grundfragen der Führung nach folgenden Gesichtspunkten diskutiert:

A	Ausgangssituation und Problemhorizont
B	Wissenschaftstheoretische und methodologische Grundlagen
C	Begriffe über Führung
D	Theorien über den Menschen (Menschenbilder)
E	Theorien über die Führung (Führungstheorien)
F	Theorien über das Mitarbeiterverhalten (Motivationstheorien)
G	Verhaltensmuster der Führung (Führungsstile)
H	Gestaltungsmuster der Führung (Managementkonzeptionen)
I	Gestaltungsmuster sozio-technischer Systeme (Organisationsstrukturen)

Band II konzentriert sich auf ein Führungskonzept, das seit mindestens 30 Jahren in allen demokratisch verfaßten Industrienationen den höchsten Grad an „sozialer Erwünschtheit", aber zugleich erhebliche Probleme bei der Realisierung zeigt: die kooperative Führung. Auch deshalb bildet die Analyse der Voraussetzungen, Formen und Folgen kooperativer Führung den Schwerpunkt dieses Bandes, der nach folgenden Kapiteln gegliedert ist:

K	Konzepte kooperativer Führung
L	Psychologische Bedingungen kooperativer Führung
M	Organisatorische Bedingungen kooperativer Führung
N	Folgen kooperativer Führung: Leistung und Zufriedenheit
O	Strategien zur Förderung kooperativer Führung (Organisationsentwicklung)

Literaturanalysen ergaben keinen Ansatz, der sich für eine theoretische wie empirische Beschreibung, Erklärung und Gestaltung kooperativer Führung eignete. Deshalb wurde ein Konzept entwickelt, das auf der Grundlage von drei Grundwerten und neun ausgewählten Merkmalen (Elementen) zu folgender Begriffsbestimmung führte:

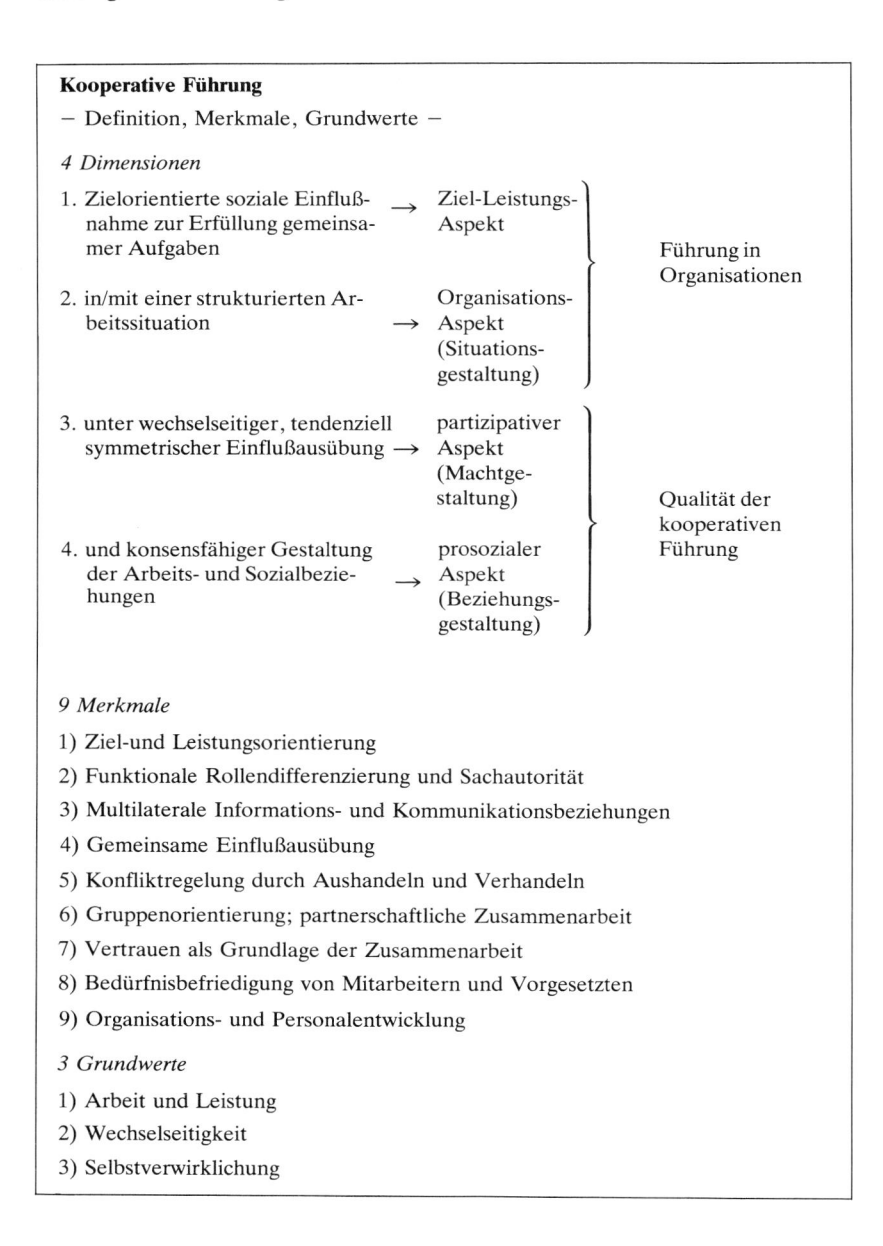

Kooperative Führung
– Definition, Merkmale, Grundwerte –

4 Dimensionen

1. Zielorientierte soziale Einflußnahme zur Erfüllung gemeinsamer Aufgaben → Ziel-Leistungs-Aspekt ⎫
2. in/mit einer strukturierten Arbeitssituation → Organisations-Aspekt (Situationsgestaltung) ⎬ Führung in Organisationen
3. unter wechselseitiger, tendenziell symmetrischer Einflußausübung → partizipativer Aspekt (Machtgestaltung) ⎫
4. und konsensfähiger Gestaltung der Arbeits- und Sozialbeziehungen → prosozialer Aspekt (Beziehungsgestaltung) ⎬ Qualität der kooperativen Führung

9 Merkmale

1) Ziel-und Leistungsorientierung
2) Funktionale Rollendifferenzierung und Sachautorität
3) Multilaterale Informations- und Kommunikationsbeziehungen
4) Gemeinsame Einflußausübung
5) Konfliktregelung durch Aushandeln und Verhandeln
6) Gruppenorientierung; partnerschaftliche Zusammenarbeit
7) Vertrauen als Grundlage der Zusammenarbeit
8) Bedürfnisbefriedigung von Mitarbeitern und Vorgesetzten
9) Organisations- und Personalentwicklung

3 Grundwerte

1) Arbeit und Leistung
2) Wechselseitigkeit
3) Selbstverwirklichung

Vorwort

Das Scheitern vieler Versuche, kooperative Führung in Organisationen zu verwirklichen, hat verschiedene Ursachen:
Erstens stellen utopische Vorstellungen über einen einzig wahren Führungsstil unerfüllbare Verhaltensanforderungen an die Beteiligten.
Zweitens herrschen trotz zahlreicher empirischer Untersuchungen noch immer naive Ansichten vor, kooperative Führung würde bei nahezu allen Bedingungen sowohl Leistung als auch Zufriedenheit der Betroffenen verbessern. Dies kann aber insbesondere für den Leistungsaspekt nicht bestätigt werden.
Drittens glaubten gerade strukturorientierte Betriebswirte und Organisationssoziologen, mit der Realisierung partizipativer Aspekte der kooperativen Führung würden sogleich die zwischenmenschlichen Beziehungen positiv verändert. In der Praxis ergeben sich aber nicht selten gegenläufige Wirkungen. Denn die Veränderung der Machtgestaltung wird von den Betroffenen nicht selten auch als „Machtsozialisierung" empfunden. Strukturelle Herrschaftsverschiebungen allein können die Kooperation noch nicht sichern. Damit erweist sich die Gestaltung der zwischenmenschlichen Beziehungen als zentrale Voraussetzung für die Verwirklichung dieses anspruchsvollen Führungskonzepts. Aufbau von Vertrauen, wechselseitige Unterstützungsbereitschaft, Akzeptanz und Offenheit als Grundelemente „prosozialen Verhaltens" sind aber generell wesentlich schwieriger und langwieriger zu erreichen als die Veränderung von Machtstrukturen über Organisationsanweisungen oder Entscheidungen zur Unternehmensverfassung.
Viertens bestehen noch unrealistische Vorstellungen über die Möglichkeiten von Verhaltensänderungen bei Organisationsmitgliedern durch gezielte Maßnahmen am und außerhalb des Arbeitsplatzes.
So kann man das Konzept der kooperativen Führung als ein immer noch ungelöstes Problem der Unternehmensführung charakterisieren, das in optimaler Ausprägung wohl nur als situational günstige Episode im Sinne einer „peak experience" (Maslow) der Betroffenen realisierbar ist. Die Wege zu einer auch nur befriedigenden Erfüllung dieses Konzepts führen wohl vor allem über realistisch formulierte Anspruchsniveaus, schrittweise Verbesserung der situationalen Bedingungen und schwierige wie langwierige Lernprozesse aller Beteiligten.
Das Werk hätte in der vorliegenden Form nicht ohne die Unterstützung der Bundesakademie für öffentliche Verwaltung, Bonn-Bad Godesberg, durchgeführt werden können. Besonderer Dank gilt hier dem Präsidenten der Akademie, Herrn Prof. Dr. Mattern, dem damaligen Leiter des wissenschaftlichen Dienstes, Herrn Dr. Roth, sowie seinem Mitarbeiter, Herrn Dr. Voelkner. Ohne das gezeigte „Urvertrauen" in der Problemfindungsphase, die konstruktive Kritik und stete Hilfestellung während der zweijährigen Durchführungszeit wäre manche Idee nicht realisiert worden. So hoffen wir insbesondere, daß diese Führungslehre gerade auch im Öffentlichen Dienst Nutzen stiften wird. Denn hier hat erfahrungsgemäß die freiwillige, „intrinsische" Motivation der Bediensteten schon infolge begrenzter Sanktionsmöglichkeiten ein besonderes Gewicht.

An der Konzeption, an zahlreichen gemeinsamen Diskussionen sowie an Literaturexzerpten und Manuskriptentwürfen, insbesondere bei der Gestaltung der Kapitel D, I und O, hat Herr Dipl.-Kfm., Dipl.-Psych. Moldenhauer mitgewirkt. Seine Tätigkeit als selbständiger Psychotherapeut ließ jedoch nur eine begrenzte Beteiligung an der Arbeit zu. Gleichwohl führte seine unkonventionelle Denkweise zu interessanten Denkansätzen und differenzierten Betrachtungsweisen.

Das Manuskript wurde 1978 abgeschlossen und dem Verlag übergeben, dem wir für Unterstützung und Verständnis, insbesondere bei Ergänzungen und Änderungen bis zum Umbruchmanuskript, danken. Die umfangreichen Entwürfe und ,,Endfassungen" wurden von Frau Metz und Frau Genzmer mit großer Geduld und unermüdlichem Einsatz geschrieben. Herr Dipl.-Kfm. Brummund war an den Fahnen- und Umbruchkorrekturen als ,,letzte Instanz" beteiligt. Seinen Argusaugen haben wir es mit zu danken, daß noch mancher Druckfehler eliminiert werden konnte.

Unsere besondere Zuneigung wird allen gehören, die hiermit die Lektüre noch nicht beenden. Wir wissen, daß nur wenig ,,Führungsmonomane" bereit und fähig sein werden, alle 14 Kapitel in einem Stück zu lesen. Stichwort- und Autorenregister, Lesehilfen, Marginalien und ein ausführliches Literaturverzeichnis sollen deshalb einen problemorientierten Zugriff ermöglichen. Wir würden uns freuen, wenn die beiden Bände interessierten Kollegen, Studenten und (wissenschaftlich interessierten) Praktikern als Kompendium zu Grundfragen der Führung dienen könnten.

Rolf Wunderer
Wolfgang Grunwald

Gesamtübersicht

Band I

A Einführung – Ausgangssituation und Problemhorizont (Seite 1)

B Wissenschaftstheoretische und methodologische Grundlagen (Seite 14)

C Begriffe über Führung (Seite 52)

D Theorien über den Menschen (Menschenbilder) (Seite 75)

E Theorien über die Führung (Führungstheorien) (Seite 112)

F Theorien über das Mitarbeiterverhalten (Motivationstheorien) (Seite 168)

G Verhaltensmuster der Führung (Führungsstile) (Seite 218)

H Gestaltungsmuster der Führung (Managementkonzeptionen) (Seite 275)

I Gestaltungsmuster sozio-technischer Systeme (Organisationsstrukturen) (Seite 312)

Band II

K Konzepte kooperativer Führung

L Psychologische Bedingungen kooperativer Führung

M Organisatorische Bedingungen kooperativer Führung

N Folgen kooperativer Führung: Leistung und Zufriedenheit

O Strategien zur Förderung kooperativer Führung (Organisationsentwicklung)

Lesehilfe

		Kapitel
Variante 1:	Für Leser, die sich über die verschiedenen Konzeptionen kooperativer Führung informieren wollen	K
Variante 2:	Für Leser, die sich zusätzlich über psychologische und organisatorische Bedingungen und Hemmnisse kooperativer Führung orientieren wollen	$\dfrac{\text{L, M}}{\text{K}}$
Variante 3:	Für Leser, die sich zusätzlich über die Folgen kooperativer Führung sowie über mögliche Strategien zu ihrer Förderung einen Überblick verschaffen wollen	$\dfrac{\text{N, O}}{\text{K, L, M}}$
Variante 4:	Für Leser, die einen Überblick über Führung und Führungsstile suchen, bevor sie Variante 1 bis 3 wählen	$\dfrac{\text{C, G}}{\text{K, L, M, N, O}}$
Variante 5:	Für Leser, die zusätzliche Aussagen zur Entwicklungsgeschichte und zu den Werthaltungen kooperativer Führung suchen	$\dfrac{\text{A, D}}{\text{C, G, K, L, M, N, O}}$
Variante 6:	Für Leser, die sich zusätzlich über Führungs- und Motivationstheorien informieren wollen	$\dfrac{\text{E, F}}{\text{A, D, C, G, K, L, M, N, O}}$
Variante 7:	Für Leser, die sich zusätzlich über die mehr instrumentellen Organisations- und Managementkonzepte informieren wollen	$\dfrac{\text{I, H}}{\text{A, D, C, E, F, G, K, L, M, N, O}}$
Variante 8:	Für Leser, die sich zusätzlich für wissenschaftstheoretische und methodologische Grundfragen der Führungsforschung interessieren	$\dfrac{\text{B}}{\text{A, C, D, E, F, G, H, I, K, L, M, N, O}}$

Inhaltsverzeichnis

Kapitel A

Einführung

1.	Sozio-kulturelle Determinanten des Führungswandels	1
2.	Kooperative Führung als Teilaspekt der Humanisierung des Arbeitslebens	3
3.	Führung als interdisziplinäres Konzept	5
4.	Zum Problemkomplex „Kooperative Führung"	8
5.	Ein integratives Bezugssystem zur Analyse von Führung in Organisationen	11
	Ausgewählte Literatur	12

Kapitel B

Wissenschaftstheoretische und methodologische Grundlagen der Führungsforschung

0.	Zusammenfassung	14
1.	Wissenschaftstheoretische Aspekte der Führungsforschung	15
1.1.	Führung als unabhängige, intervenierende und abhängige Variable	15
1.2.	Analyseebenen	19
1.2.1.	Beschreibende Ebene	19
1.2.2.	Erklärende Ebene	19
1.2.3.	Spekulative Ebene	22
1.2.4.	Wertende Ebene	22
1.2.5.	Pragmatische Ebene	26
1.3.	Ein metatheoretisches Analysemodell der Führung	26
1.4.	Atomistische vs. holistische Ansätze – zwei komplementäre Sichtweisen in der Führungsforschung	27
1.5.	Definitionsarten sozialwissenschaftlicher Begriffe	29
1.6.	Struktur und Funktion sozialwissenschaftlicher Theorien	32
1.7.	Kriterienkatalog für die Beurteilung von Theorien in der Führungsforschung	34
2.	Methodische Aspekte der Führungsforschung	37
2.1.	Das Experiment	37
2.2.	Meßmethodische Gütekriterien	39
2.2.1.	Objektivität	39
2.2.2.	Reliabilität (Verläßlichkeit)	39
2.2.3.	Validität (Gültigkeit)	39

2.3.	Grundzüge der Korrelationsstatistik	41
2.4.	Grundzüge der Faktorenanalyse	46
Ausgewählte Literatur		51

Kapitel C

Begriffe über Führung

0.	Zusammenfassung	52
1.	Probleme der Begriffsbestimmung von „Führung" und „Führer"	52
1.1.	Begriffsexplikation von „Führung".	54
1.2.	Unterscheidung zwischen „Führung" und „Führer"	55
2.	Grundlegende Charakterisierung von Führungsprozessen	56
2.1.	Merkmale der Führung	56
2.2.	Führungsdefinitionen	61
3.	Abgrenzung von verwandten Begriffen	63
3.1.	Leitung	63
3.2.	Management	65
3.3.	Macht	65
3.4.	Einfluß	70
3.5.	Herrschaft	71
3.6.	Autorität	71
3.7.	Vergleichende Darstellung der Begriffe	73
Ausgewählte Literatur		73

Kapitel D

Theorien über den Menschen (Menschenbilder)

0.	Zusammenfassung	75
1.	Problemstellung und -abgrenzung	76
1.1.	Menschenbilder als Problem der Wissenschaft und Praxis	76
1.2.	Die Bedeutung von Menschenbildern in der Führungsbeziehung.	77
1.3.	Menschenbilder im Umfeld der Führungsbeziehung	77
1.4.	Von der Suche nach dem „richtigen" Führungsstil zur Situationsorientierung.	78
1.5.	Menschenbild-Typologien	80
2.	Implizite Persönlichkeitstheorien	84
3.	Das Konzept des „Ökonomischen Menschen"	89
3.1.	Sozialphilosophische Grundlagen	89
3.2.	Das Menschenbild des Taylorismus	92
3.3.	Erwartungen an Mitarbeiter	92
3.4.	Erwartungen an Vorgesetzte	93
3.5.	Die Beziehungen zwischen Mitarbeitern und Vorgesetzten	93

Inhaltsverzeichnis   XIII

3.6.	Taylorismus und kooperative Führung	95
4.	Das Konzept des „Sozialen Menschen"	95
4.1.	Die Human-Relations-Bewegung	95
4.2.	Erwartungen an Mitarbeiter	96
4.3.	Erwartungen an Vorgesetzte	97
4.4.	Bedeutung des Konzepts des „Sozialen Menschen" für die kooperative Führung	98
4.5.	Exkurs: Der „Organisationsmensch"	99
5.	Das Konzept des nach Selbstentfaltung strebenden Menschen	100
5.1.	Die Suche nach „Human Resources"	100
5.2.	Erwartungen an Mitarbeiter	102
5.3.	Erwartungen an Vorgesetzte	103
5.4.	Kooperative Führung im Modell des nach Selbstentfaltung strebenden Menschen	104
5.4.1.	Führung oder Eigenmotivation?	104
5.4.2.	Überschätzung interpersonaler Beziehungen	106
6.	Das Konzept des „Komplexen Menschen"	106
6.1.	Erwartungen an Mitarbeiter	107
6.2.	Erwartungen an Vorgesetzte	107
6.3.	Kooperative Führung und „Komplexer Mensch"	107
7.	Das Menschenbild in der kooperativen Führung	109
Ausgewählte Literatur		111

Kapitel E

Theorien über die Führung

0.	Vorbemerkungen	112
1.	Eigenschaftstheorie der Führung (Great-Man-Theorie)	113
1.1.	Korrelationsstatistische empirische Befunde (1904–1947)	114
1.2.	Korrelationsstatistische empirische Befunde (1948–1970)	117
1.3.	Empirische Beziehungen zwischen Führungseigenschaften und Gruppenerfolg	119
1.4.	Bewertung der Eigenschaftstheorie der Führung	122
1.4.1.	Zur Problematik des Eigenschafts-Konzeptes	123
1.4.2.	Konsistenz	125
1.4.3.	Generalität-Spezifität (Intraindividuelle Dimension)	125
1.4.4.	Universalität-Singularität (Interindividuelle Dimension)	125
1.4.5.	Zusammenfassende Bewertung der Eigenschafts-Theorie der Führung	127
2.	Rollentheorie der Führung	129
2.1.	Dimensionen des Rollenkonzeptes	133
2.2.	Bewertung	133
3.	Situationstheorie der Führung	134

3.1.	Grundlagen	134
3.2.	Bewertung	135
4.	Eine neuere Motivationstheorie der Führung: Die Weg-Ziel-Theorie	136
4.1.	Grundlagen	136
4.2.	Bewertung	140
5.	Verhaltenstheorie der Führung	141
5.1.	Führungsfunktionen	141
5.2.	Bewertung des Konzepts der Führungsfunktionen	142
5.3.	Die Verhaltenstheorie der Führung von Yukl	143
5.3.1.	Das Diskrepanz-Modell	143
5.3.2.	Das Multiple-Verbindungs-Modell	144
5.4.	Bewertung der Verhaltenstheorie der Führung von Yukl	145
6.	Interaktionstheorie der Führung	145
6.1.	Grundbegriffe der Austauschtheorie	146
6.2.	Grundbegriffe der Gleichheits-Theorie (Equity-Theorie)	148
6.3.	Bedingungen sozialer Interaktion	151
6.4.	Formen sozialer Interaktion	155
6.5.	Bewertung	160
7.	Psychoanalytische Beiträge zur Führung	160
7.1.	Die psychoanalytische Sichtweise	161
7.2.	Die psychoanalytische „Führungstheorie"	161
7.2.1.	Der Begriff „Identifizierung"	162
7.2.2.	Identifizierung in der Führungsbeziehung	162
7.2.3.	Übertragung	162
7.2.4.	Identifikation mit dem „Aggressor"	163
7.2.5.	Die Gruppenbildung um eine zentrale Person	163
7.2.6.	Das Konzept der Gesamtgruppe	164
7.3.	Bewertung	164
8.	Wissenschaftstheoretische Bewertung der Führungstheorien	164
Ausgewählte Literatur		166

Kapitel F

Theorien über das Mitarbeiterverhalten (Motivationstheorien)

0.	Zusammenfassung	168
1.	Zur Arbeitsmotivation in der Managementlehre	168
1.1.	Zum Motivationsbegriff	169
1.2.	Arbeitsmotivation	171
1.3.	Das Motivationskonzept der „Wissenschaftlichen Betriebsführung"	172
1.4.	Das Motivationskonzept des Human-Relations-Ansatzes	173
2.	Motivationskonzepte des Human-Resources-Modells	174

2.1.	Die Motivationstheorie Maslows	176
2.1.1.	Bewertung der Bedürfnishierarchie	178
2.1.2.	Empirische Überprüfungsversuche der Bedürfnishierarchie	180
2.1.3.	Folgerungen aus der Bedürfnishierarchie für die Führung	185
2.2.	Die E.R.G.-Theorie von Alderfer – Eine modifizierte Version der Maslowschen Bedürfnishierarchie	186
2.3.	Die Zwei-Faktoren-Theorie der Arbeitsmotivation von Herzberg	188
2.3.1.	Präzisierungs-Versuche der Zwei-Faktoren-Theorie	191
2.3.2.	Folgerungen aus der Zwei-Faktoren-Theorie für die Führung	191
2.3.3.	Neuere Entwicklungstendenzen der Zwei-Faktoren-Theorie und ihre Bedeutung für die Führungspraxis	192
2.3.4.	Bewertung der Zwei-Faktoren-Theorie	194
3.	Neuere kognitive Motivationstheorien in der Managementlehre und Organisationspsychologie – Theorien der Leistungsmotivation	195
3.1.	Das kognitive Erwartungs-Wert-Modell von Vroom	196
3.2.	Das kognitive Erwartungs-Wert-Modell von Lawler	199
3.3.	Das integrierte Erwartungs-Wert-Modell von Porter/Lawler	201
3.4.	Bewertung der Erwartungs-Wert-Theorien	204
3.5.	Die Theorie der Leistungsmotivation von Atkinson	206
3.5.1.	Begriffsklärung	206
3.5.2.	Die theoretische Aussage	206
3.6.	Das erweiterte Modell der Leistungsmotivation von Heckhausen	210
3.7.	Leistungsmotivation und Attribuierungstheorie	212
3.7.1.	Formen der Ursachenzuschreibung	212
3.7.2.	Bedingungen der Ursachenzuschreibung	213
3.8.	Attribuierung, Vertrauen und Führung	216
Ausgewählte Literatur		217

Kapitel G

Verhaltensmuster der Führung (Führungsstile)

0.	Zusammenfassung	218
1.	Begriffsbestimmung von „Führungsstil"	220
2.	Die klassische Führungsstiltypologie von Lewin: autokratisch, demokratisch, laissez-faire	222
2.1.	Darstellung der Führungsstiltypologie	222
2.2.	Diskussion	223
3.	Idealtypische Konzepte des Führungsverhaltens	225
3.1.	Eindimensionale Ansätze	225
3.1.1.	Der entscheidungsorientierte Ansatz von Tannenbaum/Schmidt	225
3.1.2.	Diskussion	225

3.2.	Zweidimensionale Ansätze	225
3.2.1.	Das Verhaltensgitter (Managerial Grid) von Blake/Mouton	225
3.2.2.	Diskussion	227
3.3.	Dreidimensionale Ansätze	231
3.3.1.	Die 3-D-Theorie der Führung von Reddin	231
3.3.2.	Diskussion	232
3.3.3.	Die situative „Reifegrad"-Theorie von Hersey und Blanchard	232
3.3.4.	Diskussion	233
3.4.	Der vierdimensionale Ansatz von Farris	234
3.5.	Vieldimensionale Ansätze	235
3.5.1.	Das System organisatorischer Führungselemente von Bleicher	235
3.5.2.	Das System organisatorischer und personaler Führungselemente von Lattmann	237
3.5.3.	Diskussion	238
4.	Empirisch ermittelte Konzepte des Führungsverhaltens	238
4.1.	Die Ohio-Studien zum Führungsverhalten	239
4.1.1.	Consideration (C) und Initiating Structure (I)	242
4.1.2.	Diskussion	247
4.1.3.	Psychometrische Beurteilung der „Ohio State Leadership Scales"	248
4.1.4.	Zum gegenwärtigen Stand der C- und I-Forschung	249
4.2.	Die Michigan-Studien zum Führungsverhalten	256
4.2.1.	Die Führungssysteme von Likert	256
4.2.2.	Diskussion	260
4.3.	Das Typenkonzept von Tausch	260
4.4.	Das Kontingenzmodell der effektiven Führung von Fiedler	261
4.4.1.	Die drei Situationsvariablen	262
4.4.2.	„Günstigkeit" der Situation	265
4.4.3.	Diskussion	266
4.4.4.	Folgerungen für die Praxis	270
4.5.	Ein neuer dimensionaler Ansatz in der Führungsstilforschung	270
5.	Allgemeine Bewertung der Führungsstiltypologien	272
5.1.	Ziele und Bedingungen von Führungsstilklassifikationen	272
5.2.	Folgerungen für die Praxis	274
Ausgewählte Literatur		274

Kapitel H
Gestaltungsmuster der Führung (Managementkonzeptionen)

0.	Zusammenfassung	275
1.	Managementtheorien	276
2.	Historische Entwicklung der Managementlehre	277
2.1.	Periode I – Vorwissenschaftliches Management	278
2.2.	Periode II – „Wissenschaftliche Betriebsführung", bürokratisches Modell und Theorie des administrativen Managements	278

2.3.	Periode III – „Human-Relations-Modell"	282
2.4.	Periode IV – Differenzierung und Weiterentwicklung der Managementlehre	283
3.	Führungsmodelle für Gesamtsysteme – „Management-by-Ansätze"	285
3.1.	Management by Ideas	287
3.1.1.	Darstellung	287
3.1.2.	Bedeutung für die Führung	287
3.2.	Management by Break Through	287
3.2.1.	Darstellung	287
3.2.2.	Bedeutung für die Führung	288
3.3.	Management by Delegation	288
3.3.1.	Das Harzburger Modell (HM)	288
3.3.2.	Beurteilung des HM	290
3.3.3.	Bedeutung für die Führung	292
3.4.	Management by Objectives (MBO)	305
3.4.1.	Darstellung	306
3.4.2.	Bedeutung für die Führung	309
3.5.	Kritische Beurteilung von Managementprinzipien	310
Ausgewählte Literatur		311

Kapitel I

Gestaltungsmuster sozio-technischer Systeme (Organisationsstrukturen)

0.	Zusammenfassung	312
1.	Problemstellung und Begriffsklärung	312
1.1.	Die bürokratische Organisation als Umfeld der Führung	312
1.2.	Bürokratie und demokratische Gesellschaft	313
1.3.	Zum Begriff der Organisation und der Bürokratie	315
2.	Klassische Bürokratiemodelle	316
2.1.	Die Entstehung bürokratischer Verwaltungsformen	316
2.2.	Das Bürokratiemodell Max Webers	318
2.2.1.	Merkmale der Bürokratie	318
2.2.2.	Drei Typen der Herrschaft	320
2.2.3.	Das idealtypische Mitglied von Bürokratien („Beamter")	320
2.3.	Bürokratietypen	322
2.3.1.	Die Strukturalisten	322
2.3.2.	Drei Modelle der Bürokratie	323
2.4.	Hierarchische Strukturformen der Organisationstheorie	327
2.4.1.	Strukturmerkmale	327
2.4.2.	Organisatorische Strukturtypen	329
2.5.	Zur Kritik bürokratischer Modelle	334
2.5.1.	Vom Bürokratie- zum „Mülleimer"-Modell	334

2.5.2.	Gründe für die Institutionalisierung bürokratischer Strukturen	341
2.5.3.	Zur Kritik bürokratischer Institutionen	342
3.	Das Organisationskonzept der Aston-Gruppe	344
3.1.	Grundlagen des Aston-Modells	344
3.1.1.	Grundannahmen	345
3.1.2.	Das Variablensystem	345
3.2.	Die Rollentheorie als zentrales Paradigma des Aston-Modells	347
3.2.1.	Zur Bedeutung der Rollentheorie	347
3.2.2.	Anforderungen der kooperativen Führung an die Rollentheorie	348
3.2.3.	Einige Konzepte der Rollentheorie	349
3.3.	Korrelative Beziehungen zwischen Variablen soziotechnischer Systeme	352
3.4.	Der Einfluß der Organisationsstruktur auf Rollenerwartungen und Rollenhandeln	356
3.4.1.	Situative Gestaltung des Rollenhandelns	356
3.4.2.	Zur Messung von Verhaltensspielräumen	358
3.5.	Das Modell der organisatorischen Steuerung individuellen Verhaltens	360
3.6.	Ergebnisse der Aston-Studien	362
3.7.	Kritik des Aston-Ansatzes	365
3.7.1.	Begriffe und Grundannahmen	365
3.7.2.	Zum Problem der Kausalbeziehung	366
4.	Organisationsumgebung	368
4.1.	Der Umwelteinfluß auf einzelne Führungsbereiche	368
4.2.	Begriffe und Paradigmata der Umgebung	371
4.3.	Umfang und Gestalt der Organisationsumgebung	375
4.3.1.	„Umgebung" im Aston-Modell	375
4.3.2.	Vergleich einiger Begriffsbestimmungen von „Umgebung"	376
4.3.3.	Versuch einer generellen Bestimmung von „Umgebung"	378
4.4.	Problematisierung der Umgebungsgrenze	379
4.5.	Sektoren und Komponenten der Umgebung	381
4.6.	Qualitative Merkmale der Umgebung	383
4.7.	Abhängigkeiten zwischen Organisation, Umgebung und Führungsbereich	384
4.8.	Zur Organisation der Austauschbeziehungen zwischen System und Umgebung	388
5.	Politisch-gesellschaftliche Normen als Variable der Organisationsumgebung	390
5.1.	Rechtlich-politischer Einfluß auf die Organisationsstruktur	390
5.2.	Mitbestimmungsgesetz	394
5.3.	Betriebsverfassungsgesetz	395
5.4.	Personalvertretungsgesetze	401
6.	Organisationsspezifische Normen	403
6.1.	Die Bedeutung organisationsinterner Normensysteme	403
6.1.1.	Zusammenhänge zwischen verschiedenen Normensystemen	403

6.1.2.	Zur Unterscheidung von Organisationsgrundsätzen und Verhaltensleitsätzen	404
6.2.	Organisationsgrundsätze – Unternehmensgrundsätze	405
6.2.1.	Personale und soziale Aspekte	405
6.2.2.	Darstellung von Organisationszielen	407
6.2.3.	Organisationsgrundsätze und Humanisierung der Arbeit	409
6.3.	Organisationsprinzipien – Ein Beispiel: Die Gemeinsame Geschäftsordnung der Bundesministerien (GGO)	419
6.3.1.	GGO und kooperative Führung	419
6.3.2.	Zusammenfassende Stellungnahme zur Ergänzung der GGO	424
6.4.	Verhaltensleitsätze	424
6.4.1.	Zur Begriffsklärung	424
6.4.2.	Funktion von Verhaltensleitsätzen	426
6.4.3.	Inhalte von Verhaltensleitsätzen	428
6.4.4.	Verhaltensleitsätze als Instrument rationaler Kommunikation	432
6.5.	Zur Einführung von Organisationsgrundsätzen und Verhaltensleitsätzen	433
6.6.	Die Formalisierung organisatorischer Normen	438
6.7.	Organisationsziele und Verhaltensleitsätze	439
Ausgewählte Literatur		440

Anhang (I–IV) 441

Literaturverzeichnis 467

Namenregister 513

Sachregister 521

Kapitel A

Einführung

Die Diskussion über Möglichkeiten und Grenzen unterschiedlicher Führungsformen gewinnt besondere Aktualität durch die konzentrierten Aktivitäten der Sozialwissenschaften auf diesem Felde. In gleicher Weise bemühen sich aber auch Wirtschaft und öffentliche Verwaltung, neue Formen der Zusammenarbeit in Arbeitsorganisationen zu entwickeln, die auf größere Entscheidungsbeteiligung, Eigeninitiative, Selbststeuerung, wechselseitige Unterstützung, Arbeitszufriedenheit sowie auf erhöhte Flexibilität, Lern- und Leistungsfähigkeit von Mitgliedern und Organisationssystemen gerichtet sind.

1. Sozio-kulturelle Determinanten des Führungswandels

Traditionelle Führungsformen können nicht mehr auf den forcierten Wert- und Normwandel der „postindustriellen Gesellschaft" (Bell) flexibel genug reagieren. So fand z. B. Inglehart (1971) in sechs westeuropäischen Ländern Unterschiede in den Generationen hinsichtlich der Wertschätzung von „Aufrechterhaltung der öffentlichen Ordnung, Preisregulation, Mitsprache bei politischen Entscheidungen, Sicherstellung der Meinungsäußerung", wobei die jüngere Generation die beiden letztgenannten Ziele erheblich stärker gewichtet. Nach Rescher (1969) verlieren „Wertschätzung der Nation, Verantwortlichkeit und Zuverlässigkeit, Unabhängigkeit, Selbstvertrauen und Selbstgenügsamkeit, Individualismus, persönlicher, auf Leistung beruhender Erfolg, wirtschaftliche Sicherheit, Eigentumsrecht, Fortschrittsorientierung" an Bedeutung zugunsten „Humanitarismus, Internationalismus, intellektuelle Entfaltung/ästhetischer Wert, Akzeptanz seitens sozialer Gruppen, soziale Wohlfahrt, öffentliche Daseinsvorsorge" (vgl. Kmieciak, 1976). Als Haupttrends des Wertwandels während der letzten zwei Dekaden nennt Kmieciak (1978, 133) folgende Problembereiche, die zu erheblichen Wertunsicherheiten, -konflikten und -ambivalenzen innerhalb der Bevölkerung geführt haben:

- „Der Bedeutungsverlust traditioneller Berufs- und Leistungsorientierung zugunsten einer privatistisch-genußorientierten Haltung (und damit verstärkte Orientierung auf die in problematischer Weise häufig als nicht eindeutig „sinnbesetzt" und damit oft als „unausgefüllt" erlebte Freizeit);
- die Veränderung der Geschlechtsrollenbilder und damit des Verhältnisses der Geschlechter — im Zeichen des Vordringens partnerschaftlicher und egalitärer Haltungen generell —;

- die Bedeutungserhöhung der Umweltorientierung (z. B. im Zusammenhang mit der Befürchtung von Gesundheitsschäden);
- die Veränderung von Erziehungsmaximen und -zielen."

Die zunehmende Betonung sozio-emotionaler Bedürfnisse im Arbeitsleben erfolgt in einer Zeit, in der die hochentwickelte arbeitsteilige industrielle Gesellschaft zu einer fortschreitenden Spezialisierung und Partikularisierung der einzelnen Lebensbereiche führt. Der gleichzeitige Trend zu einem höheren Bildungsniveau größerer Bevölkerungsgruppen führt zur Ablehnung geschlossener, dogmatischer Wert- und Normensysteme. An die Stelle einer allgemein akzeptierten Werthierarchie treten zunehmend pluralistische und relativistische Wertprinzipien, die nicht mehr als selbstverständlich angenommen, sondern im Sinne einer instrumentalen Betrachtung als Konventionen verstanden werden und nur insoweit als sinnvoll gelten, wie sie gesetzten Zielen nützlich sind (Morel, 1975, 204f.).

Übereinstimmende Prognosen verschiedener Wissenschaftler zur Entwicklung des Personalwesens der 80er Jahre lassen erwarten, daß der durchschnittliche Arbeitnehmer besser ausgebildet, problem- und projektorientiert und jedweder rigiden Entscheidungshierarchie abgeneigt sein wird (für viele Bass, 1972; Bass/Ryterband, 1973; Remer/Wunderer, 1977).

Die Ablösung der tendenziell autoritär strukturierten bürokratischen Führungsformen durch kooperative Führungsansätze, die u. a. verstärkte Entscheidungsbeteiligung, Gruppenarbeit, multilaterale Informations- und Kommunikationsbeziehungen etc. beinhalten, gewinnt angesichts des gesamtgesellschaftlichen Wandels sowie der zunehmenden Umweltkomplexität und -dynamik eine immer größere Bedeutung. Nach Laux (1975, 80f.) dominieren im öffentlichen Bereich gegenwärtig folgende Einflußfaktoren:

(1) „Wachsende Vielfalt der Aufgaben und steigendes Aufgabenvolumen. Folge: Anwachsen des Personalkörpers und Zahl der Behörden.
(2) Steigende Komplexität der Aufgaben bei größerem Entscheidungsrisiko. Folge: Wachsende Schwierigkeiten in der Entscheidungsfindung.
(3) Stärkerer Verbund bei der Aufgabendurchführung im internationalen, supranationalen und besonders im nationalen System. Folge: Erhöhter Koordinierungsbedarf.
(4) Wachsendes Problembewußtsein des Politikers und des Bürgers. Folge: Erhöhte Inanspruchnahme im gesamten Führungsbereich durch politische Kontakte, Beratung und Orientierung von Politikern und Öffentlichkeitsarbeit.
(5) Spezialisierung der Leistungsdarbietung. Folge: Steigende qualitative Anforderungen an die Gesamtorganisation.
(6) Vordringen des technischen Sachverstandes infolge der Individualisierung der Leistungsdarbietung. Folge: Schwierigkeiten in der internen Kooperation und höherer Koordinierungsbedarf im Führungsbereich.
(7) Wachsende Knappheit der Ressourcen für die Aufgabendurchführung, besonders von Personal und Finanzmitteln. Folge: Erhöhte Schwierigkeiten in der administrativen Steuerung und weiterer Bedarf an Planung.
(8) Erhöhtes Selbstbewußtsein der Mitarbeiter. Folge: Anwachsendes Gewicht der Personalführung.
(9) Wachsender Bedarf an Verfahrensregeln und an Instrumentarien. Folge: Erhöhter Bedarf an organisatorischer Beratung und an Rationalisierung."

Ähnliche Entwicklungstendenzen zeigen sich auch im industriellen Bereich. Dort zeichnen sich in noch stärkerem Ausmaß Änderungen der „Unternehmungsphilosophien" ab. Sie führen beispielsweise zu einer Verschiebung in der Gewichtung institutioneller Führungsbereiche, nämlich „von der Betonung des *Produktionsbereichs* (früher) über die besondere Beachtung des *Marketingbereichs* (heute) zur Schaffung oder Aufwertung eines Bereiches *„Soziale Beziehungen"* (Personalwesen) (Wunderer, 1972).

2. Kooperative Führung als Teilaspekt der Humanisierung des Arbeitslebens

Die umfangreiche Literatur zur kooperativen Führung scheint keine vorübergehende Modeerscheinung zu sein, sondern ein grundlegendes und aktuelles Problem der Qualität des Arbeitslebens. Dies zeigt sich nicht zuletzt daran, daß die 24 Mitgliedsländer der „Organization for Economic Cooperation and Development" (OECD) zur systematischen und vergleichenden Analyse der gesicherten Befunde zur Lebensqualität einen allgemein verbindlichen Katalog von „Fundamental Social Concerns" verabschiedet haben, in dem wesentliche Aspekte kooperativer Führung aufgeführt sind, nämlich „Beschäftigung und Qualität der Arbeit und Partizipation der Arbeitnehmer" sowie „Supervision, Autonomie und Arbeitsanforderung" (vgl. Kmieciak, 1976, 272ff.).

Eine veränderte Einstellung über Ziele und Werte der Arbeit zeigt sich überdies in der weitgespannten, zum Teil kontroversen Diskussion zwischen den Sozialwissenschaften, Gewerkschaften und Unternehmerverbänden in Verbindung mit den Forderungen des Betriebsverfassungsgesetzes § 90 nach „menschengerechter Gestaltung des Arbeitsplatzes unter Berücksichtigung arbeitswissenschaftlicher Erkenntnisse" sowie den Postulaten des Grundgesetzes der Bundesrepublik Deutschland nach freier Entfaltung der Persönlichkeit und Respektierung der Menschenwürde jedes einzelnen.

Die Diskussion um die Humanisierung der Arbeitswelt ist sehr breit gefächert. Es lassen sich mindestens fünf Hauptströmungen unterscheiden (Tietze, 1974, 310; Gaugler et al., 1977; Schloz, 1977):

(1) Humanisierung als Strategie gegen psycho-physische Verschleißerscheinungen,
(2) Strategie zur Realisierung von größerer Autonomie gegen den Taylorismus der Arbeit,
(3) Politische Mitbestimmung,
(4) Strategie zur Systemüberwindung,
(5) Strategie einer „herrschaftsfreien" Gesellschaftsordnung.

Zwar droht das Konzept der „Humanisierung des Arbeitslebens" durch den in jüngster Zeit verwendeten inflatorischen Gebrauch eine Leerformel zu werden, jedoch verbergen sich hinter diesem Schlagwort konfliktäre gesellschaftspolitische Strömungen, welche die sozialen Arbeitsbeziehungen und somit auch die Entwicklung und Realisierung kooperativer Führungsformen in der nächsten Dekade maßgeblich bestimmen werden.

Was W. Hennis Ende der 60er Jahre zum Konzept der Demokratisierung schrieb, dürfte auch für die 80er Jahre gelten:

„Wer sich die Aufgabe stellt herauszufinden, welcher Begriff am bündigsten, prägnant und doch umfassend den Generalanspruch unserer Zeit zum Ausdruck bringt, der muß nicht lange suchen: Es genügt, das tägliche Morgenblatt aufzuschlagen. In jedem Ressort, dem politischen ohnehin, aber auch in allen Sparten des Feuilletons, im Wirtschaftsteil, in allen Bereichen aus der Welt der Kirche, Schule, Sport, im Frauenfunk und Kinderfunk, in den Kontroversen um Börsenverein und Kunstverein, Universitätsreform, Theaterreform, Verlagsreform, Reform der Kindergärten, Krankenhäuser und Gefängnisse bis hin zur allgemeinsten Forderung der Gesellschaftsreform – der Generaltenor aller Ansprüche unserer Zeit auf Veränderung der uns umgebenden gesellschaftlichen Welt – findet seine knappste Formel in dem einen Wort „Demokratisierung". Man wird wohl sagen dürfen, daß in diesem Wort die universalste gesellschaftspolitische Forderung unserer Zeit auf den Begriff gebracht wird."

Eine Pionierrolle in der Diskussion über Strategien zur Veränderung des Arbeitslebens im Sinne einer demokratieorientierten und motivationsgerechten Arbeitsgestaltung nimmt zweifellos die vom amerikanischen Gesundheits- und Erziehungsministerium beauftragte Untersuchung zum Problem „Work in America" (1973, dt. 1974) ein, deren Ergebnisse internationale Beachtung fanden. Die Zusammenfassung psychologischer, soziologischer, betriebswirtschaftlicher und medizinischer Erkenntnisse des Arbeitslebens führte zur Feststellung einer generellen Arbeitsunzufriedenheit bei Arbeitern und Angestellten bis in den mittleren Führungsbereich hinein. Arbeitsmonotonie, Routine, hochgradige Arbeitsteilung, mangelnde Autonomie, Gefühle der Anonymität und viele andere Faktoren führen in Verbindung mit dem Verlust eines einheitlichen, allgemein verbindlichen Wertsystems bei den Arbeitnehmern zu gesteigerter Unzufriedenheit und zum Identitätsverlust. Dieses sogenannte *Entfremdungssyndrom* (Blauner, 1964, 15) wird durch folgende Dimensionen charakterisiert (vgl. Ludz, 1975; Seeman, 1977):

– Machtlosigkeit
– Sinnlosigkeit
– Normlosigkeit
– Selbstentfremdung
– soziale Isolation
– kulturelle Isolation

Arbeits-Entfremdung zeigt sich in vielen Erscheinungen, wie z. B. in hohen Fluktuations- und Krankheitsraten, hohen Fehlzeiten, verringerter Produktivität und Arbeitsunzufriedenheit, interpersonalen Konflikten, Streiks, Sabotage etc. In der amerikanischen Studie wählten mehrere tausend Arbeitnehmer aus 25 vorgegebenen Merkmalen folgende Rangordnung wünschenswerter Eigenschaften des Arbeitsplatzes:

(1) Interessante Arbeit
(2) Genügende Unterstützung und Arbeitsmittel zum Ausführen der Arbeit

(3) Ausreichende Information am Arbeitsplatz
(4) Genügende Selbständigkeit am Arbeitsplatz
(5) Gute Bezahlung
(6) Möglichkeit zum Aneignen von Spezialkenntnissen und -fähigkeiten
(7) Sicherheit des Arbeitsplatzes
(8) Das Resultat der eigenen Arbeit sehen

Der anglo-amerikanische Bericht enthält eine Reihe von Vorschlägen, wie z. B. Aufgabenerweiterung (job enlargement), Aufgabenbereicherung (job enrichment), Arbeitswechsel (job rotation) und selbstgesteuerte Arbeitsgruppen, die dem allgemeinen Entfremdungsprozeß entgegenwirken sollen. Daß mit diesen Ansätzen grundlegende Fragen der kooperativen Führung thematisiert werden, liegt auf der Hand.

Kooperative Führungsformen sind auch bei den Arbeitnehmern in der Bundesrepublik Deutschland sozial erwünscht. Dies zeigt z. B. die im Auftrage des Bundesministeriums für Arbeit und Sozialordnung durchgeführte Repräsentativerhebung des Instituts für angewandte Sozialwissenschaft (infas) an 5782 Bundesbürgern in der Zeit von August 1972 – März 1973 (Bunz et al., 1973; vgl. Kap. L). Danach votierten die befragten Arbeitnehmer über alle Schichten hinweg (gehobene Angestellte, übrige Angestellte, höhere Beamte, übrige Beamte, Facharbeiter, an- und ungelernte Arbeiter) für kooperative Führungsformen (z. B. menschliche Aufgeschlossenheit der Vorgesetzten, mehr Informations- und Mitbestimmungsmöglichkeiten etc.).

3. Führung als interdisziplinäres Konzept

Führung gab es zu allen Zeiten und in allen Kulturen. Sobald sich mehr als zwei Menschen in einer Gruppe organisierten, um arbeitsteilig tätig zu werden, entstanden Koordinationsprobleme, deren Lösung der Führung bedurften. In allen geistesgeschichtlichen Epochen, sei es in der griechischen Antike (Plato, Aristoteles) oder in der Renaissance (Machiavelli), wurde über Möglichkeiten und Grenzen von Führung geschrieben.

Zu einem Gegenstand systematischer Forschung wurde Führung im Sinne einer zielorientierten interpersonellen Einflußnahme jedoch erst Anfang dieses Jahrhunderts. Wie die nachfolgende Abbildung (A-3-1) zeigt, setzen sich mittlerweile die verschiedensten Einzeldisziplinen mit der Analyse von Führungsphänomenen auseinander. Damit entsteht das Problem, die heterogenen Erklärungsansätze zur Führung zu integrieren. Die dringend notwendige interdisziplinäre Betrachtungsweise beginnt sich freilich erst in allerjüngster Zeit, insbesondere in der verhaltenswissenschaftlich orientierten Betriebswirtschaftslehre sowie in der Organisationspsychologie und -soziologie abzuzeichnen.

Den nachhaltigsten Einfluß auf die gegenwärtige wissenschaftliche Diskussion zur Struktur und Funktion kooperativer Führungsformen üben zweifellos Poli-

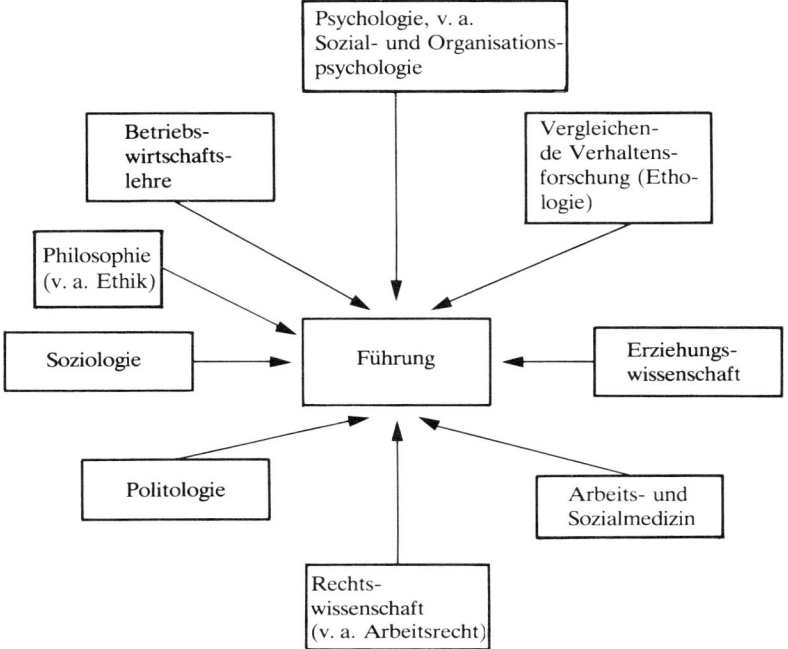

Abb. A-3-1:
Führung als interdisziplinäres Konzept

tologie sowie Organisations- und Sozialpsychologie aus. Neben Argyris, Herzberg, Mc Gregor, Vroom, Fiedler, Kahn, Stogdill — um nur einige Namen zu nennen — gebührt besonders Likert (1961, dt. 1972; 1967, dt. 1975) das Verdienst, wesentliche theoretische und empirische Befunde zur kooperativen Führung in mehreren Büchern bekannt gemacht zu haben.

Ein wichtiges Ziel dieser Studie ist es, neuere sozialpsychologische und betriebswirtschaftliche Ergebnisse der Führungsforschung in verständlicher Form zu vermitteln. Denn das Ausmaß der Anwendung sozialwissenschaftlicher Forschungsergebnisse in Industrie und Verwaltung ist vergleichbar mit dem Stand der Anwendung der naturwissenschaftlich-technischen Forschung in der industriellen Produktion der 20er Jahre (Likert, 1975, 122). Dieser unbefriedigende Zustand, der sich auch in der fehlenden Kommunikation zwischen „Theorie" und „Praxis" offenbart, ist sicherlich auch auf die Kluft zwischen reiner sozialwissenschaftlicher Grundlagenforschung einerseits sowie angewandter Forschung und Soziotechnik andererseits zurückzuführen. Bass (1976) nennt in diesem Zusammenhang folgende Ursachen:

(a) Sozialwissenschaft und Soziotechnik unterscheiden sich in ihren Normen und Zielen,
(b) in der Sozialwissenschaft wird Theorie als Endziel und nicht als Hilfsmittel angesehen,

3. Führung als interdisziplinäres Konzept

(c) Sozialwissenschaftler ignorieren die Unterschiede zwischen Sozial- und Naturwissenschaften,
(d) Sozialwissenschaftler legen sich verfrüht bei der Beschreibung eines Problems und bei der Begriffsbildung fest,
(e) sie drängen verfrüht auf die Aufstellung einer vollständigen Theorie,
(f) sie drängen verfrüht auf experimentelle Exaktheit,
(g) sie verwenden verfrüht mathematische Modelle.

Darüber hinaus sind die meisten Publikationen, insbesondere jene zur Unternehmungsführung a) zu abstrakt gehalten, b) voller verdeckter normativer Aussagen und c) zumeist kasuistischer Natur (Baugut/Krüger, 1976; vgl. Kap. B).

Aufgrund von Zeitdruck, Ressourcenknappheit und mangelnder Vertrautheit mit der wissenschaftlichen Terminologie neigen viele Praktiker dazu, die Ergebnisse der Sozialwissenschaften ungebührlich zu vereinfachen und damit falsch zu interpretieren. Clark (1963, zit. n. Carvell, 1975, 55) hat die gängigen Mißinterpretationen wie folgt gegenübergestellt:

Statements Based on Research of Behavioral Scientists	*Distortions Made by Nonscientists*
(1) Knowledge exists about organizational behavior.	If you know enough, you can solve any organization problem.
(2) There are non-logical aspects to people's behavior.	People's behavior is not logical.
(3) Group pressure is an important determinant of an individual's behavior.	One's behavior is determined by his membership in social groups.
(4) People have many aspirations; they seek membership and acceptance, selfesteem, security, prestige, etc.	Wages—even incentive pay—is not of much importance any more.
(5) Informal organizational groups exert much influence on their members; consequently a manager's control is somewhat limited.	A manager cannot really be a leader because of informal groups.
(6) It is helpful if a manager understands the reason for conflict between groups.	A manager should get along with everybody and not have conflicts.
(7) Shared goals are important for collaboration between groups.	All group members should think alike so they can work together cooperatively.
(8) A leader should be able to respond flexibly to different situations.	Consistency of values is neither desirable nor useful.
(9) It is important for a leader to pay attention to the internal processes of his group.	If a leader pays attention to human relations, he does not need to know anything else.
(10) Some methods in psychotherapy have relevance to a leader's skill in communications.	A leader has to practically be a psychiatrist in order to communicate effectively.
(11) A leader should know his own limits.	Leaders should put others ahead of themselves.
(12) Leaders should be able to accept feelings of inadequacy.	A leader should be introspective at all times.

Fast täglich erscheinen — vor allem im anglo-amerikanischen Bereich — Veröffentlichungen von Wissenschaftlern und Praktikern über psychologische, organisatorische und technologische Bedingungen und Konsequenzen kooperativer Führungsformen. Ein Großteil dieser Studien wird in der vorliegenden Arbeit besonders berücksichtigt, da im deutschsprachigen Bereich qualitativ gleichwertige Arbeiten weitgehend fehlen. Freilich wird zu berücksichtigen sein, daß eine uneingeschränkte Übertragung der anglo-amerikanischen Befunde auf kontinentaleuropäische, insbesondere deutsche Verhältnisse, nicht immer möglich ist. Wie die Erfahrung zeigt, werden — nicht zuletzt aufgrund der internationalen Konzernverflechtungen — die Führungsprobleme US-amerikanischer Unternehmen in ähnlicher Form mit einem time-lag von etwa 3—5 Jahren auch in der Bundesrepublik aktuell.

In der vorliegenden Arbeit werden nur Führungsprobleme in Arbeitsorganisationen westeuropäischer Industriestaaten thematisiert. Kooperative Führungsbeziehungen in Organisationen osteuropäischer Staaten bedürfen aufgrund andersartiger gesellschaftspolitischer Rahmenbedingungen einer gesonderten Analyse (vgl. Gramatzki/Lemân, 1977; Freyer et al., 1974; DDR-Handbuch, 1975; Lilge, 1978).

4. Zum Problemkomplex „Kooperative Führung"

Über Führung zu schreiben, ist nicht zuletzt deshalb schwierig, weil es in der Führungsforschung zu diesem Thema bislang keinen allgemein anerkannten, abgrenzbaren und als gesichert geltenden Wissensbestand gibt. Insbesondere zur kooperativen Führung gibt es fast so viele Auffassungen wie Autoren. Ohne Übertreibung kann festgestellt werden, daß auch „kooperative Führung" in zunehmendem Maße zu einem inhaltsleeren Modewort zu werden droht. Zudem zeichnen sich viele Veröffentlichungen zum Führungsphänomen durch eine Vermengung von Seins- und Sollensaussagen sowie durch eine mangelnde Präzision und Konsistenz der verwendeten Begriffe aus. Aus diesem Grunde wird in Kapitel C und K eine detaillierte Begriffsexplikation von „Führung" und „kooperative Führung" vorgelegt. Dies erscheint insofern unerläßlich, als die Sprache zu einem nicht geringen Teil das Denken und Handeln der Menschen bestimmt (vgl. Gipper, 1972; Wygotsky, 1971; Whorf, 1963).

Typisch für kooperative Führung ist, daß sie eine „gesellschaftliche Konstruktion der Wirklichkeit" (Berger/Luckmann, 1970) darstellt, für die es keinen absoluten Bewertungsmaßstab gibt, sondern allenfalls auf Konvention beruhende Nützlichkeitskriterien. Darum ist kooperative Führung auch kein zeitinvarianter und vollständig erklärbarer sozio-kultureller Sachverhalt, wie etwa die chemischen Elemente eines Metalls. Eine bloße Aufzählung der Merkmale kooperativer Führung ist wegen der unendlich großen Vielfalt von Merkmalen wenig sinnvoll und hat allenfalls exemplarischen Wert. Kooperative Führung als ein Mittel zur Erreichung veränderbarer Individual- und Organisationsziele

4. Zum Problemkomplex „Kooperative Führung"

unterliegt einem ständigen Wandel, nicht zuletzt wegen ihres normativen Charakters. Das von Emile Durkheim (1858–1917) aufgezeigte Paradoxon bei der Analyse gesellschaftlicher Phänomene gilt auch für die kooperative Führung: einerseits beeinflußt sie Gesellschaftsstrukturen und -prozesse, andererseits ist sie deren Ergebnis.

Mc Gregor (1970, 141 f.) hat bei Führungskräften vier unterschiedliche Auffassungen zur kooperativen Führung festgestellt (vgl. auch Baugut/Krüger, 1976):

(1) Kooperative Führung als magische Formel, die fast alle Managementprobleme löst.
(2) Kooperative Führung als eine Form des Führungsverzichts, als Schwächung des Managements sowie als Verringerung der Leistungsfähigkeit.
(3) Kooperative Führung als nützliches Instrument zur Manipulation der Unterstellten, um ihnen glauben zu machen, sie würden mitentscheiden.
(4) Kooperative Führung als eine erfolgreiche Führungsform bei nüchterner Einschätzung ihrer Möglichkeiten und Grenzen.

In diesen Auffassungen spiegeln sich auch vorwissenschaftliche Annahmen und unterschiedliche Menschenbilder wider (vgl. Kap. D). Die ersten beiden Auffassungen sind empirisch widerlegt (vgl. Stogdill, 1974). Die dritte Auffassung wird — wenngleich sie häufig in der Praxis anzutreffen ist — von der Mehrzahl der Wissenschaftler und Praktiker aus ethischen Gründen abgelehnt. Schwirig ist die Unterscheidung zwischen Punkt 3 und 4 insofern, als die Grenzen zwischen Überzeugen und Manipulieren fließend sind (Klis, 1970; Simons, 1976). Eine wesentliche Aufgabe der vorliegenden Arbeit ist es, die vierte Auffassung theoretisch und empirisch zu fundieren.

Kooperative Führung ist eine Teilmenge von Führung (vgl. Kap. K 1.4). Durch das Adjektiv „kooperativ" wird der Geltungsbereich von Führung eingeschränkt, so daß nicht-kooperative Führungsformen schon per definitionem ausgeschlossen sind. Kooperative Führung wird freilich durch bloße Aufzählung einzelner Beschreibungsmerkmale nur unvollständig charakterisiert. Dennoch ist diese Sichtweise bei der Analyse kooperativer Führungsformen vorherrschend, da eine integrative Theorie der Führung bzw. der kooperativen Führung bislang nicht existiert. Aus methodischen Gründen erscheint es daher sinnvoll, kooperative Führung zunächst unabhängig von ihren Bedingungen und Konsequenzen zu charakterisieren. Bei diesem Bemühen sind dreierlei Wege denkbar:

(1) Man versucht, eine Verbindung aus den Konzepten Kooperation und Führung herzustellen. Dieses Vorgehen ist wenig zweckmäßig, weil die beiden voneinander unabhängigen Konzepte ohne gemeinsames theoretisches Fundament nur eine „Und-Verbindung" darstellen würden und kooperative Führung eine spezifische Qualität von Führung darstellt.
(2) Man entwickelt eine operationale Definition in Form eines Führungsstilprofils einer Organisation oder Abteilung, deren Merkmalskonfigurationen

bestimmten Idealvorstellungen von kooperativer Führung entsprechen. Dieser Ansatz ist — zumindest im Stadium der Begriffsentwicklung — insofern wenig brauchbar, als das zu Definierende bereits bei der Definition vorausgesetzt würde (logischer Zirkel).

(3) Eine bessere Lösung scheint, zunächst die in der einschlägigen Literatur am häufigsten verwendeten empirisch und/oder theoretisch fundierten Merkmale bzw. Merkmalkombinationen kooperativer Führung zu analysieren. Anschließend ist anhand einer Bedeutungsanalyse festzustellen, inwieweit diese Merkmale bestimmten normativen Vorstellungen und Werten (wie z. B. Partizipation, Selbstverwirklichung, Wechselseitigkeit etc.) entsprechen. Dieser Ansatz wird in der vorliegenden Literaturanalyse vertreten (vgl. Kap. C, K). Bei der Herausarbeitung der wesentlichen Merkmale kooperativer Führung ist freilich zu berücksichtigen, daß es nicht möglich ist, in eindeutiger Weise eine Grenze zwischen kooperativer Führung und anderen Führungsformen zu ziehen. Die Übergänge zwischen den einzelnen Führungsformen sind fließend. Es wird sich in der Regel bei den einzelnen Merkmalen um ein Mehr oder Weniger, nicht um ein Entweder-Oder handeln. Eine eindeutige Abgrenzung zwischen den Merkmalen kooperativer Führung und anderen Führungsformen ist auch deshalb kaum möglich, weil Merkmale von Führungsformen verschiedene Ausprägungsgrade aufweisen, die erst im strukturellen und personalen Kontext ihre spezifisch kooperative Charakteristik erfahren. Was jeweils als nicht-kooperativ oder kooperativ charakterisierbar ist, hängt letztlich von den vertretenen Grundwerten ab, die sich besonders im Menschenbild bzw. in der Unternehmungsphilosophie widerspiegeln (vgl. Kap. D, I, K).

Das hier zugrunde liegende Konzept von kooperativer Führung ist nachfolgend zusammengefaßt (ausführlich Kap. K).

Kooperative Führung wird verstanden als:

1. Zielorientierte soziale Einflußnahme zur Erfüllung gemeinsamer Aufgaben	Ziel-Leistungs-Aspekt	Führung in Organisationen
2. in/mit einer strukturierten Arbeitssituation	Organisationsaspekt	
3. unter wechselseitiger, tendenziell symmetrischer Einflußausübung	partizipativer Aspekt	Qualität der kooperativen Führung
4. und konsensfähiger Gestaltung der Arbeits- und Sozialbeziehungen	prosozialer Aspekt	

Oder kurz gefaßt:

Ziel- und ergebnisorientierte sowie partizipative und prosoziale Einflußausübung

Dabei stehen immer zwei Aspekte in Konflikt:
Soll: Ziel → **normativer** Aspekt
Ist: Ergebnis → **empirischer** Aspekt

5. Ein integratives Bezugssystem zur Analyse von Führung in Organisationen

Führung hat ein überragendes Interesse in den Sozialwissenschaften gefunden. Gleichwohl existiert in der Führungsforschung und -praxis noch kein allgemein anerkanntes integratives Bezugssystem oder gar eine umfassende Theorie. Die gegenwärtige Situation in der Führungsliteratur ist dadurch gekennzeichnet, daß vielfältige, z. T. unvereinbare theoretische Erklärungsskizzen, empirische Generalisierungen, „common-sense"-Annahmen, mehr oder minder plausible Hypothesen und reine Spekulationen unverbunden nebeneinander stehen. Zudem ist es beim gegenwärtigen Erkenntnisstand der Sozialwissenschaften noch nicht möglich, eine integrative Führungstheorie vorzulegen, welche die vielfältigen empirischen Einzelbefunde zur Führungsforschung zusammenzufassen und zu erklären in der Lage wäre.

Eine Literaturanalyse zur Führung hat im wesentlichen die Aufgabe, die einschlägigen Quellen in systematischer Weise zu ordnen, zu analysieren und zu bewerten. Ohne ein heuristisches Klassifikationsschema ist es jedoch nicht möglich, die unterschiedlichen Analyseebenen der einzelnen Studien zu erfassen und miteinander zu vergleichen (vgl. Kap. B).

Gerade zu diesem Zweck erscheint das von Indik (1968, 4f.) entwickelte umfassende Klassifikationssystem zur Analyse menschlichen Verhaltens in Organisationen besonders geeignet. Danach lassen sich vier, für die Führungsforschung bedeutsame Analyseebenen unterscheiden:

— Individuum
— Gruppe
— Organisation
— Sozio-kultureller Kontext, d. h. Kultur, Sitten, Gebräuche, Werte etc. (Umwelt).

Alle Ebenen weisen einen statischen und dynamischen Aspekt auf. Unter einem Individuum wird im Rahmen dieses Klassifikationssystems eine Person verstanden, die in einer Gruppe oder in einem organisatorischen System arbeitet. Eine Gruppe hingegen stellt sich als ein soziales System dar, bestehend aus zwei oder mehr Individuen, die miteinander in systematischer Weise interagieren. Eine Organisation ist u. a. ein soziales System, das in bezug auf die Erreichung bestimmter Ziele mindestens zwei interagierende Gruppen umfaßt. Kurz: Das Individuum ist ein Subsystem der Gruppe, die Gruppe ist ein Subsystem der Organisation und diese wiederum ein Subsystem der Umwelt.

Die Interdependenz zwischen den einzelnen Subsystemen wird durch Abbildung A-5-1 verdeutlicht. Dabei werden insgesamt sieben Variablenkomplexe unterschieden, die kurz erläutert werden. In den nachfolgenden Kapiteln werden diese Variablen ausführlich diskutiert, so daß es dem Leser möglich ist, die vielfältigen theoretischen und empirischen Befunde zur kooperativen Führung mit Hilfe des Klassifikationssystems in relativ ökonomischer Weise einzuordnen (vgl. Kap. B sowie Anhang I).

In Abbildung A-5-1 ist die interdependente Beziehung der Variablen dargestellt. Jene Variablen, die möglichst zusammen untersucht werden sollten, sind durch Pfeile gekennzeichnet. Die Variablen I-VI sollten in Verbindung mit der Organisationsumwelt (VII) gesehen werden.

(I) Variablen der Organisationsstruktur (Anzahl der Mitglieder, Kontrollspanne, Koordination, Supervision, Konfliktlenkung etc.)
(II) Variablen des Organisationsprozesses (Kommunikation, Prozeß der wechselseitigen Einflußnahme, Verständnis der wechselseitigen Rollenbeziehung etc.)
(III) Variablen der Kleingruppenstruktur (Größe, Autoritätsstruktur, Aufgabentypus etc.)
(IV) Variablen des Gruppenprozesses (Kommunikation, wechselseitiger Einfluß, Führungsstile, Konfliktlenkungsprozesse etc.)
(V) Organisations- und gruppenrelevante nicht-verhaltensbezogene Variablen des Individuums (Einstellungen, motivationale und intellektuelle Leistungsfähigkeit etc.)
(VI) Organisations- und gruppenrelevante Verhaltensvariablen der Individuen (Arbeitsleistung, Zufriedenheit; Fluktuation, Abwesenheit etc.)
(VII) Organisationsumwelt-Variablen (materielle, finanzielle und technologische Ressourcen)

Ausgewählte Literatur

Albach, H./Sadowski, D. (Hrsg.): Die Bedeutung gesellschaftlicher Veränderungen für die Willensbildung im Unternehmen. Berlin 1976.
Gaugler, E., et al.: Humanisierung der Arbeitswelt und Produktivität. 2. Aufl. Ludwigshafen 1977.
Kmieciak, P.: Wertstrukturen und Wertwandel in der Bundesrepublik Deutschland. Göttingen 1976.
Klages, H./Kmieciak, P. (Hrsg.): Wertwandel und gesellschaftlicher Wandel. Frankfurt 1979.
Laux, E.: Führung und Führungsorgane in der öffentlichen Verwaltung. Stuttgart 1975.
Likert, R.: Die integrierte Führungs- und Organisationsstruktur. Freiburg 1975 (engl. 1967).
Mayntz, R.: Soziologie der öffentlichen Verwaltung. Heidelberg, Karlsruhe 1978.

5. Ein integratives Bezugssystem zu Analyse von Führung in Organisationen

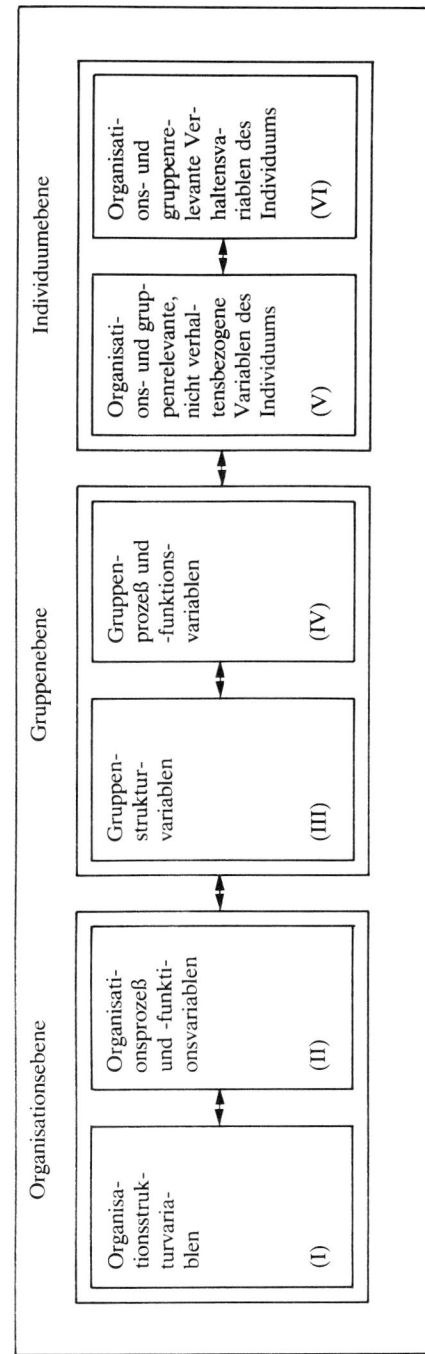

A-5-1
Ein integratives Bezugssystem zur Analyse menschlichen Verhaltens in Organisationen (nach Indik, 1968, 21 f.; vgl. dazu auch Anhang I)

Kapitel B

Wissenschaftstheoretische und methodologische Grundlagen der Führungsforschung

0. Zusammenfassung

In Kapitel B werden grundlegende wissenschaftstheoretische, methodologische und meßtheoretische Kenntnisse vermittelt, die eine sachgerechte Auseinandersetzung mit der Führungsforschung ermöglichen sollen.

Die vorliegende Literaturanalyse orientiert sich an Erkenntniszielen der modernen Wissenschaftstheorie. Dabei wird die wissenschaftliche und praktische Bedeutung des erkenntnistheoretischen Pluralismus für die Führungsforschung hervorgehoben, wonach theoretische und empirische Führungsansätze unterschiedlichster Provenienz zum Erkenntnisfortschritt beizutragen vermögen.

Es wird auch gezeigt, daß Führung — je nach Erkenntnisinteresse — als unabhängige Variable (Bedingung), als intervenierende Variable oder als abhängige Variable (Konsequenz) auf der Individual-, Gruppen-, Organisations- oder Umweltebene untersucht werden kann. Hierbei spielen vor allem verschiedene Analyseebenen eine Rolle. Denn die beschreibende, erklärende, spekulative, wertende und pragmatische Ebene sind für das Verständnis kooperativer Führungsformen wichtig (vgl. das Würfelmodell).

In einem weiteren Abschnitt werden erkenntnistheoretische Grundfragen einer mehr elementaristischen oder mehr ganzheitlichen Sichtweise der Führung angeschnitten. Sodann werden Bedeutung und Charakteristika von Definitionen (vgl. Kap. C) sowie einige Aspekte sozialwissenschaftlicher Theorien erörtert.

Dabei wird an Hand eines Kriterienkatalogs für die Bewertung von Führungstheorien unterschieden zwischen Informationsgehalt, Integrationswert, empirischem Wert, Ökonomie, heuristischem Wert und praktischem Wert. Mit diesen Merkmalen werden in Kapitel E verschiedene Führungstheorien bewertet und systematisch verglichen.

Schließlich erläutern wir die methodologischen Grundlagen experimenteller Forschung sowie verschiedene meßmethodische Gütekriterien, wie Objektivität, Reliabilität und Validität, deren Kenntnis für die Beurteilung der empirischen Führungsforschung unabdingbar ist. Da in der empirischen Führungsliteratur korrelationsstatistische und faktorenanalytische Studien vorherrschen (vgl. Stogdill, 1974), werden die Grundzüge der Korrelationsstatistik und der Faktorenanalyse in relativ leicht verständlicher Form dargestellt.

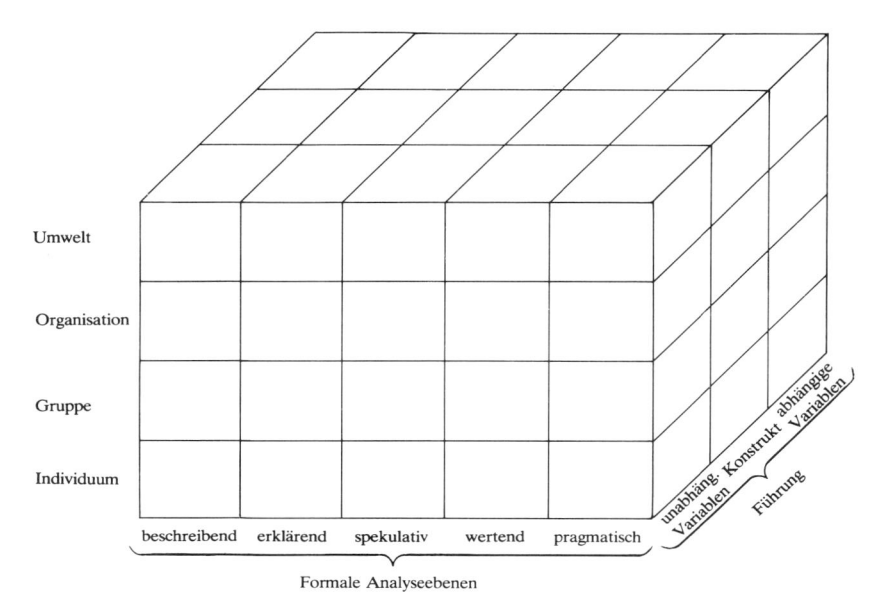

1. Wissenschaftstheoretische Aspekte der Führungsforschung 15

Umwelt
Organisation
Gruppe
Individuum

beschreibend   erklärend   spekulativ   wertend   pragmatisch

Formale Analyseebenen

unabhängige Variablen — Konstrukt Führung — abhängige Variablen

1. Wissenschaftstheoretische Aspekte der Führungsforschung

1.1. Führung als unabhängige, intervenierende und abhängige Variable

Ein beschreibendes Modell der Führung sollte ihre wesentlichen Bestimmungsmerkmale aufzeigen, d. h. die Wechselbeziehungen zwischen den Bedingungen, dem Führungsprozeß, der Führungsstruktur sowie deren Konsequenzen beachten. In den empirisch orientierten Ansätzen ist es üblich, Führung als a) abhängige Variable, b) als intervenierende Variable bzw. als hypothetisches Konstrukt und c) als unabhängige Variable zu untersuchen.

Formal ausgedrückt:

$$y = f(x)$$

Gelesen: Y, die abhängige Variable, ist eine Funktion von X, der unabhängigen Variablen. D. h. Y hängt in irgendeiner Weise von X ab. Ziel dieser Betrachtungsweise — sowohl bei Laborexperimenten als auch in Felduntersuchungen — ist es, zu ermitteln, welche gesetzmäßigen Beziehungen zwischen der unabhängigen und der abhängigen Variablen bestehen.

Abbildung B-1-1 zeigt Führung als abhängige und unabhängige Variable sowie als hypothetisches Konstrukt bzw. intervenierende Variable (zum Konstruktbegriff vgl. Mac Corquodale/Meehl, 1953). Führung als Konstrukt wird thema-

Führung und kooperative Führung als unabhängige, intervenierende u. abhängige Variable

tisiert bei der Untersuchung der strukturellen und prozessualen Aspekte des Führungsphänomens, insbesondere bei der Analyse von Kleingruppen (vgl. Kap. L).

In der vorliegenden Arbeit werden Führung und kooperative Führung unter allen drei Aspekten untersucht (vgl. Kap. K, L, M, N). Wie in Kapitel A erwähnt, kann man nach Indik (1968) die oben differenzierte Sichtweise zusätzlich danach unterscheiden, ob sie auf der Individual-, Gruppen-, Organisations- und Umweltebene angewandt wird (vgl. Kap. B 1.3.). Da kooperative Führung vornehmlich in und durch Gruppen erfolgt, steht der Individual- und Gruppenaspekt im Mittelpunkt der vorliegenden Literaturanalyse (vgl. Kap. K, L).

Bereits 1951 wies der Sozialpsychologe Bronfenbrenner (zit. n. Bonner, 1959, 517f.) nach, daß die sozialwissenschaftliche Forschung in den USA einer zweigipfligen (bimodalen) Verteilung entsprach: auf der einen Seite undisziplinierte Spekulation, auf der anderen Seite ein steriler Methodenrigorismus (vgl. Abb. B-1-2). Diese Feststellung gilt noch in unveränderter Form, denn eine

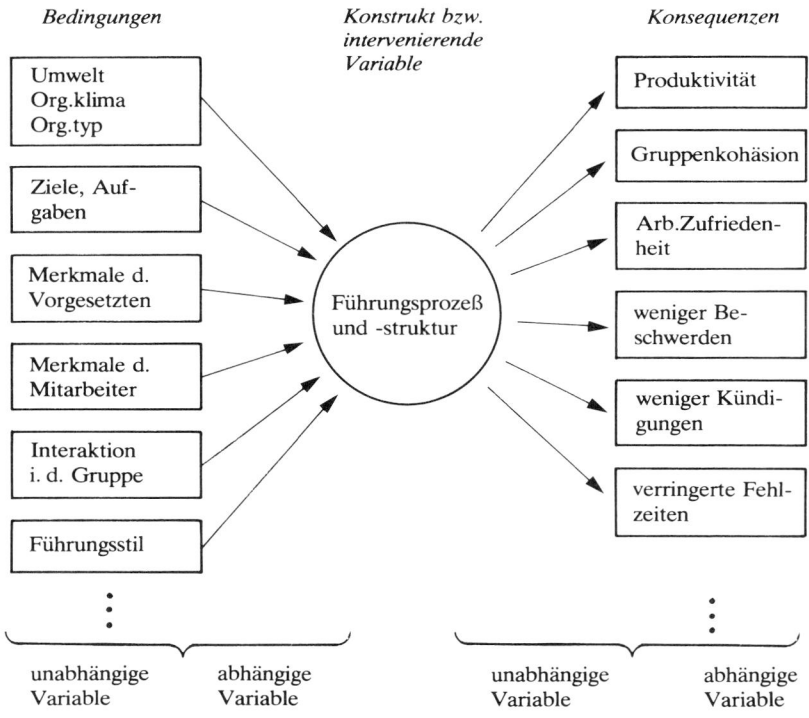

Abb. B-1-1
Führung als unabhängige, intervenierende und abhängige Variable

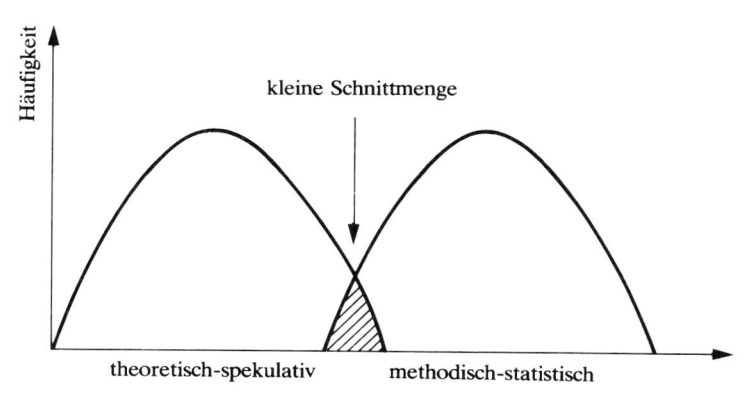

1. Wissenschaftstheoretische Aspekte der Führungsforschung

Abb. B-1-2
Theoretisch-spekulative vs. methodisch-statistische Forschung

Theoriedefizitäre empirische Forschung

theoriegeleitete empirische Forschung ist eher die Ausnahme denn die Regel (Mertens/Fuchs, 1978; Grunwald, 1976; Irle, 1975; Wunderer, 1975b).

Der größte Teil der empirischen Führungsforschung befaßt sich mit dem Auffinden von gesetzmäßigen Zusammenhängen zwischen abhängigen und unabhängigen Variablen (vgl. Stogdill, 1974). Viele inkonsistente empirische Befunde führten dazu, daß immer mehr Moderatorvariablen (Vermittlervariablen) eingeführt wurden, um den Erklärungswert der zumeist bivariaten Ansätze zu erhöhen. Gleichwohl vermag diese Vorgehensweise nur partielle Erklärungen des Führungsphänomens zu liefern, da Rückkoppelungsbeziehungen auf diese Weise nicht aufgedeckt werden können (Neuberger, 1973, 47). Es ist deshalb unerläßlich, diese Ansätze durch Fallstudien und Feldstudien zu ergänzen.

Wie sich in den folgenden Kapiteln zeigen wird, sind die Verfasser dem von K. R. Popper und Nachfolgern vertretenen Programm des „Kritischen Rationalismus" insoweit verbunden, als sie die Perspektivität, Selektivität und Vorläufigkeit aller wissenschaftlichen Erkenntnis betonen und damit jedweden erkenntnis- und wissenschaftstheoretischen Dogmatismus in Form eines absoluten Wahrheitsanspruches ablehnen (vgl. Popper, 1971; Spinner, 1974; Prim/Tilmann, 1975; Opp, 1976 u. a.).

Diese Aussage gilt für Entstehen, Begründung und Verwertung von Wissenschaft. Eine „wertneutrale Wissenschaft" gehört in das Reich der Utopie (vgl. Feyerabend, 1976; Strasser/Knorr, 1976; Weingart, 1976). Wir wollen darum unsere erkenntnisleitenden Interessen offenlegen, da sie die Auswahl, Analyse, Interpretation und Bewertung der referierten Führungsliteratur beeinflußt haben.

Wissenschaft ist nicht wertneutral

Ein wesentliches Ziel dieser Studie ist es, die nach dem gegenwärtigen Erkenntnisstand als gesichert geltenden bzw. als bedeutsam angesehenen Ergebnisse zur Führungsforschung darzulegen. Dabei werden vor allem jene Befunde hervorzuheben sein, in denen verschiedene Autoren mit unterschiedlichen theoretischen und methodischen Ansätzen zu gleichen oder ähnlichen Ergebnissen gelangen.

Zweifellos werden bei der Zusammenstellung und Interpretation dieser Untersuchungen auch subjektive Werturteile, „einfühlendes Verstehen" und Plausibilitätsüberlegungen der Verfasser eine große Rolle spielen (vgl. Kap. K). Auch daher erscheint es notwendig, das dieser Arbeit zugrunde liegende Wissenschaftsverständnis zu erläutern. Theoretisch-spekulative und normative Ansätze in der Führungsliteratur werden insoweit berücksichtigt, als bei ihnen ein heuristischer Wert für die Weiterentwicklung der Führungsforschung und -praxis vor dem Hintergrund der gesicherten empirischen Ergebnisse vermutet werden kann.

Bei der Darstellung kooperativer Führungsformen wird davon ausgegangen, daß nur die Beachtung der *Interdependenz* von Theorie, Empirie und Methodik eine sachgerechte Behandlung des Themas gewährleistet.

Die in den folgenden Kapiteln referierten und diskutierten Inhalte spiegeln die in den Sozialwissenschaften gegenwärtig bevorzugten Paradigmata wider. Mit dem Begriff des Paradigma beschreibt Kuhn (1963, 1967, vgl. auch Devereux, 1967) die wissenschaftlichen Grundannahmen sowie die interessengeleitete Auswahl von Forschungsbereichen. In der Sozialpsychologie überwiegen gegenwärtig „naturalistische" Paradigmata, während „historische" Grundeinstellungen seltener vertreten werden (Levine, 1976). Beide Paradigmata können wie folgt skizziert werden:

Naturalistische vs. historische Paradigmata in der Sozialpsychologie

Naturalistische Paradigmata zielen auf allgemeine Bedingungen, geschichtsübergreifende und reduktive Erklärungen, positivistisches Denken, Naturgesetze, kumuliertes und wertfreies Denken.

Historisch orientierte Forschungsansätze betonen dagegen Spezifizität (Fallstudien), geschichtliche Bedingungen, durch Menschen geformte Gesetze, beschreibende Erklärungen, holistisches Denken und wertgeleitetes Wissen.

Obwohl hier beide Paradigmata berücksichtigt werden, liegt der Akzent auf der „naturalistischen" Sichtweise.

Aus der Aufgabenstellung, eine repräsentative Literaturübersicht zusammenzustellen, ergibt sich unvermeidbar eine gewisse konservative Grundhaltung bei der Auswahl und Bewertung der verschiedenen Quellen. In der Literatur vernachlässigte Themen (z. B. Frauen als Vorgesetzte bzw. Mitarbeiter; die Bedeutung der Sexualität in der Führungsbeziehung, vgl. Frank, 1977) sind auch hier vernachlässigt worden. Eine weitere Bemerkung sei der Entwicklung der Führungslehren und -theorien gewidmet. In den letzten 10 Jahren fand hier nicht nur eine quantitative Ausweitung statt (vgl. Kap. E, H, K), sondern auch eine Veränderung in den vorherrschenden Erklärungsmodellen und Forschungsschwerpunkten. Hier setzt sich keineswegs immer die „bessere" Theorie durch. Im Gegenteil: bisher akzeptierte und neu konzipierte Sichtweisen

1. Wissenschaftstheoretische Aspekte der Führungsforschung

und Paradigmata (Erklärungsmodelle) sowie die sie vertretenden Wissenschaftler liegen häufig im Widerstreit miteinander.

„Dieses Ringen eines alten Paradigmas mit einem neuen Paradigma ist die wissenschaftliche Revolution. Sie ist kein punktuelles Ereignis, sondern ein Prozeß mit ganz bestimmter Struktur ... Sie beginnt mit dem Auftauchen von Anomalien, schließt den Prozeß der Rettungsversuche ein, die Phasen von Unsicherheit und Krise, die Kontroversen um das neue Paradigma und endet schließlich mit der Annahme des neuen Paradigmas" (Spiegel/Rösing, 1973, 60).

Nicht zuletzt aufgrund des ungesicherten Status vieler Befunde zur Führung und kooperativen Führung war zwischen bekannten und gesicherten sowie neueren, relativ unbekannten Führungskonzeptionen auszuwählen.

1.2. Analyseebenen

Die Beiträge der Wissenschaft und Praxis zum Führungsphänomen sind gekennzeichnet durch eine Reihe heterogener Ansätze, deren Analyse und Integration dadurch erschwert werden, daß sie auf hohem Abstraktionsniveau und auf verschiedenen formalen und inhaltlichen Analyseebenen argumentieren.

Formale Analyseebenen

Angesichts der verwirrenden Vielfalt der Führungsliteratur erscheint es sinnvoll, aus wissenschaftstheoretischer Sicht die verschiedenen metatheoretischen Analyseebenen darzustellen, die in der Führungsforschung — zumeist implizite — verwendet werden. Es lassen sich fünf, z. T. überlappende Analyseebenen unterscheiden, nämlich 1) die beschreibende (deskriptive) Ebene, 2) die erklärende (explanative) Ebene, 3) die wertende (präskriptive oder normative) Ebene, 4) die spekulative Ebene und 5) die pragmatische (praxeologische) Ebene (vgl. Jäger/Westmeyer, 1972; Bunge, 1967).

1.2.1. Beschreibende Ebene

Die Beschreibung von Führungsphänomenen ist unerläßlich für deren Erklärung, Prognose und Kontrolle. Ein Großteil der Führungsforschung, wie z. B. Fallstudien, Beobachtungen des Führungsverhaltens, vergleichende Untersuchungen zum Führungsstil etc., gehört in diese Kategorie. Wenngleich die Beschreibung eines Sachverhalts niemals theoriefrei erfolgen kann, so verfügt man auf dieser Analyseebene noch nicht über Gesetzeswissen. Die Beschreibung sagt, was wie ist. Die Frage lautet: *Was ist der Fall?*

Die beschreibende Ebene

1.2.2. Erklärende Ebene

Die erklärende Ebene wird angesprochen mit der *Warum-Frage* nach den Ursachen bzw. Bedingungen für das Auftreten bestimmter Sachverhalte. Neben der Erklärung vergangenen Geschehens, wie z. B. Darwins Evolutionstheorie, befaßt sich Wissenschaft vornehmlich mit der Erklärung gegenwärtiger und der Vorhersage zukünftiger Ereignisse.

Die erklärende Ebene

Wir wollen in gebotener Kürze auf die wissenschaftstheoretischen Bestimmungsmerkmale einer adäquaten Erklärung eingehen, da viele Beiträge zur Führungsforschung mit dem Anspruch auftreten, die von ihnen untersuchten Sachverhalte zu erklären, obgleich sie häufig nur eine Mischung aus deskriptiven, normativen und spekulativen Aussagen darstellen.

Stegmüller (1969, 72f.) unterscheidet im vorwissenschaftlichen Sprachgebrauch folgende Arten von Erklärungen:

Arten von Erklärungen

(1) Erklärung als kausale Erklärung von Vorgängen und Tatsachen. Diese Version interessiert den Wissenschaftler am meisten, weil es sich hier um die Ursachenentdeckung handelt.
(2) Erklärung als Erklärung der Bedeutung eines Wortes.
(3) Erklärung als Interpretation eines Textes.
(4) Erklärung als korrigierende Uminterpretation. Hierbei geht es um eine andersartige Deutung oder Klassifikation bestimmter Sachverhalte.
(5) Erklärung als Auflösung einer Diskrepanz, was jemand glaubt und was tatsächlich der Fall ist.
(6) Erklärung als moralische Rechtfertigung bestimmter Handlungen.
(7) Erklärung als detaillierte Schilderung von Handlungen.
(8) Erklärung als Erklärung der Funktionsweise eines komplexen Gebildes.
(9) Erklärung als Erklärung dafür, wie man etwas macht.

Die wissenschaftliche Erklärung

Die *wissenschaftliche* Erklärung befaßt sich mit der ersten Version, nämlich der Erklärung von Vorgängen und Tatsachen, deren logische Struktur im folgenden skizziert werden soll.

„Einen Vorgang „kausal erklären" heißt, einen Satz, der ihn beschreibt, aus *Gesetzen und Randbedingungen* deduktiv ableiten" (Popper, 1969, 31).

Die logische Struktur der wissenschaftlichen Erklärung ist erstmals von Hempel/Oppenheim (sog. H-O-Schema der Erklärung) systematisch analysiert worden (vgl. Opp, 1976, 124f.; Stegmüller, 1969). Erklärungen erfolgen grundsätzlich durch logische Ableitung (Deduktion), wobei das zu Erklärende (Explanandum) aus dem Erklärenden (Explanans), den Randbedingungen und den Gesetzesaussagen abgeleitet wird.

Das H-O-Schema der Erklärung

| Randbedingungen | R1 . . . . . Rn | } Explanans |
Gesetzesaussagen	G1 . . . . . Gn	
das zu Erklärende	E	Explanandum

Beispiel: Nehmen wir an, ein Vorgesetzter in einer Stabsstelle mit hochqualifizierten Mitarbeitern verursacht durch sein Führungsverhalten hohe Arbeitsunzufriedenheit (Explanandum). Gesucht wird eine zureichende Erklärung. Die Randbedingung ist: Der Vorgesetzte zeigt einen autoritären Führungsstil. Als Gesetzesaussage könnte folgende Erkenntnis herangezogen werden: Wenn ein autoritärer Führungsstil bei qualifizierten Mitarbeitern angewendet wird, resultiert bei den Mitarbeitern hohe Arbeitsunzufriedenheit.

1. Wissenschaftstheoretische Aspekte der Führungsforschung

Randbedingung:
Der Vorgesetzte zeigt autoritäres Verhalten gegenüber seinen Mitarbeitern.
Gesetzesaussage:
Wenn ein autoritärer Führungsstil bei qualifizierten Mitarbeitern praktiziert wird, führt dies zu hoher Arbeitsunzufriedenheit.
Explanandum:
Der Vorgesetzte verursacht durch sein autoritäres Führungsverhalten bei den Mitarbeitern hohe Arbeitsunzufriedenheit.

Eine wissenschaftliche Erklärung benötigt empirisch gut bestätigte Gesetzesaussagen bzw. Theorien. Das H-O-Schema der Erklärung findet in der Wissenschaft nicht zuletzt deshalb besondere Beachtung, weil in vielen Fällen zwischen Erklärung, Prognose und Technologie (Mittel-Zweck-Relation) eine Strukturidentität besteht, wie die Abbildung B-1-3 zeigt (Prim/Tilmann, 1973, 105; Opp, 1976, 124f.; Lenk, 1972).

	Erklärung	Prognose	Technologie
Gesetz	gesucht	gegeben oder gesucht	gesucht
Randbedingung	gesucht	gegeben: Frage: Was folgt daraus?	gesucht: (Maßnahmen)
Explanandum	gegeben: Frage: Warum gegeben?	gesucht	gegeben als Ziel: Frage: Wie realisierbar?

Strukturidentität von Erklärung, Prognose und Technologie

Abb. B-1-3
Strukturidentität von Erklärung, Prognose und Technologie (nach Prim/Tilmann, 1973, 105)

Voraussetzung für die Entwicklung und Überprüfung von Gesetzeshypothesen ist die rationale Rekonstruktion von Handlungssituationen. Aber auch bei Anwendung von Gesetzeswissen zur Erreichung bestimmter Ziele (soziale Technologie) besteht die Schwierigkeit vornehmlich darin, daß das zu lösende Problem zumeist nur unzureichend präzisiert oder eingegrenzt werden kann (z. B. Erhöhung der Mitarbeiterzufriedenheit und -leistung durch Einführung kooperativer Führungsformen). Die praktischen Führungsprobleme einer Organisation sind zu komplex, als daß sie mit dem gegenwärtig verfügbaren Wissensbestand der Sozialwissenschaften zufriedenstellend gelöst werden können.

„Der Zielzustand ist nicht durch ein Einzelmerkmal charakterisiert, sondern durch ein ganzes Merkmalsbündel. Ebensowenig kann der Ausgangszustand durch ein einzelnes Merkmal beschrieben werden. Dementsprechend zahlreich sind auch die für die Verknüpfung der Ausgangs- mit der Zielsituation erforderlichen Gesetzeshypothesen. Die einzuleitenden Ursache-Wirkungs-Prozesse können häufig wegen bestehender Interdependenzen weder als voneinander isolierte Entwicklungen noch als abgeschlossenes System angesehen werden" (Heinen, 1976, 424; vgl. Kap. N.).

Darum sind in der Führungsforschung eindeutige wenn-dann-Aussagen, wenn überhaupt, nur für bestimmte organisatorische und personale Teilbereiche möglich (vgl. Kap. L).

1.2.3. Spekulative Ebene

Die spekulative Ebene

Typisch für diese Betrachtungsebene ist die fehlende empirische Fundierung, die durch mehr oder minder plausible Mutmaßungen ersetzt wird. Die spekulative Sichtweise zielt allenfalls auf logische Widerspruchsfreiheit. Als Beispiele könnte man die Theorien „X" und „Y" von McGregor (vgl. Kap. D) oder die vielen idealtypischen Ansätze in der betriebswirtschaftlichen Führungsliteratur (vgl. Kap. G) anführen. Spekulative Ansätze können jedoch für die Theorienentwicklung wichtig sein und durch empirische Überprüfung erklärende Funktionen erhalten, wie das Beispiel der Maslowschen Bedürfnishierarchie zeigt (vgl. Kap. F, E).

1.2.4. Wertende Ebene

Die wertende Ebene

Die wertende Ebene beinhaltet Auffassungen vom Wünschenswerten. Normative Aussagen beschränken sich nicht auf eine Beschreibung empirischer Sachverhalte, sondern bewerten im Sinne positiver oder negativer Wertschätzungen. Die systematische Analyse der Führungsliteratur wird u. a. dadurch erschwert, daß häufig beschreibende, erklärende und normative Aussagen vermengt werden.

Das Überwiegen normativer Konzepte in der Führungsliteratur hat vielerlei Gründe. Zu den wichtigsten zählen: a) unzulängliches methodkritisches Bewußtsein der Autoren, b) unzureichende theoretische und empirische Fundierung der zu erklärenden bzw. gestaltenden organisationspsychologischen Sachverhalte, c) die unauflösbare Verschränkung normativer und empirischer Sachverhalte durch die gesellschaftliche Konstruktion der Realität. So ist z. B. das Zielsystem einer Organisation normativer Natur, während der Ausgangspunkt organisatorischen Handelns in der Regel ein empirisches Faktum darstellt. Die Mittel zur Erreichung der Organisationsziele sind zumeist aufgrund fehlender bzw. unzureichender empirischer Befunde und/oder bewährter Theorien ebenfalls normativ bestimmt.

Führung und kooperative Führung als normative Konzepte

Für die Bewertung normativer Aussagen im Hinblick auf die Lösung von Problemen ist es wichtig, zu wissen, wie Normen und Werte begründet sind. Damit ist das zentrale Problem der Werte und Normen in der Führungsforschung angesprochen (Prim/Tilmann, 1975; Iseler/Perrez, 1976; Brandt/Köhler, 1972; Selznick, 1969; Wunderer, 1967 und 1975 b; Birnbacher/Hoerster, 1976; Kmieciak, 1976). Es wird in der Führungsliteratur vielfach übersehen, daß man es bei dem Phänomen „Führung" und „kooperative Führung" mit *normativen* Konzepten zu tun hat (Irle, 1975, 490f., vgl. Kap. K). Die meisten

Führungsmodelle in der einschlägigen Literatur beinhalten Sollensnormen, in denen sich vorwissenschaftliche Annahmen, empirische Generalisierungen, bestimmte Auffassungen vom Wesen des Menschen etc. nachweisen lassen (vgl. Baugut/Krüger, 1976).

Von besonderer Bedeutung, insbesondere für die Konzeption von Führungsprinzipien ist die Unterscheidung zwischen *fundamentalen* und *abgeleiteten* Normen bzw. Werten, denn es ist sehr wohl möglich, daß zwei entgegengesetzte Normen von zwei Gruppen mit ein und derselben grundlegenderen Norm vereinbar sind. Oder es kann ein fundamentaler Normenunterschied gerade dann vorliegen, wenn die abgeleiteten Normen zweier Gruppen übereinstimmen. Mit anderen Worten: Zwei Individuen oder Gruppen unterscheiden sich in ihren grundlegenden moralischen Axiomen, wenn ihre gegensätzlichen Bewertungen *denselben* Gegenstand betreffen und für sie *dieselbe* Bedeutung haben (vgl. Kap. K).

Wir betrachten die den Führungskonzepten zugrunde liegenden ethischen Prinzipien dann als zureichend begründet, wenn es gerechtfertigte und rationale Methoden zu ihrer Überprüfung gibt und wenn die Prinzipien dieser Überprüfung standhalten. Interessant sind in diesem Zusammenhang die Vorschläge von Rawls (vgl. Birnbacher/Hoerster, 1976; Höffe, 1977) über ein Verfahren zur verbindlichen Entscheidung über normative Urteile: Ausgangspunkt der Überlegungen sind normative Urteile, wie sich z. B. Führungskräfte in Konfliktsituationen zu verhalten haben. „Die Zusammenfassung und Systematisierung jener Urteile ergibt die obersten Metaprinzipien" (Rawls, 1976).

Ein vernunftgemäßes Entscheidungsverfahren über Grundwerte der Führung mit grundlegenden moralisch-normativen Axiomen könnte wie folgt aussehen (vgl. Rawls, 1976, zit. n. Birnbacher/Hoerster, 1976, 125f.; ferner Lorenzen/Schwemmer, 1973):

(A) „Festlegen von kompetenten Beurteilern, die folgende Merkmale aufweisen sollten:
  (I) Durchschnittliches Maß an Intelligenz, weder zu hoch noch zu niedrig.
 (II) Sie müssen die besonderen Umstände kennen, über die Meinungen eingeholt werden.
(III) Ist bemüht, Gründe für und gegen die möglichen, ihm offenstehenden Verhaltensweisen zu finden; denkt aspektivisch, perspektivisch. Ist sich klar oder versucht sich klar über seine eigenen emotionalen, intellektuellen und moralischen Präferenzen zu werden.
(IV) Fähigkeit zur Empathie; evtl. ein Vertreter folgender Prinzipien (ethischer Relativist):
 (1) Die ethischen Urteile verschiedener Individuen und Gruppen unterscheiden und widersprechen sich häufig in grundlegender Weise.
 (2) Wenn die Urteile verschiedener Individuen und Gruppen voneinander abweichen, ist es nicht immer möglich, einige von ihnen als richtig zu erweisen; im Gegenteil, manchmal sind einander widersprechende Prinzipien gleichermaßen gültig und richtig."

Begründung von Normen

Diese Regeln zu übernehmen, erscheint insofern sinnvoll, als Grundwerte der Führung zwischen zwei z. T. unvereinbaren Forderungen ein Optimum herstellen müssen: Auf der einen Seite geht es um die Verwirklichung der Humanisierung der Arbeitswelt, auf der anderen Seite um Erhöhung und Sicherung der Leistungsfähigkeit einer Organisation (für viele Gebert, 1974; Kap. O).

Merkmale von normativen Urteilen

(B) Normative Urteile sollten unter folgenden Prämissen getroffen werden:

(I) Beurteiler müssen bezüglich ihrer Entscheidung frei von negativen Sanktionen anderer Personen sein.
(II) Der Urteilende soll nicht von seiner Entscheidung persönlich profitieren.
(III) Der zu beurteilende Fall soll wirkliche Interessenkonflikte enthalten.
(IV) Dem Urteil soll sorgfältige Ermittlung der Fakten vorausgehen, und alle Betroffenen müssen ihren Standpunkt darlegen können.
(V) Derjenige, welcher Urteile gibt, soll sich seiner Sache sicher sein.
(VI) Interrater-Reliabilität der kompetenten Beurteiler sollte hoch sein (möglichst größer als 0,70), in Analogie zur Testentwicklung.

(C) Probleme bei der Entwicklung von Werturteilen:

(a) *Logisch unzulängliche Beweisverfahren* (nach Prim/Tillmann, 1973, 119f.)

(1) „Normative Aussagen können nicht allein aus empirischen Aussagen abgeleitet werden", d. h. der Bedeutungsumfang eines abgeleiteten Satzes kann nicht den Bedeutungsumfang jener Aussage überschreiten, aus der er abgeleitet ist.

Der „naturalistische Fehlschluß"

Da empirische Aussagen keine normativen Implikationen enthalten (bzw. enthalten sollen), können aus ihnen keine normativen Aussagen abgeleitet werden. D. h. man kann Führungsvorschriften nicht nur aufgrund empirischer Ergebnisse aufstellen. Werden normative Aussagen allein aus empirischen Aussagen abgeleitet, handelt es sich um einen logischen Fehlschluß (sog. naturalistischer Fehlschluß). Aus der empirischen Aussage: 90% der Arbeitnehmer befürworten eine kooperative Führung, kann nicht der normative Satz abgeleitet werden: kooperative Führung soll eingeführt werden. Normative Aussagen können vielmehr nur in Zusammenhang mit anderen normativen Obersätzen und empirischen Sätzen abgeleitet werden (Prim/Tillmann, 1973, 119f.):

normativer Obersatz:	Wenn eine Gruppe von Menschen zu mehr als 80% etwas befürwortet, dann ist dies erstrebenswert und gut
empirischer Untersatz:	90% der Mitarbeiter befürworten eine kooperative Führung
normative Schlußfolgerung	Kooperative Führung ist erstrebenswert und gut

(2) Normative Aussagen können auch nicht durch den Hinweis auf das „Wesen" einer Sache begründet werden, da Wesensaussagen ihrerseits normativ und aus übergeordneten normativen Aussagen abgeleitet sind (Zirkel).

(b) *Die interne Widerspruchslosigkeit normativer Aussagen und die Möglichkeit der Begrenzung einer Norm durch Deduktion aus Grundwerturteilen:*

Die meisten Werturteile in der Organisationsliteratur dürften *abgeleitete* Werturteile sein, d. h. sich auf übergeordnete Werte zurückführen lassen.

Die Rückführung von Werten auf Grundwerte

Es ist sinnvoll, zu überprüfen, ob der Untersatz zum Übersatz in einem Teilklassenverhältnis steht. Zuweilen wird in den Untersatz noch manches hineininterpretiert, was im Übersatz gar nicht enthalten ist. Der logische Regreß der Zurückführung von Werturteilen auf andere Werte endet dort, wo man die „obersten" Werte erreicht hat (Grundwerturteile). Abgeleitete Werturteile lassen sich durch Regreß beweisen, Grundwerturteile, daß man sie „um ihrer selbst willen" akzeptiert oder ablehnt (Prim/Tilmann, 1973, 123).

„So läßt sich ohne Schwierigkeit beispielsweise zeigen, daß das unternehmerische Interesse an hohem Gewinn in den seltensten Fällen um des Gewinnes als Gewinnes willen besteht, sondern weil der Gewinn die Voraussetzung bietet zur weiteren Existenz des Unternehmens, zu einer sorgenfreien Lebensführung, zur Entfaltung gesellschaftlichen und politischen Einflusses etc. . . ." (Prim/Tilmann, 1973, 123)

Als Grundwerturteile betrachten wir in dieser Arbeit die Aussagen zu den Prinzipien der Wechselseitigkeit, Arbeit und Leistung sowie Selbstverwirklichung (vgl. Kap. K).

(c) *Die Analyse normativer Kollisionen und Rangordnungen*

„Rangordnungsverhältnisse zwischen Normen sind von logischen Ableitbarkeitsbeziehungen zwischen Normen zu unterscheiden" (Prim/Tilmann, 1973, 123). Die kritische Funktion der logischen Analyse von Wertkonflikten liegt darin, festzustellen, ob Grundwerturteile aufgehoben oder Prioritäten verändert werden sollen.

(d) *Der logische Zusammenhang von Wertungen im Rahmen von Technologiekonstruktionen*

Die meisten Führungskonzepte können als Ziel-Mittel-Aussagen angesehen werden. Technologiekonstruktionen dienen der Beantwortung der Frage, welche Maßnahmen zu realisieren sind, um bestimmte normativ gesetzte Ziele zu erreichen. Hierbei treten logisch explizierbare Wertungsprobleme auf. Prim/Tilmann (1973, 126) zufolge können Wertungen bei Technologien in dreifacher Weise auftreten:

(1) Wertungen, die das Handlungsziel fixieren: „Es soll eine kooperative Führung eingeführt werden"

Wertungen innerhalb Zweck-Mittel-Aussagen

(2) Wertungen, die die Mittelverwendung betreffen: „Der Gruppenzusammenhalt zur Förderung kooperativer Arbeitsbeziehungen ist zu erhöhen"

(3) Wertungen, die sich auf die mit der Mittelverwendung eintretenden Nebenwirkungen beziehen: „Die Erhöhung des Gruppenzusammenhalts bewirkt anfänglich einen Leistungsabfall bei den Mitgliedern".

Die pragmatische Ebene

1.2.5. Pragmatische Ebene

Auf der pragmatischen Analyseebene geht es um die Frage, wie bestimmte Ziele oder Zwecke erreicht werden können. Sachgerechte Problemlösungen auf der pragmatischen Ebene sind eng verbunden mit der beschreibenden und erklärenden Ebene (vgl. zur Strukturidentität von Erklärung, Prognose und Technologie Opp, 1976, 165f.; Prim/Tilmann, 1973; Lenk, 1972).

Viele Aussagen in den Sozialwissenschaften, insbesondere zur Organisationsentwicklung, bewegen sich auf der pragmatisch-normativen Analyseebene, ohne daß die zu gestaltenden Sachverhalte hinreichend beschrieben und/oder erklärt wären. (vgl. Kap. O).

1.3. Ein metatheoretisches Analysemodell der Führung

Ein Würfelmodell der (kooperativen) Führung

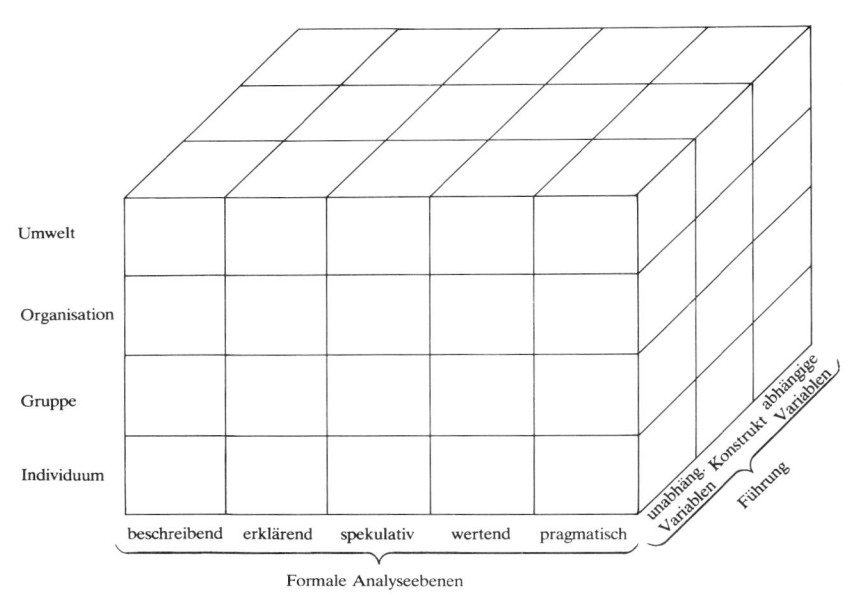

Abb. B-1-4
Ein metatheoretisches Analysemodell der Führung

Die Ergebnisse der Abschnitte 1.1. und 1.2. sind im vorstehenden Würfelmodell zusammengefaßt.

1.4. Atomistische vs. holistische Ansätze — zwei komplementäre Sichtweisen in der Führungsforschung

Alle sozialen Systeme stehen in einem Über- und Unterordnungsverhältnis zu anderen sozialen Systemen, so daß es letztlich vom Standpunkt des Betrachters abhängt, wann ein Sachverhalt als mikro- oder makrosozial zu bezeichnen ist. So ist eine Unternehmung oder Verwaltung von anderen Unternehmen oder Verwaltungen und der sie umgebenden Volkswirtschaft abhängig, während Abteilungen oder Gruppen wiederum im Gesamtunternehmen eingebettet sind.

McGrath/Altman (1966, 38) haben die unterschiedlichen Analyseebenen wie folgt verdeutlicht:

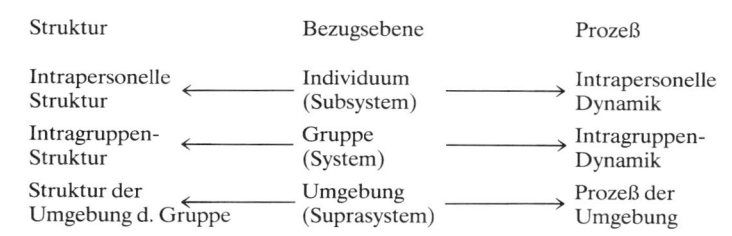

Struktur	Bezugsebene	Prozeß	
Intrapersonelle Struktur	← Individuum (Subsystem) →	Intrapersonelle Dynamik	Mikro- und makrosoziale Sichtweisen in der Führungsforschung
Intragruppen-Struktur	← Gruppe (System) →	Intragruppen-Dynamik	
Struktur der Umgebung d. Gruppe	← Umgebung (Suprasystem) →	Prozeß der Umgebung	

Abb. B-1-5
Analyseebenen kooperativer Führung

Bei der mikrosozialen Betrachtungsweise werden zumeist Individuen und Gruppen zum Erkenntnisobjekt gewählt, wobei die Gesamtorganisation und Umwelt als relativ konstante Rahmenbedingungen vorausgesetzt werden. Dieser Ansatz wird in dieser Arbeit bei der Darstellung kooperativer Führungsformen bevorzugt. Eine makrosoziale Sichtweise würde demgegenüber die gesamte Organisation und ihre politisch-ökonomische Umwelt bevorzugt betrachten, wobei Individuen und Gruppen der Organisation von sekundärer Bedeutung wären (vgl. Porter et al., 1975). Lewin (1963, 198) weist darauf hin, „daß die Größe einer sozialen Einheit, die für die theoretische oder praktische Lösung eines ... Problems in Rechnung gezogen werden muß, nicht eine Angelegenheit der Willkür ist, die durch den Sozialpsychologen nach Belieben entschieden werden kann".

Beide Analyseebenen können entweder aus atomistischer oder holistischer Perspektive untersucht werden. Die Atomismus-Holismus-Kontroverse, d. h. die Frage nach einer elementaristischen oder ganzheitlichen Betrachtungsweise hat in der Wissenschaftsgeschichte eine über 2000jährige Tradition (vgl. Klaus/Buhr, 1970; La Fave, 1969). Die Auseinandersetzung reduziert sich letztlich auf die von Plato und Aristoteles zurückgehende These, daß das Ganze mehr sei als die Summe seiner Teile (vgl. Nagel, 1965; s. auch die Kritik

Atomismus-Holismus-Kontroverse

der Gestalts- und Ganzheitspsychologie gegen die „Elementenpsychologie", Hofstätter, 1957).

Die Entscheidung für eine atomistische oder ganzheitliche Sichtweise ist von fundamentaler Bedeutung für die Auswahl, Analyse und Interpretation der Führungsliteratur. Diese Feststellung sei an folgenden Fragen verdeutlicht, die in der Literatur kontrovers diskutiert werden: Stellt eine Gruppe eine Ansammlung von Einzelindividuen dar oder ist sie ein Gebilde sui generis? Wird die Gruppe als Aktionseinheit erlebt oder nur als Ansammlung einzelner aktiver Mitglieder? (vgl. Schneider, 1975, 43 f.; Franke, 1972). Überträgt man die Redewendung: „Das Ganze ist mehr als die Summe seiner Teile" auf die Gruppe, dann muß sie mehr sein als die Summe ihrer Mitglieder, obgleich sich eine Gruppe stets aus Einzelpersonen konstituiert (Franke, 1972).

Kritisch kann gegen die holistische Denkweise eingewandt werden, daß meist unklar bleibt, was unter den Begriffen „Ganzheit", „ist", „mehr", „Teile" und „Summe" zu verstehen ist (La Fave, 1969; Nagel, 1965).

Für den Erkenntnistheoretiker Schlick (Wiener Kreis) war die Frage Individuum-Gesellschaft und Summe-Ganzheit keine Tatsachenfrage, sondern eine Frage der Schreibweise.

„Wenn man hier und da holistische Begriffe bevorzugt, so deshalb, weil diese Sprechweise für viele Zwecke bequemer und handlicher ist. Während z. B. bei summativer Darstellungsweise mitunter langwierige Konjunktionen formuliert werden müssen, genügt bei holistischer Schreibweise u. U. ein einziges Wort" (Franke, 1972).

Reduktionismus vs. Institutionalismus

In der Atomismus-Holismus-Kontroverse wird das Problem des Reduktionismus aktuell (Erlenkämper, 1976; Kirsch, 1970; Reber, 1976; Schanz, 1977; vgl. Kap. K). Die hiermit verbundenen Auffassungen findet man in der Literatur auch unter den Bezeichnungen: Reduktionismus vs. Emergentismus, methodologischer Individualismus vs. methodologischer Holismus (Kollektivismus) oder psychologischer bzw. verhaltenswissenschaftlicher Reduktionismus vs. Institutionalismus.

Die Position des verhaltenswissenschaftlichen Reduktionismus geht davon aus, „daß alle sozialen Phänomene, insbesondere das Funktionieren der sozialen Institutionen, immer als Resultat der Entscheidungen, Handlungen, Einstellungen usw. menschlicher Individuen verstanden werden sollten und daß wir nie mit einer Erklärung aufgrund sogenannter „Kollektive" (Staaten, Nationen, Rassen usf.) zufrieden sein dürfen" (Popper, 1970, 124; zit. nach Erlenkämper, 1976, 142; s. auch Bühl, 1974, 45 f.; Schelsky, 1970; Schanz, 1977).

Die Gegenposition des Institutionalismus vertritt die Auffassung, daß gesellschaftliche, d. h. soziale, ökonomische und politische Phänomene nicht restfrei durch den Rückgriff auf individuumsspezifische Sachverhalte wie Motive, Einstellungen, Entscheidungen etc. erklärt werden können.

Bewertung

Sowohl die totale Ablehnung wie die Überbewertung des Reduktionismus scheinen einseitig. Vielmehr geht es darum, festzustellen, inwieweit Reduktionserklärungen für bestimmte Fragestellungen fruchtbar sind oder nicht.

„Wenn die höhere Ebene nicht erklärt werden kann, ohne die Kenntnis der Elemente der darunter liegenden Ebene, so heißt das ja noch nicht, daß die obere aus der unteren deduziert oder daß die obere auf die untere reduziert werden könnte" (Bühl, 1974, 11). Reduktionen nach „unten" und nach „oben" sind — wie die Wissenschaftsgeschichte gezeigt hat — sehr wohl möglich und wissenschaftsstrategisch fruchtbar. Dabei hat sich vielfach gezeigt, daß Reduktionen nach „unten" den größten Erklärungswert aufweisen. Aus diesem Grund vertreten wir einen „gemäßigten Reduktionismus" (Kirsch, 1971, 95f.), der berücksichtigt, daß es vielfältige gesellschaftliche und organisatorische Erscheinungen sui generis gibt, die individual- oder sozialpsychologisch nicht hinreichend erklärt werden können (z. B. das Bürokratismusphänomen).

Plädoyer für einen „gemäßigten" Reduktionismus

Ein Vorzug des Reduktionismus liegt in seinem methodischen Ansatz, möglichst auf die Wurzeln zu erklärender Erscheinungen zurückzugehen. Überdies wendet er sich gegen die im Institutionalismus häufig praktizierte metaphorische Sichtweise, die sich zuweilen in vagen Kollektivbegriffen (Gruppengeist, Klasse etc.) oder Verdinglichung des Denkens („die Organisationsstruktur führt zu Konflikten", „strukturelle Gewalt" etc.) äußert. Ungeachtet dieser Auffassung hängt es von der jeweiligen Problemstellung ab, ob eine mehr reduktionistische und/oder eine mehr institutionalistische Erklärungsstrategie zweckmäßiger ist. In der Regel — und so auch in der vorliegenden Literaturanalyse — hat man es mit sog. *Mehrebenen*-Erklärungen zu tun, d. h. reduktionistischen und kontextuellen Erklärungen, die gleichzeitig oder nacheinander auf ein und denselben Bereich angewandt werden (Bühl, 1974, 34; Hummell, 1972). So werden z. B. die Möglichkeiten und Grenzen *kooperativer Führung* sowohl anhand von Motiven, Einstellungen, Erwartungen, Positionen, Rollen als auch durch Verhaltensrichtlinien und Organisationsstrukturen beschrieben und erklärt. In Kap. I und M werden hauptsächlich institutionalistische Erklärungen herangezogen, während in Kap. L reduktionistische Erklärungen dominieren.

1.5. Definitionsarten sozialwissenschaftlicher Begriffe

Eine präzise Definition von „Führung" ist im Interesse einer intersubjektiv eindeutigen Kommunikation unerläßlich. Bekanntlich erfüllen Definitionen für die Wissenschaft und Praxis verschiedene Funktionen (vgl. Bunge, 1967, 136): 1) Einführung neuer Zeichen, 2) formale Einführung neuer Begriffe auf der Basis alter Begriffe, 3) Festlegung der Bedeutung von Begriffen, 4) Herstellung von Wechselbeziehungen zwischen Begriffen, 5) Identifikation von Objekten (besonders bei Realdefinitionen), 6) logische Hygiene (Mehrdeutigkeit und Vagheit werden reduziert) und 7) präzise Symbolisierung von Begriffen.

Funktionen von Definitionen

Ohne auf die moderne Definitionslehre näher eingehen zu wollen (vgl. Essler, 1973), seien im folgenden die wesentlichen Merkmale von drei grundlegenden Definitionsarten, nämlich Nominal- und Realdefinitionen sowie operationalen Definitionen kurz erläutert. Wir gehen deshalb auf einige definitorische Grundlagen näher ein, weil Art und Inhalt von Begriffsbestimmungen die Auswahl, Analyse und Interpretation von Forschungsergebnissen und zuweilen den Forschungsprozeß selbst präjudizieren.

Aus der klassischen Definitionslehre stammt die Unterscheidung zwischen Nominal- und Realdefinitionen (vgl. Opp, 1976).

Nominaldefinition

Merkmale der Nominaldefinition

Unter einer Nominaldefinition versteht man die auf Festsetzung beruhende Ersetzung eines bekannten Ausdrucks durch einen neuen bekannten oder unbekannten Ausdruck. Beispiel: „Führung soll definiert werden als zielorientierte soziale Einflußnahme zur Erfüllung gemeinsamer Aufgaben." Nominaldefinitionen beziehen sich nicht auf Dinge und ihre Eigenschaften, sondern auf die *sprachliche Bezeichnung* dieser Dinge. Über die Realität wird von Nominaldefinitionen nichts ausgesagt, da sie nur Konventionen über die Verwendung sprachlicher Zeichen darstellen. Daraus folgt, daß eine derartige Definition weder wahr noch falsch sein kann; allenfalls ist sie mehr oder weniger nützlich. Man hätte demnach ebensogut auch folgende Definition von Führung festlegen können: „Führung ist gleichbedeutend mit der Fähigkeit, Menschen zu beeinflussen und Ergebnisse zu bewirken, die sich eher auf einer emotionalen Beziehung denn auf die Anwendung von Autorität gründen."

Realdefinition

Merkmale von Realdefinitionen

Im Gegensatz zu Nominaldefinitionen sind Real- oder Sachdefinitionen auf Gegenstände, Eigenschaften etc. bezogen und versuchen, deren „Wesen" zu erfassen. Solche Definitionen sind Aussagen über die Realität und beanspruchen, wahr zu sein. Häufig verbergen sich jedoch hinter Realdefinitionen bzw. Wesensdefinitionen, welche die „Washeit" einer Sache hervorheben, (z. B. „Was ist Führung?") ganz unterschiedliche Ansätze (vgl. Opp, 1976, 201f.):

(1) Wesensdefinitionen stellen einen Versuch dar, die Bedeutung von Ausdrücken zu ermitteln. Beispiel: „Welche Bedeutung hat das Wort „Führung" in der Managementliteratur?"

(2) Wesensdefinitionen sind versteckte empirische Gesetze, wenn z. B. gefragt wird, welche Merkmale allen Führungsformen gemeinsam sind.

(3) Die Wesensdefinition stellt eine Begriffsexplikation dar, indem versucht wird, den Begriff Führung zu präzisieren.

(4) Zuweilen sind Wesensdefinitionen auch verschleierte Nominaldefinitionen, wenn z. B. eine Aussage über das „Wesen" der Führung zu verstehen ist als Vorschlag für die Begriffsverwendung.

(5) Wesensdefinitionen beinhalten gelegentlich normative Aussagen. Beispiel: „Es ist das Wesen der Führung, die Zielsetzung und -erreichung in Arbeitsgruppen sicherzustellen."

Zusammenfassend: Eine Definition ist dann eine Nominaldefinition, wenn das neu eingeführte Zeichen relativ willkürlich gewählt worden ist und ohne weiteres durch ein anderes Zeichen ersetzt werden kann. Eine Definition ist eine Realdefinition, wenn eine derartige willkürliche Festsetzung nicht möglich ist (Essler, 1970, 41).

Operationale Definition

Unter einer operationalen Definition versteht man die Angabe von Forschungsoperationen, etwa Meßvorschriften oder Indikatoren, die einen unscharfen theoretischen Begriff (Konstrukt) präzisieren sollen. Beispiel: der theoretische Begriff „Führung" könnte operational definiert werden durch die Indikatoren a) Häufigkeit von Führungshandlungen, b) Führungsposition und c) Nennung bestimmter Personen durch Gruppenmitglieder.

Merkmale von operationalen Definitionen

Alle vorgenannten Definitionsarten weisen Vor- und Nachteile auf. Auf die Probleme von Realdefinitionen wurde bereits hingewiesen. Nominal- und operationale Definitionen führen in der Forschung nicht selten zu willkürlichen Begriffsbestimmungen, denen keine gründliche Phänomenanalyse des zu bestimmenden Sachverhalts vorausgegangen ist (vgl. Kap. C, K). Bei den operationalen Definitionen wird im allgemeinen nicht zureichend theoretisch begründet, warum für die Präzisierung eines theoretischen Begriffs gerade bestimmte Indikatoren und nicht andere, ebenso plausible Indikatoren gewählt werden. Da theoretische Begriffe nicht restfrei auf Beobachtbares reduziert werden können, sind operationale Definitionen stets partielle Definitionen, die nur Teilaspekte des Konstruktes widerspiegeln. Operationale Definitionsvorschläge ändern sich überdies in dem Maße, wie sich die materiellen und/oder ideologischen Bedingungen der Wissenschaft und Gesellschaft verändern.

Es wurde bereits erwähnt, daß es verschiedene Verfahren der wissenschaftlichen Begriffsbildung gibt. Wir hatten uns für die Methode der Begriffsexplikation ausgesprochen. Sie dient dazu, „einen gegebenen, mehr oder weniger unexakten Begriff durch einen exakten zu ersetzen" (Carnap, 1959, 12). Mit anderen Worten: der zu präzisierende Begriff „Führung" bzw. „kooperative Führung" (das sog. Explikandum) soll durch eindeutige Regeln in einen exakteren Begriff (das sog. Explikat) transformiert werden. In Kap. C und K werden die verschiedenen Bedeutungen von „Führung" und „kooperative Führung" herausgearbeitet. Wie die dort aufgeführten Definitionsversuche der verschiedensten Autoren zeigen, umfaßt die Bedeutungsanalyse sowohl beschreibende wie empirische Aussagen.

Begriffsexplikation

In der Wissenschaftstheorie hat man allgemeine Regeln zur Rekonstruktion von Begriffen aufgestellt (vgl. Hempel, 1952; Stegmüller, 1970; Carnap, 1959). Danach sollte der zu präzisierende Begriff folgenden Kriterien genügen:

Regeln der Begriffsexplikation

1. Das Explikat soll dem Explikandum *ähnlich* sein.
2. Die Gebrauchsregeln des Explikats sollen *exakt* sein, so daß Mehrdeutigkeiten und Vagheiten des Explikandums beseitigt werden.
3. Das Explikat soll *fruchtbar* sein, so daß es neue Aussagen zu formulieren erlaubt.
4. Das Explikat soll so *einfach* wie möglich sein (Ökonomieprinzip).

Der Zusammenhang zwischen Theorie, Hypothesen, Konstrukten, Indikatoren, Definitionen und empirischer Realität läßt sich mit Hempel (1952, 36, zit. n. Friedrichs, 1973, 62) wie folgt veranschaulichen (vgl. Abb. B-1-6):

„Ihre Begriffe (der Theorie, d. Verf.) sind durch Knoten repräsentiert, wobei die sie verbindenden Fäden zum Teil den Definitionen und zum Teil den fundamentalen und den abgeleiteten Hypothesen, die die Theorie enthält, entsprechen. Das ganze System schwebt über der Ebene der Beobachtung und ist in ihr verankert durch Regeln der Interpretation. Diese lassen sich als Bänder bezeichnen, sie sind keine Bestandteile des Netzwerkes, sondern verbinden bestimmte Punkte hiervon mit bestimmten Stellen der Beobachtungsebene. Mit Hilfe dieser interpretativen Verbindungen kann das Netzwerk als wissenschaftliche Theorie funktionieren: Von gewissen Beobachtungsdaten kann man über ein Band der Interpretation zu einem Punkt des theoretischen Netzwerkes aufsteigen, von dort aus durch Definitionen und Hypothesen zu anderen Punkten gelangen, von denen aus ein anderes Interpretations-Band einen Abstieg auf die Ebene der Beobachtung gestattet."

1.6. Struktur und Funktion sozialwissenschaftlicher Theorien

Für das Verständnis der in Kap. E dargestellten Führungstheorien empfiehlt es sich, Grundkenntnisse über die Struktur und Funktion von Theorien zu vermitteln.

Unterscheidung zwischen Orientierungen und Theorien

Mit Shaw/Costanzo (1970, 8) kann man zwischen *Orientierungen* und *Theorien* unterscheiden, wenngleich eine strikte Trennung nicht immer möglich ist, wie die Situationstheorie der Führung zeigt.

Unter *Orientierung* verstehen wir eine bestimmte Sichtweise bei der Analyse und Interpretation menschlichen Verhaltens und Erlebens. Die Orientierung fungiert gleichsam als Bezugsrahmen, innerhalb dessen spezifische Theorien unterschiedlichen Geltungsbereiches entwickelt und angewandt werden. Allgemeine Orientierungen in der Sozialpsychologie und Betriebswirtschaftslehre wären z. B. die kognitiven, behavioristischen, psychoanalytischen, kybernetischen oder entscheidungstheoretischen Ansätze.

Unter *Theorien* werden Aussagensysteme verstanden, welche die Beschreibung, Erklärung, Vorhersage und Kontrolle empirischer Sachverhalte sowie die Ableitung neuer, prinzipiell empirisch testfähiger Hypothesen ermöglichen.

Die traditionelle Auffassung des logischen Positivismus, wonach eine wissenschaftliche Theorie ein konsistentes, logisch widerspruchsfreies Aussagensystem darstellen sollte, welches empirisch mehrfach bestätigt bzw. nicht widerlegt worden ist, wird von uns in dieser rigiden Form nicht vertreten. Denn nach

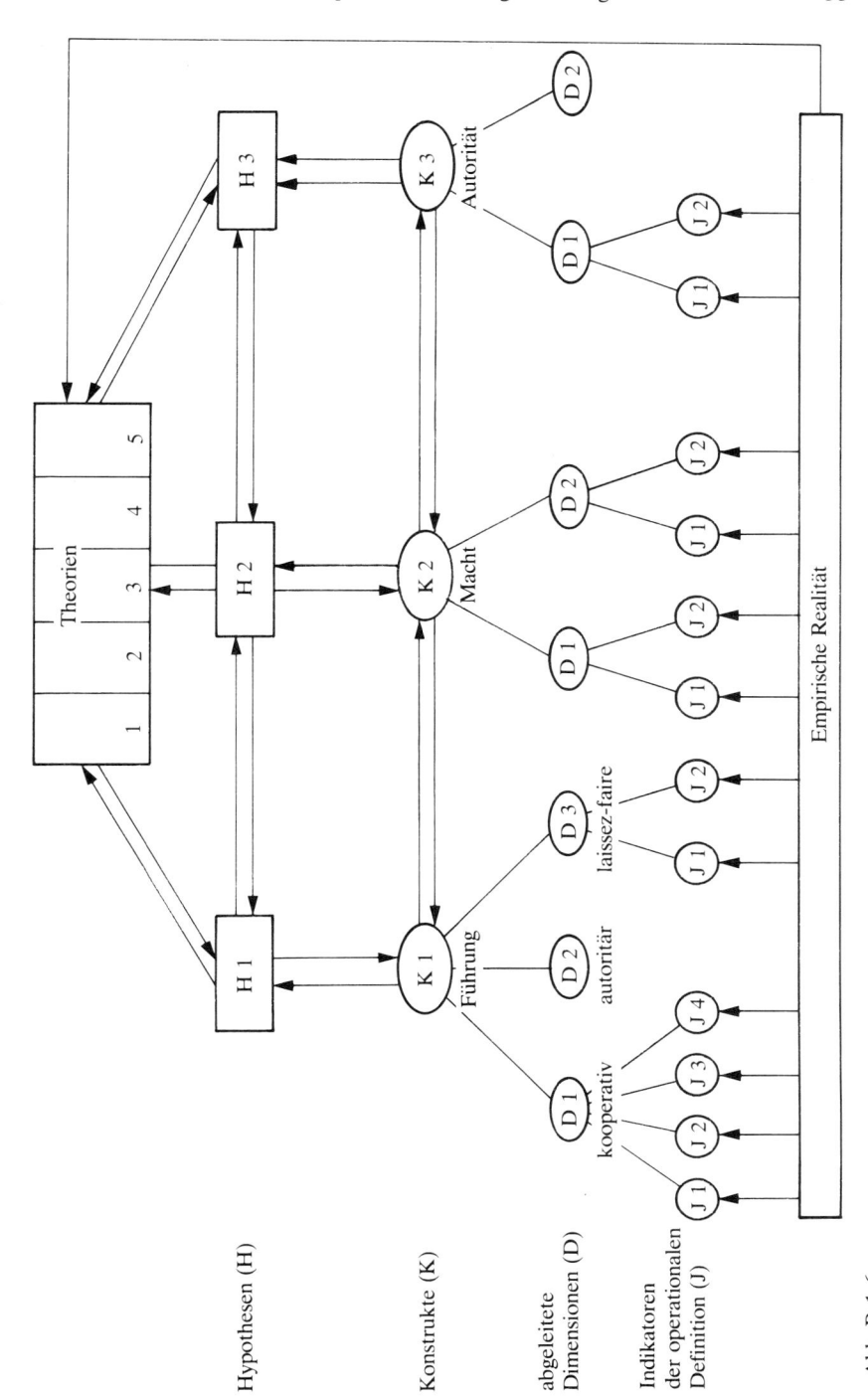

1. Wissenschaftstheoretische Aspekte der Führungsforschung

Abb. B-1-6
Zusammenhang zwischen Theorien, Hypothesen, Konstrukten, Indikatoren und empirischer Realität

neueren Erkenntnissen der Wissenschaftsforschung wird die Wechselwirkung zwischen Theorie und Empirie von einer Vielzahl „außerwissenschaftlicher" sozialer Faktoren, wie Persönlichkeit und Status des Forschers, Einfluß dominierender Denkschulen, Interessen der Auftraggeber etc. bestimmt (vgl. Kuhn, 1967; Feyerabend, 1976; Herrmann, 1976 u. a.). Wie die Wissenschaftsgeschichte zeigt, werden Theorien nicht schon aufgrund widersprechender Daten verworfen, es sei denn, es existiert eine alternative Theorie mit gleichem oder größerem Erklärungsgehalt (Lakatos/Musgrave, 1972; Spinner, 1974).

Begrenzter Erklärungswert sozialwissenschaftlicher Theorien

Am Beispiel der verschiedenen Führungstheorien wird sich zeigen, daß man es in den Sozialwissenschaften mit einer Reihe konkurrierender Mikrotheorien oder Theorien mittlerer Reichweite zu tun hat, die nur einen relativ kleinen Ausschnitt sozialen Verhaltens zu beschreiben und zu erklären vermögen. Diese Tatsache ist u. a. darauf zurückzuführen, daß die Sozialwissenschaft — verglichen mit der Physik oder Medizin — nicht über eine jahrhundertealte Forschungstradition verfügt.

1.7. Kriterienkatalog für die Beurteilung von Theorien in der Führungsforschung

Metatheoretische Gütekriterien zur Beurteilung von Theorien

Im folgenden werden allgemeine wissenschaftstheoretische Gütekriterien aufgeführt, welche die Bewertung und vergleichende Analyse verschiedener Theorien und Hypothesen in bezug auf kooperative Führungsformen erleichtern sollen. Dabei kann man zwischen Merkmalen unterscheiden, die hinsichtlich der Akzeptanz einer Theorie a) *notwendig* und b) *wünschenswert* sind (Shaw/Costanzo, 1970, 12)

Notwendige Merkmale sind: logische Konsistenz, Informationsgehalt, weitgehende Übereinstimmung mit empirischen Daten oder prinzipielle Überprüfbarkeit.

Wünschenswerte Merkmale sind: Einfachheit und Sparsamkeit oder Verträglichkeit mit anderen Theorien.

Als Kriterien für die Bewertung und für den Vergleich von Theorien werden verwendet: 1) Informationsgehalt, 2) Integrationswert, 3) empirischer Wert, 4) Ökonomie, 5) heuristischer Wert, 6) praktische Relevanz und 7) ideologischer Gehalt (vgl. Grunwald, 1979; Hondrich/Matthes, 1978).

(1) *Informationsgehalt*

Informationsgehalt

Eine Theorie hat einen großen Informationsgehalt, wenn sie viel über die soziale Realität aussagt. Dies ist dann der Fall, wenn sie bestimmte Möglichkeiten *ausschließt*. Eine Theorie oder die aus ihr abgeleitete Aussage, die reale Sachverhalte nicht auszuschließen in der Lage ist, hat keinen Erklärungswert. Beispiel: „Wenn der Hahn kräht auf dem Mist, dann ändert sich das Wetter oder es bleibt, wie es ist" (vgl. Opp, 1976, 255 f.).

1. Wissenschaftstheoretische Aspekte der Führungsforschung

Aussagen einer Theorie mit vielen „Kann-Sätzen" oder „Es-gibt-Sätzen" sind häufig a) tautologisch und/oder weisen einen b) geringen Informationsgehalt auf.

(a) Eine tautologische Aussage wäre: „Eine nicht erfüllte Erwartung kann der Stimulus für ein Mitglied sein, eine Forderung an das politische System zu stellen. Aber viele Erwartungen, ob erfüllt oder nicht, werden niemals in Forderungen umgesetzt" (Easton, 1965, 41, zit. n. Opp, 1976, 297). D. h. wenn eine Erwartung nicht erfüllt ist, dann werden an ein politisches System Forderungen gestellt oder auch nicht.

(b) Einen geringen Informationsgehalt hat folgende Aussage: „Wenn eine Person frustriert wird, dann kann sie aggressiv reagieren, sie kann resignieren oder andere Reaktionen äußern" (Opp, 1976, 298). D. h. der Informationsgehalt dieses Satzes ist denkbar gering, da er lediglich eine Tatsache ausschließt, nämlich daß eine frustrierte Person gar nicht reagiert.

(2) *Integrationswert*

Je umfassender der Geltungsbereich einer Theorie, desto größer ist ihr Integrationswert. So weist z. B. die psychoanalytische Theorie einen hohen Integrationswert auf. Sie vermag viele Bereiche menschlichen Verhaltens und Erlebens zu beschreiben. Indessen ist ihr Informationsgehalt sowie ihr empirischer Wert relativ gering (vgl. Kline, 1972; Eysenck/Wilson, 1973, dt. 1979).

Integrationswert

(3) *Empirischer Wert*

In den Sozialwissenschaften gibt es eine Reihe von Theorien unterschiedlicher Abstraktionsgrade und empirischer Bewährung. Wie sich im Kap. E zeigen wird, kommt z. B. der Eigenschaftstheorie der Führung ein geringerer empirischer Wert zu als etwa der Interaktionstheorie der Führung. Der potentielle empirische Wert einer Theorie wird maßgeblich davon bestimmt, inwieweit ihre Grundkonzepte relativ leicht operationalisierbar sind. So ist z. B. der empirische Wert der Maslowschen Bedürfnishierarchie gering, da das Konzept der Selbstverwirklichung nur sehr schwer operationalisiert werden kann (vgl. Kap. D, E, F).

Empirischer Wert

(4) *Sparsamkeit (Ökonomie)*

Dem menschlichen Bedürfnis nach Reduktion von Komplexität kommt das Prinzip der Sparsamkeit entgegen. Je weniger voraussetzungsreich und komplex eine Theorie formuliert ist, desto sparsamer ist sie. Wenn sich also zwei Theorien hinsichtlich der o. a. Kriterien gleichen, wird i. a. jene Theorie bevorzugt, die mit den sparsamsten Annahmen auskommt. Ohne Zweifel sind die oben genannten Kriterien für die Wissenschaft und Praxis von größerer Bedeutung als das Sparsamkeitsprinzip. Dennoch neigen die Wissenschaft und noch

Sparsamkeit

mehr die Praxis zur Überbetonung dieses Prinzips. Dies zeigt sich exemplarisch an dem großen Einfluß der Maslowschen Motivationstheorie, der Herzbergschen Theorie der Arbeitsmotivation oder der Eigenschaftstheorie der Führung auf die gegenwärtige Führungsliteratur, obgleich diese Ansätze im Lichte neuerer Forschung die Wirklichkeit nur unzureichend abbilden (vgl. Kap. E, F).

(5) *Heuristischer Wert*

Heuristischer Wert

Eine Theorie kann alle o. g. Kriterien erfüllen und dabei einen großen oder geringen heuristischen Wert aufweisen. Unter heuristischem Wert verstehen wir die potentielle Problemlösungskapazität einer Theorie. Dieser Aspekt ist eng verwandt mit dem Integrationswert einer Theorie. Eine Theorie, die eine Vielzahl neuer Hypothesen hervorzubringen imstande ist, hat zweifellos großen heuristischen Wert. Im Hinblick auf die Entwicklung der Sozialwissenschaften hat z. B. die psychoanalytische Theorie großen Einfluß erlangt. Sie war es, die — um nur einige Bereiche aufzuführen — der Aggressions-, Sozialisations- und Sexualitätsforschung wesentliche Impulse gab.

(6) *Praktische Relevanz*

Praktische Relevanz

Wissenschaft hat ihren Ursprung im Bestreben des Menschen, seine Umwelt zu kontrollieren. Dieses Ziel wurde häufig aus den Augen verloren, so daß in vielen Bereichen die Wissenschaft zum Selbstzweck degenerierte. Ein wesentlicher Grund dürfte in der These von der „Eigengesetzlichkeit" der Wissenschaftsentwicklung zu finden sein, nach der die Verflechtung von Wissenschaft, Technik, Industrie und Politik nur unzureichend erkannt wurde. Heute setzt sich immer mehr die Auffassung durch, daß die Entwicklung informationsreicher Theorien mit hohem Integrationswert ein Instrument darstellt, mit dem die Lebensbedingungen und sozialen Abhängigkeiten des Menschen besser erklärt und verändert werden können (Kmieciak, 1974, 15f.; Mertens/Fuchs, 1978).

Technische und emanzipatorische Relevanz

Mit Holzkamp (1972, 18f.) kann man zwischen *technischer* und *emanzipatorischer* Relevanz unterscheiden. Technische Relevanz ist gegeben, wenn „wissenschaftliche Forschung durch Angabe von Ausgangsbedingungen für das Auftreten bestimmter Effekte „erfolgskontrolliertes Handeln" (Habermas) in ökonomischen, sozialen oder gesellschaftlichen Bereichen ermöglicht".

Dagegen spricht man von emanzipatorischer Relevanz, wenn die Forschung z. B. „zur Selbstaufklärung des Menschen über seine gesellschaftlichen und sozialen Abhängigkeiten beiträgt und so die Lösung von diesen Abhängigkeiten seine Lage verbessern kann" (Holzkamp, 1972, 32; Iseler/Perrez, 1976).

Ein Beispiel für emanzipatorische Relevanz wäre das Wissen um die „self-fulfilling"-Prozesse bei Kenntnis bestimmter Gesetzmäßigkeiten oder Abgabe von Prognosen, und zwar derart, daß „die Informationen über Gesetzeszusammenhänge im Bewußtsein der

Betroffenen selber einen Vorgang der Reflektion auslöst: dadurch kann die Stufe des unreflektierten Bewußtseins, die zu den Ausgangsbedingungen solcher Gesetze gehört, verändert werden. Ein kritisches, vermitteltes Gesetzeswissen kann auf diesem Wege das Gesetz selbst zwar nicht außer Geltung, aber außer Anwendung setzen" (Habermas, 1969, 158f., zit. n. Honolka, 1976, 110).

(7) Ideologischer Gehalt

Als „Ideologie" bezeichnet man i. a. ein System politischer, ökonomischer, rechtlicher, philosophischer, moralischer oder ästhetischer weltanschaulicher Aussagen, in denen interessengebundene Tatsachen, Normen und Werthaltungen zum Ausdruck kommen (Sorg; 1976; Ludz, 1976). In Wissenschaft und Praxis weisen Theorien zuweilen einen hohen ideologischen Gehalt auf, obgleich ihr Integrationswert, empirischer Wert oder heuristischer Wert nachweislich gering sind. Klassische Beispiele für Theorien mit hohem ideologischem Gehalt sind die Eigenschaftstheorie der Führung (vgl. Irle, 1975; Stogdill, 1974; vgl. Kap. E 1.) oder die Vererbungstheorie der Intelligenz (vgl. Mittler, 1971; Heckhausen, 1974). Theorien mit hohem ideologischem Gehalt vermengen häufig empirische und normativ-spekulative Aussagen, wodurch eine empirische Überprüfung erschwert wird.

Ideologischer Gehalt

2. Methodische Aspekte der Führungsforschung

Da in den folgenden Kapiteln viele experimentelle Studien zur Führungsforschung erwähnt werden, die auf Korrelations- und Faktorenanalysen basieren, seien im folgenden ihre methodologischen und meßmethodischen Grundlagen dargestellt. Zuvor sollen das Experiment sowie einige meßmethodische Gütekriterien kurz erläutert werden.

2.1. Das Experiment

Seit Galilei gilt das Experiment als die „via regia" der Erkenntnis. Neben Fallstudien und Feldexperimenten basiert ein großer Teil der sozialpsychologischen Befunde auf Experimenten, insbesondere Laborexperimenten. Unter einem Experiment versteht man die „wiederholbare Beobachtung unter kontrollierten Bedingungen, wobei eine (oder mehrere) unabhängige Variable(n) derartig manipuliert wird (werden), daß eine Überprüfungsmöglichkeit der zugrunde liegenden Hypothese (Behauptung eines Kausalzusammenhangs) in unterschiedlichen Situationen gegeben ist" (Zimmermann, 1972, 37).

Merkmale des Experiments

Primäres Ziel von Experimenten ist es, kausale oder funktionale Hypothesen zu testen. Vier *notwendige* Bedingungen müssen erfüllt sein, um die Annahme zu rechtfertigen, daß die Beziehung zweier Variablen kausaler Natur ist und die Richtung von A nach B verläuft (Zimmermann, 1972, 40f.; Cook/Campbell, 1976, 224f.):

Wissenschaftstheoretische und methodologische Grundlagen

4 notwendige Bedingungen für Kausalerklärungen

(1) Zeitliche Abfolge, d. h. eine Ursache muß der Wirkung zeitlich vorangehen.

(2) Ein gemeinsames Auftreten von zwei oder mehreren Merkmalen (Korrelation).

(3) Es darf keine andere Erklärung für B geben als A, weil die Gefahr besteht, daß eine dritte, unbekannte Variable der ursächliche Faktor sein kann. Cook/Campbell (1976) zufolge liegt hier der Hauptanlaß vieler theoretischer Kontroversen in den Sozialwissenschaften.

(4) Zufällige Streuung der Fehler, d. h. die unkontrollierten Einflußfaktoren dürfen nicht in systematischer Weise das Ergebnis beeinflussen.

Ein „gutes" Experiment sollte folgende Bedingungen erfüllen (Cook/Campbell, 1976, 226): a) die zeitlichen Abfolgen aufdecken, b) das gemeinsame Auftreten von Ursache und Wirkung aufdecken, c) jene Variablen ausschließen, die die Beziehung zwischen Ursache und Wirkung alternativ zu erklären in der Lage wären und d) alternative Hypothesen eliminieren.

Das Gesagte bezieht sich auf den Bereich der *internen* Gültigkeit (Validität) von experimentellen Anordnungen. Darüber hinaus müssen verschiedene Einflußfaktoren kontrolliert werden, wie z. B. Wegbleiben der Versuchspersonen (Vpn), Zeiteinflüsse etc., auf die wir hier nicht näher eingehen können (vgl. Zimmermann, 1972, 76f.).

Das Problem der Generalisierung der experimentellen Befunde auf verschiedene Personengruppen, verschiedene Zeiträume und Situationen betrifft die *externale* Validität, auf die wir weiter unten bei der Besprechung der verschiedenen Validitätsarten eingehen werden.

Kritik am Laborexperiment

Den Vorteilen der Aufdeckung gesetzmäßiger Beziehungen in Laborexperimenten aufgrund der *Willkürlichkeit* gesetzter Bedingungen, der *Wiederholbarkeit* des Versuchs und der *Variierbarkeit* gesetzter Bedingungen wurden und werden von Kritikern eine Reihe von Einwänden entgegengestellt, und zwar a) Künstlichkeit der Experimentalsituation und b) Komplexität der sozialen Realität (vgl. Zimmermann, 1972, 47f.; Friedrichs, 1973; Smith, 1976; Mertens/Fuchs, 1978).

a) Zur Künstlichkeit der Experimentalsituation

Die These von der Künstlichkeit der Laborexperimente kann nicht als prinzipieller Einwand gegen das Experiment in den Sozialwissenschaften angesehen werden. Denn auch das Fallgesetz ist „künstlich", da es von der idealen Annahme eines Vakuums ausgeht. Eher richtet sich die Kritik gegen eine bestimmte Forschungstradition, die die Präzision zu Lasten der repräsentativen vereinfachten Abbildung der sozialen Realität und der praktischen Relevanz überbetont und empirische Ergebnisse übergeneralisiert.

Die z. T. berechtigte Kritik am künstlichen Charakter vieler Laborexperimente soll in den folgenden Kapiteln beachtet werden, um Übergeneralisierung des Geltungs- und Gültigkeitsbereiches experimenteller Befunde zu vermeiden.

2. Methodische Aspekte der Führungsforschung

b) Zur Komplexität der sozialen Realität

Durch kumulative Forschungsarbeit könnte zwar eine Vielzahl von Variablen experimentell getestet werden; schwierig ist allerdings die theoretische Integration der heterogenen Einzelbefunde (Friedrichs, 1973, 338).

2.2. Meßmethodische Gütekriterien

2.2.1. Objektivität

Ein Test, eine Messung oder ein Experiment gilt dann als objektiv, wenn mehrere voneinander unabhängige Auswerter zu übereinstimmenden Ergebnissen gelangen (interpersonale Übereinstimmung). Lienert (1969, 13f.) unterscheidet verschiedene Arten der Objektivität: Durchführungs-, Auswertungs- und Interpretationsobjektivität. Als Maß für die Objektivität wird i. a. der durchschnittliche Korrelationskoeffizient zwischen mehreren Beurteilern („Interrater") verwendet. Eine Korrelation von .75 gilt i. a. als befriedigende Interraterübereinstimmung.

Objektivität

2.2.2. Reliabilität (Verläßlichkeit)

Unter Reliabilität eines Tests oder einer Messung versteht man den Grad der Genauigkeit, mit dem ein Merkmal gemessen wird, und zwar unabhängig davon, *was* gemessen wird.

Das Reliabilitätsmaß wird durch einen Korrelationskoeffizienten bestimmt, der anzeigt, in welchem Ausmaß das Meßergebnis reproduzierbar ist. Es gibt verschiedene Verfahren der Reliabilitätsbestimmung und dementsprechend verschiedene Reliabilitätskoeffizienten, auf die im Rahmen dieser Arbeit nicht eingegangen wird (vgl. Lienert, 1969, 15f; Nunally, 1967).

Reliabilität (Verläßlichkeit)

2.2.3. Validität (Gültigkeit)

Unter Validität einer Messung (Test, Skala oder Index) versteht man den Grad der Genauigkeit, mit der eine Messung das mißt, was sie messen soll oder zu messen vorgibt. Eine ausreichende Meßgenauigkeit (Reliabilität) ist eine notwendige, aber nicht hinreichende Bedingung für Validität. D. h. eine geringe Reliabilität impliziert auch eine geringe Validität; hingegen bedeutet eine hohe Reliabilität noch nicht, daß die Messung auch gültig ist. In der empirischen Sozialforschung unterscheidet man verschiedene Validitätsarten (für viele Wiggins, 1973):

Validität (Gültigkeit)

(a) Inhaltsvalidität (Content Validity)

Die Inhaltsvalidität wird i. a. aufgrund von Plausibilitätsüberlegungen der Experten bestimmt. Bei einem Test ist inhaltliche Validität gewährleistet, wenn er eine repräsentative Stichprobe des zu Messenden darstellt. So mißt beispiels-

Inhaltsvalidität

weise ein Schreibmaschinentest zweifellos die Fähigkeit, Schreibmaschine zu schreiben. In der Literatur finden sich als Synonyma für Inhaltsvalidität auch die Begriffe logische Validität oder Augenscheinvalidität (face validity).

(b) Kriteriumsvalidität (Criterion Validity)

Kriteriumsvalidität

Von Kriteriumsvalidität spricht man, wenn ein Zusammenhang zwischen den Testergebnissen mit einem Außenkriterium festgestellt wird, von dem man annimmt, daß es das zu Messende repräsentiert (vgl. Abb. B-2-1). So kann z. B. ein Fragebogen zur Führungsfähigkeit von Vorgesetzten an verschiedenen Kriterien validiert werden, wie z. B. Gehaltsentwicklung, Leistung oder Zufriedenheit der Mitarbeiter (zum Kriterienproblem vgl. Neuberger, 1976, 181f.; Smith, 1976, 745f.).

Wird das Kriterium zur *selben Zeit* wie der Test erhoben, spricht man von Übereinstimmungsvalidität (concurrent validity); wird das Kriterium zeitlich *nach* dem Test ermittelt, wie im obigen Beispiel, spricht man von Vorhersagevalidität (predictive validity).

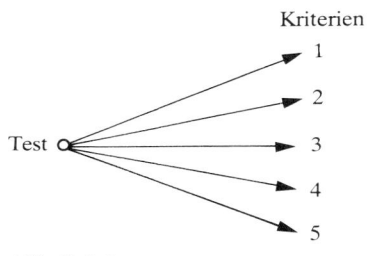

Abb. B-2-1
Die Beziehung zwischen Test und Kriterien

(c) Konstruktvalidität (Construct Validity)

Konstruktvalidität

Unter einem Konstrukt versteht man die aus Bedingungen und Konsequenzen des Verhaltens erschlossenen hypothetischen Zustände oder Vorgänge. D. h. Konstrukte sind gedankliche Abstraktionen, die sich nicht unmittelbar durch Beobachtung, sondern durch verschiedene Indikatoren charakterisieren lassen. Beispiele für hypothetische Konstrukte sind: Führung, Organisationsklima, Motivation, Arbeitszufriedenheit etc. So ist z. B. kooperative Führung durch das Ausmaß der Entscheidungspartizipation oder des wechselseitigen Vertrauens erschließbar. Wie dieses Beispiel zeigt, wird ein Konstrukt häufig durch andere Konstrukte, wie Toleranz, Vertrauen, Macht etc. beschrieben und/oder erklärt. Ein Konstrukt erlangt seine spezifische Bedeutung stets im jeweiligen theoretischen Bezugssystem. Konstrukte kann man deshalb als theoretische Aussagen über empirische Sachverhalte bezeichnen (Herrmann, 1969, 42).

2. Methodische Aspekte der Führungsforschung

Bei der Konstruktvalidierung geht man davon aus, daß beobachtbare Sachverhalte durch zeitlich überdauernde, „dahinterliegende" Eigenschaften, Fähigkeiten, Faktoren, Dimensionen etc. bedingt sind. So erfaßt z. B. das Konstrukt „Mitarbeiterorientierung" (Consideration) eine Vielzahl von Vorgesetztenverhaltensweisen und -einstellungen, die das persönliche Wohlergehen der Mitarbeiter betreffen (vgl. Kap. G).

Probleme bei der Verwendung von theoretischen Begriffen

Abb. B-2-2 zeigt die Beziehung zwischen Tests, Kriterien (Indikatoren) und Konstrukten (Lukesch, 1974, 208):

```
         nicht beobachtbare
         Konstrukte 1, 2, 3 ... k
                  /\
                 /  \
                /    \
               /      \
              v        v
  Tests <--------> Kriterien
                   1, 2, 3 ... m
```

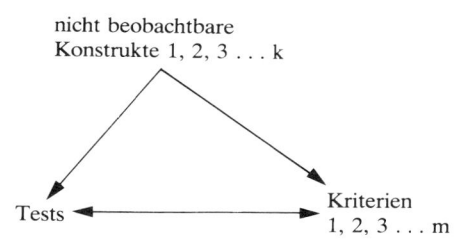

Abb. B-2-2
Die Beziehung zwischen Tests, Kriterien und Konstrukten

Es gibt verschiedene Methoden der Konstrukt-Validierung (vgl. Campbell/Fiske, 1959; Lienert, 1969, 261f.; Cronbach/Meehl, 1955). Ohne auf Einzelheiten eingehen zu können, seien die wichtigsten Beiträge dieser Methode (Campbell, 1976, 203) aufgeführt:

Methoden der Konstrukt-Validierung

(1) Faktor- oder Clusteranalysen jener Komponenten, welche die Meßwerte bedingen.
(2) Reliabilitätsprüfungen.
(3) Korrelationen mit anderen Variablen, die vermutlich Gleiches und Unterschiedliches messen.
(4) Korrelationen mit anderen Variablen, die den Einfluß der Meßinstrumente auf das Meßergebnis aufzuklären in der Lage sind.
(5) Falls nötig, die Verwendung der Mehr-Merkmale-Methoden-Matrix.
(6) Feststellung der Inhaltsvalidität bezüglich der Stichprobe und der verwendeten Methode.
(7) Prozeßanalyse, d. h. die Versuchspersonen und Beurteiler werden befragt, warum sie in einer bestimmten Weise reagiert haben.

2.3. Grundzüge der Korrelationsstatistik

Im Alltag und in der Wissenschaft ist es wichtig, die Abhängigkeit zwischen zwei Merkmalen, wie z. B. eines Individuums (etwa Körpergröße und Körpergewicht), eines Materials (etwa Preis und Qualität) oder eines Prozesses (etwa

Geschwindigkeit und Zeit) zu kennen und zu quantifizieren. Diesem Ziel dient die Korrelationsstatistik. Sie ist ein statistisches Instrument, das sich mit der Messung der Abhängigkeit zweier oder mehrerer Variablen befaßt.

Der Begriff „Korrelation" ist eine allgemeine Bezeichnung für das *gemeinsame* Auftreten von bestimmten Merkmalen. Die Korrelation beschreibt den Grad des Zusammenhanges zweier Zufallsvariablen (x und y), d. h. wie stark der Zusammenhang zwischen zwei Variablen ist.

Definition des Korrelationskoeffizienten

Der Korrelationskoeffizient (r) ist ein statistisches Maß für die Richtung und Stärke des Zusammenhangs zwischen zwei Variablen. Er kann alle Werte zwischen -1 und $+1$ annehmen.

$r = -1$ bzw. $+1$ bedeutet eine extrem negative bzw. positive Korrelation. Mit der Kenntnis der Größe des einen Merkmals (etwa y) ist die Ausprägung des anderen Merkmals (x) eindeutig festgelegt. Der Unterschied zwischen positiven und negativen Korrelationswerten liegt in der Richtung des Zusammenhangs. Bei positiven Korrelationen sind große (kleine) y-Werte i. a. mit großen (kleinen) x-Werten verbunden. Bei negativen Korrelationen gehen *große* y-Werte i. a. mit *kleinen* x-Werten einher (s. Abb. B-2-3).

Bei $r = 0$ besteht zwischen den Variablen x und y kein Zusammenhang. In Abb. B-2-3 sind verschiedene Korrelationsbeziehungen veranschaulicht.

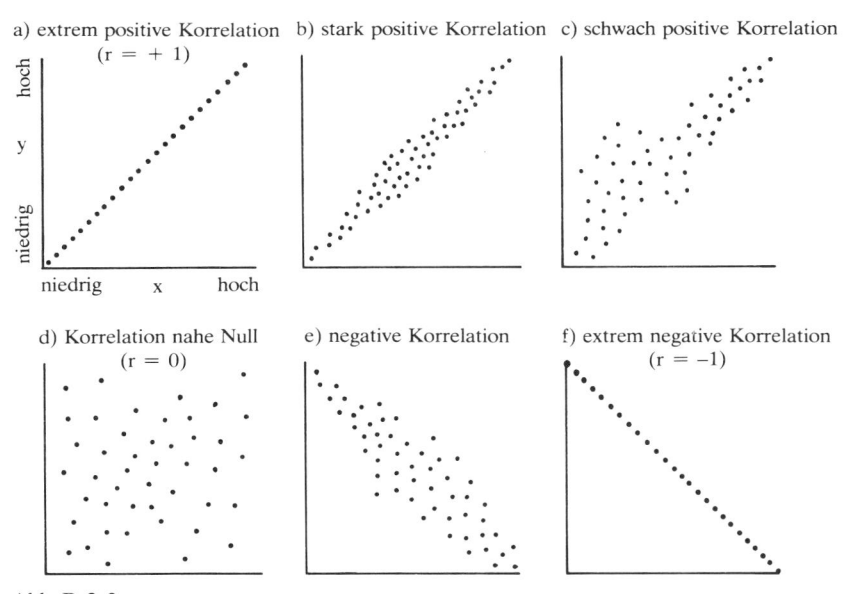

Abb. B-2-3
Streuungsdiagramme für unterschiedliche korrelative Zusammenhänge (nach Clauss/Ebner, 1970, 100)

2. Methodische Aspekte der Führungsforschung

Zu beachten ist, daß die Berechnung des Korrelationskoeffizienten (r) von folgenden Bedingungen ausgeht:

(1) Der Zusammenhang zwischen den untersuchten Variablen ist linear, und

(2) die untersuchten Variablen sind normal verteilt (vgl. Clauss/Ebner, 1970, 104).

Voraussetzungen für die Berechnung des Korrelationskoeffizienten

So kann beispielsweise ein nichtlinearer Zusammenhang zwischen kooperativer Führung und Zufriedenheit vorliegen, obgleich zwischen beiden Variablen eine Korrelation von r = 0 errechnet wurde, da die Voraussetzung von Pkt. (1) nicht gegeben war (vgl. Kap. N). Abb. B-2-4 zeigt — ausgenommen Fig. A, die eine stark positive lineare Korrelation aufweist — verschiedene nicht-lineare Zusammenhänge zwischen Leistung und Zufriedenheit, die durch den klassischen linearen Korrelationskoeffizienten (Produkt-Moment-Koeffizient) nicht oder nur unzulänglich erfaßt würden. Aus diesem Grunde müssen die in der empirischen Führungsforschung weitverbreiteten Korrelationsstudien mit aller Vorsicht interpretiert werden.

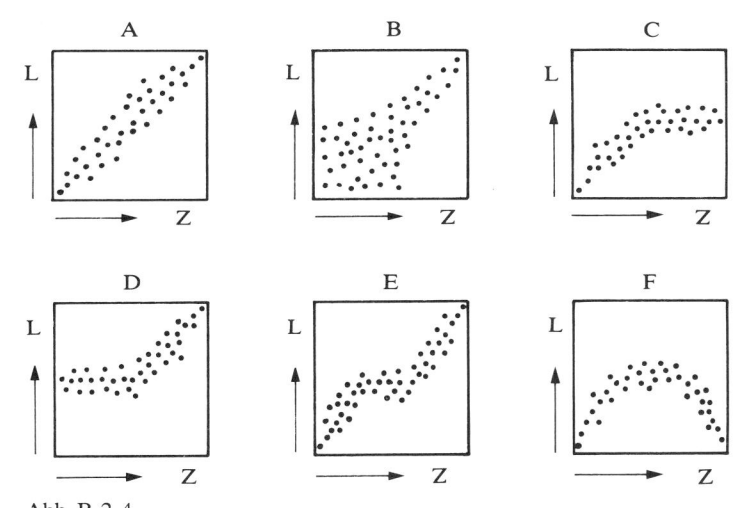

Abb. B-2-4
Beispiele für nicht-lineare korrelative Zusammenhänge (nach Neuberger, 1974b, 174)

Zur Interpretation von Korrelationskoeffizienten

Da in der empirischen Führungsforschung häufig Korrelationskoeffizienten zitiert werden, sollen die Probleme ihrer Interpretation ausführlich dargestellt werden.

Die Analyse und Interpretation von korrelativen Beziehungen muß umsichtig erfolgen, da unterschiedliche Abhängigkeitsbeziehungen zwischen 2 Variablen möglich sind (vgl. Clauss/Ebner, 1970, 95f.; Hofstätter/Wendt, 1972):

Interpretationsmöglichkeiten bei korrelativen Zusammenhängen

(1) *Einseitige Steuerung:* X bewirkt Y; X → Y

Beispiel: Die Höhe des Monatseinkommens (X) beeinflußt die Lebenshaltungskosten (Y).

(2) *Gegenseitige Steuerung:* X wirkt auf Y, und Y wirkt auf X zurück; X ⇌ Y

Beispiel: Eine positive Korrelation zwischen einem mitarbeiterorientierten Führungsverhalten (X) und Leistung der Mitarbeiter (Y) muß nicht bedeuten, daß X Ursache für Y ist. Vielmehr kann es gerade die gute Leistung der Mitarbeiter sein, die den mitarbeiterorientierten Führungsstil des Vorgesetzten bewirkt (Vroom, 1964).

(3) *Drittseitige Steuerung:* X und Y hängen gleichermaßen von einer
(a) dritten Variablen Z ab:

$$\begin{array}{c} X - Y \\ \nwarrow \nearrow \\ \swarrow \searrow \\ Z \end{array}$$

(b) Z kann aber auch die Funktion einer intervenierenden Variablen einnehmen, welche die Korrelation zwischen X und Y bewirkt:

X → Z → Y

Beispiel: Kerr et al. (1974, 73f.) fanden, daß die Korrelation zwischen Mitarbeiterorientierung und Sachorientierung einerseits sowie Leistung und Zufriedenheit andererseits von verschiedenen Moderatorvariablen abhängt. Beispiele sind Zeitdruck, Einfluß des Vorgesetzten „nach oben", organisatorische Unabhängigkeit der Mitarbeiter.

(4) *Komplexe Steuerung:* Das Bedingungsgefüge (A, B, C, ... X) bewirkt Y; A, B, C ... X → Y

Beispiel: Ein kooperativer Führungsstil (X) mag mit Arbeitszufriedenheit der Mitarbeiter (Y) positiv korrelieren. Es wäre indessen verfehlt, die Arbeitszufriedenheit monokausal auf den angewandten Führungsstil zurückführen zu wollen, da verschiedene Einflußgrößen (A, B, C), wie Organisationsstruktur, Aufgabenart, Bezahlung etc. ebenfalls wirksam sind (vgl. Kap. N).

Die Interpretation eines Korrelationskoeffizienten darf nicht „für sich genommen" erfolgen, sondern immer nur unter Berücksichtigung a) der Art und des Umfanges der Messung und b) des jeweiligen Untersuchungskontextes. Aus der *Höhe* des Koeffizienten allein darf nicht in mechanistischer Weise auf die *Stärke* des Zusammenhangs geschlossen werden. So kann beispielsweise ein Koeffizient von r = .40 — je nachdem, mit welchem untersuchten Sachverhalt man es zu tun hat — einen starken oder auch einen schwachen Zusammenhang anzeigen.

Beispiel: Angenommen, es wird eine Korrelation von .40 zwischen Intelligenz des Vorgesetzten und der Leistung der Mitarbeiter ermittelt. In diesem Falle könnte man von einer hohen Korrelation sprechen. Hingegen würde eine Korrelation von .40 zwischen Erst- und Zweitlösung bei ein und derselben Aufgabenart als niedrig interpretiert werden müssen.

Der Korrelationskoeffizient darf keinesfalls als Prozentwert interpretiert werden! Ein r = .80 bedeutet *nicht,* daß die Werte zweier Variablen in 80 von 100 Fällen übereinstimmen. Hingegen ist es möglich, den *Determinationskoeffizienten* (Bestimmtheitsmaß) zu errechnen. Er entspricht dem quadrierten Korrelationskoeffizienten (r^2) und gibt an, in welchem Ausmaß die Varianz (Streuung) der Y-Variablen durch die Varianz der X-Variablen erklärt wird.

Definition des Determinationskoeffizienten

Beispiel: ein r = .80 führt zu einem r^2 = .64, d. h. 64% der Varianz beider Variablen sind durch ermittelte Korrelation aufgeklärt, während die restlichen 36% auf andere, unaufgeklärte Variablen entfallen (Clauss/Ebner, 1970, 112).

Unter Varianz (s^2) versteht man die statistische Bezeichnung für das Quadrat der Standardabweichung (s). Die Standardabweichung ist wiederum die Wurzel aus der Summe aller quadrierten Abweichungen der Meßwerte vom gemeinsamen Mittelwert, dividiert durch die Anzahl der Fälle (vgl. dazu die Formel in den statistischen Lehrbüchern).

Definition der Varianz

Die möglichen Beziehungen zwischen Variablen stellen sich nach Zetterberg (1967, 82; zit. n. Friedrichs, 1973, 105) wie folgt dar:

(1) „deterministisch (wenn X, dann immer Y) oder statistisch (wenn X, dann wahrscheinlich Y).

Mögliche Beziehungen zwischen Variablen

(2) reversibel (wenn X, dann Y; wenn Y, dann X) oder irreversibel (wenn X, dann Y; wenn Y, dann nicht X).

(3) aufeinanderfolgend (wenn X, dann später Y) oder gleichzeitig (wenn X, dann auch Y).

(4) hinreichend (wenn X, dann immer Y) oder bedingt (wenn X, dann Y, aber nur wenn Z vorliegt).

(5) notwendig (wenn X, dann und nur dann Y) oder substituierbar (wenn X, dann Y; aber wenn Z, dann auch Y)."

Auf die meßtheoretischen Voraussetzungen der Korrelationsstatistik sowie auf die unterschiedlichen Arten von Korrelationskoeffizienten können wir hier nicht näher eingehen (vgl. Clauss/Ebner, 1970).

Wichtig ist die Unterscheidung zwischen *funktionalen* und *korrelativen* Zusammenhängen, wie die folgende Gegenüberstellung zeigt (Clauss/Ebner, 1970, 94f.):

Unterscheidung zwischen funktionalen und korrelativen Zusammenhängen

funktional	*korrelativ*
„Der Zusammenhang zwischen Seitenlänge und Flächeninhalt eines Quadrats.	Der Zusammenhang zwischen den Leistungen eines Schülers in zwei aufeinanderfolgenden Diktaten.
Wenn X die Seitenlänge des Quadrats und Y dessen Flächeninhalt ist, dann ist der funktionale Zusammenhang	Wenn X die Fehlerzahl eines Schülers im ersten Diktat und Y die Fehlerzahl desselben Schülers im zweiten Diktat

dieser beiden Variablen in analytischer Darstellung beschreibbar:
Y = X², X > 0

Wenn ich die Seitenlänge des Quadrats kenne, kann ich *eindeutig* den Flächeninhalt *bestimmen.*

Wenn ich den Flächeninhalt des Quadrats kenne, kann ich *eindeutig* die Seitenlänge *bestimmen:*
X = √Y.

Der Zusammenhang zwischen den beiden Variablen ist *umkehrbar eindeutig.*

Der funktionale Zusammenhang gilt für jedes Objekt dieser Klasse (für *alle* Quadrate).

Der funktionale Zusammenhang gilt, oder er gilt nicht (Alles-oder-Nichts-Gesetz).

ist, dann besteht wahrscheinlich eine positive Korrelation zwischen den beiden Größen.
Y korreliert mit X.
Wenn ich die Stärke der Korrelation kenne, kann ich auf Grund der Fehlerzahl im ersten Diktat mit mehr oder minder großer Genauigkeit *schätzen,* wie viele Fehler dem Schüler im zweiten Diktat unterlaufen werden.

Bei Kenntnis der Fehlerzahl im zweiten Diktat kann ich die Fehleranzahl im ersten Diktat mehr oder minder genau *schätzen.*

Der Zusammenhang zwischen den beiden Variablen ist zwar umkehrbar, aber *nicht eindeutig,* sondern *mehrdeutig.*

Der korrelative Zusammenhang gestattet keine sichere Aussage über ein einzelnes Objekt. Darin drückt sich eine *regelhafte* (keine zwangsläufige) Abhängigkeit aus.

Der korrelative Zusammenhang ist mehr oder minder ausgeprägt. Er unterscheidet sich graduell zwischen „stark" und „schwach."

2.4. Grundzüge der Faktorenanalyse

Univariate vs. multivariate statistische Verfahren

Univariate statistische Verfahren versuchen, die Beziehung zwischen einzelnen Ursachen und Wirkungen zu isolieren. „Dabei wird ignoriert oder schlicht übersehen, daß sich eine Ursache in mehreren Wirkungen manifestieren kann und sich eine Wirkung auf mehrere Ursachen zurückführen läßt" (Schmidt, 1976, 2, vgl. Abb. B-2-5):

Diese Aufgabe wird von multivariaten Verfahren, zu denen die Faktorenanalyse gehört, zu lösen versucht, wobei mehrere Variablen *gleichzeitig* analysiert werden

$$(x_1, x_2, x_3, \ldots x_n) \rightarrow y$$

Es versteht sich von selbst, daß multivariate Verfahren den univariaten Verfahren vorzuziehen sind, weil in den Sozialwissenschaften die Variablenzusammenhänge einen hohen interdependenten Komplexitätsgrad aufweisen, monokausale Erklärungen nur in Ausnahmefällen möglich sind und der Informationsgehalt multivariater Verfahren größer ist.

2. Methodische Aspekte der Führungsforschung

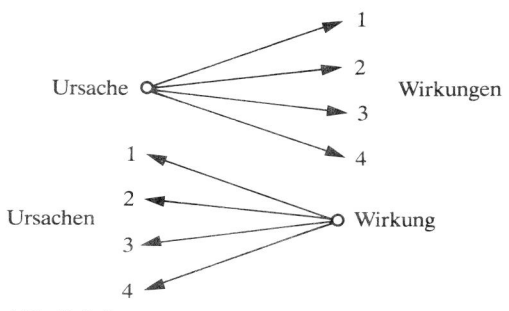

Abb. B-2-5
Ursache-Wirkungs-Beziehungen

„Faktorenanalyse" ist eine Bezeichnung für verschiedene statistische Verfahren, aufgrund deren Korrelationen zwischen einer Vielzahl von Variablen analysiert werden können. Mit diesen Verfahren wird die große Anzahl unübersichtlicher Korrelationen auf eine kleinere Zahl homogener Faktoren bzw. Dimensionen zurückgeführt, die den untersuchten Variablen gemeinsam sind. Die Faktorenanalyse ist somit ein Instrument, komplexe korrelative Zusammenhänge zu identifizieren und zu klassifizieren.

Definition der Faktorenanalyse

Beispiel: Korreliert man bei einer Personengruppe die Länge ihrer Arme, Beine und Körper, wird man zwischen allen drei Messungen einen *gemeinsamen Faktor* finden, nämlich daß große (kleine) Menschen lange (kurze) Arme und Beine haben.

Die logische Basis der Faktorenanalyse

Die Gesamtvarianz einer Variablen x läßt sich auf folgende Komponenten zurückführen (vgl. Jäger, 1973, 6):

$$s^2x = h^2x + b^2x + c^2x = \underbrace{a^2_1x + a^2_2x + \ldots + a^2_kx}_{h^2} + b^2x + c^2x$$

Die logische Basis der Faktorenanalyse

h^2 = Kommunalität der Variablen, d. h. der Anteil ihrer Varianz, die sich auf k gemeinsame Faktoren (1 bis k) zurückführen läßt, wobei die Kommunalität die Summe der Varianzanteile der gemeinsamen Faktoren ist.

b^2 = der Varianzanteil des spezifischen Faktors, der nur in dieser einen Variablen wirksam ist.

c^2 = der Varianzanteil des Meßfehlers, der bei der Messung der Variablen entsteht.

Ziel der Faktorenanalyse ist es, die gemeinsamen Faktoren herauszukristallisieren, die allen gemessenen Variablen zugrunde liegen. Diese Methode wird für die Hypothesenbildung und -überprüfung gleichermaßen angewandt.

„Die Varianzanteile, über deren Bedingungen die Analyse etwas ausmachen kann, kommen in den Interkorrelationen der Variablen zum Ausdruck. Diese Korrelationen werden auf gemeinsame Faktoren zurückgeführt, die am Zustandekommen der Varianzen graduell verschiedene Anteile haben. Diese Anteile pflegt man Gewichte bzw. Ladungen zu nennen. Die Korrelation (r) zwischen zwei Variablen (x und y) läßt sich als Summe der Produkte der Gewichtszahlen von k gemeinsamen Faktoren wie folgt darstellen:

$$r_{xy} = a_1x + a_1y + a_2x + a_2y \ldots + a_kx + a_ky,$$

wobei r_{xy}: die Korrelation der Variablen x und y
  a_1x: das Gewicht bzw. die Ladung des Faktors 1 in der Variablen x
  a_1y: die Ladung des Faktors 1 in der Variablen y
  a_2x: die Ladung des Faktors 2 in der Variablen x usw." (Jäger, 1973, 19)

Beispiel: Guilford hat aus fünf Fragebogenvariablen folgende Korrelationskoeffizienten ermittelt (vgl. Herrmann, 1969, 107f.):

Korrelationsmatrix

Variablen	1	2	3	4	5
1		.56	.38	.11	−.19
2			.32	−.07	.06
3				.36	.22
4					.48
5					

1. Freude an gesellschaftlichen Veranstaltungen
2. „Herdentrieb"
3. Unbefangenheit im gesellschaftlichen Verkehr
4. Ich-Verteidigung
5. Behauptung eigener Rechte

Abb. B-2-6
Korrelationsmatrix

Abb. B-2-6 zeigt, daß sich zwei Interkorrelationsgruppen von Fragebogen ausmachen lassen, nämlich 1 und 2 (r = .56) und 4 und 5 (r = .48). D. h., 1 und 2 sowie 4 und 5 haben viele Gemeinsamkeiten. Darüber hinaus zeigen die Interkorrelationen der Variablen 1 bis 5 vielfältige gemeinsame Varianzen.

Zumeist hat man es mit weitaus umfangreicheren Interkorrelationsmatrizen zu tun, nämlich 30 und mehr Variablen, deren Wechselbeziehungen mit bloßem Auge nicht mehr analysierbar sind. Aus diesem Grunde verwendet man die Faktorenanalyse, wobei die Faktoren durch verschiedene Techniken aus der Korrelationsmatrix errechnet werden (vgl. Überla, 1968).

Faktorenladungen

Faktorenladungen stellen die Kennzahlen als Resultat einer Faktorenanalyse dar, nämlich wie hoch der Anteil eines Faktors an der Varianz (Streuung) der interkorrelierten Variablen ist, d. h. die Faktorenladung zeigt die Enge des statistischen Zusammenhangs zwischen diesen Variablen und dem Faktor. Je höher die Ladung einer Variablen auf einem Faktor, desto stärker wird dieser durch die Variable interpretiert. Variablen, die ausschließlich auf einem Faktor hoch und auf einem anderen gering oder gar nicht laden, messen praktisch dasselbe.

Die oben abgebildete Korrelationsmatrix (Abb. B-2-6) der fünf Fragebogenvariablen hat Guilford einer Faktorenanalyse unterzogen und ist zu vier, allen Fragebogenvariablen gemeinsamen Faktoren gelangt: F I, F II, F III, F IV.

2. Methodische Aspekte der Führungsforschung

	Faktorenladung				Faktorenmatrix
Variable	F I	F II	F III	F IV	
1	.88	.04	.15	−.17	
2	.55	.29	.19	−.20	
3	.29	.40	.46	.24	
4	−.06	.74	.22	.37	
5	.02	.46	.09	.33	

Abb. B-2-7
Faktorenmatrix

Aus der Faktorenmatrix Abb. B-2-7 ist ersichtlich, daß die Variablen 1 und 2 auf dem Faktor F I hoch laden (Variable 1 = .88; Variable 2 = .55), nicht aber die Variablen 4 und 5 (−.06, .02). Dafür lädt die Variable 4 auf dem Faktor F II relativ hoch, nämlich .74; nicht aber die Variable 1 mit einem Wert von .04.

Die Faktorenmatrix stellt gewissermaßen eine *verdichtete* Korrelationsmatrix dar, so daß sich — wie oben aufgezeigt wurde — die Interkorrelationen ohne Schwierigkeiten zurückrechnen lassen:

Faktorenmatrix = verdichtete Korrelationsmatrix

Die Korrelation der Variablen 1 und 2 in Höhe von .56 kann aus den Faktorenladungen wie folgt ermittelt werden:

$r_{12} = (.88 \cdot .55) + (.04 \cdot .29) + (.15 \cdot .19) + (-.17 \cdot -.20) = .56$

Quadriert man die Faktorenladungen und summiert die Ladungsquadrate über alle aufgefundenen gemeinsamen Faktoren, dann erhält man den Varianzanteil einer Variablen, der durch die Faktorenanalyse aufgeklärt wurde. Diese Summe wird — wie oben formal dargestellt — Kommunalität (h^2) genannt.

Berechnung der Kommunalität

Setzt man im obigen Beispiel die Varianz der Variablen 4 gleich 1, dann sind 74% der Gesamtvarianz durch die 4 ermittelten Faktoren aufgeklärt, während 26% unaufgeklärt sind und auf einen spezifischen Faktor, der nur in der Variablen 4 wirksam ist, bzw. auf die durch Meßfehler bedingte Fehlervarianz zurückzuführen ist. Der durch Faktor F I erklärte Varianzanteil der Variablen 1 beträgt .88, während Variable 4 zum größten Teil durch Faktor F II (.74) und in zweiter Linie durch Faktor IV (.37) erklärt wird.

Zusammenfassend: Faktoren sind statistische Größen, die aus der Korrelationsmatrix ermittelt werden und untereinander unabhängig sind. Durch die Faktorenanalyse kann eine Vielzahl unübersichtlicher Korrelationen in ökonomischer Weise auf eine geringe Anzahl von Faktoren (Dimensionen) reduziert werden. Durch Produktbildung der Faktoren können die in der Matrix erscheinenden Korrelationen wieder errechnet werden (Drever/Fröhlich, 1971, 102f.).

Zum Problem der Benennung und Interpretation von Faktoren

Interpretation von Faktoren

Die ermittelten Faktoren stellen zunächst nichts anderes dar als *statistische Klassen*, die vom Untersucher mit Namen belegt werden und interpretiert werden müssen, ehe sie sozialwissenschaftliche Bedeutung erlangen. Bei der Interpretation der Faktoren ist stets zu beachten, daß Faktoren nicht etwas „Seiendes" darstellen oder gar verursachende Bedingungen der untersuchten Variablen. Vielmehr handelt es sich bei Faktoren lediglich um statistische Größen mit dem wissenschaftlichen Status von hypothetischen Konstrukten. Die Frage, was ein Faktor mißt, ist stets eine Sache der *theoriegeleiteten Interpretation*. Häufig ist in der Literatur umstritten, welche sozialpsychologischen Sachverhalte ein Faktor mit hoher Ladung indiziert. Die Bedeutungszuweisung geschieht dadurch, daß der Forscher per Intuition oder aufgrund bestimmter Hypothesen oder Theorien die Faktoren mit Namen versieht (Beispiel: Mitarbeiterorientierung bzw. Sachorientierung als Dimensionen der Führung).

Anwendungsvoraussetzungen für Faktorenanalysen

Wie jedes mathematisch-statistische Verfahren unterliegt auch die Faktorenanalyse bestimmten Anwendungsrestriktionen (z. B. Additivität und Linearität der untersuchten Variablen), auf die wir hier nicht näher eingehen können (vgl. Überla, 1968; Lukesch/Kleitner, 1975). Es sei nur darauf hingewiesen, daß in der empirischen Führungsforschung häufig mit Faktorenanalysen gearbeitet

I. *Fragen vor der Analyse*	II. *Fragen zur technischen Beurteilung*	III. *Fragen zur Interpretation*	IV. *Fragen zur Verifizierung*
1. Ziel?	9. Übliche Technik?	16. Faktor durch rechnerische Verknüpfung?	22. Faktor reproduzierbar bei Stichproben aus gleicher Grundgesamtheit?
2. Variablenauswahl?	10. Varianzanteile der Faktoren?	17. Faktor durch Meßinstrumente?	23. Variation des Faktors in verschiedenen Gruppen (Alter, Geschlecht usw.)
3. Sachinformationen?	11. Einfachstruktur der Faktoren?		
4. Fehlerkontrolle?	12. Schätzgenauigkeiten der Faktoren?	18. Faktor durch trivialen funktionellen Zusammenhang?	24. Experimente zur endgültigen Abklärung eines Faktors?
5. Reliabilitäten?			
6. Ein- und zweidimensional bearbeitet?	13. Reproduktion der Datenmatrix?	19. Faktor durch Heterogenität?	
7. Andere multivariate Verfahren?	14. Variation der Variablenauswahl?	20. Markierungsvariablen?	
8. Heterogenität des Materials?	15. Einschluß von Zufallsvariablen?	21. Sachlich neuer Faktor?	

Abb. B-2-8
Fragenkatalog bei der Anwendung der Faktorenanalyse (nach Überla, 1968, 357)

wird (vgl. Stogdill, 1974), deren Interpretation und theoretische Integration u. a. dadurch erschwert ist, daß gleiche Faktoren mit unterschiedlichen Bezeichnungen und unterschiedliche Faktoren mit gleichen Bezeichnungen versehen werden.

Überla (1968, 355f.) hat die Anwendungsbedingungen und -probleme von Faktorenanalysen systematisiert und in Abb. B-2-8 stichwortartig zusammengefaßt.

Ausgewählte Literatur

Clauss, G. und H. Ebner: Grundlagen der Statistik. Frankfurt/Zürich 1970.

Friedrichs, J.: Methoden empirischer Sozialforschung. Reinbek 1973.

Opp, K. D.: Methodologie der Sozialwissenschaften, 2. erw. Aufl. Reinbek 1976.

Prim, R. und H. Tilmann: Grundlagen einer kritisch-rationalen Sozialwissenschaft. UTB, 2. erw. Aufl. Heidelberg 1975.

Überla, K.: Faktorenanalyse. Berlin/Heidelberg/New York 1968.

Kapitel C

Begriffe über Führung

0. Zusammenfassung

In diesem Kapitel wird gezeigt, daß über „Führung" vieldeutige und unzureichend präzisierte Konzepte vorliegen. Im Interesse einer eindeutigeren Kommunikation in Wissenschaft und Praxis wird zunächst eine Begriffsexplikation von „Führung" vorgenommen als Voraussetzung für eine fundierte Konzeptentwicklung. Zu diesem Zweck wird auch auf die etymologische Bedeutung des Führungsbegriffes zurückgegangen.

<small>11 Merkmale der Führung</small>

Ungeachtet der verschiedenen, z. T. konkurrierenden Ansätze zur Führungsforschung wird die Frage nach den wichtigsten Merkmalen von Führung gestellt. Es werden folgende 11 grundlegende, interdependente Merkmale der Führung aufgeführt und kurz erläutert:

(1) Ziel-, Ergebnis- und Aufgabenorientierung
(2) Gruppenprozesse
(3) Rollendifferenzierung
(4) Einfluß
(5) Soziale Interaktion
(6) Wert- und Normbildung
(7) Persönlichkeitseigenschaften
(8) Konfliktprozesse
(9) Kommunikationsprozesse
(10) Entscheidungsprozesse
(11) Entwicklungsprozesse (zeitliche Dimension).

Obgleich die Komplexität des Führungsphänomens eine umfassende und allgemein akzeptierte Definition von Führung erschwert, wird folgende Arbeitsdefinition vorgeschlagen:

<small>Definition von Führung</small>

Führung ist zielorientierte soziale Einflußnahme zur Erfüllung gemeinsamer Aufgaben.

1. Probleme der Begriffsbestimmung von „Führung" und „Führer"

<small>Vagheit, Mehrdeutigkeit und Inkonsistenz von Führungsbegriffen</small>

„Führung" zeigt überaus vage, mehrdeutige und inkonsistente Konzepte.[1]

Nach Golembiewski (1965, 90f.) wird eine zusammenfassende und vergleichende Analyse der Literatur zur Organisations- und Gruppenforschung — und damit auch zur Führungsforschung — dadurch erschwert, daß

1. Probleme der Begriffsbestimmung von „Führung" und „Führer"

(1) das gleiche Konzept in verschiedenen Studien unterschiedlich operationalisiert wird,

(2) ähnliche Konzepte mit ähnlichen operationalen Begriffen in verschiedenen Situationen verwendet werden,

(3) ähnliche Konzepte mit unterschiedlichen operationalen Begriffen in verschiedenen Situationen verwendet werden und

(4) unterschiedliche Konzeptualisierungen, die den gleichen Sachverhalt betreffen, unterschiedlich operational definiert sind.

Methodische Schwierigkeiten bei der Literaturauswertung

Um die Definitionsmerkmale und Bedeutungsumfelder des alltagssprachlichen Sammelbegriffs Führung festzustellen, ist eine Begriffsexplikation angezeigt. Sie umfaßt die systematische sprachliche Präzisierung von Begriffen aufgrund von Bedeutungsanalysen, empirischen Analysen und Nominaldefinitionen (vgl. Carnap, 1959; Stegmüller, 1969; Lautmann, 1969; Kap. B). Erst nach einer gründlichen Begriffsexplikation sind operationale Definitionen von Führung sinnvoll.

Notwendigkeit der Begriffsexplikation von „Führung"

Der Führungsbegriff bedarf einer gründlichen Phänomenanalyse, weil es sich nicht um einen wertneutralen Begriff handelt, wie im Falle von „Kraft", „Masse", „Elektron" oder „Gen". Vielmehr ist „Führung" ein kulturgebundenes, normatives Konzept, daß je nach Welt- und Menschenbild der Wissenschaftler und Praktiker unterschiedlich aufgefaßt wird. So überrascht nicht, daß in der Literatur zum Führungsphänomen eine geradezu babylonische Begriffsverwirrung herrscht (vgl. die ausführliche Analyse bei Seidel, 1978).

„Führung" = normatives Konzept

„Führung" wird für die Bezeichnung unterschiedlicher Sachverhalte verwendet: für eine *Tätigkeit* (Prozeß), für deren *Resultat* oder auch für eine *Personengruppe* an der Spitze einer Hierarchie. Damit erweist sich Führung als multidimensionales theoretisches Konzept (hypothetisches Konstrukt) mit vielfältigen empirischen Bezügen. Der Führungsbegriff hat — wie alle anderen sozialwissenschaftlichen abstrakten Konzepte — eine gewisse Überschußbedeutung (surplus meaning[2]), aufgrund deren eine eindeutige Zuordnung bzw. Reduktion auf Beobachtbares nicht möglich ist.

„Führung" als Bezeichnung für Tätigkeit, Ergebnis oder Personengruppe

---

[1] Von *Mehrdeutigkeit* spricht man, wenn ein Begriff zur Bezeichnung verschiedener Sachverhalte verwendet wird, während *Vagheit* meint, daß die Bedeutung eines Begriffs nur unzureichend bestimmt ist. *Inkonsistenz* heißt, daß die Bedeutungen eines Begriffs – häufig auch bei ein und demselben Autor – wechseln.

[2] Die „Überschußbedeutung" bei theoretischen Begriffen birgt freilich viele Gefahren für die objektive intersubjektive Kommunikation. Gleichwohl betrachtet man den nicht aufgeklärten bzw. aufklärbaren Rest an Überschußbedeutung bei theoretischen Begriffen für die Hypothesen- und Theorienentwicklung als förderlich (vgl. Groeben/Westmeyer, 1975).

1.1. Begriffsexplikation von „Führung"

Etymologische Bedeutung von „Führer" und „Führung"

Etymologisch bezeichnet Führer (erschlossenes germanisches Ursprungswort: fôrjan, althochdeutsch fôrari, mhd. fuerare, afries. fēra, schwed. föra, dän. fore) eine Person oder einen Gegenstand, der den Weg weist, wonach sich andere richten. Die Ausgangsbedeutung von führen ist: „in Bewegung setzen". „Seine eigentliche Bedeutung, die der von leiten sinnverwandt ist, hat führen erst innerhalb des Deutschen entwickelt. Dabei denken wir nicht mehr in erster Linie an das Hervorrufen einer Bewegung, sondern an das Weiterschaffen in einer bestimmten Richtung" (Mitzka, 1970). *Führung ist somit nicht nur Aktionsverursachung, sondern immer auch Bewegungssteuerung* (vgl. Dahms, 1963, 43f.). In den meisten Definitionsversuchen zur Führung finden sich diese beiden Aspekte (vgl. Seidel, 1978; Steinle, 1978; Kap. K).

Im Englischen läßt sich das Wort „leadership" bis in das Jahr 1300 zurückverfolgen. Erst ab 1800 wird es in der Umgangssprache verwandt (Stogdill, 1974, 7).

Führungsideale der Antike

Es wurde schon darauf hingewiesen, daß Führung ein interkulturell und zeitlich überdauerndes Phänomen ist, wenngleich sich dessen Spezifika in der Geistesgeschichte verändern. So weist z. B. Sarachek (1968, zit. n. Stogdill, 1974, 82) am Beispiel der Ilias von Homer auf verschiedene Führungsideale der Antike hin: „1. Gerechtigkeit und Urteilskraft: Agamemnon, 2. Weisheit und Rat: Nestor, 3. Scharfsinn und List: Odysseus und 4. Tapferkeit und Aktion: Achilles." Heute würde, wie Stogdill bemerkt, der 3. Aspekt kaum als erstrebenswertes Führungsmerkmal betrachtet werden.

Platon (Der Staat, 6. und 7. Buch, zit. n. Aschauer, 1970, 28f.) stellte folgende Eigenschaften eines Führers heraus: 1. Wißbegierde, 2. Wahrheitsliebe, 3. besonnene Mäßigung und Abwesenheit aller Gewinnsucht, 4. Abwesenheit von Niederträchtigkeit und Gemeinheit, 5. gerechte und humane Seele, 6. Gelehrigkeit, 7. gutes Gedächtnis und 8. Sinn für schöne Form.

Veränderungen des Führungskonzeptes in der Geistesgeschichte

Aristoteles (Politik) geht davon aus, daß einige Menschen von Natur aus zum Befehlen prädestiniert seien und vertritt somit ein eigenschaftstheoretisches Führungskonzept (vgl. Kap. E 1.).

Machiavelli (1469-1527), ein einflußreicher politischer Denker der Renaissance, fordert folgende Eigenschaften von einem idealen Führer (Der Fürst, 1955, 73f.): virtu (Kraft, Entschlossenheit), Treue, Milde, Menschlichkeit, Aufrichtigkeit bzw. Redlichkeit, Frömmigkeit und Gottesfurcht, Großmut und Kühnheit.

Die Liste berühmter Namen aus der Geistesgeschichte, welche sich mit dem Phänomen der Führung auseinandergesetzt haben, ließe sich beliebig verlängern. Die hier aufgeführten Beispiele mögen jedoch genügen, um zu zeigen, daß bestimmte Idealnormen bei der Bestimmung dessen, was Führung oder einen Führer kennzeichnet, in allen Epochen eine große Rolle gespielt haben.

1.2. Unterscheidung zwischen „Führung" und „Führer"

Wichtig erscheint die Unterscheidung zwischen Führung und Führer, die in der Literatur relativ selten vorgenommen wird (Hollander/Julian, 1969). Führung ist das *umfassendere* Konzept und bezeichnet in dem hier verwendeten Kontext *intentionale und realisierte soziale Interaktionsprozesse und -ergebnisse in soziotechnischen Systemen.*

„Führung" und „Führer" sind relationale Konzepte, die stets Beeinflusser und Beeinflußte beinhalten: „Without followers there can be no leader" (Katz/Kahn, 1966, 301).

Als minimale soziale Bedingungen für das Entstehen von Führung nennt Stogdill (1950):

3 Bedingungen für Führung

(1) Eine Gruppe (2 oder mehr Personen)

(2) Eine gemeinsame Aufgabe (oder zielorientierte Aktivität)

(3) Aufteilung von Verantwortlichkeit (einige Mitglieder haben bestimmte Pflichten)

Demgegenüber ist der Begriff „Führer" personenzentriert, wenngleich mit diesem Begriff immer auch dynamische soziale Aspekte verbunden sind. Steiner (1972, 1974, zit. n. Kirsch, 1976, 49f.) hat aus experimentalpsychologischer Sicht folgende Kriterien zur Identifizierung von Führern in Gruppen zusammengestellt:

„Führer sind Personen,
— die vom Experimentator die Führerrolle zugewiesen bekommen, mit oder ohne Aufzählung spezieller Pflichten und Funktionen,
— die als Führer identifiziert werden von Beobachtern oder Gruppenmitgliedern mit oder ohne Angabe der Identifikationskriterien,
— deren Gegenwart und/oder Verhalten in der Gruppe die Aktivitäten oder Produkte der Gruppe stark beeinflussen,
— die von anderen Mitgliedern besonders häufig als Freunde, Vertraute oder Mitarbeiter gewählt werden,
— deren Vorschläge, Anweisungen oder Vorbilder regelmäßig von anderen Gruppenmitgliedern akzeptiert, befolgt und nachgeahmt werden,
— die eine bestimmte Position in einer institutionalisierten Rollenstruktur inne haben — Vorarbeiter, Leutnants, Geschäftsführer,
— mit denen sich andere identifizieren und die dadurch die Aktivitäten von Gruppenmitgliedern inspirieren und kanalisieren,
— die gewisse spezifische Funktionen ausüben."

Merkmale zur Identifizierung von Führern

Gibb (1972, 155) hat zur grundlegenden Unterscheidung zwischen Führung und Führer ausführlich Stellung genommen. Begreift man Führung als Gruppenfunktion, und zwar als Rollendifferenzierung in einer Gruppe, dann ist

„Führung ein auf die Struktur einer Gruppe angewandtes Konzept zur Beschreibung der Situation ..., in der einige Personen in der Gruppe derart plaziert sind, daß ihr Wille, ihre Ansicht und ihre Einsicht derart wahrgenommen werden, als ob sie andere in der Verfolgung gemeinsamer Ziele lenken und kontrollieren. *Führer* in der Gruppe sind solche Personen, die von den anderen Gruppenmitgliedern am häufigsten wahrgenommen werden, die diejenigen Rollen oder Funktionen ausfüllen, die das Verhalten der

Unterscheidung zwischen „Führung" und „Führer"

anderen hinsichtlich der Erreichung von Gruppenzielen oder Subzielen auslösen und kontrollieren. Eine solche Definition schließt in sich ein, daß es in jeder Gruppe zu jeder Zeit mehrere Führer geben kann".

2. Grundlegende Charakterisierung von Führungsprozessen

2.1. Merkmale der Führung

Die Auffassung, daß es in einer Gruppe zumeist mehrere Führer gibt, steht im Gegensatz zu vielen theoretischen Ansätzen, insbesondere zur Führungsstilforschung, wonach Führung maßgeblich von einer Person ausgeht bzw. von ihr bestimmt wird.

Im folgenden beziehen wir uns auf ein Standardwerk der empirischen Führungsforschung, dem „Handbook of Leadership" (Stogdill, 1974), in welchem mehr als 5000 empirische Arbeiten referiert werden.

Verwirrende Vielfalt und Komplexität des Führungsphänomens

Stogdill hat Grundlagen für die Klassifizierung verschiedener Führungskonzeptionen geschaffen (vgl. auch Seidel, 1978). Wenngleich seine Systematisierung nicht den Kriterien eines logisch konsistenten Klassifikationssystems genügt, da verschiedene Abstraktionsebenen vermengt werden und einige Kategorien offensichtlich dasselbe anzeigen (hoch interkorrelieren), so erhält man doch einen ersten Eindruck über die verwirrende Vielfalt und Komplexität des Führungsphänomens. Stogdill (1974, 7f.) unterscheidet insgesamt 11 verschiedene Führungsansätze:

11 verschiedene Betrachtungsweisen der Führung nach Stogdill

(1) Führung als Mittelpunkt des Gruppenprozesses
(2) Führung als Persönlichkeit des Führers
(3) Führung als Fähigkeit, bei anderen Einverständnis zu erreichen
(4) Führung als Ausübung von Einfluß
(5) Führung als Handlung oder Verhalten
(6) Führung als eine Form der Überredung
(7) Führung als Machtbeziehung
(8) Führung als Ergebnis der Interaktion
(9) Führung als Instrument der Zielerreichung
(10) Führung als Rollendifferenzierung
(11) Führung als Initiierung von Strukturen

Der Autor weist darauf hin, daß Führungsprozesse alle o. a. Aspekte mehr oder weniger ausgeprägt beinhalten. Für die Theorienentwicklung sei es jedoch ratsam, Führung mit Variablen der *Differenzierung* und der *Aufrechterhaltung von Gruppenrollen* in Beziehung zu setzen.

Die von Stogdill aufgeführten Definitionen verschiedener Autoren zu jedem aufgeführten Punkt zeigen exemplarisch die Begriffsvielfalt und -verwirrung in der Führungsforschung. Zugleich wird deutlich, daß einige Autoren recht will-

2. Grundlegende Charakterisierung von Führungsprozessen

kürlich mit dem Führungskonzept umgehen. Im folgenden wird deshalb versucht, den von den meisten Autoren akzeptierten gemeinsamen „Annahmekern" des Führungsphänomens herauszukristallisieren.

Die meisten Operationalisierungsversuche von „Führung" oder „Führer" sind ihres partiellen Charakters wegen nicht allgemeinverbindlich. Dies zeigt sich z. B. am Vorschlag Neubergers (1971), einen Führer wie folgt zu kennzeichnen:

„1. Wer eine Führungsposition innehat

2. von der Gruppe als solcher benannt wird

3. Einfluß ausübt

4. Führungsverhalten zeigt".

Probleme der operationalen Definition von „Führung" und „Führer"

Punkt 4 ist zirkulär, weil das zu Beschreibende bei der Beschreibung bereits vorausgesetzt wird. Es bleibt zudem bei dieser operationalen Definition offen, ob alle vier Merkmale gleichzeitig auftreten müssen oder ob es hinreicht, wenn nur zwei oder drei der angegebenen Merkmale gegeben sind. Zweifellos ließen sich weitere Indikatoren mit dem gleichen Anspruch auf Gültigkeit aufführen (vgl. Abschnitt 1.2.).

Das hier anklingende Problem der Gültigkeit und Repräsentativität operational bestimmter Führungskonzepte führt zu der noch offenen Frage nach den notwendigen *und* hinreichenden Bedingungen von „Führung."*

Es bedarf keiner langwierigen Analyse, um festzustellen, daß Führungsprozesse durch unübersehbar viele Merkmale und Merkmalskombinationen charakterisiert sind. Wissenschaft und Praxis sind jedoch aus vielerlei Gründen gezwungen, die Vielfalt der Variablen auf wenige übersichtliche und informationshaltige Merkmalskomplexe zu reduzieren. Für eine angemessene Beschreibung und Erklärung des komplexen Führungsphänomens scheinen uns mindestens die folgenden 11 Merkmale notwendig. Diese überlappen sich z. T., stellen also keine logisch distinkten Merkmalskomplexe dar.

(1) Ziel-, Ergebnis- und Aufgabenorientierung

(2) Gruppenprozesse

(3) Rollendifferenzierung

(4) Einflußprozesse (Macht)

(5) Soziale Interaktion

11 Merkmale des Führungsphänomens

---

* „Eine Bedingung A heißt dann notwendig und hinreichend für die von ihr bedingte Erscheinung B, wenn ohne ihre Realisierung die Existenz von B unmöglich ist und ihre Realisierung die Existenz von B mit Notwendigkeit nach sich zieht" (Klaus/Buhr, 1970, 175). Die Sozialwissenschaften sind jedoch noch zu jung, um die notwendigen *und* hinreichenden Bedingungen von Führung angeben zu können. Ein großer Fortschritt wäre erreicht, wenn die notwendigen Bedingungen von Führung bekannt wären. Eine Bedingung A heißt notwendig, „wenn ohne ihre Realisierung die Existenz der durch sie bedingten Erscheinung B unmöglich ist" (Klaus/Buhr, 1970, 174). D. h., immer wenn wir es mit Führung (B) zu tun haben, müßten die notwendigen Bedingungen (A1, A2 ... An) gegeben sein.

(6) Wert- und Normbildung
(7) Persönlichkeitseigenschaften, Fähigkeiten und Fertigkeiten
(8) Konfliktprozesse
(9) Informations- und Kommunikationsprozesse
(10) Entscheidungsprozesse
(11) Entwicklungsprozesse (Zeitdimension)

Jeder Merkmalskomplex stellt einen Problembereich dar, der Führung in unterschiedlichem Ausmaß charakterisiert. Die Aufzählung hat über ihre klassifikatorische Funktion hinaus heuristischen Wert sowohl für die Theorienentwicklung als auch für die Gestaltung der Führungspraxis.

Ziel-, Ergebnis- und Aufgabenorientierung

Zu (1): *Ziel-, Ergebnis- und Aufgabenorientierung*
Dieser Aspekt betont den instrumentellen Wert von Führung. Die beabsichtigten oder auch nicht bewußt herbeigeführten Ziele und Ergebnisse dienen als Kriterien für die Effektivität der Führung. Diese Sichtweise ist insofern berechtigt, als es Führung „an sich" nicht geben kann, sondern immer nur Führung auf etwas hin oder von etwas weg. Umstritten ist die Frage, ob Führung immer mit Erfolg verbunden sein muß (vgl. Seidel, 1978). Wir möchten diese Frage verneinen: Mißerfolg kann nämlich ebenso als eine Wirkung von Führung angesehen werden wie Erfolg. Akzeptiert man diesen weitgefaßten Wirkungsbegriff, dann ist auch der Auffassung von Tannenbaum et al. (1961, 26) zuzustimmen, wonach „eine Person, welche bei dem Versuch, andere zu beeinflussen, nicht erfolgreich ist, u. E. auch einen Führer darstellt, wenngleich ein extrem ineffektiver". Damit wird es möglich, die von Bass (1961) vorgenommene Unterscheidung zwischen *versuchter, erfolgreicher* und *effizienter* Führung zu akzeptieren (vgl. Kap. K).

Gruppenprozesse

Zu (2): *Gruppenprozesse*
Führung als interpersoneller Prozeß geschieht stets in und durch Gruppen. Unter einer Gruppe versteht man zwei oder mehr Personen, die durch gemeinsame Normen, gemeinsame Ziele, Gruppenbewußtsein, Rollendifferenzierung u. a. m. miteinander verbunden sind (vgl. Schneider, 1975; Crott, 1979). Gerade zum Verständnis kooperativer Führungsprozesse ist es unerläßlich, Führungsinteraktionen in Gruppen zu analysieren (vgl. Kap. L).

Rollendifferenzierung

Zu (3): *Rollendifferenzierung*
Von allen theoretischen Ansätzen ist die rollentheoretische Betrachtungsweise des Führungsphänomens durch die Forschung am besten gestützt (vgl. Kap. E 2.). Unter „Rolle" wird die Summe der Erwartungen an den Inhaber einer bestimmten Position verstanden. Verschiedene Führerrollen entstehen durch Interaktion der Organisations- und Gruppenmitglieder. Je nach Aufgabe, Situation, Fähigkeiten und Motivation der Mitglieder entwickeln sich unterschiedliche Rollen (Arbeitsteilung), die hinsichtlich der Zielerreichung komplementär sind bzw. sein sollen. So fanden z. B. Bales/Slater (1955), daß sich Führerrollen häufig in einen beliebten und/oder tüchtigen Führer aufspalten (sog. Führungsdual, vgl. Kap. L 5.6.).

2. Grundlegende Charakterisierung von Führungsprozessen

Zu (4): *Einflußprozesse (Macht)*

Führung als Einflußnahme auf unterstellte Mitarbeiter wird in jüngster Zeit verstärkt unter der Rubrik Macht untersucht (vgl. Krüger, 1976; Schneider, 1977; Mulder, 1977). Dabei reicht das Spektrum von der Anwendung unmittelbaren Zwangs durch Sanktionen vielerlei Art bis hin zur Überzeugung mit dem Ziel, Einstellungen und Verhalten zu verändern. Der Schwerpunkt der Forschung liegt jedoch bei den nichtrepressiven Beeinflussungsstrategien, wie z. B. Gruppendiskussionen und Verhandlungsprozessen. In zunehmendem Maße berücksichtigt man auch den wechselseitigen Einfluß zwischen Führer und Mitarbeitern. Homans (1961) bringt diese Erkenntnis auf folgende Formel: „Einfluß über andere wird mit dem Preis erkauft, auch durch andere beeinflußt zu werden" (vgl. Kap. K, L, M).

Einflußprozesse (Macht)

Zu (5): *Soziale Interaktion*

Soziale Interaktion meint die wechselseitige Bedingtheit des Verhaltens von zwei oder mehr Personen aufgrund verbaler und nonverbaler Kommunikation, wobei das gemeinsame Verhalten als Ergebnis der Interaktion angesehen werden kann. Betrachtet man Führung unter diesem Aspekt, dann ist sie nicht Ursache, sondern Folge einer Vielzahl von Variablen, wie Charakteristika des Führers und der Mitarbeiter, des Aufgabentypus, der Situation etc. (vgl. Kap. F, H; Crott, 1979).

Soziale Interaktion

Zu (6): *Wert- und Normbildung*

Aufgrund der wechselseitigen Einflußnahme der Gruppenmitglieder bilden sich gemeinsame Normen und Werte, die in der Regel maßgeblich von den Führern beeinflußt bzw. durchgesetzt werden. Besonders in Arbeitsgruppen mit mehrdeutigen und unstrukturierten Aufgaben haben die oftmals vom Führer gesetzten oder stark beeinflußten Werte und Normen u. a. die Funktion, Komplexität und Unsicherheit zu reduzieren, Regulative für die Lösung der zu bewältigenden Aufgaben vorzugeben, Ziele zu legitimieren sowie deren Realisierung sicherzustellen (vgl. Kap. K).

Wert- und Normbildung

Zu (7): *Persönlichkeitseigenschaften, Fähigkeiten und Fertigkeiten*

In gleichen Situationen zeigen verschiedene Personen oftmals unterschiedliche Verhaltensweisen. Ausgehend von der Annahme, daß Verhalten eine Funktion der Persönlichkeit *und* der Situation ist, führt man diese Beobachtungen auf zeitlich überdauernde Persönlichkeitscharakteristika des Individuums zurück. Diese Auffassung gewinnt noch empirische Beweiskraft, wenn Verhalten über verschiedene Situationen konstant bleibt. Daß sich ein Führer hinsichtlich bestimmter Persönlichkeitseigenschaften von seinen Mitarbeitern häufig unterscheidet, ist vielfach festgestellt worden. Freilich liegen bislang über Art, Anzahl, Ausprägung und Konfiguration dieser „Eigenschaften" inkonsistente, z. T. widersprüchliche Befunde vor. Auf die Probleme der eigenschaftsorientierten Führungsforschung wird in Kap. E ausführlich eingegangen. Unter Fähigkeiten verstehen wir die Prädisposition eines Individuums, eine bestimmte

Persönlichkeitseigenschaften, Fähigkeiten und Fertigkeiten

Leistung zu vollbringen, während mit Fertigkeit eine Geschicklichkeit gemeint ist, die durch Instruktion von nahezu jedermann erlernbar ist. So ist es z. B. möglich, in relativ kurzer Zeit Führungstechniken, wie z. B. Brainstorming, Konferenzplanung und -durchführung zu erlernen. Dagegen wird nicht jeder Vorgesetzte, der diese Techniken beherrscht, ein „guter" Führer sein, weil die Fähigkeiten zur Rollenübernahme, der sozialen Wahrnehmung, der Einfühlung (Empathie) etc. in beträchtlichem Ausmaß interpersonell variieren (vgl. Kap. L). In Kap. O werden einige bewährte Trainingsmethoden zur Förderung sozialer Fertigkeiten diskutiert.

Konfliktprozesse

Zu (8): *Konfliktprozesse*
Die Zusammenarbeit in Organisationen führt häufig zu intra- und interindividuellen Konflikten sowie Intra- und Intergruppenkonflikten. Die auslösenden Bedingungen sind vielfältiger Natur: etwa knappe Ressourcen, divergierende Wertsysteme der Organisationsmitglieder, Interessengegensätze, unzulängliche Organisationsstrukturen, konkurrierende Entscheidungen der Vorgesetzten und Mitarbeiter usw. (vgl. Dorow, 1978; Wunderer, 1978a). Konflikte sind somit ein unvermeidliches Charakteristikum menschlichen Zusammenlebens. Sie sind auch Ausdruck aktiver oder passiver wechselseitiger Beeinflussungsversuche. Durch Führungsprozesse werden sowohl Konflikte hervorgerufen als auch gelöst bzw. reguliert. Die Anwendung kooperativer Führungsformen kann geradezu als Instrument zur Verringerung bzw. Regelung zwischenmenschlicher Konflikte betrachtet werden (vgl. Kap. M 3.5.).

Informations- und Kommunikationsprozesse

Zu (9): *Informations- und Kommunikationsprozesse*
Kommunikation als Austausch von Informationen ist für die Führung in Gruppen von grundlegender Bedeutung, da dysfunktionale Organisationsprozesse häufig auf unzureichend ausgebaute horizontale, vertikale und diagonale Kommunikationsstrukturen und -prozesse zurückzuführen sind. Eine umfassende und wechselseitige Information und Kommunikation über alle hierarchischen Ebenen hinweg ist ein wesentliches Charakteristikum der kooperativen Führung. Die Analyse des Kommunikationsverhaltens sowie effektiver Kommunikationsstrukturen und -prozesse in Gruppen wird in Kap. L und M vorgenommen.

Entscheidungsprozesse

Zu (10): *Entscheidungsprozesse*
Die Art der Entscheidungsbildung und -durchsetzung kennzeichnet die jeweils praktizierte Führungsform. Es empfiehlt sich, bei der Untersuchung von Entscheidungsprozessen zwischen empirisch vorfindbaren Entscheidungen und normativ gesetzten Entscheidungsregeln zu trennen (Kast/Rosenzweig, 1970, 363f.):

Wir betrachten die Begriffe „Entscheidungsprozesse" und „Problemlösungen" als bedeutungsgleich, da in der Literatur beide alternierend als Oberbegriffe verwandt werden (Mac Crimmon/Taylor, 1976, 1397f.; vgl. Kap. K.).

2. Grundlegende Charakterisierung von Führungsprozessen

	empirisch-faktisch	normativ
Entscheidung:	Welche Entscheidungen werden in der Organisation durchgeführt?	Was ist eine optimale Entscheidung? Wie kann eine Entscheidung verbessert werden?
Entscheider:	Was sind die Merkmale der Entscheidung in der Organisation?	Wie sollte sich ein rationaler Entscheider verhalten?
Entscheidungsprozeß:	Wie werden Entscheidungen in der Organisation durchgeführt?	Wie sollten Entscheidungen in der Organisation durchgeführt werden?

Empirische vs. normative Entscheidungen

Unter Entscheidungen werden Denk- und Handlungsprozesse verstanden, die bei der Wahl zwischen alternativen Möglichkeiten auftreten (vgl. Pfohl, 1977). Organisationen sind gekennzeichnet durch Ungewißheit, Komplexität und Konflikt. Entscheidungen tragen dazu bei, diese dysfunktionalen Zustände sowohl zu reduzieren oder zu beseitigen als auch zu erzeugen (vgl. Kap. I, M).

Kooperativer Führung wird i. a. die Funktion zugeschrieben, die in einer Organisation anfallenden Entscheidungen a) hinsichtlich ihrer Qualität zu verbessern und b) den mit ihnen verbundenen Durchsetzungswiderstand (z. B. Innovationswiderstand) bei den betroffenen Mitgliedern zu verringern (vgl. Kap. K, L, M). Da sich kooperative Führung häufig in und durch Gruppen realisiert, ist es wichtig zu wissen, wie die Entscheidungsbildung und -durchführung in Gruppen zustandekommen. Dabei ist der Vergleich von Gruppen- und Individualleistungen von großem Interesse (vgl. Kap. L).

Zu (11): *Entwicklungsprozesse (Zeitdimension)*
In der Literatur wird zuwenig beachtet, daß Führung ein dynamisches Phänomen ist. So sind z. B. Lerngeschichte, Erwartungen und Zukunftsvorstellungen der Organisationsmitglieder wesentliche Determinanten des Führungsprozesses. Rollen, Normen, Konformität, Gruppenattraktion etc. unterliegen einem ständigen Veränderungsprozeß, der Führer wie Geführte in ihrem Verhalten und Erleben beeinflußt (vgl. Kap. K, L, M).

Entwicklungsprozesse (Zeitdimension)

2.2. Führungsdefinitionen

Um die Vielfalt der Auffassungen zur Führung zu verdeutlichen, seien einige Begriffsbestimmungen exemplarisch aufgeführt. Dabei werden ausgewählte Autoren zitiert, welche die von uns aufgeführten notwendigen Merkmale von Führung hervorheben. Aus Raumgründen werden nur zu den folgenden Merkmalen Definitionen aufgeführt: Ziel-, Ergebnis- und Aufgabenorientierung, Gruppenprozesse und Einfluß (vgl. Stogdill, 1974, 7f.; Seidel, 1978), wobei die Zuordnungen nicht immer in eindeutiger Weise möglich sind.

Ziel-, Ergebnis- und Aufgabenorientierung

Cowley (1928) schreibt: „Ein Führer ist eine Person, die über ein Programm verfügt und in einer bestimmten Art und Weise mit seiner Gruppe ein Ziel anstrebt."

K. Davis (1962) definiert Führung als „der menschliche Faktor, der eine Gruppe zusammenhält und sie für Ziele motiviert".

Gruppenprozesse

Chapin (1962) betrachtet Führung als „Polarisationspunkt der Gruppenkooperation".

Krech/Crutchfield (1948) definieren: „Durch die Kraft seiner besonderen Position in der Gruppe dient er (der Führer) als ein primärer Agent hinsichtlich der Bestimmung der Gruppenstruktur, der Gruppenatmosphäre, der Gruppenziele, der Gruppenideologie und der Gruppenaktivitäten".

Einflußprozesse

Cleeton/Mason (1934): „Führung indiziert die Fähigkeit, Menschen zu beeinflussen und Ergebnisse zu bedingen, und zwar mehr durch emotionale Anziehungskraft denn durch die Ausübung von Autorität".

Koontz/O'Donell (1955) konzeptualisieren Führung „als die Aktivität, Menschen zu überreden, in bezug auf die Erreichung eines gemeinsamen Zieles zu kooperieren".

Diese wenigen Beispiele mögen genügen, um zu zeigen, daß eine alle o. a. Führungsmerkmale umgreifende Definition beim gegenwärtigen Erkenntnisstand der Führungsforschung nicht vorgelegt werden kann. Dies erscheint nicht sehr problematisch, weil Definitionen ihre eigentliche Bedeutung erst im Kontext einer Theorie erhalten. Da indessen eine umfassende und allgemein akzeptierte Theorie der Führung noch nicht existiert, sind die bislang aufgeführten Definitionen als Abgrenzung eines Problembereiches zu verstehen. Wir definieren Führung als:

Unsere Führungsdefinition

Zielorientierte soziale Einflußnahme zur Erfüllung gemeinsamer Aufgaben

Wird die Diskussion auf Führung in Organisationen beschränkt, dann spezifiziert sich die Begriffsbestimmung folgendermaßen:

Führung in Organisationen:
Zielorientierte soziale Einflußnahme zur Erfüllung gemeinsamer Aufgaben in/mit einer strukturierten Arbeitssituation

3. Abgrenzung von verwandten Begriffen

Die Begriffe Leitung, Management, Autorität, Herrschaft, Macht, Einfluß, Steuerung, Dominanz, Status, Prestige, Rang und Attraktion werden häufig in Verbindung mit Führung oder zuweilen gleichbedeutend verwendet (vgl. Collins/Raven, 1969, 156f.). Die Grenzen zwischen diesen Begriffen sind fließend, insbesondere zwischen Führung, Management, Macht, Autorität und Einfluß. Die meisten Definitionsversuche beruhen auf Festsetzungen, so daß man nicht sagen kann, sie seien wahr oder falsch. Dies wird beispielsweise bei den von M. Weber aufgestellten klassischen Begriffsbestimmungen von Macht und Herrschaft deutlich, die später besprochen werden (vgl. Abschnitt 3.3, 3.5). Eine vollständige Analyse der bisher vorliegenden Begriffsverwendungen würde den Rahmen dieser Arbeit sprengen und wohl auch nicht sehr fruchtbar sein, da ein und derselbe Begriff – auch bei relativ präziser Definition – je nach theoretischem Kontext unterschiedliche Bedeutungen erfährt. Im folgenden werden nur die wichtigsten und in der Literatur im Zusammenhang mit der Führungsforschung am häufigsten gebrauchten Grundbegriffe diskutiert.

Unterscheidung zwischen Führung und verwandten Begriffen, wie Management, Leitung, Macht, Autorität etc.

3.1. Leitung

Ebenso wie Führung ist Leitung ein vieldeutiger Begriff. Die Unterscheidung zwischen Führung und Leitung ist in der betriebs- und sozialwissenschaftlichen Literatur umstritten, da beide Tätigkeiten von Vorgesetzten in Organisationen gleichermaßen ausgeübt werden (Irle, 1963; Blau/Scott, 1962). Etymologisch ist der Begriff leiten mit dem des führens verwandt (germ. laidain, „gehen machen"; asächs. lēdian, afr. leiden, afries. lēda; Götze, 1945). In der betriebswirtschaftlichen Literatur werden die Begriffe Führung, Leitung und Management häufig gleichbedeutend verwendet (für viele Bürgin, 1972, 15).

Unterscheidung zwischen Führung und Leitung

Exemplarisch für viele unscharfe Begriffsbestimmungen von Führung steht die Auffassung von Rühli (1970): „Unter Führung kann man ... die Gesamtheit der Institutionen, Tätigkeiten und Instrumente verstehen, welche der Willensbildung und der Willensdurchsetzung dienen". Daß mit derart unspezifischen „Omnibus-Definitionen" der Forschung und Praxis wenig gedient ist, liegt auf der Hand.

Für einige Autoren, wie z. B. Hahn (1971), Gaugler (1966, 35f.), Mellerowicz (1963, 36f.), sind Führung und Leitung gleichbedeutend. Für andere wiederum ist Leitung ein Unterfall von Führung (Nordsieck, 1961; Wöhe, 1967), oder umgekehrt (Schnutenhaus, 1951; Gutenberg, 1967, 132f.; Baumgarten, 1974).

Auffassungen über die Beziehung zwischen Führung und Leitung in der BWL

Die Mehrzahl der Autoren unterscheidet jedoch analog der traditionellen Trennung von formaler und informaler Organisation zwischen Führung und Leitung. „Während unter Leitung primär organisatorische Sachprobleme übergeordneter Instanzen behandelt werden, wird unter dem ... Begriff der Führung das Humanproblem der Menschen-/Mitarbeiterbehandlung durch die

Vorgesetzten behandelt" (für viele Bleicher, 1970, 58; Seidel, 1978; Müller-Nobiling, 1972, 2). Auch Bastine (1972, 1656) unterscheidet in seinem Sammelreferat über Gruppenführung zwischen dem formalen Leiter, d. h. der Person mit Amtsautorität kraft einer hierarchischen Organisationsstruktur, und dem informalen Führer ohne offizielle Machtposition mit starkem Einfluß auf die Gruppenmitglieder. In seinem klassischen Handbuchartikel über Führung unterscheidet Gibb (1969, 213) ebenfalls zwischen Führung (leadership) bzw. Führer (leader) und Leitung (headship, domination) bzw. Leiter (head), wobei Führung und Leitung zusammenfallen können, aber nicht müssen.

Führung darf nicht mit der informalen Organisation gleichgesetzt werden. Sobald zwischenmenschliche Bewegungssetzung und -steuerung auftritt, kann man von Führung sprechen. Dabei ist ein von „außen" der Gruppe oktroyierter Vorgesetzter (Leiter) ebenso ein Führer wie die von der Gruppe gewählte Person (Dahms, 1963, 54f.), aber nicht jeder Führer ist „automatisch" ein Leiter.

5 unterscheidende Merkmale zwischen Führung und Leitung

Trotz der begrifflichen Unschärfe und der gelegentlichen Kritik an der Zweiteilung von Führung und Leitung hat sich diese Unterscheidung in der angloamerikanischen Literatur weitgehend durchgesetzt (Kochan et al., 1975). Gibb zufolge sind es fünf differenzierende Merkmale, die − aus psychologischer Sicht − eine Unterscheidung zwischen Führung und Leitung rechtfertigen (1969, 213):

(1) Leitung wird durch ein organisiertes System gesichert und nicht durch spontane Anerkennung der Gruppenmitglieder.

(2) Das Gruppenziel wird durch den Leiter an der Spitze der Organisation gemäß seinen Vorstellungen bestimmt und nicht durch die Gruppe.

(3) Bei der Leitung ist nur eine geringe oder gar keine Mitbeteiligung bei der Verfolgung eines bestimmten Zieles gegeben.

(4) Es besteht eine große soziale Distanz zwischen den Gruppenmitgliedern und dem Leiter, der bestrebt ist, diese soziale Distanz aufrechtzuerhalten als ein Hilfsmittel, Druck auf die Gruppe ausüben zu können.

(5) Führung und Leitung differieren in bezug auf die Quelle der Autorität. Die Autorität des Führers basiert auf der spontanen Anerkennung der Gruppenmitglieder, während die Autorität des Leiters sich aus externen Machtquellen ableitet, aufgrund derer sich die Gruppenmitglieder beugen.

Die referierten Unterscheidungen zwischen Leitung und Führung scheinen stark von der klassischen betriebswirtschaftlichen und soziologischen Organisationstheorie beeinflußt zu sein. Es fragt sich, ob die Trennung zwischen Leitung und Führung − auch angesichts der Interdependenz formaler und informaler Organisationsstrukturen (Irle, 1961) − sinnvoll ist. Angenommen, wir hätten es mit einer Organisation zu tun, welche die von Gibb aufgeführten 5 Punkte aufweist, dann könnte man ebensogut von einer bürokratisch-autoritär geführten Organisation sprechen, ohne die begriffliche Trennung zwischen Leitung und Führung vornehmen zu müssen.

3. Abgrenzung von verwandten Begriffen

3.2. Management

Mit dem Sammelbegriff „Management" werden in der BWL verschiedene Sachverhalte bezeichnet: eine Personengruppe an der Spitze einer Hierarchie, eine geistige Haltung, Kenntnisse und Techniken oder „ein beschreibbares System eines Beziehungsgeflechtes zwischen anordnungsberechtigten Personen innerhalb der hierarchisch aufgebauten Struktur des wirtschaftlichen Unternehmens" (Illetschko, 1969, zit. n. Laux, 1975, 50). In der betriebswirtschaftlichen Managementliteratur ist es üblich, den Sachverhalt Management vorwiegend unter funktionalen Aspekten zu betrachten und in Elemente, wie Organisation, Planung, Entscheidung, Führung, Kontrolle, Motivation etc. zu zerlegen (vgl. Newman et al., 1967; Bürgin, 1972; Baugut/Krüger, 1976).

Aufgrund einer umfassenden Analyse des Begriffs Management in der deutschsprachigen Literatur kommt Bessai (1974, 359) zu einer Systematisierung der Managementbegriffe, die vier Dimensionen beinhaltet. Danach ist Management:

(1) „eine Sammlung von spezifischen Funktionen (Management-Aufgaben),

(2) die mit Hilfe adäquater Techniken (Management-Techniken),

(3) von bestimmten Stellen des Systems (Managementpositionen) wahrgenommen werden,

(4) in denen die hierfür geeigneten Personen (Management-Personen) tätig sind."

4 Dimensionen des Managementbegriffs

Aus dieser Charakterisierung ist ersichtlich, daß die Begriffe Führung und Management nicht gleichbedeutend sein können, da Management stets Führung beinhaltet, aber nicht umgekehrt (Kirsch, 1976, 103f.). Manager üben die o. a. Funktionen einschließlich Führung aus. Hingegen braucht ein Führer nicht notwendigerweise alle Managementfunktionen zu erfüllen (vgl. Hicks/Gullett, 1975; Miles, 1975, 8f.).

3.3. Macht

Der Philosoph und Mathematiker Bertrand Russell (1938) hat Macht als ein grundlegendes Konzept der Sozialwissenschaften bezeichnet und mit der Bedeutung des Energiebegriffs in der Physik verglichen.

Von vereinzelten früheren Untersuchungen des Machtphänomens abgesehen, (z. B. Cartwright, 1959; Schopler, 1965; Harsanyi, 1965), wird soziale Macht erst in jüngster Zeit intensiver erforscht (vgl. Schneider, 1978; McClelland, 1978; Zelger, 1972; Krüger, 1976; Mulder, 1977; Grunwald, 1980; Reber, 1980). Ebenso wie Führung oder Konflikt ist auch Macht ein universelles, permanentes und multidimensionales soziales Phänomen. Ein wesentliches Kriterium von Führung bzw. eines Führers ist ein hohes Ausmaß von sozialer Macht über andere Personen. Freilich reduziert sich Führung nicht auf Macht oder ist mit ihr identisch.

Eine Gleichsetzung der Begriffe Führung, Macht und Autorität, wie sie etwa von Ziegler (1970) vorgeschlagen wird, erscheint wenig zweckmäßig, da es sich um sozialwissenschaftliche Grundbegriffe handelt.

Definition von „Macht"

Die Mehrzahl der Autoren übernehmen die klassische Macht-Definition von M. Weber: Danach ist Macht „jede Chance, innerhalb einer sozialen Beziehung den eigenen Willen auch gegen Widerstreben durchzusetzen, gleichviel worauf diese Chance beruht". Hier wird als Legitimitätsbasis der Macht auch ihr Zwangscharakter eingeschlossen, der sich ebenso in folgender Definition von Mechanic (1964, 138, vgl. Dahl, 1957; Klis, 1970; Holm, 1969) zeigt: Macht „ist jene Kraft, die zu Verhalten führt, welches bei Fehlen dieser Kraft nicht aufgetreten wäre."

Zum Phänomen Macht sind verschiedene Klassifikationssysteme vorgelegt worden. So unterscheiden z. B. Lasswell/Kaplan (1950, 152) zwischen formaler und effektiver Macht. Erstere kommt dem Begriff der Leitung, letztere dem der Führung sehr nahe. Etzioni (1975) differenziert z. B. zwischen physischer, materieller und symbolischer Macht; Gamson (1968) zwischen Verlockung, Zwang und Überzeugung.

Machtbasen

Machtgrundlagen nach French/Raven

Zweifellos ließen sich noch weitere Klassifikationsversuche aufführen (vgl. Schneider, 1978, 15f.; Krüger, 1976). Wir wollen statt dessen die in der Literatur am häufigsten zitierte Machtklassifikation von French/Raven (1968) näher beschreiben, da sie viele theoretische und empirische Untersuchungen angeregt hat (vgl. Collins/Raven, 1969, 166f.). French/Raven unterscheiden fünf Machtquellen bzw. -basen: „Machtbasen sind alle ökonomisch und außerökonomischen Ressourcen, über die ein Aktor verfügen kann" (Krüger, 1976, 12):

(a) *Macht durch Information (informational power)*
Bei diesem Machttypus ist der Inhalt der Information grundsätzlich wichtiger als deren Quelle. Diese Feststellung wird bestätigt durch ein Experiment von Kelman/Hovland (1953), wonach zunächst der Einfluß einer Kommunikation auf die Einstellung des Rezipienten von der Glaubwürdigkeit und der Kompetenz der Quelle abhängt (vgl. McGuire, 1969). Nach wenigen Wochen indessen kann die Quelle vergessen sein, so daß die Information für sich genommen wirksam wird (vgl. Fishbein/Ajzen, 1975).

(b) *Macht durch Belohnung oder Zwang (reward/coercive power)*
Macht durch Zwang liegt vor, wenn M glaubt, von F bestraft werden zu können. Hingegen ist Macht durch Belohnung gegeben, wenn F das Verhalten von M in irgendeiner Weise zu belohnen vermag. In beiden Fällen ist eine Überwachung von M durch F erforderlich (vgl. die Arbeiten zur Reinforcementtheorie und zur Konformitätsforschung, Hyman, 1960; Peuckert, 1975; Hamner, 1974; Sims, 1977).

3. Abgrenzung von verwandten Begriffen

(c) *Macht durch Identifikation (referent power)*
Hierbei identifiziert sich M mit F, um F ähnlich zu sein. Eine Überwachung von M durch F wird mithin überflüssig. Die näheren Mechanismen der Identifikation sind von Bandura u. a. mit dem Konzept des Modell- oder Imitationslernens untersucht worden, auf das wir jedoch nicht eingehen können (vgl. Zumkley-Münkel, 1976; Vogel, 1974).

Bezugspersonen oder -gruppen haben für die Bewertung von Einstellung und Verhalten einer Person eine normative Funktion. So geht Festinger (1954) in seiner Theorie der sozialen Vergleichsprozesse davon aus, daß jedes Individuum bestrebt ist, die Adäquanz seiner Einstellungen, Werte, Emotionen oder Handlungen mit denen anderer Personen ähnlichen soziokulturellen backgrounds zu vergleichen und zu bewerten (vgl. dazu Irle, 1975, Kap. L 2.2.).

(d) *Macht durch Sachkenntnis (expert power)*
Sie ist der „referent power" insofern ähnlich, als sie häufig deren Vorstufe ist. M spricht F — berechtigt oder nicht — größeres Wissen oder größere Fähigkeiten und damit eine Führerfunktion zu. Hierbei spielen insbesondere soziale Wahrnehmungs- und Attribuierungsprozesse eine große Rolle (vgl. Irle, 1975; Weiner, 1976).

(e) *Macht durch Legitimation (legitimate power)*
Sie ist ohne unmittelbare Überwachung wirksam, da über die Gültigkeit allgemeiner Normen häufig Übereinstimmung herrscht. Legitimationsmacht beruht auf Tradition, internalisierten Werten und/oder Erwartungen der Gruppenmitglieder. Legitimierte Macht wird auch häufig als Autorität bezeichnet (Schneider, 1978, 30f.).

Im allgemeinen sind in der Praxis mehrere der oben geschilderten Machtquellen in unterschiedlicher Kombination und Gewichtung wirksam. Wenn auch nicht alle Machttypen voneinander logisch unabhängig sind, so hat doch die Systematisierung der Autoren aufgrund ihres heuristischen Wertes für die Beschreibung und Analyse von bürokratischen Organisationen allgemeine Anerkennung gefunden. Immerhin konnten Marwell/Schmitt (1968, zit. n. Schneider, 1975, 157f.) die Gültigkeit des Klassifikationssystems annäherungsweise faktorenanalytisch bestätigen. Collins/Raven (1969, 183) verdeutlichen die Interdependenz der einzelnen Machtquellen an folgendem instruktiven Beispiel: Der jeweils Beeinflußte kann ganz verschiedene Machtquellen wahrnehmen. Ein Arzt wird, um seinen Einfluß zu vergrößern, seine legitime Macht ins Feld führen und den Patienten bitten, den ärztlichen Anweisungen strikt zu folgen. Es ist aber auch möglich, daß der Arzt eine vertrauensvolle Beziehung herzustellen versucht, wodurch „referent power" wirksam wird. Andererseits kann er sich im medizinischen Bereich stets auf den neuesten Stand der Forschung halten, um seine „expert power" zu sichern. Er kann aber auch Billigung oder Mißbilligung aussprechen i. S. von Zwang oder Belohnung. Weiterhin kann er informative Macht ausüben, indem er den Patienten über Symptome, Verlauf und Therapie der Krankheit aufklärt.

Die Hervorhebung bestimmter Machtquellen in einer Organisation hängt von kulturellen und situativen Bedingungen ab (vgl. Kap. I, K). In den hochentwickelten Industriegesellschaften ist man heute geneigt, die informative Macht, sei es im politischen, ökonomischen oder pädagogischen Bereich, als mit unserem christlich-abendländischen Welt- und Menschenbild sowie den Postulaten des Grundgesetzes der BRD am ehesten verträglich anzusehen. Darüber hinaus erscheint im Arbeitsleben die informative Macht, verglichen mit den anderen Machtquellen, auf lange Sicht am wirksamsten und stabilsten (Schneider, 1978, 15f.). Krüger (1976, 14f.) betrachtet die Informations- und Sanktionsmacht als die wichtigsten Machtbasen.

Dimensionen der Macht

Machtdimensionen nach Dahl

Von Dahl (1957) stammt folgende erweiterte Systematisierung der Machtdimensionen (vgl. Schneider, 1975, 158f.; 1978, 15f.):

(1) *Machtbasen* nach French/Raven

(2) *Mittel* der Macht, wie z. B. Drohungen, symbolische Präsentierung der eigenen Stärke etc.

(3) *Machtbereich,* d. h. welche Verhaltensweisen einer Person oder Gruppe kontrolliert werden.

(4) *Machtumfang,* d. h. die „Wahrscheinlichkeit, daß der Partner B ein Verhalten auf Grund A's Einfluß realisiert, wobei die Wahrscheinlichkeit zu subtrahieren ist, nach der B dieses Verhalten von sich aus getan hätte" (zit. n. Schneider, 1975, 159).

(5) *Ausdehnung* der Macht, d. h. die Anzahl der Personen, auf die sich der Einfluß erstreckt.

(6) *Kosten* der Macht, d. h. Macht nimmt in dem Maße zu, wie die materiellen und psychischen „Kosten" bei der Durchsetzung der Macht geringer werden.

(7) *Zeitdimensionen,* d. h. je länger der Einfluß dauert, desto größer ist die Macht (vgl. Cartwright, 1959).

Machtdimensionen nach Schneider

Schneider (1977, 6f.) diskutiert folgende Dimensionen der Macht:
Ausnutzungsgrad der potentiellen Macht, Freiwilligkeitsgrad, Komplexität, Übereinstimmung zwischen Absicht und Wirkung, Grad der Gegenseitigkeit der Machtbeziehung, Grad der Institutionalisierung und Sichtbarkeit der Absichten beider Partner.

Berle (1969, 37f.) hat fünf „Theorien" aufgestellt, die er „natural laws of power" nennt und die allen Organisationen gemeinsam sein sollen. Theorie ist hier nur im metaphorischen Sinne zu verstehen, denn eine systematische, theoretische und empirische Erforschung des Machtphänomens in Organisationen steht noch aus. Gleichwohl scheinen die folgenden Thesen von Berle geeignet, Machtprozesse in Organisationen verständlicher zu machen.

3. Abgrenzung von verwandten Begriffen

5 Thesen über Macht in Organisationen

1. „Power invariably fills any vacuum in human organization." Die Alternative ist eine ungeordnete Situation. Wo auch immer sie auftritt, ist jemand zur Stelle, um sie durch eine Machtstruktur zu ersetzen.
2. „Power is invariably personal." Mit anderen Worten: auch die potentielle Macht von Institutionen wird durch Personen ausgeübt.
3. „Power is invariably based on a system of ideas or philosophy." Es hat die Funktion, Macht zu legitimieren.
4. „Power is exercised through and depends upon institutions." Institutionen übertragen, limitieren, steuern und entziehen Macht. Sie haben „Macht über Macht".
5. „Power is invariably confronted with, and acts in the presence of, a field of responsibility." D. h. ein erfolgreicher Machtinhaber muß auch willens und fähig sein, Verantwortung für die Zielerreichung zu tragen.

Präzisierungsversuche des Machtkonzeptes

Macht ist nach herrschender Meinung nicht etwa eine Fähigkeit, ein Besitz oder ein Ding. Vielmehr handelt es sich um einen *relationalen* dynamischen Sachverhalt; um „Ausdruck einer spezifischen zweiseitigen Beziehung zwischen A und B, die von *beiden* Partnern abhängt" (Schneider, 1978, 5). Demzufolge ist die Aussage: „A hat Macht" unvollständig, da der Adressat nicht angegeben wird.

Ein sinnvoller methodischer Zugang zum Machtphänomen ist es, Macht als *intervenierende* Variable zu untersuchen (Schneider, 1978, 5):

Ressourcen $\longrightarrow$ Versuche der Einflußnahme $\longrightarrow$ Macht $\longrightarrow$ Wirkungen im Sinne der Einflußnahme

In der Literatur wurde verschiedentlich versucht, das mehrdeutige Wort „Macht" zu präzisieren (vgl. Dahl, 1957; Holm, 1962; Zelger, 1972). Zelger (1972) schlägt z. B. einen siebenstelligen Machtbegriff vor, dem wir uns anschließen wollen.

Eine Machtdefinition

*„Die Person x (**Machthaber**) hat Macht über die Person y (der **Beherrschte**) in bezug auf die Handlungen, Entscheidungen oder Meinungen z (**Machtbereich**), die y mit der Wahrscheinlichkeit p ausführt (**Machtfülle**), wenn x die Mittel q anwendet (**Machtmittel**), wobei für x die Kosten r auftreten (**Machtkosten**) und x s Reserven zur Verfügung hat (**Machtgrundlage**)."*

Demgegenüber definiert Winter (1973, 5) den Begriff der sozialen Macht sehr weit als „the ability or capacity of O to produce (consciously or unconsciously) intended effects on the behavior or emotions of another person P."

Um Macht von verwandten Begriffen besser abgrenzen zu können, unterscheidet der Autor drei Dimensionen des Machtkonzeptes (vgl. den 3-dimensionalen semantischen Raum in Abb. C-3-1). A bezieht sich auf den relativ unglei-

Der semantische Raum von machtähnlichen Begriffen

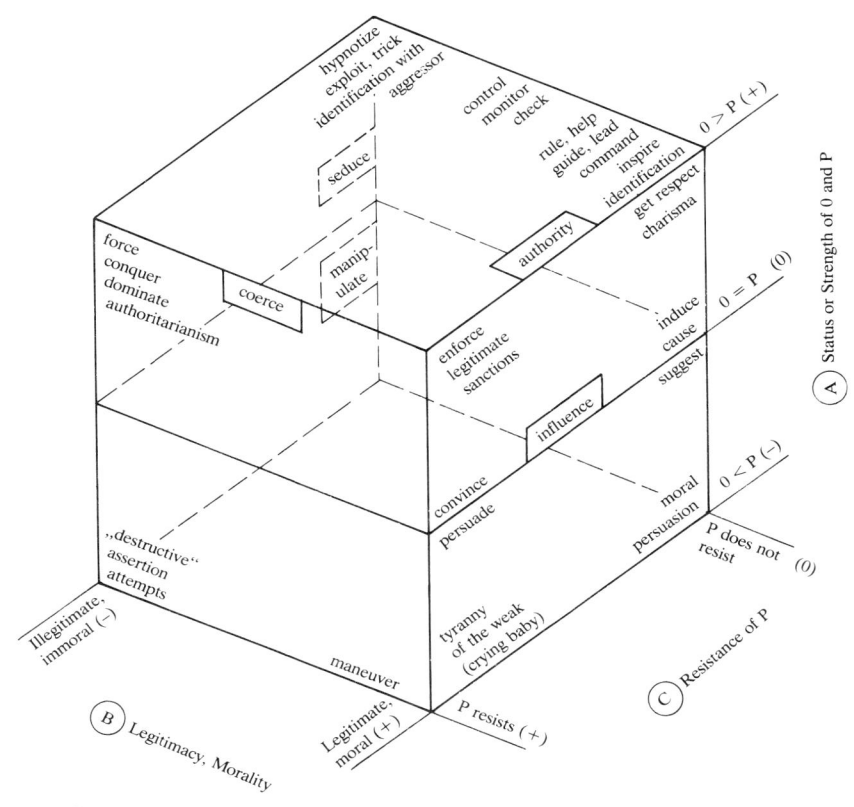

Abb. C-3-1
Der semantische Raum von machtähnlichen Begriffen (nach Winter, 1973, 9)

chen Status bzw. auf die ungleiche Kraft von O und P; B bezieht sich auf die Art der Legitimitätsgrundlage (Autorität, Moral, Regeln etc.) und C bezieht sich auf den Widerstand von P.

3.4. Einfluß

Eine Abgrenzung zwischen Macht, Einfluß, Herrschaft und Autorität ist nicht in eindeutiger Weise möglich, da die Begriffe häufig synonym gebraucht werden (vgl. Tedeschi, 1972). Während Macht häufig als potentieller Einfluß konzeptualisiert wird, betrachtet man Einfluß (influence) als *Resultat, Prozeß* oder *Konkretisierung* von Macht (vgl. Collins/Ravens, 1969, 160; Schneider, 1978, 12f.). Dabei kann die Quelle des Einflusses eine Person, eine Gruppe, eine Rolle oder gar eine Norm sein, die sich in einer Änderung von Meinungen, Einstellungen, Werten und Verhaltensweisen manifestieren. Bekannt geworden ist die Unterscheidung zwischen Einfluß und Macht von Cartwright (1965,

3): „Wenn ein Handelnder (agent) O eine Handlung vollzieht, die zu einer Veränderung bei einem anderen Handelnden, P, führt, dann sagen wir, daß P von O *beeinflußt* wird. Wenn O über die Fähigkeit verfügt, P zu beeinflussen, dann sagen wir, daß O über P *Macht* hat." Zumeist wird zwischen Einfluß und Macht derart unterschieden, daß Einfluß auf der Basis der Freiwilligkeit stattfindet, während Macht mit Zwang oder Druck einhergeht (vgl. Schneider, 1978, 11).

3.5. Herrschaft

Die klassische Definition M. Webers von Herrschaft bzw. Autorität impliziert *institutionalisierte* legitime Machtausübung. Herrschaft wird somit zu einem Spezialfall von Macht. Während Herrschaft stets Macht beinhaltet, muß die Ausübung von Macht nicht unbedingt zu Herrschaft führen (König, 1965, 112f.). Unter Herrschaft „soll ... der Tatbestand verstanden werden, daß ein bekundeter Wille („Befehl") des oder der „Herrschenden" das Handeln anderer (des oder der „Beherrschten") beeinflussen will und tatsächlich in der Art beeinflußt, daß dieses Handeln, in einem sozial relevanten Grade, so abläuft, als ob die Beherrschten den Inhalt des Befehls, um seiner selbst willen zur Maxime ihres Handelns gemacht hätten" (Weber, 1964, 44). Für Weber ist also die Intention ein wesentliches Bestimmungsmerkmal von Herrschaft. Kurz: „Herrschaft, d. h. die Chance, Gehorsam für einen bestimmten Befehl zu finden ..." (M. Weber).

Definition von „Herrschaft"

Weber unterscheidet in seiner Typologie der Herrschaft zwischen legitimer und illegitimer Herrschaft. Von Bedeutung ist seine Typologie der legitimen Herrschaft, da aus ihr — einst und jetzt — Führungsansprüche abgeleitet werden (vgl. Kap. D, M):

(1) *Legale Herrschaft* kraft Satzung, wie z. B. die bürokratische Herrschaft der Gegenwart

Herrschaftstypologie von M. Weber

(2) *Traditionelle Herrschaft* kraft Glaubens an tradierte Werte, wie z. B. die patriarchalische Herrschaft und schließlich

(3) die *charismatische Herrschaft* kraft affektiver Hingabe an eine Person und deren herausragenden Fähigkeiten. Den charismatischen Herrscher bezeichnet Weber — ganz dem Zeitgeist der 20er Jahre folgend — als Führer.

Aschauer (1970, 26) geht davon aus, daß Herrschaft auf dem Gehorsam der Beherrschten aufbaut, während Führung auf den freiwilligen Konsens der Geführten abzielt. Damit wird die oben aufgeführte Aussage präzisiert, wonach Führung bereits durch Bewegungssetzung und -steuerung zustande kommt.

3.6. Autorität

„Autorität" als eine zentrale historische Kategorie wird zuweilen als „Ansehensmacht" (Th. Geiger), „bejahte Abhängigkeit" (M. Horkheimer) oder auch als „innere Macht" (Fr. Wieser) bezeichnet. Die betriebswirtschaftliche

Sachautorität vs. Amtsautorität

und soziologische Literatur zeichnet sich durch einen inflationären Gebrauch des Autoritäts-Begriffs aus. Im Interesse einer präzisen Begriffsbestimmung sei kurz auf die historische Ursprungsbedeutung eingegangen.

Der Begriff Autorität ist entlehnt dem Lateinischen auctor = Urheber, Schöpfer, Förderer, verantwortlicher Ratgeber. Im römischen Privatrecht und im politischen Alltag des alten Rom wurden zwei Aspekte von Autorität unterschieden: *auctoritas* und *potestas* (vgl. Eschenburg, 1976). Auctoritas war das Beratungsrecht des aristokratischen Senats und mehr ein gewichtiger Ratschlag als ein Befehl; auctoritas war nicht ausgeübte soziale Macht. Demgegenüber bezeichnete potestas die Amtsgewalt; die rechtlich zugeteilte und mit Gewalt ausgestattete Macht.

Der Begriff Autorität wird heute besonders in der Soziologie zur Bezeichnung legitimer Macht verwendet. Das Fehlen der Legitimitätsbasis wird oft als **un**terscheidendes Kriterium zwischen Macht und Autorität angesehen. In der überwiegenden Mehrzahl der sozialwissenschaftlichen Publikationen wird Autorität, die auf Rang oder Stellung einer Person in einer Hierarchie beruht, als formale, objektive oder zugeordnete Autorität (Amtsautorität) bezeichnet.

Autoritätsformen

Ähnlich differenziert auch Rühli verschiedene Autoritätsformen:

Autoritätsquellen
- formale- bzw. institutionsbezogene Autorität
  - institutionelle A.
  - bürokratische A.
  - Amtsautorität
    - Rechtsordnung
    - betriebsinterne Regelungen
    - nicht verfestigte soziale Normen
- funktionale- bzw. personenbezogene Autorität
  - Fachautorität
    - professionelle Autor.
    - Spezialistenautor.
      - Sachverstand
      - Führungsfähigkeiten
  - charismatische Autor.
    - verschiedene schwer identifizierbare Faktoren

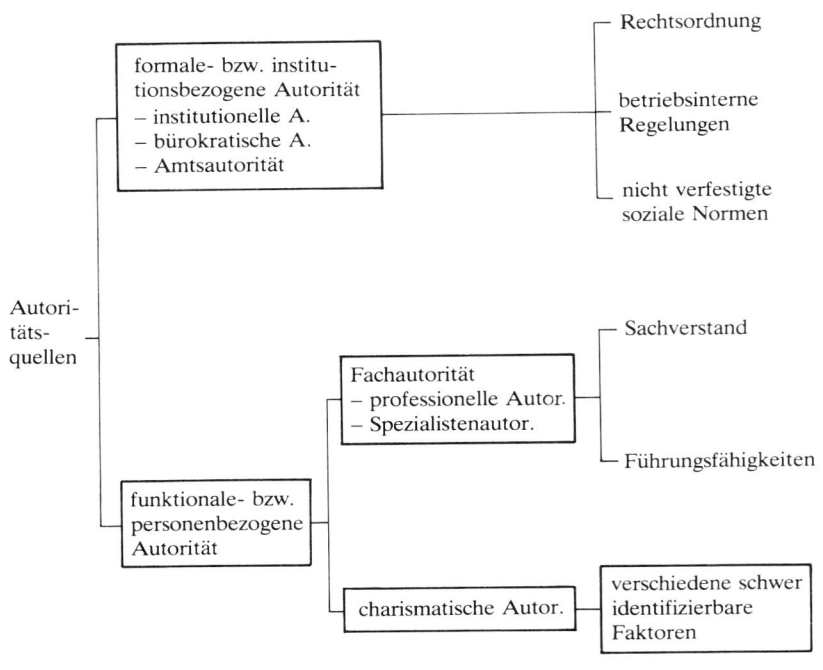

Abb. C-3-2
Autoritätsformen (nach Rühli, 1977, 735)

3. Abgrenzung von verwandten Begriffen

Dagegen wird die funktionale, subjektive, informale oder erwirkte Autorität (Sachautorität) durch Sachkunde oder Integrität einer Person als legitimiert angesehen (Kluth, 1968, 66; Hartmann, 1964; Wagner, 1978; Ziegler, 1970; vgl. Kap. M).

Die Begriffsverwendung von Autorität verweist auf Parallelen zwischen Amtsautorität und Sachautorität, Leitung und Führung sowie Macht und Einfluß.

Die dargestellte Terminologie könnte man nach strukturalem und personalem Aspekt wie folgt gegenüberstellen (vgl. auch Kap. I, M):

strukturaler Aspekt	personaler Aspekt
formale Organisation	informale Organisation
Amtsautorität (formale, objektive, zugeordnete Autorität: potestas)	Sachautorität (funktionale, subjektive, informale, erwirkte Autorität, auctoritas)
Leitung	Führung
formale Macht	soziale Macht
Herrschaft	Einfluß

3.7. Vergleichende Darstellung der Begriffe

Die verschiedenen Begriffe lassen sich unter dem Aspekt des sozialen Einflusses wie folgt tabellarisch darstellen (Abb. C-3-3):

Ausgewählte Literatur

Aschauer, E.: Führung. Stuttgart 1970.
Barrow, J. C.: The variables of leadership: A review and conceptual framework. The Academy of Management Review 2, 1977, 231-251.
Bessai, B.: Eine Analyse des Begriffs Management in der deutschsprachigen betriebswirtschaftlichen Literatur. ZfbF 26, 1974, 353-362.
Dahms, K.: Über die Führung. München/Basel 1963.
Seidel, E.: Betriebliche Führungsformen. Stuttgart 1978.
Steinle, C.: Führung. Stuttgart 1978.
Stogdill, R. M.: Handbook of leadership. New York 1974.

Grundlage der Führungsbeziehung	Soziialer Einfluß (Führung)							
	Glauben			Wissen		Reziprozität	Manipulation	Zwang
	innerlich						äußerlich	
Einflußtyp	Herrschaft			Autorität		Einfluß i.e.S.	Überlegenheit	Macht
Grundlage des Subtyps	Charisma	Tradition	Legalität	Identität	Sachverstand	–	–	Abhängigkeit/Stärke Unabhängigkeit
Subtyp	charism.	tradit.	legale	repräsentative	funktionale	–	–	"Monopol" / Übermacht
		Herrschaft		Autorität				
Einflußform	Befehl			Aufklärung	Auftrag	Tausch "Bestechung"	Irreführung	Ausbeutung / Gewaltanwendung

Abb. C-3-3
Grundlagen und Formen sozialen Einflusses – ein Vergleich verschiedener Grundlagen der Beziehung und der Legitimation (nach Hartmann, 1964)

Kapitel D

Theorien über den Menschen (Menschenbilder)

0. Zusammenfassung

Menschenbilder in Führungstheorien entstanden in einem geschichtlichen Zusammenhang. Auffassungen von der Natur des Menschen und seinen sozialen Beziehungen sind von kulturellen, wirtschaftlichen und politischen Entwicklungen abhängig.

Ein zentrales Anliegen dieses Kapitels ist es, die Bedeutung der Frage nach dem ‚Menschenbild' in ihrem Entstehungszusammenhang zu diskutieren. Die hier noch wirksamen Einflüsse der Human-Relations-Ideologie schränken die Bedeutung des Konzepts ein: implizit werden sozialpsychologische Dimensionen des Führungsprozesses überbewertet und wichtige organisatorische Einflußvariablen (z. B. Technologie, Macht- und Konfliktbeziehungen) vernachlässigt.

In der Führungsliteratur findet man unter dem Begriff „Menschenbild" verschiedenartige Annahmen über den Menschen, die das Führungsverhalten von Vorgesetzten beeinflussen. Dieser Begriff tauchte auf, als Vertreter der Human-Relations-Bewegung die mechanistischen Konzepte „klassischer" Organisationslehren als „Organisation ohne Menschen" (Bennis) kritisierten. Über den Begriff „Menschenbild" sollen Werthaltungen und sozialpsychologische Forschungsergebnisse explizit in Führungskonzeptionen eingehen.

Menschenbilder sind idealtypisch formulierte Konzeptionen. Die vier Typen des ökonomischen, des sozialen, des nach Selbstentfaltung strebenden und des komplexen Menschen werden dargestellt. Insbesondere wird die Bedeutung der beiden Modelle des sozialen und des nach Selbstentfaltung strebenden Menschen für ein Konzept kooperativer Führung untersucht.

Um eine kritische Diskussion zu gewährleisten, wird im zweiten Abschnitt dieses Kapitels danach gefragt, wie Menschenbilder — genauer: implizite Persönlichkeitstheorien — bei einzelnen Individuen entstehen und welchen Einfluß sie auf die Wahrnehmung des Interaktionspartners im Führungsprozeß haben.

1. Problemstellung und -abgrenzung

1.1. Menschenbilder als Problem der Wissenschaft und Praxis

Menschenbilder als vereinfachte Aussagen über das „Wesen" des Menschen

Naturgeschichtliche, naturwissenschaftliche und geisteswissenschaftliche Anthropologien (Lehren vom Menschen) finden sich bereits in den ersten Schöpfungsmythen und später auch in philosophischen, religiösen, biologischen, ökonomischen und psychologischen Schriften. Der Mensch wurde und wird als biologisches (naturgeschichtliches, tierisches), soziales (gemeinschaftsbildendes, kulturschaffendes), religiöses-personales (Ebenbild Gottes, Leib-Seele) oder rationales (Heros der Vernunft, höchste Stufe des Geistes) Wesen verstanden (Klaus/Buhr, 1970, 708; Gadamer/Vogler, 1972).

Menschenbilder sind kulturell und ideengeschichtlich verwurzelte Abstraktionen aus Klassen von Gegenständen (Universalien), seien es Individuen oder Gruppen, „die Gesellschaft", „die Menschheit" oder „der Mensch". Diese Sichtweise leitet ihre Berechtigung von der Erkenntnis ab, daß weder Wissenschaft noch Praxis ohne Verallgemeinerung existieren können (Aristoteles).

Die mannigfaltigen Wesensbestimmungen des Menschen sind Versuche, die Komplexität menschlichen Verhaltens und Erlebens in reduktiver Weise zu beschreiben, zu erklären, vorherzusagen, zu gestalten und zu kontrollieren. Mit anderen Worten: Menschenbilder sind vereinfachte empirische und/oder normative Aussagen über das „Wesen" des Menschen.

„No society can exist without an implicit conception of what people are like" (Herzberg, 1966, 13). Wie die Geistesgeschichte zeigt, bedingen die Wandlungen der gesellschaftlichen Ordnung ein jeweils anderes vorherrschendes Selbstverständnis des Menschen. Gleichwohl hat es daneben immer konkurrierende Menschenbilder gegeben. Im Zuge der Säkularisierung der einzelnen Lebensbereiche, der zunehmenden Spezialisierung sowie dem Zerfall einheitlicher Wertsysteme (Morel, 1975, 204f.) sind insbesondere in den Sozialwissenschaften die unterschiedlichsten Menschenbild-Konstruktionen diskutiert worden: homo sociologicus, homo psychologicus, homo oeconomicus, homo faber, homo ludens, homo socius, homo sapiens etc.

Dichotomische Menschenbilder

Komplexität, Vieldeutigkeit, Multikausalität und Geschichtlichkeit der menschlichen Natur erlauben es nicht, ein überzeitliches und transkulturell gültiges Menschenbild zu entwerfen. Andernfalls wäre der Abstraktionsgrad der Aussagen derart hoch, daß ihr Informationsgehalt und heuristischer Wert minimiert würden. Beispiele hierfür sind die vielfältigen dichotomisch formulierten Menschenbilder, die den Menschen als gut-böse, aktiv-passiv, mechanistisch-reaktiv vs. organismisch-aktiv, Leib-Seele oder Verstand-Trieb charakterisieren wollen.

Die Auffassungen über Bedingungen, Funktionen und Folgen von Menschenbildern in Wissenschaft und Praxis streuen breit:

1. Problemstellung und -abgrenzung

M. Landmann (1964): „Wir besitzen heute keine tragfähige Konzeption vom Menschen mehr."

Portmann, A. (1956): „Keines der heute wirkenden Bilder vom Menschen wird unverändert die schweren geistigen Kämpfe unserer Zeit überstehen."

Gadamer (1972): „Ein ‚richtiges' Menschenbild, das ist vor allem ein durch Naturwissenschaft, Verhaltensforschung, Ethnologie wie durch die Vielfalt geschichtlicher Erfahrung entdogmatisiertes Menschenbild."

Die insbesondere von der philosophischen Anthropologie gestellten Fragen nach dem „Wesen" des Menschen können hier nicht erörtert werden. Vielmehr sind in diesem Kapitel jene Menschenbilder zu referieren, die innerhalb der Organisationspsychologie und -soziologie im Zusammenhang mit Führungsbeziehungen diskutiert werden.

1.2. Die Bedeutung von Menschenbildern in der Führungsbeziehung

Die Menschenbild-Diskussion in der deutschsprachigen Führungsliteratur ist durch eine eingeschränkte Sichtweise gekennzeichnet: Organisationspsychologen und -soziologen scheint das Problem wenig zu interessieren; Organisationstheoretiker, insbesondere betriebswirtschaftlicher Herkunft, übernehmen häufig unreflektiert us-amerikanische Konzeptionen. Stets sollte daher die Frage berücksichtigt werden, ob und inwieweit *interkulturelle Differenzen* zwischen den USA und Mitteleuropa die Übertragbarkeit nordamerikanischer Ergebnisse und Erfahrungen einschränken (vgl. Hofstede, 1976; Sami Kassem, 1976; Crozier, 1973; Barrett/Bass, 1976; Boesch/Eckensberger, 1969).

Menschenbilder als persönliche, generalisierte Einstellungen zum „Menschen schlechthin" entstehen während der individuellen Persönlichkeitsentwicklung; sie basieren auf Erfahrungen mit wichtigen Bezugspersonen in der frühen Kindheit. In der Regel ist dieser Zusammenhang zwischen den Erfahrungen des Kindes und dem Handeln des Erwachsenen nur zum Teil bewußt und einer Reflektion zugänglich (Erikson, 1965). Im Sozialisationsprozeß (Familie, Schule, Berufsausbildung, Einarbeitung in die Organisation) sowie in sozialen Austauschprozessen (im Rahmen jeweils spezifischer organisatorischer Bedingungen, vgl. Kap. M) integrieren Individuen sozio-kulturelle Denkmuster und Wertvorstellungen. Menschenbilder sind demnach einerseits kulturspezifisch und überindividuell geprägt, andererseits aber auch individuell verschieden als Teil der jeweiligen Persönlichkeit. Diese Spannung zwischen dem Gemeinsamen und dem Besonderen charakterisiert die Diskussion in diesem Kapitel.

Menschenbilder als Ergebnis frühkindlicher Sozialisation

1.3. Menschenbilder im Umfeld der Führungsbeziehung

Menschenbilder können nicht nur in individuellen Äußerungen über Personen gefunden werden. Ebenso liegen der Art und Weise wie das Zusammenwirken von Organisationsmitgliedern gestaltet wird (Organisationsstruktur), oder auch den theoretischen Reflexionen über Organisationen (Organisationstheo-

Menschenbilder und Organisationsmodelle

rien, Führungstheorien, Managementkonzeptionen) bestimmbare Menschenbilder zugrunde. Das „zeitbedingte Menschenbild" geht als „stärkste prägende Grundlage" unmittelbar in Organisationsmodelle ein (Hill et al., 1974, 406; Kieser/Kubicek, 1978). Schließlich beeinflussen Werthaltungen, Einstellungen und Erfahrungen einzelner Wissenschaftler auch die Auffassungen, wie und nach welchen Regeln Theorien aufgestellt werden (vgl. Kap. B; Israel, 1972; Devereux, 1967; Levine, 1976).

Aus diesem Grunde werden in dieser Arbeit die Grundwerte kooperativer Führung besonders ausführlich behandelt (vgl. Kap. K). Doch ist es keineswegs selbstverständlich, daß in Führungs- oder Organisationstheorien das zugrunde liegende Menschenbild, Grundwerte oder andere Grundannahmen expliziert werden. Eine Ausnahme macht die Literatur der Human-Relations-Bewegung, in der dem Menschenbild eine zentrale Stellung eingeräumt wird.

1.4. Von der Suche nach dem „richtigen" Führungsstil zur Situationsorientierung

Das Konzept des Menschenbildes und die damit verbundene Fragestellung stammen aus der Suche nach einem wirksamen und zweckmäßigen Führungsstil. Beginnend in den 30er Jahren und verstärkt etwa ab 1950 kritisierten Vertreter der Human-Relations-Bewegung die unzureichende Berücksichtigung der Organisationsmitglieder in geltenden bürokratischen und tayloristischen Organisationstheorien (vgl. Pollard, 1973; Rose, 1975). Einem implizit mechanistischen Menschenbild setzen diese Autoren ihre Vorstellung von einem sozial-psychologisch motivierten Organisationsmitglied entgegen.

Menschenbilder und Führungsverhalten

Ausgehend von Lewins drei Typen des autoritären, des demokratischen und des laissez-faire-Führungsstils und Maslows (1943) Motivationshypothesen, entwickelte z. B. McGregor (1960) zwei Führungskonzeptionen. Er verurteilte die autoritäre Führungskonzeption („Theorie X") mit ihrem mechanistisch-ökonomischen Menschenbild als ineffektiv und inhuman. Vorgesetzte, so McGregor, die bereit seien, ihre Mitarbeiter als potentiell kreativ und selbstverantwortlich zu sehen („Theorie Y"), erreichen, daß sich ihre Mitarbeiter im Arbeitsprozeß engagieren, ihre Fähigkeiten einsetzen und daß sowohl Leistung wie Zufriedenheit steigen (vgl. Kap. N). McGregor leitete also zwei Menschenbilder aus zwei Führungskonzeptionen ab:

   Führungskonzeption → Menschenbild

Umgekehrt wird gegenwärtig aus Menschenbildern das „richtige" Vorgesetztenverhalten abgeleitet (Schein, 1965), wie z. B. in Staehles Übersicht (1973, 102). Die Frage nach dem „richtigen" Führungsstil taucht leicht verändert wieder auf:

   Menschenbild → Führungskonzeption

1. Problemstellung und -abgrenzung

Menschenbild	Wenn-Komponente Merkmale	Dann-Komponente Konsequenzen für Management und Organisation
rational-economic man	ist in erster Linie durch monetäre Anreize motiviert; ist passiv und wird von der Organisation manipuliert, motiviert und kontrolliert; seine Gefühle sind irrational und dürfen nicht mit den rationalen egoistischen Interessen kollidieren — Annahmen der Theory X	4 Management-Funktionen: Planen, Organisieren, Motivieren, Kontrollieren, Organisation und deren Effizienz steht im Mittelpunkt, sie hat die Aufgabe, irrationale Gefühle zu neutralisieren und zu kontrollieren
social man	ist in erster Linie durch soziale Bedürfnisse motiviert; als Folge der Sinnentleerung der Arbeit (Arbeitsteilung, Spezialisierung) wird in den sozialen Beziehungen am Arbeitsplatz Ersatzbefriedigung gesucht; wird stärker durch die sozialen Normen seiner Arbeitsgruppe als durch die Anreize und Kontrollen des Management bestimmt; der Vorgesetzte wird dann akzeptiert, wenn er das Bedürfnis nach Anerkennung und die sozialen Bedürfnisse der Mitarbeiter befriedigt	Manager ist Mittler zwischen Untergebenen und Vorgesetzten, zeigt Verständnis und Sympathien für Gefühle und Bedürfnisse der Mitarbeiter; die Bedürfnisse nach Anerkennung, Zugehörigkeitsgefühl und Identität müssen befriedigt werden; Arbeitsgruppen sind eine Realität, Gruppenanreizsysteme müssen an die Stelle individueller treten
self-actualizing man	menschliche Bedürfnisse lassen sich in einer Hierarchie anordnen; er strebt nach weitgehender Autonomie und Unabhängigkeit am Arbeitsplatz; er bevorzugt Selbst-Motivation und Selbst-Kontrolle; es gibt keinen notwendigen Konflikt zwischen Selbstverwirklichung und org. Zielerreichung: Annahmen der Theory Y	Manager ist Katalysator und Förderer (nicht Motivierer und Kontrolleur); er delegiert; Übergang von Amts-Autorität zu Fach-Autorität; Übergang von extrinsischer zu intrinsischer Motivation
complex man	er ist äußerst wandlungsfähig, die Hierarchie der Bedürfnisse unterliegt starkem Wandel; er ist lernfähig, erwirbt neue Motive, ändert seine Motivationsstruktur, seine Motive können in unterschiedlichen Systemen oder Subsystemen verschieden sein	Manager ist ein Diagnostiker; er muß Unterschiede sehen können und muß sein eigenes Verhalten variieren können; es gibt keine universell richtige Organisation

Abb. D-1-1
Vier Menschenbilder und die Ableitung von Konsequenzen nach Schein (Staehle, 1973, 102)

Theorien über den Menschen (Menschenbilder)

Problematik „richtiger" und „falscher" Menschenbilder (Theorie X u. Y)

McGregor wie auch andere Autoren stellten also ein „richtiges", „akzeptables" und „modernes" Menschenbild („Theorie Y"), das sie als Grundlage effektiven und effizienten Führungshandelns betrachteten, einem abzulehnenden Menschenbild („Theorie X") gegenüber.

Historisch entstand diese Gegenüberstellung aus der Kritik der Human-Relations-Autoren. Heute kann man aus der Distanz feststellen, daß kritisierten Autoren oft Meinungen unterstellt werden, die sie selbst nicht vertreten haben: Kritiker nehmen sozial akzeptierte Inhalte für sich in Anspruch und schreiben abgelehnte Wertvorstellungen den Kritisierten zu (Projektion).

Unter dem Einfluß von Lewin-Schülern und ihrer situativ orientierten Führungstheorien (vgl. Kap. E, G) gab man immer seltener „richtige" Verhaltensnormen vor und versuchte, die Fähigkeit der Organisationsmitglieder zu fördern, Führungsbeziehungen realitätsgerecht wahrzunehmen. Diese sozialen Wahrnehmungsmuster können aber durch zu enge Verhaltensrichtlinien eingeschränkt werden: Organisationsmitgliedern vorgegebene Menschenbild-Typen prägen Vorstellungen und soziale Wahrnehmung. Demnach besteht eine Spannung zwischen Empfehlung „richtiger" Menschenbilder und situationsorientierten Theorien. Daher wird kritisch zu fragen sein, ob das Konzept des Menschenbildes den hier skizzierten Entwicklungen gefolgt ist oder ob es noch in seiner ursprünglichen kritischen Frontstellung gegenüber dem Taylorismus befangen bleibt. Dies erscheint um so notwendiger, als man heute akzeptiert, daß es einen allgemein gültigen Führungsstil nicht geben kann (vgl. Kap. E, G), womit sich die Ausgangsfrage der Menschenbild-Diskussion als überholt erweist.

1.5. Menschenbild-Typologien

Menschenbild-Typologien

Oben wurde McGregors (1960) Gegenüberstellung von „Theorie X" und „Theorie Y" skizziert. McGregor formulierte dichotome, einander ausschließende Idealtypen. Nach und nach entstanden differenzierte Typologien wie:
- die Darstellungen einer Reihe von drei (Miles, 1975) oder vier (Schein, 1965) Idealtypen,
- die Darstellung von skalierten Dimensionen (Lau, 1975),
- die Darstellung von mehrdimensionalen Modellen (Likert, 1962; Lattmann, 1975).

Diese Typologien unterscheiden sich einmal in ihrer Darstellungsweise (dimensional oder typologisch), zum Teil auch in ihrer Terminologie (vgl. Abb. D-1-2). Wir gehen auf diese Unterschiede nicht weiter ein. Die historischen Kategorien (Typ 1 und Typ 2) sind von den Autoren relativ übereinstimmend beschrieben worden. Bei Typ 4 zeigt sich oft eine utopische Sichtweise.

Probleme idealtypischer Menschenbilder

Die in den Kapiteln E und H dargestellten technologisch, mathematisch, entscheidungslogisch und formal-kybernetisch orientierten Theorien haben keine neuen Modelle über den Menschen entwickelt; sie werden hier (im Gegensatz

1. Problemstellung und -abgrenzung

Autor	Typ 1	Typ 2	Typ 3	Typ 4
Etzioni (1967)	Wissenschaftliche Betriebsführung	Human-Relations	Strukturalismus	
McGregor (1968)	„Theorie X"		„Theorie Y"	
Likert (1962)	ausbeutend-autoritär /Typ 1	wohlwollend autoritär /Typ 2	beratend-partizipativ /Typ 3	partizipativ-Gruppensystem / Typ 4
Miles et al. (1966)	Traditional model	Human relations model	Human resources model	
Colin (1971)	„Theorie X"	„Theorie Y"	„Theorie Z"	
Lau (1975)	Großer Führer	Sozialer Mensch Organisationsmensch		Professioneller Manager
Schein (1965)	Rational-ökonomischer Mensch	Sozialer Mensch	Sich selbst verwirklichender Mensch	Komplexer Mensch

Abb. D-1-2
Verschiedene Klassifikationsversuche von Menschenbildern

zu Hill et al., 1974) nicht berücksichtigt (vgl. die Darstellung bei Rose, 1975, 175f.; Pollard, 1973; Steinle, 1978). Das bedeutet allerdings nicht, daß formalen Organisationsmodellen kein Menschenbild zugrunde liegt (vgl. Kieser/Kubicek, 1978). So ergab die Untersuchung von computergesteuerten Informationssystemen (Banbury, 1973; Kirsch/Klein, 1977), daß jedes System ein implizites Modell des Verwenders enthielt (vgl. das Beispiel bei Klein, 1976, 20).

Im Gegensatz zur typologischen Menschenbildformulierung der Organisationstheorien finden wir in philosophischen und religiösen Werken ausführliche und differenzierte Überlegungen über die Natur des Menschen. Hier wird sichtbar, wie tief die „Annahmen über den Menschen" in unserer Kultur und ihrer Entstehungsgeschichte verwurzelt sind und in welchem Ausmaß sie alle menschlichen Beziehungen bestimmen. Beschreibungen „des Menschen" veränderten sich mit dem jeweiligen Weltbild, der sozialen Struktur und den jeweiligen Arbeitsbedingungen (vgl. Abb. D-1-3). Anderseits wiederholen sich in der Geschichte die Interpretationen über die Grundlagen sozialer Beziehungen (Abb. D-1-4).

520 v. Chr. — Konfuzius: Lesefrüchte
Das Wort shu dient als Lebensprinzip ... (es bedeutet): tue anderen nichts an, was du nicht willst, das sie es dir antun. (Sozialer Kontrakt)

360 v. Chr. — Plato: Die Republik
Ein Staat entsteht aus den Bedürfnissen der Menschheit. Niemand genügt sich selbst, aber wir alle haben viele Wünsche. (Utilitarismus)

360 v. Chr. — Aristoteles: Über Politik
Wer allein lebt, muß entweder ein Tier oder ein Gott sein. (Herdentrieb)

100 n. Chr. — Matthäus: Das neue Testament
Was ihr wollt, daß die Menschen euch antun sollen, daß tut ihnen gleichermaßen. (Sozialer Kontrakt)

1378 n. Chr. — Ibn-Khaldun: Prolegomena
Es ist ersichtlich, daß Menschen von Natur aus in Kontakt miteinander stehen und miteinander verbunden sind. Dieser Kontakt kann eine Solidarität bewirken, die fast so mächtig ist, wie das Gemeinschaftsgefühl in der Verwandtschaft. (Herdentrieb)

1651 n. Chr. — Hobbes: Leviathan
Ohne soziale Beziehungen ist das Leben des Menschen einsam, arm, ungemütlich, dumm und kurz. (Nützlicher sozialer Kontrakt)

1689 n. Chr. — Locke: Essay über das Verständnis des Menschen
Denn da Gott Rechtschaffenheit und Gemeinwohl verbunden und beide als notwendig für die Erhaltung der Gesellschaft gemacht hat, wundert es nicht, daß jeder nicht nur diese Regeln akzeptiert, sondern sie anderen empfiehlt und sie verherrlicht, da er daraus, daß andere sie befolgen, sicher eigenen Nutzen ziehen wird. (Rationaler sozialer Kontrakt)

1762 n. Chr. — Rousseau: Der soziale Kontrakt
Alle Menschen sind frei geschaffen. Die Gesellschaft nimmt dem Menschen seine angeborene individuelle Macht und stattet ihn aus mit anderer (Macht), die er nicht ohne die Hilfe von Anderen einsetzen kann. (Sozialer Kontrakt als Kompromiß)

1788 n. Chr. — Kant: Kritik der praktischen Vernunft
Handle so, daß die Maxime deines Willens jederzeit zugleich als Prinzip einer allgemeinen Gesetzgebung gelten könnte. (Kategorischer Imperativ)

1789 n. Chr. — Bentham: Einführung zu Prinzipien der Moral und Gesetzgebung
(Soziale Interaktion) wird geleitet durch das Nützlichkeitsprinzip: die größtmögliche Menge Glück für die größtmögliche Zahl der Mitglieder (der Gesellschaft). (Utilitarismus)

Abb. D-1-3
Vorwissenschaftliche Annahmen über den Menschen und seine sozialen Beziehungen (vgl. McDavid/Harari, 1973, 5)

1. Problemstellung und -abgrenzung 83

	500 v. Chr.	0 v. Chr.-n. Chr.	500 n. Chr.	1000 n. Chr.	1500 n. Chr.	1970 n. Chr.
Wirtschaft	Ackerbau-Handel	Ackerbau-Steuern, Tribute	Ackerbau	Ackerbau	Revolution des Handels	Industrie
Politik	Stadtstaat	Römisches Reich	Auflösung des Römischen Reiches	Heiliges Römisches Reich u. unabhängige Königreiche	Beginnender Nationalismus	1. Konkurrierend-demokratisch 2. Marxismus
Militärwesen	Disziplinierte Infantrie	Organisiertes Heerwesen	Barbaren zerstören die römische Macht; Ostreich bleibt bestehen	Heiliges Römisches Reich; griechische Soldaten halten das Ostreich	Neue Waffen im Westen. Fall des Ostreichs (1453)	Komplexe Technologie Atomenergie
Religion	1. Olympische Spiele 2. Mysterien	Lokale Gottheiten	Christentum überwindet ‚heidnische' Religionen	Westliche und östliche Kirchen trennen sich (1052)	Beginn der Reformation	1. alle Religionen von der Wissenschaft beeinflußt 2. Tendenz zur Areligiosität
Wissenschaft	Medizinische und astronomische Beobachtungen	Medizinische und astronomische Prinzipien, Geometrie, Mechanik	Reste der griechischen Wissenschaft	Beginn der Wiederbelebung der Wissenschaft (besonders 1200-1500)	Wiederbelebung Platos, bes. seine Mathematik wird in der Astronomie angewandt	Experimenteller u. mathematischer Ansatz in Kern- und Raumwissenschaft
Philosophie	Erste Prinzipien	1. Stoiker 2. Epikuräer	Theologische Ausrichtung	Theologisch, mit Elementen Platos und besonders Aristoteles	Entwicklung zur Empirie	Versuch, Physik und Sozialwissenschaft zu konzeptualisieren
Psychologie	1. Natur der Seele 2. Wahrnehmung	1. Akzeptieren der Natur 2. Wohlbefinden als Natur	Probleme der menschlichen Natur, besonders der Wille	Natur a. der Abstraktion b. des Willens	Empirisch, Tendenz zu biologischen Konzepten	Tendenz zu physikalischen, medizinischen und politischen Ideen

Abb. D-1-4
Stichworte zur westeuropäischen Kulturentwicklung (nach Murphy/Murphy, 1969)

2. Implizite Persönlichkeitstheorien

Im folgenden Abschnitt werden einige Ergebnisse empirischer Forschung zu impliziten Persönlichkeitstheorien referiert. Die sich anschließenden Abschnitte sind entsprechend der Darstellung von Schein (1965) gegliedert, da sie sich in der sozialwissenschaftlichen Literatur weitgehend durchgesetzt hat (Staehle, 1973; Hill et al., 1974; Kübler, 1974; Rosenstiel et al., 1975 u. a.). Nach Schein entspricht die Reihenfolge seiner vier Typen „in etwa der Ordnung ihres historischen Erscheinens" (1965, 48).

Implizite Persönlichkeitstheorien

Der Begriff „implizite Persönlichkeitstheorie" wurde von Bruner/Tagiuri (1954) eingeführt (vgl. Schneider, 1973). Er bezeichnet die Tatsache, daß jeder Mensch individuelle Annahmen über Persönlichkeit und Verhalten seiner Mitmenschen entwickelt, die von einer naiven Alltags-Theorie über bestimmte ausgewählte Merkmalszusammenhänge beeinflußt werden (vgl. Laukken, 1974). Die Entstehung dieser impliziten Persönlichkeitstheorien zu untersuchen, ist Aufgabe des Forschungsgebiets „Personenwahrnehmung" bzw. „soziale Wahrnehmung". „Personenwahrnehmung bezeichnet Denkprozesse, durch die der Mensch über andere Personen, ihre Charakteristika, Eigenschaften und inneren Zustände Kenntnis erhält" (Tagiuri, 1969, 395; Irle, 1975). Kurz, es geht um die Frage, *wie wir unsere Mitmenschen einschätzen und verstehen, wie Eindrücke, Meinungen oder Gefühle über andere Personen entstehen.*

Implizite Persönlichkeitstheorien wirken in diesem Prozeß als Vorausurteile bzw. Stereotype, die alles menschliche Handeln leiten. Entsprechend gehen auch in jedes *Führungsverhalten Annahmen darüber ein, wer der jeweilige Geführte ist, was er beabsichtigt, wie er seine Ziele verfolgen wird und aus welchen Gründen er handelt.* Abb. D-2-1 verdeutlicht die Komplexität des Prozesses der Personenwahrnehmung.

Merkmale von Führungssituationen

Im Anschluß an Secord/Backman (1964, 50) kann man drei zentrale Aspekte nennen, wonach sich Führungssituationen unterscheiden:

(a) in der Menge und Qualität der Informationen, die für die Urteilsbildung zur Verfügung stehen;

(b) im Ausmaß der aktuellen Interaktionen zwischen Führer und Mitarbeiter sowie im Grad der Offenheit und Intensität des Kontakts;

(c) in der Dauer der bisherigen Beziehung.

Der Einfluß der Kontaktintensität wurde vielfach experimentell untersucht. Cantril/Allport (Bergler/Six, 1972, 1416) verglichen den Einfluß von persönlichem Kontakt, Radiosendungen und schriftlichen Darbietungen auf die Veränderung von Vorurteilen. Sie fanden, daß persönlicher Kontakt am ehesten eine Einstellungsänderung ermöglicht, d. h. die Intensität der Kommunikation ein entscheidender Einflußfaktor ist.

2. Implizite Persönlichkeitstheorien

In Laboratoriumsexperimenten wurde überprüft, wie Menschen aus wenigen Informationen, wie z. B. Körpererscheinung oder nonverbalem Verhalten, einen Eindruck von der Gesamtpersönlichkeit gewinnen. Häufig bestimmt dabei der erste Eindruck die Bewertung weiterer Informationen (Asch, 1946; Schäfer/Six, 1978; Jahnke, 1975).

Wahrnehmung von Personen in Führungsprozessen

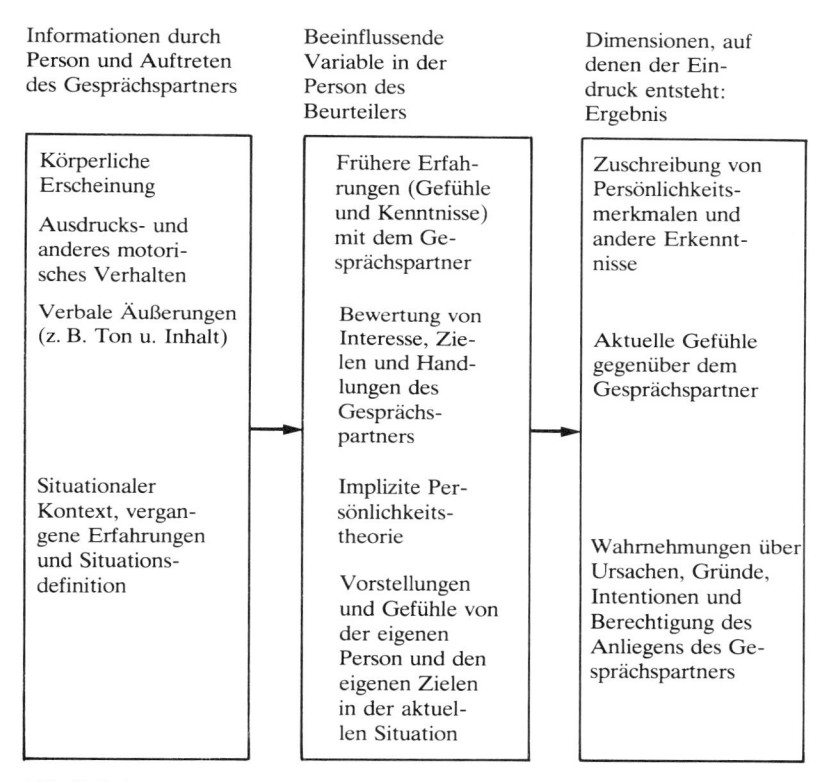

Informationen durch Person und Auftreten des Gesprächspartners	Beeinflussende Variable in der Person des Beurteilers	Dimensionen, auf denen der Eindruck entsteht: Ergebnis
Körperliche Erscheinung Ausdrucks- und anderes motorisches Verhalten Verbale Äußerungen (z. B. Ton u. Inhalt) Situationaler Kontext, vergangene Erfahrungen und Situationsdefinition	Frühere Erfahrungen (Gefühle und Kenntnisse) mit dem Gesprächspartner Bewertung von Interesse, Zielen und Handlungen des Gesprächspartners Implizite Persönlichkeitstheorie Vorstellungen und Gefühle von der eigenen Person und den eigenen Zielen in der aktuellen Situation	Zuschreibung von Persönlichkeitsmerkmalen und andere Erkenntnisse Aktuelle Gefühle gegenüber dem Gesprächspartner Wahrnehmungen über Ursachen, Gründe, Intentionen und Berechtigung des Anliegens des Gesprächspartners

Abb. D-2-1
Die Wahrnehmung von Interaktionspartnern in Führungsprozessen (nach Secord/Backman, 1964, 51)

Die Variablen der mittleren Spalte in Abb. D-2-1 zeigen, was wahrgenommen und wie es interpretiert wird. Wie erwähnt, spielen hier neben vergangenen Erfahrungen die aktuelle Situationsdefinition und Zukunftserwartungen eine Rolle. Dabei beeinflussen implizite Persönlichkeitstheorien deren Auswahl und Stellenwert. Es sind relativ stabile Strukturen, die in vergangenen Erfahrungen im Umgang mit Menschen geprägt wurden, insbesondere in der frühen Kindheit (vgl. u. a. Erikson, 1965). Über diese Erfahrungen gehen kulturelle Werte, Einstellungen und Traditionen in das Menschenbild ein. Implizite Persönlichkeitstheorien stellen somit eine Teilstruktur der Persönlichkeit dar.

Determinanten der sozialen Urteilsbildung

Persönlichkeitsstruktur, Selbstbild, situationale Faktoren etc. bestimmen, welche Merkmale zur Urteilsbildung herangezogen und wie sie zueinander in Beziehung gesetzt werden. Daher variiert die Komplexitätsebene, auf der Interaktionspartner beurteilt werden — und zwar von oberflächlicher Charakterisierung bis zur Einbeziehung von weniger zugänglichen, komplexen Merkmalen (vgl. Tajfel, 1975; Schäfer/Six, 1978; Upmeyer, 1980). Es gilt als empirisch gesichert, daß etwa 90% aller Individuen in ihren subjektiven Theorien über andere Menschen mit 3-10 Beurteilungsdimensionen (∅ 5 Dimensionen) auskommen (Allport, 1966). Hofer (1975) ermittelte z. B. bei Lehrern, daß diese die Leistungen ihrer Schüler mit lediglich 5 Dimensionen beurteilten: Begabung, Anstrengung, Diszipliniertheit, soziale Aktivität, seelische Robustheit.

Die Tendenz zu differenzierter und widersprüchlicher Personenwahrnehmung nimmt mit der persönlichen Entwicklung und „Reife" zu. Wie differenziert sich Interaktionspartner sehen und beschreiben, in welchem Ausmaß sie widersprüchliche Merkmale schildern und Konflikte bei anderen tolerieren, ist auch davon abhängig, wie weit sie eigene Konflikte akzeptieren (vgl. Freud, 1936; Adorno et al., 1950). Andererseits bestimmt die persönliche Reife auch, ob und inwieweit eine Person durch den sozialen Kontext und die Gruppensituation beeinflußbar ist. Allgemein ist jedoch eine Tendenz zu beobachten, widersprüchliche und lückenhafte Informationen und Gefühle gegenüber Interaktionspartnern zu einer geglätteten, ganzheitlich und widerspruchsfrei formulierten Beschreibung zu formen, die einer impliziten Persönlichkeitstheorie folgt (vgl. Seiler, 1974; Jahnke, 1975; Mandl/Huber, 1978).

Dieser *Tendenz zur Stabilisierung* der eigenen impliziten Persönlichkeitstheorie dienen u. a. folgende Prozesse (vgl. Secord/Backman, 1964, 90):

(a) Personen werden als gleichbleibend wahrgenommen.

(b) Die Ursache für das eigene Handeln wird im Gesprächspartner gesucht statt in Bedingungen der Situation oder bei sich selbst. Der Beurteiler bezieht Äußerungen anderer auf sich, wertet sie als Kommentar zu seinen Aktionen.

(c) Die Stimmung des Beobachters färbt seine Wahrnehmungen.

(d) Der Beurteiler denkt in wenigen Kategorien.

Soziale Wahrnehmung und „self-fulfilling"-Prozesse

Die daraus folgende häufig subjektiv verzerrte oder selektive Wahrnehmung sowie die Definition der sozialen Situation bestimmen maßgeblich das soziale Handeln: „Wenn Menschen Situationen als real definieren, haben diese reale Konsequenzen" (Thomas/Znaniecki, 1928, zit. nach Graumann, 1972, 1131). Führungskonzeptionen und Menschenbilder, die ein Vorgesetzter in seinem Führungsbereich durchsetzt, werden dadurch soziale Realität: es sind die subjektiv bewerteten Situationsbedingungen, die eine Führungsbeziehung bestimmen.

Unterstellt man z. B. Mitarbeitern fälschlicherweise bestimmte Eigenschaften oder Verhaltensweisen, so wird man häufig eine empirische Bestätigung dieser

2. Implizite Persönlichkeitstheorien

Annahmen erhalten. Merton (1966, 146) hat diesen Prozeß als „self-fulfilling prophecy" bezeichnet, in welchem aus der Sicht Dritter ursprünglich unzutreffende Situationsdefinitionen ein Verhalten hervorrufen, welches sich im nachhinein selbst bestätigt. Der „Wahrheitsgehalt" von Menschenbildern und impliziten Persönlichkeitstheorien ist demzufolge nicht mit „objektiven Methoden" verifizierbar oder falsifizierbar, sondern sie werden innerhalb der Führungsbeziehung durchgesetzt oder nicht.

Wahrheitsgehalt von Menschenbildern

In Intergruppenbeziehungen wirken diese Prozesse sowohl generalisierend wie dichotomisierend (Irle, 1975, 105ff.). Fremde Gruppen („die anderen") werden in sich einheitlicher und von der eigenen Gruppe unterschiedlicher wahrgenommen als es der Realität entspricht. Die beobachtbaren Tendenzen zur Generalisierung und Dichotomisierung „fremder Gruppen" decken sich mit dem vorher erwähnten Streben, die eigene implizite Persönlichkeitstheorie bestätigt zu finden. Katz (1960, zit. n. Bergler/Six, 1972, 1403) hat dieser Harmonisierungstendenz vier Funktionen zugeschrieben:

(a) Die *Wissensfunktion:* Die vorhandenen Einstellungssysteme bestimmen, wie Umweltgegebenheiten wahrgenommen werden. Das Ergebnis ist eine *selektive Wahrnehmung,* die die vorhandenen Einstellungen verstärkt und absichert.

Funktionen von Einstellungen

(b) Die *Anpassungsfunktion:* Die Einstellungen zeigen Gruppenzugehörigkeiten an, vermindern Gruppen-Binnenkonflikte und betonen den Grad der Distanz zu anderen Gruppen.

(c) Die *Selbstdarstellungsfunktion:* Einstellungen vermitteln der sozialen Umwelt wie dem Einstellungsträger selbst seine Identitätsdefinition und sein Selbstbild.

(d) Die *Selbstbehauptungsfunktion:* Einstellungen spiegeln und fördern die verschiedenen Prozesse der Angstabwehr und Ich-Stabilisierung.

„Je einfacher die implizite Persönlichkeitstheorie des Beobachters ist, um so weniger wird er zwischen Personen differenzieren können" (Irle, 1975, 138). Das bedeutet, daß die eigene Unsicherheit auf Kosten adäquater Realitätswahrnehmung vermindert wird; den Preis dafür zahlt der Interaktionspartner. Die Menschen, so Schuler (1972, 41) „machen sich ihr Leben dadurch leichter, in dem sie es anderen schwer machen."

Somit kann man noch einmal thesenartig zusammenfassen:

(1) Implizite Persönlichkeitstheorien sind gewachsene, verfestigte, verallgemeinerte und vereinfachte Vorausurteile (Stereotype) über „den Menschen".

Merkmale von impliziten Persönlichkeitstheorien

(2) Sie reduzieren die reale Vielfalt menschlichen Verhaltens und Erlebens.

(3) Sie sind als Ergebnis der „Lebenserfahrung" relativ stabil. Ihre Flexibilität ist individuell verschieden.

(4) Persönlicher Kontakt kann helfen, implizite Persönlichkeitstheorien zu überprüfen und zu verändern.

(5) Sie wirken stabilisierend auf das innere Gleichgewicht von Individuen und Gruppen.

(6) Sie beeinflussen die Personenwahrnehmung und wirken als Filter und Schwellen in zwischenmenschlichen und Intergruppenbeziehungen.

(7) Dadurch verfestigen sie sich in der Regel zu sich selbst erfüllenden Prophezeiungen.

Empirische Menschenbild-Konzepte

Nach Kluckhohn/Strodtbeck (1973) haben folgende Wertorientierungen maßgeblichen Einfluß auf das jeweilige Menschenbild:

– *Die Beziehung des Menschen zu sich selbst* (human nature orientation);
Ausprägungsformen:
Glaube an das ursprünglich Böse im Menschen,
Glaube an das ursprünglich Gute im Menschen,
Glaube an die Selbstaktualisierung.

– *Die Beziehung des Menschen zur Natur* (man-nature orientation);
Ausprägungsformen:
der Mensch ist den Gesetzmäßigkeiten der Natur unterworfen,
der Mensch beherrscht die Natur,
Harmonie zwischen Mensch und Natur.

– *Die Beziehung des Menschen zur Zeit* (time orientation);
Ausprägungsformen:
Vergangenheitsorientierung,
Gegenwartsorientierung,
Zukunftsorientierung.

– *Die Modalität der Aktivität* (activity orientation);
Ausprägungsformen:
Tätigkeitsorientierung,
Sein-Orientierung,
Werden als natürliches Wachstum.

– *Die Beziehung des Menschen zum anderen Menschen* (relational orientation);
Ausprägungsformen:
individualistische Orientierung,
Orientierung an hierarchischen Sozialstrukturen,
Orientierung an gleichberechtigter, kooperativer, gruppenbezogener sozialer Umgangsform.

Empirische Dimensionen von Menschenbildern

Wrightsman (1973, 78f.) ermittelte aus philosophischen, theologischen und sozialwissenschaftlichen Schriften über die menschliche Natur insgesamt sechs basale Dimensionen:

(1) Vertrauenswürdigkeit vs. Nicht-Vertrauenswürdigkeit

(2) Altruismus vs. Egoismus

(3) Unabhängigkeit vs. Abhängigkeit (Konformität in bezug auf Gruppendruck)

(4) Willensstärke und Rationalität vs. externale Kontrolle und Irrationalität
(5) Komplexität vs. Simplizität
(6) Ähnlichkeit vs. Variabilität

Zur Messung der sechs Dimensionen wurde eine Skala mit je 14 items entwikkelt. Dabei zeigte sich bei erwachsenen amerikanischen Durchschnittspersonen mit unterschiedlichem Alter und Geschlecht, unterschiedlicher Rasse und unterschiedlichen Berufen folgende Auffassung über das menschliche Wesen (Wrightsman, 1973, 83f.):

Der Mensch sei:

(1) weder extrem vertrauenswürdig noch extrem nicht-vertrauenswürdig
(2) weder extrem altruistisch noch extrem egoistisch
(3) ein wenig rational und von mittlerer Willensstärke
(4) mehr unter Gruppendruck konform gehend als unabhängig
(5) von mittlerer Komplexität und schwer zu verstehen
(6) mittelmäßig unterschiedlich.

3. Das Konzept des „Ökonomischen Menschen"

3.1. Sozialphilosophische Grundlagen

Im 16. und 17. Jahrhundert galten merkantilistische Wirtschaftstheorien, die entsprechend dem Zentralismus der absoluten Monarchien das Individuum und sein Wirtschaftshandeln auf die Interessen des Staates auszurichten suchten. Im 18. Jahrhundert setzte dagegen ein Liberalisierungsprozeß ein, der schließlich in der Forderung gipfelte, der Staat möge sich aus dem Wirtschaftsprozeß heraushalten *(„Nachtwächterstaat")*. Diese Auffassung vertrat Adam Smith in seinem Buch „An Inquiry into the Nature and Causes of the Wealth of Nations" (1776), das den theoretischen Hintergrund für die kapitalistische Wirtschaftsentwicklung (vgl. Abb. D-3-1) des 18. und 19. Jahrhunderts legte. Smith forderte *völlige Freiheit* des Wirtschaftens; übermäßiges Eigeninteresse werde durch die „unsichtbare Hand" des Wettbewerbs und der Marktmechanismen eingegrenzt. Dadurch sei es möglich, daß gleichzeitig das Gemeinwohl wie der individuelle Nutzen des Unternehmers maximiert würden. Diese Ideologie entsprach den wirtschaftlichen und technologischen Entwicklungen des frühen Kapitalismus und war geeignet, dysfunktionale Nebenerscheinungen des raschen Wachstums individueller Unternehmungen zu rechtfertigen. In den klassischen nationalökonomischen Theorien wurden Menschen konzipiert wie Güter, die dem Gesetz von Angebot und Nachfrage unterworfen sind. Man sah zwar, daß Menschen nicht allein durch Geld motiviert wurden, betrachtete aber lediglich ökonomische Faktoren und abstrahierte von sozialen Aspekten.

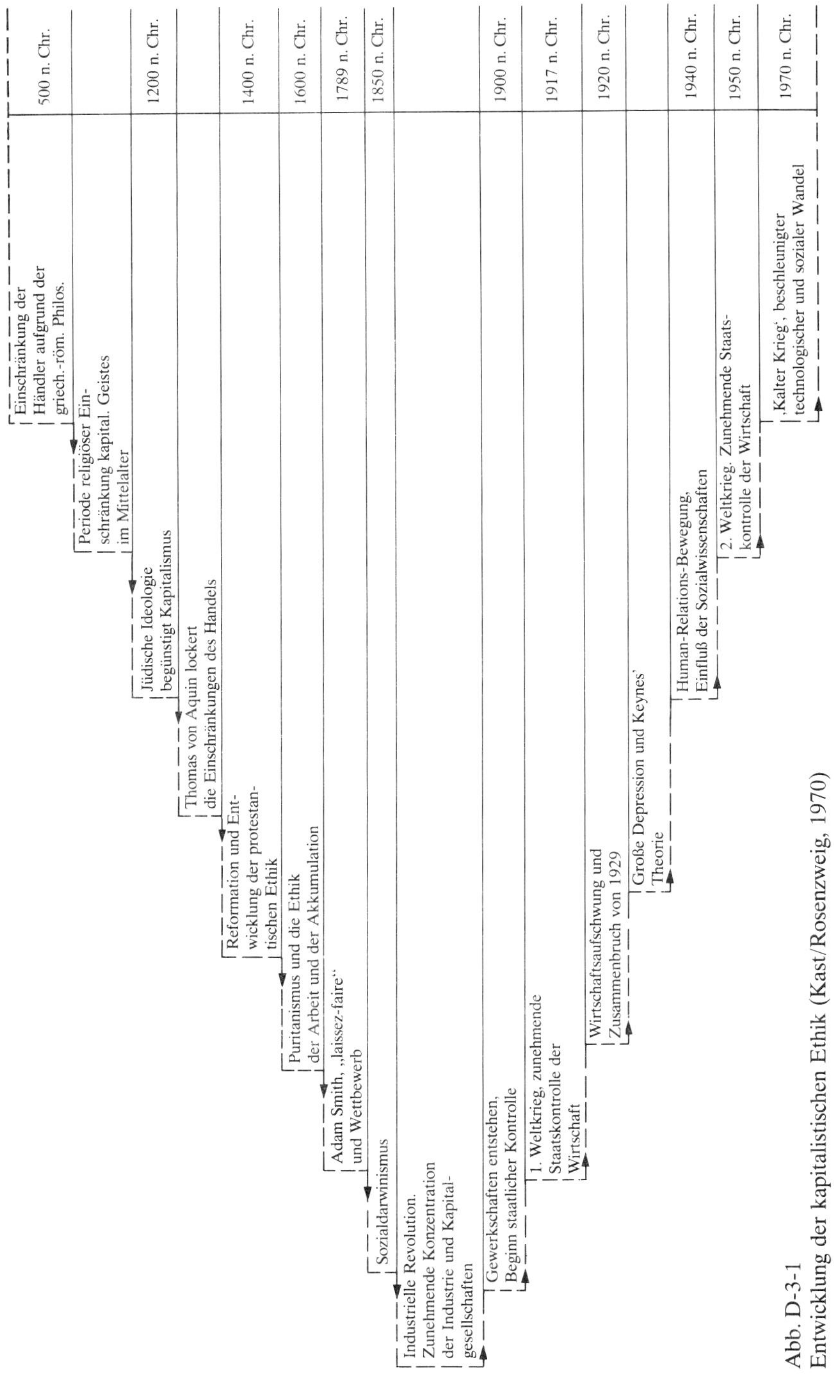

90 Theorien über den Menschen (Menschenbilder)

500 n. Chr.	Einschränkung der Händler aufgrund der griech.-röm. Philos.
1200 n. Chr.	Periode religiöser Einschränkung kapital. Geistes im Mittelalter
	Jüdische Ideologie begünstigt Kapitalismus
	Thomas von Aquin lockert die Einschränkungen des Handels
1400 n. Chr.	Reformation und Entwicklung der protestantischen Ethik
1600 n. Chr.	Puritanismus und die Ethik der Arbeit und der Akkumulation
1789 n. Chr.	Adam Smith, „laissez-faire" und Wettbewerb
1850 n. Chr.	Sozialdarwinismus
	Industrielle Revolution. Zunehmende Konzentration der Industrie und Kapitalgesellschaften
	Gewerkschaften entstehen, Beginn staatlicher Kontrolle
1900 n. Chr.	1. Weltkrieg, zunehmende Staatskontrolle der Wirtschaft
1917 n. Chr.	Wirtschaftsaufschwung und Zusammenbruch von 1929
1920 n. Chr.	Große Depression und Keynes' Theorie
	Human-Relations-Bewegung, Einfluß der Sozialwissenschaften
1940 n. Chr.	2. Weltkrieg. Zunehmende Staatskontrolle der Wirtschaft
1950 n. Chr.	
1970 n. Chr.	‚Kalter Krieg', beschleunigter technologischer und sozialer Wandel

Abb. D-3-1
Entwicklung der kapitalistischen Ethik (Kast/Rosenzweig, 1970)

3. Das Konzept des „Ökonomischen Menschen"

„Der in einem konkreten organisatorischen Umfeld handelnde Mensch degenerierte gleichsam in verkürzter theoretischer Sicht zum Faktor Arbeit (Faktorenlehre Gutenberg)" (Hofmann/Zauner, 1975, 47).

Spencer (1862), ein markanter Vertreter des *Sozialdarwinismus,* übernahm Darwins Evolutionstheorie und legte sie seiner Darstellung der Entwicklung des Universums und der menschlichen Gesellschaft zugrunde. Er verband die Untersuchung von Anpassungsleistungen an die Umgebung mit der Vorstellung über soziale Ordnung und individuelle Moral. Die Fähigsten einer Gesellschaft sollten deshalb überleben, weil sie überproportional zum gesellschaftlichen Fortschritt beitrügen. Eine Förderung der Schwachen sei nicht nur teuer, sondern auch für die Evolution der Menschheit potentiell gefährlich. (Tax/Krucoff, 1968, 403; vgl. Koch, 1973).
Sozialdarwinismus

Eine weitere Grundlage des „ökonomischen" Menschenbildes ist die *protestantische Ethik* calvinistischer Provenienz. Max Weber (1920) sah eine Verbindung zwischen asketischer Religion und erfolgreicher Wirtschaftstätigkeit, obwohl die protestantischen Reformer den Erwerb von Reichtümern abgelehnt hatten. Er beschrieb als gemeinsames Merkmal sowohl des Puritanismus wie der kapitalistischen Wirtschaftsweise, daß sie in ungewöhnlicher Weise das menschliche Leben strukturierten und systematisierten, und er ermittelte drei miteinander verbundene Prozesse:
Ökonomisches Menschenbild und protestantische Ethik

(1) den Anreiz für weltorientiertes Handeln, das die calvinistische Ethik im Gegensatz zur katholischen Lehre bot, gefördert durch

(2) die besondere Art, in der calvinistische Geistliche des 17. Jahrhunderts Glaubenssätze interpretierten sowie durch

(3) den Prozeß, in dem theologische Glaubenssätze und ihre Interpretation durch Geistliche zu einer intensiven sozialen Kontrolle führten und somit das Alltagsleben der Gläubigen regelten.

Calvin trug den Gläubigen auf, die Unsicherheit über das grundsätzlich unbeeinflußbare Schicksal ihrer Seelen nach dem Tode zu ertragen (Prädestinationslehre). Das führte bei vielen Gläubigen – so Webers Analyse – zu Angst vor dieser Ungewißheit. Die Geistlichen jedoch ermunterten ihre Gemeinde, strebsamer und aufopfernder zu arbeiten. Die Gläubigen reagierten mit „innerweltlicher Askese" (Weber) und bemühten sich, die äußere Welt, in die sie Gott gestellt hatte, auf rationale Weise anzugehen und zu verändern. Im Gegensatz zur ursprünglichen Doktrin wurde *weltlicher Erfolg und insbesondere Reichtum als Zeichen für göttliches Wohlgefallen interpretiert.* Diese Lehre von der Gnadenwahl bewirkte eine „mächtige Stimmung froher Sicherheit, in welcher sich der ungeheure Krampf des Sündengefühls bei ihnen entlädt" (Weber, 1920, 120). Die eigenen Erfolge wurden als Gnadengeschenk Gottes interpretiert.
Calvinismus

Calvins Auffassung über die Beziehungen und Verpflichtungen zwischen Herrschern und Untertanen (1536) gewann dadurch eine besondere Bedeutung, daß er sie mit seiner religiösen Lehre verknüpfte (Weber, 1920, 73). Die

Herrschaft von Königen und anderer Obrigkeit sei eine „heilige Sache", der Gehorsam der Bürger sei deshalb Ausdruck des Gebots christlicher Liebe, weil damit der Frieden und die Sicherheit aller gefördert werde. Die Obrigkeit ihrerseits sei Gott und den Menschen verantwortlich.

Diese hier nur skizzierten sozialphilosophischen Ausprägungen des Sozialdarwinismus, der protestantischen Ethik und des Calvinismus treten am deutlichsten im „ökonomischen" Menschenbild zutage; als heute teilweise noch wirksame ideologische Grundlage kapitalistischen Wirtschaftens beeinflussen sie auch die zwischenmenschlichen Beziehungen (vgl. Koch, 1973).

3.2. Das Menschenbild des Taylorismus

Taylor, der Begründer der wissenschaftlichen Betriebsführung (Massie, 1965, 388; vgl. auch Kap. H), ging von der Beobachtung aus, daß auch erfahrene Arbeiter häufig ineffektive Arbeitsmethoden verwendeten. Empirisch und experimentell vorgehend versuchte er, *„einen besten Weg"* zu finden, wie eine Arbeit zu verrichten sei. Wie Smith ein Vertreter der Arbeitsteilung, nahm er an, daß die Aufteilung komplexer Arbeitsprozesse in kleine, wiederholbare Schritte immer zur Steigerung der Produktivität führen müsse.

Menschenbild des Taylorismus

Taylor und Nachfolger waren Ingenieure. Mit ihren *mechanistischen Vorstellungen* untersuchten sie Organisationen und konzentrierten sich dabei auf die instrumentellen Aspekte menschlichen Handelns. Sie erweckten den Eindruck, daß Menschen genauso unproblematisch eingesetzt werden könnten wie jedes andere Werkzeug, vorausgesetzt, man kannte die Gesetze der wissenschaftlichen Betriebsführung. Nach Taylor hat das Management die Aufgabe, die Arbeitsprozesse wissenschaftlich zu erforschen und zu organisieren. Spezielle Vorgesetzte sollten die Arbeiter darin ausbilden, die wissenschaftlich erforschte, optimale Arbeitsmethode anzuwenden. Entsprechend könne ihnen auch ein optimaler Lohn gezahlt werden. Gleichzeitig wurden Management und Arbeiter angehalten, Arbeitskämpfe einzustellen und „freundlich" miteinander zu kooperieren. Die Arbeiter sollten die Objektivität und Interessenfreiheit der wissenschaftlich begründeten Führung akzeptieren und z. B. „Drückebergerei" aufgeben (vgl. Pollard, 1973, 3f.).

3.3. Erwartungen an Mitarbeiter

Auffassung des Taylorismus über die Mitarbeiter

Wie die klassische Nationalökonomie (homo oeconomicus) unterstellte man, daß Arbeiter lediglich durch ein ökonomisch definiertes, rationales Selbstinteresse zur Arbeit motiviert seien. In der Formulierung eines Kritikers: Arbeiter wurden gesehen als „typischerweise faul, oft unehrlich, ziellos, dumm und vor allem käuflich" (Steers/Porter, 1975, 16). Man nahm an, sie würden — entsprechend der ökonomischen Denkweise — ihren Arbeitsaufwand möglichst gering halten und dabei ihren Lohn zu maximieren suchen; das Management müsse seinen Arbeitern nur ein gerechtes Leistungslohnsystem anbieten, dann würden diese die verlangten Arbeitsleistungen pflichtgemäß und gehorsam erbringen.

3. Das Konzept des „Ökonomischen Menschen" 93

Im Anschluß an Schein (1965, 48) und McGregor (1960) lassen sich diese Erwartungen weiter differenzieren:

(a) Arbeiter werden hauptsächlich durch finanzielle Anreize zur Arbeit motiviert.

(b) Der Lohn wird durch die Organisation festgesetzt. Die Arbeiter sind demgegenüber bereit, sich auf passives Verhalten zu beschränken und sich durch Vorgesetzte manipulieren, motivieren und kontrollieren zu lassen.

(c) Sie sind bereit, zwischen privaten Interessen und Organisationsinteressen zu trennen und ihre Gefühle am Arbeitsplatz als Privatsache zu behandeln.

Insbesondere akzeptierten sie, durch die Organisation davor geschützt zu werden, daß störende Einstellungen und Gefühle ihre rationalen Berechnungen des Eigeninteresses beeinträchtigten. Sie selbst seien zu dieser Kontrolle unfähig.

3.4. Erwartungen an Vorgesetzte

Neben den Arbeitern, die zur Selbstdisziplin und Selbstkontrolle unfähig seien, wurde eine andere Gruppe von Organisationsmitgliedern unterschieden, die aufgrund eigener Zielsetzung sich selbst kontrollierten und motivierten: die Vorgesetzten.

Auffassung des Taylorismus über die Vorgesetzten

Von Vorgesetzten wird im Konzept des „rationalen" Menschen erwartet, daß sie ihre persönlichen Ziele mit denen der Organisation in Einklang bringen, daß sie ihre Gefühle rational selbst unter Kontrolle halten können und daher einer äußeren Motivation nicht bedürfen. Sie sollen (Schein, 1965, 48f.):

(a) den Produktionsprozeß effektiv gestalten,

(b) ihr Personal zweckentsprechend auswählen und ausbilden,

(c) der ihnen verliehenen Positions-Autorität Geltung verschaffen und schließlich

(d) durch Kontrolle eine hohe Arbeitsleistung und Konfliktvermeidung garantieren.

Entsprechend der — gedanklich vollzogenen — Trennung von Person und Amt sind an Vorgesetzte gerichtete Erwartungen nicht auf ihre Person bezogen; sie sollen vielmehr „Funktionen" erfüllen: Planung, Organisation, Motivation und Kontrolle (Koontz/O'Donell, 1964, zit. n. Schein, 1965, 70; vgl. dazu Massie, 1965).

3.5. Die Beziehungen zwischen Mitarbeitern und Vorgesetzten

Die Beziehungen zwischen Vorgesetzten und Arbeitern sind im Konzept des „ökonomischen" Menschen einseitig bestimmt: die *Manager sollen aktiv das gesamte Geschehen bestimmen, die Arbeiter sich passiv unterwerfen* und sich auf ihre Arbeit konzentrieren (vgl. Abb. D-3-2).

Die Beziehung zwischen Vorgesetzten und Mitarbeitern im Konzept des „ökonomischen" Menschen

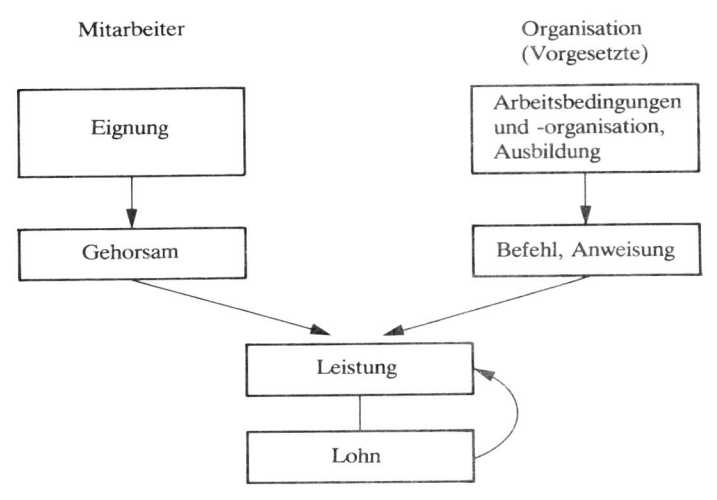

Abb. D-3-2
Die Arbeitsbeziehung zwischen Organisation und Mitarbeiter im Modell des ökonomischen Menschen (nach Berthel, 1973)

Taylor forderte ausdrücklich eine neue Einstellung zur Arbeitsorganisation; eine vollständige Umwälzung des Denkens bei Arbeitern, Vorarbeitern und Management. „Ohne diese vollständige geistige Revolution auf beiden Seiten gibt es keine wissenschaftliche Betriebsführung" (Taylor, 1964, 26).

Taylors Führungskonzeption

Von seiner ausdrücklichen Zielsetzung her wollte Taylor (vgl. Pollard, 1975, 3f.) eine rational orientierte, arbeitseffektive Kooperation von Vorgesetzten und Mitarbeitern erreichen. *Auftauchende Konflikte sollten durch organisatorische Maßnahmen des Managements ausgeräumt* werden. So sollte z. B. Arbeitsunwilligkeit durch Überprüfung der Arbeitsmethoden, der Organisation und des Leistungslohnsystems begegnet werden. Taylor hoffte, daß wissenschaftliche Fundierung von Arbeitsteilung, Arbeitsverfahren sowie Entlohnung zu einem harmonischen Arbeitsklima und zu spannungsfreien interpersonalen Beziehungen führen würde. Von den Arbeitern verlangte Taylor absoluten Gehorsam und Unterordnung. Besondere Kenntnisse, auch über ihre Aufgabe, erwartete er nicht: der ungelernte Hilfsarbeiter (Einwanderer!) ist Taylors Idealmodell (vgl. Rosenstiel et al., 1975, 38f.). Taylors Arbeitsgebiet war die Werkstatt, der Produktionsbereich. Formalorganisatorische Ansätze anderer Autoren (Fayol, Urwick, Mooney, Reiley u. a., vgl. Massie, 1965) übertrugen diese Rationalisierungsgrundsätze auf den Verwaltungsbereich und damit in einen Bereich mit komplexeren Arbeitsbedingungen und qualifizierteren Mitarbeitern (vgl. Kap. F, H).

3.6. Taylorismus und kooperative Führung

Taylors Forderung nach harmonischer Zusammenarbeit ist verbunden mit einer stark eingeschränkten Sichtweise: Das Individuum am Arbeitsplatz im Sinne eines Maschine-Mensch-Systems ist Gegenstand der Analyse.

Von Autoren der Human-Relations-Schule wurde Managern angelastet, daß sie ihr Personal nicht als selbstbestimmte Menschen behandelten, sondern als notwendiges und störendes Anhängsel der Maschinen. Dieses Verhalten sei die Ursache für geringe Arbeitsmoral und Arbeitsleistung, Trägheit und Desinteresse an eigenen handwerklichen Fähigkeiten (Bendix, 1956, 294). Hierarchische Macht- und Einflußbeziehungen würden nicht problematisiert; sie seien selbstverständlich.

Taylorismus und kooperative Führung

Während Autorität bei den Sozialdarwinisten durch *persönliche Eigenschaften* und im bürokratischen Modell durch *Amtsautorität* begründet wird, verlagern die Tayloristen sie in die Sachzwänge des *Produktionsprozesses*.

Die hier dargestellten Auffassungen vom Menschen sind heute keineswegs aus neueren organisationspsychologischen Ansätzen verschwunden; sie blieben vielmehr Bestandteil vieler motivationaler Theorien (Steers/Porter, 1975, 16). Auch heute noch sind die in der Nachfolge Taylors aus dem Bereich des Managements stammenden Theorien der Organisation kaum daran interessiert, Verteilung und Struktur der Macht zu untersuchen; ihnen geht es vielmehr um eine Steigerung der Produktivität bei bestehender Machtverteilung.

4. Das Konzept des „Sozialen Menschen"

4.1. Die Human-Relations-Bewegung

Die Human-Relations-Bewegung entstand Mitte der 30er Jahre in den USA als Reaktion auf die zunehmende öffentliche Kritik am Taylorismus, die sogar zu staatlichen Eingriffen in die Betriebsorganisation führte (New Deal, 1933, National Labor Relations Act 1935 u. a., vgl. Kolbinger, 1969, 697).[*]

Das „soziale" Menschenbild

Wirtschaftsdepression, zunehmender Einfluß der Gewerkschaften und Unzufriedenheit von Arbeitern mit autoritären Betriebsleitern (in einer Gesellschaft, in der demokratische Werte zur offiziellen Ideologie gehörten) waren weitere Einflüsse, die für die Unternehmensleiter neue Probleme sozialer Kontrolle und Machtlegitimation aufwarfen (Rose, 1975, 169).

Auf diese gesellschaftliche Situation traf eine sich entwickelnde *soziologische Schule* an der Harvard-Universität (Henderson, Parsons, Homans u. a.), die in Mayo einen „begabten Publizisten" (Rose, 1975, 169) hatte (ausführlich in

Ergebnisse der Human-Relations-Schule

---

[*] In Deutschland hatten schon Bücher (1899) und Hellpach (1922, 25) auf die Arbeitsmotivierung durch „gesellige Arbeit" und Söllheim (1922) auf die Grenzen des Taylorismus hingewiesen.

Rose, 1975; Pollard, 1973). Die bekannten Hawthorne-Studien (Roethlisberger/Dickson, 1939; vgl. die ergänzende Darstellung in Kap. G und H) markieren nicht den Beginn dieses Umwertungsprozesses, sondern ein erstes Ergebnis. Diese Untersuchungsserie begann 1927 mit einer Fragestellung in der Tradition Taylors: man wollte Arbeitsbedingungen und ihre Auswirkung auf die Arbeitsleistung analysieren (Belüftung, Beleuchtung, Ermüdung usw.). Mit der Zeit sahen die Forscher, daß diese Variablen nicht getrennt von der Bedeutung behandelt werden konnten, welche sie für die Arbeiter hatten. Wie bekannt, sah man die Gründe für das Verhalten der Arbeiter in der sozialen Organisation der untersuchten Abteilung: Das Phänomen der *„informalen Organisation"* war „entdeckt". Nicht nur die „formalen" Anweisungen der Manager lenkten das Verhalten, sondern auch ein System von Normen und Regeln, die häufig im Gegensatz zu ihnen standen. Der Gewinn dieser Sichtweise war, daß der *Arbeiter nicht mehr als isolierte Produktionseinheit, sondern als soziales Wesen* gesehen wurde, als Gruppenmitglied, dessen Handlungen durch seine Kollegen beeinflußt wurden.

Da derartige Feldstudien sehr aufwendig waren, begrenzten die Forscher in der Regel ihr Untersuchungsfeld auf eine Organisation oder gar nur eine Arbeitsgruppe. Ein Problem dieser Einzelfallstudien war, daß ungeklärt blieb, ob und in welchem Umfang ihre Ergebnisse verallgemeinert werden konnten. Daher ging man später dazu über, einzelne Variablen der Gruppensituation zu isolieren und in verschiedenen Organisationen zu untersuchen. Aus dieser Zeit stammt eine Vielzahl von Einzeluntersuchungen und Ergebnissen. So wurden Korrelationen zwischen Produktivität und Merkmalen der Arbeiter oder der Gruppe (Kohäsion, Vorarbeiter-Verhalten, Führungsstil usw.; vgl. die Übersicht bei Vogel, 1975) untersucht. Wenn man allerdings die Ergebnisse in Trainingspläne umzusetzen versuchte, gab es häufig Fehlschläge (z. B. Sykes, 1962; Silverman, 1972, 66; Levine/Cooper, 1976), da man die Bedeutung der sozialen Beziehungen überbewertete und die technologischen Bedingungen der Arbeitssituation übersah. Die Folge war eine *Betonung ganzheitlicher Ansätze* (Argyris/Schön, 1974; Tavistock-Schule u. a., vgl. Kap. O).

4.2. Erwartungen an Mitarbeiter

Auffassung der Human-Relations-Schule über Mitarbeiter

Kritiker des Taylorismus warnten davor, mechanistisches Denken aus dem Bereich der Technologie auf den Menschen zu übertragen. Das Management dürfe zwar standardisierte Arbeitstätigkeiten und -methoden suchen, aber nicht vom Menschen fordern, daß er diese emotions- und widerspruchslos hinnähme. Widerstand gegen die Autorität des Management sei die Folge, wenn Wünsche, Hoffnungen und Zugehörigkeitsbedürfnisse der Mitarbeiter vernachlässigt würden.

Mayo (1945) empfahl, statt den Arbeitern rational gesteuertes Gewinnstreben zu unterstellen, von ihnen zu erwarten:

4. Das Konzept des „Sozialen Menschen"

(a) daß sie durch befriedigende, soziale (informelle) Beziehungen in der Kollegengruppe am Arbeitsplatz die unvermeidbare Sinnleere der Arbeitsaufgaben kompensieren,

(b) daß sie zumeist durch soziale Bedürfnisse motiviert werden und durch diese ein Gefühl der eigenen Bedeutung und Identität entwickeln,

(c) daß sie ihr Verhalten, weit mehr als nach Leistungslohnsystemen und Kontrollen des Management (Formalorganisation), nach sozialen Einflüssen (Gruppennorm, Gruppendruck) ihrer Kollegengruppe (informelle Bezugsgruppe) ausrichten,

(d) daß sie für die Forderungen des Management in dem Maße offen sind, wie sie bei ihren Vorgesetzten Anerkennung und demokratisch-partizipatives Verhalten erleben,

(e) daß sich mögliche Kritik der Arbeiter – z. B. an den Arbeitsverhältnissen – nicht notwendig auf objektive Tatsachen gründet, sondern einen verdeckten Grund in persönlichen Problemen haben könne (Kast/Rosenzweig, 1970, 88).

4.3. Erwartungen an Vorgesetzte

Da die unvermeidbare Aufsplitterung und Routinisierung der Arbeit die Chance vermindert, aus der Arbeit selbst Befriedigung zu ziehen, wurden die *Vorgesetzten mit erweiterten Anforderungen* konfrontiert: Sie sollten nicht nur die Organisation optimal organisieren, sondern auch ihre Mitarbeiter als Menschen mit sozialen Bedürfnissen sehen und diese erfüllen helfen. Zu den neuen Erwartungen an die Vorgesetzten zählten (Steers/Porter, 1975, 18f.):

Auffassung der Human-Relations-Schule über Vorgesetzte

(a) Sie sollten dafür verantwortlich sein, daß die Arbeiter sich als nützliche und wichtige Glieder des Produktionsprozesses fühlen und dadurch ihr notwendig entfremdetes Verhältnis zur eigenen Arbeitsaufgabe kompensieren.

(b) Nicht nur arbeitsnotwendige Fähigkeiten und Fertigkeiten sollten angesprochen werden, sondern der ganze Mensch. Durch verbesserten Informationsfluß (Hauszeitungen, Gruppensitzungen) sollte ein stärkeres Engagement in der Organisation erreicht werden.

(c) Den Arbeitern sollten Routineentscheidungen überlassen werden.

(d) Gruppen-Anreizsysteme sollten eingeführt werden.

(e) Insgesamt sollte ein Vorgesetzter nicht nur ein fähiger technischer Fachmann, sondern auch ein kompetenter Menschenführer und Sozialtechnologe sein.

4.4. Bedeutung des Konzepts des „Sozialen Menschen" für die kooperative Führung

Human-Relations-Schule und kooperative Führung

Die Kritik der Human-Relations-Schule an formal-organisatorischen Ansätzen und die darauf folgenden Forschungen führten zu einer grundlegenden *Neuorientierung der Organisationsforschung:* Von der Diskussion um Normen und Soll-Zustände wandte man sich verstärkt der empirischen Forschung zu. Eine weitere Folge war die *Instrumentalisierung* der neuen Kenntnisse. Zwischenmenschliche Beziehungen sollten nicht nur innerhalb der Arbeitsgruppe „gepflegt" werden. Wie ein wohlwollender Patriarch sollte das Unternehmen seinen Mitarbeitern gegenübertreten (Abb. D-4-1), wenn es etwa um die Einrichtung von Sozialfürsorge-Sprechstunden im Betrieb oder Hausbesuche, ja sogar (z. B. Ford) um den Bau eigener Städte für die Arbeiter ging.

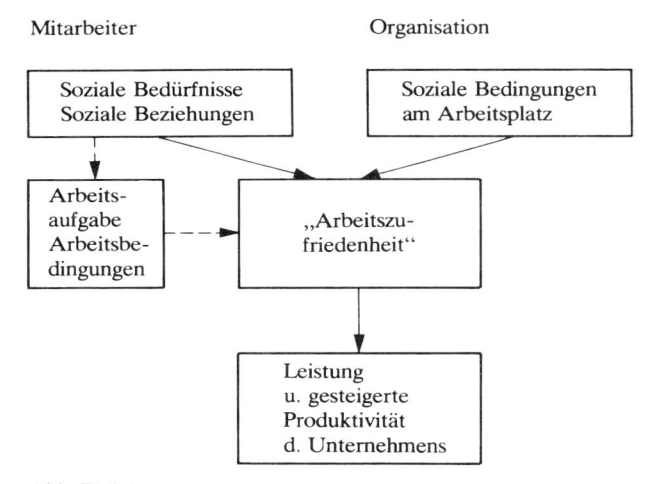

Abb. D-4-1
Die Arbeitsbeziehungen zwischen Organisation und Mitarbeiter im Modell des sozialen Menschen

Allerdings sind viele fragwürdige Auffassungen der Human-Relations-Ideologie noch heute wirksam, wie z. B. (Silverman, 1972, 68)

— daß *soziale Bedürfnisse das Verhalten direkt und monokausal beeinflussen*
— daß das *Verhalten erklärt ist, wenn ein Motiv benannt werden kann*
— daß *individuelle Motive beliebig von außen beeinflußt werden könnten.*

Allerdings haben Begriff und Idee der kooperativen Führung als sozialpsychologisches Phänomen in der Human-Relations-Bewegung einen wesentlichen Ursprung (vgl. Kap. K, L).

4.5. Exkurs: Der „Organisationsmensch"

Whyte (1956) hat in seinem Modell des „Organisationsmenschen" die Auswirkung der Organisation auf Einstellungen und Verhalten von Managern, insbesondere deren angepaßtes und konformes Verhalten, aufgezeigt. Danach unterwerfen sich „Organisationsmenschen" allen Anweisungen. Voraussetzung dafür sei, daß diese Menschen innerlich indifferent bleiben. Nach außen vertrete der „Organisationsmensch" nur die Werte der Organisation. Whyte beschreibt, daß diese überangepaßten und konformen Menschen selbst ihren Kleidungsstil, die Wahl ihrer Automarke und viele Aspekte der privaten Lebensführung am Firmenimage ausrichten.

Der „Organisationsmensch" nach Whyte

David Riesman (1950) hat diesen Menschentyp als „außengeleitet" bezeichnet. Er sei der Nachfolger des „innengeleiteten" Unternehmers, dessen Handeln von der protestantischen Ethik bestimmt war. Die Flexibilität des „außengeleiteten" Menschen, die bis zur Aufgabe des sozialen Selbst gehe, sei als Antwort auf unsere sich beschleunigt verändernde komplexe Gesellschaftsstruktur aufzufassen.

Menschentypen nach Riesman

Whytes These, aus freien Beobachtungen gewonnen, wurde verschiedentlich empirisch überprüft. So untersuchten Dill et al. (1962) die Karrieren erfolgreicher junger Manager in verschiedenen Wirtschaftszweigen und fanden bei ihnen eine nur geringe Übereinstimmung mit dem Modell des „Organisationsmenschen". Whyte hatte aus dem Vergleich jüngerer und älterer Manager eine Tendenz zu allgemeiner Konformität prognostiziert. Möglicherweise hat er nicht eine allgemeine Entwicklungstendenz beschrieben, sondern einen verbreiteten Unterschied im Konformitätsgrad des Verhaltens festgestellt, der vom Alter, Status und Einfluß des Vorgesetzten abhängt (Miner, 1962; Weiss/Riesman, 1961).

Konformitätsverhalten ist bei jenen Vorgesetzten am stärksten ausgeprägt, deren Positionen am unsichersten sind und die früh gelernt haben, daß ihre Arbeitssituation als Preis für Anerkennung und Aufstieg die Unterwerfung unter den Vorgesetzten erfordert. Es handelt sich beim Verhalten des „Organisationsmenschen" also um eine rationale, realitätsgerechte Anpassung an die vorherrschende Arbeitssituation.

Presthus (1966) beschrieb eine Typologie von drei Anpassungsarten bei Mitgliedern in bürokratischen Organisationen. Er unterschied darin die „Aufsteigenden", die „Indifferenten" und die „Ambivalenten":

Die *Aufsteigenden* sind völlig an die Organisation angepaßt. Sie erleben keine Konflikte zwischen ihren eigenen Bedürfnissen und den Zielen der Organisation. Presthus schildert die Aufsteigenden als autoritäre, extravertierte und pragmatisch orientierte Persönlichkeitstypen. Ein starkes Bedürfnis nach Dominanz verbindet sich bei ihnen mit der Bereitschaft, sich unterzuordnen (vgl. auch Richter, 1974; Kap. L). Mit großem Geschick manipulieren sie menschliche Beziehungen und pflegen ihre eigene Selbstdarstellung. Als typische Kar-

3 Anpassungsstrategien in Organisationen nach Presthus

rieristen streben sie nach Anerkennung und Prestige und zeigen sich den jeweils Mächtigen gegenüber loyal (vgl. Bosetzky, 1977).

Die *Indifferenten* — nach Presthus der häufigste Typ — entsprechen etwa dem Konzept des ökonomischen Menschen. Sie halten innere Distanz zur Organisation und ihren Forderungen. Ihre Bedürfnisse werden nicht erfüllt; sie arbeiten gerade soviel, wie nötig ist, um ihre Position und damit ihren Lebensunterhalt zu sichern.

Die *Ambivalenten* beschreibt Presthus als den Aufsteigenden genau entgegengesetzt. Sie sind introvertiert, idealistisch, respektieren nur die Leistung, aber nicht die formale Autorität. Obwohl auch sie nach Erfolg streben, verhalten sie sich nicht so gewandt und konformistisch wie die Aufsteigenden. Daraus ergeben sich Enttäuschungen, die sie jedoch nicht das Interesse an der Arbeit verlieren lassen. „Ambivalente" finden sich häufig in Stabsstellen und bei Spezialisten (zur Kritik vgl. Mayntz, 1966; Rosenstiel et al., 1972, 80f.).

Indem sich der „außengeleitete" Mensch oder der „Organisationsmensch" völlig von Organisationsnormen und Gruppenerwartungen leiten läßt, ist es für ihn — scheinbar — unproblematisch, implizite Persönlichkeitstheorie und Führungsstile zu wechseln. Überanpassung an die soziale Situation (Feldabhängigkeit) bedeutet jedoch die *Aufgabe der eigenen Identität* (vgl. hierzu die sozialpsychologische Konformitätsforschung: Peuckert, 1975; Brandt/Köhler, 1972).

5. Das Konzept des nach Selbstentfaltung strebenden Menschen

5.1. Die Suche nach „Human Resources"

Das „Human-Resources"-Modell

In den wachsenden Verwaltungsorganisationen nahmen die Problemlösungsaufgaben und das Ausbildungs- und Professionalisierungsniveau der Mitarbeiter ständig zu (vgl. Kap. A). Organisationsforscher fanden bei ihren Untersuchungen besser ausgebildete und anspruchsvollere Mitarbeiter. Diese Veränderungen in Organisationen spiegeln sich wider in den Theorien der Vertreter der Human-Resources-Schule (Miles, Argyris, Bennis u. a.). Sie sind zumeist durch die „humanistische Psychologie" geprägt, wonach „menschliches Verhalten selten eine direkte Antwort auf die objektive Realität, sondern eher eine Antwort auf die subjektive Wahrnehmung dieser Realität durch das Individuum" (McGregor, 1966, 216) ist. Diese Autoren sehen innerpsychische Bedürfnisse als menschliche „Potentiale" (Human Resources). Wir beschränken uns hier auf motivationstheoretische Ansätze innerhalb der Menschenbild-Diskussion (umfassende Darstellungen bei Campbell/Pritchard, 1976; Blackler/Brown, 1978; Thomae, 1965; vgl. auch Kap. I, L, M, N).

5. Das Konzept des nach Selbstentfaltung strebenden Menschen

Immer wieder referiert wird Maslows (1943) Modell der Bedürfnishierarchie (vgl. Kap. F, K, L). Er stellte eine Reihe von zuerst sieben, dann fünf Motivklassen auf, die hierarchisch geordnet sind:

(1) einfache Bedürfnisse nach Überleben, Schutz und Sicherheit

(2) soziale Bedürfnisse

(3) Bedürfnisse nach Selbstbestätigung und Selbstachtung

(4) Bedürfnisse nach Autonomie und Unabhängigkeit

(5) Bedürfnisse nach Selbstverwirklichung

Maslow selbst schränkte die Allgemeingültigkeit seiner Motivationshierarchie ein, indem er auf die Notwendigkeit hinwies, modifizierende Faktoren zu untersuchen, wie z. B. gesellschaftliche Einflüsse, Gewohnheiten (habits), Konditionierung, interpersonale Beziehungen, kulturelle Verhaltensnormen (Maslow, 1943; vgl. die Diskussion bei Baumgarten, 1974, 87f. und Rosenstiel, 1975).

Enthusiastische Nachfolger sind indessen weniger vorsichtig. So postuliert McGregor (1960) die universelle Geltung der Maslowschen Motivationshierarchie. Er und Likert (1972) formulieren präskriptiv und verwenden empirische Belege außerordentlich selektiv (Rose, 1975, 190; vgl. Kap. F, L). Dagegen schränkt Argyris (1959) seine Aussagen als „kulturspezifisch" ein. Er geht aus von der Annahme, daß menschliche Wesen unterschiedliche Strategien ausbilden, um ihre Bedürfnisse zu erfüllen und ihre Ziele zu erreichen (Argyris, 1959, 115). Die üblichen pyramidalen Strukturen der Organisation stehen nach Argyris in direktem Konflikt (1957, 66) mit den individuellen Bedürfnissen der Mitglieder. Die Arbeitssituation ist durch Abhängigkeit und Einschränkungen gekennzeichnet, wie Kontrollen, direkte Anleitung usw. Demgegenüber streben die Organisationsmitglieder nach einer Entwicklung (vgl. Kap. H)

— von Passivität zu Aktivität

— von engen zu weiten Verhaltensspielräumen

— von kurzer zu langer Zeitperspektive

— von externer zu interner Verhaltensregelung.

Mit den Human-Relations-Autoren stimmen die Vertreter des Human-Resources-Ansatzes darin überein, daß in gegenwärtigen Organisationen, besonders in der Industrie, für viele Organisationsmitglieder die Arbeit ihren Sinn verloren habe. Der Grund hierfür wird aber nicht nur in der sozialen Isolierung der einzelnen Mitarbeiter gesehen, sondern eher in der Tatsache, daß nur ein geringer Teil ihrer Interessen und Fähigkeiten im Arbeitsprozeß gefordert werde. Die Folge sei, daß vor allem Eigeninitiative und kreative Fähigkeiten am Arbeitsplatz nicht eingesetzt würden und die Mitarbeiter keine „authentische" (Argyris) innere Beziehung (Identifikation) mit Arbeitsplatz und Organisation erlebten (Likert, 1961, 98).

Ergebnisse der „Human-Resources"-Schule

Als weiteres Beispiel seien hier die von Emery/Thorsrud (1969, App. V) formulierten Anforderungen an den Arbeitsinhalt, seine Gestaltung und seine Bedeutung für den Mitarbeiter referiert:

(a) Der Arbeitsinhalt soll in einem vernünftigen Maße Anforderungen an den Mitarbeiter stellen, die über das Ertragen einer Dauerbelastung hinausgehen, und die ein Minimum an Variabilität — nicht notwendig Neuerungen — enthalten.

(b) Der Mitarbeiter soll während der Arbeit lernen können. Dazu muß er die Leistungsstandards und das Arbeitsergebnis kennen und seine Arbeitsleistung im Gesamtzusammenhang wahrnehmen können.

(c) Der Mitarbeiter braucht ein zumindest kleines Gebiet, in dem er selbst und eigenverantwortlich entscheiden kann, das er also als sein eigenes betrachten kann.

(d) Er braucht ein Mindestmaß an sozialer Unterstützung und Anerkennung am Arbeitsplatz.

(e) Er will die eigene Tätigkeit und ihr Ergebnis zu seinem sozialen Leben außerhalb der Organisation in Beziehung setzen können.

(f) Der Mitarbeiter braucht das Gefühl, daß seine Arbeit ihn zu einer akzeptablen Zukunft führt.

5.2. Erwartungen an Mitarbeiter

Auffassung der „Human-Resources"-Schule über Mitarbeiter

Im Modell des nach Selbstentfaltung strebenden Menschen wurden folgende Erwartungen formuliert (Schein, 1965, 56f.; Steers/Porter, 1975, 18f.):

(a) Die Bedürfnisse des Menschen sind hierarchisch geordnet; sobald Bedürfnisse der unteren Ebene befriedigt wurden, motivieren höhere Bedürfnisse das Verhalten.

(b) Arbeit kann befriedigend sein; Individuen bringen in ihrer Tätigkeit den Wunsch mit, sich im Arbeitsprozeß persönlich zu entwickeln.

(c) Mitarbeiter sind fähig, wichtige Entscheidungen rational zu treffen und gleichzeitig damit dem Organisationszweck zu dienen.

(d) Mitarbeiter sind fähig und bereit, eine gewisse Autonomie und Unabhängigkeit sowie eine langfristige Zeitperspektive zu entwickeln. Sie können sich flexibel an eine sich verändernde Umwelt anpassen und dabei ihre speziellen Fähigkeiten einbringen und erweitern.

(e) Mitarbeiter sind fähig und bereit, sich selbst zu kontrollieren und zu motivieren. Anreize und Kontrollen seitens der Organisation werden vermutlich als Bedrohung der Selbständigkeit empfunden und vermindern ihr Engagement für die Organisation.

5. Das Konzept des nach Selbstentfaltung strebenden Menschen

(f) Es gibt keinen grundsätzlichen Konflikt zwischen den Zielen von Organisation und Mitarbeitern. Diese sind bereit, ihre Interessen mit denen der Organisation zu verbinden, wenn sie die Chance dazu erhalten.

(g) Vermehrte Selbstkontrolle und sinnvollere Arbeit fördern die Arbeitszufriedenheit.

Unklar bleibt die Relevanz der Erwartungen für Arbeiter und Angestellte mit einem niedrigen Ausbildungsniveau. Argyris meint, daß auch deren Fähigkeiten mobilisierbar seien. Es gäbe genug Beispiele dafür, daß Arbeiter schöpferisch und erfindungsreich mit Akkordvorgaben umgingen und Arbeitserleichterungen insgeheim einführten, um nur unter den gegebenen Bedingungen entfremdeter Arbeit ihre Aggression gegen das Unternehmen richten zu können und so ihrer Tätigkeit eine affektive Bedeutung zu verleihen.

5.3. Erwartungen an Vorgesetzte

Die Differenzierung des Modells des nach Selbstentfaltung strebenden Menschen im Vergleich zum Modell des „sozialen Menschen" ist deutlich. In höheren Rängen der Hierarchie und bei Spezialisten wird man häufig die eben beschriebenen Erwartungen feststellen. Die Anforderungen an Vorgesetzte steigen entsprechend. Der Vorgesetzte des nach Selbstentfaltung strebenden Mitarbeiters soll die Komplexität seiner Motivationsprozesse verstehen lernen. Er soll die Erfüllung seiner individuellen Ziele zulassen, bei relevanten Entscheidungen weniger manipulieren und stattdessen die Mitarbeiter an Entscheidungen teilhaben lassen. Insgesamt soll der Vorgesetzte eine partnerschaftliche Kooperation entwickeln. Aufgaben sollen so gestellt werden und Verantwortung in dem Maße delegiert, daß die Arbeit sinnvoll wird und Fähigkeiten und Engagement der Mitarbeiter herausfordert.

Auffassung der „Human-Resources"-Schule über Vorgesetzte

Gleichzeitig soll sich die Legitimierung der Autorität von der Position (Positionsmacht) zur Aufgabe (funktionale Autorität) verschieben (vgl. Kap. M 3.3.1.).

„Wenn nun ein Mitarbeiter sich für seine Aufgabe interessiert, nach Autonomie strebt und in der Lage ist, sich selbst Disziplin aufzuerlegen, so wird er selbst darauf achten, daß seine Aufgabe zufriedenstellend durchgeführt wird. Seine gesamte Motivationsbasis ist dann nicht mehr extrinsisch, sondern wird intrinsisch" (Schein, 1965, 61).

Durch Herstellung einer günstigen Situation soll den Mitarbeitern eine Chance geboten werden, ihre eigenen Interessen zu entfalten. Vorgesetzte sollen herausfinden, was Mitarbeiter anreizt, um deren selbständige Entwicklung fördern zu können.

„Diese Basis schafft *ex definitione* eine Arbeitsmoral anstatt einer ‚kalkulatorischen' Beteiligung und schafft damit eher die Möglichkeit, daß sich die Mitarbeiter den Organisationszielen verpflichtet fühlen..." (Schein, 1965, 61; vgl. Herzberg, 1966).

5.4. Kooperative Führung im Modell des nach Selbstentfaltung strebenden Menschen

Das Modell des nach Selbstentfaltung strebenden Menschen und kooperative Führung

Zweifellos ist das Bild des nach Selbstentfaltung strebenden Menschen wesentlich differenzierter als die Modelle des ökonomischen und sozialen Menschen. Die oben referierten Erwartungen betonen die Bedürfnisse der Mitarbeiter (Abb. D-5-1), so daß auf den ersten Blick vermutet werden könnte, daß dieses Menschenbild einer Konzeption von kooperativer Führung entspricht. Doch verdecken die auf den ersten Blick plausiblen Sätze Widersprüche und einseitige Sichtweisen (vgl. Blackler/Brown, 1978; Kap. K 6.3.3.).

Das Modell des nach Selbstentfaltung strebenden Menschen ist der Höhepunkt einer Entwicklung, immer differenziertere Modelle bereitzustellen, mit dem Ziel, Mitarbeiter und Vorgesetzte zu aktivieren und zur Leistung zu motivieren. Wir wollen in zwei Abschnitten jene Inhalte und Folgen des Modells kritisch diskutieren, die u. E. einer Einbeziehung in ein Konzept kooperativer Führung entgegenstehen.

5.4.1. Führung oder Eigenmotivation?

Im Modell des nach Selbstentfaltung strebenden Menschen steht das Interesse des Mitarbeiters an befriedigender, schöpferischer und hoher Arbeitsleistung im Vordergrund. Vom Vorgesetzten wird erwartet, daß er diese Eigenmotivation (intrinsische Motivation) fördert und entwickelt. So stellt McGregor (1960, 15) fest, daß es

„die wesentliche Aufgabe des Management ist, organisatorische Bedingungen und Arbeitsmethoden so anzubieten, daß die Leute ihre eigenen Ziele am besten dadurch erreichen können, daß sie ihre eigenen Anstrengungen auf organisatorische Ziele richten."

Auch Likert (1958, 327) fordert:

„Um Wirkung zu erzielen, muß der Führende sein Verhalten immer wieder an die Erwartungen, Werte und interpersonellen Erfahrungen derjenigen anpassen, mit denen er interagiert."

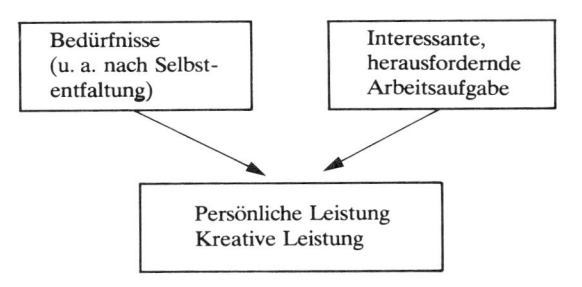

Abb. D-5-1
Die Arbeitsbeziehungen zwischen Mitarbeiter und Organisation im Modell des nach Selbstentfaltung strebenden Menschen

5. Das Konzept des nach Selbstentfaltung strebenden Menschen

Wir meinen, daß die hier herausgestellten Prozesse der Selbstbestimmung, der intrinsischen Motivation und der Identifikation die Aufgabe eines koordinierenden Führungseinflusses keineswegs überflüssig machen.

Die allgemein formulierte Annahme, daß Interesse an der Aufgabe und an der eigenen persönlichen Entwicklung übereinstimmen, lenkt von der Tatsache ab, daß stets Konflikte zwischen der — von der Organisation gestellten — Aufgabe und persönlichen Zielen existieren. Weiter lenkt die Betonung intrapsychischer Bedürfnisse von Konflikten ab, die teilweise sachbezogen zwischen Personen und Gruppen bestehen (vgl. Bühl, 1976). Schließlich steht die Absicht dieses Modells, den Mitarbeiter umfassender in das organisatorische Geschehen einzubeziehen und identifikatorisch zu binden, im Gegensatz zu Traditionen des Beamtentums. Der Beamte hat danach bei der pflichtgemäßen Amtsausübung sein Eigeninteresse zurückzustellen; ihm wird aber auch eine unantastbare Privatsphäre garantiert, in die dieses Modell einzudringen versucht. Die verdeckten Harmonietendenzen, die utopische Vorstellung von der „glückhaften Übereinstimmung" der organisatorischen und menschlichen Bedürfnisse (Rose, 1975, 193) führt in diesem Modell dazu, die Gründe für Konflikte zuerst bei den Vorgesetzten zu suchen.

Probleme der Selbstverwirklichung in Führungsbeziehungen

Harmonistische Menschenbildmodelle unterstützen die Tendenz, *Konflikte zu verdecken und zu individualisieren.* Für Vorgesetzte und Mitarbeiter bleibt der Ausweg, Konflikte im privaten Bereich außerhalb der Organisation, etwa durch psychosomatische Reaktionen, auszudrücken (vgl. Cooper/Payne, 1978). Besonders Vorgesetzte in Zwischenpositionen („der Mann in der Mitte"), die widersprüchlichen Erwartungen ausgesetzt sind, neigen dazu, Konflikte aufzufangen und intrapsychisch zu „bewältigen". So hat Miles (1975) nachgewiesen, daß diese Vorgesetzten zwei entgegengesetzte Menschenbilder entwickeln. Während der Manager selbst von seinem Vorgesetzten als sozialer oder sich selbst entfaltender Mensch behandelt werden möchte, sieht er seine eigenen Mitarbeiter eher aus der Perspektive des ökonomischen Modells (vgl. Kap. L).

Aus der Unterschätzung von Interessenkonflikten resultiert die Diskrepanz zwischen den idealistischen Forderungen der Menschenbildmodelle und der sozialen Wirklichkeit. Selbst das Modell des nach Selbstentfaltung strebenden Menschen „hat noch immer einen mechanistischen Anstrich. Noch immer wird der Mensch als instrumentales Objekt manipuliert, wenn auch weniger ausgeprägt als früher" (Fitzgerald, 1971, 38, zit. nach Hill et al., 1974, 428). In der Praxis wird jeder Vorgesetzte versuchen, den Anforderungen zu entsprechen, die über ein organisationsspezifisches Menschenbild an ihn gestellt werden. Gleichzeitig wird er sich auch bemühen, seine persönlichen Interessen durchzusetzen und seine Verantwortung der Aufgabe und der Organisation gegenüber wahrzunehmen. Damit wird sichtbar, daß es sich hier um einen Balance-Prozeß handelt zwischen widersprüchlichen Interessen und Absichten und nicht um einander statisch gegenüberstehende Forderungskomplexe.

Diskrepanz zwischen idealistischen Menschenbildern und sozialer Wirklichkeit

5.4.2. Überschätzung interpersonaler Beziehungen

Überbetonung interpersonaler Beziehungen und Vernachlässigung technologischer Faktoren

Im Menschenbild der Human-Relations-Schule wird der Einfluß zwischenmenschlicher Beziehungen auf das organisatorische Geschehen überschätzt. Vielfach werden nicht nur gesamtgesellschaftliche Einflüsse (Politik, Gewerkschaften, vgl. Rose, 1975, 170) unberücksichtigt gelassen, sondern es werden auch reale Bedingungen der Technologie bei dem Versuch übersehen, die zwischenmenschlichen Beziehungen zu verbessern: „Der grundlegende Einflußfaktor, der typischerweise nicht verändert wurde, war die Natur der geforderten Arbeitsaufgabe." (Steers/Porter, 1975, 18) Die zentralen Prinzipien der wissenschaftlichen Betriebsführung, nämlich Produktivität und Effektivität durch Aufgabenspezialisierung, Ordnung, Stabilität und Kontrolle anzustreben, wurden nicht in Frage gestellt (Miles, 1975, 39f.). Es handelt sich hier also weniger um Strategien der Veränderung, sondern um solche mit grundsätzlich gleichbleibendem Ziel: Sicherung der sozialen Kontrolle des Management über die Organisationsmitglieder.

So führte z. B. die Motivationstheorie Herzbergs zu „maßlosen Anstrengungen bei der Arbeitsplatzgestaltung", die sich jedoch kaum auszahlten. Man versuchte zwar, die psychische Situation der Mitarbeiter zu verbessern, doch „die durch die *wirtschaftlichen und technischen Zwänge* . . . *hervorgerufenen Konflikte wurden . . . meistens ignoriert*" (Bass, 1976, 88f.). Diese „wirtschaftlichen und technischen Zwänge" zu behandeln, würde jedoch den Rahmen des Themas „Menschenbild" überschreiten (vgl. Rumpf et al., 1976; Mergner et al., 1975; Scholz, 1974; Barck et al., 1974; Brinkmann, 1976; Brandt/Kündig et al., 1978).

6. Das Konzept des „Komplexen Menschen"

Das „komplexe" Menschenbild

Bei der empirischen Überprüfung der bisher referierten Menschenbild-Typen wurde immer wieder festgestellt, daß sie implizit eine ihnen nicht zukommende Allgemeingültigkeit beanspruchen. Da diese idealtypischen Vorstellungen in Organisationsnormen umgesetzt wurden und werden und die Organisationsmitglieder oft ihr Verhalten danach ausrichten, wirkten sie nicht selten als sich *„selbsterfüllende Vorhersagen"* (Merton, 1965). In diesen Fällen wiesen empirische Untersuchungen die Konzeptionen vom ökonomischen, sozialen und sich selbstentfaltenden Menschen in Organisationen nach und „bestätigten" sie (Schein, 1965, 59ff.; Steers/Porter, 1976; Rose, 1975).

Als Konsequenz versucht Schein (1965, 60), der zunehmenden Komplexität unserer Vorstellungen von Gesellschaft und Organisationen entsprechend ein komplexes Menschenbild zu formulieren, das als umfassendstes Modell alle oben beschriebenen Menschenbilder einschließt.

6. Das Konzept des „Komplexen Menschen"

6.1. Erwartungen an Mitarbeiter

Der Versuch, ein differenziertes Bild vom Menschen zu zeichnen und Verallgemeinerungen zu vermeiden, führte zu folgenden Formulierungen:

(a) Der Mensch ist nicht nur komplex, sondern auch überaus *wandlungsfähig*. Er verfügt über viele Motive, die irgendwie hierarchisch nach ihrer individuellen Bedeutung miteinander verbunden und geordnet sind; diese Ordnung kann sich jedoch ständig verändern.

(b) Menschliche Motive werden bestimmt durch Erfahrungen der Vergangenheit innerhalb wie außerhalb der Organisation; der Mensch ist lernfähig.

(c) In verschiedenen Organisationen oder Organisationsbereichen werden unterschiedliche Motive angesprochen und bei den Mitgliedern wirksam. Der Mensch kann und sollte auch außerhalb der Organisation versuchen, frustrierte Bedürfnisse zu befriedigen.

(d) Verschiedene Motive können dazu führen, daß der Mensch einen bestimmten Platz in der Organisation einnimmt. Art, Stärke und Inhalt der Motivation sind nur eine unter mehreren Einflüssen, wie befriedigend der Mensch seine Tätigkeit erlebt. Materielle Realitäten, Technologie, soziale Beziehungen und persönliches Schicksal bestimmen diesen Prozeß.

(e) Der Mensch ist flexibel. Er kann sich an die unterschiedlichsten Führungsstrategien und Arbeitsbedingungen gewöhnen.

Auffassung des Modells vom „komplexen" Menschen über Mitarbeiter

6.2. Erwartungen an Vorgesetzte

An Vorgesetzte stellt das Konzept des „complex man" hohe Anforderungen (vgl. Likert, 1972). Um der Komplexität ihrer Mitarbeiter gerecht zu werden, sollen Vorgesetzte drei Forderungen beachten:

(a) Sie sollen eine fragend-forschende Grundhaltung einnehmen: „der erfolgreiche Manager (muß) ein guter Diagnostiker sein" (Schein, 1965, 61). So kann er die wechselnden Motive seiner Mitarbeiter in ihrer individuellen Besonderheit im Rahmen der jeweiligen Arbeitssituation realitätsgerecht sehen.

(b) Individuell unterschiedliches Verhalten soll nicht als störend und unerwünscht erlebt, sondern diese Unterschiede sowie der diagnostische Prozeß sollen als wertvolle Führungs-Informationen angesehen werden.

(c) Der Führer soll flexibel und darauf gefaßt sein, eine Vielzahl unterschiedlicher interpersonaler Beziehungen, Autoritätsmuster und psychologischer Beziehungen zur Organisation zu akzeptieren.

Auffassung des Modells vom „komplexen" Menschen über Vorgesetzte

6.3. Kooperative Führung und „Komplexer Mensch"

Ein Vergleich dieser Formulierungen mit dem Modell des nach Selbstentfaltung strebenden Menschen zeigt eine wichtige Erweiterung: *Konflikte und Erwartungsfrustrationen sollen nicht verdrängt, sondern reflektiert und als Hin-*

„Komplexes" Menschenbild und kooperative Führung

weise auf organisatorische Prozesse verstanden werden. Das entspricht dem partizipativen und dem prosozialen Aspekt kooperativer Führung sowie ihrer Konfliktorientierung (vgl. Kap. K).

Der hier angedeutete Verzicht des Vorgesetzten, die Motivation von Mitarbeitern gezielt und direkt zu beeinflussen, wird von Zaleznik et al. (1958, 421f.) betont:

(1) Der Mensch ist zwar fähig, sich den Aufgaben und Zielen der Organisation zuzuwenden. Er muß sich aber nicht so verhalten, etwa als Folge von Motivationsmaßnahmen.

(2) Der Mensch hat gewisse Fähigkeiten, aber aufgrund seiner Erfahrungen verbirgt oder unterdrückt er sie zum Teil. Ein Führer kann ihn nicht veranlassen, sie anzuwenden und einzubringen.

(3) Motivation ist nicht allein Aufgabe des Managements oder des Führers, sondern eine Aktivität des Arbeitnehmers.

Vorsichtiger weist Locke (1975, 370) darauf hin, daß zwischen dem Verhalten des Vorgesetzten und der Zufriedenheit der Mitarbeiter keine direkte kausale Beziehung besteht. Mit einer Reihe von experimentellen Untersuchungen belegt Locke seine These, daß jeder Vorgesetzte auf die Bereitschaft seiner Mitarbeiter zu kooperativer Mitarbeit letztlich angewiesen bleibt (vgl. Kap. L).

Kein direkter Zusammenhang zwischen Menschenbild, Führungsstil und Mitarbeiterverhalten

Hier wird eine Unklarheit in der Menschenbild-Diskussion sichtbar. Die Darstellung von Schein (1965; ebenso Staehle, 1973, vgl. Abb. D-4-1; Hill et al., 1974 u. a.) könnte verstanden werden als Beschreibung eines direkten Zusammenhangs zwischen Menschenbild-Annahmen, Führungsstil und Mitarbeiterverhalten: Wenn ein Vorgesetzter das Menschenbild X wählt, wird er mit dem Führungsstil X ein optimales Führungsergebnis (Mitarbeiterverhalten) erzielen. Damit wäre ein *instrumentalistisches Verständnis des Menschenbildes* gegeben, das voraussetzt, daß Menschen in mechanistischer Weise (wie von Taylor unterstellt) manipuliert werden können. Wir meinen, daß eine mechanistische Auffassung des Menschenbildes und seine Beziehung zum Führungsprozeß den Anforderungen eines Konzepts kooperativer Führung nicht genügt.

Schein hat versucht, mit seinem Modell des „komplexen Menschen" eine hohe Übereinstimmung mit der sozialen Wirklichkeit zu erreichen. Er mußte gleichzeitig in Kauf nehmen, daß der Gehalt an normativen, verhaltensleitenden Aussagen im Vergleich zum „sozialen" und sich „selbsterfüllenden" Menschen abnahm. Schein ersetzte Aussagen über einzelne Merkmale des Menschen — und ihre Verallgemeinerung auf alle Menschen — durch die Aussage, daß Menschen komplex und variabel seien. *Damit dürfte der Versuch, im Menschenbild eine Basis für einen situationsunabhängigen „optimalen" Führungsstil zu finden — eine tayloristische Fragestellung — gescheitert sein.*

Menschenbilder, sozialpsychologische Variablen sowie Merkmale und Prozesse der Organisation sind nicht vom gesellschaftlichen Gesamtgeschehen zu isolieren (vgl. Abb. D-6-1; anderer Auffassung sind u. a. Hill et al., 1974).

7. Das Menschenbild in der kooperativen Führung 109

Diese Feststellung entspricht, wie in Kapitel G dargestellt, der heute allgemein akzeptierten Auffassung, daß Führungsprozesse nicht getrennt von der sozialen Situation und technologischen Faktoren gesehen werden dürfen.

Entsprechend werden „Annahmen über den Menschen" bei Staehle (1973, 112, Auszug) in Verbindung mit organisatorischen Variablen dargestellt:

Menschenbild und organisatorische Variablen

(1) „Das Führungsverhalten eines jeden Managers wird von bestimmten Annahmen über die Bedürfnis- und Motivationsstruktur seiner Mitarbeiter beeinflußt.
(2) Jede unterschiedliche Konstellation der Charakteristika des Vorgesetzten, der Mitarbeiter und der Situation erfordert einen unterschiedlichen Führungsstil.
(3) Unterschiedliche Subsysteme erfordern nicht nur Organisationsmitglieder mit unterschiedlichem Wissen und Können, sondern vor allem auch solche mit unterschiedlichen Persönlichkeitsmerkmalen. Jedes Subsystem bietet unterschiedliche Quellen der Zufriedenheit und der Unzufriedenheit.
(4) Unterschiedliche Organisationsklimata stimulieren unterschiedliche Motivationen, die wiederum zu verschiedenartigem Verhalten bei unterschiedlichen Ergebnissen führen."

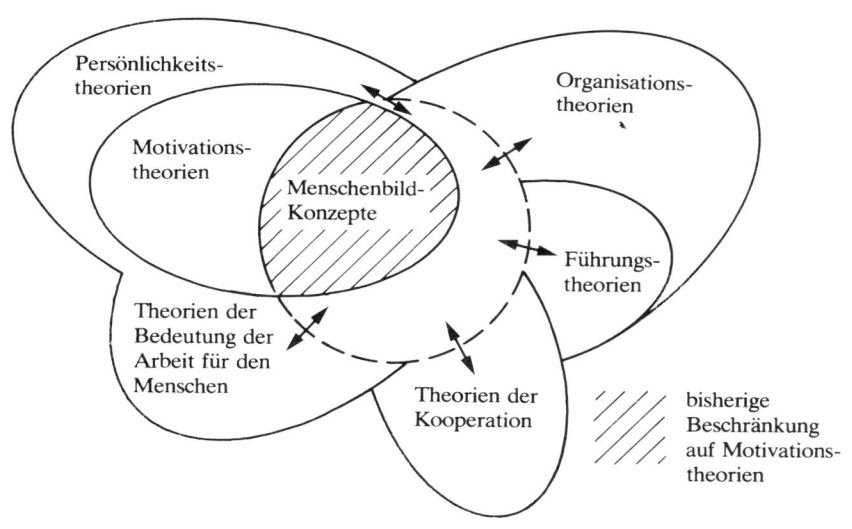

Abb. D-6-1
Die Menschenbild-Problematik im erweiterten Zusammenhang

7. Das Menschenbild in der kooperativen Führung

Die Frage nach dem Menschenbild entstand aufgrund der Kritik der Human-Relations-Bewegung an tayloristischen und formal-administrativen Führungskonzeptionen. Es wurde gezeigt, daß diese Auseinandersetzung noch nicht beendet ist. Überdies wurde beschrieben, wie mit zunehmender Differenzie-

Menschenbild in der kooperativen Führung

rung der Menschenbild-Konzepte ihre normative, verhaltensleitende Aussagekraft abnahm. Diese Entwicklung entspricht u. a. auch dem Verzicht auf die Suche nach einem allgemeingültigen, „optimalen" Führungsstil. Der Vorgesetzte eines als „komplex" begriffenen Mitarbeiters kann diesem Menschenbild keine präzisen Handlungsanweisungen für sein Führungsverhalten entnehmen. Alle Organisationsmitglieder sind vielmehr auf ihre eigenen Fähigkeiten angewiesen, die Anforderungen und Möglichkeiten der Führungssituation realitätsgerecht wahrzunehmen. Deshalb ist es wenig sinnvoll, Menschenbild-Konzepte unreflektiert in eine moderne, systemorientierte Führungskonzeption einzubauen. Menschenbilder können nicht, wie Staehle (1972) das versucht (vgl. Abb. D-1-4), in eine deterministische „wenn-dann-Beziehung" zu Führungsverhalten gesetzt werden. Auch der Anspruch McGregors (1960), mit ihnen menschliches Verhalten zu kontrollieren und vorherzusagen, ist beim heutigen Wissensstand nicht realisierbar.

Anwendungsprobleme von Menschenbildern

Wir wollen diese Kritik mit einigen Argumenten stützen:

(a) Wenn man einen direkten Zusammenhang zwischen dem „Menschenbild" des Vorgesetzten und seinem Führungsverhalten behauptet, vernachlässigt man weitere einflußreiche Bedingungen, wie z. B. die Anzahl der Mitarbeiter eines Vorgesetzten, die Größe, die Geschichte und das psycho-soziale Klima (prosozialer Aspekt) einer Organisation oder die Bedingungen der Technologie und der Aufgabe. Es wird lediglich der interpersonale Aspekt der Führungssituation betrachtet („Psychologisieren").

(b) Die Instrumentalisierung des Menschenbildes würde voraussetzen, daß diese Annahmen und Erwartungen gegenüber Mitarbeitern isolierbar und austauschbar sind und daß dem Vorgesetzten alternative Verhaltensmöglichkeiten beliebig zur Verfügung stehen. Dagegen wurde oben beschrieben, daß implizite Persönlichkeitstheorien relativ inflexibel sind, da sie sich durch selektive Wahrnehmung stabilisieren. Als ein Ausdruck der menschlichen Entwicklung und Reifung sind sie an vergangene Erfahrungen gebunden und nicht ad hoc austauschbar.

(c) Auf den Trend zu situativen und komplexen Führungstheorien wurde hingewiesen. Menschenbilder, die sich durch Vernachlässigung von Konflikten sowie der Variabilität der Aufgabenstellung von der Praxis isolieren, entsprechen nicht den Anforderungen kooperativer Führung.

Innovative Menschenbilder und traditionelle Organisationsnormen

Die hier angedeutete Spannung zwischen Harmonie und Widerspruchslosigkeit der referierten Menschenbild-Konzeptionen sowie dem Bemühen um Differenzierung und Praxisnähe läßt sich auch in der Entwicklung der Menschenbild-Diskussion nachweisen. Im zweiten Abschnitt wurden als Funktionen von impliziten Persönlichkeitstheorien die Regulation von Wissensaufnahme, Anpassung, Selbstdarstellung und Selbstbehauptung genannt. In diesem Regulations- und Balanceprozeß spiegelt sich der Konflikt zwischen der Notwendigkeit, die Binnenstruktur (eines Individuums oder einer Gruppe) aufrechtzuerhalten, und der Notwendigkeit, diese Struktur an Umgebungsveränderungen anzupassen.

Organisationsnormen und damit auch organisatorische Menschenbilder spiegeln den Konflikt wider zwischen Innovation und der Notwendigkeit, die Kontinuität einer gewachsenen Tradition zu wahren. Es wäre daher utopisch, zu erwarten, daß man in einer Organisation Menschenbilder übernimmt, die außerhalb dieser Tradition erarbeitet und formuliert werden. Ein Konzept kooperativer Führung kann also nicht die politische Aufgabe übernehmen, lediglich ein erstrebenswertes Ziel zu formulieren; von dieser Aufgabe hat sich die Führungsforschung auch längst abgewandt. Es scheint aber sinnvoll, Problemdimensionen zu benennen, die in den bisherigen Menschenbildkonzepten vernachlässigt wurden und die vermutlich zur geringen Praxisnähe dieser Konzepte beitrugen.

Schon Schein (1965) referierte Forschungsergebnisse, welche die Bedeutung zwischenmenschlicher Beziehungen für organisatorische Prozesse relativieren (Sayles, Blauner, Woodward u. a.). Konsequent wäre es, die Beziehung zwischen Vorgesetztem und Mitarbeiter in Verbindung mit weiteren Bedingungen der Führungssituation zu sehen. Es stehen dann nicht bloß Merkmale von Individuen, Fähigkeiten und Kenntnisse im Mittelpunkt, sondern ihre Übereinstimmung mit den Anforderungen der Arbeitsaufgabe und der Arbeitsgruppe. Anstatt Subsysteme getrennt zu beurteilen, würde ihre Beziehung zueinander und der Grad ihres „Zueinanderpassens" („fit" bzw. „misfit", vgl. Lawrence/Lorsch, 1969; Fiedler et al., 1979; Wunderer, 1979) diskutiert (vgl. dazu die ergänzenden Ausführungen in Kapitel I, L, M, O).

Ausgewählte Literatur

Gadamer, H.-G. und P. Vogler (Hrsg.): Neue Anthropologie, Bd. 1-7. Stuttgart 1972-1976.
Hofmann, M. und A. Zauner: Anthropologie und Personalführung. In: Gaugler, E. (Hrsg.): Handwörterbuch des Personalwesens. Stuttgart 1975.
Israel, J.: Stipulations and construction in the social sciences. In: Israel, J. und H. Tajfel (Eds): The context of social psychology. London 1972.
Mertens, W. und G. Fuchs: Krise der Sozialpsychologie? München 1978.
Presthus, R.: Individuum und Organisation. Typologie der Anpassung. Frankfurt 1962.
Rose, M.: Industrial behavior. London 1975.
Schein, E. H.: Organizational psychology. Englewood Cliffs N. J. 1965.
Schneider, D.: Implicit personality theory: A review. Psych. Bull. 79, 1973, 294-309.
Schuler, H.: Das Bild vom Mitarbeiter. München 1972.
Steers, R. M. und L. W. Porter (Eds.): Motivation and work behavior. New York 1975.

Kapitel E

Theorien über die Führung

0. Vorbemerkungen

Führungstheorien sollen Bedingungen, Strukturen, Prozesse und Konsequenzen von Führung beschreiben, erklären und vorhersagen. Wie in Kap. C (Begriffe über Führung) festgestellt wurde, handelt es sich bei dem Führungsphänomen um einen sehr komplexen sozialen Sachverhalt. So überrascht nicht, daß vielfältige Theorien, Hypothesen und vorwissenschaftliche Spekulationen aus allen Bereichen der Sozialwissenschaft herangezogen werden, um Führungsprobleme theoretisch und praktisch in den Griff zu bekommen. Dabei scheint die Sozialpsychologie über das größte Arsenal an Erklärungskonzepten zu verfügen.

Ohne Anspruch auf Vollständigkeit werden in diesem Kapitel die Eigenschafts-, Rollen-, Situations-, Motivations-, Verhaltens- und Interaktionstheorie der Führung sowie der psychoanalytische Beitrag zum Führungsphänomen dargestellt.

Es sei darauf hingewiesen, daß in der Literatur auch andere Klassifikationen der Führungstheorien zu finden sind. So unterscheidet z. B. Stogdill (1974, 17f.) zwischen „great-man"-Theorien, personalen und situationalen Theorien sowie Austausch-Theorien. Neuberger (1976, 19, 48) hingegen subsumiert die Eigenschafts- und Situations-Theorie unter den Oberbegriff: „Der personalistische Ansatz in der Führungsforschung" und betrachtet Eigenschaften als Abstraktionen der Beziehungen zwischen Person und Umwelt, wodurch Situation bzw. Aufgaben implizit berücksichtigt werden. Rosenstiel et al. (1975, 114) unterscheiden nicht zwischen Situations- und Rollentheorie der Führung. Den Autoren zufolge befaßt sich die Situationstheorie mit der Führung als Funktion der Rollenerwartungen der Gruppenmitglieder. Macharzina (1976, 10) unterscheidet zwischen der Personen-, Gruppen-, Situations- und Interaktionstheorie der Führung und Wunderer (1971, 256ff.) zwischen Eigenschafts-, Gruppen-, Rollen- und Situationstheorie.

Darüber hinaus wäre interessant, zu prüfen, ob und inwieweit sozialpsychologische Theorien zur Einstellungs- und Verhaltensänderung für die Analyse der Führung einschlägig sind. Indessen würde diese Aufgabe den Rahmen der vorliegenden Darstellung sprengen, zumal Ostrom (1968) bereits bis zum Jahre 1950 über 35 verschiedene Theorien zur Einstellungsänderung ermitteln konnte. Zwischenzeitlich sind weitere Erklärungsansätze entwickelt worden. Dem interessierten Leser sei folgende Literatur empfohlen: Six (1975); Schmidt et al. (1975); Ostrom (1968); Insko (1967); Fishbein/Ajzen (1975); McGuire (1969); Meinefeld (1977).

1. Eigenschaftstheorie der Führung (Great-Man-Theorie)

Die Eigenschaftstheorie der Führung existiert, seitdem es Menschen mit herausragenden Fähigkeiten gibt. In Kap. C 1.1. wurde auf Plato, Aristoteles und Machiavelli hingewiesen, die Führungserfolg auf angeborene oder erworbene Persönlichkeitseigenschaften zurückführten. Indessen dürfte die erste „wissenschaftliche" Analyse von Führungseigenschaften von Sir Francis Galton („Hereditary Genius", 1869) stammen, der die Führungspositionen berühmter Engländer auf statistischem Wege genetisch zu begründen versuchte. Nachfolger bemühten vor allem Darwins biologische Evolutionstheorie („survival of the fittest"), um die genetische Überlegenheit von Führern in den herrschenden aristokratischen Schichten nachzuweisen (Wiggam, 1931; vgl. Stogdill, 1974, 17f.). In systematischer Weise erfolgte die Erforschung von Führereigenschaften erst durch die Heerespsychologen während des 1. und 2. Weltkrieges, um Personen für militärische Aufgaben auszuwählen (vgl. Grubitzsch/Rexilius, 1978).

Führungseigenschaften aus historischer Sicht

Die Eigenschafts- oder Persönlichkeitstheorie der Führung geht in ihrer klassischen Version davon aus, daß Führung durch besonders hervorstechende Eigenschaften des Führers zustande kommt, die situations-, aufgaben- und gruppen*unabhängig* wirksam sind. In ihrer neueren Version nimmt die Eigenschaftstheorie an, daß Führereigenschaften in gewisser Weise auch situativ bedingt sind (Cowley, 1928, zit. nach Aschauer, 1970; Stogdill, 1974, 17f.; Jennings, 1960). Generell sind die verschiedenen Varianten der Eigenschaftstheorie insoweit miteinander verbunden, als sie Führung primär durch Persönlichkeitsmerkmale bzw. deren spezifische Konstellation zu beschreiben und zu erklären versuchen.

Grundannahmen der Eigenschaftstheorie

Wir wollen auf den eigenschaftsorientierten Führungsansatz sowie auf das Eigenschafts-Konzept ausführlicher eingehen, da die Personalbeurteilung in der wirtschaftlichen Praxis den Eigenschaftsbegriff gleichsam als letzte Erklärungsinstanz verwendet (vgl. auch die von Neuberger aufgeführten Gründe, 1976, 44f.; sowie Wunderer et al., 1979b).

Über die empirische Forschung zur Eigenschaftstheorie der Führung liegen drei klassische Sammelreferate vor, deren Ergebnisse im folgenden referiert werden (vgl. Stogdill, 1948; 1974; Mann, 1959). Bereits 1938 hat Zimmermann (zit. n. Aschauer, 1970, 54) 50 Studien zur Führung ausgewertet und über 200 Eigenschaften von Führern ermittelt (vgl. auch Coffin, 1944, der 104 Führereigenschaften aufzählte, zit. n. Steinkamp, 1973, 124). Wie Abb. E-1-1 zeigt, besteht nur eine geringe intersubjektive Übereinstimmung über Benennung und Art der untersuchten Führereigenschaften.

Häufigkeit der untersuchten Führereigenschaften	Führereigenschaften	von mindestens 5 Autoren aufgezählt: v. H. der Autoren, die diese Eigenschaft erwähnen
	1. Mut	30
	2. Intelligenz	28
	3. Vorausschau	26
	4. Initiative	16
	5. Einsicht	14
	6. Persönlichkeit	14
	7. Aufgeschlossenheit	14
	8. Wissen	12
	9. Selbstvertrauen	10
	10. Sympathie (mitfühlendes Vertrauen)	10
	11. Energie	10
	12. Ehrlichkeit	10

Abb. E-1-1:
Häufigkeit der untersuchten Führereigenschaften (nach Aschauer, 1970, 54).

1.1. Korrelationsstatistische empirische Befunde (1904-1947)

Zur Feststellung der Persönlichkeitsmerkmale von Führern wurden in den von Stogdill gesichteten empirischen Arbeiten folgende Methoden angewandt: a) Beobachtung von Verhalten in Gruppensituationen, b) Wahl von Kollegen (Abstimmung), c) Benennung oder Einstufung durch qualifizierte Beobachter, d) Selektion (Beurteilung oder Tests) von Personen in Führungsituationen und e) Analyse biographischen Materials.

Der Zusammenhang zwischen Eigenschaften und Führung

Bei der Interpretation der empirischen Ergebnisse ist jedoch zu berücksichtigen, daß sie an folgenden Personengruppen erhoben wurden (Neuberger, 1976, 23):

Vorschulalter	3 Studien
Grundschule	17 Studien
Hauptschule	34 Studien
College	26 Studien
Erwachsenen	32 Studien

Damit stehen 80 Personengruppen aus dem Bildungssektor nur 32 Personengruppen aus anderen Tätigkeitsbereichen gegenüber.

Die Korrelationskoeffizienten zwischen verschiedenen Eigenschaften und Führung sind in Abb. E-1-2 zusammengefaßt:

1. Eigenschaftstheorie der Führung (Great-Man-Theorie) 115

Eigenschaften	Spannweite der ermittelten Korrelation	⌀ Korr.	Interpretation
1. Lebensalter	−0.32–0.71	0.21	schwacher positiver Zusammenhang
2. Körpergröße	−0.13–0.71	0.30	schwacher positiver Zusammenhang
3. Körpergewicht	−0.04–0.52	0.23	schwacher positiver Zusammenhang
4. a) Körperbau b) Gesundheit	0.11–0.28	0.20	inkonsistentes Ergebnis
5. Äußere Erscheinung (Kleidung, Schönh.)	−0.06–0.81	0.18	sehr inkons. Ergebnis
6. Redegewandtheit (Klang d. Stimme)	0.15–0.59	0.41	relat. hoher pos. Zus.
7. Intelligenz 8. Schulische Leistung (Schulnoten)	−0.13–0.90	0.28	schw. posit. Zus.
9. Wissen	keine Angaben	−	generell posit. Zus.
10. Urteilskraft u. Entschlossenheit	0.25–0.69	0.45	relat. stark. Zus.
11. Verständnis (Selbsterkenntnis, soz. Verständnis, Einfühlung)	keine Angaben	−	wenig bekannt; es wird posit. Zus. angenommen
12. Originalität	0.38–0.70	−	relat. pos. Zus.
13. Anpassungsfähigkeit	0.13–0.21	−	sehr gering. pos. Zus.
14. Introversion-Extraversion	keine Angaben	−	inkonsist. Ergebnis
15. Dominanz (Herrschsucht)	0.00–0.29	−	inkonsist. Ergebnis
16. Initiative, Ausdauer, Ehrgeiz	0.16–0.68	0.48	relat. hoher posit. Zus.
17. Verantwortungsbewußtsein	0.10–0.87	0.44	relat. hoher posit. Zus.
18. Integrität und Überzeugung	keine Angaben	−	relat. hoher posit. Zus. angenommen
19. Selbstvertrauen Selbstachtung	0.12–0.59	0.43	relat. hoher. posit. Zus.
20. Stimmungsbeherrschung, Stimmungsoptimismus	−0.03–0.64	0.34	schwacher pos. Zus.
21. Emotionale Beherrschung	0.18–0.70	−	inkonsist. Befunde, geringe Wahrsch. f. Beziehung
22. Soz. u. ökonom. Status	keine Angaben	−	hoher posit. Zus.
23. Soz. Aktivität u. Mobilität	0.17–0.68	−	relat. hoher posit. Zus.
24. Bio-soziale Aktivität (Wagemut, Lebhaftigkeit)	0.20–0.78	−	posit. Zus.
25. Soziale Fertigkeit (Diplomatie, Taktgefühl, Freundlichkeit)	0.33–0.98	0.56	relat. hoher posit. Zus.

Eigenschaften	Spannweite der ermittelten Korrelation	⌀ Korr.	Interpretation
26. Popularität, Prestige	0.23–0.82	0.55	relat. hoher posit. Zus.
27. *Kooperation* (Kooperationsbereitschaft; Fähigkeit, Kooperation zu erlangen; Arbeit f. d. Gruppe; Verantwortlichkeit)	0.44–0.69	–	relat. hoher posit. Zus.

Abb. E-1-2:
Empirische Befunde 1904-1947 (nach Stogdill, 1974, 35).

Konfiguration von Führereigenschaften

Zusammenfassend kann gesagt werden, daß Personen mit Führungspositionen in bezug auf folgende fünf Faktoren die (durchschnittlichen) Mitglieder ihrer Gruppe übertreffen (Stogdill, 1948):

(1) „Befähigung (Intelligenz, Wachsamkeit, verbale Gewandtheit, Originalität, Urteilskraft)
(2) Leistung (Schulleistung, Wissen, sportliche Leistungen)
(3) Verantwortlichkeit (Zuverlässigkeit, Initiative, Ausdauer, Aggressivität, Selbstvertrauen, Wunsch, sich auszuzeichnen)
(4) Teilnahme (Aktivität, Soziabilität, Kooperationsbereitschaft, Anpassungsfähigkeit, Humor)
(5) Status (sozio-ökonomische Position, Popularität)."

Stogdill bemerkt jedoch ausdrücklich, daß eine Person nicht aufgrund einer Kombination von Persönlichkeitseigenschaften zum Führer wird, sondern durch die *Konfiguration* der Persönlichkeitsmerkmale des Führers, die den Zielen der „Geführten" sowie bestimmten Situationsanforderungen entsprechen muß, um wirksam zu sein.

Während die vorliegende empirische Forschung die Persönlichkeitsmerkmale der Führer und Geführten als relativ stabil ausweist, erfordern sich verändernde Situationen (Änderung der Ziele, interpersonelle Beziehungen in der Gruppe etc.) eine dynamische Betrachtungsweise von Führung, die aufgrund der Interaktion zwischen den relativ konstanten Persönlichkeitszügen und den wechselnden Situationen notwendig wird.

„Es ist nicht besonders schwierig, Personen zu finden, die Führer sind, aber es ist doch eine ganz andere Sache, diese Personen in unterschiedlichen Situationen einzusetzen, in denen sie fähig sind, als Führer zu handeln" (Stogdill, 1948).

Situative Einflüsse auf Führereigenschaften

Die bisherige Kardinalfrage, welche Anteile der Führung auf Persönlichkeitsfaktoren entfallen, hat ihre Parallele in der Anlage-Umwelt-Kontroverse der Entwicklungspsychologie, wo u. a. darum gestritten wird, in welchem Ausmaß Intelligenz angeboren und/oder erworben sei (Heckhausen, 1974; Hebb, 1969). Danach ist die Beziehung zwischen Persönlichkeitseigenschaften und Situationen nicht additiver Natur, sondern eher eine *multiplikative* Verbindung. In Anlehnung an Hebb (1969, 194) ließe sich das Dilemma der Eigenschaftstheorie der Führung wie folgt auf einen Nenner bringen: Die Frage, wie groß der Beitrag der Persönlichkeitseigenschaften zur Führung bzw. zum Führungserfolg sei, ist ebenso müßig, wie die Frage nach dem Beitrag der Breite zur Fläche eines Feldes.

1.2. Korrelationsstatistische empirische Befunde (1948-1970)

In dem neuesten Übersichtsreferat zum Stand der empirischen Forschung über Führungseigenschaften kritisiert Stogdill (1974, 72), daß die weitverbreitete Auffassung, derzufolge nicht Führungseigenschaften, sondern *ausschließlich* Situationsvariablen die Führung determinierten, den personalen Aspekt gröblich unterschätzt. Denn die bisher vorliegenden Erkenntnisse legen die Annahme nahe, daß unterschiedliche Führereigenschaften und -fertigkeiten in unterschiedlichen Situationen wirksam sind.

<small>Unterschätzung des eigenschaftstheoretischen Ansatzes</small>

Abb. E-1-3 stellt die Ergebnisse von 163 Studien über Führereigenschaften aus den Jahren 1948-1970 vergleichend gegenüber. Dabei bedeutet eine *positive Beziehung,* daß

a) eine Eigenschaft signifikant (d. h. statistisch überzufällig) mit Führereffektivität korreliert,
b) eine Stichprobe von Führern sich signifikant von einer Stichprobe von Geführten im Hinblick auf bestimmte Eigenschaften unterscheidet,
c) sich eine Stichprobe von effektiven Führern von einer Stichprobe ineffektiver Führer im Hinblick auf die erwähnten Eigenschaften unterscheidet,
d) sich eine Stichprobe von Führern mit niedrigem Status im Hinblick auf die erwähnten Eigenschaften unterscheidet (vgl. Stogdill, 1974, 74).

In der 4. Spalte der Abb. E-1-3 wurden nur positive Befunde aufgenommen, weil das wirkliche Ausmaß der negativen Befunde nicht zuletzt deshalb unbekannt ist, da diese in der Regel von den Zeitschriften nicht publiziert werden (vgl. hierzu die Kritik von Mertens/Fuchs, 1978).

Zusammenfassend läßt sich feststellen, daß in den neueren empirischen Studien die Führer durch folgende Eigenschaften charakterisiert sind: Verantwortungsbewußtsein; Aufgabenerfüllung; Energie und Ausdauer im Hinblick auf die Zielerreichung; Kreativität bei der Problemlösung; Selbstvertrauen; Bereitschaft, Konsequenzen von Entscheidungen zu akzeptieren; Bereitschaft, interpersonalen Streß und Frustration zu ertragen sowie die Fähigkeit, andere zu beeinflussen.

<small>Empirische Befunde über Eigenschaften und Führung</small>

Stogdill zufolge haben diese Charakteristika — als Einzelmerkmale verwendet — keinen oder nur geringen Erklärungs- und Prognosewert. Hingegen seien sie in kombinierter Form sehr wohl in der Lage, zwischen effektiven und ineffektiven Führern sowie zwischen Führern und Geführten zu unterscheiden. Mit dieser Aussage, so Stogdill, sei indessen keine Rückkehr zum traditionellen Eigenschaftsansatz vollzogen, der in seiner extrem atomistischen Sichtweise *einzelne* Eigenschaften als monokausale Determinanten der Führung betrachtet. Vielmehr sei die Auffassung über bestimmte führungswirksame Eigenschaftskombinationen als eine modifizierte Version des extremen Situationsansatzes zu verstehen, wonach interindividuelle Unterschiede bei Führungserfolgen ausschließlich auf Umweltfaktoren zurückzuführen sind.

	Positive 1	Zero or Neg. 2	Positive Only 3
Physical Characteristics			
Activity, energy	5		24
Age	10	8	6
Appearance, grooming	13	3	4
Height	9	4	
Weight	7	4	
Social Background			
Education	22	5	14
Social status	15	2	19
Mobility	5		6
Intelligence and Ability			
Intelligence	23	10	25
Judgment, decisiveness	9		6
Knowledge	11		12
Fluency of speech	13		15
Personality			
Adaptability	10		
Adjustment, normality			11
Aggressiveness, assertiveness			12
Alertness	6		4
Ascendance, dominance	11	6	31
Emotional balance, control	11	8	14
Enthusiasm			3
Extroversion	5	6	1
Indepence, nonconformity			13
Objecitivity, tough-mindedness			7
Originality, creativity	7		13
Personal integrity, ethical conduct	6		9
Resourcefulness			7
Self-confidence	17		28
Strength of conviction	7		
Tolerance of stress			9
Task-Related Characteristics			
Achievement drive, desire to excel	7		21
Drive for responsibility	12		17
Enterprise, initiative			10
Persistence against obstacles	12		
Responsible in pursuit of objectives	17		6
Task orientation	6		13

1. Eigenschaftstheorie der Führung (Great-Man-Theorie)

	1948 Positive 1	Zero or Neg. 2	1970 Positive Only 3
Social Characteristics			
Ability to enlist cooperation	7		3
Administrative ability			16
Attractiveness			4
Cooperativeness	11		5
Nurturance			4
Popularity, prestige	10		1
Sociability, interpersonal skills	14		35
Social participation	20		9
Tact, diplomacy	8		4

Abb. E-1-3:
Empirische Befunde 1948-1970 (nach Stogdill, 1974, 74)

Faktorenanalysen von Führungseigenschaften

In einer Analyse von insgesamt 52 Faktorenanalysen über Führungseigenschaften aus dem Zeitraum 1945-1973 konnte Stogdill (1974, 92 f.) 26 Faktoren ermitteln, die von drei oder mehr Forschern genannt wurden.

Abbildung E-1-4 (Stogdill, 1974, 93) zeigt die Häufigkeit der Nennungen jener Faktoren, die für Führung als bedeutsam angesehen wurden.

Nach Stogdill deuten diese Studien auf die Möglichkeit hin, komplexe Führungsphänomene durch eine begrenzte und überschaubare Anzahl von Variablen zu beschreiben. Hierbei ist jedoch zu beachten, daß die Häufigkeit *für sich genommen* wenig aussagt, da sie zu einem nicht geringen Teil kulturelle Stereotype widerspiegeln dürfte („social desirability").

1.3 Empirische Beziehungen zwischen Führungseigenschaften und Gruppenerfolg

Mann (1959) hat in seinem bekannten Sammelreferat die empirischen Befunde über die Beziehung zwischen Persönlichkeitsmerkmalen von Individuen und deren Führungsverhalten in Gruppen für den Zeitraum von 1900-1957 kritisch gesichtet. Diese Arbeit ist für die Erkenntnis kooperativer Führungsformen deshalb von besonderem Interesse, da der Gruppenaspekt thematisiert wird.

Führungseigenschaften und Gruppenerfolg

In den von Mann untersuchten Studien wurde Führung durch 4 Merkmale gemessen:

(1) Einschätzung der Führungsposition durch Beobachter,
(2) Einschätzung der Führungsposition durch Kollegen,
(3) die formale Führungsposition und
(4) Selbsteinschätzung.

Bedeutsame Persönlichkeits-Faktoren der Führung

Faktor Nr.	Faktor-Name	Häufigkeit
1	Soziale und interpersonale Fertigkeiten	16
2	Technische Fertigkeiten	18
3	Administrative Fertigkeiten	12
4	Führungseffektivität und -leistung	15
5	Soziale Distanz, Freundlichkeit	18
6	Intellektuelle Fertigkeiten	11
7	Förderung kohäsiver Arbeitsgruppen	9
8	Förderung von Koordination und Teamwork	7
9	Aufgabenmotivation	17
10	Allgemeiner Eindruck (Halo-Effekt)	12
11	Unterstützung der Gruppenaufgaben	17
12	Setzen von Leistungsstandards	5
13	Bereitschaft, Verantwortung zu übernehmen	10
14	Emotionale Ausgeglichenheit und Kontrolle	15
15	Informale Gruppensteuerung	4
16	Erzieherisches Verhalten (nurturant behavior)	4
17	Ethisches Verhalten, persönliche Integrität	10
18	Verbale Kommunikation	6
19	Herrschaft, Dominanz, Entscheidungsfreudigkeit	11
20	Physische Energie	6
21	Erfahrung und Aktivität	4
22	Reife	3
23	Mut	4
24	Zurückhaltung, distanzierend	3
25	Kreativität	5
26	Konformität	5

Abb. E-1-4:
Faktorenanalysen von Führungseigenschaften (nach Stogdill 1974, 93)
Faktoren, die in drei oder mehr Studien erwähnt wurden:

Abbildung E-1-5 zeigt folgendes Hauptergebnis: Man kann von einer starken positiven Beziehung zwischen Intelligenz, Anpassung und Extraversion einerseits und Führungsverhalten andererseits ausgehen. Dominanz, Maskulinität und interpersonelle Sensitivität stehen in einem etwas schwächeren positiven Zusammenhang mit Führung, während Konservativismus mit Führung negativ assoziiert ist. Wie die letzte Spalte zeigt, sind jedoch die korrelativen Beziehungen durchweg relativ niedrig, d. h. nur ein kleiner Varianzanteil des Führungserfolges wird durch die ermittelten Eigenschaften aufgeklärt (vgl. Kap. B 2.3.).

(Die Signifikanzangaben in Abb. E-1-5 beziehen sich auf eine Irrtumswahrscheinlichkeit von 5%, vgl. dazu die Erläuterungen in Kap. B 2.3.).

Die untersuchten Persönlichkeitseigenschaften wurden durch standardisierte Tests operationalisiert und gemessen (z. B. Minnesota Multiphasic Personality Inventory (MMPI), F-Skala (Adorno et al.); Rorschach, Cattell's Sixteen Personality Factor Questionaire (16 P. F.) u. a.; vgl. Mann, 1959; Gough, 1976; speziell zu den Tests: Brickenkamp, 1975).

1. Eigenschaftstheorie der Führung (Great-Man-Theorie)

Persönlichkeitsfaktor	Zahl der Studien	Zahl der Resultate[a]	Positive Korrel. signifikant	Positive Korrel. unsignifikant	Positive Korrel. ungetestet	Negative Korrel. signifikant	Negative Korrel. unsignifikant	Negative Korrel. ungetestet	Korrel. von 0 bzw. unsig.[b]	% der sign. pos. Korrel.[c]	höchste bericht. Korrel.	durchschnittl. (Median) Korrel.
Intelligenz	28	196	91	68	14	1	22	0	0	99 (92)	.50	.25
Anpassung	22	164	50	55	14	2	28	0	15	96 (52)	.53	.18
Extraversion	22	119	37	38	6	6	23	3	6	85 (43)	.42	.15
Dominanz	12	39	15	9	3	6	4	0	2	71 (21)	.42	.20
Maskulinität	9	70	11	37	0	1	19	0	2	92 (12)	o. Ang.	o. Ang.
Konservatismus	17	62	3	18	0	17	21	3	0	15 (20)	o. Ang.	o. Ang.
Sensitivität	15	101	15	55	3	1	25	0	2	94 (16)	o. Ang.	o. Ang.

a) Die Zahl der Resultate übersteigt die Zahl der Studien, da gewöhnlich in einer Untersuchung mehrere Ergebnisse berichtet werden (z. B. für verschiedene Untergruppen, die nach Geschlecht, Alter, Bildung usw. aufgeteilt wurden) – b) Hier sind jene Fälle erfaßt, in denen entweder eine Korrelation von 0 berichtet oder über die Richtung einer unsignifikanten Korrelation nichts ausgesagt wird. – c) Die Ziffern in Klammern unter den Prozentzahlen beziehen sich auf die Gesamtheit der überhaupt signifikanten Fälle (pos. – neg.). Wenn die Gesamtzahl der sign. Korrelation sehr gering ist, sind Prozentzahlen natürlich wenig aussagekräftig.

Abb. E-1-5:
Beziehungen zwischen Persönlichkeitsfaktoren und Führung (nach Neuberger, 1976, 26)

Einfluß von Meßmethoden auf die Beziehung zwischen Führungseigenschaften und Gruppenerfolg

Mann (1959) zeigt, daß die Beziehungen zwischen Persönlichkeitseigenschaften und Führung in dem Maße variierten, wie verschiedene Meßmethoden verwendet wurden:

Die Beziehung zwischen Persönlichkeitsfaktoren und Führung bei Verwendung von drei unterschiedlichen Techniken, Führung zu messen (nach Mann, 1959)

	Prozentsatz positiver Ergebnisse		
	Einschätzung durch Gleichrangige	Kriteriums-Messung (formaler Führungsstatus)	Beobachtereinschätzung
Intelligenz	91	85	89
	(66)*	(40)	(69)
Anpassung	97	76	76
	(31)	(87)	(41)
Extraversion	50	86	70
	(30)	(58)	(35)

* Die in den Klammern angegebenen Zahlen geben die Menge der zugrunde liegenden Studien an.

Die größte meßmethodische Übereinstimmung besteht bei der Persönlichkeitseigenschaft Intelligenz. Hingegen ist die intersubjektive Übereinstimmung der Variablen Extraversion wesentlich geringer.

Diese Ergebnisse weisen darauf hin, daß bei der Interpretation von Führungsbefunden stets die Art der Messung zu berücksichtigen ist, da die Variabilität der Meßergebnisse zu einem großen Teil von den angewandten Meßmethoden abhängt (vgl. Fiske, 1971; Mischel, 1977).

1.4. Bewertung der Eigenschaftstheorie der Führung

In der als „seriös" zu bezeichnenden Führungsliteratur ist man sich hinsichtlich der Ablehnung der traditionellen eigenschaftszentrierten Führungstheorie einig, die den Führungserfolg *ausschließlich* personal begründet. Nach Gouldner (1950, zit. n. Aschauer, 1970) können gegen die Eigenschaftstheorie folgende Einwände vorgebracht werden (vgl. auch Kapitel L; Neuberger, 1976, 104f., 46f.; Gibb, 1969, 268):

Kritik der Eigenschaftstheorie der Führung

(1) „Aus den Aufstellungen der Führungseigenschaften ist nicht ersichtlich, welche Bedeutung den einzelnen Merkmalen zukommt, d. h. in welcher Reihenfolge sie ihrer Wichtigkeit nach aufzuzählen sind.
(2) Die erwähnten Merkmale sind nicht klar voneinander abgegrenzt. So werden z. B. häufig Urteilsfähigkeit und gesunder Menschenverstand als Führungseigenschaften erwähnt, während eigentlich die erstere schon in der letzteren enthalten ist.
(3) Die Eigenschaftstheorie gibt keinen Aufschluß darüber, welche Merkmale zum Erlangen einer Führerposition und welche zu ihrer Behauptung dienen.

1. Eigenschaftstheorie der Führung (Great-Man-Theorie) 123

(4) Diese Theorien lassen die Entwicklung der Führereigenschaften unberücksichtigt, und machen keine Aussagen darüber, ob sie schon vor der Übernahme der Führerrolle bestanden oder sich erst in der Ausübung der Führerrolle herausgebildet haben.

(5) Im Gegensatz zu der Auffassung der Vertreter der Eigenschaftstheorie ist eine Persönlichkeit keineswegs mit der Summe ihrer Charaktereigenschaften gleichzusetzen oder zu definieren. Von Wichtigkeit ist vielmehr die Charakterstruktur. So wirken sich gleiche Charaktereigenschaften in verschieden strukturierten Persönlichkeiten unterschiedlich aus."

Immerhin gilt als gesichert, daß für die adäquate Erfüllung von Führungsaufgaben bestimmte Mindestausprägungen der Intelligenz, Empathie, Dominanz u. ä. notwendige, wenn auch nicht hinreichende Bedingungen darstellen. Hinzu treten vielfältige Randbedingungen, wie Aufgabenart, Erwartungen der Gruppenmitglieder, Umweltsituation etc. (vgl. Kap. I, L, M).

1.4.1. Zur Problematik des Eigenschafts-Konzeptes

Die Eigenschaftstheorie der Führung ist schon wegen ihrer monokausalen Erklärungsstruktur, aufgrund derer Führungserfolg auf Eigenschaften des Führers zurückgeführt wird, von beschränkter Aussagefähigkeit für die Erklärung und Vorhersage von Führungsverhalten (vgl. Wunderer, 1971).

In der Persönlichkeitsforschung bedient man sich des Eigenschaftsansatzes zur Erklärung der Tatsache, daß a) gleichartige Situationen unterschiedliches Verhalten und b) unterschiedliche Situationen gleichartiges Verhalten hervorzurufen vermögen (vgl. Abb. E-1-6; Mischel, 1977; Alston, 1975; Hogan et al., 1977; Grunwald, 1980).

Man geht davon aus, daß Eigenschaften zeitlich überdauernde, konsistente, generelle und ökonomische Beschreibungs- und Erklärungskonzepte darstellen. Häufig wurde und wird jedoch übersehen, daß der Verwendung von Eigenschaftsbegriffen ein komplizierter Abstraktionsprozeß von mindestens vier Stufen zugrunde liegt (vgl. Graumann, 1960; Roth, 1969; vgl. Abb. E-1-7).

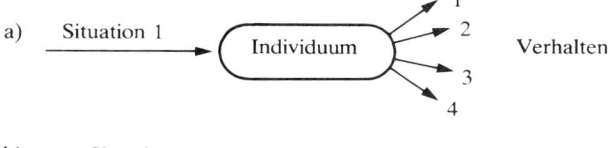

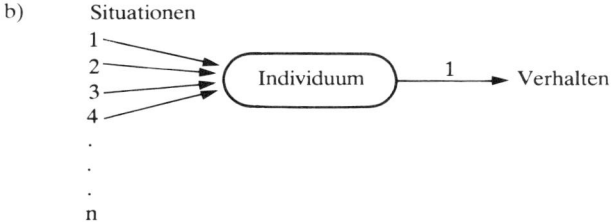

Abb. E-1-6:
Zur Problematik des Eigenschafts-Konzeptes

Bestimmungsmodi von Eigenschaften

	a) verbal	b) adverbial	c) adjektivisch	d) substantivisch
	Ihnen entsprechen Aussagen wie:			
	P löst Aufgaben und beantwortet Fragen	P löst Aufgaben richtig und beantwortet Fragen intelligent	P ist intelligent	Die Intelligenz von P ist hoch
	Diese Aussagen entstammen folgendem wissenschaftlichen Vorgehen:			
Verwendungsarten des Eigenschafts-Begriffs	*Beschreibung:* Konkret ablaufendes Verhalten wird in Symbolen repräsentiert.	*Bewertung:* Individuelles Verhalten wird bezogen auf Maßstäbe und Normen. Einmaliges Verhalten wird verallgemeinert.	*1. Abstraktion:* Vom beobachtbaren Verhalten wird geschlossen auf das Sosein der Person.	*2. Abstraktion:* Vom individuellen Sosein wird geschlossen auf das Sosein aller; eventuell auf überindividuelle Wesenheiten oder Kategorien.
	Dabei entstehen folgende Probleme:			
	Zuordnung von Symbolen (allgemein) zu Ereignissen (konkret, einzeln).	Konsistenz einheitlicher Verhaltensbedingungen oder Situationsbezüge?	Generalität oder Spezifität der Eigenschaften?	Universalität oder Singularität der Eigenschaften?

Abb. E-1-7:
Bestimmungsmodi von Eigenschaften (nach Roth, 1969, 43)

Verdinglichung von Eigenschaften

Zirkelerklärungen

Vielzahl von Eigenschaftsbegriffen

Ein grundlegendes Problem bei der Anwendung von Eigenschaftsbegriffen ist die Neigung des Menschen, Eigenschaften zu verdinglichen: „Herr X *hat* Führungsfähigkeiten", „*verfügt* über Durchsetzungsfähigkeit" etc. (vgl. Laucken, 1974). Dabei ist der Rückgriff auf Eigenschaften eine Pseudoerklärung, denn Eigenschaften werden aus beobachtetem Verhalten *erschlossen* (vgl. Abb. E-1-7), und eben diese Eigenschaften werden wiederum zur Erklärung des beobachteten Verhaltens herangezogen. So wird z. B. behauptet, jemand löse eine komplizierte Aufgabe, *weil* er intelligent sei. Dabei *ist* die Lösung einer komplizierten Aufgabe bereits eine Form von Intelligenz.

Bestimmungsweisen von Eigenschaften (Zu a, b, c, d in Abb. E-1-7):
Die ausschließliche Verwendung der Umgangssprache in der Persönlichkeits- und Führungsforschung ist problematisch, da die begrifflichen Unschärfen alltagssprachlicher Begriffe übernommen werden. So haben Allport/Odbert (1936, zit. n. Guilford, 1964, 86) nicht weniger als 17 953 (!) adjektivische Eigenschaftsbegriffe im englischen Sprachraum festgestellt. Auch wenn substantivische Eigenschaftsbegriffe weniger häufig verwandt werden, ist ihr beliebiger Gebrauch in Wissenschaft und Praxis nicht weniger fragwürdig. Ein we-

1. Eigenschaftstheorie der Führung (Great-Man-Theorie)   125

sentlicher Grund hierfür liegt in der Tatsache, daß substantivische Eigenschaftsbegriffe wesentlich unpräziser sind als etwa verbale oder adverbiale Eigenschaftsbegriffe (vgl. Abb. E-1-7). Um das Gesagte empirisch zu belegen, sei eine von Neuberger (1976, 48) zitierte Untersuchung von Stryker (1958) erwähnt, in der 75 Manager für die Definition der Eigenschaft „Abhängigkeit" nicht weniger als 147 (!) verschiedene Begriffe verwandten.

Das Hauptproblem bei der Anwendung von Eigenschaftsbegriffen besteht zweifellos darin, daß ihre Konsistenz, Generalität und Universalität vorschnell angenommen wird. Dies zeigt sich vor allem dann, wenn z. B. von einem autoritären oder kooperativen Vorgesetzten oder Mitarbeiter die Rede ist.

1.4.2. Konsistenz

Unter Konsistenz versteht man gleiches Verhalten in gleichen oder vergleichbaren Situationen. Häufig wird — wenn von Führung gesprochen wird — implizit davon ausgegangen, daß es sich um konsistentes Verhalten handelt. Indessen hat sich gezeigt, daß sich Personen i. d. R. in verschiedenen, aber auch in gleichen Situationen, unterschiedlich verhalten (Mischel, 1968; Roth, 1969; Hogan, 1976). So haben Miles (1975) u. a. immer wieder festgestellt, daß das Verhalten von Vorgesetzten beträchtlich variiert, je nachdem, ob sie mit Gleichrangigen oder mit Untergebenen interagieren. Ein Vorgesetzter kann sich aus ganz unterschiedlichen Gründen autoritär oder kooperativ verhalten. Und zwar nicht etwa deshalb, weil er „autoritär ist" (Zirkelerklärung), sondern wegen Zeitdruck oder persönlicher Spannungen mit einigen Mitarbeitern.

Konsistenz von Eigenschaften

1.4.3. Generalität — Spezifität (Intraindividuelle Dimension)

Diese Dimension betrifft die Frage, inwieweit eine Eigenschaft bei einer Person in verschiedenen Situationen ein konstantes Verhalten bedingt oder ob das Verhalten situationsspezifisch variiert. Die Eigenschaftstheorie der Führung geht von der Generalität der Führungseigenschaften aus. Dagegen konnten z. B. Leavitt/Bass (1964) zeigen, daß die Entscheidung des Vorgesetzten, sich gegenüber den Mitarbeitern kooperativ oder autoritär zu verhalten, maßgeblich von deren Leistungen beeinflußt wird (vgl. Kap. L, N).

Generalität und Spezifität von Eigenschaften

1.4.4. Universalität — Singularität (Interindividuelle Dimension)

Die Frage nach der Universalität von Eigenschaften bezieht sich darauf, inwieweit diese interindividuell verbreitet sind. Damit ist das Problem der Vergleichbarkeit von Individuen angesprochen, das in der Persönlichkeitspsychologie kontrovers diskutiert wird (vgl. Allport, 1949; Guilford, 1964; Roth, 1969; Herrmann, 1976)

Daß die Annahme der universellen Gültigkeit spezifischer Führungseigenschaften keineswegs selbstverständlich ist, zeigte exemplarisch eine internatio-

Universalität und Singularität von Eigenschaften

nal angelegte empirische Studie über die Wertsysteme von Managern aus Japan, Korea, Indien, Australien und den USA (vgl. England, 1975; Barrett/ Bass, 1976; vgl. Kap. L).

Bei Verwendung des Eigenschafts-Konzeptes werden zumeist beide Dimensionen der Universalität und Generalität verwendet, wie sich am Beispiel der Forschung zur „Pünktlichkeit" zeigen läßt (Guilford, 1964, 71f.): Man fand bei der Untersuchung der Eigenschaft „Pünktlichkeit" an Studenten, daß pünktliches Verhalten mit vier verschiedenen Situationen (Bücherrückgabe an die Bibliothek, Erledigung von Hausarbeiten, Rückgabe von Formularen an die Verwaltung und Einhaltung von Verabredungen) sehr niedrig interkorrelierte, d. h. eine geringe Konsistenz aufwies. Dies führte zu der Erkenntnis, daß die Eigenschaften Pünktlichkeit bzw. Unpünktlichkeit als universelle Eigenschaften nur in bezug auf „Extremgruppen" (extrem pünktlich − extrem unpünktlich) mit einer mittleren Generalität hervortreten (Allport, 1949, 319f.).

Graumann (1960, 148) betrachtet in seinem klassischen Sammelreferat über Eigenschaften die Dimensionen Universalität und Generalität als voneinander unabhängige Kontinua:

Dimensionen von Eigenschaften

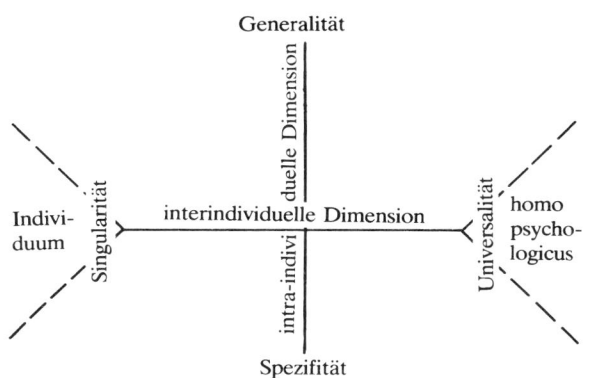

Abb. E-1-8:
Dimensionen von Eigenschaften (nach Graumann, 1960, 48).

Aufgrund der mangelnden Konsistenz, Generalität und Universalität von Eigenschaften vermag die Eigenschaftstheorie der Führung das Führungsphänomen nur unzureichend zu erklären. Dies hat sich besonders bei der Auslese und Placierung von Führungskräften nach dem Kriterium der Persönlichkeitseigenschaften gezeigt (vgl. hierzu die Sammelreferate von Jäger, 1961; Korman, 1968; Ghiselli, 1966; Campbell et al., 1970; Guion, 1976).

Einen differenzierten Katalog *alternativer* Hypothesen zur Erklärung der Tatsache, daß sogenannte Führereigenschaften sowohl häufiger bei Führern als auch häufiger bei Geführten, oder dieselben Führungseigenschaften bei Führern wie Geführten festgestellt wurden, diskutiert Irle (1975, 490f.; vgl. auch Gibb, 1969, 227f.; Neuberger, 1976, 46f.).

1. Eigenschaftstheorie der Führung (Great-Man-Theorie) 127

„(1) Die verwendeten Meßinstrumente zur Indizierung der Eigenschaften sind wenig zuverlässig und/oder gültig. (2) Die untersuchten Eigenschaften sind irrelevant für die Differenzierung zwischen Führern und Geführten; es mögen andere, relevante Eigenschaften existieren, die entweder bei induktiven Strategien noch nicht gefunden wurden, oder die mangels guter Theorien noch nicht beachtet wurden, oder die zwar als theoretische Variablen bekannt sind, aber noch nicht operationalisiert werden konnten. (3) Es wurde nur der Einfluß isolierter Eigenschaften untersucht, während unter Umständen tatsächlich die Interaktionen bestimmter Eigenschaften besser und konsistenter zwischen Führern und Untergebenen differenzieren. (4) Die abhängige Variable, Führen-Nichtführen, wurde nicht zuverlässig und/oder gültig gemessen. (5) Die Untersuchungen befassen sich überwiegend mit der Differenzierung zwischen Personengruppen, die Führungspositionen, und solchen, die keine Führungspositionen besitzen, nicht aber zwischen solchen Führern, die hohe Führungseffekte, und solchen, die geringe Führungseffekte zeigen. Geringe Evidenz der Ergebnisse dieser Untersuchungen zur Diskriminierungsfähigkeit von Führereigenschaften könnte also dadurch zustande gekommen sein, daß sich unter den designierten Führern solche mit gering ausgeprägten relevanten Führereigenschaften befinden und unter den Geführten solche mit stark ausgeprägten relevanten Führereigenschaften. (6) Eigenschaften verteilen sich nicht gleichmäßig über alle sozialen Schichten; sie korrelieren mit sozialen Parametern. Gruppen und soziale Einheiten rekrutieren ihre Mitglieder nicht gleichmäßig aus allen sozialen Schichten; die Rekrutierung korreliert mit sozialen Parametern. Also zeigen bestimmte soziale Einheiten andere Eigenschaften als andere Einheiten. Die Eigenschaften von Führern variieren mit den Gruppen, in denen sie gefunden wurden; unterschiedliche Führereigenschaften in verschiedenen Gruppen demonstrieren unter Umständen nur allgemeine Eigenschaftsdifferenzen zwischen diesen Gruppen. (7) Die Annahme der Universalität von Führereigenschaften ist nicht haltbar. In sozialen Einheiten bestimmter Aufgaben- und Rollenstruktur mögen andere Eigenschaften relevanter sein zur Diskriminierung zwischen Führern und Untergebenen als in anderen sozialen Einheiten. Solche Parameter wurden aber überwiegend nicht berücksichtigt. (8) Führer und Untergebener wurden als ein Alles- oder-Nichts-Sachverhalt begriffen, nicht als eine Variable des Mehr-oder-Weniger-Führen. Der Vorwurf gegen die vorwissenschaftliche Behandlung konzentriert sich dominant darauf, daß dort implizit unterstellt wird, die Rekrutierung von Personen in zentralen Positionen/Rollen in Gruppen folge irgendwelchen diagnostischen Messungen von Führer-Eigenschaften, die reliabel und valide sein müßten."

Probleme der Unterscheidung zwischen Führern und Geführten

Zusammenfassend läßt sich sagen, daß der traditionelle Ansatz Eigenschaften (traits) als intrapsychische Ursachen der Verhaltenskonsistenz betrachtet, während man in neueren Ansätzen „traits" vorwiegend als Etikette („labels") für beobachtbares Verhalten in ihrer Interaktion mit Situationen verwendet (vgl. Endler/Magnusson, 1976; Mischel, 1973; 1977; Hogan et al., 1977; Grunwald, 1980).

1.4.5. Zusammenfassende Bewertung der Eigenschafts-Theorie der Führung

Es ist unbestritten — auch in der neuesten Literatur zur Persönlichkeitspsychologie (vgl. Hogan et al., 1977) — daß Eigenschaften in Führungsbeziehungen eine große Rolle spielen. Lediglich die klassische Version der Eigenschafts-Theorie, wonach Führungsverhalten und -erfolg *monokausal* auf Persönlichkeitseigenschaften der Führer zurückzuführen ist, dürfte als überholt gelten. In den neueren Versionen der Eigenschafts-Theorie wird immer wieder betont, daß die jeweiligen Randbedingungen, wie z. B. Günstigkeit der Situation, Aufgabenart, Erwartungen der Interaktionspartner, Ressourcenknappheit, Organisationskontext etc., bei der Verwendung des Eigenschaftskonzepts berücksichtigt werden müssen.

Situative Eigenschaftstheorie

Da die situationsorientierte Eigenschafts-Theorie der Führung, welche die Interaktion zwischen Persönlichkeitseigenschaften und Situationen hervorhebt, aufgrund ihrer Vagheit und Mehrdeutigkeit sowie ihrer unzureichenden Explikation noch nicht verifizierbar ist, seien mit Neuberger (1976, 44f.) einige Vor- und Nachteile der Eigenschafts-Theorie zusammenfassend aufgeführt.

Gründe für die weite Verbreitung der Eigenschafts-Theorie der Führung

Vor- und Nachteile der Eigenschaftstheorie der Führung in Theorie und Praxis

— Die Eigenschaftstheorie ist einfach, einleuchtend und entspricht traditionellen Denkmustern, herausragende Leistungen zu individualisieren (z. B. „Cäsar schlug die Gallier" oder „Jeder, sieht man ihn einzeln, ist leidlich klug und verständig. Sind sie in corpore, gleich wird euch ein Dummkopf daraus" (Schiller)).
— Die Eigenschafts-Theorie ist „nützlich". Sie begründet a) die Auswahl und Placierung von Führungskräften, b) sie legitimiert die Eignungsdiagnostik, c) sie begünstigt und rechtfertigt den Personenkult, d) sie sichert Herrschaftspositionen und schränkt die vertikale Mobilität ein.

Grundprobleme der Eigenschaftstheorie der Führung

Grundprobleme der Eigenschaftstheorie der Führung

— Die Person des Führers wird überbewertet zu Lasten anderer Einflußbedingungen, wie Geführte, Aufgaben, ökonomische und technische Bedingungen etc.
— Häufig beinhalten die verwendeten Eigenschaftsbegriffe verallgemeinerte Situations- und Aufgabenspezifika. Nicht die Eigenschaft *oder* die Situation, sondern die Interaktion von Person *und* Situation ist relevant für die Führungsforschung und -praxis.
— Bei der Gegenüberstellung von Führern und Geführten wird nicht genügend beachtet, daß Führer — innerhalb und/oder außerhalb von Organisationen — auch Geführte sind.
— Ebenso wichtig wie die Gemeinsamkeiten von Führern sind auch deren Unterschiede, so daß sich möglicherweise verschiedene Führer in ähnlicher Weise unterscheiden wie Führer und Geführte.
— Führerverhalten ist sehr variabel und heterogen; es dient häufig inkompatiblen Zielen (z. B. Erhöhung der Leistung und der Zufriedenheit).
— Es mangelt am intersubjektiven Konsens über die Kriterien von „Führer" und „Führungserfolg".
— Die Messung von Eigenschaften erfolgreicher Führer ist häufiger ein Ergebnis als eine Voraussetzung. Bedingungen der Veränderung von Führer-Eigenschaften werden i. d. R. nicht berücksichtigt.

- Eigenschaftsbegriffe sind vieldeutige Begriffe der Umgangssprache. Obwohl es mehrere tausend Eigenschaftsbegriffe gibt, verwenden die meisten Menschen zur Beschreibung, Erklärung und Vorhersage von Führungseigenschaften maximal 10 Eigenschaftsdimensionen.
- Es ist bislang nicht gelungen, konfigurationsspezifische Führungseigenschaften sowie ihr Wechselverhältnis (kompensatorische oder additive Beziehungen?) gültig und verläßlich zu messen.

2. Rollentheorie der Führung

In der Führungsliteratur wird die Rollentheorie häufig im Rahmen der Situationstheorie der Führung abgehandelt, und umgekehrt (vgl. für den ersten Fall Rosenstiel et al., 1975, 112). Wir wollen jedoch die Rollentheorie gesondert darstellen, da es sich bei ihr um ein interdisziplinär angelegtes, weitverbreitetes Erklärungskonzept handelt, das dem Praktiker bei der Beschreibung und Erklärung von Führungsphänomenen relativ geläufig ist.

Rollentheorie als nützlicher Erklärungsansatz für Führungsphänomene

Biddle/Thomas (1966) zitieren in ihrer Monographie zum Rollenkonzept allein 1400 einschlägige Titel. Rollentheoretische Arbeiten haben sich für die Erforschung von industriellen Organisationen und Führungsphänomenen ebenso nützlich erwiesen wie für die Diagnose von Verhaltensstörungen, der Familienkonstellation, der Entwicklungspsychologie von Kindern und Jugendlichen, der Analyse konformen Verhaltens u. a. m. (vgl. das klassische Sammelreferat von Sarbin/Allen, 1969). Insbesondere im deutschsprachigen Bereich ist die Rollentheorie in den letzten Jahren auf großes Interesse der Soziologen und Psychologen gestoßen (vgl. Dahrendorf, 1964; Claessens, 1970; Krappmann, 1972; Haug, 1972; Sader, 1969; Joas, 1973; Wiswede, 1977 u. a.).

Typisch für die Rollentheorie ist, daß sie nicht das Individuum, sondern die Gesellschaft bzw. die Interaktion ihrer Mitglieder in ihren wechselseitigen Verhaltenserwartungen zum Ausgangspunkt ihrer Betrachtung macht. Diese Auffassung entspricht auch der Definition von „Rolle" als die Gesamtheit der Erwartungen an den Inhaber einer Position (auch dynamischer Aspekt von Status) in einem sozialen System (Gesellschaft, Organisation oder Gruppe). Dabei umfassen Rollenerwartungen die Rechte, Privilegien, Pflichten und Verpflichtungen des Inhabers einer sozialen Position in seinem Verhältnis zu anderen Personen, die andere Positionen einnehmen. „Rollenerwartungen wirken als Imperative gegenüber dem Rolleninhaber" (Sarbin/Allen, 1969). Durch Rollenerwartungen wird die Vorhersagbarkeit menschlichen Verhaltens wesentlich erhöht, so daß die soziale Interaktion erleichtert wird. Mit anderen Worten: Es wird Verhaltens- und Umweltkomplexität reduziert.

Definition von „Rolle"

Dahrendorf (1964) unterscheidet zwischen Muß-, Kann- und Sollerwartungen, die das Ausmaß der Verbindlichkeit der Umwelterwartungen an einen Positionsinhaber angeben.

Muß-, Kann- und Sollerwartungen

Rollendifferenzierung Jedes Mitglied einer Gesellschaft erwirbt im Verlaufe des Sozialisationsprozesses die Fertigkeit, mehrere Rollen auszufüllen und Rollenerwartungen nachzukommen. Jeder Mensch nimmt gleichzeitig verschiedene Positionen ein: So ist eine Person zugleich Erwachsener, Angestellter, Vater, Ehemann, Kassenwart eines Vereins, Mitglied einer Fußballmannschaft u. ä. Auch die Führungsposition kann als Rolle in einem sozialen System gesehen werden, an die verschiedene Erwartungen, etwa vom Management oder von den Mitarbeitern, herangetragen werden. Wo auch immer sich Gruppen konstituieren: stets entwickelt sich eine Rollendifferenzierung, auch nach Rangordnungen (vgl. Hofstätter, 1957, 116; Argyle, 1969, 230; Wiswede, 1977, 94f.).

Die Entstehung und Eigenschaften der Führer-Rolle wurden in Laborexperimenten unter kontrollierten Bedingungen erstmals von Bales/Slater (1955) und Slater (1955) untersucht (kritisch: Burke, 1972). Die Autoren fanden bei der Analyse verbaler Interaktionen in Problemlösungsgruppen von 3-8 Personen eine deutliche Tendenz zur Rollendifferenzierung, wobei bestimmte Personen häufig nur bei *einer* der folgenden Tätigkeiten, wie „Sprechen", „Ideen

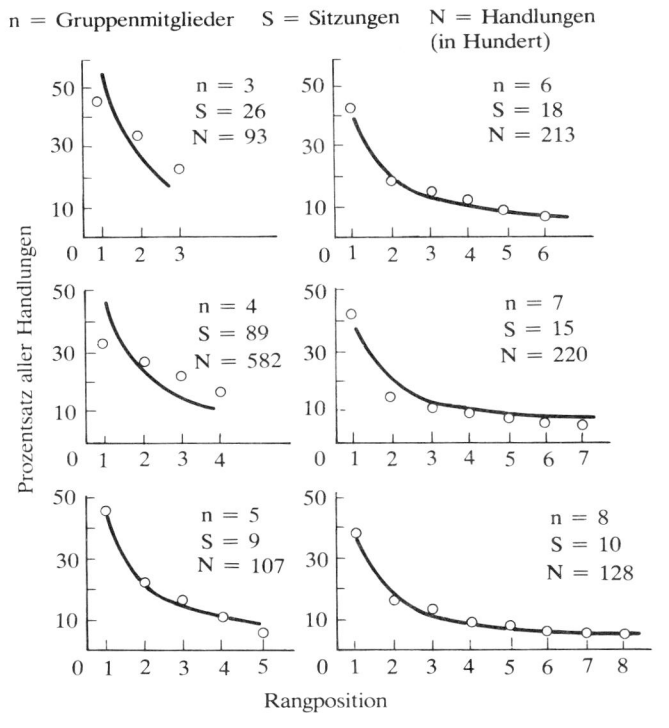

Abb. E-2-1:
Die Verteilung der Teilnahme in Gruppen unterschiedlicher Größe (nach Bales et al., 1951).

2. Rollentheorie der Führung

"liefern", „Führen'" etc. den ersten Rang einnehmen. Dabei zeigte sich, daß Gruppenmitglieder, die am häufigsten kommunizierten zumeist die Führungsposition einnehmen (vgl. Abb. E-2-1; Argyle, 1969, 231; Hoffmann, 1967, 105).

Nähere Analysen dieser Befunde ergaben eine Aufspaltung der Führerrolle in *Beliebtheit* und *Tüchtigkeit,* wenn auch zuweilen beide Funktionen von einer Person vereint wahrgenommen werden können (sog. Divergenztheorem oder Führungsdual; ausführlich Paschen, 1978).

Divergenztheorem der Führung

In der Folgezeit hat man immer wieder versucht, die Allgemeingültigkeit dieser Befunde durch den Hinweis auf Parallelen in anderen Lebensbereichen nachzuweisen, indem man auf Führungsduale in der Familie (Vater = Tüchtigkeit, Mutter = Beliebtheit) oder in Regierungen (Kanzler = Tüchtigkeit, Präsident = Beliebtheit) verwies. Daß es sich hierbei nur um eine vage Analogie handelt, liegt auf der Hand. Gleichwohl finden sich auch in anderen Forschungsansätzen zur Führung die beiden Dimensionen Beliebtheit und Tüchtigkeit, so etwa in den Ohio-Studien als Aufgaben- und Mitarbeiterorientierung (vgl. Kap. G, 4.1.1.).

Krech et al. (1962, 428f., zit. n. Neuberger, 1976, 104) vertreten noch den traditionellen Ansatz der „Führer-Rolle", wenn sie folgende Funktionen des Führers unterscheiden, wobei die ersten acht Funktionen als primär angesehen werden:

(1) Leiter (oberster Koordinator der Gruppenaktivitäten, die er an die einzelnen Mitglieder delegiert)

Führer-Rollen

(2) Planer (er entscheidet über die Mittel und Wege, mit denen die Gruppe ihre Ziele anstrebt)
(3) einer, der Grundsatzentscheidungen fällt und Ziele setzt
(4) Experte (Quelle wichtiger Informationen und Fertigkeiten)
(5) Repräsentant der Gruppe nach außen (offizieller Sprecher)
(6) einer, der die gruppeninternen Beziehungen kontrolliert
(7) einer, der Belohnungen und Bestrafungen verfügen kann
(8) Schiedsrichter und Vermittler
(9) Beispiel (Vorbild oder Modell für die Gruppe)
(10) Symbol der Gruppe (eine Art kognitiver Brennpunkt, der die Gruppenkontinuität versinnbildlicht)
(11) Ersatz für individuelle Verantwortung (übernimmt für alle Gruppenhandlungen die Verantwortung und entlastet die Mitarbeiter)
(12) Ideologe (Quelle der Überzeugungen, Werte und Normen)
(13) Vaterfigur (er ist ideales Identifikationsobjekt und Ziel positiver emotionaler Zuwendung)
(14) Sündenbock (Aggressionsziel für die enttäuschte, frustrierte Gruppe).

Führungsprozesse werden mithin weniger personenzentriert als funktionenorientiert begriffen. Einige Autoren tendieren deshalb dazu, statt von „der Führerrolle" von Gruppenrollen bzw. *Führungs*rollen zu sprechen und den

„Führer" als Katalysator und Moderator hinsichtlich der angemessenen Realisierung der Gruppenrollen zu betrachten (vgl. die nachfolgend aufgeführten Rollenaspekte von Neuberger, 1976, 92f.):

Gruppenaufgaben – Rollen

(1) „Gruppenaufgaben-Rollen: (Gemeinsame Probleme werden ausgewählt, definiert und gelöst, die Aktivitäten werden koordiniert und gefördert)
— Initiative zeigen und Anregung geben
— Information suchen
— Meinungen äußern
— ausarbeiten
— koordinieren
— orientieren
— bewerten und kritisieren
— energetisieren
— Verfahrensfragen regeln
— Protokoll führen („Gruppengedächtnis")

Gruppenaufbau-Rollen

(2) Gruppenaufbau- und Erhaltungsrollen: (Die Gruppe als Ganzes steht im Mittelpunkt, sie soll geändert, aufrechterhalten, gestärkt, reguliert und langfristig gesichert werden)
— ermutigen (loben, zustimmen, akzeptieren, solidarisieren)
— harmonisieren (Spannungen abbauen, Differenzen klären)
— Kompromisse schließen (wenn eine eigene Idee oder Position betroffen ist)
— Diskussion kanalisieren und regeln
— Standards festlegen (Ich-Ideal)
— Gruppenprozeß beobachten und kommentieren
— Gefolgschaft leisten, akzeptieren, zuhören.

Individuelle Rollen

(3) Individuelle Rollen: (Hier geht es um die Befriedigung individueller Bedürfnisse, die irrelevant sind für die Gruppenaufgabe und nicht oder negativ orientiert sind an Problemen des Gruppenaufbaus und der Erhaltung der Gruppe. Ihr Auftreten signalisiert die Notwendigkeit einer Selbstdiagnose der Gruppe)
— Aggressionen zeigen (andere heruntersetzen, verspotten, ablehnen)
— blockieren (trotzen, widersprechen, stur sein)
— Anerkennung suchen (prahlen, sich hervortun, Aufmerksamkeit erregen)
— Selbstgeständnisse machen (Gefühle, Einsichten, Ideologie äußern)
— Playboy spielen (Desinteresse, Zynismus, Nonchalance)
— dominieren (sich hervortun, befehlen, unterbrechen)
— Hilfe erbitten (durch Unsicherheit, Verwirrung, Selbsterniedrigung)
— für Sonderinteressen plädieren."

Eine kooperativ orientierte Führung würde von Gruppen-Aufgaben-Rollen ausgehen und die Gruppenmitglieder in den Vordergrund rücken: „Zwischen Führer- und Mitgliederfunktionen, zwischen Führer- und Mitgliederrollen kann kein scharfer Trennungsstrich gezogen werden" (Benne/Sheats, 1949, 41; zit. n. Neuberger, 1976, 92). Ein Vorteil dieser Sichtweise liegt darin, daß gruppendynamische Prozesse der Führung betont werden und daß der *Mythos von der Omnipotenz* des Führers abgebaut wird, wie er etwa in den oben zitierten Führungsfunktionen von Krech et al. (1962) zum Ausdruck kommt.

Zur Typologie der aufgeführten Gruppenrollen lassen sich dieselben kritischen Einwände vorbringen wie zu den Managementprinzipien in Kap. H 3.5. (z. B. fehlende Hinweise auf gesetzmäßige Zusammenhänge, isolierte und willkürliche Aufzählung bestimmter Funktionen etc.; vgl. dazu Neuberger, 1976, 102f.).

2. Rollentheorie der Führung

Die Kleingruppe ist hervorragend geeignet, zu zeigen, wie sich Rollen, insbesondere Führungsrollen bzw. -funktionen herausbilden (vgl. Kap. L). Zu Rollenkonflikten kommt es, wenn Rollenerwartungen unterschiedliche Verbindlichkeitsgrade aufweisen und vom Positionsinhaber inadäquat wahrgenommen werden oder wenn Personen viele, miteinander nicht vereinbare Rollen einnehmen. In diesem Zusammenhang wird zwischen Interrollen- und Intrarollenkonflikten unterschieden. Interrollenkonflikte liegen vor, wenn jemand zwei oder mehr Rollen übernommen hat, denen unvereinbare Erwartungen gegenüberstehen. Intrarollenkonflikte ergeben sich durch unvereinbare Erwartungen verschiedener Gruppen an *eine* bestimmte Rolle. Ein klassisches Beispiel für den Intrarollenkonflikt ist der „Werkmeister", d. h. der „Mann in der Mitte" zwischen Betriebsleitung und Arbeitern. Für den Interrollenkonflikt wäre die Rolle eines Schulleiters zu nennen, die mit den unterschiedlichen Erwartungen (Rollen) des Schulrats, der Elternvertreter und der Lehrer in Widerspruch geraten kann (vgl. Wiswede, 1977, 115).

Rollenkonflikte

2.1. Dimensionen des Rollenkonzeptes

Neuberger (1976, 77f.) unterscheidet verschiedene, voneinander unabhängige Dimensionen des Rollenkonzeptes, wodurch die Führer-Rolle präzisiert und leichter empirisch fundiert werden kann:

(1) „Verpflichtungscharakter (Ausmaß, in dem die Rollenerfüllung positiv oder negativ sanktioniert wird, Prioritätsordnung der Rollenerwartungen)
(2) Identifikationsgrad (Ausmaß der individuellen Bedeutsamkeit einer Rolle, deren zentraler oder peripherer Charakter)
(3) Allgemeinheitsgrad (Klarheit, Eindeutigkeit und Präzision der Rollenformulierung)
(4) Bekanntheitsgrad (Öffentlichkeit der Rollenerwartung, Zugänglichkeit)
(5) Reichweite (Erstreckungsgrad einer Rolle, die von ihr erfaßten Lebensbereiche)
(6) Konsens (Übereinstimmung und Widerspruchsfreiheit der Anforderungen an den Positionsinhaber)."

6 Dimensionen des Rollenkonzeptes

2.2. Bewertung

Ein Vorzug der Rollentheorie besteht darin, grundlegende psychologische, soziologische und kulturanthropologische Determinanten individueller Verhaltensregelmäßigkeiten aufgezeigt und damit vielfältige rollentheoretische Untersuchungen in allen Bereichen der Sozialwissenschaft angeregt zu haben (vgl. Sarbin/Allen, 1969; Sader, 1969; Wiswede, 1977).

Einige kritische Punkte der Rollentheorie seien zusammenfassend aufgeführt:

Kritik der Rollentheorie

— Im Gegensatz zur Eigenschaftstheorie der Führung, welche die Bestimmungsgründe von Führungsverhalten und -erfolg vornehmlich im Individuum sucht, lokalisiert das Rollenkonzept diese vornehmlich im soziokulturellen Bereich, wodurch der Mensch als passiver Erfüllungsgehilfe der herrschenden gesellschaftlichen Forderungen gesehen wird. Hingegen wird nur unzureichend beachtet, daß individuelle wie soziale Bereiche in enger Wechselwirkung zueinander stehen.

- Das Rollenkonzept geht davon aus, daß über die das Verhalten regulierenden Normen einer Gesellschaft und deren Subsysteme eine intersubjektive Übereinstimmung besteht. Daß jedoch Werte und Normen schichtspezifisch erheblich divergieren, wurde wieder unlängst von Kmieciak (1976) in einer umfassenden Sekundäranalyse empirischer Umfragedaten für die Bundesrepublik Deutschland aufgezeigt. Man geht in der Rollentheorie davon aus, daß das Rollenkonzept nur „normales", rollenkonformes Verhalten zu erklären imstande sei und daß für abweichendes Verhalten andere Theorien herangezogen werden müssen (Roth, 1969, 86; Haug, 1972).

Rolle als Bindeglied zwischen Individuum und Gruppe

Zusammenfassend: So wie die Gruppe ein Bindeglied zwischen Individuum und Gesellschaft darstellt, so überbrückt das Rollenkonzept die Kluft zwischen Individuum und Gruppe. Freilich handelt es sich bei der Rollentheorie weniger um ein geschlossenes, konsistentes System von Aussagen und Hypothesen, als vielmehr um eine bestimmte Betrachtungsweise, die mit verschiedenen rollenanalytischen Einzel-Begriffen arbeitet (z. B. Rollenübernahme, Rollenlernen, Rollenfertigkeiten, Rollenkonflikte etc.), und zwar unter Verwendung mannigfaltiger Minitheorien aus allen Bereichen der Sozialwissenschaft (vgl. Sader, 1969; Roth, 1969, 86; Wiswede, 1977)

3. Situationstheorie der Führung
3.1. Grundlagen

Ziel der Situationstheorie

In den 60er Jahren wurde der Einfluß der Eigenschaftstheorie zugunsten der situationstheoretischen Denkweise zurückgedrängt. Die Beobachtung, daß verschiedene Aufgaben und Umweltkonstellationen unterschiedliche Führungseigenschaften und -fähigkeiten erfordern sowie die prognostischen Mißerfolge der Eigenschaftstheorie bei der Auslese und Placierung von Führungskräften haben den Situationsaspekt in den Vordergrund des Interesses gerückt. Von einer ausgearbeiteten Situationstheorie der Führung kann aber noch nicht die Rede sein. Vielmehr handelt es sich bei diesem Ansatz eher um eine bestimmte Sichtweise des Führungsphänomens.

Die Situationstheorie geht davon aus, daß Führung bzw. die Position eines Führers nicht ausschließlich von wirklichen oder vermeintlichen hervorragenden Persönlichkeitseigenschaften abhängen, sondern auch und gerade von spezifischen Situationen. Führung wird somit als Interaktion zwischen Eigenschaften und günstigen Situationskonstellationen begriffen (Aschauer, 1970, 77f.). Oder in rollentheoretischer Sprache: Der Führer erfüllt Rollenerwartungen in Abhängigkeit von der Gruppenaufgabe und -struktur. Die bekannteste und am weitesten ausgebaute Situationstheorie der Führung dürfte das Kontingenzmodell der effektiven Führung von Fiedler sein (vgl. Wunderer, 1979a sowie Kap. G 4.4.; zum situativen Ansatz in der Organisationsforschung vgl. Bühner, 1977; Kieser/Kubicek, 1978, Bd. 2, 105f.).

3. Situationstheorie der Führung   135

Aschauer (1970, 78f.) hat den Versuch unternommen, die „Situation" in der
Führung durch fünf interdependente Variablen zu präzisieren:

(1) Gruppenmitglieder (Fähigkeit, Anspruch, Erwartung)   Merkmale von
(2) Aufgabenstellung der Gruppe   „Situation"
    (a) Gruppe muß ein Ziel haben, damit Führung entsteht
    (b) Führer muß sich durch Verhalten auszeichnen, das in den Augen der
        Gruppenmitglieder zielrelevant ist
(3) Externe Einflüsse auf die Gruppe (gesamtgesellschaftliche Aspekte)
(4) Art der Gruppenstruktur
(5) Gruppennormen

3.2. Bewertung

Steinkamp (1973, 13) kritisiert die Aufzählung von Aschauer und meint, daß
Normen nicht Variablen einer Situation darstellten, sondern daß die intersubjektive Erfassung der Situation bereits einer Norm entspreche, und zwar sowohl die Bedingungen einer Situation als auch die Situation selbst. An dieser
Kritik zeigt sich exemplarisch, daß der vielbeschworene Situationsaspekt in der
Führungsforschung immer noch eine Hieroglyphe zu sein scheint. Häufig wird
die Gruppenaufgabe als Schlüsselvariable zur Differenzierung des Situationskonzeptes betrachtet (Hollander/Julian, 1970; Fiedler/Chemers, 1974; vgl.
Kap. L 5.).

Diese wenigen Bemerkungen deuten bereits darauf hin, daß es sich bei der   Kritik der Situations-
Situationstheorie der Führung weniger um ein integratives System von Aussa-   theorie
gen, Hypothesen oder gar Gesetzen handelt, als vielmehr um eine Reihe von
Hinweisen mit programmatischem Aufforderungscharakter, die jeweils vorherrschenden Situationen stärker zu berücksichtigen. Von dem Fiedlerschen
Kontingenzmodell der Führung einmal abgesehen, werden in den situativen
Ansätzen keine gesetzmäßigen wenn-dann-Aussagen postuliert. Nicht selten
liest man Gemeinplätze, daß Führung situationsbedingt sei.

Der Situationsansatz beinhaltet folgendes Dilemma: Entweder fungiert der
Hinweis auf Situationen als Immunisierungsstrategie gegenüber Widerlegungsversuchen oder die empirisch untersuchten Situationen sind derart spezifisch,
daß aus ihnen keine verallgemeinerungsfähigen Aussagen abgeleitet werden
können. Ungeklärt ist ferner der *Situationsbegriff*, welcher — da meist unzulänglich präzisiert — zur Leerformel wird, mit der ex post alle möglichen
Ergebnisse erklärt bzw. gerechtfertigt werden können.

In neuerer Zeit wird in der betriebswirtschaftlichen empirischen Organisa-   Kritik des Situations-
tionsforschung die Situation als mehrdimensionales Phänomen aufgefaßt   begriffs
(Child, 1973; Kieser/Kubicek, 1977, 178 f. und 1978; Kubicek, 1975; Bühner,
1977). Freilich variiert der postulierte Dimensionskatalog je nach Problemstellung und Auffassung der Autoren. „Der Begriff der Situation ist ein offenes
Konzept, das wir in Abhängigkeit von unserer Fragestellung und unserem
jeweiligen Wissen mit konkretem Inhalt füllen" (Kieser/Kubicek, 1977, 184).

Als Ausweg aus diesem Dilemma wird versucht, den globalen Situationsbegriff klassifikatorisch zu untergliedern (vgl. Graumann, 1969; Kieser/Kubicek, 1977, 191 f.; Frederiksen, 1972; Bowers, 1973).

Bislang ungeklärt sind die Beziehungen der einzelnen Situationsaspekte zueinander, insbesondere ob und inwieweit additive, multiplikative oder kompensatorische Beziehungen bestehen. Es fragt sich, ob es ökonomisch ist, mit einem mehrdeutigen Situationsbegriff zu arbeiten, zumal Führung von einer bestimmten Situation weder völlig abhängig noch völlig unabhängig ist (Gibb, 1969, 247; Korman, 1973).

Die Kritik der Situationstheorie ist in der Literatur weniger einheitlich als etwa die Kritik der Eigenschaftstheorie. Während Aschauer (1970) glaubt, daß die Situationstheorie eine multifaktorielle Erklärung des Führungsphänomens ermögliche, ist z. B. Stogdill — ein „grand old man" der Führungsforschung — der Auffassung, daß die Situationstheorie a) nur eine monokausale Erklärung zu liefern imstande sei und b) die Interaktion zwischen individuellen und situativen Faktoren nicht zureichend berücksichtige (Stogdill, 1974, 18).

4. Eine neuere Motivationstheorie der Führung: Die Weg-Ziel-Theorie

4.1. Grundlagen

Literatur zur Motivationsforschung

Die Motivationstheorien der Führung in systematischer Weise darstellen zu wollen hieße, auf die umfangreiche und kontroverse Motivationsforschung sowie auf die verschiedenen Motivationstheorien in Arbeitsorganisationen, wie z. B. Bedürfnishierarchie-Theorie (Maslow), Leistungsmotivations-Theorie (McClelland, Atkinson), Motivations-Hygiene-Theorie (Herzberg), Gleichheits-Theorie (Adams, Walster et al.), Erwartungs-Theorie (Vroom, Lawler, Korman), eingehen zu müssen. Ein Großteil dieser Ansätze wird in Kap. F (Motivationstheorien) kritisch diskutiert. Da hier eine umfassende Literaturanalyse der Motivationsforschung nicht möglich ist, sei auf die einschlägige Literatur verwiesen (Neuberger, 1974; Cofer/Appley, 1964; Korman, 1974; Steers/Porter, 1975; Lawler, 1977; Vroom, 1964; Berkowitz/Walster, 1976; Atkinson, 1975; Madsen, 1972; Weiner, 1976a; Heckhausen, 1980).

An dieser Stelle sei eine in jüngster Zeit vielbeachtete Motivationstheorie der Führung dargestellt, nämlich die Weg-Ziel-Theorie der Führung.

Evans (1970), House (1971), House/Dessler (1974), Neuberger (1976), Gebert (1976) u. a. nahmen die vorliegenden inkonsistenten empirischen Führungs-Ergebnisse über die Beziehung zwischen „Initiating Structure" und „Consideration" einerseits (vgl. Kap. G) sowie über Leistung und Zufriedenheit andererseits zum Anlaß, eine motivationale Führungstheorie zu entwickeln. Mit ihr wird beansprucht, die Beziehung zwischen Führerverhalten und

4. Die Weg-Ziel-Theorie der Führung

Mitarbeiter-Motivation zu erklären. Aufgrund der dem Führer zugesprochenen motivationalen Funktionen, die mit Begriffen wie Weg, Bedürfnis, Ziel beschrieben werden, wird diese Theorie „Weg-Ziel-Theorie der Führung" genannt.

Die Weg-Ziel-Hypothese basiert auf den kognitiven Erwartungs-Valenz-Theorien der Motivation (vgl. Atkinson, 1975; Korman, 1974; Vroom, 1964; Neuberger, 1976; Gebert, 1976; u. a., vgl. Kap. F). Grundaussage der Erwartungstheorien ist, daß das Verhalten eines Individuums abhängt von 1) seinen Erwartungen hinsichtlich der Ergebnisse seines Verhaltens und 2) der Summe der Valenzen (Anmutungen, Aufforderungscharaktere), d. h. der persönlichen Befriedigung, die aus dem Ergebnis des Verhaltens resultiert. Dabei wird die Erwartung durch die wahrgenommene (subjektive) Wahrscheinlichkeit bestimmt, daß ein Verhaltenserfolg eintritt (vgl. Kap. F 3.).

Erwartungs-Valenz-Theorie

Auf Einzelheiten der Weg-Ziel-Theorie, insbesondere auf ihre Weiterentwicklung durch House/Dessler (1974), Neuberger (1976) und Gebert (1976), kann aus Raumgründen nicht eingegangen werden. Statt dessen sei ein kurzer Überblick über die Theorie gegeben, wie sie von Evans (1970) und House (1971) vertreten wird.

Evans (1970) stellt aus der Sicht der Mitarbeiter drei Gleichungen auf, nämlich eine Motivations-, eine Verhaltens- und eine Ergebnisgleichung.

3 Grundaussagen zur Weg-Ziel-Theorie

Motivationsgleichung:
Motivation für ein bestimmtes Verhalten = f Ziele (wahrgenommene Weg-Ziel-Instrumentalität × Bedeutung des Zieles)

Danach ist die Motivation für ein bestimmtes Verhalten die Produktsumme der Instrumentalität eines Weges zu einem Ziel und der Bedeutung des Zieles (Valenz).

Verhaltensgleichung:
Das tatsächlich ausgeführte Verhalten hängt aber nicht nur von der Motivation, sondern auch von Fähigkeiten, Aufgabenarten etc. ab.

$$\frac{\text{Tatsächliche}}{\text{Weg-Häufigkeit}} = f \text{ (Motivation, Fähigkeit, Aufgaben etc.)}$$

Ergebnisgleichung:
Von Bedeutung für die Theorie und Praxis der Führung ist die Kenntnis der Beziehung zwischen tatsächlich gezeigtem Verhalten und dessen Konsequenzen:

Grad der Zielerreichung = f Ziele (Tatsächl. Weg-Häufigk. × Tatsächl. Weg-Ziel-Instrumentalität)

Neuberger (1976, 246) stellt in Anlehnung an Evans (1970, 281) die Beziehungen zwischen den Gleichungen wie folgt dar (Abb. E-4-1):

Weg-Ziel-Theorie der Führung im Überblick

```
                                                          ┐
        ┌──────────┐  ┌──────────────────┐  ┌──────┐      │
        │          │  │ wahrgenommene Weg-Ziel-│ │Ziel- │  │  Motivations-
        │ ┌──┐     │  │ Instrumentalität │  │bedeu-│      │  Gleichung
        │ S  │     │  └────────┬─────────┘  │tung  │      │
        │ t  │     │           │            └──┬───┘      │
        │ r  │     │           ▼               ▼          │
        │ u  │     │     ┌──────────────────────────┐     ┘
        │ c  │     │     │ Motivation, einen bestimmten│
        │ t  │     │     │ „Weg" zu gehen           │   ┐
        │ u  │     │     └────────────┬─────────────┘   │
        │ r  │     │                  │                 │  Verhaltens-
        │ e  │     │ ┌───────────┐    │                 │  Gleichung
        │    │     │ │Fähigkeiten,│    │                │
        │    │     │ │Aufgabe etc.│───┤                 │
        │    │     │ └───────────┘    ▼                 │
        │    │     │         ┌─────────────────┐        │
        │    │     │         │Tatsächlich gezeigtes Ver-│
        │    │     │         │ halten („gegangener Weg")│
        │    │     │         └─────────┬───────┘        ┘
        │    │     │                   ×                ┐
        │    │     │          ┌────────▼────────┐       │
        │    │     │          │Tatsächliche Weg-Ziel-│  │  Ergebnis-
        │    │     │          │Instrumentalität │       │  Gleichung
        │    │     │          └────────┬────────┘       │
        │    │     │                   ▼                │
        │    │     │          ┌──────────────┐ ┌────────┴───┐
        │    │     │          │Ziel-Erreichung│→│Zufriedenheit│
        │    │     │          └──────────────┘ └────────────┘
```

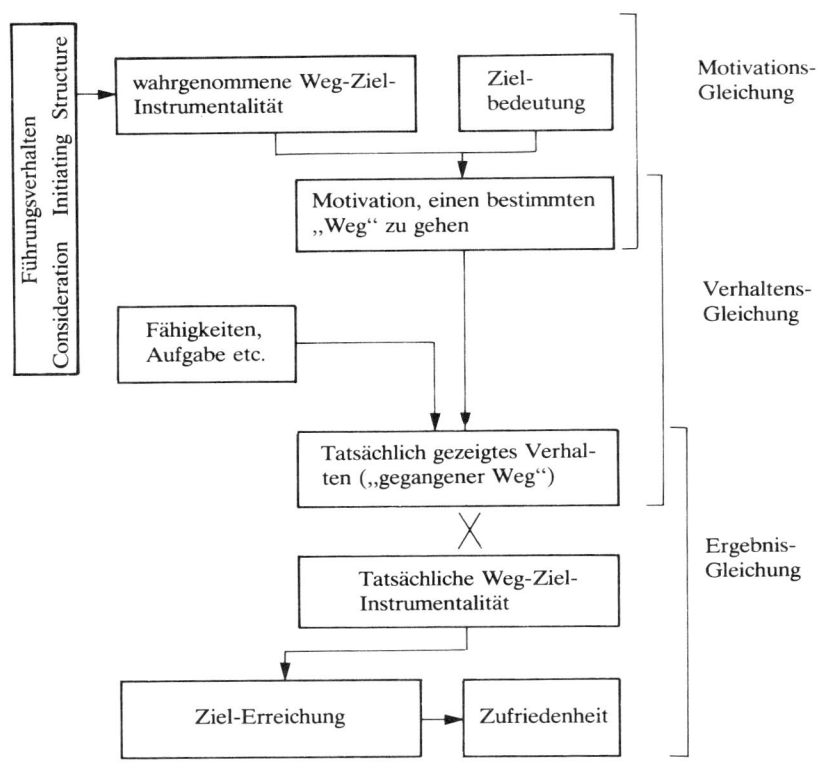

Abb. E-4-1:
Weg-Ziel-Theorie der Führung (nach Neuberger, 1976, 246).

Evans geht davon aus, daß die Führungsdimension „Consideration" aus der Sicht der Mitarbeiter den Umfang des vom Vorgesetzten verfügbaren Belohnungspotentials und „Initiating Structure" die Wahrnehmung der Beziehung zwischen Verhalten und Belohnungen darstellt. So ist jedem Mitarbeiter bei einem Vorgesetzten mit hoher „Initiating Structure" klar, für welche Verhaltensweisen Belohnungen erteilt werden, während dies bei hoher „Consideration" und niedriger „Initiating Structure" für die Mitarbeiter nicht deutlich ist. Nach diesem Modell wirkt sich das Führungsverhalten der Vorgesetzten nur auf die wahrgenommene Weg-Ziel-Instrumentalität der Mitarbeiter aus, indessen nicht auf die Ziel-Bedeutung, was zweifellos den Erklärungswert dieser Theorie mindert.

Evans konnte jedoch seine aus der Weg-Ziel-Theorie abgeleiteten Hypothesen in zwei empirischen Studien nicht hinreichend bestätigen.

Differenzierung der Weg-Ziel-Theorie

House (1971, 322f.) geht im Gegensatz zu Evans von nur einer Motivationsgleichung aus, wie die Abb. E-4-2 zeigt (vgl. Neuberger, 1976, 248f.):

4. Die Weg-Ziel-Theorie der Führung

$$M = IV_b + P_1 \times [IV_a + \sum_{i=1}^{n}(P_{2i} \times EV_i)]$$

Tätigkeit		Zielerreichung		
Intrinsische Valenz des zielgerichteten Arbeitens	Instrumentalität des Verhaltens für die Ziel-Erreichung	Intrinsische Valenz der Ziel-Erreichung	Instrumentalität des Arbeitsziels für die extrinsischen Valenzen	Extrinsische Valenzen, die mit der Zielerreichung verbunden sind

Die Produktsumme ist der Ausdruck der Gesamtvalenz, die ein konkretes Arbeitsziel für die Erreichung verschiedener extrinsischer Valenzen hat

Intrinsische und extrinsische Valenz der Zielerreichung sind in diesem Ausdruck zusammengefaßt

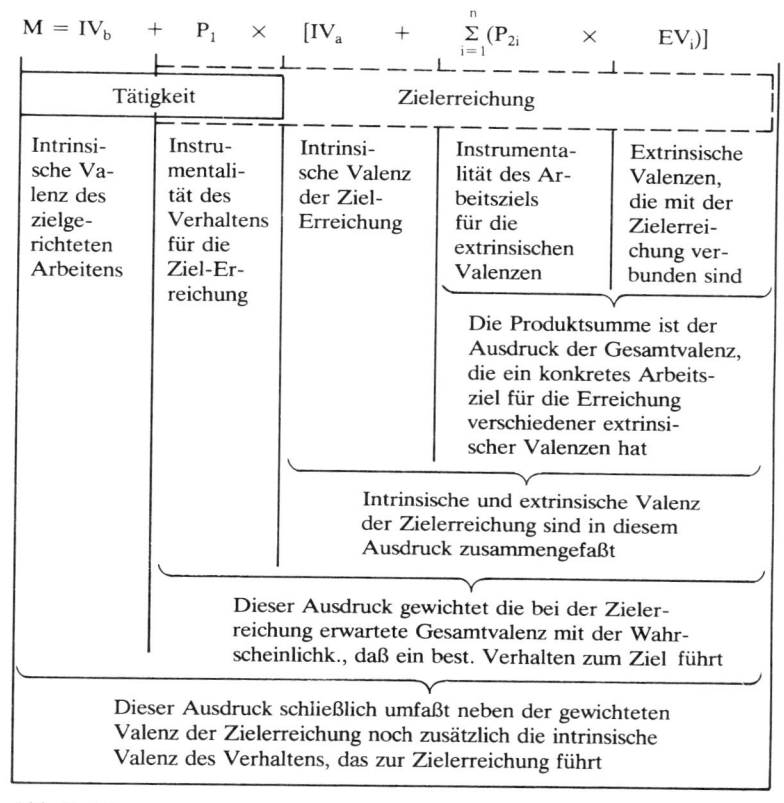

Dieser Ausdruck gewichtet die bei der Zielerreichung erwartete Gesamtvalenz mit der Wahrscheinlichk., daß ein best. Verhalten zum Ziel führt

Dieser Ausdruck schließlich umfaßt neben der gewichteten Valenz der Zielerreichung noch zusätzlich die intrinsische Valenz des Verhaltens, das zur Zielerreichung führt

Abb. E-4-2:
Motivationsgleichung zur Weg-Ziel-Theorie der Führung (nach Neuberger, 1976, 248f.).

4 Grundannahmen sind in der Motivationstheorie der Führung von House enthalten:

(1) Die Motivationsfunktion des Vorgesetzten besteht darin, die Valenzen der vom Mitarbeiter zu wählenden Wege zur Erreichung seines Zieles zu beeinflussen. D. h. der Vorgesetzte hat die Aufgabe, die Belohnungen für die Zielerreichung der Mitarbeiter zu gewährleisten, die optimale Zielerreichung sicherzustellen und somit größere Zufriedenheit zu gewährleisten.

(2) Die durch Aufzeigen der Weg-Ziel-Beziehungen erhöhte Weg-Instrumentalität hat bei den Mitarbeitern positive motivationale Wirkung, weil dadurch die Rollen-Mehrdeutigkeit des Führungsverhaltens verringert wird.

(3) Versuche des Vorgesetzten, Weg-Ziel-Beziehungen zu klären, haben negative Wirkungen auf die Zufriedenheit der Mitarbeiter, wenn diese Aktivitäten aufgrund bestimmter Bedingungen, etwa Routineaufgaben, von den Mitarbeitern als überflüssig betrachtet werden.

4 Grundannahmen der Motivationstheorie der Führung

(4) Das auf Zufriedenheit der Mitarbeiter ausgerichtete Führerverhalten führt in dem Maße zu erhöhter Leistung, wie deren Zufriedenheit die positive Valenz zielorientierter Leistungen erhöht.

Aus diesen Annahmen leitet House neun Hypothesen ab, die sich auf die Führungsdimensionen „Consideration" und „Initiating Structure" sowie auf die Variablen „hierarchischer Einfluß" und „Autoritarismus" beziehen. Aus Raumgründen wird auf die Darstellung dieser Hypothesen verzichtet (vgl. House, 1971). In drei empirischen Studien konnte House die von ihm postulierten Zusammenhänge tendenziell bestätigen.

Die Weg-Ziel-Theorie von Evans und House ist von Neuberger (1976) weiterentwickelt worden, wobei er die Führungsdimensionen „Consideration" und „Initiating Structure" aufgrund ihrer Mehrdeutigkeit aufgibt und durch eine differenzierte Motivationsgleichung ersetzt. Diese enthält sieben, die Verhaltensbereitschaft der Mitarbeiter bestimmende Elemente: Intrinsische und extrinsische Valenz der Tätigkeit; Instrumentalität der Tätigkeit; intrinsische und extrinsische Valenz der Ergebnisse; Instrumentalität der Ergebnisse; Zusammenhang zwischen Tätigkeit und Ergebnissen (vgl. auch den empirischen Ansatz von Gebert, 1976).

Zusammenfassend: Bei der Weg-Ziel-Theorie ist das Führungsverhalten die unabhängige Variable. Dabei werden sechs strategische Aufgaben des Führers unterschieden:
1) Erkennen und/oder Förderung der Mitarbeiterergebnisse, die der Führer zu beeinflussen in der Lage ist,
2) Erhöhung der Belohnungen der Mitarbeiter bei Arbeitszielerreichung,
3) Hilfe, den Weg zu diesen Ergebnissen zu finden,
4) Hilfestellung bei der Klärung der Mitarbeiter-Erwartungen,
5) Verringern frustrierender Barrieren,
6) Förderung der Bedingungen der Zufriedenheit bei Erreichung der Organisationsziele (House/Dessler, 1974).

Diese Theorie geht davon aus, daß der Führer bei Realisierung der aufgeführten Funktionen die Leistungsmotivation der Mitarbeiter erhöht. Zufriedenheit wird als leistungssteigernd angesehen, wenn sie intrinsisch wirkt, d. h. wenn Leistung ohne Zutun des Führers selbstverstärkend wirksam wird (vgl. Mitchell, 1973; Kap. M 4.1.8).

4.2. Bewertung

Kritik der Weg-Ziel-Theorie der Führung

Der Weg-Ziel-Theorie gebührt das Verdienst, wesentliche motivationale Dimensionen innerhalb von personalen Führungsbeziehungen aufgezeigt zu haben. Kritisch ist jedoch anzumerken, daß diese Theorie nur Aussagen über die Motivation einzelner Individuen abzuleiten erlaubt, während Gruppenleistungen oder Organisationseinflüsse außer acht bleiben. Die Theorie bezieht sich nur auf zweiseitige Führer-Geführten-Beziehungen. Schließlich ist einzuwenden, daß Führungsverhalten nur eine von vielen Bedingungen darstellt, welche die Verhaltensbereitschaft der Mitarbeiter beeinflußt (vgl. Kap. F, L).

„Es sind Situationen denkbar, in denen die oben auf Führung bezogenen Wirkungen ganz oder teilweise durch andere Determinanten erzielt werden (z. B. durch Kollegeneinflüsse, Bezahlungs- oder Beförderungssysteme, konjunkturelle Einflüsse, gezielte Schulung usw.)" (Neuberger, 1976, 258).

5. Verhaltenstheorie der Führung

5.1. Führungsfunktionen

In Verhaltenstheorien der Führung seien auch jene Ansätze eingeschlossen, die Führungsfunktionen betonen. Gemessen an wissenschaftstheoretischen Gütekriterien handelt es sich bei diesen Ansätzen jedoch nicht um geschlossene, widerspruchsfreie und vollständige Aussagensysteme, sondern bestenfalls um induktiv gewonnene empirische Generalisierungen und Typologien.

Führungsfunktion als Teil der Verhaltenstheorie der Führung

Gibb (1969, 228) analysierte in seinem Sammelreferat empirische Untersuchungen zur Führung und ermittelte insgesamt sieben Führungsfunktionen:

(1) „Performing professional and technical speciality.
(2) Knowing subordinates and showing consideration for them.
(3) Keeping channels of communication open.
(4) Accepting personal responsibility and setting an example.
(5) Initiating and directing action.
(6) Training men as a team.
(7) Making decisions."

Preston (1948) befragte 640 Air Force-Offiziere verschiedener Ränge nach Situationen, in denen sie Offiziere beobachteten, die sich als effektive oder ineffektive Führer erwiesen. Dabei zeigte sich folgendes Führungsverhalten (Gibb, 1969, 229):

(1) „Supervising personnel.
(2) Planning, initiating, and directing action.
(3) Handling administrative details.
(4) Accepting personal responsibility.
(5) Showing group belongingness and loyalty to the organization.
(6) Performing professional or technical speciality."

Carter (1953, 16, zit. n. Gibb, 229 f.) fand folgende faktorenanalytisch ermittelte Dimensionen des Verhaltens von Individuen in Gruppensituationen:

Dimensionen des Führungsverhaltens

Faktor   I: Gruppenziel-Förderung
Faktor II: Individuelle Prominenz
Faktor III: Gruppensoziabilität

zu Faktor I:
Effektiv für die Zielerreichung der Gruppe
zu Faktor II:
Verhalten steht in enger Beziehung zu Einfluß, Aggressivität, Initiative und Zuversicht

zu Faktor III:
Dieser Faktor indiziert die positive soziale Interaktion eines Individuums in der Gruppe. Folgende Merkmale sind auf diesem Faktor hoch geladen: Streben nach Gruppenanerkennung, Kooperation und Anpassung.

Die Beziehung zwischen den drei Faktoren und Führung zeigte folgende Werte: F.I = 0.35, F.II = 0.90, F.III = 0.05, d. h. Faktor II wird am stärksten mit Führung assoziiert.

Die bekanntesten und am weitesten verbreiteten Untersuchungen zur Bestimmung der Führungsfunktionen bzw. Dimensionen des Führungsverhaltens stammen von Hemphill und Mitarbeitern (sog. Ohio State University Leadership Studies, 1950; vgl. Kap. G). Die Autoren entwickelten neun Dimensionen des Führungsverhaltens (Hemphill, 1950; vgl. dazu auch Wunderer, 1971, 257).

9 Dimensionen des Führungsverhaltens

(1) *Initiierung:* Häufigkeit, mit der ein Führer neue Ideen und Praktiken kreiert oder hemmt.

(2) *Mitgliedschaft:* Häufigkeit, mit der ein Führer die informale Interaktion zwischen sich und den Gruppenmitgliedern betont.

(3) *Repräsentation:* Häufigkeit, mit der ein Führer die Gruppe gegen Bedrohung von außen schützt, ihre Interessen vertritt und fördert.

(4) *Integration:* Häufigkeit, mit der ein Führer für angenehme Gruppenatmosphäre sorgt, Konflikte zwischen Mitarbeitern reduziert etc.

(5) *Organisation:* Der Führer definiert und strukturiert eigene Arbeit und die der anderen sowie die interpersonalen Beziehungen zwischen den Mitarbeitern.

(6) *Domination:* Führung des Verhaltens der Individuen oder der Gruppe oder bei Entscheidungen oder Meinungsäußerungen.

(7) *Kommunikation:* Der Führer liefert und erbittet Informationen.

(8) *Anerkennung:* Ausmaß des Führungsverhaltens, das von Gruppenmitgliedern gebilligt wird oder nicht.

(9) *Leistung:* Der Führer setzt Leistungsziele und motiviert Mitarbeiter.

Wie in Kap. G ausführlich dargestellt, führte der aus diesen neun Skalen bestehende, faktorenanalysierte Fragebogen zu zwei Hauptdimensionen des Führungsverhaltens, nämlich Mitarbeiterorientierung (Consideration) und Sachaufgabenorientierung (Initiating Structure).

5.2. Bewertung des Konzepts der Führungsfunktionen

Hinsichtlich der Führungsfunktions-Ansätze gilt die in den Kapiteln H 3.5. (Managementkonzeptionen), E 1. (Eigenschaftstheorie der Führung) und K (Konzepte kooperativer Führung) ausgeführte Kritik.

5.3. Die Verhaltenstheorie der Führung von Yukl

Yukl (1971) hat, an die Ohio-Studien anknüpfend, erstmals den Versuch unternommen, eine relativ geschlossene Verhaltenstheorie der Führung zu entwickeln. Erklärtes Ziel seiner Theorie ist es, zu zeigen, wie Führungsverhalten, Situationsvariablen und vermittelnde Variablen einerseits sowie Leistung und Zufriedenheit der Mitarbeiter andererseits zusammenhängen.

Die Verhaltenstheorie der Führung von Yukl

Neben den beiden klassischen Führungsdimensionen „Consideration" und „Initiating Structure" führt Yukl eine dritte Dimension ein, nämlich *„Entscheidungs-Zentralisierung" (Partizipation)*, die das Ausmaß der vom Vorgesetzten gewährten Beteiligungsrechte der Mitarbeiter an Entscheidungen bestimmt und von den beiden klassischen Führungsdimensionen unabhängig ist.

Partizipation als dritte Führungsdimension

Kernstücke der Verhaltenstheorie von Yukl sind das „Diskrepanz-Modell" und das „Multiple-Verbindungs-Modell". Das „Diskrepanz-Modell" versucht, die Beziehung zwischen Führerverhalten und Zufriedenheit der Mitarbeiter zu erklären, während mit dem „Multiple-Verbindungs-Modell" zu zeigen versucht wird, wie verschiedene Führerverhaltens-Variablen bei der Entstehung der Gruppenproduktivität mit Situations-Variablen interagieren. Wir gehen im folgenden auf beide Modelle näher ein.

5.3.1. Das Diskrepanz-Modell

Dieses Modell beansprucht, die Beziehung zwischen den o. g. drei Führungsdimensionen und der Zufriedenheit der Mitarbeiter mit dem Vorgesetztenverhalten zu erklären. Dabei wird Zufriedenheit als eine Funktion der Differenz zwischen der Erwartung einer Person hinsichtlich des Führungsverhaltens und der tatsächlichen Erfahrung gesehen.

Das Diskrepanz-Modell der Führung

Die Zufriedenheit der Mitarbeiter ist um so größer, je geringer die Diskrepanz zwischen Erwartung und tatsächlicher Erfahrung ist. Erwarten z. B. Gruppenmitglieder vom Vorgesetzten ein Mitspracherecht oder Mitentscheidungsrecht bei wichtigen Entscheidungen und wird dieser Erwartung vom Vorgesetzten nicht entsprochen, dann resultiert Unzufriedenheit mit seinem Führungsverhalten. Aus der Sicht des Diskrepanz-Modells stellt sich die Zufriedenheit der Mitarbeiter mit dem Führungsverhalten wie folgt dar (Abb. E-5-1):

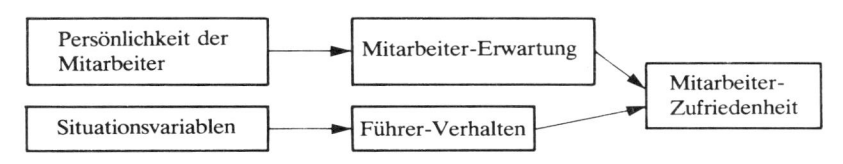

Abb. E-5-1:
Das Diskrepanz-Modell (nach Yukl, 1971).

Aus diesem Modell leitet Yukl drei Hypothesen ab:

Hyp. 1: Die Mitarbeiter-Zufriedenheit mit dem Führer ist eine Funktion der Diskrepanz zwischen dem tatsächlichen Führerverhalten und den Erwartungen der Mitarbeiter.

Hyp. 2: Die Mitarbeiter-Erwartungen werden bestimmt durch die kombinierte Wirkung der Mitarbeiter-Persönlichkeit und Situations-Variablen.

Hyp. 3: Mitarbeiter wünschen sich i. a. ein hohes Ausmaß an Consideration, und diese Erwartung führt zu einer positiven Beziehung zwischen Consideration und Mitarbeiter-Zufriedenheit.

5.3.2. Das Multiple-Verbindungs-Modell

Das Multiple-Verbindungs-Modell der Führung

Dieses Modell versucht, die Beziehung zwischen Führerverhalten, Zufriedenheit und Gruppenleistung zu erklären, wie Abb. E-5-2 verdeutlicht:

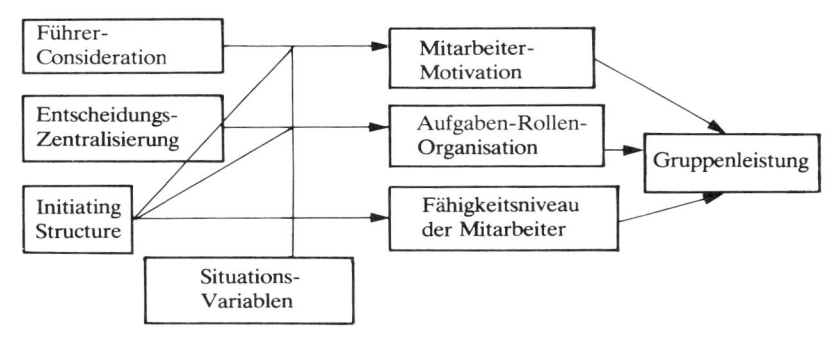

Abb. E-5-2:
Das Multiple-Verbindungs-Modell (nach Yukl, 1971)

Consideration, Initiating Structure und Entscheidungs-Zentralisation wirken sich nicht unmittelbar auf die Gruppenleistung aus, sondern über die vermittelnden Variablen Mitarbeiter-Motivation, Aufgaben-Rollen-Organisation und Fähigkeitsniveau der Mitarbeiter.

Unter Aufgaben-Rollen-Organisation versteht Yukl die Arbeitsmethoden und die richtige Zuweisung von Mitarbeitern auf bestimmte Arbeitsplätze durch den Vorgesetzten.

Die Mitarbeiter-Motivation wird von den drei Führungsdimensionen und Situations-Variablen gleichermaßen beeinflußt; die Aufgaben-Rollen-Organisation durch Entscheidungs-Zentralisierung und Initiating Structure, das Fähigkeitsniveau der Mitarbeiter nur durch Initiating Structure.

Aus dem Multiplen-Verbindungs-Modell leitet Yukl folgende Hypothesen ab:

Hyp. 1: Die Gruppenproduktivität ist eine Funktion der Interaktion zwischen der Mitarbeiter-Motivation, dem Fähigkeitsniveau der Mitarbeiter und der Aufgaben-Rollen-Organisation für die Gruppe.

Hyp. 2: Initiating Structure und Consideration wirken gleichermaßen auf die Arbeitsmotivation der Mitarbeiter. Die Arbeitsmotivation ist am höchsten, wenn der Führer beide Dimensionen in hohem Maße realisiert.

Hyp. 3: Entscheidungs-Zentralisierung ist negativ korreliert mit der Arbeits-Motivation der Mitglieder (d. h. hohe Partizipation führt zu hoher Motivation), wenn die Beziehung der Mitarbeiter zum Führer günstig ausgeprägt ist, die Entscheidungen für die Aufgaben der Mitarbeiter bedeutsam sind und die Mitglieder ihre Partizipation als für sie wichtig wahrnehmen.

Hyp. 4: Initiating Structure und Entscheidungs-Zentralisierung wirken beide auf die Aufgaben-Rollen-Organisation. Diese Beziehung wird abgeschwächt durch Niveau und Verteilung des Aufgabenwissens und der Planungsfähigkeit der Gruppe.

Yukl versucht durch Hinweis auf eine Reihe empirischer Untersuchungen, beide Modelle zu fundieren. Hinsichtlich der Beziehung zwischen Entscheidungs-Zentralisierung und Leistung kommt er zu dem Schluß, daß die Mehrzahl der bislang vorliegenden Befunde positive Korrelationen berichten, aufgrund derer ein *mittlerer* Grad an Mitarbeiter-Einfluß am optimalsten zu sein scheint. Der Autor beklagt das Fehlen empirischer Arbeiten und spricht sich für die Erforschung der Interaktion der drei Führungsdimensionen in bezug auf ihren Einfluß auf die im Modell aufgeführten Vermittler-Variablen aus.

5.4. Bewertung der Verhaltenstheorie der Führung von Yukl

Yukl weist ausdrücklich auf den vorläufigen Charakter seiner beiden Modelle hin und betont, daß es sich um erste statische und kausale Ansätze handle, die Rückkoppelungsprozesse außer acht ließen. Zukünftiger Forschung sei es vorbehalten, weitere Variablen zu untersuchen und den dynamischen Aspekt der Führung herauszuarbeiten.

Kritik der Verhaltenstheorie

Ungeachtet dieser Einschränkungen ist Neuberger (1976, 243) zuzustimmen, der die fehlende Integration der Diskrepanz- und Multiplen-Verbindungs-Modelle bemängelt.

6. Interaktionstheorie der Führung

Unter den betriebswirtschaftlichen (strukturalen) und personalen (verhaltenswissenschaftlich-anthropologischen) Theorien zum Führungsphänomen scheinen die sozial-psychologischen Interaktionstheorien die vielversprechendsten

Bedeutung der Interaktionstheorien für die Führung

Ansätze zu sein, um Führungsprozesse adäquat zu beschreiben und zu erklären (vgl. Kap. K, L). Interaktionstheorien sind deshalb interessant, weil Führungsbeziehungen weit mehr von interaktionalen und kürzerfristigen Situationen als von strukturalen und längerfristigen Bestimmungsgrößen abzuhängen scheinen (Stogdill, 1974).

Anforderungen an eine integrative Führungstheorie

Nach Gibb (1969) sollte jede umfassende Theorie der Führung folgende Aspekte berücksichtigen: 1) Persönlichkeit der Führer, 2) die Mitarbeiter mit ihren Einstellungen, Erwartungen und Bedürfnissen, 3) die Gruppe selbst im Hinblick auf die interpersonalen Beziehungen und 4) die Situationen (Aufgabe und Umwelt). Verglichen mit den anderen Führungstheorien scheinen die interaktionstheoretischen Ansätze diesen Forderungen am ehesten zu entsprechen.

In der Führungsliteratur wird zwischen Interaktionstheorie und Situationstheorie nicht immer unterschieden. Nach Aschauer (1970, 78f.) hebt sich die Interaktionstheorie von der Situationstheorie u. a. dadurch ab, daß erstere a) den Persönlichkeitseigenschaften des Führers größere Bedeutung zumißt und b) die Wechselwirkung der von Gibb erwähnten Merkmale stärker hervorhebt. Leider findet man in der einschlägigen Literatur nur knappe und vage Hinweise auf die Interaktionstheorie der Führung (Stogdill, 1974; Aschauer, 1970; Gibb, 1969). Ein erster Versuch einer interaktionistischen Betrachtungsweise der Führung in formalen Organisationen wurde von Jacobs (1971) vorgelegt.

Theorie des sozialen Austauschs

Aus der Vielzahl soziologischer und psychologischer Interaktionstheorien (vgl. die Übersichtsarbeiten von Graumann, 1972; Piontkowski, 1976; Chadwick-Jones, 1976; Crott, 1979) wählen wir die psychologischen Interaktionstheorien von Thibaut/Kelley (1959), Homans (1961, 1974) und Jones/Gerard (1967), welche mit dem Oberbegriff „Theorie des sozialen Austauschs" (social exchange) zusammengefaßt werden können. Hierzu gehört auch die in jüngster Zeit vielbeachtete Gleichheits-Theorie (equity-theory), die den Anspruch erhebt, eine „Allgemeine Theorie der sozialen Interaktion" zu sein (vgl. Berkowitz/Walster, 1976).

Definition von „sozialer Interaktion"

Mit Irle (1975, 398) verstehen wir unter *sozialer Interaktion,* „daß Aktionen einer Person P1 die Aktionen einer anderen Person P2 affizieren und umgekehrt P1 von Aktionen der anderen Person P2 affiziert wird".

6.1. Grundbegriffe der Austauschtheorie

Grundbegriffe der Austauschtheorie

Austausch-Theorien sind ökonomischen Ursprungs und erfuhren in der Psychologie und Soziologie eine lerntheoretische Fundierung aus behavioristischer Sicht (vgl. Homans, 1961, 1974; Blau, 1968; Nord, 1973; Malewski, 1967; Gergen, 1969; zusammenfassend Piontkowski, 1976; Chadwick-Jones, 1976; Graumann, 1972; Simpson, 1976). Was für die Ökonomie *Nutzen und Kosten,* das ist für die Psychologie *Belohnung und Bestrafung.* Beide Begriffspaare werden in den Austausch-Theorien gleichbedeutend verwandt. Wesentliche

6. Interaktionstheorie der Führung

Grundgedanken der Austausch-Theorie werden im Reziprozitätsprinzip berücksichtigt (vgl. Kap. K).

Die *Theorie des sozialen Austauschs* geht davon aus, „daß Menschen neue soziale Verbindungen eingehen, weil sie erwarten, daß dies lohnend ist, und daß sie bestehende Verbindungen fortsetzen und solche Interaktionen ausweiten, weil sie dieses Tun lohnend finden. Die Beziehung zu einem Mitmenschen kann in sich selbst belohnend sein, so Liebe und Geselligkeit, oder sie kann Belohnungen bringen, die der Beziehung selbst äußerlich sind, so Rat von einem Kollegen, Hilfe von einem Nachbarn" (Blau, 1968, 452; zit. n. Graumann, 1972, 1135).

Theorie des sozialen Austauschs

Nach Graumann (1972, 1138) stellen die wechselseitige Gratifikation (mehr Autonomie) und in stärkerem Maße die einseitige Gratifikation (mehr Abhängigkeit) eine Machtgrundlage dar:

„Mit diesem Aspekt der Theorie des sozialen Austauschs wird eine Basis geschaffen für eine interaktionistische Konzeption von Macht und *Machtverteilung*." (Hervorh. die Verfasser, vgl. Kap. K, L, M, O).

Die grundlegende Aussage der Austausch-Theorie besteht darin, daß die Interaktion zwischen zwei Personen aufrechterhalten und positiv bewertet wird, weil für beide Teile die Kosten-Nutzen- bzw. Belohnungs-Bestrafungs-Relation günstig ist bzw. als günstig wahrgenommen wird.

Der Soziologe Homans geht bei der Analyse sozialen Verhaltens von zwei Grundannahmen aus (vgl. Graumann, 1972, 1138):

(1) „die Grundeinheiten des Sozialverhaltens sind die Handlungen einzelner Menschen;
(2) diese Handlungen sind eine Funktion ihrer Konsequenzen (pay-offs)."

Unter Anwendung lerntheoretischer Erkenntnisse, insbesondere des Thorndikeschen Effektgesetzes, wonach Handlungen aufrechterhalten werden, die positiv verstärkt wurden, verdeutlicht Homans (1968, 45f.) die o. a. Grundannahmen durch fünf Thesen (zit. n. Piontkowski, 1976, 12; vgl. auch Graumann, 1972, 1138f.):

(1) „Wenn die Aktivität einer Person früher während einer bestimmten Reizsituation belohnt wurde, wird diese sich jener oder einer ähnlichen Aktivität um so wahrscheinlicher wieder zuwenden, je mehr die gegenwärtige Reizsituation der früheren gleicht.

5 Thesen zur Theorie des sozialen Austauschs

(2) Je öfter eine Person innerhalb einer gewissen Zeitperiode die Aktivität einer anderen Person belohnt, desto öfter wird jene sich dieser Aktivität zuwenden.

(3) Je wertvoller für eine Person eine Aktivitätseinheit ist, die sie von einer anderen Person erhält, desto häufiger wird sie sich Aktivitäten zuwenden, die von der anderen Person mit dieser Aktivität belohnt werden.

(4) Je öfter eine Person in jüngster Vergangenheit von einer anderen Person eine belohnende Aktivität erhielt, desto geringer wird für sie der Wert jeder weiteren Einheit jener Aktivität sein.

(5) Je krasser das Gesetz der ausgleichenden Gerechtigkeit zum Nachteil einer Person verletzt wird, desto wahrscheinlicher wird sie das emotionale Verhalten an den Tag legen, das wir Ärger nennen."

Das in der 5. These erwähnte *Gesetz der ausgleichenden Gerechtigkeit* (vgl. Lerner et al., 1976; Rawls, 1975) entspricht der idealen Ausprägung des Reziprozitätsprinzips, auch „Goldene Regel" genannt (vgl. Kap. K 5.). Homans charakterisiert das Prinzip der ausgleichenden Gerechtigkeit wie folgt (1961, 75, dt. 1968):

Prinzip der ausgleichenden Gerechtigkeit

„A man in an exchange relation with another will expect that the rewards of each man be proportional to his costs — the greater the rewards, the greater the costs — and that the net rewards, or profits, of each man be proportional to his investments — the greater the investment, the greater the profit."

Eine Störung dieser gleichgewichtigen Beziehung führt bei dem Individuum zu einem Gefühl der „relativen Deprivation" (vgl. Cook et al., 1977).

Definition von „relative Deprivation"

Unter *relative Deprivation* versteht man in der Soziologie die wahrgenommene Diskrepanz zwischen Erwünschtem und Realisiertem, wobei das Ergebnis hinter der Erwartung bleibt. Die Nichterfüllung der Erwartungen führt beim Individuum zu einer Wahrnehmung von Ungerechtigkeit. Ein wesentlicher Orientierungsmaßstab hierfür ist der von allen Individuen vollzogene Vergleichsprozeß mit anderen Personen in ähnlicher Situation. Relative Deprivation und das Prinzip der *ausgleichenden Gerechtigkeit* sind wesentliche Determinanten der Wahrnehmung von Gerechtigkeit bzw. Ungerechtigkeit. Adams ersetzt in seiner Gleichheits-Theorie den Begriff der „injustice" (Ungerechtigkeit) durch inequity (Ungleichheit).

6.2. Grundbegriffe der Gleichheits-Theorie (Equity-Theorie)

Eine wesentlich präzisere Darstellung erfuhr das Prinzip der ausgleichenden Gerechtigkeit durch die Gleichheits-Theorie (vgl. Adams, 1965; Walster et al., 1976; Austin et al., 1976) sowie durch die Theorie der sozialen Vergleichsprozesse (Festinger, 1954; vgl. auch Pettigrew, 1967; Irle, 1975; Suls/Miller, 1977; Kap. L 2.2.). Aus Raumgründen können wir nur die Grundaussagen der Gleichheits-Theorie skizzieren.

Die Bedeutung der Equity-Theorie (auch Gleichheits-, Fairneß- oder Gerechtigkeitstheorie genannt) — auch für Führungsphänomene — liegt vor allem darin, daß sie die Ergebnisse der lerntheoretischen Verstärkertheorie, der kognitiven Konsistenztheorien, der psychoanalytischen Theorie, der Austauschtheorien und der Theorie der sozialen Vergleichsprozesse weitestgehend integriert (Berkowitz/Walster, 1976).

Grundbegriffe der Gleichheits-Theorie

Die Equity-Theorie geht von der Grundannahme aus, daß alle Individuen kulturell bestimmte Normen der Verteilungsgerechtigkeit im Hinblick auf Leistungen und Gegenleistungen internalisiert haben. Eine verteilungsgerechte soziale Beziehung liegt danach vor, wenn für alle Beteiligten in einer sozialen Beziehung relativ gleiche Input-Output-Relationen resultieren.

Dabei vergleicht eine Person A, die mit einer Person B interagiert, die wechselseitigen Input-Output-Verhältnisse wie folgt:

$$\frac{\text{A's Belohnungen} - \text{A's Kosten}}{\text{A's Investitionen}} \leftrightarrow \frac{\text{B's Belohnungen} - \text{B's Kosten}}{\text{B's Investitionen}}$$

$$\text{kurz:} \quad \frac{\text{Output A}}{\text{Input A}} \leftrightarrow \frac{\text{Output B}}{\text{Input B}}$$

6. Interaktionstheorie der Führung

Kosten = *das, was eine Person aufgibt aufgrund der sozialen Beziehung;*
Investitionen = *das, was eine Person in die soziale Beziehung einbringt (Fertigkeiten, Anstrengungen, Erziehung, Erfahrung, Alter, Geschlecht etc.);*
Belohnungen = *Vorteile aufgrund der sozialen Beziehung.*

Die Gleichheitstheorie geht in ihrer neuesten Version von vier Postulaten aus (Walster et al., 1976, 2f.):

Postulat I:
Individuen versuchen ihren Gewinn zu maximieren.
(Gewinne = Belohnungen − Kosten)

4 Postulate der Gleichheits-Theorie

Theorem I.1.:
Individuen verhalten sich solange fair (equitably), wie sie ihre Gewinne maximieren können.

Postulat II A:
Gruppen können ihren gemeinsamen Gewinn maximieren, indem sie ein allgemein akzeptiertes System für die gleiche Zuteilung von Belohnungen und Kosten entwickeln. Die Mitglieder werden daher ein Equitysystem entwickeln und andere Mitglieder dazu bewegen, dieses System zu akzeptieren und sich danach zu richten.

Postulat II B:
Gruppen werden im allgemeinen diejenigen Gruppenmitglieder belohnen, die andere gleich behandeln und im allgemeinen diejenigen bestrafen (d. h. ihre Kosten erhöhen), die andere Mitglieder ungleich behandeln.

Postulat III:
Wenn Individuen in ungleichen Beziehungen zu anderen stehen, fühlen sie sich unbehaglich („distressed"), und zwar um so mehr, je unausgewogener die Beziehung ist.

Postulat IV:
Individuen, die feststellen, daß ihre Beziehung zu einer anderen Person inequitabel ist, versuchen ihr Unbehagen durch Wiederherstellung der Equity zu beseitigen, und zwar um so nachdrücklicher, je weniger equitabel die Beziehung ist.

Gleichheit wird erlebt, wenn (vgl. Adams, 1965):

Wahrgenommene Gleichheit und Ungleichheit

$$\frac{\text{Output A}}{\text{Input A}} = \frac{\text{Output B}}{\text{Input B}},$$

Ungleichheit wird erlebt, wenn:

$$\frac{\text{Output A}}{\text{Input A}} > \frac{\text{Output B}}{\text{Input B}} \text{ oder } \frac{\text{Output A}}{\text{Input A}} < \frac{\text{Output B}}{\text{Input B}}$$

Output = Summe aller als relevant erachteter Erträge (Belohnungen, Ergebnisse)
Input = Summe aller als relevant erachteter Einsätze (Kosten, Aufwendungen)

Verhaltensweisen bei wahrgenommener Ungleichheit

Reaktionen auf wahrgenommene Ungleichheit

Nach Adams (1965, 283 f.) führt eine wahrgenommene distributive Ungleichheit bzw. Ungerechtigkeit beim Individuum zu einem unangenehmen psychologischen Spannungszustand (Ärger, Schuld, etc.), den es zu beseitigen trachtet, und zwar i. S. der Wiederherstellung einer distributiv empfundenen Gerechtigkeit (vgl. Festingers Theorie der kognitiven Dissonanz, 1978; Kap. L 2.2.). Prinzipiell gibt es sechs Möglichkeiten, die wahrgenommene Ungleichheit zu reduzieren:

(1) Die Person verändert ihre Inputs. Je nach Situation erhöht oder verringert sie ihre Inputs (arbeitet mehr oder weniger), wobei i. d. R. die Inputs verringert werden, da
 (a) Nachteile in einer sozialen Beziehung gemeinhin eher wahrgenommen werden als Vorteile,
 (b) gemäß dem Ökonomie-Prinzip das Individuum bemüht ist, Kosten zu minimieren und Belohnungen zu maximieren.
(2) Die Person verändert ihre Outputs. Je nach Situation erhöht oder verringert sie ihre Outputs, wobei eine Erhöhung der Outputs am wahrscheinlichsten ist (Forderungen nach Gehaltserhöhung, nach besseren Arbeitsbedingungen etc.).
(3) Die Person reduziert die soziale Beziehung auf ein Minimum oder kündigt sie ganz auf (Fehlzeiten, Krankheit, Kündigung).
(4) Die Person verzerrt ihre Wahrnehmung der Inputs und/oder Outputs (Abwehrmechanismen, wie Verdrängen, Verleugnen, Verschieben, Verkehren ins Gegenteil etc.). Dies ist besonders der Fall, wenn eine reale Veränderung der Input-Output-Beziehungen nicht möglich ist.
(5) Die Person veranlaßt die Vergleichsperson, a) ihr Input-Output-Verhältnis zu ändern, b) ihre Wahrnehmung der Input-Output-Beziehung zu verändern oder c) sie zum Verlassen des „Feldes" zu bewegen. Dabei ist es i. d. R. leichter, bei anderen Personen eine Verringerung der Inputs als eine Erhöhung der Outputs zu bewirken.
(6) Die Person wählt eine andere Vergleichsperson bzw. einen anderen „inneren Standard" (Pritchard, 1969). Im allgemeinen wählt man Vergleichspersonen nach den Kriterien der Ähnlichkeit (soziokulturell, wertmäßig, statusmäßig), der räumlichen Nähe und Instrumentalität (vgl. Austin, 1977, 290 f.).

Randbedingungen für Reaktionen bei Ungleichheit

Neuberger (1974 a, 100 f.) führt in Anlehnung an Adams (1965) folgende Randbedingungen für die Wahl einer der o. g. Reduktionsmodi bei Ungleichheit auf:

(1) „Die Person wird versuchen, positiv bewertete Ergebnisse zu maximieren.
(2) Sie wird die Steigerung von Inputs minimieren, die anstrengend sind und deren Veränderung kostspielig ist.
(3) Die Person wird sich realen und kognitiven Veränderungen in solchen Inputs widersetzen, die für ihr Selbstbild und ihre Selbstachtung zentral sind (dies gilt ähnlich auch für die Resultate).

(4) Der Widerstand wird größer sein, die Einschätzungen der eigenen Einsätze und Erträge zu ändern als die der Inputs und Resultate von B.
(5) Das völlige Verlassen des Feldes wird erst erwogen werden, wenn das Ausmaß der erlebten Ungleichheit hoch ist und wenn die Ungleichheit nicht mit anderen Mitteln reduziert werden kann (Partieller Rückzug, z. B. Fehlzeiten, wird häufiger sein).
(6) Der Widerstand gegen eine Veränderung der Vergleichsperson wird sehr hoch sein."

Zur empirischen Prüfung und Kritik der Equity-Theorie (vor allem wegen der mangelnden Berücksichtigung von Machtbeziehungen) vgl. die Übersichtsarbeiten von Berkowitz/Walster (1976), Campbell/Pritchard (1976, 104f.), Müller/Crott (1978) und Crott (1979).

6.3. Bedingungen sozialer Interaktion

Die Übertragung der Austausch-Theorie auf Probleme der Kleingruppe wurde von Thibaut/Kelley (1959) vorgenommen. Auch sie gehen davon aus, daß eine soziale Interaktion begonnen und aufrechterhalten wird, wenn sie von allen Beteiligten eher belohnend als bestrafend empfunden wird. Dabei können die Konsequenzen – und diese Aussage ist eine wesentliche Präzisierung der Austausch-Theorie — *materieller* oder *immaterieller* (psychologischer) Art sein. Die Entstehung und Aufrechterhaltung einer sozialen Beziehung hängt nach Thibaut/Kelley (1959, 23, zit. n. Piontkowski, 1976, 17) von drei Faktoren ab:

Bedingungen für soziale Beziehungen

(1) Antizipation der möglichen Interaktionskonsequenzen.
(2) Exploration, d. h. vom Prozeß der Erkundung und Auswahl alternativer Möglichkeiten von Sozialbeziehungen.
(3) Berechnung und Entscheidung, d. h. inwieweit die gemeinsamen Ergebnisse für beide Partner die günstigste Alternative sind. Die Interaktionspartner orientieren sich an zwei Maßstäben:
  (a) Das *allgemeine Vergleichsniveau* (comparison level = CL) fungiert als Standard für die Attraktivität einer sozialen Beziehung. Je nachdem, ob die Ergebnisse unter oder über diesem Standard liegen, ist eine Beziehung mehr oder weniger attraktiv. Das „CL" entwickelt sich aus den vergangenen Erfahrungen, Bedürfnissen, Fähigkeiten und Ergebnissen von sozialen Vergleichsprozessen mit Bezugspersonen und -gruppen eines Individuums.

Das allgemeine Vergleichs-Niveau

  (b) Das *Vergleichsniveau für Alternativen* (comparison level for alternatives = CL alt) ist jener Standard, aufgrund dessen eine Person entscheidet, ob sie eine soziale Beziehung aufnimmt bzw. fortsetzt oder nicht. Dabei wird „CL alt" vor dem Hintergrund der Ergebnisse alternativer Interaktionen festgelegt. „CL alt" ist das Maximum dessen, was eine Person zu erreichen vermag.

Vergleichsniveau für Alternativen

In Abb. E-6-1 wurde aus Gründen der Übersichtlichkeit die Güte des Ergebnisses (E) konstant gehalten. In jeder Figur von Abb. E-6-1 bestimmt die Position „CL", ob das Ergebnis (E) einen Gewinn oder Verlust darstellt.

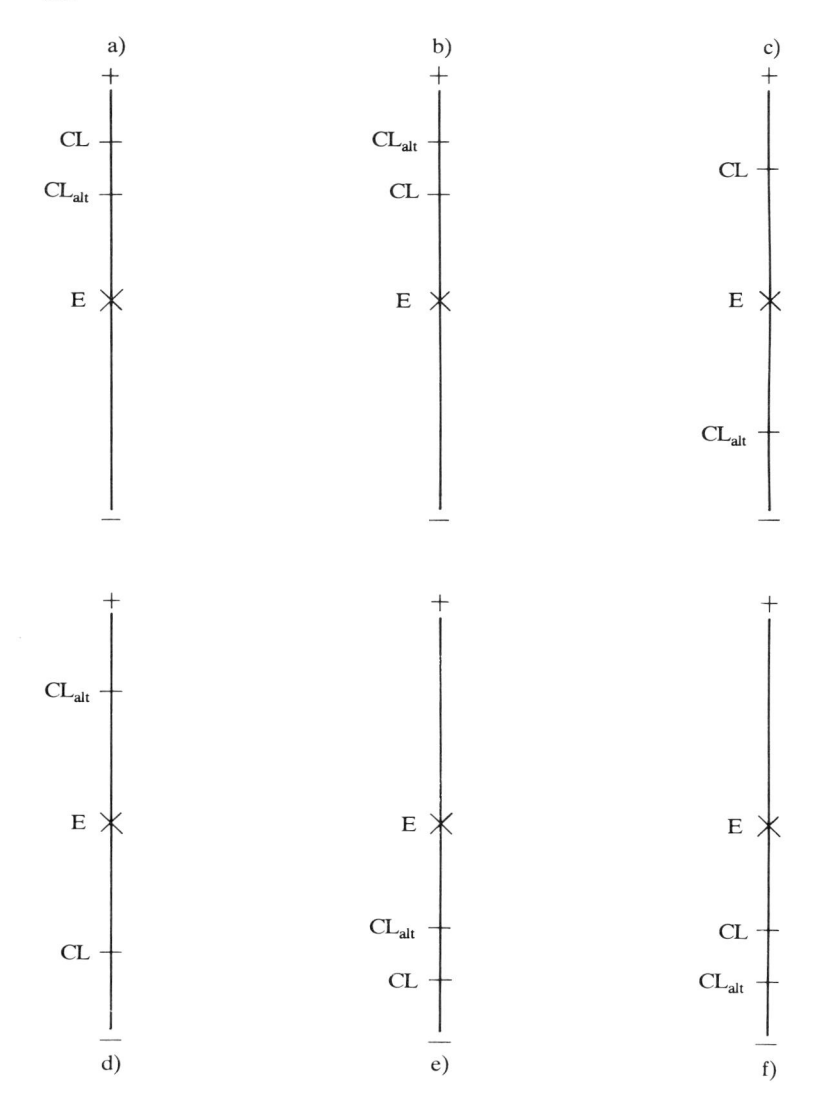

E = Ergebnis einer sozialen Interaktion
CL = Vergleichs-Standard für Bedürfnisse
CL_{alt} = Vergleichs-Standard für alternative soziale Beziehungen

Abb. E-6-1:
Attraktivität einer sozialen Beziehung (nach Irle, 1975, 404).

6. Interaktionstheorie der Führung

Die soziale Beziehung ist um so attraktiver (unattraktiver), je entfernter E in positiver (negativer) Richtung von „CL" liegt. Je weiter E von „CL alt" entfernt ist, desto bindender ist die Beziehung für P. Liegt E in positiver (negativer) Richtung von „CL alt", dann ist P von der sozialen Beziehung abhängig (unabhängig).

Interpretation der Abbildung E-6-1, a) bis f)

zu (a) P ist weder von der sozialen Beziehung abhängig, noch ist diese attraktiv, weil „CL alt" nicht CL (Erwartungs-Minimum) erreicht. Beispiel: Der ernüchterte Emigrant; jemand wählt das kleinste Übel.

zu (b) Die bisherige soziale Beziehung ist inattraktiv, und P ist von ihr unabhängig. Die sich anbietende Alternative ist attraktiver. Beispiel: Ein Fußballprofi wechselt den Verein.

zu (c) Die soziale Beziehung ist inattraktiv, aber von Abhängigkeit geprägt. Beispiel: Ein Wechsel des Arbeitsplatzes führt „vom Regen in die Traufe".

zu (d) Es liegt eine Konfliktsituation vor: Zwar ist die gegebene soziale Beziehung attraktiv, aber es ist eine noch bessere Alternative in Sicht. Beispiel: Berufliche Aufsteiger, die „über Leichen gehen".

zu (e) P hat bei der gegebenen sozialen Beziehung mehr als sie braucht und würde bei Wahl der Alternative etwas schlechter gestellt als zuvor (CL alt).

zu (f) P ist extrem abhängig, und die gegebene soziale Beziehung ist sehr attraktiv; die Alternativen liegen unter dem Minimal-Wert (CL). Beispiel: „Goldener Käfig".

Attraktivität von sozialen Beziehungen

Je höher die Ergebnisse von „CL alt", desto stärker ist die *Abhängigkeit* einer Person von der Interaktionsbeziehung, d. h. „CL alt" ist ein Maß für die soziale Abhängigkeit. Hingegen ist *„CL" ein Maß für die Attraktivität einer sozialen Beziehung.*

Die Ergebnisse (Kosten/Nutzen-Relation) einer sozialen Beziehung sind sowohl von 1) *externen* als auch von 2) *internen* Faktoren abhängig:

Zu (1) *Externe Faktoren:*

Externe Faktoren sind für Thibaut/Kelley jene Rahmenbedingungen, aufgrund derer positive Ergebnisse einer Interaktion *limitiert* werden. Neben den Faktoren Fähigkeiten, Ähnlichkeit der Interaktionspartner und physische Nähe nennen die Autoren den Faktor *Komplementarität,* welcher für die kooperative Führung von großer Bedeutung ist. Wir wollen deshalb auf diesen Punkt etwas näher eingehen (vgl. Kap. K, L).

Externe Einflußfaktoren auf soziale Beziehungen

Soziale Interaktionen, insbesondere zweiseitige (dyadische) Beziehungen, werden dann fortgesetzt, wenn sich die Partner bei Einsatz relativ geringer Kosten wechselseitig belohnen können. Bei einer *komplementären* Beziehung ist dieser Sachverhalt am ehesten erfüllt: Jeder gibt dem anderen, was dieser selbst nicht zu erbringen vermag, so daß für beide die Kosten minimiert und die Belohnungen maximiert werden. Analog ist auch die *kooperative Situation* zu sehen, in der die Ziele derart strukturiert sind, daß es entweder nur ein gemeinsames „Schwimmen" oder „Ertrinken" gibt (Deutsch, 1976, 26f.). Nach Deutsch läge in diesem Fall eine „gleichgerichtete Wechselbeziehung" vor, während man es in einer Wettbewerbssituation mit einer „entgegengesetzten Wechselbeziehung" zu tun hat, in der ein Teilnehmer nur dann sein Ziel zu erreichen vermag, wenn die anderen ihre Ziele nicht oder nur unzureichend erreichen. In der betrieblichen Praxis finden sich zumeist *Mischformen,* wobei Wettbewerbssituationen überwiegen.

Elemente der Kooperation

Deutsch (1976) zufolge ist Kooperation ein auf Wechselseitigkeit beruhender Prozeß, der durch die Schlüsselvariablen *Vertrauen, Koordination* und *gegenseitige Übereinkunft* (Verhandeln) charakterisiert werden kann. Wir werden auf diese Variablen in einem gesonderten Kapitel ausführlich eingehen (Kap. K, L).

Zu (2) *Interne Faktoren:*

Interne Einflußfaktoren auf soziale Beziehungen

Interne Faktoren sind interaktionaler Natur und bestimmen maßgeblich das Ergebnis des Interaktionsprozesses. Das Verhalten einer Person hängt u. a. von ihren *kognitiven Schemata* ab, d. h. ihrer Informationsverarbeitung und ihrer Verhaltensplanung. Dabei besteht beim Individuum eine Tendenz, Ergebnisse entweder internal oder external zu attribuieren, wodurch die Höhe des „CL" maßgeblich bestimmt wird. Wie Weiner (1976, 221) u. a. aufgezeigt haben, neigen Individuen dazu, Ereignisse, wie z. B. Erfolg, Einfluß, Fähigkeiten etc. entweder als Konsequenzen eigenen Verhaltens anzusehen oder den Faktoren Schicksal, Glück, Zufall zuzuschreiben (vgl. Kap. F 3.7.). Diese sog. Attribuierungsstile sind auch während der sozialen Interaktion wirksam. So wies z. B. Phares (1965) nach, daß internal kontrollierte Personen die Verhaltensweisen anderer Personen stärker beeinflussen als external kontrollierte Personen (vgl. Piontkowski, 1976, 209; Weiner, 1976).

Weiner (1976, 221) stellt das oben Gesagte wie folgt dar:

Attribuierungsstile

Erlebte Determinanten des Leistungsverhaltens

	Internal	External
Stabil	Fähigkeit	Aufgabenschwierigkeit
Variabel	Anstrengung	Glück, Zufall

Luhmann/Mayntz (1973) haben dieses Schema in einer empirischen Studie über Eintritt und Karrieren im öffentlichen Dienst nutzbringend angewandt.

6.4. Formen sozialer Interaktion

Im Zusammenhang mit der Beschreibung *unfreiwilliger* sozialer Beziehungen, die zum großen Teil die Arbeitssituation in Industrie und Verwaltung kennzeichnen, legen Thibaut/Kelley großen Wert auf die Variablen *Macht* und *Abhängigkeit*. Während der Interaktion zweier Personen entsteht Macht durch ungleichgewichtige Nutzen-Kosten-Relationen.

Was sich aus der Sicht von A als Macht darstellt, ist aus der Sicht von B Abhängigkeit. Die soziale Interaktion ist solange stabil, wie die Ergebnisse von „CL alt" bei beiden Parteien übertroffen werden. Macht definieren die Autoren (1959, 101) als eine Funktion von „A's ability to affect the quality of outcomes attained by B". Dabei werden zwei Formen der Machtausübung unterschieden, die u. E. geeignet sind, kooperative Führungsformen von nichtkooperativen Führungsformen zu unterscheiden:

(a) Schicksalssteuerung (fate control)

Wenn A durch sein Verhalten die Ergebnisse von B zu verändern vermag, ohne daß B darauf Einfluß nehmen kann, zeigt A „Schicksalssteuerung" über B. Wie die nachfolgende Abbildung zeigt (*die nur B's Ergebnisse enthält*), kann A von a1 nach a2 gehen und damit die Ergebnisse des B von 1 auf 4 steigern, während B bei Veränderung von b1 nach b2 stets das gleiche Ergebnis bewirkt. D. h. B ist vollkommen abhängig von A's Verhalten.

„Schicksalssteuerung"

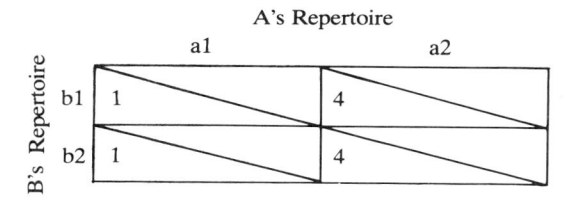

	A's Repertoire	
B's Repertoire	a1	a2
b1	1	4
b2	1	4

(b) Verhaltenssteuerung (behavior control)

Wenn A durch Änderung seines Verhaltens es für B wünschenswert erscheinen läßt, seinerseits sein Verhalten zu verändern, dann liegt Verhaltenssteuerung vor. Die nachfolgende Abbildung zeigt, wie A sein Verhalten von a1 nach a2 und B daraufhin sein Verhalten von b1 nach b2 verändert, wodurch B's Ergebnis maximiert wird.

Verhaltenssteuerung

	A's Repertoire	
B's Repertoire	a1	a2
b1	1	4
b2	4	1

Jones/Gerard (1967) haben das Paradigma der zweiseitigen (dyadischen) Interaktion wesentlich präzisiert, indem sie vier Klassen der sozialen Interaktion unterscheiden (vgl. Abb. E-6-2 aus Irle, 1975, 400).

(1) Pseudointeraktion

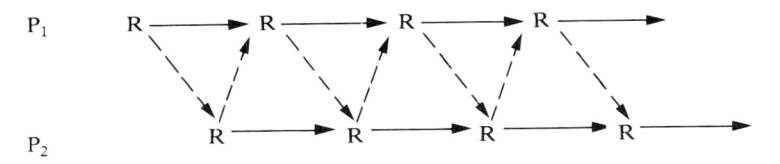

Grundmuster sozialer Interaktion

Das Verhalten der Interaktionspartner findet ohne wechselseitige Einflußnahme statt; die Reaktionen der Interaktionspartner werden nach eigenen, vor Beginn der Interaktion festgelegten Verhaltensplänen bestimmt. Beispiele hierfür sind Rituale, wie z. B. Trauungen oder gerichtliche Vereidigungen.

a) Pseudo-Interaktion

b) Asymmetrische Interaktion

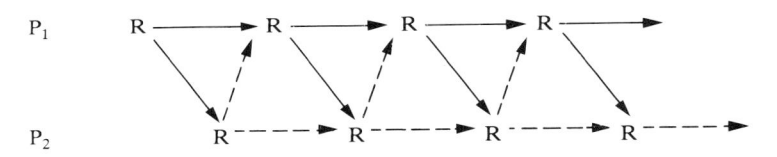

c) Reaktive Interaktion

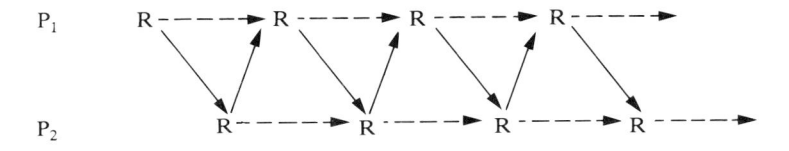

d) Totale Interaktion

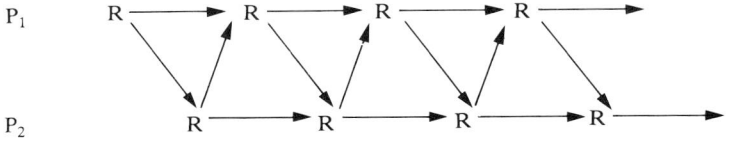

Abb. E-6-2:
Grundmuster sozialer Interaktionen (nach Irle, 1975, 400).

6. Interaktionstheorie der Führung

(2) Asymmetrische Interaktion

Während Person A nur intern gesteuerte und vorher festgelegte Verhaltensweisen aufweist, zeigt Person B eigengesteuertes Verhalten und reagiert zudem auf Aktionen von A. Beispiel: Autoritäre Führung oder Interaktion zwischen Interviewer und Befragten.

(3) Reaktive Interaktion

Hier zeigt sich zwar eine wechselseitige, „planlose" Interaktion zwischen A und B; sie geht jedoch zu Lasten der eigengesteuerten internen Verhaltenspläne. Beispiel: eine außengeleitete Paniksituation, in der selbstkontrolliertes Verhalten fehlt.

(4) Wechselseitige Interaktion

Hierbei handelt es sich um eine echte interaktive Beziehung, die wir für die *kooperative Führung* als typisch ansehen, wobei die Interaktion zwischen den Personen A und B sowohl durch ihre (Re)Aktionen wie durch ihre internen Verhaltenspläne bestimmt ist. Beispiel: Dialog im Gegensatz zum Monolog.

Ein formales Raster für die Bestimmung kooperativen und nicht-kooperativen Verhaltens wäre das folgende Schema von Brown (1965, 72, zit. n. Piontkowski, 1976, 109), in dem zwei Grunddimensionen interpersonaler Beziehungen unterschieden werden: Solidarität und Status (vgl. Abb. E-6-3).

Neben die Schicksals- und Verhaltenssteuerung stellen Jones/Gerard die *Informationssteuerung*, wodurch der Kommunikationscharakter der sozialen Interaktion hervorgehoben wird. Die wechselseitige Abhängigkeit zwischenmenschlichen Verhaltens kann durch das sog. Gefangenendilemma (Vertrauensproblem) veranschaulicht werden (vgl. Deutsch, 1976; Kap. L 6.3.3. und 7.).

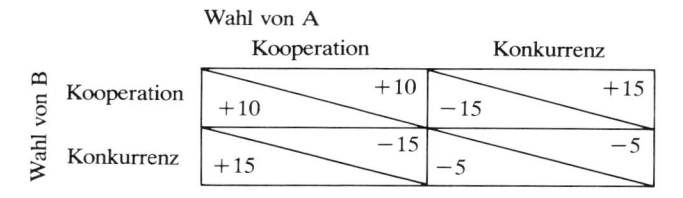

		Wahl von A	
		Kooperation	Konkurrenz
Wahl von B	Kooperation	+10 / +10	−15 / +15
	Konkurrenz	+15 / −15	−5 / −5

Wählen beide Kooperation, erhält jeder einen Gewinn von +10; wählen beide Konkurrenz, verlieren beide −5. Wählt der eine Teil Kooperation und der andere Konkurrenz, erhält der Kooperierende maximalen Verlust (−15) und der Konkurrierende maximalen Gewinn (+15).

Zusammenfassend: Kooperative Führung zeichnet sich gegenüber anderen Führungsformen u. a. dadurch aus, daß der Führer von der Verhaltens- und

Merkmale kooperativer Führung	Informationssteuerung derart Gebrauch macht, daß möglichst objektiv und subjektiv gleichgewichtige interpersonale Kosten-Nutzen-Relationen entstehen.

Kooperative Führung aus der Sicht der Interaktionstheorie bzw. Austausch-Theorie steht vor folgenden Fragen:

(1) Wer in einer Gruppe vermag den Gruppenmitgliedern die höchste Zufriedenheit bzw. die geringste Unzufriedenheit zu sichern?

(2) Wem würde die Führungsposition die größte Befriedigung verschaffen? (Gergen, 1969, 85)

Bei der kooperativen Führung, die durch partnerschaftliche und vertrauensvolle Zusammenarbeit aller Beteiligten mit allen damit verbundenen Implikationen, wie z. B. funktionale Rollendifferenzierung, gekennzeichnet ist, wird die formale und informale Position jedem Mitglied durch wechselseitig übereinstimmende Erwartungen als Funktion der Leistungen eines jeden Mitgliedes für die Gruppenziele zugewiesen. Vorgesetzte, seien sie von der Arbeitsgruppe gewählt oder vom Management eingesetzt, kontrollieren i. d. R. die für Mitglieder bedeutsamen materiellen und immateriellen Ressourcen (Sanktionsmacht).

Reziprozitätsprinzip	In Kap. K und L wird das *Reziprozitäts-Prinzip* als interkulturelle Konstante zwischenmenschlicher Beziehungen hinsichtlich kooperativer Führungsbeziehungen diskutiert.

Aufgrund der kulturell bedingten Rollenerwartungen der Mitarbeiter wird der erste Schritt einer positiven oder negativen Interaktionssequenz zumeist vom Führer getan. Darauf folgen i. d. R. reziproke Reaktionen der Mitarbeiter, die wiederum vom Vorgesetzten reziprok beantwortet werden, und ad infinitum. Die normative Regel der Reziprozität gebietet dem Vorgesetzten, positive oder negative Sanktionen je nach Leistung der Mitarbeiter zu verteilen. Freilich erfolgen Sanktionen nicht nur nach dem globalen Reziprozitäts-Prinzip (vgl. Kap. K 6.1.2, Leistungsprinzip). Wie Leventhal (1976, 94f.) aus der Sicht der Gleichheits-Theorie aufgezeigt hat, folgt der Vorgesetzte verschiedenen Zuteilungsnormen im Hinblick auf die Verteilung von Ressourcen, wobei die Reziprozitäts-Regel nur eine von folgenden Regeln darstellt:

Zuteilungsnormen	

(1) Gleichheits-Regel (equity) gemäß der vom Mitarbeiter erbrachten Leistung

(2) Ausgleichs-Regel (equality), wonach allen Mitarbeitern das Gleiche zukommen soll

(3) Reziprozität

(4) Norm der Aushandlung zwischen Führer und Mitarbeiter.

Auch Lerner et al. (1976) meinen, daß — je nach Art der sozialen Beziehung — unterschiedliche Verteilungsnormen gelten. Danach würde

— bei Mitgliedern eines Teams die an der Mitgliederzahl orientierte „parity"-Norm gelten, wonach Gratifikationen prinzipiell gleich aufzuteilen seien;

6. Interaktionstheorie der Führung

	Persönliche Merkmale	Räumliche Beziehungen	Gefühle	Verhalten	Symbole
Symmetrische Beziehungen	Solidarität, gekennzeichnet durch Ähnlichkeiten des Geschmacks, der Einstellungen, des Schicksals, Alters, Berufs, Einkommens usw.	Solidarität, gekennzeichnet durch räumliche Nähe	Solidarität, gekennzeichnet durch Mögen, Sympathie, Vertrauen und andere angenehme Gefühle	Solidarität, gekennzeichnet durch häufige Interaktion, wechselseitiges Vertrauen, wohltätige Handlungen, Selbsteröffnung usw.	Solidarität, gekennzeichnet durch jede wahrnehmbare Ähnlichkeit, Nähe, oder Intimität.
	Non-Solidarität, gekennzeichnet durch Unterschiede	Non-Solidarität, gekennzeichnet durch räumliche Entfernung	Non-Solidarität, gekennzeichnet durch Gleichgültigkeit oder Abneigung, unangenehme Gefühle	Non-Solidarität, gekennzeichnet durch seltene Interaktionen und geringe Intimität	Non-Solidarität, gekennzeichnet durch jeden wahrnehmbaren Unterschied, Distanz und Formalität
Asymmetrische Beziehungen	Statusunterschiede, gekennzeichnet durch Unterschiede in bedeutsamen Merkmalen wie Geschlecht, Beruf, Alter, Einkommen usw.	Statusunterschiede, gekennzeichnet durch räumliche Relationen wie über-unter, vor-nach	Statusunterschiede, gekennzeichnet durch Gefühle der Überlegenheit und durch Gefühle der Minderwertigkeit	Statusunterschiede, gekennzeichnet durch Einfluß, Kontrolle, Macht, usw.	Statusunterschiede, gekennzeichnet durch jeden wahrnehmbaren Unterschied in bedeutsamen Merkmalen, durch „überlegene" und „unterlegene" räumliche Positionen oder durch Einfluß

Abb. E-6-3:
Solidaritäts- und Statusaspekte (nach Piontkowski, 1976, 109).

- bei sachlicher Interaktion zwischen Personen, wo keine persönlichen und/
  oder emotionalen Beziehungen bestehen, die leistungsorientierte „equity"-
  Norm gelten;
- bei Mitgliedern einer Familie die bedürfnisorientierte „marxian"-Norm
  gelten, wonach Gratifikationen nach den jeweiligen Bedürfnissen der Einzelnen aufzuteilen seien;
- bei unfreiwilliger Interaktion die sanktionsorientierte „legal"-Norm gelten,
  wonach ein Gesetz unabhängig von Bedürfnissen oder Leistungen zu erfüllen sei.

Verschiedene empirische Untersuchungen haben gezeigt (vgl. Leventhal, 1976 a, b, 113), daß im Interesse der Zufriedenheit und Solidarität der Gruppenmitglieder vom Vorgesetzten eine Gleichverteilung der Belohnungen vorgezogen wird, die im Widerspruch zur Gleichheits-Regel steht und bei den Mitarbeitern zu Konflikten führt. Das Problem des Vorgesetzten bei einer kooperativen Führung besteht u. a. darin, die folgenden zwei inkompatiblen Normen der Belohnungserteilung miteinander zu verbinden (Leventhal, 1976 a, 114 f.):

(1) *Ausgleichs-Norm, um Unzufriedenheit und Konflikte zu minimieren*
(2) *Gleichheits-Norm, um Leistung und Zufriedenheit zu maximieren.*

In beiden Normen spiegeln sich auch die klassischen Führungsdimensionen der Mitarbeiter- und Sachaufgabenorientierung wider (vgl. Kap. G).

6.5. Bewertung

Die Interaktionstheorie, insbesondere ihre austauschorientierte Version, ist hervorragend geeignet, Macht, Einfluß, Kooperation und Konkurrenz zu beschreiben und zu erklären (vgl. Jones/Gerard, 1967; Irle, 1975). Die Interpretation des Verhaltens nach ausschließlich ökonomischen Kriterien — ein immer wieder erhobener Einwand gegen die Austausch-Theorie — wird durch die Einbeziehung der lerntheoretischen Verstärkungstheorie gemildert. Viele experimentelle Studien konnten Hypothesen der Austausch-Theorie stützen (vgl. Jones/Gerard, 1967; Shaw/Constanzo, 1970, 101; Berkowitz/Walster, 1976; Chadwick-Jones, 1976; Crott, 1979).

Nachteilig ist jedoch die Tatsache, daß sich die Austausch-Theorie bislang auf zweiseitige (dyadische) Interaktionen beschränkte. Freilich ist der heuristische Wert dieser Theorie groß genug, um auch Gruppenprozesse einzubeziehen.

7. Psychoanalytische Beiträge zur Führung

Bedeutung der psychoanalytischen Theorie

Die Psychoanalyse versteht sich nicht nur als psychotherapeutische Methode, sondern auch als psychologische Theorie, die einen wesentlichen Beitrag zur Allgemeinen Psychologie und Sozialpsychologie geleistet hat. Psychoanalytische Theorien basieren auf Untersuchungsmethoden, die unbewußte Bedeutungen von Reden, Handlungen, Träumen, Phantasien usw. von Individuen und Gruppen herausstellen (vgl. Laplanche/Pontalis, 1972, 410f.; Freud, 1916; Brenner, 1976).

7.1. Die psychoanalytische Sichtweise

Psychoanalytische Theorien (Varianten können hier nicht dargestellt werden, vgl. u. a. Blum, 1953; Ellenberger, 1970; Wyss, 1972) sehen die individuelle Entwicklung der Person als komplexe Interaktion zwischen ihren Bedürfnissen (bzw. Bedürfnissen nach befriedigenden, emotionalen zwischenmenschlichen Beziehungen, vgl. Guntrip, 1961, 351ff.), ihrer sich entwickelnden Persönlichkeit und ihren sich verändernden Beziehungen zu wichtigen Personen ihrer Umgebung (in der Kindheit besonders den Familienmitgliedern). Oft werden in der Gegenwart ablaufende Interaktionsprozesse und ihre symbolische und emotionale Qualität erst vor dem Hintergrund dieser individuellen Entwicklungsgeschichte verständlich (genetischer Aspekt der Psychoanalyse).

Aus psychoanalytischer Sicht sind den Beteiligten im Führungsprozeß die Gründe für ihr eigenes Verhalten nicht immer in vollem Umfang bewußt. Neben rationalen Zielen bestimmen unbewußte Phantasien, Ängste und Erwartungen die Interaktion; daher betrachtet die Psychoanalyse die Selbst- und Situationsdefinitionen von Interagierenden grundsätzlich als problematisierbar.

Konflikte werden als konstitutiv für den Menschen betrachtet (dynamischer Aspekt). Konflikte, als gegensätzliche innere Forderungen im Subjekt, können direkt sichtbar werden als „Widerstreit von Wunschregungen" (Freud, 1916/1917, 362) zwischen Wunsch und moralischer Forderung oder zwischen widersprüchlichen Gefühlen. Sie können auch als latente Konflikte in entstellter Gestalt in manifesten Konflikten ausgedrückt werden (Symptombildung, Verhaltens- und Beziehungsstörungen). Ein bekanntes Beispiel dafür sind die „Fehlleistungen" (Freud, 1904), in denen ein verdrängter, nicht bewußt wahrgenommener Denk-Inhalt sich gegen die bewußte Kontrolle durchsetzt.

Konflikte

7.2. Die psychoanalytische „Führungstheorie"

Psychoanalytische Theorien können in größerem Umfange Führungsphänomene erklären als bisher vermutet wurde (Ansätze bei Hofmann, 1972; Levinson, 1968; Zaleznik, 1966; Zaleznik/Moment, 1964; u. a.). Freud selbst hat Führungsprobleme kaum diskutiert (Veszy-Wagner, 1968, 145). Er hat auch keine explizite Führungstheorie entworfen, wie Neuberger (1976, 237) irrtümlich annimmt (zur Würdigung von Freud im historischen Zusammenhang vgl. Glaser, 1976, 211f; Ellenberger, 1970).

Führungsbeziehungen aus psychoanalytischer Sicht

Einige psychoanalytische Aspekte der Führung sollen in Kap. I behandelt werden, so z. B. die persönliche und berufliche Identitätsentwicklung von Vorgesetzten, typische intrapsychische Konflikte des Führers, Entwicklungsprozesse von und in Gruppen, Gruppenkonflikte, Angstabwehr und Angstvermeidung (vgl. Grunwald, 1976). An dieser Stelle seien aus psychoanalytischer Sicht die für die Führungsbeziehung zentralen Prozesse dargestellt, nämlich Identifizierung, Identifikation mit dem Aggressor, Übertragung und Gruppenbildung.

7.2.1. Der Begriff „Identifizierung"

Identifizierung

„Identifizierung" ist ein „psychologischer Vorgang, durch den ein Subjekt einen Aspekt, eine Eigenschaft, ein Attribut des anderen assimiliert und sich vollständig oder teilweise nach dem Vorbild des anderen umwandelt" (Laplanche/Pontalis, 1972, 219). Der Begriff kennzeichnet also eine Veränderung in der eigenen Selbstvorstellung. Sie wird modelliert nach persönlichen, unbewußt ausgebildeten Versionen signifikanter Personen des realen (z. B. Vater, Vorgesetzter) oder imaginierten (z. B. fiktive oder historische Charaktere) Lebens (Schafer, 1976, 161). Der Begriff Identifizierung entspricht psychologischen Begriffen wie Imitation, Einfühlung (Empathie), Sympathie, seelische Ansteckung (Laplanche/Pontalis, 1972, 220), die jedoch in anderen theoretischen Bezugsrahmen stehen (vgl. Kap. I).

7.2.2. Identifizierung in der Führungsbeziehung

Identifikatorische Prozesse sind mit Lernprozessen verbunden. Erwachsene übernehmen in selektiver Weise vorwiegend Merkmale einer anderen Person, die ihrer Entwicklungsstufe und ihren bereits erworbenen Fähigkeiten entsprechen. Die persönliche Entwicklung ist ein kontinuierlicher Prozeß vor dem Hintergrund vergangener Erfahrungen. In Organisationen ist es oft der Vorgesetzte, an dem sich Mitarbeiter orientieren und von dem sie i. S. eines Vorbildes erwünschte Fähigkeiten und Verhaltensweisen übernehmen.

Aus psychoanalytischer Sicht akzeptiert der „Vorgesetzte als Lehrer" Bedürfnisse des Mitarbeiters nach Fürsorge, persönlicher Identitätsentwicklung und Selbständigkeit (z. B. Bedürfnisse nach Verbundenheit, sozialer Nähe und Distanz, nach Zufriedenheit, Unterstützung, Schutz, Konfrontation mit der Realität, vgl. Levinson, 1968).

7.2.3. Übertragung

Übertragungsprozesse in Organisationen

Die reale Fähigkeit des Vorgesetzten, aufgrund seiner Machtbefugnisse Bedürfnisse des Mitarbeiters zu befriedigen oder zu versagen, läßt oft eine „Vater-Sohn-Beziehung" entstehen mit ihren für die professionelle und persönliche Entwicklung günstigen Bedingungen, aber auch mit Gefühlen der Feindschaft, Rivalität und Aggression. Der Anteil freundlicher oder aggressiver Gefühle, der nicht aus der aktuellen Situation erklärt werden kann, sondern der das Wiedererleben vergangener Beziehungen anzeigt, wird als „Übertragung" bezeichnet. Dabei werden Wünsche, Hoffnungen und Ängste, die vergangenen Situationen entsprachen, in die Gegenwart, und zwar auf den Vorgesetzten oder andere Mitarbeiter übertragen. Für den Interaktionspartner ist es schwierig, sich diesen Übertragungen zu entziehen, insbesondere dann, wenn diese Beziehung – aus welchen Gründen auch immer – von beiden nicht wahrgenommen wird oder werden darf.

Übertragungsprozesse sind nicht auf Autoritätsbeziehungen beschränkt. Eine Gruppe von Kollegen kann z. B. auf eine Weise handeln und reagieren, die an Geschwisterrivalitäten erinnert. Wenn Eifersüchteleien und Wettbewerb dominieren, die durch situationale Bedingungen nicht gerechtfertigt werden können, oder wenn eine Gruppe sich weigert, die von der Aufgabe her notwendigen Rollen- und Statusdifferenzierungen zuzulassen und auf der Gleichheit aller besteht, kann eine Geschwisterübertragung vorliegen. Neben Vorgesetzten und Kollegen können auch die Gesamtgruppe oder die Organisation das Ziel von Übertragungen sein (Fürstenau, 1970; Kutter, 1973).

7.2.4. Identifikation mit dem „Aggressor"

Identifikationsprozesse setzen eine emotionale wechselseitige Beziehung voraus. Wenn dagegen Vorgesetzte ihre Untergebenen einseitig ihren eigenen Bedürfnissen und Zielen unterwerfen oder sie in aggressiver Weise in ihrem Verhaltensrepertoire einschränken, degeneriert Identifikation zur Imitation. Statt die vom Vorgesetzten ausgelöste Angst zu ertragen, übernehmen die Mitarbeiter dessen Verhaltensweisen und verwandeln sich unbewußt von der bedrohten in die bedrohende Person (Freud, 1936). Das Resultat wird umgangssprachlich als „Radfahrertum" beschrieben: Die Aggression gegen den eigenen Vorgesetzten wird nach „unten" auf die eigenen Mitarbeiter verschoben.

Identifikation mit dem Vorgesetzten

7.2.5. Die Gruppenbildung um eine zentrale Person

Freud (1921) interpretierte die Kohäsion von Massen (und Organisationen wie Kirche und Heer) als einen Prozeß, in dem die Mitglieder den gemeinsamen Führer an die Stelle des eigenen Ich-Ideals setzen und sich mit ihm und miteinander identifizieren. Redl (1942) erweitert dieses Konzept und überträgt es auf das Entstehen von Kleingruppen. Er nennt Bedürfnisbefriedigung und Ichstützung als weitere Prozesse, die in potentiellen Gruppenmitgliedern Emotionen wecken, die der Gruppenführer auf sich zieht und somit den Gruppenbildungsprozeß einleitet. Redl differenziert zwischen 10 verschiedenen Führerrollen, wie z. B. Patriarch, Tyrann, Liebesobjekt, Organisator, Held, Verführer usw. und prägt für den Führer als Mittelpunkt der Gruppenbildung den Begriff der „zentralen Person".

Führer und Gruppenbildung

Aus psychoanalytischer Sicht widerspricht die Rolle des Führers als „zentraler Person", für Gruppenbildung und -existenz zu sorgen, keineswegs der Aufteilung von Führungsfunktionen und ihrer abwechselnden Übernahme durch Gruppenmitglieder im Entwicklungsprozeß (Kanter, 1976).

7.2.6. Das Konzept der Gesamtgruppe

Gesamtgruppenprozesse

Die Bezeichnung „Gruppe" als eine ihren Mitgliedern gemeinsame Vorstellungseinheit wurde von Bion (1961) in die psychoanalytische Literatur eingeführt. Er beobachtete und beschrieb unbewußte emotionale Bewegungen der Gesamtgruppe im Verlauf der Auseinandersetzung mit ihrem Entwicklungsprozeß (Abhängigkeit, Kampf-Flucht, Paarbildung). Bions Ansatz wurde von Slater (1970) und besonders von französischen Gruppenforschern (Anzieu et al., 1972; Pagès, 1974) weiter ausgebaut.

Auf eher dem Bewußtsein zugängliche Gesamtgruppenprozesse richten sich die Konzepte des Gruppen-Lokalkonflikts (Stock-Whitaker/Liebermann, 1965) und der gemeinsamen Gruppenspannung (Ezriel, 1950), die einen aktuellen, die Entwicklung blockierenden Konflikt der Gruppe erfassen (vgl. Heigl-Evers, 1972).

7.3. Bewertung

Kritik der psychoanalytischen Führungstheorie

Die hier skizzierten Prozesse der Führungsbeziehung und Gruppenentwicklung wurden in der Regel von psychotherapeutisch orientierten Forschern beschrieben. Es sollte jedoch gezeigt werden, daß die beschriebenen Prozesse der Identifizierung, Übertragung und Gesamtgruppenentwicklung nicht nur in psychotherapeutischen Situationen auftreten.

In Organisationen wird allerdings diesen Prozessen nicht nur wenig Aufmerksamkeit gewidmet, sondern es werden in Organisationen viele Techniken und Methoden ausgebildet, um die z. T. unbewußten zwischenmenschlichen Prozesse einzugrenzen und zu verdrängen (Kutter, 1973). Der Vergleich mechanistischer und organischer Managementsysteme aus soziologischer Sicht (Burns/Stalker, 1961) zeigt Bedingungen und Folgen auf, ob unbewußte Prozesse als verunsichernd ertragen und kreativ wirksam werden oder zu Verdrängungen und damit zu rigiden Strukturen führen (vgl. Kap. I, M).

Psychoanalytische Beiträge zur Führungsforschung unterstützen selten Forderungen nach Operationalisierung und Quantifizierung ihrer Grundaussagen. Dafür sind sie geeignet, das Verständnis für jene subtilen Führungsprozesse zu fördern, die mit rein sachlogischen und empiristischen Verhaltenserklärungen nur unzureichend erfaßt werden können.

8. Wissenschaftstheoretische Bewertung der Führungstheorien

(vgl. dazu Kap. B 1.2., 1.5.2.; Shaw/Costanzo, 1970)

Vergleich der Analyse-Ebenen

Zusammenfassung: Bewertung und vergleichende Beurteilung der Theorien sind im strengen Sinne nur möglich, wenn sie vor dem Hintergrund ein und derselben Bezugsbasis erfolgen. Die Wahl einer Theorie wird letztlich davon

8. Wissenschaftstheoretische Bewertung der Führungstheorien

Theorien	Informations-gehalt	Integrations-wert	Empirischer Wert	Sparsamkeit	Heuristi-scher Wert	Praktische Relevanz	Ideologischer Gehalt
Eigenschaftstheorie	m	g	g	h	g	g	h
Rollentheorie	h – m	h	h – m	h	h	h – m	h – m
Situationstheorie	m – g	m – g	h	h	h – m	h – m	m
Motivationstheorie	h	h – m	m	m	h	h – m	h – m
Verhaltenstheorie	h	g	m – g	m	m	m	g
Interaktionstheorie	h	h	h – m	h – m	h	h	g
Psychoanalytische Theorie	m	h	g	g	h	m – g	h

Legende: h = hoch, m = mittel, g = gering

Abb. E-8-1: Wissenschaftstheoretische Bewertung der Führungstheorien

Führungs-Theorien	beschreibend	erklärend	spekulativ	normativ	pragmatisch
Eigenschaftstheorie	g	m-g	h	h	m-g
Rollentheorie	m	m	g	m	h
Situationstheorie	h	m-h	g	g	g
Motivationstheorie	g	h	m-h	g	m-h
Verhaltenstheorie	h	g	g	m-h	m
Interaktionstheorie	h	h	h-m	m-h	m-g
Psychoanalytische Theorie	h	g	h	h	g

Abb. E-8-2: Vergleich der Analyse-Ebenen

bedingt, wie die Problemstellung lautet und was man wissen möchte (Bühl, 1976, 136)

Die qualitative Bewertung der Theorien hängt im wesentlichen von der Gewichtung der einzelnen wissenschaftstheoretischen Gütekriterien ab. Wir gehen in Abb. E-8-1/2 von einer Gleichgewichtigkeit der Kriterien aus (vgl. Kap. B 1.5.2.).

Auf den ersten Blick zeigt sich, daß die Rollen- und Interaktionstheorie den wissenschaftstheoretischen Güte-Kriterien am besten entsprechen. In den folgenden Kapiteln werden wir − soweit es die Fragestellung erfordert − alle aufgeführten Theorien zur Beschreibung und Erklärung der Führung heranziehen, wobei der interaktionstheoretischen Betrachtungsweise der Vorrang eingeräumt wird. Es sei jedoch darauf hingewiesen, daß die o. a. Theorien − trotz aller Unterschiedlichkeit in den Grundannahmen und in der Sprache − im Hinblick auf die Lösung komplexer Führungsprobleme als komplementär betrachtet werden müssen.

Ausgewählte Literatur

Zu Abschnitt 1: Eigenschaftstheorie der Führung
Graumann, C. F.: Eigenschaften als Problem der Persönlichkeitsforschung, in: Lersch, P. H. und H. Thomae (Hrsg.): Handbuch der Psychologie Bd. 4 Göttingen 1960, 87-154.
Neuberger, O.: Führungsverhalten und Führungserfolg. Berlin 1976.
Stogdill, R. M.: Handbook of leadership. New York 1974.

Zu Abschnitt 2: Rollentheorie der Führung
Neuberger, O.: Führungsverhalten und Führungserfolg. Berlin 1976.
Paschen, K.: Führerspezialisierung und Führungsorganisation, Köln 1978.
Wiswede, G.: Rollentheorie. Stuttgart 1977.

Zu Abschnitt 3: Situationstheorie der Führung
Aschauer, E.: Führung. Stuttgart 1970.
Gibb, C. A.: Leadership, in: Lindzey, G. und E. Aronson (Eds.): The Handbook of Social Psychology Vol. 4, Read., Mass. 1969. 205-282.

Zu Abschnitt 4: Weg-Ziel-Theorie der Führung
Gebert, D.: Zur Erarbeitung und Einführung einer neuen Führungskonzeption. Berlin 1976.
Neuberger, O.: Theorien der Arbeitszufriedenheit. Stuttgart 1974 a.
Steers, R. M. und L. W. Porter (Eds.): Motivation and work behavior. New York 1975.

Zu Abschnitt 5: Verhaltenstheorie der Führung
Neuberger, O.: Führungsverhalten und Führungserfolg. Berlin 1976.
Yukl. G.: Toward a behavioral theory of leadership, Org. Behav. and Hum. Perf. 6, 1971, 414-440.

Zu Abschnitt 6: Interaktionstheorie der Führung
Chadwick-Jones, J. K.: Social exchange theory: its structure and influence in social psychology. London 1976.
Piontkowski, U.: Psychologie der Interaktion. München 1976.

Zu Abschnitt 7: Psychoanalytische Beiträge zur Führung
Brenner, C.: Grundzüge der Psychoanalyse. Frankfurt 1976.
Freud, S.: Massenpsychologie und Ich-Analyse. Frankfurt 1972.
Levinson, H.: The exceptional executive. Cambridge 1968.
Pagès, M.: Das affektive Leben der Gruppe. Stuttgart 1974.

Zu Abschnitt 8: Wissenschaftstheoretische Bewertung der Führungstheorien
Bunge, M.: Scientific Research I. Berlin/Heidelberg/New York 1967.
Shaw, M. E. und P. R. Costanzo: Theories of social psychology. New York 1970.

Kapitel F

Theorien über das Mitarbeiterverhalten (Motivationstheorien)

0. Zusammenfassung

Im ersten Abschnitt werden die mehrdeutigen Begriffe „Motivation" und „Arbeitsmotivation" definiert sowie Grundprobleme der Motivationsforschung erörtert. Sodann werden die Motivationskonzepte der „wissenschaftlichen Betriebsführung" und der „Human-Relations-Bewegung" dargestellt und kritisch gewürdigt.

Im zweiten Abschnitt werden die wichtigsten Motivationskonzepte des „Human-Resources-Ansatzes", also die Bedürfnishierarchie von Maslow und Alderfer sowie die 2-Faktoren-Theorie der Arbeitsmotivation von Herzberg, aus theoretischer und empirischer Sicht ausführlich analysiert und ihre Bedeutung für kooperative Führungsformen diskutiert. Als wesentliches Ergebnis ist festzuhalten, daß beide Theorien — ungeachtet ihrer Popularität in Forschung und Praxis — empirisch nicht hinreichend fundiert sind, um aus ihnen wissenschaftlich gesicherte Aussagen über die Erklärung oder Gestaltung von Führungsbeziehungen abzuleiten.

Im dritten Abschnitt werden deshalb einige neuere kognitive Motivationsansätze, wie z. B. Theorien zur Leistungsmotivation vorgestellt, die eher geeignet sind, grundlegende motivationale Führungsprobleme in Organisationen zu verstehen und situationsadäquater zu beeinflussen. Die formalen Theorien der Leistungsmotivation, insbesondere die Erwartungs-Wert-Theorie sowie die Attribuierungstheorie sind differenzierter und empirisch schwieriger widerlegbar als die inhaltlichen Theorien von Maslow und Herzberg, in denen auch die Bedeutung der individuellen Erwartungen sowie die Beziehung zwischen Arbeitsanstrengung und Belohnung nicht thematisiert werden.

1. Zur Arbeitsmotivation in der Managementlehre

„Management by Motivation"

In Kap. H (Managementkonzeptionen) werden die wichtigsten Management-by-Ansätze auch im Hinblick auf ihre Bedeutung für kooperative Führungsformen untersucht. An dieser Stelle seien die unter dem Sammelbegriff „management by motivation" diskutierten Beschreibungs- und Erklärungsansätze zur Arbeitsmotivation erörtert.

1. Zur Arbeitsmotivation in der Managementlehre

Das Konzept „Management durch Motivation" (Nick, 1974) hebt sich von den übrigen Managementmodellen insofern ab, als es die moderne motivationspsychologische Grundlagenforschung der Allgemeinen Psychologie sowie die Erkenntnisse der Organisationspsychologie berücksichtigt.

Die Auseinandersetzung mit Grundfragen der Motivation im allgemeinen und der Arbeitsmotivation in Organisationen im besonderen ist für das Verständnis kooperativer Führungsformen von großer Bedeutung, da sie — stärker als jede andere Führungsform — von wechselseitigen interpersonalen Einflußprozessen ausgehen. Sie stützen sich mehr auf Überzeugung und Aushandeln denn auf Drohung, Manipulation oder Zwang. Insbesondere im Hinblick auf die Förderung einer verantwortungsbewußten Entscheidungsbeteiligung und Kooperation der Mitarbeiter spielt die Berücksichtigung motivationaler Fragen eine große Rolle. So hängt beispielsweise die Motivation eines Mitarbeiters, an Entscheidungsprozessen aktiv teilzunehmen, maßgeblich davon ab, inwieweit sein Berufsinteresse und die Anforderungen der Arbeitsaufgabe übereinstimmen (vgl. Steers/Porter, 1975, 276f.).

<small>Bedeutung der Motivation in Führungsbeziehungen</small>

1.1. Zum Motivationsbegriff

Die Motivationspsychologie untersucht (Graumann, 1969)

(1) die Person
(2) was und wie sie etwas tut (Art und Intensität der Aktivität)
(3) in welcher Situation das geschieht (Art und Anzahl der Bedingungen)
(4) mit welchen Mitteln (Analyse des Gegenstandes, auf den sich das Handeln bezieht)
(5) zu welchem Zweck bzw. mit welchem Ziel sie etwas tut.

<small>Gegenstand der Motivationspsychologie</small>

Grundmerkmale motivierten Verhaltens und Erlebens sind: Aktivität, Gerichtetheit sowie Bekräftigung bzw. Schwächung.

„Motivation" (lat. movere = bewegen) ist ein komplexer und vieldeutiger theoretischer Begriff. In der Psychologie und in den Nachbarwissenschaften gibt es zahlreiche Definitionsversuche des Phänomens Motivation. Als Synonyma oder überlappende Begriffe findet man: Trieb, Bedürfnis, Wert, Wunsch, Erwartung, Disposition, Hang, Druck, Spannung, Instinkt u. ä. (vgl. Graumann, 1969; Cofer/Appley, 1964; Korman, 1974). Ohne auf die verschiedenen Definitionen und Bedeutungen der einzelnen Konzepte näher einzugehen, wollen wir uns der Definition von Jones (1955, zit. n. Lawler, 1977, 12) anschließen, wonach Motivation als Sammelbegriff für Prozesse verstanden wird, „wie das Verhalten ausgelöst wird, durch welche Kraft es getrieben wird, wie es gesteuert wird, wie es aufhört, und welche subjektiven Reaktionen während dieser Phasen im Organismus stattfinden."

<small>Definition von „Motivation"</small>

Eine Unterscheidung zwischen Motiv und Motivation wird nicht immer vorgenommen. Im allgemeinen gilt (Herber, 1976, 16; Madsen, 1968): „Der Begriff „Motiv" ist als erworbene, in einer konkreten Situation vorgegebene Handlungs*disposition* aufzufassen, während „Motivation" den Prozeß der Auslösung entsprechender Handlungs*tendenzen* (Impulse) durch situationale Reize meint".

Die Notwendigkeit der Verwendung des Motivationskonzeptes ergibt sich aus der Komplexität menschlichen Verhaltens und Erlebens, das aufgrund folgender Beobachtungen erklärungsbedürftig wird (Neuberger, 1974 a, 12):

Ursachen für die Verwendung des Motivationskonzeptes

(a) „Suchverhalten, Ausrichtung auf angestrebte Ziele
(b) Einsetzen neuer Verhaltensweisen, ohne daß dafür ein situativer Grund auszumachen ist
(c) Hervorrufen ausgeprägter Reaktionen durch sehr schwache Reize
(d) Ausdauer und Überwindung von Widerständen; Konstanz des Verhaltens in wechselnden Situationen
(e) die Intensivierung von Verhaltensweisen, ihre Verstärkung oder Energetisierung
(f) angemessenes und geordnetes Verhalten bis zu einem bestimmten ‚Abschluß' oder ‚Ziel'
(g) aus der Situation nicht verständliches, unangepaßtes Verhalten, auffällige Abweichungen vom gewohnten Verhalten
(h) subjektive Erlebnisse dranghafter, emotionaler, impulsiver Natur".

Steers/Porter (1975, 6) empfehlen zur Einordnung der verschiedenen Motivationstheorien und -modelle ein einfaches Modell des Motivationsprozesses mit folgenden grundlegenden Komponenten:
1) Bedürfnisse oder Erwartungen, 2) Verhalten, 3) Ziele 4) Feedback-Formen (vgl. Abb. F-1-1).

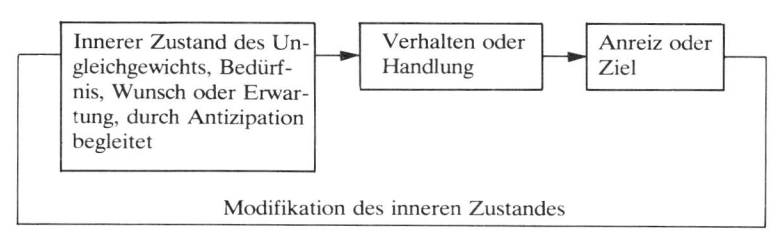

Abb. F-1-1:
Vereinfachtes Modell des Motivationsprozesses (nach Dunnete/Kirchner, 1965, zit. n. Steers/Porter, 1975, 7)

Probleme des Motivationskonzeptes

Ein grundlegendes Problem der Verwendung von Motivationskonzepten besteht darin, daß Motive, Bedürfnisse, Beweggründe, Dispositionen, Tendenzen etc. aus beobachtbarem Verhalten *erschlossen* werden. Die dabei auftauchenden Schwierigkeiten sind mannigfaltiger Natur (Steers/Porter, 1975, 8; Kap. E 1.):

1. Zur Arbeitsmotivation in der Managementlehre   171

(1) Einzelne Handlungen können verschiedene Motive repräsentieren,
(2) Motive können in verdeckter Form auftreten,
(3) verschiedene Motive können durch ähnliche oder identische Handlungen zum Ausdruck kommen,
(4) ähnliche Motive können in unterschiedlichem Verhalten zum Ausdruck kommen und
(5) kulturelle und persönliche Unterschiede können die Ausdrucksmodi bestimmter Motive beeinflussen.

Weiterhin wären die beträchtlichen interindividuellen Unterschiede hinsichtlich der Auswahl, Konfiguration und Intensität von Motiven in Betracht zu ziehen. Darüber hinaus können Motive miteinander in Konflikt stehen, und die Zielerreichung kann bestimmte Motive verstärken. Wie bereits im Kapitel E 1. (Eigenschaftstheorie der Führung) aufgezeigt wurde, zeigen sich ähnliche Probleme auch bei der Verwendung des Eigenschafts-Konzeptes.

Lawler (1977, 25f.) zufolge befassen sich Motivationstheorien (vgl. den Überblick bei Cofer/Appley, 1964; Madsen, 1972; Korman, 1974) vor allem mit der Beantwortung folgender Fragenkomplexe:

(1) Worauf ist es zurückzuführen, daß bestimmte Sachverhalte vom Menschen als erstrebenswert betrachtet werden?   *Fragen der Motivation*
(2) Welche Sachverhalte sind für den Menschen erstrebenswert und welche nicht?
(3) Welche Faktoren beeinflussen die Erwünschbarkeit von Sachverhalten im Laufe der Zeit, und warum unterscheiden sich Individuen hinsichtlich der Bedeutung, die sie verschiedenen Sachverhalten beimessen?

1.2. Arbeitsmotivation

Unter *Arbeitsmotivation* verstehen wir mit Neuberger (1974, 49) jenen Aspekt der Motivation, der mit dem Verhalten von Individuen in hierarchischen und arbeitsteiligen Organisationen verbunden ist. Heute setzt sich immer stärker die Auffassung durch, daß Arbeitsmotivation nicht nur ein individualpsychologisches, sondern auch ein gesellschaftliches Problem ist. Einige gesellschaftliche Einflußgrößen sind neben den wirtschaftlichen Ordnungsprinzipien, wie Kapitalismus, Leistungsprinzip etc. (Neuberger, 1974, 51):   *Definition von „Arbeitsmotivation"*

— „die Arbeitsteilung (der einzelne ist nicht in der Lage, den gesamten Produktionsprozess selbst abzuwickeln, oft genug durchschaut er ihn nicht einmal); sie hat zur Folge
— das Erfordernis der Zusammenarbeit (sei sie direkt mit einem Arbeitskollegen oder indirekt vermittelt durch Maschinen oder Anlagen); Arbeitsteilung und Zusammenarbeit führen in der Regel zu
— Fremdbestimmung des einzelnen (die sich konkretisiert in der Abhängigkeit von Maschinen und Menschen; insbesondere die fast universelle Tatsache der Hierarchie in Organisationen hat dabei eine zentrale Bedeutung);
— die Lohnabhängigkeit des einzelnen (für die überwiegende Mehrheit der Arbeitenden gibt es keine andere Möglichkeit der Daseinssicherung als den Verkauf ihrer Arbeitskraft)".

172　　　　　　　　　　　　Theorien über das Mitarbeiterverhalten (Motivationstheorien)

Diese Rahmenbedingungen sind stets im Auge zu behalten, wenn im folgenden die verschiedenen psychologischen Motivationsansätze zur Erklärung von Verhalten in Organisationen dargestellt werden, um der Gefahr des psychologischen Reduktionismus zu begegnen, der das Individuum als letzte Erklärungsinstanz betrachtet (vgl. Kap. B, M).

1.3. Das Motivationskonzept der „Wissenschaftlichen Betriebsführung"

Arbeitsmotivation in der „wiss. Betriebsführung"

Die „wissenschaftliche Betriebsführung" geht von der Grundannahme aus, eine leistungsfähige Organisation sei auch die menschlich befriedigendste, da sie Produktivität und Bezahlung der Mitarbeiter maximiere (Etzioni, 1971, 67). Oberstes Ziel der wissenschaftlichen Betriebsführung Taylorscher Provenienz war es, die Leistung der Organisation zu steigern, wobei Leistung mit Gewinnmaximierung gleichgesetzt wurde. Das diesen Bestrebungen zugrunde liegende Menschenbild war am Leitbild des „homo oeconomicus" orientiert (vgl. Kap. D). Dementsprechend wurden hauptsächlich die *formalen* Aspekte der arbeitsteiligen Aufbau- und Ablauforganisationen betont.

Das Lohn-Anreiz-Modell des Taylorismus ging von einer Interessenidentität zwischen Arbeitnehmern und Unternehmern aus, und zwar mit folgender Argumentationskette (vgl. Abb. F-1-2): (1) Wenn höhere Leistung der Arbeitnehmer aufgrund von Geldanreizen → (2) höhere Produktivität der Organisation → (3) höherer Gewinn → (4) höhere Entlohnung (Kießler/Scholl, 1976, 5)

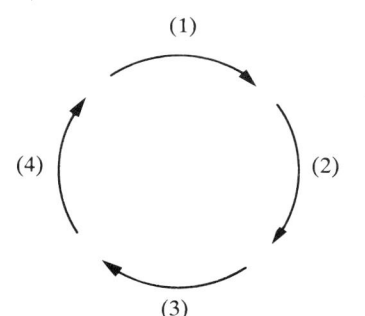

Abb. F-1-2:
Das Lohnanreiz-Modell des Taylorismus (nach Kießler/Scholl, 1976, 5)

Entgelt wurde als primärer Motivator der Arbeitsleistung angesehen. Auch wenn diese verkürzte Auffassung über die Arbeitsmotivation für die gegenwärtigen westlichen Industriegesellschaften überholt sein mag, so dürfte sie doch für die Arbeitnehmer um die Jahrhundertwende eine nicht zu unterschätzende Bedeutung gehabt haben (Murell, 1976, 28). Ohne die negativen Implikationen des Taylorismus der Gegenwart leugnen zu wollen, sei darauf hingewiesen, daß die heutige polemische Kritik an Taylors Motivationskonzept des Geldanreizes den seinerzeit vorherrschenden sozio-kulturellen Hintergrund der Arbeiterschaft aus den Augen verliert (z. B. bei Groskurth/Volpert, 1975; Kap. D).

1. Zur Arbeitsmotivation in der Managementlehre

Zusammenfassend kann die klassische tayloristische Auffassung zur Arbeitsmotivation wie folgt schematisch dargestellt werden:

```
┌─────────┐    ┌────────┐    ┌──────────────────────────────────┐
│ Entgelt │ ─► │ Anreiz │ ─► │ Erhöhte Arbeitszufriedenheit und │
│         │    │        │    │ Produktivität                    │
└─────────┘    └────────┘    └──────────────────────────────────┘
```

Abb. F-1-3:
Arbeitsmotivation im Taylorismus

1.4. Das Motivationskonzept des Human-Relations-Ansatzes

Im Gegensatz zur „Wissenschaftlichen Betriebsführung" betont die Human-Relations-Bewegung die informellen Aspekte der Arbeitsorganisation, insbesondere die individuellen Bedürfnisse der Mitarbeiter. In den Hawthorne-Studien zeigte sich, daß die Produktivität der Arbeitnehmer relativ unabhängig von Art und Ausmaß der experimentell induzierten Veränderungen der Arbeitsbedingungen variierte. Man erklärte dies als Folge der mit den Experimenten verbundenen unbeabsichtigten Beachtung der Arbeitnehmer (vgl. Kap. L). Dieser Sachverhalt ist als sogenannter *„Hawthorne-Effekt"* in die Geschichte der Sozialpsychologie eingegangen (vgl. Kap. D). Aus den Experimenten folgerte man, daß weniger der Lohn als vielmehr die Beachtung sozialer Aspekte, wie z. B. Geselligkeit in Gruppen, wechselseitige Wertschätzung und emotionale Wärme, die Arbeitszufriedenheit und mithin die Produktivität beeinflusse.

Arbeitsmotivation in der „Human-Relations-Schule"

Der Hawthorne-Effekt

Zusammenfassend kann gesagt werden, daß die Human-Relations-Bewegung die Bedeutung zwischenmenschlicher Beziehungen in Organisationen aufdeckte, nämlich (Etzioni, 1971, 59f.):

Ergebnisse der „Human-Relations-Schule"

(1) Bedeutung sozialer Normen für das Produktionsergebnis
(2) Bedeutung nicht-finanzieller Anreize für die Arbeitszufriedenheit und -leistung
(3) Bedeutung von Gruppenprozessen und -strukturen
(4) Bedeutung der formellen und informellen Führung

Die Human-Relations-Schule geht von der Grundannahme aus, daß die für die Menschen befriedigendste Organisation auch die leistungsfähigste sei (Etzioni, 1971, 67). „The key element in the human relations approach is its basic objective of making organizational members *feel* useful and important parts of the overall effort" (Miles, 1964, 49; Rose, 1975; Kap. D).

Kritik am Human-Relations-Ansatz

In der Literatur wird der Human-Relations-Ansatz dahingehend kritisiert, daß er — ungeachtet seiner Verdienste um die Erforschung der „informalen" Organisation — den Einfluß der informalen zwischenmenschlichen Beziehungen überbetont und die Erkenntnisse über die sozio-emotionalen Beziehungen im Arbeitsprozeß häufig als Manipulationsinstrument im Dienste der Produktionssteigerung bzw. Gewinnmaximierung mißbraucht.

Graphisch läßt sich das monokausale Motivationskonzept des Human-Relations-Ansatzes wie folgt darstellen (Kießler/Scholl, 1976, 7):

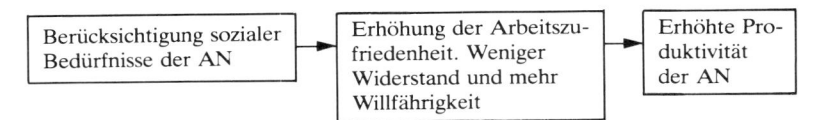

```
┌─────────────────────┐    ┌─────────────────────┐    ┌─────────────────┐
│ Berücksichtigung    │ →  │ Erhöhung der        │ →  │ Erhöhte Pro-    │
│ sozialer            │    │ Arbeitszu-          │    │ duktivität      │
│ Bedürfnisse der AN  │    │ friedenheit. Weniger│    │ der AN          │
│                     │    │ Widerstand und mehr │    │                 │
│                     │    │ Willfährigkeit      │    │                 │
└─────────────────────┘    └─────────────────────┘    └─────────────────┘
```

Abb. F-1-4:
Arbeitsmotivation in der Human-Relations-Bewegung (nach Kießler/Scholl, 1976)

2. Motivationskonzepte des Human-Resources-Modells

Arbeitsmotivation in der „Human-Resources"-Schule

Das Human-Resources-Modell ist sehr variantenreich. Miles, ein bekannter Anhänger dieser Richtung, vertritt eine eher technokratische denn humanistische Variante. Bei Miles (1965, 156) werden Organisationsmitglieder als „Reservoir unentdeckter Ressourcen" betrachtet. Wie die folgenden Aussagen zeigen, wird in der Miles'schen Auffassung die Partizipation nur empfohlen, um die Qualität der Entscheidung zu steigern (Kießler/Scholl, 1976, 27). Arbeitszufriedenheit wird lediglich als „by-product" der Ressourcennutzung gesehen.

(1) „Die Gesamtqualität von Entscheidungen und Arbeitsleistung wird sich in dem Maße verbessern, als der Vorgesetzte Gebrauch von dem vollen Umfang an Erfahrungen, Einsichten und kreativen Fähigkeiten in seinem Bereich macht.
(2) Untergebene werden verantwortliche Selbstlenkung und Selbstkontrolle beim Vollzug bedeutungsvoller Zielsetzungen ausüben, welche sie verstehen und festzulegen helfen.
(3) Die Zufriedenheit der Untergebenen wird als Nebenergebnis verbesserter Arbeitsleistung und der Gelegenheit zu kreativen Beiträgen wachsen" (Miles, 1965, 151, zit. n. Nick, 1974, 150; Schein, 1965).

Betrachtet man die Gesamtheit der Autoren, die dem Human-Resources-Ansatz zugerechnet werden, lassen sich zwei Hauptgruppen ausmachen: (a) eine sozialpsychologisch und (b) eine soziologisch ausgerichtete Forschergruppe. Zu (a): Unter dem Titel „Humanistische Modelle der Motivation in Organisationen" führen Gibson/Teasley (1973) eine Reihe einflußreicher Sozialwissenschaftler, vornehmlich Organisationspsychologen auf, welche die Bedürfnisbefriedigung der Arbeitnehmer in Arbeitsorganisationen betonen (Argyris, Bennis, Mc Gregor, Maslow, Herzberg, Likert u. a.). Zu (b): Etzioni (1971, 70) bezeichnet die soziologisch orientierten Autoren (z. B. Merton, Etzioni, Strauß u. a.) als „Strukturalisten", die durch eine Synthese der „wissenschaftlichen Betriebsführung" und der „Human-Relations-Schule" neue Ansätze entwickeln wollen (vgl. Kap. M). Erkenntnisleitende Mentoren ihrer Kritik an den beiden Ansätzen sind Karl Marx und Max Weber. Im Mittelpunkt der strukturalistischen Forschungsarbeit steht die Entfremdung des Arbeitnehmers auf-

Soziologische und sozial-psychologische Ansätze der „Human-Resources"-Schule

2. Motivationskonzepte des Human-Resources-Modells

grund von arbeitsteiligen und sinnentleerten Arbeitsprozessen, der Antagonismus zwischen Arbeit und Kapital, positive und negative Folgen interpersonaler Konflikte in Organisationen, Einfluß von Umweltvariablen auf Organisationen u. ä. (vgl. Lichtman/Hunt, 1971; Seeman, 1977; Blauner, 1964).

Das Motivationsmodell des Human-Resources-Ansatzes Miles'scher Provenienz läßt sich graphisch wie folgt darstellen (Kießler/Scholl, 1976, 31):

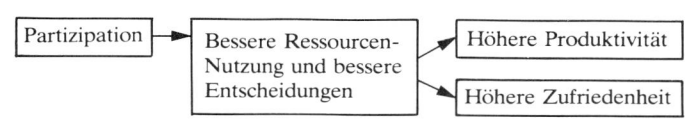

```
┌──────────────┐    ┌──────────────────┐    ┌─────────────────────┐
│ Partizipation│───▶│ Bessere Ressourcen-│──▶│ Höhere Produktivität│
└──────────────┘    │ Nutzung und bessere│   └─────────────────────┘
                    │ Entscheidungen     │   ┌─────────────────────┐
                    └──────────────────┘───▶│ Höhere Zufriedenheit│
                                             └─────────────────────┘
```

Abb. F-2-1:
Arbeitsmotivation im Human-Resources-Ansatz (nach Kießler/Scholl, 1976, 31)

Hingegen läßt sich das Motivationsmodell von Argyris, Mc Gregor, Maslow u. a. folgendermaßen veranschaulichen (Kießler/Scholl, 1976, 15):

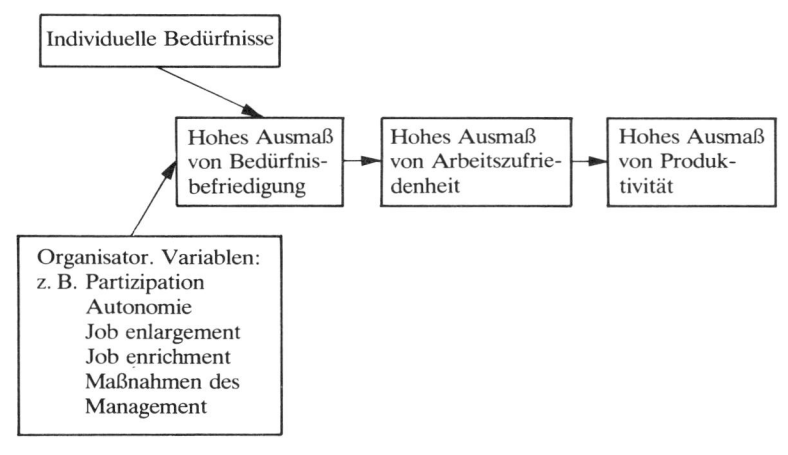

```
┌──────────────────────┐
│ Individuelle Bedürfnisse│
└──────────┬───────────┘
           │
           ▼
┌──────────────┐   ┌──────────────┐   ┌──────────────┐
│ Hohes Ausmaß │──▶│ Hohes Ausmaß │──▶│ Hohes Ausmaß │
│ von Bedürfnis-│   │ von Arbeitszufrie-│ │ von Produk- │
│ befriedigung │   │ denheit      │   │ tivität      │
└──────────────┘   └──────────────┘   └──────────────┘
           ▲
           │
┌──────────────────────┐
│ Organisator. Variablen:│
│ z. B. Partizipation  │
│      Autonomie       │
│      Job enlargement │
│      Job enrichment  │
│      Maßnahmen des   │
│      Management      │
└──────────────────────┘
```

Abb. F-2-2:
Das Motivationsmodell von Argyris, Mc Gregor und Maslow (nach Kießler/Scholl, 1976, 15).

Wir schließen uns der Kritik von Kießler/Scholl (1976, 15) an, wonach sich viele humanistisch orientierte Autoren *nur unwesentlich* von der frühen „Human-Relations-Bewegung" unterscheiden, weil a) die Organisationsstruktur weitgehend ignoriert, b) die emotionalen Aspekte der Interaktion überbetont, c) die strukturellen Aspekte der Macht und der Konflikte vernachlässigt werden und d) von einer Interessenidentität zwischen Arbeitnehmern und Management ausgegangen wird (vgl. Kap. L, M, O).

2.1. Die Motivationstheorie Maslows

Motivationstheorie von A. Maslow

Die einflußreichste Motivationstheorie in der gegenwärtigen Mangementliteratur ist zweifellos die Persönlichkeits- und Motivationstheorie von A. H. Maslow (1970). Maslow ist von Hause aus klinischer Psychologe und ein Vertreter der „Humanistischen Psychologie" im Gefolge von Rogers, Goldstein, Fromm, Allport, Bugenthal u. a. (vgl. Grundwert: Selbstverwirklichung, Kap. K.).

Maslows Motivationstheorie ist stark beeinflußt von der Existentialphilosophie und der Psychoanalyse (vgl. Ruitenbeek, 1964, 310f.). Im folgenden sei nur der wichtigste Teil seiner Theorie skizziert, nämlich die Bedürfnishierarchie, da hierzu bereits ausführliche deutschsprachige Darstellungen vorliegen (für viele v. Rosenstiel, 1975; Neuberger 1974; Steinle, 1975; Bruggemann et al., 1975). Im Rahmen dieser Arbeit soll jedoch auf den Erklärungs- und Prognosegehalt der Theorie der Bedürfnishierarchie näher eingegangen werden, da z. B. die vielzitierte Theorie „Y" von Mc Gregor (1960) auf ihr basiert, welche für die Legitimation kooperativer Führungsformen häufig herangezogen wird.

Bedürfnishierarchie von Maslow

Die meisten organisationspsychologischen und betriebswirtschaftlichen Autoren berufen sich im Zusammenhang mit der Rechtfertigung kooperativer Führungsformen auf die Notwendigkeit, die „höheren" Bedürfnisse des Menschen, insbesondere sein Selbstverwirklichungsbedürfnis, zu berücksichtigen. Theoretische Grundlage dieser Auffassung ist die Bedürfnishierarchie Maslows, deren Bedürfnisklassen gemeinhin als Pyramide veranschaulicht werden (Abb. F-2-3; Neuberger, 1974a, 103):

```
                    /\
                   /  \
                  / Be-\
                 /dürfnis\           } Wachstums-
                /nach Selbst\          Motive
               /verwirklichung\
              /----------------\
             /  Ich-Bedürfnisse  \
            /--------------------\
           /   Soziale Bedürfnisse \    } Defizit-
          /------------------------\     Motive
         /   Sicherheits-Bedürfnisse \
        /----------------------------\
       / fundamentale physiologische  \
      /         Bedürfnisse            \
     /--------------------------------- \
```

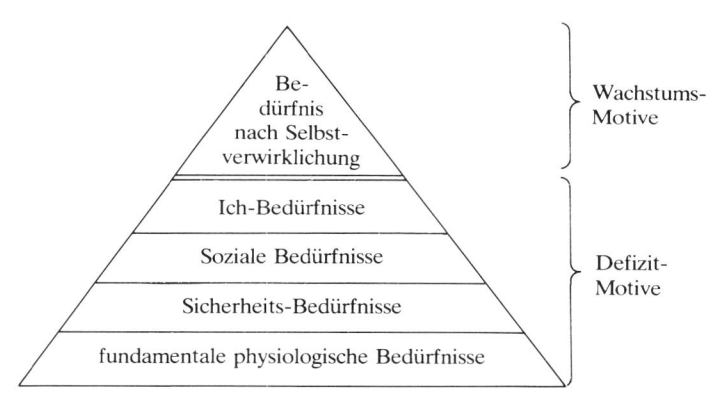

Abb. F-2-3:
Die Bedürfnishierarchie nach Maslow

Zuweilen wird die Bedürfnishierarchie etwas realitätsgerechter wie folgt dargestellt (Nick, 1974, 31):

Defizit- und Wachstumsbedürfnisse

Maslow geht davon aus, daß der Wunsch nach Befriedigung der höheren Bedürfnisse die Befriedigung der niedrigen Bedürfnisse voraussetze. Sobald eine Bedürfniskategorie einer niedrigen Ebene befriedigt sei, würde die Befriedi-

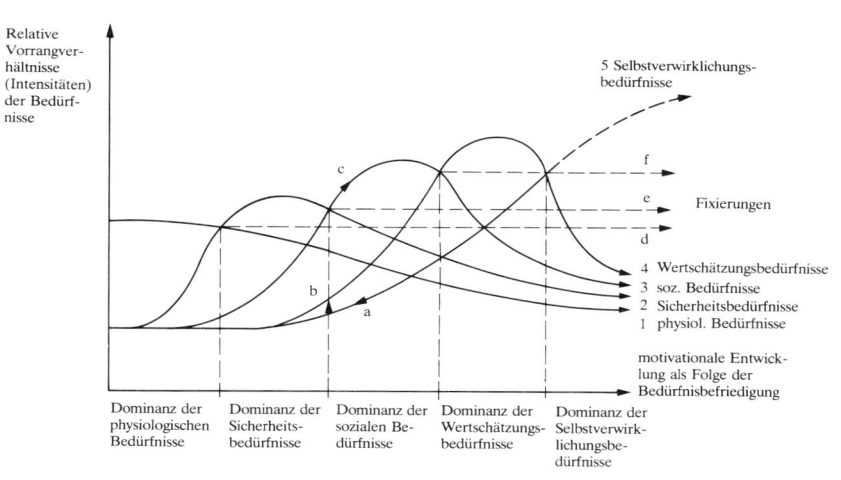

2. Motivationskonzepte des Human-Resources-Modells

Abb. F-2-4:
Die relativen Vorrangverhältnisse menschlicher Bedürfnisse (nach Nick, 1974, 31)

Beziehung zwischen Bedürfnissen

gung der Bedürfnisse der nächst-höheren Ebene angestrebt. D. h. höhere Bedürfnisse würden erst nach Befriedigung der niedrigen Bedürfnisse motivationale Bedeutung erlangen. Dabei gelte für sog. Defizitbedürfnisse die Maxime: *„Ein befriedigtes Bedürfnis* motiviert nicht" (z. B. Sicherheits- und Sozialbedürfnisse). Diese Regel treffe jedoch *nicht* auf das Selbstverwirklichungsbedürfnis zu. Maslow zufolge handelt es sich hierbei um ein sogenanntes Wachstumbedürfnis, dessen zunehmende Befriedigung nicht zu einer Verringerung, sondern zu einer Erhöhung der Motivationsstärke führe.

„Wachstum ist vielmehr eine kontinuierliche, mehr oder weniger stetige Aufwärts- oder Vorwärtsentwicklung. Je mehr einer erhält, desto mehr wünscht er sich. Dieses Wünschen ist unbegrenzt, es kann niemals erfüllt oder befriedigt werden" (Maslow, 1962, 31, zit. n. Alderfer, 1969, 155).

Huizinga (1970, 20f., 181f.) kritisiert, daß die Bedürfnistheorie Maslows in der Literatur häufig simplifizierend dargestellt wird. Es werde nicht zwischen *Vorrangigkeit* (prepotency) und *Stärke* (strength) der Bedürfnisse unterschieden. Vorrangigkeit der Bedürfnisse würde vielmehr häufig i. S. von „stärker" interpretiert (vgl. Herzberg et al., 1959; Cofer/Appley, 1964; Friedlander, 1965), wodurch der dynamische Charakter der Bedürfnistheorie nur unzureichend berücksichtigt werde. Es sei zu beachten, daß die niedrigen Bedürfnisse nicht wirksam würden, solange diese befriedigt seien. Dagegen hätten die Bedürfnisse höherer Ordnung eine größere Stärke als diejenigen niedriger Ordnung.

Kritik an Maslow

Da das Selbstverwirklichungsbedürfnis in der Managementliteratur und in unserer Konzeption der kooperativen Führung als Selbstverwirklichungsprinzip einen zentralen Stellenwert einnimmt, soll es kurz charakterisiert werden (vgl. ausführlich Kap. K 5).

Selbstverwirklichungsbedürfnis

Selbstverwirklichung begreift Maslow als „fortschreitende Verwirklichung der Möglichkeiten, Fähigkeiten und Talente, als Erfüllung einer Mission oder einer Berufung, eines Geschicks, eines Schicksals, eines Auftrags, als bessere Kenntnis und Aufnahme der eigenen inneren Natur, als eine ständige Tendenz zur Einheit, Integration oder Synergie innerhalb der Persönlichkeit" (Maslow, 1973, 41, zit. n. Neuberger, 1974a, 105).

2.1.1. Bewertung der Bedürfnishierarchie

Kritik der Bedürfnishierarchie

Neuberger (1974a, 107) weist in seiner ausgewogenen Kritik der Maslowschen Bedürfnishierarchie darauf hin, daß Maslow viele Bereiche des menschlichen Lebens thematisiere, die in der Philosophie- und Religionsgeschichte seit jeher eine große Rolle spielen. Allerdings seien die Selbstverwirklichungsprobleme mit den gegenwärtigen Theorien und Methoden der Sozialwissenschaften (noch) nicht zureichend erklärbar. Aber auch Maslow (1965) hat sich ausdrücklich gegen die unkritische Popularisierung seiner Motivationstheorie durch Mc Gregor (Theorie „Y") gewandt: *„After all, if we take the whole thing from Mc Gregor's point of view of a contrast between a Theory X view of human nature, a good deal of the evidence upon which he bases his conclusions comes from my researches and may papers on motivations, self-actualization, et cetera. But I of all people should know just how shaky this foundation is a final foundation. My work on motivations came from the clinic, from a study of neurotic people. The carry-over of this theory to the industrial situation has some support from industrial studies, but certainly I would like to see a lot more studies of this kind before feeling finally convinced that this carry-over from the study of neurosis to the study of labor in factories is legitimate"* (Maslow, 1965, 55f.).

Die große Verbreitung dieser Theorie in der Managementliteratur und -praxis ist letztlich auf ihre Einfachheit und Verständlichkeit zurückzuführen, die dem „common sense" und dem Wertsystem der Praktiker entgegenkommt.

Kritik des Motivationskonzepts von Maslow

Jedoch lassen sich gegen Maslows Motivationstheorie schwerwiegende Einwände vorbringen (für viele Neuberger, 1974a, 107f.; v. Rosenstiel, 1975; Kießler/Scholl, 1976, 10; Alderfer, 1969; Cofer/Appley, 1964; Locke, 1976; Wahba/Bridwell, 1976):

(1) Maslows Motivations- und Persönlichkeitstheorie ist an den Idealen der amerikanischen Mittelschicht orientiert und somit hoch kulturspezifisch.

(2) Das Selbstverwirklichungskonzept ist extrem vage und mehrdeutig.

Daß diese Kritik nicht übertrieben ist, zeigen die metaphysisch anmutenden Äußerungen Maslows zum Selbstverwirklichungskonzept. So schreibt er, Selbstverwirklichung sei

„eine Episode oder eine kurze Anstrengung..., in der die Kräfte eines Menschen sich in einer besonders wirkungsvollen und immens genußreichen Weise vereinen und in der er integrierter und weniger gespalten ist, offener für die Erfahrung, idiosynkratischer, vollkommener expressiv oder spontan, voll funktionierend, kreativer, humorvoller, ichtranszendierender, unabhängiger von den niedrigeren Bedürf-

2. Motivationskonzepte des Human-Resources-Modells

nissen etc. ... er ... kommt dem Kern seines Seins näher, wird menschlicher" (1973, 108; zitiert nach Neuberger, 1974a, 106; vgl. Kritik bei v. Rosenstiel, 1975, 23f.).

(3) Es werden die Bedingungen nicht angegeben, wann ein bestimmtes Bedürfnis vorliegt und wann nicht.

(4) Das Bedürfniskonzept ist für die Erklärung und Vorhersage menschlichen Verhaltens wenig geeignet, da jedweder neutrale Reiz, der auf einen primären Verstärker (z. B. Nahrung, Zuwendung etc.) konditioniert wird, zu einer Bedürfniskategorie werden kann. Für die Forschung und Praxis erscheint es daher sinnvoller, das Bedürfniskonzept durch das Wert- und Einstellungskonzept zu ersetzen (vgl. Kmieciak, 1976; England, 1975; Irle, 1975).

(5) Die Maslowsche Bedürfnisklassifikation ist relativ beliebig. Die einzelnen Bedürfniskategorien überlappen sich teilweise, so daß ihr wissenschaftlicher Wert nicht viel größer ist als etwa die umfangreichen spekulativen Bedürfnis- und Triebkataloge von McDougall, Murray oder Schaffer (Alderfer, 1969; vgl. Hall/Lindzey, 1978).

(6) Die von Maslow postulierte Rangfolge der Bedürfnisbefriedigung ist – abgesehen von den physiologischen Bedürfnissen – keineswegs allgemeingültig. Realitätsgerechter dürfte vielmehr eine Konfiguration verschiedener Bedürfnisklassen sein, wonach Bedürfnisse höherer und niederer Ordnung nebeneinander existieren und simultan wirksam werden (vgl. Hall/Nougaim, 1968; Wahba/Bridwell, 1976).

(7) Die Aussage, daß zunächst physiologische Grundbedürfnisse erfüllt sein müssen, ehe die Befriedigung höherer Bedürfnisse gesucht werde, ist trivial. Sobald jedoch höhere Bedürfnisse thematisch werden, muß jede Aufzählung beliebig bleiben, da die Bedürfnisarten und deren Befriedigung erheblich intra- und interindividuell sowie situationsspezifisch variieren (Locke, 1972; 1976).

(8) Viele Formulierungen Maslows sind zirkelhaft und somit informationsleer; und viele Aussagen sind eher Appelle und Spekulationen als wohlfundierte Begründungen. Besonders die Selbstverwirklichungskonzeption ist derart vage formuliert, daß sie alles zu umschließen scheint, was als sozial erwünscht gilt. Beispiel: „A musician must make music, an artist must paint, a poet must write, if he is to be ultimately happy. What a man *can* be, he must be" (1970, 46f). Oder wenn Selbstverwirklichung als Verlangen nach Selbsterfüllung betrachtet wird, „d. h. die Tendenz, das wirklich zu werden, was man der Möglichkeit nach ist" (Maslow, 1970, 91f.).

(9) Die Vorhersage der Maslowschen Motivationstheorie, wonach mit verringerter externer Kontrolle, verringerter Arbeitsteilung etc. beim Menschen ein stärkeres Selbstverwirklichungsstreben einhergehe, kann − so Korman (1974) − .ebensogut oder besser von anderen Motivationstheorien, wie z. B. der Erwartungs-Wert-Theorie, vorhergesagt werden (vgl. Abschnitt 5).

180   Theorien über das Mitarbeiterverhalten (Motivationstheorien)

2.1.2. Empirische Überprüfungsversuche der Bedürfnishierarchie

Methodische Aspekte

Probleme der Messung von Bedürfnissen

Die empirische Überprüfung der Maslowschen Motivationstheorie stößt auf Grenzen, da die theoretische Grundkonzeption Maslows holistisch-dynamisch ist, während die gegenwärtige empirische Forschungspraxis und das vorherrschende Wissenschaftsideal am reduktionistisch-analytischen Wissenschaftsverständnis ausgerichtet sind (Huizinga, 1970, 11f.; Mertens/Fuchs, 1978). Es stehen sich somit zwei verschiedene Sprach- und Erklärungssysteme gegenüber, für die es noch keine „Übersetzungsregeln" gibt. Empirische Befunde zur Bedürfnishierarchie können deshalb keine definitiven Aussagen über deren Gültigkeit oder Ungültigkeit machen. Überdies gilt die Auffassung in der modernen Wissenschaftstheorie als allgemein akzeptiert, wonach Theorien als Ganzheit nicht widerlegbar sind, sondern allenfalls die aus ihnen abgeleiteten Einzelaussagen (vgl. Lakatos/Musgrave, 1972; Opp, 1976).

Empirische Befunde

Empirische Befunde zur Bedürfnishierarchie

Lawler/Suttle (1972) konnten aufgrund einer Befragung von 187 Führungskräften aus 2 verschiedenen Organisationen — wobei eine Gruppe nach 6 Monaten und die andere nach 12 Monaten wiederholt befragt wurde — die von Maslow postulierte Bedürfnishierarchie *nicht* bestätigen. Die Autoren glauben, daß wenig für die Annahme einer Bedürfnishierarchie oberhalb des Sicher-

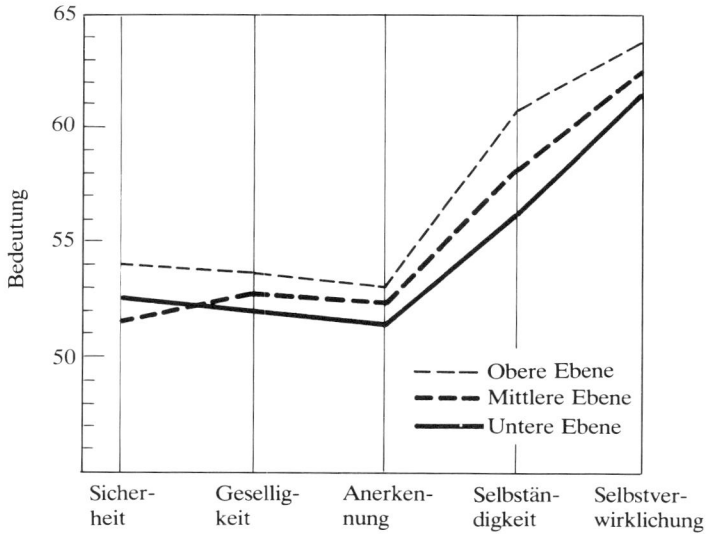

Abb. F-2-5:
Die Bedeutung der Maslowschen Bedürfnisse bei Managern (nach Porter, 1964)

2. Motivationskonzepte des Human-Resources-Modells

heitsbedürfnisses spricht. Vielmehr sei eine *zweistufige* Bedürfnishierarchie anzunehmen, und zwar mit physiologischen Sicherheitsbedürfnissen auf der unteren und Bedürfnissen höherer Ordnung auf der oberen Ebene. Zwar sei die Befriedigung niedriger Bedürfnisse Voraussetzung für das Entstehen höherer Bedürfnisse, indessen sei die Art und Rangfolge nicht vorhersagbar, da verschiedene Bedürfnisse simultan auftreten könnten. Ebenso wie Maslow interpretieren die Autoren das Selbstverwirklichungsbedürfnis als ein Wachstumsbedürfnis, das prinzipiell unbegrenzt sei (Lawler, 1973, 34f.).

Wie Abbildung F-2-5 zeigt, fand Porter (1964) bei über 1900 Managern, daß die höheren Bedürfnisse am stärksten ausgeprägt waren, wobei diese bei Managern der unteren Organisationshierarchie etwas weniger wichtig eingestuft wurden als bei Top-Managern.

Wunderer untersuchte acht Jahre später (1972) in zwei Unternehmen der Metallindustrie nach dem Konzept von Haire/Ghiselli/Porter (1966) die Motivationswünsche, -erfüllung und -frustration von Führungskräften. Dabei ergaben sich in mehreren Motivklassen tendenzielle Übereinstimmungen (vgl. Abb. F-2-6)

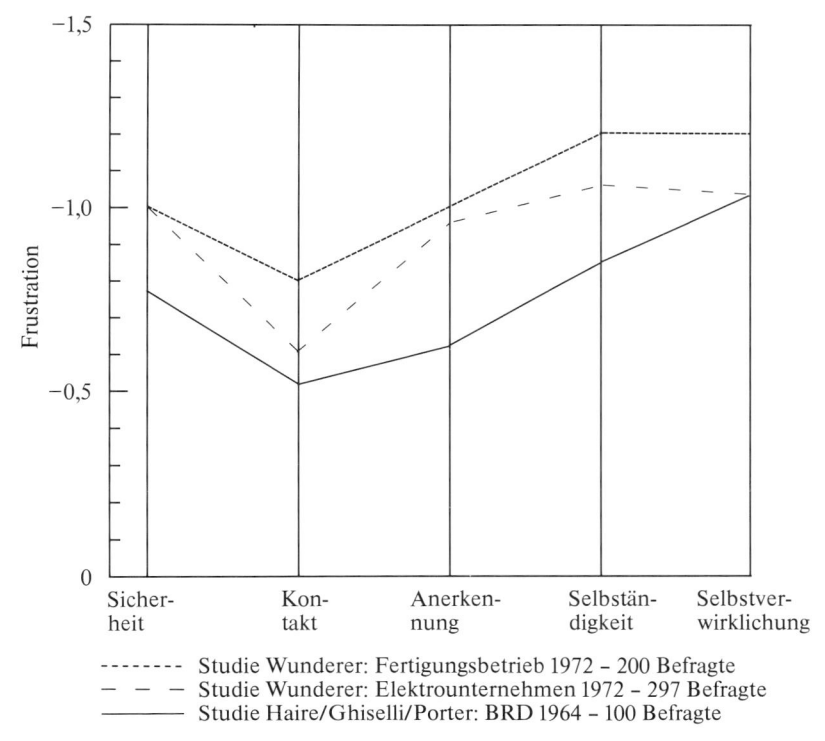

-------- Studie Wunderer: Fertigungsbetrieb 1972 – 200 Befragte
– – – Studie Wunderer: Elektrounternehmen 1972 – 297 Befragte
———— Studie Haire/Ghiselli/Porter: BRD 1964 – 100 Befragte

Abb. F-2-6:
Vergleich der Studien von Haire/Ghiselli/Porter (1966) und Wunderer (1975f) zur Motivfrustration von Führungskräften nach der Bedürfnisklassifikation von A. Maslow

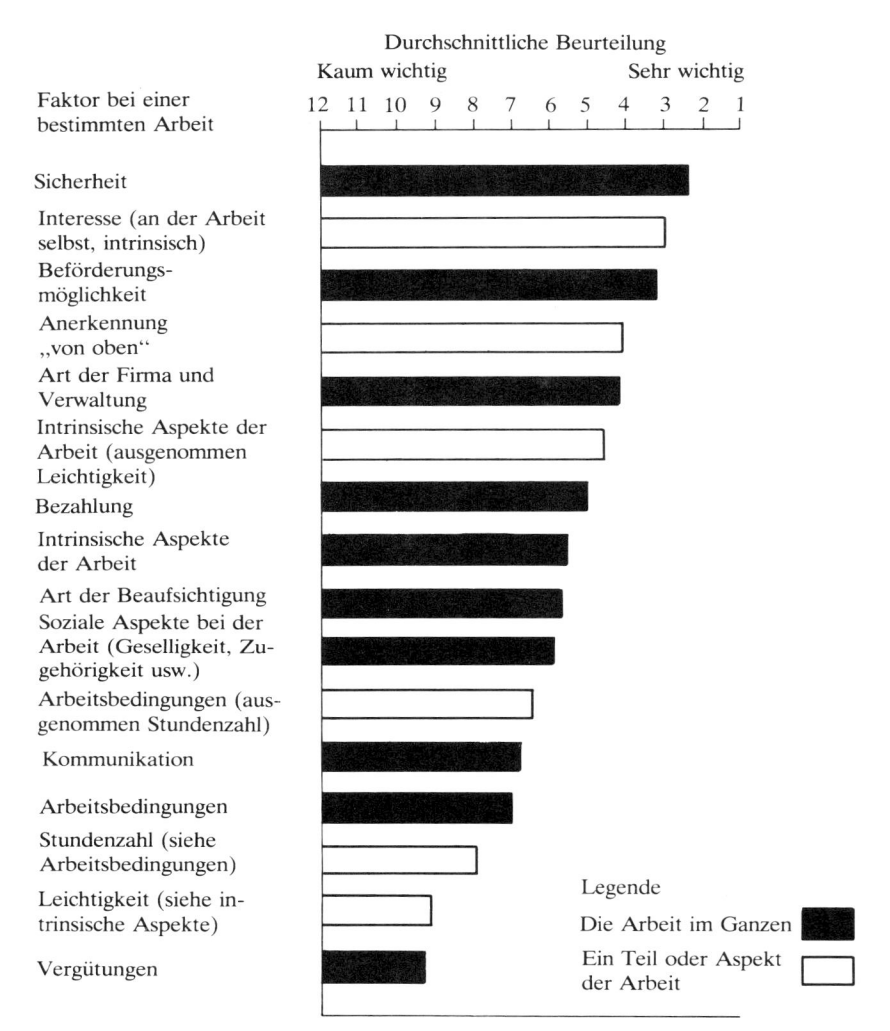

Theorien über das Mitarbeiterverhalten (Motivationstheorien)

	Durchschnittliche Beurteilung	
Faktor bei einer bestimmten Arbeit	Kaum wichtig	Sehr wichtig
Sicherheit		■■■ ca. 2,5
Interesse (an der Arbeit selbst, intrinsisch)		□□□ ca. 3
Beförderungs- möglichkeit		■■■ ca. 3
Anerkennung „von oben"		□□ ca. 4
Art der Firma und Verwaltung		■■■ ca. 4,5
Intrinsische Aspekte der Arbeit (ausgenommen Leichtigkeit)		□□ ca. 4,5
Bezahlung		■■ ca. 5
Intrinsische Aspekte der Arbeit		■■ ca. 5,5
Art der Beaufsichtigung		■■ ca. 5,5
Soziale Aspekte bei der Arbeit (Geselligkeit, Zu- gehörigkeit usw.)		■■ ca. 5,5
Arbeitsbedingungen (aus- genommen Stundenzahl)		□ ca. 6,5
Kommunikation		■ ca. 7
Arbeitsbedingungen		■ ca. 7,5
Stundenzahl (siehe Arbeitsbedingungen)		□ ca. 8,5
Leichtigkeit (siehe in- trinsische Aspekte)		□ ca. 9
Vergütungen		■ ca. 10,5

Legende
Die Arbeit im Ganzen ■
Ein Teil oder Aspekt der Arbeit □

Abb. F-2-7:
Die Bedeutung von Bedürfnissen bei Arbeitnehmern (nach Lawler, 1977, 59)

Bedeutung der Be-
dürfnishierarchie bei
Managern

Die der Abbildung F-2-7 zugrunde liegende Auswertung von 16 Studien an über 11 000 Arbeitnehmern zeigt, daß die Sicherheit des Arbeitsplatzes und das Interesse an der Arbeit zu den wichtigsten Bedürfnissen gehören. Auch wenn Verläßlichkeit, Gültigkeit und Stabilität derartiger Befragungsergebnisse aufgrund des sozio-kulturellen Wandels und konjunktureller Einflußfaktoren vorsichtig beurteilt werden müssen, zeigt sich doch eine deutliche Tendenz bei den Arbeitnehmern, sowohl höhere wie niedrigere Bedürfnisklassen als vorrangig anzugeben.

2. Motivationskonzepte des Human-Resources-Modells

Goodman (1968) konnte in seiner empirischen Untersuchung *keinen* signifikanten Unterschied zwischen den verschiedenen Bedürfnisebenen hinsichtlich ihrer Vorrangigkeit feststellen. Er untersuchte anhand eines Fragebogens die Präferenz für verschiedene Bedürfnisklassen bei 24 Technikern und 17 Fließbandarbeitern in einem mittelgroßen Elektronik-Unternehmen. Die statistische Auswertung ergab, daß die zum mittleren Niveau der Maslowschen Bedürfnishierarchie gehörenden Sicherheits-, Ich- und sozialen Bedürfnisse in keinem hierarchischen Verhältnis zueinander standen, sondern als gleichrangig eingeschätzt wurden. Von den 14 Fließbandarbeitern zeigten lediglich zwei Personen eine hierarchische Präferenz, während sie bei sieben der 24 Technikern festgestellt wurde.

Friedlander (1965) befragte 1468 Arbeiter und Angestellte über ihre Präferenz hinsichtlich bestimmter Bedürfnisklassen und kam zu folgendem Ergebnis: „Blue-collar workers place significantly higher value upon security and upon peer work-group relations, while work that offers a sense of achievement, challenge, freedom, and the use of one's best abilities is of highly significant value to white collar employees" (1965, 9).

Zu ähnlichen Ergebnissen gelangten auch Centers/Bugental (1966), Gurin et al. (1960), Blai (1964) u. a. Es sei jedoch darauf hingewiesen, daß diese Ergebnisse als Reaktion auf sozioökonomische Umstände, d. h. auf die Art und Wertschätzung der zu leistenden Aufgaben in einer Organisation interpretiert werden können. Auf keinen Fall dürfen diese Befunde als naturgesetzliche, unveränderbare Tatsachen interpretiert werden.

Hall/Nougaim (1968) führten in ihrer vielzitierten Untersuchung eine Längsschnittanalyse über einen Zeitraum von 5 Jahren durch, um die Bedürfnisstruktur und -hierarchie sowie ihre Veränderung zu messen. Es wurden 49 jüngere Führungskräfte interviewt, die sich am Anfang des 1. Jahres in einer Ausbildung befanden und nach 5 Jahren in der Organisationshierarchie um 1-2 Ebenen aufgestiegen waren. Die Antworten der Befragten wurden nach der Maslowschen Bedürfnishierarchie klassifiziert, wobei jedoch die Einstufungsübereinstimmung der Beurteiler (Interraterübereinstimmung) nur $r = 0{,}55$ betrug!

Die Autoren konnten die Bedürfnishierarchie von Maslow nicht bestätigen, da folgende Hypothesen durch die Ergebnisse der nachfolgend aufgeführten Korrelationstabellen widerlegt wurden:

(1) Innerhalb eines Jahres korrelierte die Zufriedenheit der Individuen in einer Bedürfnisklasse positiv mit der von den Individuen empfundenen Bedürfnisstärke der nächst höheren Bedürfnisklasse (vgl. Abb. F-2-8).

(2) Von einem Jahr zum nächsten korrelierte die Zufriedenheitsveränderung in einer Bedürfnisklasse positiv mit der Bedürfnisstärkenänderung der nächsthöheren Bedürfnisklasse (vgl. Abb. F-2-9).

Auch andere Autoren konnten die Bedürfnishierarchie faktorenanalytisch *nicht* bestätigen (vgl. Herman/Hulin, 1973; Payne, 1970; Roberts et al., 1971; zusammenfassend Wahba/Bridwell, 1976).

Marginalien:
- Weitere empirische Befunde zur Bedürfnishierarchie
- Fehlende empirische Bestätigung der Bedürfnishierarchie

Bed. Befriedigung \ Bed. Stärke	Sicherheits-bedürfnis	Soziale Bedürfnisse	Ich-Bedürfnisse	Selbstver-wirklichung
Sicherheitsbed.	0.26	[0.18]	0.28	0.17
soz. Bedürfn.	0.07	0.16	[0.23]	−0.00
Ich-Bedürfn.	0.09	0.15	0.54	[0.10]
Selbstverwirkl.	0.11	0.12	0.36	0.29

(Die für die Theorie der Bedürfnishierarchie bedeutsamen Korrelationen sind in der Tabelle eingerahmt)

Abb. F-2-8:
Korrelation zwischen Zufriedenheit in einer niedrigen Bedürfnisklasse und der empfundenen Wichtigkeit der nächsthöheren Bedürfnisklasse (nach Hall/Nougaim, 1968)

Veränderung der Bedürfnisbefried.	Bedürfnisstärke			
	Sicherheits-bedürfnis	Soziale Bedürfnisse	Ich-Bedürfnisse	Selbstver-wirklichung
Sicherheits	0.25	[0.22]	0.13	0.09
soz. Bedürfn.	−0.02	0.21	[0.05]	0.12
Ich-Bedürfn.	0.12	0.15	0.53	[0.20]
Selbstverw.	0.14	0.17	0.28	0.28

Die gekennzeichneten Felder zeigen die Korrelationen der beiden Hypothesen. Bemerkenswert ist, daß jede Bedürfnisklasse mit sich selbst stärker korreliert als mit den nächsthöheren Bedürfnisklassen. Dieser Befund widerspricht der Maslowschen These, daß ein befriedigtes Bedürfnis nicht motiviert.

Abb. F-2-9:
Korrelation zwischen der Zufriedenheitsänderung in einer niedrigen Bedürfnisklasse und der Bedürfnisstärkenänderung in der nächsthöheren Bedürfnisklasse (nach Hall/Nougaim, 1968)

Zusammenfassung der referierten empirischen Untersuchungen zur Bedürfnishierarchie von Maslow

Autoren	Personen	Bestätigung d. Hierarchie
Lawler/Suttle (1972)	187 Führungskräfte	Nein, modifizierte 2-stufige Bedürfnishierarchie
Goodman (1968)	24 Techniker 17 Fließbandarbeiter	Nein, Gleichrangigkeit der Bedürfnisse
Friedlander (1965)	1468 Arbeiter u. Angestellte	tendenzielle Bestätigung für Angestellte; nicht jedoch für Arbeiter
Centers/Bugental (1966) Gurin et al. (1960) Blai (1964)	} ähnliche Befunde wie Friedlander	
Hall/Nougaim (1968)	49 jüngere Führungskräfte	Nein
Herzberg et al. (1957)	11000 Arbeitnehmer	Nein, höhere und niedrige Bedürfnisse gleichrangig

2.1.3. Folgerungen aus der Bedürfnishierarchie für die Führung

Obgleich die Gültigkeit der Bedürfnishierarchie aufgrund der referierten empirischen Untersuchungen nur unzureichend gestützt ist, hat Maslows Motivationstheorie beträchtlichen Einfluß auf die Literatur zur Humanisierung und Demokratisierung der Arbeitswelt sowie auf die Diskussion kooperativer Führungsformen ausgeübt. Vielen Empfehlungen zur Einführung kooperativer Führungsformen liegt die Maslowsche Bedürfnishierarchie zugrunde. Ihre große Popularität ist wohl nicht zuletzt darauf zurückzuführen, daß sie dem Praktiker wesentliche Orientierungshilfen zur Frage verspricht, wodurch Arbeitnehmer in einer arbeitsteiligen Organisation motiviert bzw. demotiviert werden.

Bedeutung des Bedürfnishierarchie-Konzepts für kooperative Führungsformen

Nach Maslow wird ein Individuum nach Befriedigung seiner niedrigen Bedürfnisse die Befriedigung der nächsthöheren Bedürfnisklasse anstreben, und zwar mit allen damit verbundenen Problemen für eine bedürfnisorientierte kooperative Führung. Da sich jedoch das Selbstverwirklichungsbedürfnis mit zunehmender Befriedigung verstärkt, müßte die Organisation − will sie die Selbstverwirklichung gewährleisten − dem Individuum stets Aufgaben übertragen, die dieses Ziel zu erreichen gestatten. Daß dieses Ziel aufgrund vielfältiger „Sachzwänge" nur partiell erreichbar ist, liegt auf der Hand (vgl. Kap. K).

Ein weiteres Problem der Maslowschen Theorie besteht darin, daß kein intersubjektiv gültiges Kriterium existiert, anhand dessen eine Messung des Selbstverwirklichungsbedürfnisses möglich wäre, da es personenspezifisch, d. h. interindividuell unterschiedlich ausgeprägt ist. Aus der Theorie der Bedürfnishierarchie folgt, daß Arbeitsunzufriedenheit, Konflikte u. ä. unvermeidbare Merkmale der Organisation sind, da das Selbstverwirklichungsbedürfnis aufgrund seines expansiven Charakters niemals endgültig befriedigt werden kann.

Von Bedeutung ist die Maslowsche Theorie für kooperative Führungsformen insofern, als sie eine humanistische Sichtweise bei der Gestaltung der Arbeitsbeziehungen fördert, wie z. B. programmatische Äußerungen Mc Gregors zur Theorie „Y" zeigen (vgl. Kap. D). Für die Unternehmenspolitik im allgemeinen und für kooperative Führungsformen im besonderen läßt sich aus der Theorie der Bedürfnishierarchie ableiten, daß niedrige Bedürfnisse *nur* mit monetären Anreizen, während höhere Bedürfnisse darüber hinaus auch *ohne* Geldanreize, etwa durch soziale Anerkennung, persönliche Entfaltungsmöglichkeiten am Arbeitsplatz etc., befriedigt werden können (Lattmann, 1974, 15).

2.2. Die E.R.G.-Theorie von Alderfer — Eine modifizierte Version der Maslowschen Bedürfnishierarchie

Alderfer (1969, 1972) reduziert die Maslowsche Bedürfnishierarchie auf drei Bedürfnisklassen, nämlich:

3 Bedürfnisklassen: Existenz-, Sozial- und Wachstumsbedürfnisse

— Existenz (*e*xistence) = physiologische Bedürfnisse, Sicherheit, Bezahlung
— sozialer Bezug (*r*eletedness) = Kontakt und Ansehen, Einfluß
— Wachstum (*g*rowth) = Selbstverwirklichung

Ziel seiner Theorie ist es, die Beziehungen zwischen Bedürfnisbefriedigung und Bedürfnisstärke aufzudecken. Diese Theorie stellt eine vielversprechende Weiterentwicklung der Bedürfnishierarchie Maslows insofern dar, als sie präzise, empirisch nachprüfbare Aussagen über die Wirkungen der Befriedigung bzw. Nicht-Befriedigung hierarchisch organisierter Bedürfnisse abzuleiten gestattet.

Alderfers Theorie macht insgesamt 7 Vorhersagen (1969, 148 f.):

7 Vorhersagen der E.R.G.-Theorie

(1) „Je weniger die E-Bedürfnisse befriedigt sind, desto stärker werden sie.
(2) Je weniger die R-Bedürfnisse befriedigt sind, desto stärker werden die E-Bedürfnisse.
(3) Je mehr die E-Bedürfnisse befriedigt sind, desto stärker werden die R-Bedürfnisse.
(4) Je weniger die R-Bedürfnisse befriedigt sind, desto stärker werden sie.
(5) Je weniger die G-Bedürfnisse befriedigt sind, desto stärker werden die R-Bedürfnisse.
(6) Je mehr die R-Bedürfnisse befriedigt sind, desto stärker werden die G-Bedürfnisse.
(7) Je mehr die G-Bedürfnisse befriedigt sind, desto stärker werden sie".

Alderfer nimmt an, daß die Bedeutung eines Bedürfnisses von der Befriedigung oder Vereitelung (Frustration) der Befriedigung der unteren oder oberen Klassen der Bedürfnishierarchie abhängt, d. h. daß die Bedürfnisklassen *aller* Hierarchieebenen *simultan* wirksam werden können. Diese Auffassung vertritt z. B. auch Barnes (1960) in seiner modifizierten Version der Maslowschen Bedürfnishierarchie.

Die oben angegebenen 7 Hauptaussagen leitet Alderfer aus 3 Prinzipien ab:

(a) 1 u. 4 folgen aus der *Frustrationshypothese,* wonach die Vereitelung einer Intention oder Handlung die Motivation (Aktivation, Erregung etc.) erhöht.

(b) 2 und 5 folgen aus der *Frustrations-Regressions-Hypothese.* Danach fällt das Individuum bei Verhinderung einer Intention oder Handlung auf eine bereits überwundene, entwicklungspsychologisch frühe Stufe zurück.

(c) 3, 6 und 7 beziehen sich auf die *Befriedigungs-Progressions-Hypothese,* die auch der Maslowschen Bedürfnishierarchie zugrunde liegt. Allerdings geht Alderfer nicht von einer strengen Bedürfnishierarchie aus, denn der Einfluß der R-Bedürfnisse setzt nicht die Befriedigung der E-Bedürfnisse voraus.

Die Bedürfnistheorie von Alderfer ist in folgendem Schema verdeutlicht (zit. n. Neuberger, 1974a, 113):

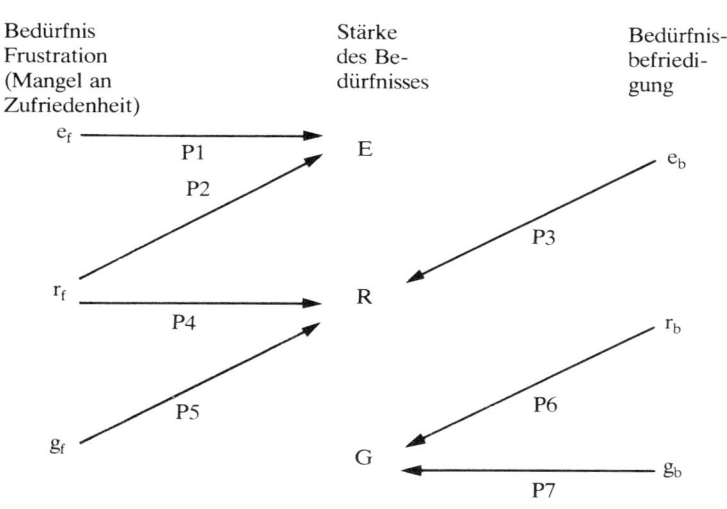

2. Motivationskonzepte des Human-Resources-Modells

| Bedürfnis Frustration (Mangel an Zufriedenheit) | Stärke des Bedürfnisses | Bedürfnisbefriedigung | Schematische Darstellung der Bedürfnistheorie von Alderfer |

```
e_f ──────P1──────→ E ←────────── e_b
         P2                P3
r_f ──────P4──────→ R ←────────── r_b
         P5                P6
g_f ──────────────→ G ←────────── g_b
                          P7
```

Abb. F-2-10:
Die Bedürfnistheorie von Alderfer

In einer ersten empirischen Untersuchung mit Interviews und Fragebogen konnte Alderfer (1969) bei 110 Bankangestellten zeigen, daß die E.R.G.-Theorie eine größere Erklärungskraft aufweist als die Theorie Maslows. Gleichwohl bleibt die Allgemeingültigkeit der E.R.G.-Theorie noch empirisch nachzuweisen. Alderfer führt den größeren empirischen Gehalt seiner Theorie auch darauf zurück, daß für sie bereits verläßliche und gültige Meßskalen entwickelt wurden, während dies für die Bedürfnishierarchie Maslows aufgrund ihrer Operationalisierungsprobleme nicht der Fall ist (1969, 172f.). In einer weiteren Studie von Schneider/Alderfer (1973) wurden insgesamt drei empirische Befunde zur Überprüfung der Maslowschen Bedürfnishierarchie vorgelegt. In der ersten Studie an 146 Krankenpflegerinnen (nurses) und in der zweiten Studie an 217 Bankangestellten konnte die Bedürfnishierarchie Maslows *nicht* gestützt werden. Lediglich in der dritten Studie an 522 Versicherungsangestellten konnten die Autoren eine Beziehung zwischen Maslows Theorie und der E.R.G.-Theorie aufzeigen.

Empirische Befunde zur E.R.G.-Theorie

1972 modifizierte Alderfer seine Theorie aufgrund verschiedener empirischer Befunde. Dabei wurden die Hauptaussagen 3 und 5 ersatzlos gestrichen; 2, 4, 6, und 7 wie folgt modifiziert (zit. n. v. Rosenstiel, 1975):

(2) „Wenn sowohl das Bedürfnis nach Selbstentfaltung als auch das nach Kontakt relativ unbefriedigt sind, wird bei vergleichsweise geringer Befriedigung des Kontaktbedürfnisses die Thematik der Selbsterhaltung verstärkt."
(4) „Wenn das Kontaktbedürfnis relativ unbefriedigt ist, wird die Kontaktthematik bei weiterer Frustration verstärkt; wenn das Kontaktbedürfnis relativ befriedigt ist, wird die Kontaktthematik bei intensiver Befriedigung weiter verstärkt".
(6) „Wenn sowohl das Bedürfnis nach Kontakt als auch das nach Selbstverwirklichung relativ befriedigt sind, wird bei stärkerer Befriedigung des Kontaktbedürfnisses die Selbstverwirklichungsthematik stärker".

(7) „Wenn das Bedürfnis nach Selbstverwirklichung relativ unbefriedigt ist, wird seine Thematik bei weiterer Frustration verstärkt; wenn es relativ befriedigt ist, wird seine Thematik bei weiterer Befriedigung verstärkt".

2.3. Die Zwei-Faktoren-Theorie der Arbeitsmotivation von Herzberg

Herzbergs Theorie der Arbeitsmotivation

Herzbergs Theorie der Arbeitsmotivation (Herzberg et al., 1959; Herzberg, 1966) gehört zu jenen humanistisch orientierten Theorien der Arbeitszufriedenheit, die vielfältige empirische Untersuchungen generiert und die Bestrebungen zur Humanisierung der Arbeitswelt maßgeblich beeinflußt haben.

Diese Theorie erlangt ihre spezifische Bedeutung durch ihr bevorzugtes Meßinstrument: die „Methode der Kritischen Ereignisse". Dabei werden die befragten Arbeitnehmer gebeten, sich an jene Ereignisse im Arbeitsleben zu erinnern, bei denen sie außergewöhnlich zufrieden oder unzufrieden waren (vgl. Neuberger, 1974 b, 61 f.; 1974 a, 119). Das halbstrukturierte Interview wurde nach einem von Herzberg et al. entwickelten Kategoriensystem ausgewertet, das zwei Gruppen von Faktoren beinhaltet;

(a) sogenannte Hygiene-Faktoren (Kontextfaktoren, „Unzufriedenmacher", dissatisfiers)
und
(b) sogenannte Motivatoren (Kontentfaktoren, „Zufriedenmacher", satisfiers).

Hygiene-Faktoren

Zu (a) *Hygiene-Faktoren*
Hygiene-Faktoren hängen nicht unmittelbar mit der Arbeit selbst zusammen, sondern stellen positive oder negative *Bedingungen* des Arbeitsvollzuges dar. Nach Herzberg gehören dazu: Gehalt, interpersonale Beziehungen mit Untergebenen, Vorgesetzten, Kollegen; Status, technische Aspekte der Führung, Firmenpolitik und -leitung, physische Arbeitsbedingungen, Arbeitsplatzsicherheit und Persönliches. Die Hygiene-Faktoren zeichnen sich dadurch aus, daß sie bei einer bestimmten negativen Ausprägung zu *Arbeitsunzufriedenheit* der Arbeitnehmer führen. Hingegen kann — Herzberg zufolge — eine außerordentlich positive Ausprägung der H-Faktoren nur Unzufriedenheit bei den Arbeitnehmern *verhindern,* indessen keine Arbeitszufriedenheit *bewirken.* Hygiene-Faktoren unterstützen lediglich die Tendenz der Arbeitnehmer, unangenehme Arbeitssituationen zu vermeiden.

Motivatoren

zu (b) *Motivatoren*
Motivatoren resultieren nach Herzberg unmittelbar aus dem Arbeitsvollzug und bedingen die *Arbeitszufriedenheit.* Zu diesen Bedingungen gehören: Leistungserfolg, Anerkennung, Arbeit selbst, Verantwortung, „Vorwärtskommen" und Entfaltungsmöglichkeiten. Ihr Fehlen führt nach Herzberg nicht etwa zu Unzufriedenheit, sondern lediglich zu Nicht-Zufriedenheit.

2. Motivationskonzepte des Human-Resources-Modells

Im Mittelpunkt der Herzbergschen Theorie steht die Aussage, daß Zufriedenheit und Unzufriedenheit *nicht* auf einem bipolaren Kontinuum angeordnet sind, wie die Abbildung zeigt:

Zufriedenheit	neutral	Unzufriedenheit

←—————————————————————————————————→

Vielmehr betrachtet Herzberg Arbeitszufriedenheit und -unzufriedenheit als zwei voneinander unabhängige Dimensionen, die durch zwei unipolare Kontinua darstellbar sind:

Arbeitszufriedenheit und -unzufriedenheit als unabhängige Dimensionen

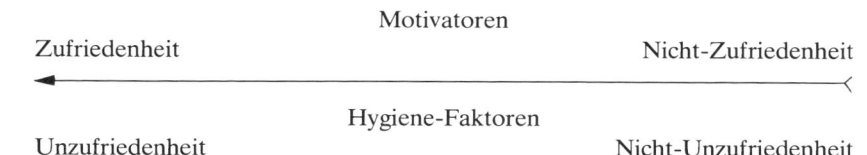

                      Motivatoren

Zufriedenheit   Nicht-Zufriedenheit

←—————————————————————————————————

                    Hygiene-Faktoren

Unzufriedenheit   Nicht-Unzufriedenheit

←—————————————————————————————————

Aus diesen Annahmen folgt die theoretisch und praktisch bedeutsame Feststellung, daß ein Arbeitnehmer zum selben Zeitpunkt sowohl sehr zufrieden als auch sehr unzufrieden sein kann. Zusammenfassend schreibt Herzberg (1966, 75f, zit. n. Neuberger 1974a, 123):

„Erstens, die Faktoren, die bei der Entstehung von Arbeitszufriedenheit beteiligt sind, waren *getrennt* und *verschieden* von den Faktoren, die zu Arbeitsunzufriedenheit führten. Da getrennte Faktoren berücksichtigt werden mußten, je nachdem, ob Arbeitszufriedenheit oder Arbeitsunzufriedenheit betroffen war, folgte, daß diese beiden Gefühle nicht das Gegenteil voneinander waren. Daher ist das Gegenteil von Arbeitszufriedenheit nicht Arbeitsunzufriedenheit, sondern *Nicht*-Arbeitszufriedenheit; in gleicher Weise ist das Gegenteil von Arbeitsunzufriedenheit *Nicht*-Arbeitsunzufriedenheit und nicht Zufriedenheit mit der Arbeit. Die Tatsache, daß Arbeitszufriedenheit aus zwei einpoligen Eigenschaften besteht, ist nicht einmalig, aber es bleibt ein schwer zu fassender Begriff".

Die Theorie Herzbergs besagt, daß die Motivatoren bzw. Hygiene-Faktoren nicht ausschließlich und in allen Fällen, sondern nur *überwiegend* zur Arbeitszufriedenheit bzw. -unzufriedenheit beitragen. Diese Einschränkung erhöht den empirischen Wert der Theorie beträchtlich.

„Nach neuesten Erkenntnissen von Herzberg (Seminar Heidelberg, Juli 1974) handelt es sich bei den Abweichungen der Motivatoren in den negativen Bereich und der Hygiene-Faktoren in den positiven Bereich um eine Abweichung gegenüber „idealen Verhältnissen", die eine besondere Begründung, Ursachen- und Schwachstellen-Forschung verlangen. Der nächste Schritt von der Idealstruktur ist dann die *Normalstruktur der Verteilung der Motivatoren und Hygiene-Faktoren* für realtypische Fälle" (Rühl/Zink, 1974, 23, 3, 173–185; vgl. die großangelegte Studie von Zink 1975 zur Rettung der Herzbergschen Theorie).

Empirische Befunde zu Herzbergs Theorie

Prozentuale Häufigkeit der Nennung von Arbeitsfaktoren; N = 203

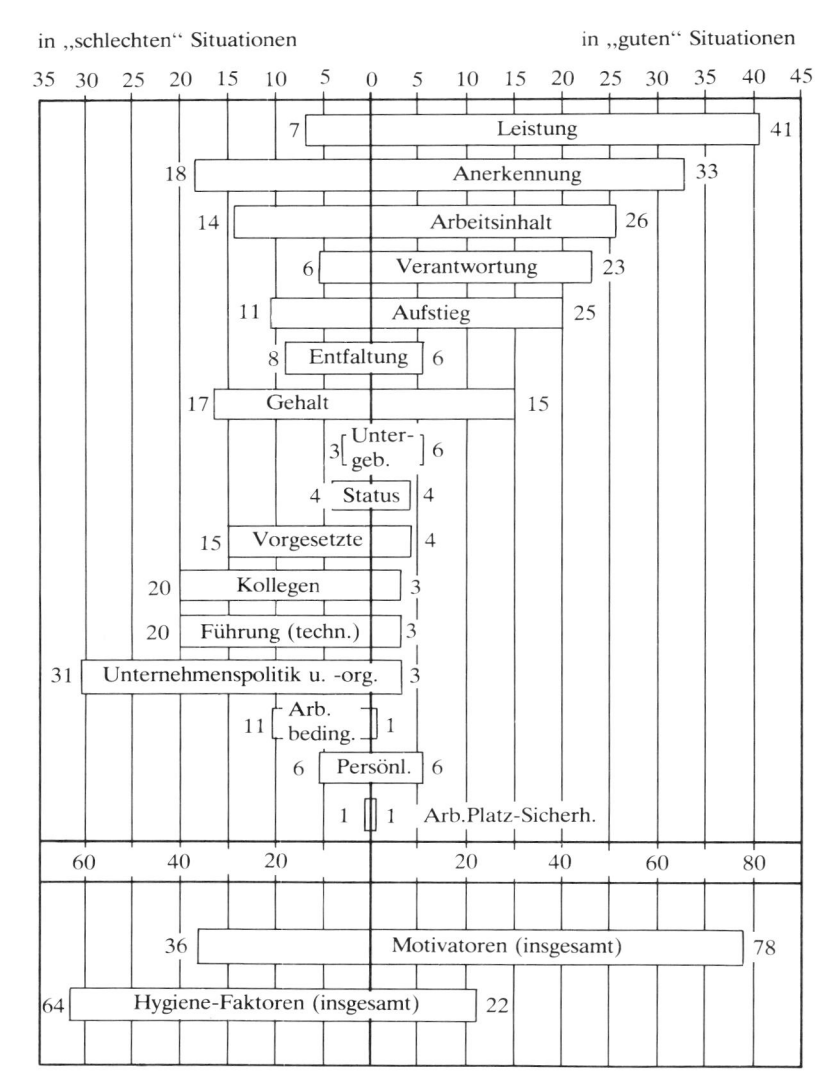

in „schlechten" Situationen   in „guten" Situationen

Faktor	schlecht	gut
Leistung	7	41
Anerkennung	18	33
Arbeitsinhalt	14	26
Verantwortung	6	23
Aufstieg	11	25
Entfaltung	8	6
Gehalt	17	15
Untergeb.	3	6
Status	4	4
Vorgesetzte	15	4
Kollegen	20	3
Führung (techn.)	20	3
Unternehmenspolitik u. -org.	31	3
Arb. beding.	11	1
Persönl.	6	6
Arb.Platz-Sicherh.	1	1
Motivatoren (insgesamt)	36	78
Hygiene-Faktoren (insgesamt)	64	22

Abb. F-2-11:
Die Ergebnisse der „Pittsburgh-Studie" (nach Neuberger, 1974 a, 121).

2.3.1. Präzisierungs-Versuche der Zwei-Faktoren-Theorie

King (1970) hat die verschiedenen, in der Literatur diskutierten Versionen der Zwei-Faktoren-Theorie präzisiert, die in der Auseinandersetzung um die Frage der Gültigkeit zumeist nicht auseinandergehalten werden (zit. n. Neuberger, 1974a, 133f.):

Differenzierung der Zwei-Faktoren-Theorie

Theorie (I)   „Alle Motivatoren (M) zusammen tragen mehr zur Arbeitszufriedenheit (Z) bei als zur Arbeitsunzufriedenheit (UZ), und alle Hygiene-Faktoren (H) zusammen tragen mehr zur UZ bei als zur Z.

Theorie (II) Alle M zusammen tragen mehr zur Z bei als alle H zusammen, und alle H zusammen tragen mehr zur UZ bei als alle M zusammen.

Theorie (III) Jeder einzelne M trägt mehr zur Z bei als zur UZ. Jeder einzelne H trägt mehr zu UZ bei als zur Z.

Theorie (IV) Es gilt Theorie III und zusätzlich: Jeder hauptsächliche M trägt mehr zur Z bei als irgendein H und jeder hauptsächliche H trägt mehr zur UZ bei als irgendein M.

Theorie (V)   Nur M determinieren Z und nur H determinieren UZ".

Wie Neuberger hervorhebt (1974a, 133), ist der Erklärungswert der Theorien IV und V am größten; ihre empirische Bestätigung sei jedoch noch nicht erfolgt. Die Theorien I und II konnten indessen empirisch bestätigt werden (vgl. Waters/Waters, 1972; Hulin/Waters, 1971; Waters/Roach, 1971), während Theorie III nur partiell empirisch bestätigt wurde.

2.3.2. Folgerungen aus der Zwei-Faktoren-Theorie für die Führung

Mit Maslows Bedürfnishierarchie hat Herzbergs Theorie die Popularität und Einfachheit der Grundannahmen gemeinsam, die dem „gesunden Menschenverstand" sehr nahe kommen. Herzbergs Theorie kommt jedoch zu anderen Empfehlungen der praktischen Gestaltung von Arbeitsbeziehungen. Danach sind — wie oben gezeigt wurde — angenehme Arbeitsbedingungen, kooperative Führungsformen, positive zwischenmenschliche Beziehungen etc. (sogenannte Hygiene-Faktoren) für die *Arbeitszufriedenheit* nur beschränkt von Bedeutung; sie können allenfalls die Unzufriedenheit vermindern. Vielmehr sind „individualistische Motivatoren", wie die Arbeitsaufgabe, die Selbstverwirklichungsmöglichkeit in der Arbeit selbst, Aufstiegsmöglichkeiten, Übertragung von Verantwortung, von entscheidender Bedeutung für wachsende Arbeitszufriedenheit. Da „Sinnerfüllung durch die Arbeit an sich" — was auch immer darunter zu verstehen ist — nach Herzberg primär ist, wendet er sich gegen die Human-Relations-Programme, gegen Bestrebungen, den Arbeitsplatz durch systematischen Arbeitsplatzwechsel (job rotation) oder Arbeitserweiterung (job enlargement) attraktiver zu machen. Statt dessen spricht er sich für Arbeitsbereicherung (job enrichment) aus (Herzberg, 1968):

Bedeutung der Zwei-Faktoren-Theorie für kooperative Führungsformen

„Arbeitsbereicherung ist eine Maßnahme der Arbeitsstrukturierung, wobei durch Übernahme von Dispositions- und Kontrollaufgaben der Freiheits- und Verantwortungsspielraum erweitert werden, um mehr Möglichkeiten zur Selbstverwirklichung zu schaffen". (Zink, 1975,4)

Die Verwandtschaft der Theorie Herzbergs mit der Bedürfnishierarchie Maslows zeigt sich deutlich in Abbildung F-2-12 (nach Davis, 1967, 37; vgl. auch Huizinga, 1970, 76f.), denn Herzberg geht von einem *dualen Bedürfnissystem* der Menschen aus. Er unterscheidet Vermeidungs- und Entfaltungsbedürfnisse. Sein Bedürfniskonzept ist mithin stark hedonistisch ausgerichtet (Streben nach Lust — Vermeiden von Unlust).

Gemäß der postulierten Dualität menschlicher Bedürfnisse vertritt Herzberg auch ein duales Führungskonzept, das durch zwei Fragen gekennzeichnet ist (Zink, 1974, 168):

1. „Wie behandele ich Mitarbeiter gut, um ihre Vermeidungsbedürfnisse zu befriedigen?"
2. Wie setze ich Mitarbeiter optimal ein, um ihren Entfaltungsbedürfnissen zu entsprechen?"

In Abb. F-2-12 werden Maslows und Herzbergs Motivationskonzepte vergleichend gegenübergestellt.

Vergleich zwischen Maslows und Herzbergs Motivationstheorie

Maslow	*Herzberg*
Selbstverwirklichung und Selbsterfüllung	Arbeit selbst Leistung Möglichkeit des Wachstums Verantwortung
Ansehen und soziale Aktivität	Beförderung Anerkennung Status
Zugehörigkeit und soziale Aktivität	Interpersonelle Beziehungen Supervision (Führung) Gleichgestellte (peers) Unterstellte
	Technische Überwachung
Sicherheit	Untern.politik und Verwaltung

Abbildung F-2-12:
Die Beziehung zwischen Maslows Bedürfnishierarchie und Herzbergs Zwei-Faktoren-Theorie

2.3.3. Neuere Entwicklungstendenzen der Zwei-Faktoren-Theorie und ihre Bedeutung für die Führungspraxis

Weiterentwicklung der Zwei-Faktoren-Theorie

Herzberg hat im Juli 1974 ein Seminar in Heidelberg abgehalten, in dem er neuere Aspekte seiner Theorie hinsichtlich ihrer Anwendung in der Praxis vortrug. Zink (1974, 3) resümiert die Ergebnisse des Seminars wie folgt:

2. Motivationskonzepte des Human-Resources-Modells

Führung mit Hygiene-Faktoren

Wie erwähnt, vermögen Hygiene-Faktoren kurzfristig Unzufriedenheit zu verhindern bzw. zu schaffen. Herzberg hat einen Katalog zur Vermeidung *falscher* Hygiene-Konzepte aufgestellt, um Mitarbeiter-Unzufriedenheit weitestgehend zu reduzieren (nach Zink, 1974, 169f.):

(1) *Mit Hygiene-Faktoren motivieren,* d. h. Herzberg lehnt jegliche Form von Anreiz-Systemen ab.
(2) *Die Befriedigung von Hygiene-Bedürfnissen an Voraussetzungen* knüpfen. Beispiel: „Wenn Du Dein Verhalten änderst, dann werden Deine Hygiene-Bedürfnisse befriedigt".
(3) *Hygiene-Bedürfnisse durch andere Hygiene-Bedürfnisse substituieren.* Beispiel: „Ich kann Dich nicht angemessen bezahlen, dafür garantiere ich Dir die Sicherheit Deines Arbeitsplatzes".
(4) *Hygiene-Bedürfnisse durch Ideologien zu kompensieren versuchen.* Beispiel: „Ich kann Deine Hygiene-Bedürfnisse nicht befriedigen, dafür gebe ich Dir eine Ideologie, für die sich zu arbeiten lohnt".
(5) *Belohnung „harter" statt „effizienter" Arbeit.*

Falsche Motivationstaktiken nach Herzberg

Diesen negativen Beispielen stellt Herzberg 4 Maximen entgegen:

(1) Hygiene-Faktoren nur für Hygiene-Zwecke verwenden, d. h. keine Statusverbesserung für eine gute Leistung, sondern z. B. eine neue interessante Aufgabe.
(2) Nie einen Hygiene-Faktor durch einen anderen substituieren, da kompensatorische Hygiene nur neue Ursachen für Unzufriedenheit schaffen würde.
(3) Hygiene-Faktoren nicht zum zentralen Punkt der Informationspolitik machen. Statt dessen mit anspruchsvollen Arbeitsaufgaben und Möglichkeit der persönlichen Weiterentwicklung werben.
(4) Hygiene-Faktoren so weit wie möglich vereinfachen. Je komplizierter Sozialleistungs- und Lohnsystem seien, desto mehr Ursachen der Unzufriedenheit würden geschaffen. Negative Auswirkungen haben nach Herzberg vor allem zusätzliche „Sozialleistungen", wie Kantine, Weihnachtsfeiern, Werkszeitungen, Pensionskassen u. ä. Man solle — so Herzberg — diese Dinge erst einführen, wenn sich etwa 75% der Beschäftigten über ihr Fehlen beklagten.

Richtige Motivationstaktiken

Führung mit Motivatoren

Motivatoren vermögen langfristig Zufriedenheit zu verhindern oder zu schaffen. Die Bedingungen für die Motivation der Mitarbeiter exemplifiziert Herzberg mit folgender Gleichung:

Führung mit Motivatoren

$$\text{Motivation} = f\left(\frac{\text{Potenz}}{\text{Fähigkeit}} + \frac{\text{Gelegenheit}}{\text{Fähigkeit}} + \text{Verstärkung des Entwicklungsprozesses}\right)$$

Potenz	= Die Fähigkeiten, die eine Person erwerben kann, hängen von ihrem spezifischen intellektuellen und psychischen Potential ab.
Gelegenheit	= Mitarbeitermotivation gelingt nur dann, wenn entsprechende Aufgaben vorhanden sind.
Verstärkung des Entwicklungsprozesses	= Es ist notwendig, die persönliche Entfaltung zu verstärken (auch von außen, etwa durch Beurteilungen).
Fähigkeit	= Je mehr jemand kann, desto eher ist er zu motivieren.

7 Bedingungen der Arbeitsmotivation

Herzberg hat 7 Bedingungen aufgeführt, die einen Arbeitnehmer zu motivieren imstande seien und nur von 15% der Mitarbeiter nicht akzeptiert würden:

(1) Direkte Rückmeldung — Kenntnis der Ergebnisse der eigenen Arbeit.
(2) Jeder Ausführende sollte mit seiner Arbeit einem Empfänger zugeordnet sein.
(3) Jede Arbeit sollte eine „Lernkomponente" besitzen.
(4) Die Möglichkeit der eigenen Arbeitseinteilung sollte gesichert sein.
(5) Jeder Mitarbeiter sollte auf einem Gebiet ein „Spezialwissen" besitzen.
(6) Jede Kommunikation sollte direkt sein.
(7) Jedem Mitarbeiter sollte das Ergebnis seiner Arbeit persönlich zugerechnet werden.

2.3.4. Bewertung der Zwei-Faktoren-Theorie

Kritik der Zwei-Faktoren-Theorie Herzbergs

Im folgenden sollen die in der Literatur diskutierten Einwände gegen die Theorie Herzbergs zusammenfassend dargestellt werden:

— Ebenso wie Maslows Motivationstheorie ist Herzbergs Zwei-Faktoren-Theorie existentialphilosophisch fundiert und schwer empirisch überprüfbar. Große Teile der Theorie sind derart vage und mehrdeutig formuliert, daß eine empirische Widerlegung ihrer Grundaussagen nicht möglich ist. Im Gegensatz zu Maslow hat sich jedoch Herzberg um eine empirische Fundierung und Überprüfung seiner Theorie bemüht.

Empirische Befunde

— House/Wigdor (1967) weisen anhand von ca. 50 Studien nach, daß die Auffassung von Herzberg, wonach Motivatoren immer zu einer höheren Leistung führen, in dieser monokausalen Reihenfolge nicht gültig ist, sondern daß situationale Variablen hierbei eine wesentliche Rolle spielen (vgl. Kap. N)

— Die bislang vorliegenden empirischen Befunde haben weder zu einer eindeutigen Bestätigung noch zu einer Widerlegung der Zwei-Faktoren-Theorie geführt (Lawler, 1973, 70). In 72 empirischen Studien zu Herzbergs Theorie aus der Zeit von 1959–1970 ermittelte Walter-Busch (1977, 40) 33 überwiegend positive, 12 gemischte und 27 überwiegend negative Ergebnisse. Immerhin sind ernstzunehmende Zweifel an der Gültigkeit der Zwei-Faktoren-Theorie angebracht: Denn Herzbergs Theorie wird als Produkt der von ihr ausschließlich verwendeten „Methode der kritischen Ereignisse" angesehen. Es wird kritisiert, daß der Selbstbericht der Arbeitnehmer als einziges Meßinstrument weder verläßlich noch gültig sei, und zwar aufgrund des Vergangenheitsbezugs der berichteten Ergebnisse, der Wirkung von Abwehrmechanismen (Verdrängung, Verleugnung, Verkehrung ins Gegenteil u. a.), der sozialen Erwünschtheit der Antworten u. a. m. Bei Anwendung anderer Meßmethoden konnten Herzbergs Ergebnisse *nicht* repliziert werden (vgl. die zitierte Literatur bei Neuberger, 1974 a, 127). Es sei jedoch darauf hingewiesen, daß diese Kritik von Zink (1975) nicht geteilt wird.

— Herzbergs Theorie berücksichtigt nur die verbalen Berichte der Arbeitnehmer, ohne situative Variablen und interindividuelle Unterschiede hinsichtlich der Arbeitszufriedenheit ausreichend einzubeziehen.

— Die Zwei-Faktoren-Theorie ist für die adäquate Beschreibung und Erklärung der Realität zu einfach. Es ist noch nicht erwiesen, daß Motivatoren im Gegensatz zu Hygiene-Faktoren die Zufriedenheit beeinflussen, während unzureichende Hygiene-Faktoren im Gegensatz zu Motivatoren zu Unzufriedenheit führen. Dunnette et al. (1967) fanden, daß Zufriedenheit nicht nur durch Motivatoren und Unzufriedenheit nicht nur durch Hygiene-Faktoren beeinflußt werden, sondern daß *beide* Faktoren-Gruppen im Hinblick auf Zufriedenheit und Unzufriedenheit interdependent wirksam sind (vgl. auch House/Wigdor, 1967, 375).

— Herzberg hat es unterlassen, das Konstrukt „Zufriedenheit" in seiner Theorie zu präzisieren. Es wird vielmehr indirekt durch außergewöhnlich positive und negative Ereignisse des Arbeitslebens erschlossen.

— In Herzbergs Theorie wird der Zwischenbereich von Zufriedenheit und Unzufriedenheit nicht erfaßt, sondern nur deren Extrembereiche.

Zusammenfassend kann festgestellt werden, daß die Zwei-Faktoren-Theorie als erkenntnisleitendes Instrument für die Gestaltung der praktischen Arbeitsbeziehungen in Organisationen aufgrund ihrer a) unzureichenden empirischen Fundierung und b) ihrer pessimistischen Beurteilung der Wirksamkeit der Hygiene-Faktoren nur begrenzt geeignet sein dürfte.

3. Neuere kognitive Motivationstheorien in der Managementlehre und Organisationspsychologie — Theorien der Leistungsmotivation

Die Leistungsmotivationsforschung verfügt über eine Reihe von Theorien, die sich auszeichnen durch

(a) eine kognitive Sichtweise (Betonung der subjektiven Wahrnehmung des Individuums als verhaltensbestimmende Kraft)

Kognitive Motivationstheorien

(b) Abkehr von hedonistischen Motivationsmodellen und Hinwendung zum Informationsaspekt
(c) Abkehr von globalen Eigenschafts- und Situationskonzepten und Hinwendung zu differenzierten Ansätzen (Schmalt/Meyer, 1976, 11 f.).

Zu den wichtigsten Zweigen der Leistungsmotivationsforschung gehören neben der Attributionstheorie die Erwartungs-Wert (Valenz)-Theorien, welche auf Tolman und Lewin zurückgehen. Alle Varianten dieser Theorie gehen davon aus, daß die Stärke einer Handlungstendenz abhängig ist von der Erwartungsstärke und Attraktivität (Wert) eines Sachverhalts für den Handelnden und den erwarteten Konsequenzen.

Dabei dürfte das Erwartungs-Wert-Modell von Atkinson und Nachfolger zu den am weitesten entwickelten und empirisch am besten überprüften *interaktionistischen* Verhaltenstheorien gehören (vgl. dazu Schmalt/Meyer, 1976; Patchen, 1970; Lawler, 1973; Campbell/Pritchard, 1976; Weiner, 1976; Korman, 1974). Bevor wir auf diesen Ansatz ausführlicher eingehen, sei die Erwartungs-Wert-Theorie von Vroom und Lawler skizziert.

3.1. Das kognitive Erwartungs-Wert-Modell von Vroom

Erwartungs-Wert-Modell von Vroom

Vrooms Modell gehört zu jenen Erwartungs-Wert-Theorien (auch Erwartungs-Valenz-Theorien genannt), die auf den Bereich der Arbeitsmotivation übertragen wurden (1964).

Die Stärke einer Handlungstendenz (HT) ist bestimmt durch die Valenz (Ve) eines Handlungsergebnisses sowie durch die Wahrscheinlichkeit (W), mit der ein Ergebnis eintrifft. Es wird eine multiplikative Beziehung zwischen diesen Variablen angenommen (Kleinbeck/Schmidt, 1976, 61 f.):

$$HT = Ve \times W$$

Der positive oder negative Aufforderungscharakter (Valenz) von Ereignissen ist ferner abhängig von der Valenz der *Folgen* der Handlungsergebnisse (Vf) und der *Instrumentalität* der Handlungsergebnisse für deren Folgen (Ie-Fi):

$$Ve = \sum_{i=1}^{N} (Vfi \times Ie\text{-}Fi)$$

$\sum_{i=1}^{N}$ = bedeutet, daß die Produkte aus den Valenzen der Folgen der Handlungsergebnisse und den dazugehörigen Instrumentalitäten über alle Folgen aufsummiert werden.

Graphisch läßt sich das Modell von Vroom wie folgt darstellen (Kleinbeck/Schmidt, 1976, 62):

3. Theorien der Leistungsmotivation	197

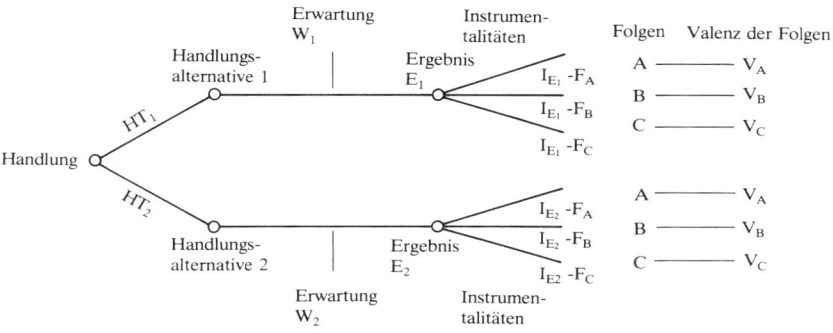

```
                    Erwartung    Instrumen-
                    W₁           talitäten         Folgen   Valenz der Folgen    Schematische Dar-
        Handlungs-               Ergebnis                                        stellung des Moti-
        alternative 1            E₁      I_{E₁}-F_A    A ———— V_A                vationsmodells
                                         I_{E₁}-F_B    B ———— V_B
  HT₁                                    I_{E₁}-F_C    C ———— V_C
Handlung
  HT₂
                                         I_{E₂}-F_A    A ———— V_A
        Handlungs-               Ergebnis I_{E₂}-F_B   B ———— V_B
        alternative 2            E₂      I_{E₂}-F_C    C ———— V_C
                    Erwartung    Instrumen-
                    W₂           talitäten
```

Abb. F-3-1:
Die Komponenten des Motivationsmodells von Vroom (1964)

Erläuterung: Die Stärke einer Handlungstendenz hängt ab von der Valenz (dem Wert) erwarteter alternativer Leistungsergebnisse (Ve) und einer darauf bezogenen Erwartung (W). Das Ergebnis hängt ab von der Instrumentalität der Ergebnisse für die Ergebnisfolgen (Ie-F) und von der Valenz der Folgen (Vf).

Die Nützlichkeit des Vroomschen Modells soll anhand eines fiktiven Beispiels von Kleinbeck/Schmidt (63f.) veranschaulicht werden:

Es seien folgende, für die Arbeitswelt charakteristische Folgen von Ergebnissen unterschieden:

Ein Beispiel zur Erwartungs-Valenz-Theorie

(a) machtbezogene Folgen, d. h. Folgen, die Einfluß über andere ermöglichen (VMT)
(b) kontaktbezogene Folgen, d. h. Folgen, die sich auf die zwischenmenschlichen Beziehungen beziehen (VAT)
(c) leistungsbezogene Folgen, d. h. Folgen, die Informationen über die eigene Tüchtigkeit vermitteln (VLT).

Die Berechnung der Handlungsstärken erfolgt nach obiger Formel. In der Abbildung F-3-2 sind die Handlungsstärken für drei fiktive Personen ermittelt. Zur Veranschaulichung der Rechenschritte sei die erste Zeile der Tabelle aufgeführt:

$$(Vf_1 \times Ie\text{-}F_1) + (Vf_2 \times Ie\text{-}F_2) + (Vf_3 \times Ie\text{-}F_3) = Ve$$
$$(-10 \times 0.1) + (1 \times 1.0) \quad + (10 \times 0.5) \quad = 5.0$$

Gemäß der Formel wird die Valenz der Ergebnisse (Ve) mit der Eintrittswahrscheinlichkeit des Ergebnisses (W) multipliziert:

$$Ve \times W = HT$$
$$5.0 \times 0.20 = 1.0$$

Die Valenz der Ergebnisfolgen variiert von +10 bis −10. Die Instrumentalität kann Werte zwischen +1 und −1 annehmen, wobei +1 bedeutet, daß die

Valenz

	Valenz der Folgen			Instrumentalität der Ergebnisse für die Folgen			Valenz der Ergebnisse	Erwartung	Stärke der Handlungstendenzen
	MT	AT	LT	MT	AT	LT			
Person 1									
hohe Leistungsergebnisse	−10	1	10	0.1	1.0	0.5	5.00	0.20	1.00
niedrige Leistungsergebnisse	−10	1	10	−0.1	0.1	−0.5	−3.9	0.70	−2.73
Person 2									
hohe Leistungsergebnisse	5	10	1	0.1	1.0	0.5	11.0	0.20	2.20
niedrige Leistungsergebnisse	5	10	1	−0.1	0.1	−0.5	0.0	0.70	0.00
Person 3									
hohe Leistungsergebnisse	10	−1	−1	0.1	1.0	0.5	−0.5	0.20	−0.10
niedrige Leistungsergebnisse	10	−1	−1	−0.1	−0.1	−0.5	−0.6	0.70	−0.42

Abb. F-3-2:
Beispiel zur Berechnung der Stärken von Handlungstendenzen für hohe und niedrige Leistungsergebnisse bei drei hypothetischen Personen (nach Kleinbeck/Schmidt, 1976, 63f.).

Ergebnisse mit Sicherheit bestimmte Folgen bewirken, während bei −1 die Person der Auffassung ist, daß bei Vorliegen bestimmter Ergebnisse die verbundenen Folgen nicht eintreten.

Erwartung
Die Erreichenswahrscheinlichkeit eines Ereignisses kann Werte zwischen 0 und 1 annehmen, d. h. bei einem Wert von 1 tritt ein erwartetes Ergebnis mit subjektiver Sicherheit ein; bei 0 mit subjektiver Sicherheit nicht ein.

Die Analyse der Abbildung F-3-2 ergibt, daß alle Personen eine stärkere Handlungstendenz für hohe Leistungsergebnisse aufweisen. Wichtig ist jedoch, daß dieses Ergebnis durch unterschiedliche Kombinationen der einzelnen Variablen zustande kommt. Während die Erreichenswahrscheinlichkeiten (0.20) und die Instrumentalitäten (0.1, 1.0, 0.5) bei allen Personen gleich sind, variieren die Valenzen der Folgen beträchtlich.

Mit anderen Worten: Das Modell von Vroom verweist auf die große Bedeutung, die den *einzelnen Komponenten* bei einer bestimmten Stärke einer Handlungstendenz zukommt. Neuberger (1974a, 86) bringt für die Anwendung dieses Modells folgendes Beispiel:

3. Theorien der Leistungsmotivation   199

„Es geht darum, den subjektiven Wert zu bestimmen, den z. B. „Führung" für ein Individuum hat. Dazu ist es zunächst nötig, die eigentlichen Letzt-Ziele des Individuums zu kennen und ihre jeweilige Bedeutung (V_k) zu bestimmen. Solche Ziele könnten z. B. sein: Selbstverwirklichung, Macht, Ansehen, Unabhängigkeit. Um nun den Wert des Führungsstils (das „Mittel" in diesem Fall) für eine Person zu ermitteln, muß man feststellen, wie — in den Augen der Person — Führung mit Selbstverwirklichung, Macht, Ansehen und Unabhängigkeit zusammenhängt. Ein autoritärer Führungsstil etwa kann diese Bedürfnisse frustrieren — er wird mit der Erreichung der Endziele negativ korrelieren (damit wird deutlich, daß „Instrumentalität" wie ein Korrelationskoeffizient anzusehen ist, der zwischen -1 und $+1$ schwanken kann). Ein kooperativer Führungsstil, der die Erreichung der Endziele fördert, wird umgekehrt eine hohe Valenz haben."

3.2. Das kognitive Erwartungs-Wert-Modell von Lawler

Lawler hat das Erwartungs-Wert-Modell für die Analyse der Arbeitsmotivation in Organisationen weiterentwickelt. Sein Ansatz hat in der neueren Literatur relativ große Verbreitung gefunden.

Lawlers Konzept basiert auf vier Grundannahmen (1973, 49f.):

(1) „Individuen zeigen Präferenzen hinsichtlich der verschiedenen Ergebnisse (outcomes), die potentiell verfügbar sind.

Erwartungs-Wert-Modell von Lawler

(2) Individuen haben Erwartungen im Hinblick auf die Wahrscheinlichkeit, daß eine Handlung (Anstrengung) zum intendierten Verhalten oder zur intendierten Leistung führt.
(3) Individuen haben Erwartungen (Instrumentalitäten) im Hinblick auf die Wahrscheinlichkeit, daß sich gewisse Ergebnisse (outcomes) aus ihrem Verhalten ergeben.
(4) In jeder Situation werden die Handlungen, welche eine Person auszuführen gedenkt, durch die aktuellen Erwartungen und Präferenzen bestimmt."

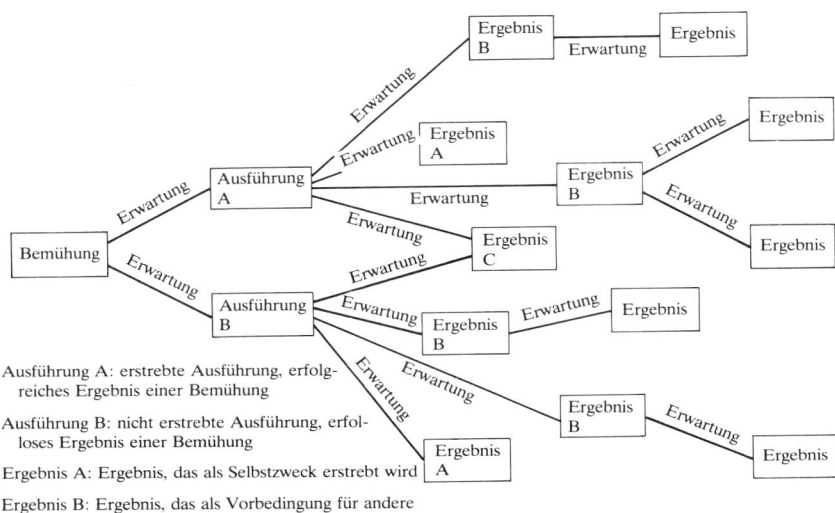

Ausführung A: erstrebte Ausführung, erfolgreiches Ergebnis einer Bemühung
Ausführung B: nicht erstrebte Ausführung, erfolgloses Ergebnis einer Bemühung
Ergebnis A: Ergebnis, das als Selbstzweck erstrebt wird
Ergebnis B: Ergebnis, das als Vorbedingung für andere Ergebnisse erstrebt wird
Ergebnis C: Ergebnis, das auch dann erreicht werden kann, wenn die Bemühung nicht zur erstrebten Ausführung führt.

Abb. F-3-3:
Das Erwartungsmodell von Lawler (nach Lawler, 1977, 77).

Die Motivation einer Person wird nach Lawler durch die Erwartung bestimmt, daß bestimmte Anstrenungen oder Handlungen zur angestrebten Leistung führen (vgl. Abb. F-3-3).

Erläuterung: Erwartung ist die Wahrscheinlichkeit, die intendierte Leistung zu erfüllen. Kurz: B→A (Bemühung→Ausführung). Im Modell zeigt sich ferner der Einfluß von Erwartungen auf die Konsequenzen der Arbeitsleistung. Kurz: A→E (Ausführung→Ergebnis). In beiden Fällen können die Erwartungswahrscheinlichkeiten zwischen 0 und 1 variieren. Das Modell zeigt, daß nicht alle Ergebnisse zu weiteren Ergebnissen führen, d. h. manche Ergebnisse sind Ziele (z. B. Selbstverwirklichung), während andere nur Mittel darstellen (z. B. Geld).

Nach Lawler scheint die Motivation am größten, wenn B→A hoch ist bei erfolgreicher Leistung und niedrig bei nicht-erfolgreicher Leistung; und wenn A→E hoch ist bei positiven Ergebnissen und niedrig bei niedrigen Ergebnissen (Lawler, 1973, 51f.). Als Determinanten der B→A-Erwartungen und der A→E-Erwartungen postuliert Lawler (53f.):

Determinanten der Bemühungs- und Ausführungserwartungen

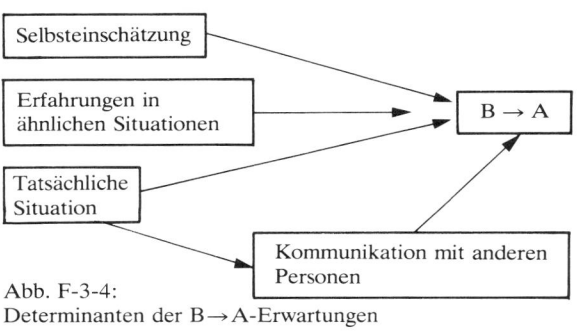

Abb. F-3-4: Determinanten der B→A-Erwartungen

Determinanten der Ausführungs- und Ergebniserwartungen

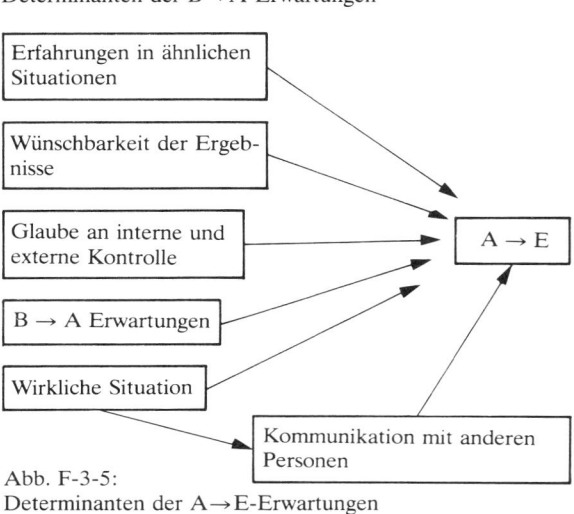

Abb. F-3-5: Determinanten der A→E-Erwartungen

3. Theorien der Leistungsmotivation

3.3. Das integrierte Erwartungs-Wert-Modell von Porter/Lawler

Porter/Lawler (1968), Lawler (1970) haben ein integriertes Erwartungs-Wert-Modell vorgelegt, dessen Kenntnis die Beeinflussung der Leistungsmotivation sowie der Arbeitszufriedenheit der Mitarbeiter erleichtert (Abb. F-3-6, zit. n. Neuberger, 1974a, 88f.):

„Zur Erläuterung der Darstellung:
In der mittleren Zeile der Abbildung findet sich in den ersten beiden Kästchen praktisch eine Analogie zum Vroomschen „Kraft-Modell": P→E meint die „Erwartung", daß eine Person eine bestimmte Leistung erbringen kann, d. h. daß ihre Anstrengungen zum Erfolg führen. Diese „Erwartung" hängt ab von eigenen Erfahrungen und Beobachtungen und vom „Selbstgefühl" (wobei die Annahme gemacht wird, daß die subjektive Wahrscheinlichkeit des Erfolgs um so realistischer eingeschätzt wird, je stärker das Selbstgefühl ist).

Erläuterung der schematischen Darstellung von Porter/Lawler

Das zweite Kästchen [Σ (P→O) × (V)] bezeichnet eine weitere Komponente der Handlungstendenz, die ein bestimmtes Ereignis auslöst. Sie hängt ab von der Valenz V und der Wahrscheinlichkeit (P→O), daß ein bestimmtes Verhalten tatsächlich zu dem positiv oder negativ bewerteten Ergebnis führt. (P→O) entspricht also im Grunde der Erwartung E bei Vroom und kann – wie jede Wahrscheinlichkeitsschätzung – zwischen 0 und 1 variieren. P→O hängt im wesentlichen von zwei Einflußgrößen ab: einmal von einer Persönlichkeitseinstellung, die Rotter „interne" und „externe" Kontrolle genannt hat, d. h. von der Überzeugung der Person, die Konsequenzen ihres Handelns selbst bestimmen zu können („interne Kontrolle") oder in ihrem Handeln von der Umwelt bestimmt zu sein („externe Kontrolle"). Zum zweiten hängt (P→O) von den Erfahrungen, der Lerngeschichte der Person ab: dies soll der Rückkoppelpfeil veranschaulichen, der vom erlebten Leistungs-Belohnungs-Zusammenhang zu (P→O) führt.

Die beiden ersten Kästchen sind durch das Multiplikationssymbol × verbunden, d. h. es wird davon ausgegangen, daß keine Handlungstendenz resultieren wird, wenn eine der beiden Größen 0 ist. Wenn also eine Person glaubt, daß sie zu einer guten, erfolgreichen Leistung nicht imstande ist, dann wird sie – selbst wenn sie glaubt, daß gute Leistung zu

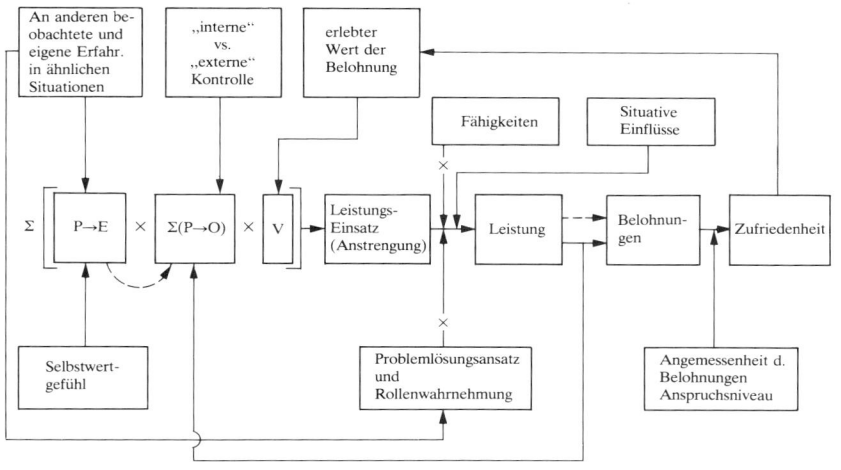

Erwartungs-Wert-Modell von Porter/Lawler

Abb. F-3-6:
Das Erwartungs-Valenz-Modell von Porter und Lawler (vgl. die Erläuterungen im Text)

einem hochbewerteten Erfolg führt – nicht motiviert sein, sich anzustrengen. Die Anstrengungsbereitschaft einer Person (die Intensität der Motivation) entscheidet nicht allein über die Leistung, die erbracht wird. Diese Leistung hängt zusätzlich ab von den „Fähigkeiten" der Person (wer nicht lesen kann, kann nichts entziffern, auch wenn er dies noch so gern möchte). Außerdem spielt der „Problemlösungsansatz" eine Rolle, d. h. eine Person muß wissen, wie sie in der *konkreten* Situation ihre Fähigkeiten zum Einsatz bringen kann und was von ihr erwartet wird. Wenn z. B. ein Vorgesetzter und ein Unterstellter nicht die gleiche Auffassung von den „eigentlichen" Aufgaben des Unterstellten haben, so wird der Unterstellte (in der Bewertung durch den Vorgesetzten) nicht gut abschneiden können.

Fähigkeiten und Problemlösungsansatz kombinieren sich ebenfalls multiplikativ mit der „Anstrengung", wie durch das in den Pfeil eingefügte ×-Zeichen angedeutet wird.

Eine Beziehung besteht auch zwischen „Leistung" und „Belohnungen". Hier sind zwei Pfeile eingezeichnet: der gepunktete Pfeil soll für den Fall der „intrinsischen", der ausgezogene für „extrinsische Motivation" stehen. Diese Unterscheidung, die auch in der Herzbergschen Zwei-Faktoren-Theorie eine große Rolle spielt, soll auf zwei verschiedene Motivationsabläufe aufmerksam machen: bei der „intrinsischen Motivation" ist die Person aus eigenem inneren Antrieb an der Erfüllung einer Aufgabe interessiert, ohne einer Belohnung durch Dritte einen besonderen Wert beizumessen. Sie kann darum auch sofort feststellen, ob ihr Leistungsergebnis den selbstgesetzten Anforderungen genügt und das Gefühl der Bewährung und des Erfolgs sind die wichtigsten Belohnungen. Anders ist es bei der extrinsisch motivierten Person; sie legt vor allem darauf Wert, für die erbrachten Leistungen von *anderen* belohnt zu werden (mit Geld, Anerkennung, Beförderung etc.) und darum ist sie darauf angewiesen, daß die Leistungen von relevanten Anderen gesehen werden, und daß diese dann auch die erhofften Belohnungen vermitteln. Die intrinsisch motivierte Person bekommt also ihre „Belohnungen" sicherer und unmittelbarer als die extrinsisch motivierte.

Eine weitere Besonderheit, die nur für die intrinsisch Motivierten gilt, ist durch den gestrichelten Pfeil zwischen (E→P) und (P→O) angedeutet. Er soll zum Ausdruck bringen, daß es sich in diesem Fall nicht um voneinander unabhängige Variable handelt, sondern daß E→P die Höhe von P→O beeinflußt. Damit wird auf die Erkenntnis der Leistungsmotivationstheorie Atkinsons abgezielt, daß für bestimmte Personen eine sehr hohe oder sehr niedrige Erfolgswahrscheinlichkeit wenig motivierend wirkt und daß die höchste Leistungsmotivation wirksam wird in Situationen, in denen etwa eine 50:50-Chance des (Miß-)Erfolgs besteht. Diese Situationseinschätzung wirkt sich dann auf die P→O-Wahrscheinlichkeit aus."

Grundbegriffe der Erwartungs-Wert-Theorie von Campbell/Pritchard

Die neueste Version der Erwartungs-Wert-Theorie von Campbell/Pritchard (1976) ist in Abb. F-3-7 zusammenfassend dargestellt.

Erläuterung:

Um bestimmte Endziele, wie Sicherheit, geliebt werden, glücklich sein etc. zu erreichen, ist es notwendig, verschiedene Zwischenziele, wie hohes Einkommen oder Fortbildung, zu realisieren. D. h. Zwischenziele werden zu Mitteln für andere Ziele. In der empirischen Forschung und Praxis ist es freilich schwierig, die Verkettung von Subzielen, Endzielen und Mitteln bei den jeweiligen Organisationsmitgliedern auszumachen. Aus diesem Grunde plädieren Campbell/Pritchard (1976) zunächst für die Vorrangigkeit der Erforschung der Modellvariablen Erwartung, Valenz und Instrumentalität.

3. Theorien der Leistungsmotivation

Erwartung (E)	Ergebnis 1. Ordnung	Valenz$_1$ (des Ergebn. 1. Ordnung) (V_1)	Instrumentalität (I_1)	Valenz$_2$ (des Ergebn. 2. Ordnung) (V_2)	Instrumentalität$_2$ (I_2)	Valenz$_3$ Grundwertebedürfnisse (V_3)
Kommt das Ergebnis 1. Ordnung zustande, wenn ich mich darum bemühe?	hohe Leistungsmenge	Wie bewerte ich die Ergebnisse	Wie eng ist der Zusammenhang zwischen einem Ergebnis (1. Ordnung) und weiteren Konsequenzen, die für mich wichtig sein könnten	Wie hoch ist die Valenz von: hohem Einkommen	Wie eng ist der Zusammenhang zwischen einem Ergebnis (2. Ordng.) und bestimmten für mich wichtigen Zielen oder Werten	Sicherheit
	hohe Leistungsgüte	wieviel liegt mir an ihnen		Beförderung		Geliebt werden
						Glücklich sein
	Pünktlichkeit	wie wichtig sind sie für mich usw.		Anerkennung von Kollegen oder vom Vorgesetzten		von der Familie geschätzt werden
	Unfallfreiheit			Fortbildung		ein sinnvolles Leben führen
	Konfliktfreiheit			Schutz vor Kündigung		seine Persönlichkeit entfalten usw.
				Versetzung usw.		

Erläuterungen: Ein Ergebnis (1. Ordnung) ist nicht in sich erstrebenswert, sondern nur, wenn es in einer engen positiven Beziehung zu einem „Ergebnis 2. Ordnung" steht; dieses Ergebnis 2. Ordnung (bewertet: „Valenz$_2$") erfährt seine Bedeutung aus der Beziehung zu irgendwelchen „Letzt-Zielen" oder „Werten" (Grundbedürfnissen) der Person.
Die Stärke einer Verhaltenstendenz (z.B. „Sich für eine Mehrleistung anstrengen") hängt zum einen ab von der Erwartung E, daß ein bewertetes Ergebnis erreicht werden kann. Die Valenz$_1$ dieses Ergebnisses aber ist eine Funktion von Valenz$_2$ · Instrumentalität$_1$ (Valenz$_2$ wiederum ist eine Funktion von Valenz$_3$ · Instrumentalität$_2$).

$$\text{Motivation}_{\text{Leistungseinsatz}} = f(E, V_1) \text{ oder } M_L = \sum_{i} (E_i \cdot V_{1i}); \text{ dabei sind } V_1 = \sum (V_{2i} \cdot I_{1i}) \text{ und } V_2 = \sum (V_{3i} \cdot I_{2i}).$$

Abb. F-3-7:
Das Erwartungs-Valenz-Modell von Campbell/Pritchard (1976, zit. n. Neuberger, 1978, 231).

3.4. Bewertung der Erwartungs-Wert-Theorien

Vorzüge

Vorzüge der Erwartungs-Wert-Theorien

Die Erwartungs-Wert-Theorien sind wesentlich differenzierter als etwa die Theorien von Maslow oder Herzberg, die den Erwartungsaspekt und die Beziehung zwischen Anstrengung und Belohnung außer acht lassen (Neuberger, 1974a, 91f.). Im Gegensatz zu den Theorien von Maslow und Herzberg, bei denen es sich um sog. *Inhalts-Theorien* (content-theories) handelt, sind die Erwartungs-Wert-Theorien sog. *Prozeß-Theorien*. Inhalts-Theorien versuchen jene Variablen zu identifizieren, die das Verhalten beeinflussen. Demgegenüber untersuchen Prozeß-Theorien die Beziehungen zwischen den das Verhalten beeinflussenden Variablen, nämlich Wahl, Anstrengung und Ausdauer (Campbell/Pritchard, 1976, 65; Steers/Porter, 1975, 180). Wie das Modell von Porter/Lawler (Abb. F-3-6) zeigt, lassen sich hieraus nützliche Empfehlungen für die Gestaltung der Organisationspraxis ableiten. Auf eine Formel gebracht: Es ist fruchtbarer, die E→P (bzw. B→A) und die P→O-Erwartungen (bzw. A→E) zu untersuchen (vgl. Abb. F-3-4/5) als mit einem globalen Zufriedenheitsbegriff zu operieren. Wie im Kap. E 4. (Führungstheorien) aufgezeigt, wird die Erwartungs-Wert-Theorie auch als Weg-Ziel-Theorie für die Analyse motivationaler Führungsprozesse verwandt.

Kritik

Anhand einer kritischen Analyse von 34 empirischen Studien zur Erwartungs-Wert-Theorie kommen Campbell/Pritchard (1976, 91f.) zu folgenden Ergebnissen: Bei den meisten Studien handelt es sich um korrelative Feldstudien, deren Korrelationen relativ niedrig sind (max. .30). Als Kriterium wurden voneinander unabhängige Einschätzungen der Bemühung (effort) verwandt. Die Autoren kommen zu dem generellen Schluß, daß der Erklärungswert der Erwartungs-Wert-Theorien für menschliches Verhalten in Organisationen relativ gering ist, betonen allerdings den großen heuristischen Wert dieser Theorien für die Forschung und Praxis. Campbell/Pritchard gehen ausführlich auf eine Reihe ungelöster Probleme dieser Theorie ein, von denen wir nur die wichtigsten referieren:

Ungelöste Probleme der Erwartungs-Wert-Theorien

(1) Ein Hauptproblem liegt in der abhängigen Variablen, nämlich in der Vorhersage der Theorie über das Ausmaß der Anstrengung einer Person. Über diese Variable ist bislang nur wenig bekannt. Von einer zufriedenstellenden Operationalisierung und Messung ist man noch weit entfernt, da nicht klar ist, in welchem Ausmaß eine Leistung auf Anstrengung, Fähigkeiten, Fertigkeiten, Zeitdruck u. ä. zurückzuführen ist (vgl. Leistungsprinzip in Kap. K 6.).

(2) Die meisten Messungen erfolgen durch Selbsteinschätzungen oder durch Einschätzungen seitens der Mitarbeiter und/oder Vorgesetzten mit allen

3. Theorien der Leistungsmotivation

damit verbundenen methodischen Problemen der Interrater-Reliabilität. So hat sich gezeigt, daß die Selbst- und Fremdeinschätzung der Variable Anstrengung (effort) relativ instabil ist. In der Literatur ist noch nicht geklärt, ob dies auf mangelnde Gültigkeit und Verläßlichkeit der Meßinstrumente oder auf Veränderung von Werten und Erwartungen der Befragten zurückzuführen ist. Diese Veränderungstendenzen der Organisationsmitglieder werden durch die „zeitlosen" Erwartungs-Wert-Theorien nicht erfaßt (Neuberger, 1974a, 93).

(3) Ein weiterer Kritikpunkt ist, daß Vrooms Theorie ursprünglich intraindividuelles Verhalten, nämlich für welche Aufgabenschwierigkeit und für welchen Anstrengungsgrad sich ein Individuum entscheidet, zu erklären versucht, hingegen keine Aussagen über interindividuelles Verhalten macht. Demgegenüber sind − so Mitchell (1974, zit. n. Campbell/Pritchard, 1976) − die empirischen Überprüfungen der Theorie auf interindividuelle Vergleiche ausgerichtet.

(4) Die Erwartungs-Wert-Theorie sagt nichts darüber aus, welche Ergebnisse in welchen Situationen relevant sind. Folgende Fragen bleiben unbeantwortet: Wieviele Ergebnisse (outcomes) sollten untersucht werden? Wie spezifisch und welchen Inhalts sollten sie sein?

(5) Die meisten Erwartungs-Wert-Theorien unterstellen eine multiplikative Beziehung zwischen Wert und Erwartung sowie zwischen Wert und Instrumentalität. Damit ist die Annahme der wechselseitigen Unabhängigkeit der Komponenten verbunden. Diese Annahme ist jedoch wenig plausibel und widerspricht der Alltagserfahrung. So ist z. B. der Wert kooperativer Führung für einen Vorgesetzten oder Mitarbeiter nur bedeutsam im Hinblick auf die Erreichung bestimmter Ziele.

(6) Es ist sinnvoll, Erwartung, Instrumentalität und Wert (Valenz) nicht nur als globale homogene Faktoren zu betrachten, sondern verschiedene Arten von Erwartungen, Instrumentalitäten und Werten zu unterscheiden.

(7) Die Autoren schlagen für die zukünftige Forschung vor, die Variable „Erwartung" näher zu untersuchen und sie mit präzis definierten Variablen in Beziehung zu setzen, anstatt die Korrelationen zwischen $E \cdot \Sigma (V \times I)$ und globalen Einschätzungen der Variable Anstrengungen zu errechnen.

Möglicherweise ist die neueste Entwicklung der Leistungsmotivationstheorie zu einem attributionsorientierten Modell leistungsmotivierten Verhaltens für die praktische Gestaltung von Führungsbeziehungen von größerer Bedeutung als die Erwartungs-Wert-Theorien von Vroom und Lawler (vgl. Weiner, 1976; Schmalt/Meyer, 1976). Aus diesem Grunde wird im folgenden der aktuelle Forschungsstand der Leistungsmotivationstheorie skizziert.

3.5. Die Theorie der Leistungsmotivation von Atkinson

Theorie der Leistungsmotivation

In seiner Theorie der Leistungsmotivation präzisiert Atkinson (1964) die Feststellung K. Lewins, wonach Verhalten ein Resultat des Zusammenwirkens von Person und Situation sei. Diese Erkenntnis hat auch für die Führungsforschung und -praxis, insbesondere für die motivationalen Grundlagen kooperativen Verhaltens, große Bedeutung. Die Theorie der Leistungsmotivation kann auch als Erwartungs-Wert-Theorie des Leistungsverhaltens bezeichnet werden. Leistungsmotiviertes Verhalten wird als Funktion zweier Situationsvariablen (Situationsbeurteilungen) und zweier überdauernder Motive (überdauernde Verhaltensdispositionen) erklärt: „Die Situationsvariablen sind 1) *Erwartungen* von Erfolg und Mißerfolg und 2) *Anreize* (allgemeine Wertschätzungen) von Erfolg und Mißerfolg; die Personenvariablen sind die *Motive* „Erfolg aufzusuchen" und „Mißerfolg zu vermeiden" (Schneider, 1976, 33 f.).

3.5.1. Begriffsklärung

Definition von „Motiv" und „Leistungsmotivation"

„Motive" konzeptualisieren Atkinson und Nachfolger als relativ stabile Verhaltensdispositionen, die durch bestimmte situationale Anreize aktiviert werden.

„Leistungsmotivation" wird begriffen als Prädisposition, nach Erfolg zu streben sowie als eine Fähigkeit, für eine erbrachte Leistung Stolz zu erleben (Atkinson, 1964, 214). Dabei wird Erfolg grundsätzlich positiv gewertet, weil er aufgrund kultureller und familialer Normen belohnend wirkt.

3.5.2. Die theoretische Aussage

Leistungsmotivation (Te) wird von Atkinson als Produkt aus 3 Faktoren konzipiert: 1) Leistungsmotiv (Me), 2) Wahrscheinlichkeit, bei einer Aufgabe Erfolg zu haben; sogenannte Erfolgserwartung (We) und 3) Erfolgsanreiz (Ae):

$$Te = Me \times We \times Ae \text{ (vgl. Weiner, 1976 a, 39 f.).}$$

Grundannahmen der Leistungsmotivations-Theorie

Wichtigstes Merkmal des Leistungsmotivs sind die Affekte (Emotionen), die bei der Auseinandersetzung mit einem *Gütemaßstab* entstehen. Das Leistungsmotiv ist eine Disposition, Erfolg aufzusuchen, während das Mißerfolgsmotiv als Disposition verstanden wird, Mißerfolg zu vermeiden. Dabei bestehen bei Individuen unterschiedlich ausgeprägte Tendenzen, Erfolg aufzusuchen („Hoffnung auf Erfolg") und Mißerfolg zu meiden („Furcht vor Mißerfolg").

Leistungsorientiertes Verhalten wird als Resultat einer Konfliktlösung zwischen beiden Motiven aufgefaßt: der subjektiven Erfolgs- und Mißerfolgserwartungen und des Anreizes von Erfolg und Mißerfolg. In einer Formel ausgedrückt:

$$Te = Me \times Ae \times We \text{ und } Tm = Mm \times Am \times Wm$$

3. Theorien der Leistungsmotivation

Motivationale Tendenz:

Te = Erfolg aufsuchen
Tm = Mißerfolg vermeiden

Resultierende Tendenz:

Te − Tm, d. h. (Me × Ae × We) − (Mm × Am × Wm)

Aufgrund der multiplikativen Verbindung der Variablen ist immer das gesamte Ergebnis = 0, wenn eine der Variablen 0 ist. D. h., „daß eine Person dann keine Tendenz, Erfolg aufzusuchen oder Mißerfolg zu meiden, hat, wenn a) ihre subjektive Erfolgswahrscheinlichkeit 0 ist, sie also glaubt, bei dieser Aufgabe überhaupt keine Chance zu haben; wenn b) der Erfolgsanreiz 0 ist, was nach den Annahmen des Modells dann der Fall ist, wenn die subjektive Wahrscheinlichkeit 1.0 beträgt, die Aufgabe also extrem leicht erscheint; und wenn c) die Person überhaupt keine Motive, Erfolg zu suchen oder Mißerfolg zu meiden, hat" (Schneider, 1976, 38).

Auf die drei Komponenten Me, Ae und We wollen wir im folgenden näher eingehen, und zwar in Anlehnung an Patchen (1970), der die Variablen als Bezugssystem verwendete, um die mannigfaltigen Einflußgrößen auf die Arbeitssituation sowie individuellen Charakteristika der Mitarbeiter zu strukturieren (Patchen, 1970, 40f.; für die BRD vgl. Bohle, 1977). Der Autor hat dieses Modell in mehreren staatlichen, kooperativ geführten Betrieben in den USA an 834 Mitarbeitern angewandt. Ziel dieser Studie war es, daß Ausmaß der Arbeitsmotivation sowie die Identifikation der Mitarbeiter mit dem Betrieb und mit der Arbeit zu untersuchen.

Leistungsmotiv (Me)

Das Ausmaß des Leistungsmotivs wird nach Atkinson und McClelland maßgeblich während der frühkindlichen Sozialisation im Elternhaus ausgebildet. Wesentliche Determinanten des Leistungsmotivs sind nach Patchen (1970, 28f.):

Leistungsmotiv

(a) der „intrinsische" Wert von Leistung
(b) Leistung als Mittel der sozialen Anerkennung und
(c) Leistung als Mittel, um andere Belohnungen zu erlangen.

Zu (a) 1) Der Verstärkungswert einer erbrachten Leistung wird maßgeblich davon bestimmt, inwieweit sich das Individuum mit seiner Arbeit identifiziert sowie seine Fähigkeiten und Anstrengungen zur Lösung einer Aufgabe hoch bewertet.
   2) Soziale Relevanz der Aufgabe (bedeutsam − weniger bedeutsam)
   3) Beteiligung an der Zielbildung. Verschiedene Experimente (z. B. Coch/French, 1948; vgl. Kap. N 4.) haben gezeigt, daß Mitbestimmung bei der Setzung von Arbeitszielen in der Regel zu erhöhter Akzeptanz der zu lösenden Aufgabe und zu höherer Leistung führt (vgl. Kap. N).

Zu (b) Es hat sich gezeigt, daß Arbeitsleistung in dem Maße positiv bewertet wird, wie sie von den Mitarbeitern und Vorgesetzten sozial anerkannt wird (vgl. Locke, 1975; Festinger, 1954).

Zu (c) Gute Arbeitsleistungen sind in Organisationen gemeinhin mit Gratifikationen verbunden (Aufstieg, höheres Entgelt, mehr Einfluß etc.), wodurch die Arbeitsleistung allgemeine Wertschätzung erlangt.

Erfolgserwartung (We)

Patchen (1970, 32f.) führt folgende Determinanten der Erfolgserwartung auf:

(a) Schwierigkeitsgrad einer erfolgreichen Leistung.
(b) Die Existenz eines eindeutigen Gütemaßstabes, anhand dessen Erfolg bei der Durchführung der Aufgabe verläßlich beurteilt werden kann.
(c) Persönliche Verantwortlichkeit für den Erfolg, d. h. inwieweit die erfolgreiche Aufgabenerfüllung den eigenen Ideen und Anstrengungen des Individuums und nicht etwa dem Zufall zugerechnet wird.
(d) Rückmeldung über den Erfolg des Individuums bei erfolgreicher Aufgabenerfüllung (vgl. Steers/Porter, 1975).

Zu (a) Der Erfolg wird um so größer bewertet, je geringer die Erfolgswahrscheinlichkeit einer Aufgabe ist. D. h. die Aufgabenschwierigkeit spielt bei der Arbeitsmotivation eine große Rolle. Personen mit hoher Leistungsmotivation werden besonders von Aufgaben *mittlerer Schwierigkeit* motiviert, während niedrig Leistungsmotivierte hierdurch eher gehemmt werden (Weiner, 1976a). Im allgemeinen gilt, daß der Anreiz zur Aufgabenlösung am höchsten ist, wenn die Erfolgswahrscheinlichkeit 0.5 beträgt.

Zu (b) Probleme des Gütemaßstabes werden bei der Behandlung des Leistungsprinzips erörtert (Kap. K 6.). Besondere Probleme für die kooperative Führung ergeben sich bei der Gruppenarbeit, da objektive Gütemaßstäbe fehlen. Wie in der Interaktionstheorie der Führung (Kap. E) erwähnt, befindet sich der Vorgesetzte bei der Bewertung von Arbeitsleistungen im Konflikt hinsichtlich der Anwendung des Gleichheits- und Beitragsprinzips.

Zu (c) Die persönliche Verantwortung bei der Aufgabenerfüllung wird — wie viele empirische Studien gezeigt haben (Stogdill, 1974) — durch Mit- und Selbstbestimmung am Arbeitsplatz maßgeblich gefördert, wenn nicht gar erst ermöglicht.

Zu (d) Es gilt als gesichert, daß Rückkoppelung (feedback) über das Arbeitsergebnis die Leistungsmotivation wesentlich beeinflußt („knowledge of results", vgl. Locke, 1975, 366f.). Eine möglichst unmittelbare Rückkoppelung ist gerade in komplexen und arbeitsteiligen Organisationen mit schwierigen Aufgaben für die langfristige Arbeitsmotivation der Mitarbeiter unerläßlich.

3. Theorien der Leistungsmotivation

Erfolgsanreize (Ae)

Die Erwartung, mit welcher Wahrscheinlichkeit Anstrengungen zu erfolgreicher Aufgabenlösung führen, ist eine wesentliche Determinante des Leistungsmotivs. Patchen (1970, 36f.) diskutiert in diesem Zusammenhang drei Faktoren, welche die wahrgenommene Wahrscheinlichkeit erfolgreicher Aufgabenbewältigung bestimmen:

Erfolgsanreize

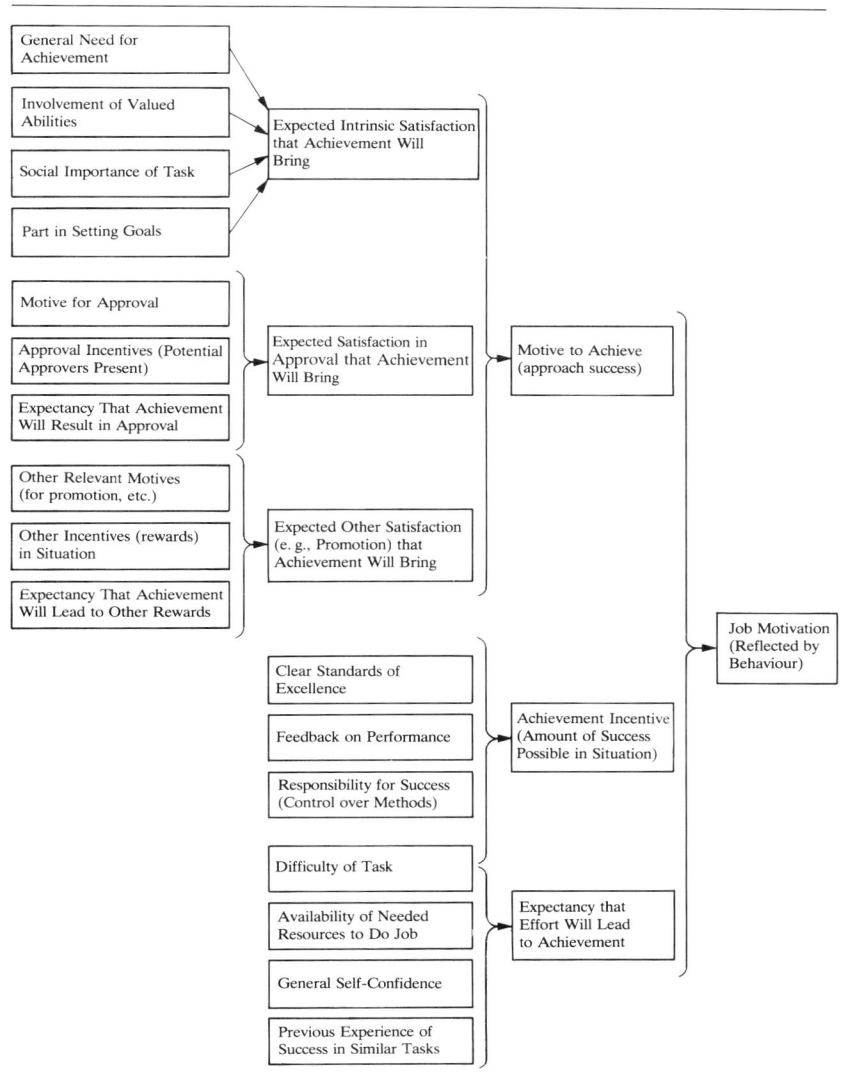

```
General Need for
Achievement
                                  ┐
Involvement of Valued             │
Abilities                         │→ Expected Intrinsic Satisfaction
                                  │  that Achievement Will
Social Importance of Task         │  Bring
                                  │
Part in Setting Goals             ┘

Motive for Approval               ┐
                                  │
Approval Incentives (Potential    │→ Expected Satisfaction in      ┐
Approvers Present)                │  Approval that Achievement     │→ Motive to Achieve
                                  │  Will Bring                    │  (approach success)
Expectancy That Achievement       │                                │
Will Result in Approval           ┘                                │
                                                                   │
Other Relevant Motives            ┐                                │
(for promotion, etc.)             │                                │
                                  │→ Expected Other Satisfaction   │
Other Incentives (rewards)        │  (e. g., Promotion) that       │
in Situation                      │  Achievement Will Bring        │
                                  │                                │       Job Motivation
Expectancy That Achievement       │                                ┘       (Reflected by
Will Lead to Other Rewards        ┘                                        Behaviour)

Clear Standards of
Excellence                        ┐
                                  │→ Achievement Incentive
Feedback on Performance           │  (Amount of Success
                                  │  Possible in Situation)
Responsibility for Success        │
(Control over Methods)            ┘

Difficulty of Task                ┐
                                  │
Availability of Needed            │→ Expectancy that
Resources to Do Job               │  Effort Will Lead
                                  │  to Achievement
General Self-Confidence           │
                                  │
Previous Experience of            │
Success in Similar Tasks          ┘
```

Abb. F-3-8:
Die Beziehung zwischen Arbeitsmotivation, Arbeit, Persönlichkeitsfaktoren und Leistung (nach Patchen, 1970, 40)

(a) Vergangene Erfahrungen über Erfolg bei ähnlichen Aufgaben,
(b) spezifische Schwierigkeiten in der aktuellen Arbeitssituation (z. B. knappe Ressourcen) und
(c) Ausmaß des Selbstvertrauens

Der Autor hat in Abbildung F-3-8 die hypothetischen Beziehungen zwischen Arbeitsmotivation, Arbeit und Persönlichkeitsfaktoren einerseits sowie Leistung andererseits miteinander in Beziehung gesetzt (Patchen, 1970, 40):

3.6. Das erweiterte Modell der Leistungsmotivation von Heckhausen

Heckhausen verwendet in seinem Modell verschiedene Begriffe der klassischen Leistungsmotivationstheorie, des Instrumentalitätsansatzes (wahrgenommene Beziehung zwischen zwei Ereignissen) und der Attributionstheorie. Sein Modell basiert auf vier Grundbegriffen: Situation (S), Handlung (H), Ergebnis (E) und Folgen (F) (vgl. Abbildung F-3-9).

Erweitertes Leistungsmotivations-Modell

```
                    S→E-Erwartungen
                    (Instrumentalität)
                ┌─────────────────────┐
                │                     ▼
Situation (S)───▶ Handlung (H)───▶ Ergebnis (E)─────── Folgen (F)
                │                │    │
                │(Wahrscheinlichkeit)  (Instrumentalität)
                │                │    │
                └─H→E-Erwartungen    E→F-Erwartungen
```

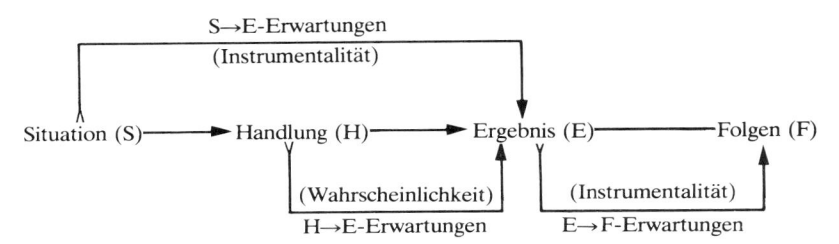

Abb. F-3-9:
Schematische Darstellung der drei Arten von Erwartungen im Motivierungsprozeß (nach Kleinbeck/Schmidt, 1976, 75)

Erläuterung: Die erste Form der Erwartung (S-E-Erwartung) geht davon aus, daß die Situation *von sich aus* zu einem Ergebnis führt; die zweite Form (H-E-Erwartung) betrifft jene Erwartung, mit der der Handelnde das Ergebnis *durch eigenes Handeln* zu erbringen glaubt; die dritte Erwartung (E-F-Erwartung) geht davon aus, daß ein Ergebnis eine Folge nach sich zieht und daß Folgen bestimmte Anreize haben (Valenz). Mit diesen Erwartungsarten differenziert Heckhausen den von Campbell/Pritchard (1976) kritisierten globalen Erwartungsbegriff der klassischen Erwartungs-Wert-Theorien.

Das Leistungsmotivationsmodell von Atkinson, Heckhausen u. a. liefert nützliche Hinweise für die theoretische Analyse und praktische Gestaltung kooperativer Führungsformen. Gemäß dem Leistungsmotivationsmodell wäre ein Vorgesetzter im Interesse einer kontinuierlichen Arbeitsmotivation der Mitarbeiter gut beraten, Arbeitsbeziehungen und Arbeitserfolg so zu gestalten, daß sie von den Mitarbeitern als selbst-verursacht erlebt werden. In diesem Zusammenhang ist es zweckmäßig, auf wesentliche kognitive Zwischenprozesse, näm-

3. Theorien der Leistungsmotivation 211

lich auf die Selbstbewertung, näher einzugehen, die mit der Motivierung verbunden ist.

Wie Abbildung F-3-10 (Heckhausen, 1974, 156) zeigt, sind bei leistungsorientiertem Handeln mehrere kognitive Zwischenprozesse typisch. Der Zwischenprozeß der Motivierung bezieht sich auf die Erwartungs-Wert-Beziehungen, auf die wir oben eingegangen sind (vgl. die Modelle von Vroom, Lawler und Atkinson).

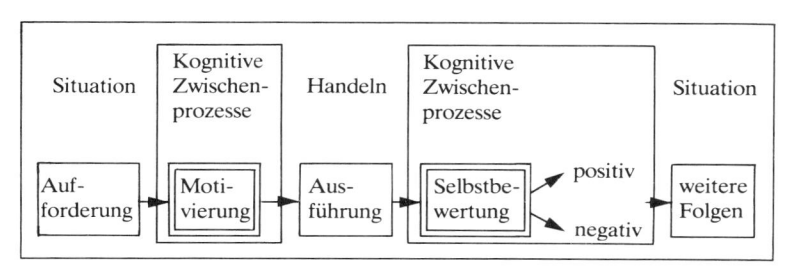

Kognitive Zwischenprozesse bei der Leistungsorientierung

```
┌─────────────────────────────────────────────────────────────────────┐
│             Kognitive              Kognitive                         │
│  Situation  Zwischen-   Handeln    Zwischen-           Situation    │
│             prozesse               prozesse                          │
│                                                                      │
│  ┌──────┐   ┌──────┐    ┌──────┐   ┌──────┐  positiv   ┌──────┐    │
│  │ Auf- │→→│ Moti-│→→→│ Aus- │→→│Selbstbe-│←         │weitere│    │
│  │forde-│   │vie-  │    │füh-  │   │wertung │  negativ │Folgen │    │
│  │rung  │   │rung  │    │rung  │   │        │          │       │    │
│  └──────┘   └──────┘    └──────┘   └──────┘           └──────┘    │
└─────────────────────────────────────────────────────────────────────┘
```

Abb. F-3-10:
Kognitive Zwischenprozesse (nach Heckhausen, 1974, 156)

Ein weiterer Zwischenprozeß, nämlich die Selbstbewertung, ist besonders für die *Selbstbekräftigung* bedeutsam (vgl. Hartig, 1975). Der Selbstbewertung liegen nach Heckhausen zwei kognitive Prozesse zugrunde:

Selbstbekräftigung

(a) Der erste Prozeß ist ein Vergleich der tatsächlichen Leistung mit einem *allgemeinen* Gütestandard oder mit einem *konkreten* Gütestandard, der interindividuell variiert. Man bezeichnet den konkreten individuellen Gütestandard auch als *Anspruchsniveau*. Beide Prozesse sind — wie die Abbildung F-3-11 zeigt — durch ein überdauerndes Motiv bestimmt.

(b) Allerdings führt der Vergleich zwischen Leistung und Gütestandard nicht automatisch zur Selbstbekräftigung. Hinzu kommt ein zweiter Prozeß, nämlich jener der Ursachenzuschreibung (Kausalattribuierung). Von der Art der Kausalattribuierung hängt es ab, ob das Individuum seine Leistungen mehr internalen (Fähigkeiten, Anstrengung) oder mehr externalen (Zufall, Aufgabenschwierigkeit) Ursachen zuschreibt (vgl. Abschn. 3.7.). Die Abbildung F-3-12 zeigt den oben beschriebenen zweifachen Bewertungsprozeß (Heckhausen, 1974, 157):

```
┌─────────────────────────────────────────────────┐
│  Motiv ────→ allgemeiner Gütestandard           │
│       └─ oder ──→ konkretes Anspruchsniveau     │
└─────────────────────────────────────────────────┘
```

Leistungsmotiv und Gütestandard

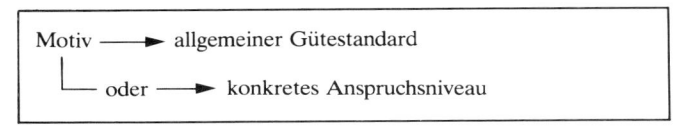

Abb. F-3-11:
Motive und Gütestandard (nach Heckhausen, 1974, 156)

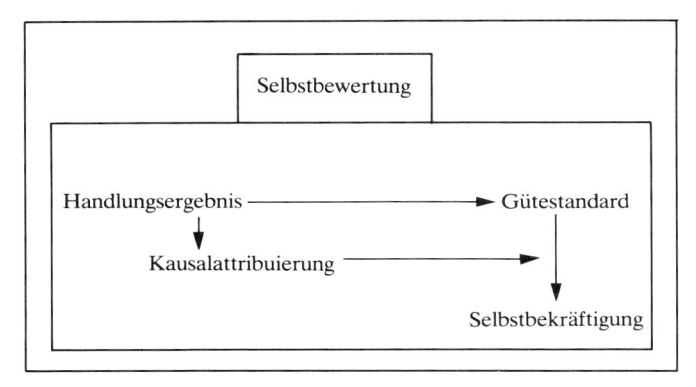

```
┌─────────────────────────────────────────────┐
│              ┌──────────────┐               │
│              │Selbstbewertung│              │
│              └──────────────┘               │
│  ┌────────────────────────────────────────┐ │
│  │                                        │ │
│  │ Handlungsergebnis ─────► Gütestandard  │ │
│  │         │                      │       │ │
│  │         ▼                      ▼       │ │
│  │ Kausalattribuierung ─► Selbstbekräftigung│
│  └────────────────────────────────────────┘ │
└─────────────────────────────────────────────┘
```

Abb. F-3-12:
Die Selbstbekräftigung in Abhängigkeit von Gütestandard und Kausalattribuierung (nach Heckhausen, 1974, 157)

Zur weiteren Analyse der Selbstbewertungsprozesse sei auf die Arbeiten zur intrinsischen (sachbezogenen) Motivation (Deci, 1975; Portele, 1975; Lind, 1975) sowie auf die verschiedenen Selbstbekräftigungsmodelle (Halisch et al., 1976) verwiesen.

3.7. Leistungsmotivation und Attribuierungstheorie

3.7.1. Formen der Ursachenzuschreibung

Ursachenzuschreibung (Kausalattribuierung) ist ein kognitiver Schlußprozeß beim Menschen, womit er Einsicht in die Zusammenhänge seiner komplexen physikalischen und sozialen Umwelt zu gewinnen trachtet (vgl. Kelley, 1973; Meyer/Schmalt, 1978).

Leistungsmotivation und Attribuierungs-theorie

Indem Weiner (1976a, b), Heckhausen (1974) u.a. Erkenntnisse der sozialen Wahrnehmungsforschung auf die Erwartungs-Wert-Theorie übertrugen, haben sie die Leistungsmotivationstheorie mit der Attribuierungstheorie verbunden und somit zu deren Weiterentwicklung beigetragen.

Von Bedeutung sind Ursachenzuschreibungen u.a. im Zusammenhang mit leistungsorientiertem Verhalten, und zwar in bezug auf die wahrgenommenen Ursachen von Erfolg und Mißerfolg.
Die erlebten Ursachen von Erfolg und Mißerfolg von Handlungen sind nach Heider, Rotter, Weiner u.a. durch vier Haupt-Faktoren beschreibbar: Begabung, Anstrengung, Aufgabenschwierigkeit und Zufall (Glück, Pech). Wie Abbildung F-3-13 zeigt, lassen sie sich nach internaler und externaler Personenabhängigkeit sowie zeitlicher Stabilität und Variabilität klassifizieren (Weiner, 1976b, 82):

Danach wird Begabung als eine internale, stabile Ursache und Anstrengung als eine internale, variable Ursache; Aufgabenschwierigkeit als eine externale,

3. Theorien der Leistungsmotivation   213

Klassifikationsschema wahrgenommener Determinanten leistungsbezogenen Verhaltens   Kausalattribuierungs-
                                                                                   stile
| Stabilität | Personenabhängigkeit | |
über Zeit	internal	external
stabil	Begabung	Aufgabenschwierigkeit
instabil	Anstrengung	Zufall

Abb. F-3-13:
Vierfeldertafel zur Kausalattribuierung (nach Weiner, 1976b, 82)

stabile Ursache und Zufall als eine external variable Ursache wahrgenommen. Als weitere denkbare, aber bislang nicht untersuchte Klassifikationsdimensionen erwähnt Weiner die Intentionalität und interpersonale Stabilität.

3.7.2. Bedingungen der Ursachenzuschreibung

In vielen empirischen Untersuchungen wurde festgestellt, daß das Ausmaß der Anstrengung bei der Aufgabenerfüllung durch die Anzahl erfolgreicher bzw. erfolgloser Handlungen in der Vergangenheit bestimmt wird.

Das Ausmaß der Anstrengung wird aus dem plötzlichen Abfall oder aus der Steigerung von Leistungen erschlossen, während Begabung durch Vergleich zwischen mehreren Personen in der gleichen Aufgabensituation ermittelt wird.

Bei der Beurteilung der Aufgabenschwierigkeiten spielen soziale Vergleichsnormen die größte Rolle: Je mehr Personen eine bestimmte Aufgabe zu lösen imstande sind, desto leichter wird sie beurteilt, und umgekehrt (vgl. Kap. K 6.).

Unter einem *kausalen Schema* versteht man die relativ überdauernde kognitive Struktur einer Person in bezug auf die Beziehung zwischen einem beobachteten Ereignis und den wahrgenommenen Ursachen (z. B. daß hohe Begabung *und* hohe Anstrengung zum Erfolg führen = notwendige Ursachen; daß hohe Begabungen *oder* hohe Anstrengung zum Erfolg führen = hinreichende Ursachen).

Kausales Schema

In vielen Korrelations- und Experimentalstudien fand man persönlichkeitsspezifische Attribuierungsstile (vgl. Kap. L). So hat sich z. B. gezeigt, daß Erfolgsmotivierte den Erfolg auf die internalen Faktoren der hohen Begabung und hohen Anstrengung, während Mißerfolgsmotivierte den Erfolg auf variable Faktoren, wie unzureichende Anstrengung oder Zufall, zurückführen. Bei Erfolg weisen Mißerfolgsmotivierte keine eindeutigen Attribuierungspräferenzen auf.

Erfolgs- und Mißerfolgsorientierte

Die Anwendung des Zurechnungsschemas auf das Leistungsverhalten hat Weiner (1976a, 220) in Abbildung F-3-14 veranschaulicht.

Das Schema macht deutlich, daß die Wahrnehmung einer zu lösenden Aufgabe zu Zurechnungen hinsichtlich der möglichen Ursachen von Erfolg und Mißer-

Erfolgsattribuierung und Leistungsverhalten

Stadium 1: Aufgabenbeurteilung

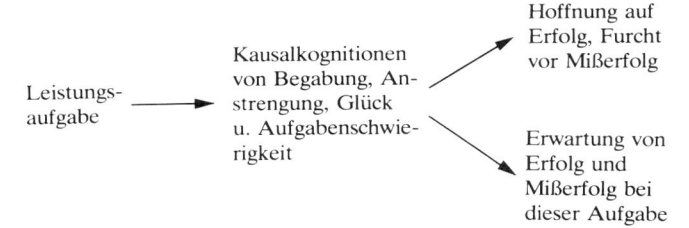

Leistungsaufgabe → Kausalkognitionen von Begabung, Anstrengung, Glück u. Aufgabenschwierigkeit → Hoffnung auf Erfolg, Furcht vor Mißerfolg / Erwartung von Erfolg und Mißerfolg bei dieser Aufgabe

Stadium 2: Zielgerichtetes Verhalten

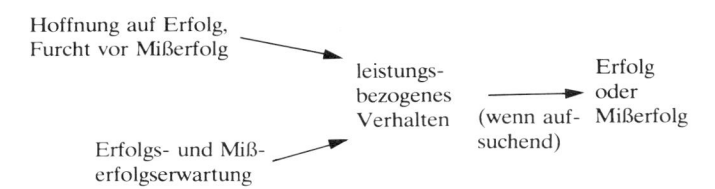

Hoffnung auf Erfolg, Furcht vor Mißerfolg + Erfolgs- und Mißerfolgserwartung → leistungsbezogenes Verhalten → (wenn aufsuchend) Erfolg oder Mißerfolg

Stadium 3: Aufgaben- und Attribuierungsneubeurteilung

Erfolg oder Mißerfolg → Kausalkognitionen von Begabung, Anstrengung, Glück u. Aufgabenschwierigkeit → Stolz oder Scham / Erwartung von Erfolg und Mißerfolg bei zukünftigen Aufgaben

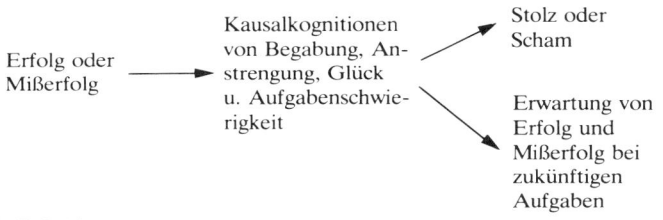

Abb. F-3-14:
Anwendung des Attribuierungsschemas auf das Leistungsverhalten (nach Weiner, 1976a, 220)

folg führt und daß diese wahrgenommenen Ursachen maßgeblich Art und Intensität des Leistungsverhaltens bestimmen.

In einem Rückkopplungsprozeß wird der Erfolg oder Mißerfolg wiederum auf „Kausalkognitionen" zurückgeführt, die das zukünftige Leistungsverhalten beeinflussen. Mit anderen Worten: Für das Ausmaß der Leistungsmotivation und des Leistungsverhaltens spielt die Ursachenzuschreibung *vor* und *nach* Ausführung einer Handlung eine wesentliche Rolle. Insbesondere die Kausalattribuierung *nach* einer Handlung ist für die Selbstbekräftigung wesentlich (vgl. hierzu die Ergebnisse der kognitiven Lernpsychologie bei Mahoney, 1977). Bedenkt man, daß ein Vorgesetzter die relativ konstanten Begabungen seiner Mitarbeiter kaum zu beeinflussen vermag, gewinnt der variable Kausalfaktor Anstrengung eine Schlüsselfunktion im Hinblick auf die Veränderung oder Stabilisierung leistungsmotivierten Verhaltens.

Empirische Befunde

Empirische Befunde haben denn auch gezeigt, daß Leistungen, die aufgrund hoher Anstrengung zustandegekommen sind, i. a. höher bewertet werden als

3. Theorien der Leistungsmotivation

fähigkeitsbedingte Leistungen (vgl. Weiner, 1976a; Schmalt/Meyer, 1976). Eine eindrucksvolle empirische Untersuchung zu diesem Phänomen von Heckhausen (1974) sei hierzu referiert: Von 25 Lehrern wurden die Klassenarbeiten von vier verschiedenen Schülergruppen nach den Merkmalsausprägungen Fähigkeit und Anstrengung mit folgenden Kombinationen beurteilt:

(1) Gruppe = hohe Fähigkeit und hohe Anstrengung
(2) Gruppe = hohe Fähigkeit und niedrige Anstrengung
(3) Gruppe = niedrige Fähigkeit und hohe Anstrengung
(4) Gruppe = niedrige Fähigkeit und niedrige Anstrengung

Die Ergebnisse sind in Abbildung F-3-15 veranschaulicht (Heckhausen, 1974, 566):

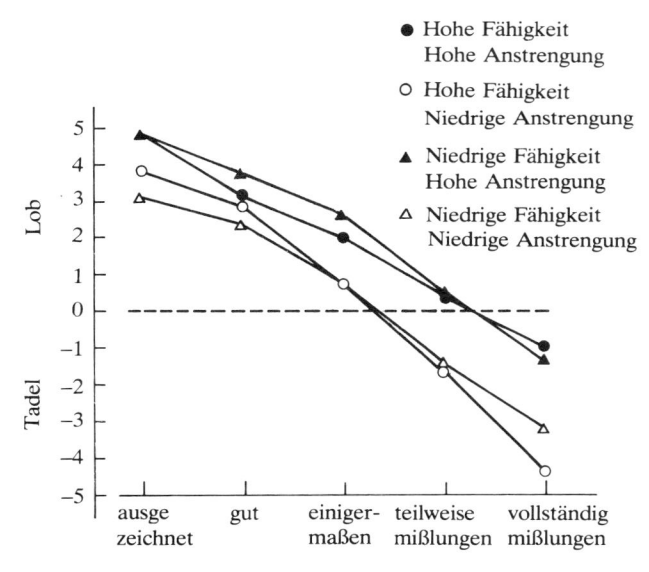

Abb. F-3-15:
Stärke von Lob und Tadel des Lehrers (nach Heckhausen, 1974, 566)

Erläuterung: Auf der Ordinate sind die positiven und negativen Bewertungen, und auf der Abszisse sind die Gütegrade der Klassenarbeiten abgetragen. Erwartungsgemäß zeigte sich, daß die Bewertung der Lehrer um so positiver ausfällt, je besser die Leistungen der Schüler sind. Interessanter ist jedoch der Befund, daß in allen Leistungsbereichen die Schüler stärker gelobt bzw. weniger getadelt wurden, wenn eine hohe Anstrengung vorliegt (statistisch hochsignifikant). Demgegenüber wurde die Bewertung kaum durch Fähigkeitsunterschiede beeinflußt. D. h. die auf Anstrengung zurückgeführte Leistung wurde von den Lehrern tendenziell stärker gewürdigt als die fähigkeitsbedingte Leistung.

3.8 Attribuierung, Vertrauen und Führung

Vertrauen und Führung

Die Bedeutung attributionstheoretischer Erkenntnisse für die Gestaltung der Interaktionsprozesse in (kooperativen) Führungsformen kann durch ein klassisches Experiment von Strickland (1958) exemplarisch aufgezeigt werden. In diesem Experiment wurde die negative Wirkung der Überwachung und der Bestrafungsmacht auf die Bedingungen einer vertrauensvollen Zusammenarbeit zwischen Vorgesetzten und Mitarbeitern aufgedeckt. Es zeigte sich, daß Kontrolle und Macht des Vorgesetzten über andere Personen aufgrund der damit einhergehenden Attribuierung eine vertrauensvolle zwischenmenschliche Beziehung und Wertschätzung erschwert, wenn nicht gar verhindert (vgl. auch das Experiment von Kruglanski, 1970). Strickland (1958, 202, zit. n. Weiner, 1976a, 289) hat die Ergebnisse seiner Studie wie folgt zusammengefaßt:

„Wenn eine Person
(1) einem Untergebenen gegenüber viel Macht hat und
(2) versucht, Einfluß auf diesen Untergebenen auszuüben (derart, daß sie mehr Anstrengung und Produktivität von ihm fordert) und
(3) Grund hat, anzunehmen, daß der Untergebene sich gerne dem Versuch der Beeinflussung widersetzen würde,
(4) wenn diese Person eine weitgehende Kontrollmöglichkeit über den Untergebenen hat und
(5) von seiten des Untergebenen ein Nachgeben erkennt,
(6) kann sie tatsächlich nur relativ wenig Information über die Loyalität, Zuverlässigkeit und Glaubwürdigkeit des Untergebenen haben und
(7) wird sie die Ursachen für das Nachgeben nicht diesem Untergebenen zuschreiben, sondern external lokalisieren.

Wird die Attribuierung auf externale Ursachen getroffen, so sollte dieses einige Konsequenzen für das zukünftige Verhalten der Person, die diese Attribuierung vorgenommen hat, haben. In einer neuen Situation, in der ihre eigenen Ziele zwar dieselben sind, doch die neuen Bedingungen die Freiheit, ihre Macht uneingeschränkt und umfassend auszuüben, einschränken, wird sie:
(1) dem Untergebenen weniger trauen, als wenn sie dessen Nachgeben als Folge einer in ihm selbst liegenden Ursache erlebt hätte und
(2) größere Anstrengungen unternehmen, ihn unter Kontrolle zu halten (vorausgesetzt, sie hat diese Alternative der Kausalattribuierung gewählt)."

Mit anderen Worten: Vertrauen wird offensichtlich erst dann realisiert, wenn der Untergebene unter nicht kontrollierten Bedingungen das gewünschte Verhalten zeigt, da eine externale Attribuierung nicht möglich ist (vgl. Kap. L 7.).

Für die kooperative Führung bedeutet dieser Befund, die Arbeitsbedingungen möglichst derart zu strukturieren, daß eine außerhalb des Arbeitsplatzinhabers liegende Zuschreibung von Leistungen („externale Attribuierung") erst gar nicht entsteht. Beispiele hierfür wären etwa die Bildung teilautonomer Arbeitsgruppen, denen von vornherein selbstverantwortliches Handeln zugeschrieben wird oder die Verstärkung von Delegations- und Selbstkontrollprozessen.

Ausgewählte Literatur

Heckhausen, H.: Motivation und Handeln. Göttingen 1980.
Lawler, E. E.: Motivierung in Organisationen. Bern/Stuttgart 1977.
Maslow, A. H.: Psychologie des Seins. München 1973.
Neuberger, O.: Theorien der Arbeitszufriedenheit. Stuttgart 1974.
Rosenstiel, L. v.: Die motivationalen Grundlagen des Verhaltens in Organisationen. Berlin 1975.
Schmalt, H.-D. und W. U. Meyer (Hrsg.): Leistungsmotivation und Verhalten. Stuttgart 1976.
Steers, R. M. und L. W. Porter (eds.): Motivation and work behavior. New York 1975.
Weiner, B.: Theorien der Motivation. Stuttgart 1976 (engl. 1972).

Kapitel G

Verhaltensmuster der Führung (Führungsstile)

0. Zusammenfassung

Im ersten Abschnitt wird auf die Notwendigkeit einer einheitlichen und präzisen Begriffsverwendung von „Führungsstil" hingewiesen. In Übereinstimmung mit der herrschenden Auffassung in der Literatur wird unter „Führungsstil" ein zeitlich überdauerndes und in bestimmten Situationen relativ konsistentes Führungsverhalten eines Vorgesetzten gegenüber Mitarbeitern verstanden.

Sodann wird auf die klassische Führungsstiltypologie von Kurt Lewin eingegangen, in der zwischen demokratischen, autokratischen und laissez-faire-Führungsstilen unterschieden wird. Dabei werden Probleme erörtert, die mit der Übergeneralisierung der Lewinschen Laboratoriumsexperimente verbunden sind.

Im dritten Abschnitt werden die verschiedenen dimensionalen idealtypischen Führungsstilkonzeptionen dargestellt. Die vielzitierte eindimensionale Führungstypologie von Tannenbaum/Schmidt, die den Führungsstil unter dem Aspekt der Entscheidungsdelegation betrachtet, wird kritisch analysiert. Als Prototyp eines zweidimensionalen Führungsstilansatzes wird das in der Praxis weitverbreitete „Verhaltensgitter" von Blake/Mouton besprochen. Es wird aufgezeigt, daß der von beiden Autoren geforderte 9.9.-Führungsstil für die optimale Verwirklichung von Zufriedenheit und Leistung keineswegs allgemeingültig ist. Als dreidimensionales Führungsstil-Konzept wird Reddins 3-D-Theorie der Führung vorgestellt. Im Gegensatz zum Ansatz von Blake/Mouton wird in dieser Theorie auf die Bedeutung der Situationsvariablen im Führungsprozeß hingewiesen, aufgrund deren ein und derselbe Führungsstil sowohl Erfolg wie Mißerfolg bedingen kann. Schließlich wird als Beispiel eines vierdimensionalen Ansatzes das einfluß-orientierte Führungsstilmodell von Farris besprochen. Als Vertreter eines vieldimensionalen Führungsstil-Ansatzes wird Bleicher erwähnt, der den Grundgedanken von Tannenbaum/Schmidt aufgreift und ein System abgestufter organisatorischer Führungselemente entwickelt, das verschiedene Führungsstile zu beschreiben erlaubt. Auch Lattmanns vieldimensionaler Führungsstil-Ansatz, der eine Variante der Likertschen Konzeption darstellt und Führungsprofile zu erstellen erlaubt, wird referiert und kritisch analysiert. Lattmanns Führungsstil-Tabellen sind im Anhang aufgeführt.

Im vierten Abschnitt werden empirisch fundierte zwei- und vieldimensionale Führungsstil-Ansätze dargestellt. Dabei werden zwei bedeutsame Forschungsrichtungen aufgezeigt: 1) die Ohio-Gruppe um Fleishman, Hemphill u. a. und

0. Zusammenfassung

2) die Michigan-Gruppe um Likert, Katz, Kahn u. a. Die in den sog. Ohio-Studien zum Führungsverhalten aufgefundenen zwei Führungsdimensionen „Consideration" (Mitarbeiterorientierung) und „Initiating-Structure" (Aufgabenorientierung) werden einer ausführlichen Analyse aus theoretischer, methodischer und empirischer Sicht unterzogen, da es sich bei ihnen um Schlüsselkonzepte der Führungsliteratur handelt. Als zweite einflußreiche Forschungsrichtung wird der Ansatz der Michigan-Gruppe um Likert, Katz und Kahn dargestellt. In vielfältigen Felduntersuchungen im Bereich der Verwaltung und Industrie fanden sich bei Vorgesetzten ebenfalls zwei Führungsdimensionen, die Mitarbeiter- und Produktionsorientierung genannt wurden. Diese beiden Grunddimensionen sind fast deckungsgleich mit denen der Ohio-Gruppe.

Im Zusammenhang mit der Entwicklung eines kooperativen Führungssystems wird von Likert die traditionelle Zweiteilung der Führungsstile zugunsten eines 4-fach abgestuften Führungssystems ersetzt. Er unterscheidet folgende Führungsformen: 1) ausbeutend autoritär, 2) wohlwollend autoritär, 3) beratend und 4) partizipativ-gruppenbezogen. Likerts Führungssystem-Tabellen, die graphisch und numerisch die Erstellung von Führungsstilprofilen erlauben, werden im Anhang wiedergegeben.

Im Zusammenhang mit der Entwicklung eines kooperativen Führungssystems Tausch vorgestellt, das eine modifizierte Erweiterung der Lewinschen Führungsstiltypologie darstellt.

Schließlich wird das Kontingenzmodell der Führung von Fiedler ausführlich besprochen, das zu den meistzitierten Konzepten der Führungsforschung zählt. Fiedlers Modell nimmt zwischen den empirischen ein- und vieldimensionalen Ansätzen eine Mittelstellung ein, weil die Motivation zu bestimmtem Führungsverhalten zwar nur auf einem eindimensionalen Kontinuum gemessen, aber zu anderen führungsrelevanten Dimensionen in Beziehung gesetzt wird. Fiedler zeigt in seinem Modell, daß Führer mit hoher sach- oder personenorientierter Führungsmotivation nur bei bestimmten Situationen, wie z. B. Aufgabenstruktur, Positionsmacht und Führer-Mitarbeiter-Beziehung, zu günstigen Gruppenleistungen gelangen. Für die Praxis ist das Kontingenzmodell insofern bedeutsam, als es darauf hinweist, daß der Führungsstil und dessen Effektivität vor dem Hintergrund der situationsbedingten Interaktion zwischen Vorgesetztem und Mitarbeiter sowie dem Aufgabentyp und der institutionalisierten Macht des Vorgesetzten gesehen werden muß.

In Abschnitt 4.5. wird ein neuerer Ansatz zur Führungsstilforschung vorgestellt, der eine Mischform aus der typologischen und dimensionalanalytischen Betrachtungsweise darstellt. Schließlich werden in Abschnitt 5. der wissenschaftliche und praktische Wert der Führungsstilklassifikation erörtert sowie die Möglichkeiten und Grenzen der idealtypischen Denkweise in der Führungsstilliteratur aufgezeigt. Es wird gezeigt, daß die meisten Führungsstilklassifikationen nicht den Ansprüchen eines wissenschaftlich fundierten Klassifikationssystems genügen, dennoch als vorläufige Beschreibungskategorien komplexer Tatbestände nützliche Ordnungs- und Orientierungsfunktion erfüllen können.

1. Begriffsbestimmung von „Führungsstil"

Obgleich der Begriff Führungsstil in der Führungs- und Managementliteratur einen zentralen Stellenwert einnimmt, ist er nur unzureichend definiert. In den meisten Fällen wird er zur Beschreibung und Erklärung komplexer Führungsprozesse recht freizügig gehandhabt.

Im folgenden soll auf die etymologische Bedeutung von „Stil" näher eingegangen werden, weil die Alltagssprache und deren tradierte Bedeutung auf die wissenschaftliche Terminologie großen Einfluß ausübt.

Etymologische Bedeutung von „Stil"

Der Begriff „Stil" läßt sich zurückführen auf das griechisch-lateinische Wort stilus, „Griffel", „Stiel", womit die Wachstafel beschrieben wurde. Spätere Bedeutungen betreffen die „Schreib- und Redeart" in bezug auf die Wahl bestimmter Wörter, aber auch das charakteristische Gepräge menschlicher Leistungen bzw. Lebensformen. In wertender Form bedeutet „Stil haben" ein Geformtsein in einheitlicher Weise; aus der gestalteten Form wird auf die Eigenart des schaffenden Menschen geschlossen (vgl. Götze, 1955; Brockhaus, 1973, 135).

Das Konzept „Führungsstil" wird in Theorie und Praxis unterschiedlich weit gefaßt. Überdies werden die Begriffe Führung bzw. Führungsstil häufig synonym verwandt und unterschiedliche Arten von Führung jeweils durch Adjektiva angezeigt, wie z. B. kooperative(r) Führung/Führungsstil. Einige Autoren verwenden „Führungsstil" auch gleichbedeutend mit „Management" oder betrachten den Führungsstil als *ein* Element eines umfassenden Führungssystems (Wild, 1973; Lepper, 1975). Schließlich wird Führungsstil bedeutungsgleich mit Führungstechniken, wie z. B. Management by exception, by delegation, etc. verwendet.

Führungsstil-Definitionen

Einen sehr weiten Begriff von Führungsstil vertritt Häusler (1966; 87): *„Der Führungsstil ist die Form, in der die Führungs- und Leitungsaufgaben von den Führungskräften im Rahmen der Organisation ausgeübt werden."*

Für Bürgin (1972, 16) ist Führungsstil *„die praktische Gestaltung der institutionellen, funktionalen und instrumentalen Aspekte der vier Führungselemente Planung, Entscheidung, Anordnung und Kontrolle..."*.

Witte definiert Führungsstil wie folgt (1969, 595): *„Führungsstile sind Varianten der Willensdurchsetzung, wobei jeder Führungsstil in einer eigenen Weise die Probleme der Leitungsorganisation unter Dominanz einer umfassenden Grundidee zu lösen versucht."*

Lattmann (1975, 9) versteht unter Führungsstil „die Grundausrichtung des Führungsverhaltens eines Vorgesetzten bei der Gestaltung seiner Beziehungen zu seinen Mitarbeitern. Diese Grundausrichtung kann bewußt und beabsichtigt sein; sie verdichtet sich dann zu Verhaltensgrundsätzen. Sie kann aber auch unbewußt bleiben. Während die meisten Autoren bei der Begriffsbestimmung von Führungsstil das relativ situationsunabhängige Führungsverhalten hervorheben, betrachtet z. B. Fiedler (1967) den Führungsstil als überdauernde Dis-

1. Begriffsbestimmung von „Führungsstil"

position des Vorgesetzten. Somit wird Führungsstil gleich der „Bedürfnisstruktur des Individuums, die sein Verhalten in verschiedenen Führungssituationen motiviert. Führungsstil bezieht sich damit auf die Konsistenz von Zielen oder Bedürfnissen in verschiedenen Situationen".

Müller-Nobiling (1977, 2) betrachtet den Führungsstil als Ausdrucksform einer geistigen Haltung des Vorgesetzten.

Eine für unsere Zwecke brauchbare Umschreibung des Führungsstils legt Marx (1971, 18) vor: *„Zeigen die mit Führung verbundenen Aktivitäten typische, in sich konsistente und regelmäßig wiederkehrende Züge, so kann von einem Führungsstil gesprochen werden"* (vgl. Mayer/Neuberger, 1974).

Zusammenfassend kann festgestellt werden, daß der Begriff des Führungsstils in der Literatur verwendet wird i. S. von:

— Managementphilosophie
— Gruppenklima
— Führungsmodell oder -system
— konsistentes Verhalten des Vorgesetzten gegenüber Mitarbeitern
— zeitlich überdauernder Bedürfnisstruktur eines Vorgesetzten
— Führungstechnik

Verwendungsweisen von „Führungsstil"

Bleicher (1969), Bleicher/Meyer (1976, 135f.) haben angesichts der allgemeinen Begriffsvielfalt in der Führungsstilliteratur vorgeschlagen, zwischen Führungsstil, Führungsform und Führungselementen zu unterscheiden.

„Unter einem *Führungsstil* soll die allgemeine raum-zeit-(epochen-) spezifische Art der Ausübung von Führungsfunktionen verstanden werden. Eine *Führungsform* kennzeichnet führungspersonenspezifisch die besondere situations- und aufgabenbezogene Ausübung der Führungsfunktionen durch einen Vorgesetzten. Sie ist darstellbar durch eine Mehrzahl von Merkmalen, die *„Führungselemente",* für die eine bestimmte Ausprägung angegeben werden kann" (Bleicher, 1969, 189).

Diese terminologische Unterscheidung hat sich jedoch in der Literatur nicht durchgesetzt. Im folgenden verwenden wir die Begriffe Führungsstil und -form *gleichbedeutend,* zumal wir nur Führungsstile der Gegenwart, nämlich in hochindustrialisierten westlichen Gesellschaften, untersuchen. Den Begriff „Führungselemente" wollen wir jedoch von Bleicher übernehmen.

Wir definieren Führungsstil bzw. -form als ein zeitlich überdauerndes und in bezug auf bestimmte Situationen konsistentes Führungsverhalten von Vorgesetzten gegenüber Mitarbeitern.

Definition von „Führungsstil"

Die Beziehung zwischen Führungsstil und Führungsverhalten entspricht der Beziehung zwischen einem theoretischen Begriff und einem Beobachtungsbegriff: Aufgrund wiederholt beobachtbarer Verhaltensmuster des Vorgesetzten wird ein Führungsstil erschlossen (vgl. Kap. E. 1.).

Im folgenden sei die Beziehung zwischen den Begriffen Führungstechnik und Führungsstil geklärt. Unter Führungstechnik werden Mittel und Methoden zur Verwirklichung eines Führungsstils verstanden. Dazu gehören a) formalorganisatorische Mittel, wie z. B. Verhaltensleitsätze, Stellenbeschreibungen, Personalbeurteilung (auch Führungsinstrumente genannt) sowie b) sozialpsychologische Mittel und Methoden, wie z. B. Führungsprofile, Soziogramme, Techniken der Gesprächsführung, Rollenspiele, gruppendynamische Trainingsformen etc. Führungstechniken sind somit Voraussetzung für die Realisierung eines bestimmten Führungsstils, d. h. Führungstechniken und Führungsstile bedingen einander (vgl. Baumgarten, 1976, 16). Während Führungstechniken in relativ kurzer Zeit lehr- und lernbar sind, wird der Führungsstil im wesentlichen durch persönlichkeitsspezifische Charakteristika und situative Bedingungen geprägt (vgl. Fiedler, 1967; Kap. L, M, O).

2. Die klassische Führungsstiltypologie von Lewin: autokratisch, demokratisch, laissez-faire

In der Literatur fehlt eine umfassende und systematische Darstellung der verschiedenen Führungsstilansätze. Von den meisten Autoren werden nur einige ausgewählte Führungsstil-Typologien diskutiert (vgl. Baumgarten, 1977; Lattmann, 1975; Schindel/Wenger, 1978, 97f.). Im folgenden soll ein umfassender Überblick sowie eine kritische Einschätzung der in der Literatur diskutierten theoretischen und empirischen Führungsstil-Ansätze gegeben werden.

2.1. Darstellung der Führungsstiltypologie

Die Führungsstilliteratur ist gekennzeichnet durch eine typologisierende Betrachtungsweise, welche im allgemeinen bipolar angeordnete Eigenschaften und/oder Verhaltenskomplexe von Vorgesetzten beschreibt.

Führungsstiltypologie von Lewin: autokratisch, demokratisch und laissez-faire

Die klassische Dreiteilung zwischen demokratischen, autokratischen und laissez-faire Führungsstilen basiert auf Laboratoriumsexperimenten des Psychologen Kurt Lewin (vgl. Lewin/Lippitt, 1938; Lewin/Lippitt/White, 1939 u. a. und die zit. Literatur bei Bastine, 1972). In einer Reihe von Experimenten wurde untersucht, inwieweit sich die o. g. Führungsstile auf das soziale Klima einer Gruppe und auf das Verhalten einzelner Mitglieder auswirken. Ohne auf die einzelnen Experimente näher einzugehen, sei die Operationalisierung der untersuchten Führungsstile kurz beschrieben.

Der *autokratische* Führer bestimmt und lenkt die Aktivitäten und Ziele der Einzelnen und der Gruppe. Er teilt jedem Mitglied seine Tätigkeiten und Mitarbeiter zu. Bei der Bewertung der Tätigkeiten läßt er nicht erkennen, nach welchem Maßstab er wertet.

Der *demokratische* Führer hingegen ermutigt die Gruppenmitglieder, ihre Aktivitäten und Ziele zum Gegenstand von Gruppendiskussionen und -entscheidungen zu machen. Bei der Bewertung ihrer Tätigkeiten versucht er stets, die objektiven Beurteilungsgründe den Mitgliedern darzulegen.

Der *laissez-faire* Führer spielt eine freundliche, aber passive Rolle und gibt den Gruppenmitgliedern volle Freiheit. Auf Fragen antwortet er mit den gewünschten Informationen, ohne Vorschläge zu machen. Überdies vermeidet

2. Die klassische Führungsstiltypologie von Lewin

autokratisch   demokratisch   laissez-faire-Füh-
                                        rung, wenn Führer ge-
                                        fragt wird.

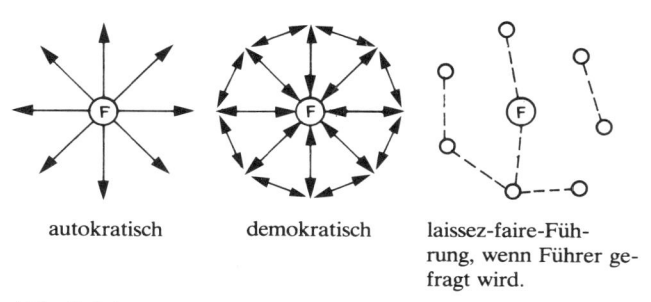

Abb. G-2-1:
Führungstypen (nach Hicks/Gullett, 1975, 303).

er, die Tätigkeiten einzelner Mitglieder oder der gesamten Gruppe positiv oder negativ zu bewerten (vgl. Tausch/Tausch, 1973; Bastine, 1972, 1685f.).

Die Abbildung G-2-1 veranschaulicht in Form einer schematischen Darstellung die Lewinsche Führungstypologie (Hicks/Gullett, 1975, 303).

Die Untersuchungen Lewins und seiner Mitarbeiter haben nicht nur in der Führungsforschung, sondern auch auf weite Bereiche der Psychologie großen Einfluß ausgeübt und viele Nachfolgestudien angeregt. So wird z. B. in der *Pädagogischen Psychologie* das Lehrer- und Elternverhalten nach den Dimensionen autokratisch vs. sozialintegrativ bzw. lehrerzentriert vs. schülerzentriert beurteilt (Tausch/Tausch, 1973; Lukesch, 1975, vgl. die zusammenfassende Übersicht bei Anderson, 1959). Auch in der klassischen Gesprächspsychotherapie wird das nondirektive, klientenzentrierte Verhalten des Therapeuten im Gegensatz zum direktiven Verhalten hervorgehoben (Tausch, 1973; Grunwald, 1979).

2.2. Diskussion

a) Leider sind die Ergebnisse der Lewinschen Experimente, wonach ein demokratischer Führungsstil dem autokratischen oder laissez-faire-Stil hinsichtlich der Gruppenleistung, der allgemeinen Zufriedenheit sowie der sozialintegrativen Verhaltensweisen der Gruppenmitglieder grundsätzlich überlegen sei, in unzulässiger Weise verallgemeinert worden. Ungeachtet des eingeschränkten Geltungs- und Gültigkeitsbereiches dieser Experimente wurden und werden ihre Ergebnisse unkritisch auf Führungssituationen in Verwaltung und Industrie übertragen, und zwar mit der allgemeinen Empfehlung, im Interesse höherer Leistung und größerer Zufriedenheit der Mitarbeiter stets einen kooperativen Führungsstil zu praktizieren. Die kritische Analyse der Lewinschen Experimente legt jedoch nahe, solchen Empfehlungen mit größter Vorsicht zu begegnen (vgl. Grell, 1974; Neuberger, 1976, 147f.; Steinkamp, 1973, 115f.):

Kritik der Lewinschen Typologie

— Es handelt sich um Laborexperimente mit Kindern als Versuchspersonen, die in keiner festen Gruppenstruktur einer Organisation eingebunden waren und deren Tätigkeit keine für sie existentielle Bedeutung hatte.

Mangelnde Repräsentativität der empirischen Befunde

— Lewin, einem Emigranten aus dem NS-Deutschland, war daran gelegen, nachzuweisen, daß ein demokratischer Führungsstil dem autoritären Führungsstil grundsätzlich überlegen sei. Die Vermutung liegt nahe, daß diese Erwartungshaltung beim Versuchsleiter einen Einfluß auf die experimentellen Ergebnisse ausübte („experimenter bias"; vgl. Mertens, 1975).
— Nachfolgeuntersuchungen zeigten z. T. inkonsistente Ergebnisse (vgl. Stogdill, 1974, 368 f.)
— Die Führer wurden vom Versuchsleiter den Gruppen oktroyiert; die Führer waren nur Handelnde und nicht auch Betroffene, so daß soziale Interaktionsprozesse zwischen Führer und Gruppe weitestgehend eliminiert wurden.

b) Die typologische Dreiteilung der Führungsstile impliziert für die Forschung und Praxis schwerwiegende Nachteile. Ein grundlegendes Charakteristikum der Dreiteilung und zugleich ihr Problem ist ihre idealtypische Konzeption, die eine empirische Überprüfung erschwert, wenn nicht gar verhindert. Aufgrund von Intuition oder nicht-repräsentativen Beobachtungen werden in der Führungsstilforschung zumeist dichotome Typenkonzepte aufgestellt (z. B. autoritär vs. kooperativ, dominant vs. integrativ etc.), die nur die extremen Ausprägungen von Verhaltensweisen zu erfassen erlauben. Es dürfte höchst unwahrscheinlich sein, die Komplexität des Führungsprozesses mit einem einzigen Gegensatzpaar zu erfassen. Typologien stellen zwar nützliche methodische und didaktische Instrumente dar, mit denen vielfältige unübersichtliche Verhaltensweisen auf wenige wiederkehrende Verhaltensmuster reduziert, Ordnung in die Vielfalt der Variablen gebracht und damit eine schnelle Orientierung und Verständigung ermöglicht werden. Sie sind jedoch – nicht zuletzt wegen ihrer unzureichenden Operationalisierung — für die Erklärung und Vorhersage von Führungsverhalten wenig brauchbar. Diese Mängel sind derart schwerwiegend, daß die neuere Forschung zunehmend von den klassischen Typologien abrückt und sie durch *empirisch* ermittelte Faktoren bzw. Dimensionen zu ersetzen versucht (vgl. Tausch/Tausch, 1973, 170 f.; Lukesch, 1975, 62 f.).

c) Die Verwendung der Adjektive „autoritär", „demokratisch" etc. ist normativ akzentuiert, wodurch die Ergebnisse vieler empirischer Untersuchungen einseitig beeinflußt werden (vgl. Kap. B, C). Wie Anderson (1959) in seinem Sammelreferat über Führungsstile im Bereich der Erziehung betont, verbergen sich hinter diesen Begriffen häufig nicht-explizierte ideologische Positionen der Autoren (vgl. dazu Lukesch, 1975, 61)

3. Idealtypische Konzepte des Führungsverhaltens

3.1. Eindimensionale Ansätze

3.1.1. Der entscheidungsorientierte Ansatz von Tannenbaum/Schmidt

Große Popularität in der Führungsliteratur hat das idealtypisch konzipierte entscheidungsorientierte Klassifikationsschema der Führungsstile von Tannenbaum/Schmidt (1958) gewonnen (für viele Sadler/Hofstede, 1972; Bleicher/Meyer, 1976; Steinmann, 1977, 39f.; Baumgarten, 1977, 33).

Führungsstil-Typologie von Tannenbaum/Schmidt

Wie die Abbildung G-3-1 zeigt, werden auf einem Kontinuum sieben Verhaltensklassen nach dem Merkmal des Umfangs der Entscheidungsdelegation unterschieden. Die Extrempole indizieren vorgesetztenorientierte vs. mitarbeiterorientierte Führung.

3.1.2. Diskussion

Die Typologie von Tannenbaum/Schmidt ist insofern unzulänglich, als nur *ein* Führungsaspekt, nämlich Entscheidungspartizipation, berücksichtigt wird. Daß diese Auffassung empirisch nicht haltbar ist, haben viele Feldforschungen gezeigt, die im Abschnitt 4. besprochen werden.

3.2. Zweidimensionale Ansätze

3.2.1. Das Verhaltensgitter (Managerial Grid) von Blake/Mouton

Blake/Mouton (1968) haben in den USA verschiedene Versionen des Verhaltensgitters (managerial grid) im Laufe der Jahre an etwa 5000 Führungskräften aus Industrie und Verwaltung mit dem Ziel empirisch überprüft, das Führungsverhalten in Organisationen zu beschreiben und zu erklären. In Übereinstimmung mit anderen Autoren, wie z. B. Argyle oder McGregor, gehen sie von einem Gegensatz humaner und ökonomischer Ziele in Organisationen aus.

Verhaltensgitter von Blake/Mouton

Wie die Abbildung G-3-2 zeigt, spiegelt das Verhaltensgitter die Wechselbeziehung zwischen zwei Führungsdimensionen, nämlich „Produktionsorientierung" (concern for production) und „Menschenorientierung" (concern for people) wider. Jede Dimension ist gekennzeichnet durch 9 Ausprägungsmerkmale (1 ... 9), wobei 1 die geringste und 9 die höchste Ausprägung indiziert. Damit werden insgesamt 81 Führungsstile (9^2) theoretisch unterschieden. Von den Autoren werden in typologisierender Weise jedoch nur 5 Führungsstile beschrieben: 1.1., 1.9., 9.1., 5.5. und 9.9. (sog. Schlüssel-Führungsverhalten).

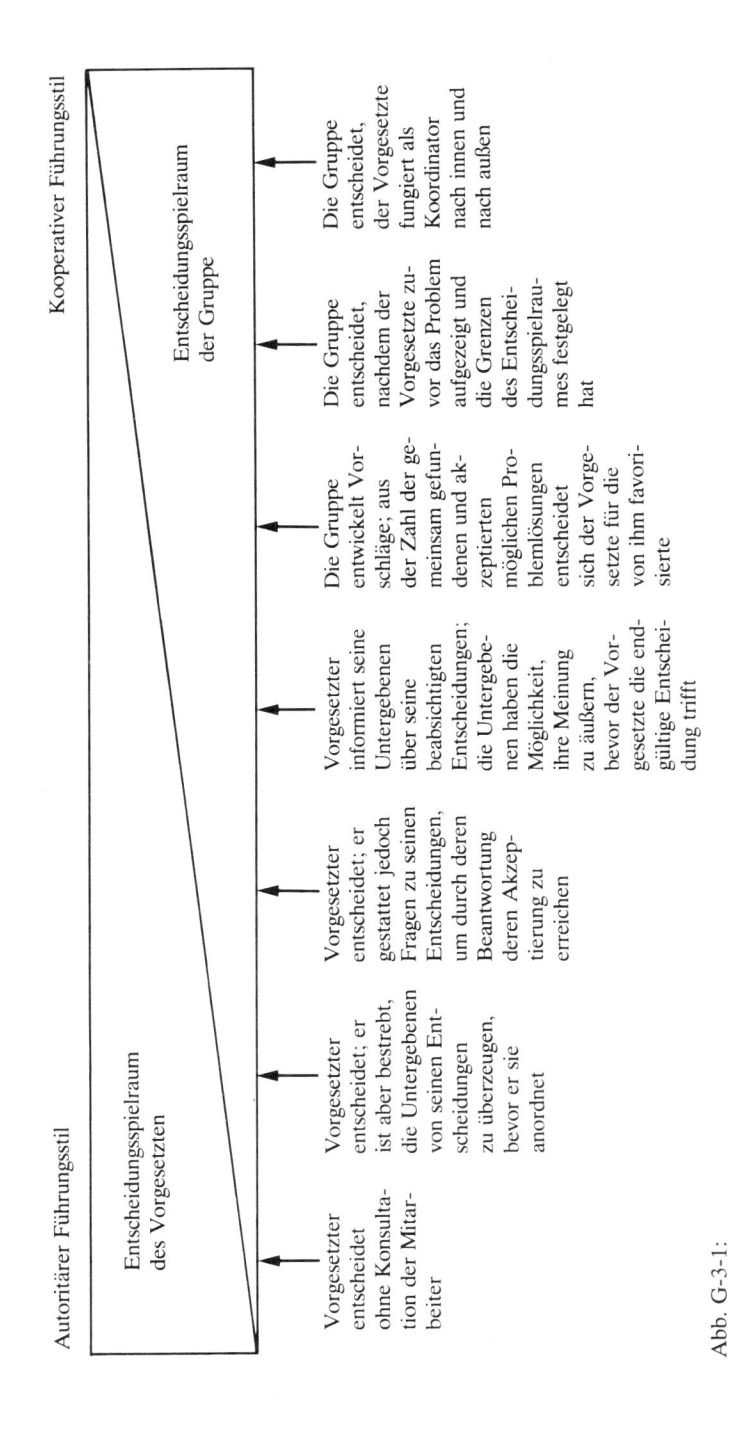

Autoritärer Führungsstil																		Kooperativer Führungsstil

Entscheidungsspielraum des Vorgesetzten					Entscheidungsspielraum der Gruppe		
Vorgesetzter entscheidet ohne Konsultation der Mitarbeiter	Vorgesetzter entscheidet; er ist aber bestrebt, die Untergebenen von seinen Entscheidungen zu überzeugen, bevor er sie anordnet	Vorgesetzter entscheidet; er gestattet jedoch Fragen zu seinen Entscheidungen, um durch deren Beantwortung deren Akzeptierung zu erreichen	Vorgesetzter informiert seine Untergebenen über seine beabsichtigten Entscheidungen; die Untergebenen haben die Möglichkeit, ihre Meinung zu äußern, bevor der Vorgesetzte die endgültige Entscheidung trifft	Die Gruppe entwickelt Vorschläge; aus der Zahl der gemeinsam gefundenen und akzeptierten möglichen Problemlösungen entscheidet sich der Vorgesetzte für die von ihm favorisierte	Die Gruppe entscheidet, nachdem der Vorgesetzte zuvor das Problem aufgezeigt und die Grenzen des Entscheidungsspielraumes festgelegt hat		Die Gruppe entscheidet, der Vorgesetzte fungiert als Koordinator nach innen und nach außen

Abb. G-3-1:
Kontinuum des Führungsverhaltens (nach Tannenbaum/Schmidt, 1958)

3. Idealtypische Konzepte des Führungsverhaltens   227

```
hoch
 9
     │ 1.9 Führungsverhalten                              │ 9.9 Führungsstil
     │ Sorgfältige Beachtung der                          │ Hohe Arbeitsleistung von
     │ zwischenmenschlichen                               │ begeisterten Mitarbeitern.
 8   │ Beziehungen führt zu einer                         │ Verfolgung des gemein-
     │ bequemen und freund-                               │ samen Zieles führt zu
     │ lichen Atmosphäre und zu                           │ gutem Verhalten
     │ einem entsprechenden
 7   │ Arbeitstempo

 6
                         │ 5.5 Führungsstil
                         │ Genügende Arbeitsleistung
 5                       │ möglich durch das Aus-
                         │ balancieren der Notwendig-
                         │ keit zur Arbeitsleistung und
                         │ zur Aufrechterhaltung der
 4                       │ zu erfüllenden Arbeitsleistung

 3

 2
                                                          │ 9.1 Führungsverhalten
     │ 1.1 Führungsverhalten                              │ Wirksame Arbeitsleistung
     │ Geringstmögliche Einwir-                           │ wird erzielt, ohne daß
 1   │ kung auf Arbeitsleistung                           │ viel Rücksicht auf zwi-
     │ und auf die Menschen                               │ schenmenschliche Bezie-
                                                          │ hungen genommen wird
niedrig
      1    2    3    4    5    6    7    8    9
   niedrig          Betonung der Produktion         hoch
                   (sach-rationale Aspekte)
```

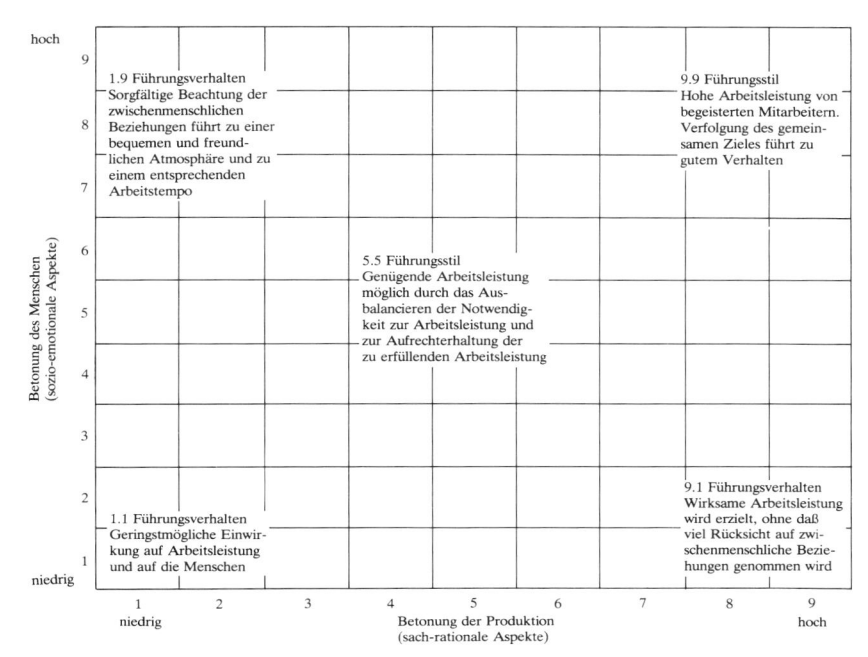

Betonung des Menschen (sozio-emotionale Aspekte)

Abb. G-3-2:
Verhaltensgitter (nach Blake/Mouton, 1968)

Zur näheren Erläuterung der fünf Führungsstile verweisen wir auf die in Abb. G-3-3 aufgeführte zusammenfassende Darstellung von Bleicher (1969).

3.2.2. Diskussion

Wenngleich das Verhaltensgitter wenig geeignet sein dürfte, reale Führungsprozesse zu beschreiben oder gar zu erklären, veranschaulicht es doch in einfacher Form den breiten Spielraum möglicher Führungsstile. Die abgebildeten 5 Führungsstile lassen vermuten, daß es in der Praxis leichter ist, eher einen autoritären als einen kooperativen Führungsstil zu identifizieren, da dessen Variationsbreite erheblich größer ist.

Kritisch ist zum Verhaltensgitter anzumerken, daß der von Blake/Mouton empfohlene einzig optimale Führungsstil 9.9. einen einlinigen monokausalen Zusammenhang zwischen einem bestimmten Führungsstil und bestimmten Wirkungen postuliert. Diverse Labor- und Feldexperimente haben diese Aussage indessen dahingehend relativiert, daß zwischen einem bestimmten Führungsstil und den resultierenden Konsequenzen, wie z. B. Arbeitszufriedenheit, höhere Produktivität, geringere Fehlzeiten etc. keine eindeutige Beziehung besteht (vgl. Korman, 1966; Neuberger, 1976; vgl. Kap. N). Vielmehr

Kritik der Typologie von Blake/Mouton

Führungsformkennziffer	9.1	1.9	1.1	5.5	9.9
Allgemeine Darstellung	Starkes sachliches Interesse an der Aufgabenerfüllung. Humane Ziele werden bei der Führung nicht berücksichtigt (sollen außerhalb der Unternehmung erfüllt werden – „Freizeitproblem"). Mitarbeiter sind unselbständig, haben Abneigung gegen Arbeit; Ordnung ergibt sich aus Uniformität. Andere Führungsformen schaffen Zweifel an der Autorität.	Starkes Interesse der Führung an humanen Elementen. Werden als leistungsbestimmend angesehen. Unterstellungen: Mitarbeiter finden Erfüllung in der Arbeit bei entsprechenden Arbeitsbedingungen. Sie können selbständig arbeiten. Ordnung und Leistungsstreben sind natürliches Resultat des Vertrauens, das dieser Führungsform zugrunde liegt.	Geringes Interesse an persönlichen Belangen und sachlichen Aufgabenerfüllungsaspekten (fraglich, ob „Führung"). Ziel des Führenden: Meiden von Kritik, da potentielle Schwächung der eigenen Position, Ursache oft: Resignation.	Ausgeglichene, mittlere Berücksichtigung humaner und sachlicher Elemente. Kein Maximum angestrebt („das wäre zu ideal"). Unterstellungen: Beide Ziele allein nur im Idealfall erreichbar, daher Kompromiß, Regelgerichtetes Funktionieren garantiert automatisch Erreichen von Sach- und Formalzielen.	Gleichmäßige Betonung der persönlichen Probleme und der Aufgabenerfüllungsnotwendigkeiten ergibt Maximum an formalem Ergebnis. Arbeitsbedingungen müssen den Anforderungen geistig reifer Menschen entsprechen. Unterstellungen: Mitdenken und Einfluß wirken positiv auf Ergebnis. Fehler nur durch Mißverständnisse (durch Lernprozesse vermeidbar).
Konsequenzen *Sachzielbezug* Organisationsgrad	hochgradige Konkretisierung der Aufgaben	geringe Konkretisierung der Aufgaben (management by objectives)	tendenziell gering	mittelmäßig	gering
Aufgabenverteilung	starke Entscheidungszentralisation	starke Entscheidungsdezentralisation	starke Entscheidungsdezentralisation	mittlere Entscheidungsdezentralisation	Entscheidungen weitgehend dezentral, Gruppen- und Einzelentscheidung

3. Idealtypische Konzepte des Führungsverhaltens 229

Leitungsbeziehungen						
	Rolle des Vorgesetzten	Autoritätsperson, Zwang zur Subordination	er sorgt für Arbeitsbedingungen, die Leistungswillen anregen	„Chamäleon"	Funktionär, Repräsentant der Organisation	helfender Lehrer
	Unterstellungsverhältnisse	streng hierarchisch, klare Kompetenzen	formale Organisation durch informale Beziehungen ergänzt oder gar substituiert	zumeist hierarchisch (Organisationsplan)	hierarchische Züge (Organisationsplan)	Vorgesetzter steht Gruppe der Untergebenen gegenüber
	Art der Anordnung	verbindliche Anordnung, keine Begründung (diszipl. Drohung)	gemeinsame Lösung, Überzeugung, fachliche Autorität, zusätzliche Informationen	unverbindliche Weiterleitung	verbindliche Anordnung mit background-Informationen	gemeinsame Lösung und Überzeugung
Organisatorische	Arbeitsbeziehungen	Kommunikation folgt Instanzenzug; keine kollegialen Arbeitsbeziehungen	informale Kanäle erlaubt. Direktverkehr; kollegiale Arbeitsbeziehungen	wenig frequentiert: Tendenz: Isolation, keine kollegialen Formen	formale und informale Kommunikation. Kollegien betont	kollegiale Formen stark betont; auch Entscheidungskonferenzen
	Formalzielbezug	unmittelbar (Mengen-, Zeit-, Geldstandards)	kaum Standards; menschliche Erfüllung zählt	persönlichkeitsbezogen: Überleben	Funktionieren der Organisation	leistungsbezogen; Blick auf Gruppenerlebnis

Führungsformkennziffer		9.1	1.9	1.1	5.5	9.9
Personalpolitische Konsequenzen	Förderung	effizientester Mitarbeiter wird gefördert	Teamarbeiter bevorzugt	keine Förderung	Förderung organisationsgerechten Verhaltens	menschliche Qualifikation und Problemlösungsfähigkeiten sind als Beförderungskriterium gleichbedeutend
	Konflikt	persönliche Einordnung oder Wechsel	geleugnet oder geglättet	vermieden	= Verletzung der Organisationsregeln	direkte Konfrontation, rationale Lösung
	Innovation	Ideen nur von „oben" (Führung)	gering, da Spannung und Widerspruch fehlen	dient Erhaltung des „status quo"	sachliche Innovation	große Bereitschaft
	Motivation	fast ausschließlich materielle Anreize, Zwang, Folgemotiv: Erhaltung der ökonomischen Existenzgrundlage	hohe persönliche Motivation über Möglichkeit der Selbstverwirklichung	reines Erhaltungsstreben. Keine besondere Leistungsmotivation	Kompromiß zwischen Zielen des Einzelnen und der Organisation. Materielle und immaterielle Anreize	sozialbezogene Leistung, hohe Motivation über Gruppe. Materielle und immaterielle Anreize harmonisch abgestimmt
	Entwicklung von Führungsfähigkeiten	gering, sachliche Leistung dominiert	gering, sachliche Förderung fehlt	fehlt (mangelnde Führung)	organisierte Verfahren	starke Förderung

Abb. G-3-3:
Führungsformen nach Blake/Mouton (Bleicher/Meyer, 1976, 168 f.)

3. Idealtypische Konzepte des Führungsverhaltens

sind stets die spezifischen Umstände zu berücksichtigen, unter denen Führungsverhalten auftritt. Demnach kann ein und derselbe Führungsstil aufgrund unterschiedlicher Bedingungen zu ganz verschiedenen Ergebnissen führen.

3.3. Dreidimensionale Ansätze

3.3.1. Die 3-D-Theorie der Führung von Reddin

Im Gegensatz zu Blake/Mouton, die einen situationsunabhängigen optimalen Führungsstil, nämlich 9.9., propagieren, bestreitet Reddin (1970; deutsch, 1977) in seiner 3-D-Theorie der Führung die Existenz eines generell gültigen und „besten" Führungsstils. Reddin unterscheidet in seinem Modell drei Dimensionen (3 D): Aufgabenorientierung (AO), Kontaktorientierung (KO) und Effektivität.

3-D-Theorie der Führung von Reddin

Wie die Abbildung G-3-4 zeigt, kann ein bestimmter Grundstil je nach Ausprägung von KO bzw. AO (hoch oder niedrig) in Abhängigkeit von jeweils vorgefundenen Situationsvariablen, wie z.B. Technologie, Managementphilosophie, Mitarbeiter etc., effektiv oder ineffektiv sein. Darum werden die

3-D-Theorie der Führung

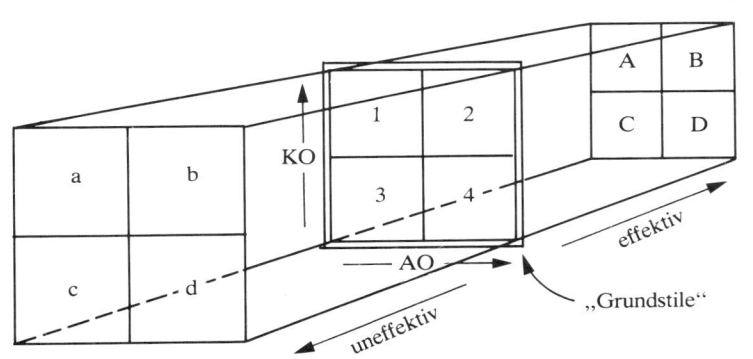

Uneffektiver Stil
a) Missionar
b) Kompromißler
c) Autokrat
d) Deserteur

Grundstil
1. Kontakt („related")
2. Integration („integrated")
3. Trennung („separated")
4. Hingebung („dedicated")

Effektiver Stil
A) Entwickler
B) Leiter
C) Bürokrat
D) Wohlwollender Autokrat

Abb. G-3-4:
3-D-Theorie der Führung (nach Mayer/Neuberger, 1974)

3.3.2. Diskussion

Kritik der 3-D-Theorie von Reddin

Kritisch ist gegen Reddins Modell einzuwenden, daß es normativ ist, wie auch die Bezeichnungen Missionar, Kompromißler, Deserteur etc. zeigen. Reddin geht ebenso wie Blake/Mouton von der Unabhängigkeit von KO und AO aus, ohne hierfür empirische Belege vorzulegen (vgl. Abschnitt 4). Didaktisch informativ ist dieses Modell insofern, als es auf wichtige Situationsspezifika der Führung hinweist. Danach kann ein und derselbe Führungsstil sowohl Erfolg wie Mißerfolg bewirken, oder verschiedene Führungsstile können zum gleichen Erfolg führen. Als Veranschaulichungsinstrument in Führungsseminaren dürfte das 3-D-Modell noch besser geeignet sein als das Verhaltensgitter, da auf situative Bedingungen der Führung hingewiesen wird.

3.3.3. Die situative „Reifegrad"-Theorie von Hersey und Blanchard

Situative „Reifegrad"-Theorie von Hersey und Blanchard

Auch diese Verfasser gehen von der Grundüberlegung aus, daß der Führungsstil durch Aufgaben- und Mitarbeiterorientierung beschrieben werden könne. Sie definieren aber nicht wie z. B. Blake und Mouton einen „optimalen" Stil, sondern machen die Wirksamkeit der jeweiligen Wahl des Führungsverhaltens von *einer* Situationsvariablen abhängig, die sie „Reifegrad" des Mitarbeiters nennen (vgl. Hersey/Blanchard, 1976; deutsch 1979).

Der Reifegrad des Mitarbeiters wird v. a. durch die Dimensionen „Fähigkeit" und „Motivation" bestimmt. Dieser wird vom Vorgesetzten (!) durch einen „maturity score" mit nur 14 Kriterien ermittelt. Die Wahl des Führungsstils durch einen Vorgesetzten hängt damit allein vom Reifegrad seines Mitarbeiters ab. Bei geringer Reife (mangelnde Fähigkeit und Motivation) muß der Mitarbeiter „aufgabenorientiert" geführt werden („telling"). Bei mäßiger Reife (mangelnde Fähigkeit, aber stärkere Motivation) muß der Vorgesetzte „aufgaben- und mitarbeiterorientiert" führen („selling"). Bei höherem Reifegrad (mangelnde Motivation bei gegebener Fähigkeit) ist der Führer erfolgreich, wenn er sich mehr mitarbeiter- als aufgabenorientiert verhält („participating"). Und den „reifen" Mitarbeiter (fähig und willig) wird er am besten weitgehend selbständig arbeiten lassen („delegating").

Allerdings ermittelten die beiden Unternehmensberater über einen weiteren Fragebogen („Leader effectiveness and adaptability description"), daß die meisten Vorgesetzten diese „Stilflexibilität" in der Regel nicht haben und vor allem selten delegativ führen können.

Abb. G-3-5 (vgl. Gottschall, 1978, 126) veranschaulicht die „Theorie", die z. B. auch von Hinterhuber für ein Konzept strategischer Personalentwicklung verwendet wird (Hinterhuber, 1979).

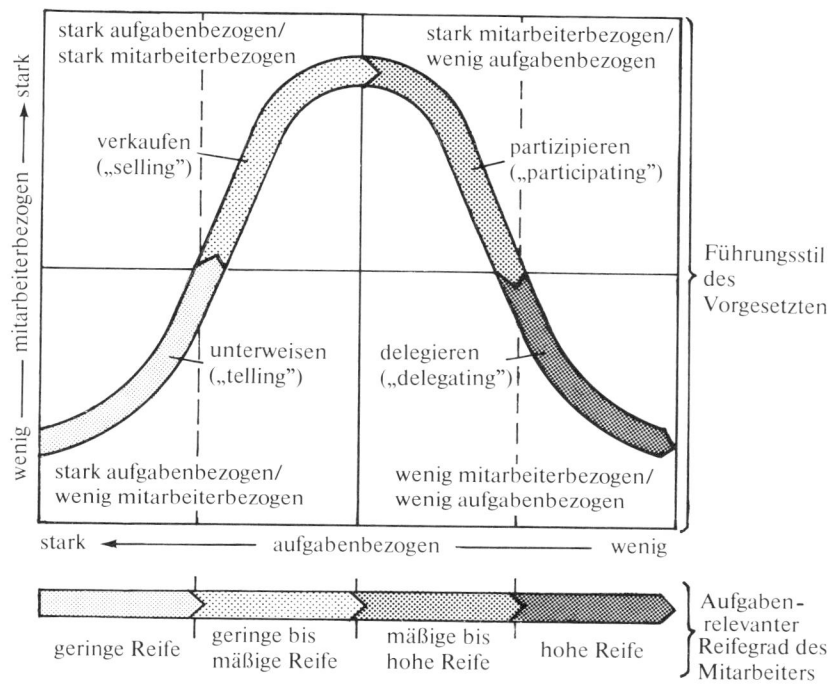

3. Idealtypische Konzepte des Führungsverhaltens   233

Abb. G-3-5:
Die situative Reifegrad-Theorie von Hersey und Blanchard (1976)

3.3.4. Diskussion

Das Konzept dürfte gerade Vorgesetzte überzeugen, auch im Sinne einer Legitimation des eigenen Verhaltens. Die Differenzierung der beiden aus neueren Leistungsmotivationstheorien bekannten internalen Faktoren leistungsbezogenen Verhaltens (vgl. Kap. F 3) scheint ebenfalls plausibel. Denn personale Leistung wird häufig als Produkt von Fähigkeit und Motivation beschrieben. Und bei weiter Auslegung kann man in den Qualifikationsbegriff auch Aspekte der Aufgabenschwierigkeit und der Positionsmacht integrieren. Aber es entsteht damit eine einseitig aus dem „Reifegrad" des Mitarbeiters heraus interpretierte Führungstheorie, die wieder stark „eigenschaftstheoretische" Denkweisen zeigt. Im Gegensatz zu den normativen Führungsstillehren, etwa von Likert oder Blake/Mouton, kann nun der Vorgesetzte jeden Führungsstil mit der besonderen „Natur" seiner Mitarbeiter begründen. Es ist deshalb keineswegs überraschend, daß gerade dieses Konzept bei Vorgesetzten „enthusiastischen Beifall" (Gottschall, 1978, 121) fand. Denn mit einfachen und möglichst „externalen" Zurechnungstheorien sind gerade leistungsorientierte Vorgesetzte besonders einverstanden (vgl. Kap. F 3.7.).

Schließlich ist bemerkenswert, daß die Partizipationsrate nun – im Gegensatz etwa zu Tannenbaum/Schmidt (vgl. Abschnitt 3.1.1) – ausschließlich von den Fähigkeiten des Geführten abhängt. Damit wird der „geführtenzentrierte" Ansatz der Verfasser wieder besonders offensichtlich. Die Führungslehre benötigt aber eher eine Erweiterung situationaler Einflußfaktoren als eine simple Reduzierung auf *eine* personale Dimension in dazu technologisch beliebig variierbarer Weise.

3.4. Der vierdimensionale Ansatz von Farris

4 idealtypische Führungsstile

Farris (1974, 66f.) unterscheidet 4 idealtypische Führungsstile unter dem Aspekt der *Einflußnahme* auf wichtige Angelegenheiten der Organisation:

Verzicht, wenn weder der Vorgesetzte noch die Gruppenmitglieder erwähnenswerten Einfluß auf das organisatorische Geschehen haben.

Dominanz, wenn der Vorgesetzte im Gegensatz zu den Gruppenmitgliedern wesentlichen Einfluß ausübt.

Delegation, wenn der Vorgesetzte im Gegensatz zu den Gruppenmitgliedern keinen wesentlichen Einfluß auf das organisatorische Geschehen ausübt.

Zusammenarbeit, wenn sowohl der Vorgesetzte als auch die Gruppenmitglieder wesentlichen Einfluß auf das organisatorische Geschehen ausüben.

Aus der Abbildung G-3-6 ist ersichtlich, daß ein Vorgesetzter seinen Einfluß erhöhen kann (von a nach a′), wobei der Einfluß der Gruppenmitglieder konstant bleibt (von a, b nach a′, b) oder gar erhöht werden kann (von a, b nach a′,

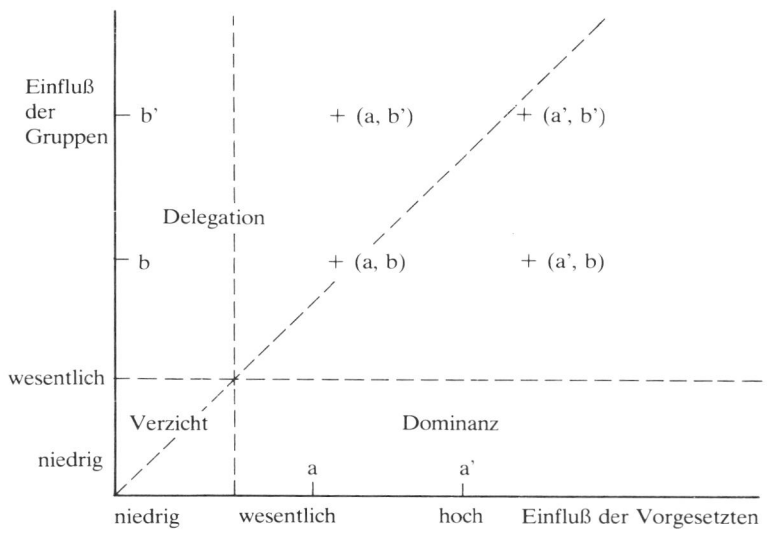

Abb. G-3-6:
Führungsstile und Einfluß auf organisatorische Probleme (nach Farris, 1974, 66f.)

3. Idealtypische Konzepte des Führungsverhaltens 235

b'). Ebenso ist es den Gruppenmitgliedern möglich, ihren Einfluß zu erhöhen (von b nach b'), wobei die gleichen Effekte resultieren wie oben (von b nach b', d. h. von a, b nach a, b' bzw. a', b').

3.5. Vieldimensionale Ansätze

3.5.1. Das System organisatorischer Führungselemente von Bleicher

Bleicher (1969), Bleicher/Meyer (1976) führen den Grundgedanken von Tannenbaum/Schmidt weiter, indem sie ein System abgestufter *organisatorischer* Führungselemente entwickeln, die — je nach Ausprägung — einen mehr autoritären oder kooperativen Führungsstil kennzeichnen.

Organisatorische Führungselemente

Besonders die Abbildungen G-3-7 und G-3-8 stehen exemplarisch für viele in der Literatur verwendete vergleichenden Analysen unterschiedlicher Führungsstile (vgl. den neueren Klassifikationsansatz von Bleicher/Meyer (1976, 141 und Steinle, 1978), in dem Führungselemente nach den Kriterien der Willensbildung, -durchsetzung und -sicherung aufgelistet werden).

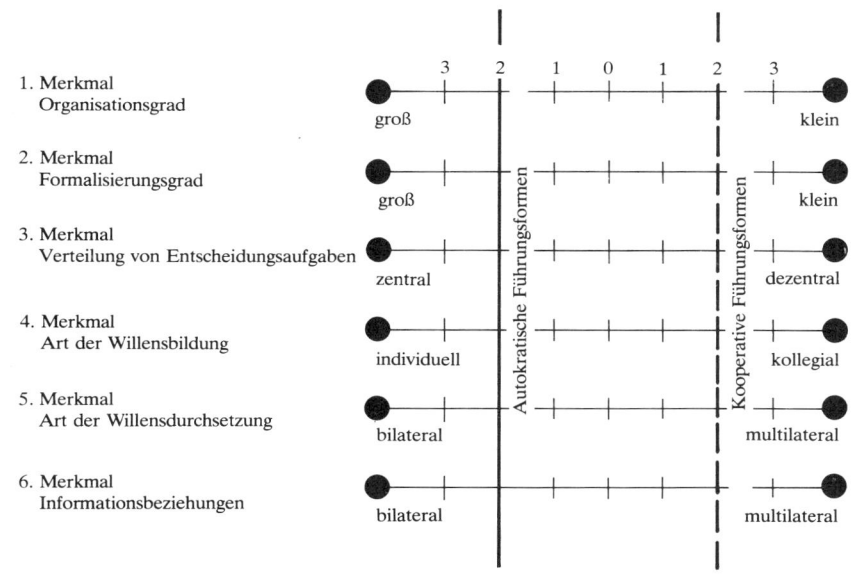

Abb. G-3-7:
Ausprägungen von Organisations- und Führungselementen (nach Bleicher, 1972, 272)

Führungsstil

autoritativ	kooperativ

Führungsphilosophie
Art des Führungsleitbildes

Der Führer ist der Herr, die Geführten sind Untergebene und Gefolgsleute.	Der Führer ist Lenker und Koordinator einer Kooperation, die Geführten sind Mitarbeiter und Partner

Unterstellungen über Mitarbeiter

Sie haben eine Abneigung gegen die Arbeit. Es fehlt ihnen an Intelligenz, ihre Arbeit selbst einzuteilen (Zentralisation als Folge).	Sie finden Erfüllung in der Arbeit, wenn ihre persönlichen Ziele gleichzeitig realisierbar sind. Die Mitarbeiter sind hinreichend intelligent, selbst den jeweils besten Weg zu einer Lösung zu finden.

Organisationsstruktur
Organisations- und Konkretisierungsgrad

Konkretisierungsgrad der Aufgaben hoch. Detaillierte Festlegung der Aufgabenerfüllung.	Konkretisierungsgrad der Aufgaben gering. Nur Rahmenregelung (Zielvorgaben) für die Aufgabenerfüllung.

Formalisierungsgrad

Klare, streng hierarchische Unterstellungsverhältnisse werden als allein möglich betrachtet. Daraus ergibt sich eine Isolierung des einzelnen Mitarbeiters. Da außer Gehorsam und Pflichterfüllung von der Masse der Untergebenen nichts erwartet wird, versucht man, die Autorität auf diese Weise abzusichern und den Gehorsam zu erzwingen.	Auflockerung der hierarchischen Bezüge, die durch informelle Beziehungen teilweise überdeckt, teilweise völlig substituiert werden. Abweichungen vom Organisationsplan werden solange toleriert, wie keine Störung des Arbeitsablaufes und keine Verminderung des Arbeitserfolges eintreten.

Willensbildung
Entscheidungsvorbereitung

Die Führung weiß und kann alles besser als die Untergebenen. Deswegen kann grundsätzlich auf Besprechung und Beratung mit ihnen verzichtet werden.	Die Führung ist, um zu einer sachgerechten Entscheidung zu kommen, auf die Mitwirkung der Mitarbeiter angewiesen. Deswegen wird der Einsatz von Koordinationsmitteln angestrebt (Stäbe, Kollegien).

Entscheidungsbildung

Der Führer koordiniert durch Einzelentscheidungen, Singularinstanzen sind typisch (Direktorialprinzip).	Der Führer koordiniert durch Einschaltung der Mitarbeiter in den Entscheidungsprozeß. Dies kann organisatorisch durch die Bildung von Pluralinstanzen erzwungen sein. Wenn die demokratische Führung voll akzeptiert wird, kommt es auch ad hoc zu mehrheitlicher Beschlußfassung in Entscheidungskollegien (Kollegialprinzip).

Entscheidungspartizipation

Die Führung delegiert nur Ausführungsaufgaben und -verantwortungen (Weisungsaufgaben im Sinne von Befehlsweitergabe eingeschlossen), aber keine Planungs-, Entscheidungs- und Kontrollaufgaben (-verantwortungen).

Neben Ausführungsaufgaben (-verantwortungen) werden auch Planungs-, Entscheidungs- und Kontrollaufgaben (-verantwortungen) delegiert. Die oberste Führung behält sich in diesen Bereichen nur Dienstaufsicht und Erfolgskontrolle vor.

Willensdurchsetzung
Durchsetzung der Entscheidung

Mittel zur Entscheidungsdurchsetzung (Entscheidungsrealisation) ist der Befehl. Einwendungen sind grundsätzlich unstatthaft, da die Führung a priori über die höhere Einsicht verfügt: „Befehlstaktik".

Hier dient ein Auftrag der Entscheidungsrealisation. Einwendungen sind grundsätzlich statthaft und führen, falls sie begründet sind, zur Abänderung des Auftrages: „Auftragstaktik".

Autoritätsbasis

Institutionelle Autorität
Irrational (weltanschaulich religiös) fundiert, ihr zu dienen, ist moralisch wertvoll. Autorität wird als Institution von hohem sittlichen Eigenwert aufgefaßt.

Funktionelle Autorität
Sachrational aus den Notwendigkeiten der Kooperation und den Fähigkeiten des Führers (Sachverstand, Menschenkenntnis) abgeleitet. Autorität wird als notwendige Funktion aufgefaßt.

Arbeitsbeziehungen (Kommunikation)

Die Untergebenen werden nur über das Notwendigste informiert. Bezeichnend ist der Ausdruck „Tagesbefehl" für die notwendig gehaltene Information.

Informationen dienen als Führungsmittel. Sie werden durch die Delegation von Entscheidungsaufgaben und -verantwortung erzwungen. Nur so kann der Zusammenhang zwischen den Delegationsbereichen gesichert werden.

Willenssicherung
Kontrollformen

Ausgeprägte sachliche Kontrolle, keine Überprüfung der Führungstätigkeit. Sachliche Kontrolle bis ins Detail (alles läuft über den Tisch des Vorgesetzten).

Kontrolle ist auch beim kooperativen Führungsstil unabdingbare, nicht delegierbare Funktion des Vorgesetzten. Sie sichert die Führung des delegierten Bereiches. Neben der sachlichen wird auch eine führungsbezogene Kontrolle vorgenommen.

Abb. G-3-8:
Katalog der Führungselemente zweier historisch gewachsener Führungsstile (nach Bleicher/Meyer, 1976, 155f.)

3.5.2. Das System organisatorischer und personaler Führungselemente von Lattmann

Lattmann (1975) vertritt in Anlehnung an Likert eine multidimensionale Führungsstil-Konzeption, um die Nachteile der dichotomischen Betrachtungsweise zu vermeiden. Wie bei Likert (vgl. Abschnitt 4.2) handelt es sich bei der von Lattmann konzipierten Führungsmatrix um apriorische Kategorien, die in der

Vertikalen die einzelnen Gliederungsmerkmale — unterteilt nach Einstellungs- und Verhaltensvariablen — und in der Horizontalen die verschiedenen Ausprägungen von autoritär bis hin zu kooperativ aufweisen (vgl. Anhang). Lattmanns Version ist geeignet, Führungsstilprofile zu erstellen. Im Gegensatz zu Likerts Tabellen sind die Tabellen von Lattmann noch nicht empirisch überprüft.

3.5.3. Diskussion

Kritik der Führungs-
elemente

Kritisch muß angemerkt werden, daß Bleichers und Lattmanns System der Führungsstile zu jener Kategorie idealtypischer Klassifikationen gehört, die auf Plausibilität und Intuition ihrer Verfasser beruhen und nicht empirisch ermittelt wurden. Interessant ist ihr Ansatz insofern, als die dichotomische Sichtweise zugunsten eines differenzierten vieldimensionalen Ansatzes aufgegeben wird und die Führungselemente als Kontinua mit unterschiedlichen Ausprägungen konzipiert werden.

Schwerwiegend ist jedoch der Einwand, daß Anzahl und Art der aufgeführten Führungselemente ohne theoretische Fundierung isoliert nebeneinandergereiht werden, so daß die zwischen ihnen möglicherweise bestehenden gesetzmäßigen wenn-dann-Beziehungen kaum ermittelt werden können.

4. Empirisch ermittelte Konzepte des Führungsverhaltens

In den 50er Jahren haben zwei voneinander unabhängig arbeitende Forschergruppen mit großangelegten empirischen Untersuchungen zwei basale Führungsdimensionen ermittelt, die i. a. mit Sachaufgaben- und Mitarbeiterorientierung umschrieben werden.

Ohio- und Michigan-
Studien

(1) Die Ohio-Gruppe an der Ohio State University um Fleishman und Hemphill ermittelte die beiden Dimensionen „Consideration" (Mitarbeiterorientierung; im folgenden C) und „Initiating Structure" (Aufgabenorientierung; im folgenden I).

(2) Die Michigan-Gruppe an der University of Michigan um Likert, Katz und Kahn kennzeichneten die von ihnen vorgefundenen Dimensionen als Aufgabenorientierung (production centered) und Mitarbeiterorientierung (employee centered).

Ähnliche Dimensionen fanden auch andere Autoren: So z. B. Bales/Slater (1955, sozio-emotionaler Führer vs. Aufgabenspezialist); Bass (1960, motivieren vs. strukturieren); Page/McGinnies (1959, direktive vs. nichtdirektive Führung) oder Anderson/Fiedler (1964, partizipative vs. kontrollierende Füh-

4. Empirisch ermittelte Konzepte des Führungsverhaltens 239

rung), (vgl. die zusammenfassende Tabelle bei Neuberger, 1972, 205f. und 1976, 136; Abb. G-4-1).

In typologisierender Form hat Lawler (1977, 245) die Ausprägung beider Konzepte verschiedenen Führungsformen zugeordnet:

		Aufgabenorientierung	
		hoch	niedrig
Mitarbeiterorientierung	hoch	demokratisch oder partizipativ	human relations
	niedrig	autoritär	laissez-faire

4.1. Die Ohio-Studien zum Führungsverhalten

Nachdem sich die Suche nach Führereigenschaften im Hinblick auf die Identifikation potentieller Führer und zur Vorhersage von Führungserfolg als wenig ergiebig erwiesen hatte (vgl. Stogdill, 1948; Mann, 1959), verlegte man den Schwerpunkt der Forschung auf das Führungsverhalten. Hemphill und Mitarbeiter (1949) entwickelten zu diesem Zweck eine Liste von fast 1800 Aussagen (items) über die unterschiedlichsten Aspekte von Führungsverhalten. Experteneinschätzungen ergaben, daß diese items ohne Informationsverlust auf insgesamt 150 reduziert werden konnten. Diese items bildeten die Grundlage für die Urfassung des *„Leader Behavior Description Questionnaire" (LBDQ),* der die Wahrnehmung der Mitarbeiter bezüglich des Führungsverhaltens des Vorgesetzten mißt (vgl. Hemphill, 1949, 105; Hemphill/Coons, 1957).

Mitarbeiter- und Sachaufgabenorientierung

Die faktorenanalysierte Interkorrelation (vgl. dazu Kap. B) der items ergab zwei Hauptfaktoren, die „Consideration" (C) und „Initiating Structure" (I) genannt wurden (Halpin/Winer, 1957). Dabei erklärten C mit 49,6% und I mit 33,6% insgesamt 83,2% der gemeinsamen Varianz. Die Restvarianz von 16,8% erklärten die Nebenmerkmale „Production Emphasis" mit 9,8% und „Sensitivity" mit 7,0%.

Verschiedene Varianten und Kurzfassungen des LBDQ (etwa 20-48 items) wurden in der Folgezeit entwickelt. Dazu gehören der „Ideal LBDQ" von Hemphill et al. (1951) und der „Leadership Opinion Questionnaire" (LOQ) von Fleishman (1957, 1969) sowie der „Supervisor Behavior Description Questionnaire" (SBDQ). Der LOQ mißt, wie sich der Vorgesetzte in Führungssituationen einschätzt.

Autoren	*Rupe* 1951	*Grant* 1955	*Wilson* et al. 1955	*Roach* 1956	*Creager & Harding* 1958
Anzahl der Items	36	20	108	390	81
Gefundene Faktoren	Soziale Verantwortung gegenüber Mitarbeitern und Gesellschaft Leistung als Vorgesetzter	Allg. Halo-Faktor Geschick im Umgang mit anderen Urteilsvermögen Wirksame Arbeitsüberwachung Wirksame Arbeitsplanung Wirksame Verbesserung der Arbeitsleistung	Fehlen von Willkür Kommunikation Durchsetzung der Sicherheitsbestimmung Soziale Nähe	Allg. Halo-Faktor Hält sich an Vorschriften Energie Loyalität gegenüber der Firma Steuerung der Gruppenleistung Persönlicher Ehrgeiz Arbeitskenntnisse Belohnt Leistungen Teamgeist Übernimmt Verantwortung Prakt. Besorgtheit Unparteilichkeit Aufgeschlossenheit Fröhlichkeit Zugänglichkeit	Halo-Faktor Soziale Beziehungen Technisch. Arbeitswissen Administrative Fähigkeiten

Abb. G-4-1:
Ergebnisse von Faktorenanalysen von Führer – Verhaltensbeschreibungen (nach Neuberger, 1976, 136)

Ohio-Fragebogen zum Führerverhalten

Der SBDQ ist dem LBDQ ähnlich: Beide Fragebogen geben Informationen über das Verhalten des Vorgesetzten aus der Sicht der Mitarbeiter. In mehreren hundert Untersuchungen im Bereich des Militärs, des Erziehungswesens und der Industrie wurden die Fragebogen erprobt und die sich ergebenden Dimensionen C und I mit Mitarbeiterzufriedenheit, Leistung u. ä. in Beziehung gesetzt.

4. Empirisch ermittelte Konzepte des Führungsverhaltens

Prien 1963	Ritti 1964	Stogdill et al. 1964	Wofford 1970	Fittkau-Garthe 1970	Vorwerg 1971
ohne Angabe	76	90	183	73	7
Überwachung des Produktionsprozesses	Enge, vorschriftsmäßige Beaufsichtig.	Beherrschtes Aushalten von Unsicherheit	Ordnung der Gruppenleistung	Freundliche Zuwendung, Respektierung	mitmenschliche Kooperationsfähigkeit
Steuerung des Produktionsprozesses	Technische Kompetenz fachlicher Fähigkeiten	Motivation der Geführten	An persönlichen Forderungen orientieren	Mitbeteiligung Arbeitsstimulierende Aktivität	sachliche Kooperationsfähigkeit
Überwachung der Mitarbeiter	Rücksichtnahme, menschliche Behandlung	Beherrschung der Führungsposition	Persönliche Interaktion	laissez-faire	
Koord. und Leistung der Belegschaft	Einsatz für die Mitarbeiter	Rücksichtnahme auf Wohlbefinden und Erwartungen der Mitarbeiter	Sicherheit und Erhaltung	Kontrolle, äußerer Druck	
Kontakte und Kommunikation mit Mitarbeitern	Freiheit und Initiative ermöglichen		Dynamische Leistungs-Orientierung		
Planung und Vorbereitung der Arbeitsorganisation	Mitbeteiligung und Information	Vertretung der Gruppe nach außen			
Beziehungen zwischen Gewerkschaft und Unternehmerleitung		Mitarbeitern Handlungsfreiheit einräumen			
		Vorausschauendes Problemlösen			
		Versöhnung widersprüchl. Forderungen			
		Überzeugende Rollenausübung			
		Aktive Rollendefinition			

Mehrere deutschsprachige Versionen des Ohio-Fragebogens, bei dem die unterstellten Mitarbeiter das Führungsverhalten von Vorgesetzten einzuschätzen haben, sind von Fittkau-Garthe (1970) und Tscheulin/Rausche (1970) vorgelegt worden (vgl. Anhang). Wir verweisen insbesondere auf den im Handel befindlichen „Fragebogen zur Vorgesetzten-Verhaltens-Beschreibung" (FVVB) von Fittkau-Garthe/Fittkau (1971) (zur Validität dieser Fragebögen vgl. Nachreiner, 1978; Liebel, 1978).

4.1.1. Consideration (C) und Initiating Structure (I)

Im folgenden sei die für die Theorie und Praxis der Führung richtungsweisend gewordene Untersuchung von Fleishman/Harris (1962) dargestellt, die sich auf den LBDQ stützt. Fleishman/Peters (1962), Fleishman/Harris (1962), Fleishman (1973) charakterisieren C und I wie folgt:

„*Consideration* schließt Verhalten ein, das auf gegenseitiges Vertrauen, Achtung und eine gewisse Wärme und Enge der Beziehung zwischen dem Vorgesetzten und seiner Gruppe hinweist. Das bedeutet nicht, daß diese Dimension ein oberflächliches Humanrelations-Verhalten von der Art des „Auf-die-Schulter-Klopfens", „beim Vornamen-Nennens" meint. Diese Dimension scheint ein tiefergehendes Bemühen um die Bedürfnisse der Gruppenmitglieder zu betonen und beinhaltet Verhaltensweisen wie etwa mehr Mitbeteiligung der Untergebenen bei Entscheidungen und die Förderung vermehrter Kommunikation" (Fleishman, 1973, 8, zit. n. Neuberger, 1976, 133 f.).

„*Structure* schließt Verhalten ein, bei dem der Vorgesetzte Gruppenaktivität und seine Beziehung zur Gruppe organisiert und definiert. Er definiert also die Rolle, deren Übernahme er von jedem Mitglied erwartet, weist Aufgaben zu, plant voraus, legt Wege der Arbeitsausführung fest und dringt auf Produktion. Diese Dimension scheint offenkundige Versuche, die Organisationsziele zu erreichen, zu betonen" (Fleishman, 1962, 43 f., zit. n. Neuberger, 1976, 134).

Beispiele aus dem Ohio-Führerfragebogen

Im folgenden seien einige typische Aussagen zu den beiden Dimensionen aus dem deutschen Fragebogen von Tscheulin/Rausche aufgeführt:

Consideration (C)	Initiating Structure (I)
„Er macht es seinen Mitarbeitern leicht, unbefangen mit ihm zu reden".	„Er verlangt von seinen Mitarbeitern, sich den Zielen der ganzen Abteilung unterzuordnen".
„Er ist zu Änderungen bereit".	„Er tadelt mangelhafte Arbeit".
„Er tadelt eher eine einzelne Handlung als einen bestimmten Mitarbeiter".	„Er veranlaßt Dinge, ohne Rücksprache mit seinen Mitarbeitern zu nehmen".

Bemerkenswert ist, daß die inhaltliche Charakterisierung von C und I den von Lewin geschilderten autokratischen und demokratischen Führungsstilen sehr ähnlich ist (vgl. Abschnitt 2.). Faßt man die Bedeutungen der Dimensionen C und I zusammen, dann lassen sich nach Neuberger (1976, 137 f.) folgende Aspekte aufzählen:

C beinhaltet:
— allgemeine Wertschätzung und Achtung
— Offenheit, Zugänglichkeit
— Bereitschaft zur zweiseitigen Kommunikation
— Einsatz und Sorge für den Einzelnen

I beinhaltet:
— Strukturierung, Definition und Klärung des Zieles und der Wege zum Ziel
— Aktivierung und Leistungsmotivation
— Kontrolle und Beaufsichtigung

Neuberger (1972) verglich insgesamt 30 empirische Arbeiten zum Führungsstil und fand 21 charakteristische Merkmale (vgl. Kap. K). Zu den fünf am häufigsten genannten Merkmalen gehörten:

4. Empirisch ermittelte Konzepte des Führungsverhaltens

(1) *Partizipationsrate* der Führer an den Gruppenaktivitäten (hoch-niedrig, eng-distanziert, aktiv-passiv) 18 mal

(2) *Strukturierung* der Gruppenaktivitäten durch den Führer (stark-schwach) 16 mal

(3) *Entscheidungsgewalt* (allein beim Führer – bei der gesamten Gruppe) 14 mal

(4) *Kontrolle* der Gruppenaktivitäten durch den Führer (eng-weit) 14 mal

(5) *Motivation* der Gruppe durch den Führer (Belohnung, Bestrafung, aktivierend-desinteressiert) 11 mal.

5 Hauptmerkmale von Führungsverhalten

Unschwer lassen sich in diesen fünf Merkmalen die beiden Hauptdimensionen des Führungsverhaltens, nämlich I und C, wiedererkennen.

Fleishman (1973), Tscheulin/Rausche (1970), Fittkau-Garthe (1970) u. a. gehen aufgrund faktorenanalytischer Untersuchungen von der Unabhängigkeit beider Dimensionen aus. Danach handelt es sich bei ihnen nicht um ein eindimensionales Kontinuum, an dessen Extrempolen C und I zu lokalisieren sind. Vielmehr kann aufgrund der Unabhängigkeit der Dimensionen ein Vorgesetzter sowohl hohe als auch niedrige Skalenwerte auf beiden Dimensionen zeigen, oder auch jeweils nur auf einer Dimension einen hohen Wert und auf einer anderen Dimension einen niedrigen Wert aufweisen.

Alltagserfahrungen wie Managementtrainingsprogramme (z. B. das von Blake/Mouton, 1968) gehen von der Unabhängigkeit der Dimensionen I und C aus. Nach Blake/Mouton wäre ein 9.9.-Führungsstil für die Organisation und deren Mitglieder am besten. Daß diese Auffassung keineswegs immer gültig ist, da moderierende Variablen, wie Einstellungen und Werte der Mitarbeiter, Art der Aufgabe, Verhalten der Führungskräfte etc. unberücksichtigt bleiben, weisen z. B. Fleishman/Harris (1962) in ihrer klassischen Studie nach (vgl. Kap. N):

In einem Industrieunternehmen wurde die Beziehung zwischen dem Führungsverhalten von 57 Werkmeistern und zwei Indizes des Gruppenverhaltens, nämlich Beschwerderate und Fluktuation der Arbeitnehmer, untersucht. Die Beschwerderate wurde gemessen durch die Anzahl der schriftlichen Beschwerden der Arbeitnehmer, die in den Firmenakten abgelegt waren. Die Fluktuation wurde durch die in Firmenakten registrierten freiwilligen Kündigungen gemessen. Anhand des LBDQ von Fleishman (1953; 1957) beschrieben die Arbeiter das Führungsverhalten ihrer vorgesetzten Werkmeister. Aus diesem Fragebogen wurden die Mittelwerte für I und C für jeden Werkmeister ermittelt: die Korrelation zwischen I und C betrug 0,33, d. h. es zeigte sich eine leichte Abhängigkeit zwischen beiden Dimensionen, obgleich die Autoren in anderen Studien eine Korrelation um Null zu ermitteln pflegten.

Die klassische Führungsstudie von Fleishman/Harris

Abb. G-4-2 zeigt einen leichten nicht-linearen Verlauf der Beschwerderate. Die Korrelation der Kurve ist negativ und beträgt $-0,51$. Von einem bestimmten Punkt (unterhalb von 76 bei 112 erreichbaren Punkten) läßt eine Reduktion des mitarbeiterorientierten Verhaltens die Beschwerderate steil ansteigen. Anderseits bewirkt oberhalb von Punkt 76 ein zunehmendes mitarbeiterorientiertes Verhalten des Vorgesetzten keine weitere Verringerung der Beschwerderate.

Die Beziehung zwischen aufgabenorientiertem Verhalten des Vorgesetzten und der Beschwerderate der Mitarbeiter wird in Abb. G-4-3 veranschaulicht. Hier zeigt sich ebenfalls eine nicht-lineare Kurve wie in Abb. G-4-2. Die Korrelation der Kurve ist positiv

Beschwerderate und mitarbeiterorientiertes Verhalten

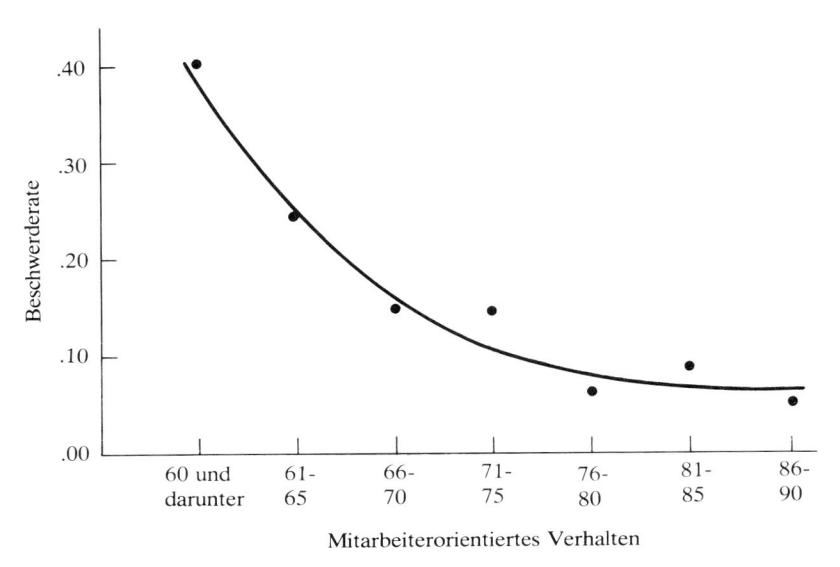

Abb. G-4-2:
Beschwerderate und mitarbeiterorientiertes Verhalten (nach Fleishman/Harris, 1962)

Beschwerderate und Sachaufgabenorientierung

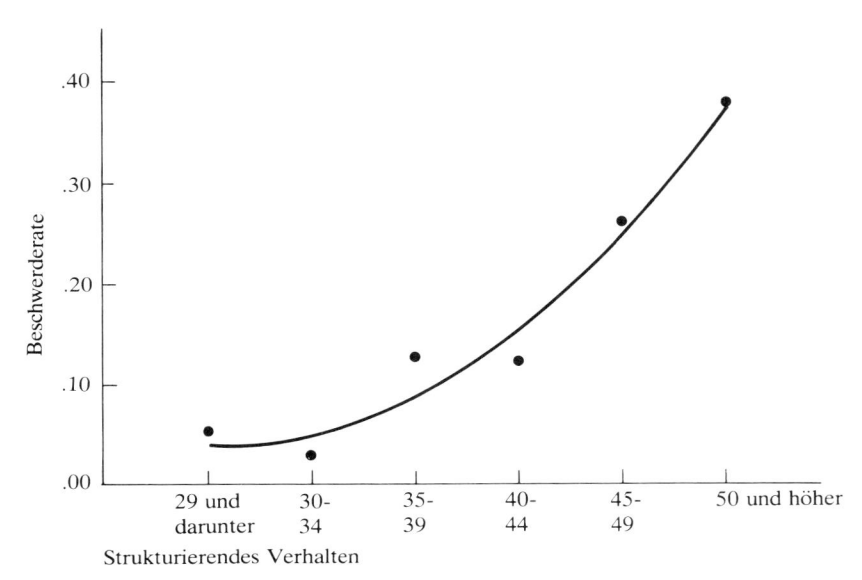

Abb. G-4-3:
Beschwerderate und strukturierendes Verhalten (nach Fleishman/Harris, 1962)

4. Empirisch ermittelte Konzepte des Führungsverhaltens

und beträgt 0,71. Der kritische Punkt liegt bei 36 (bei 80 erreichbaren Punkten), oberhalb dessen eine Erhöhung des aufgabenorientierten Verhaltens des Vorgesetzten eine steigende Beschwerderate bewirkt.

Da in der Praxis ein Vorgesetzter beide Führungsdimensionen in unterschiedlicher Ausprägung zu zeigen pflegt, sind in Abb. G-4-4 die verschiedenen Kombinationsmöglichkeiten von C und I in bezug auf die Beschwerderate dargestellt worden. Bedeutsam ist, daß bei Vorgesetzten, die ein schwaches mitarbeiterorientiertes Verhalten zeigen, ungeachtet der Stärke ihres strukturierenden Verhaltens, die höchste Beschwerderate zu verzeichnen ist. Hingegen vermag ein stark mitarbeiterorientiertes Verhalten die Beschwerderate niedrig zu halten. Sie ist am niedrigsten bei Vorgesetzten, die ein mittleres bis stark ausgeprägtes strukturierendes Verhalten aufweisen.

Für Trainingsprogramme von Führungskräften ist es wichtig zu wissen, daß starkes mitarbeiterorientiertes Verhalten offensichtlich die negativen Implikationen stark strukturierenden Verhaltens auszugleichen vermag, während schwach strukturierendes Verhalten ein schwaches mitarbeiterorientiertes Verhalten auszugleichen imstande ist. Diese Beziehung scheint bei Mitarbeitern unterer Hierarchieebenen zu gelten (Kerr et al., 1974). Abb. G-4-4 läßt bestimmte Grenzen vermuten, über die hinaus eine Erhöhung des mitarbeiterorientierten Verhaltens bzw. eine Verringerung des strukturierenden Verhaltens keinen Einfluß auf die Beschwerde- und Fluktuationsrate haben. Die Autoren konstatieren Interaktionseffekte zwischen beiden Führungsdimensionen, wobei das mitarbeiterorientierte Verhalten der dominante Faktor zu sein scheint.

Die Beziehung zwischen Führungsverhalten und Fluktuation der Arbeitnehmer zeigt ähnliche Kurvenverläufe wie in den obigen Abbildungen. Lediglich die Lage der kritischen Punkte ist etwas verschoben, was dahingehend interpretiert werden kann, daß sich die Arbeitnehmer beschweren, bevor sie kündigen.

Bei der Interpretation der Daten geben die Autoren zu bedenken, daß die aufgezeigten korrelativen Zusammenhänge *keine Aussagen über die Richtung von Ursache und Wir-*

Interpretation der Fleishman/Harris-Studie

Beschwerderate, mitarbeiterorientiertes und strukturierendes Verhalten

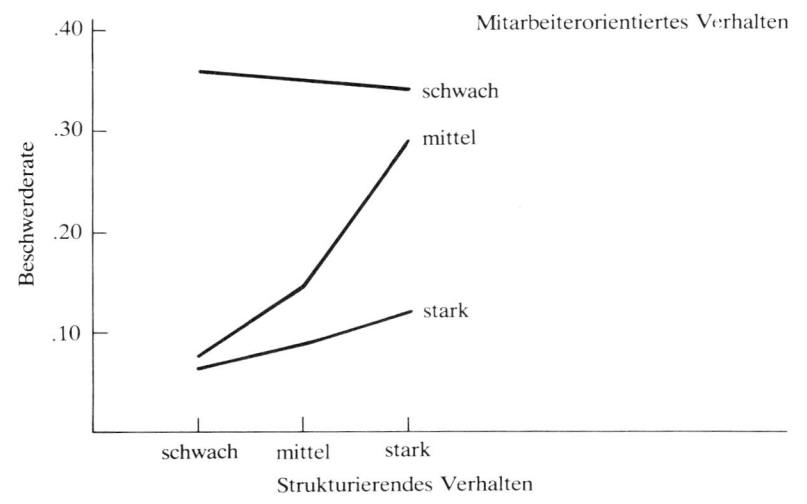

Abb. G-4-4:
Beschwerderate, mitarbeiterorientiertes und strukturierendes Verhalten (nach Fleishman/Harris, 1962)

kung gestatten. Es sei auch denkbar, daß die Arbeitnehmer ihre Vorgesetzten deshalb so wenig mitarbeiterorientiert einschätzten, weil die Beschwerderate hoch war (vgl. Kap. B, Korrelationsstatistik).

Wenngleich in diesem Fall Wechselwirkungen vorliegen mögen, kann in Übereinstimmung mit den Befunden aus der Pädagogischen Psychologie (vgl. Grell, 1974; Lukesch, 1975) angenommen werden, daß das Führungsverhalten eine Haupteinflußgröße darstellt und häufig als kausaler Faktor fungiert. Angesichts des in jeder Arbeitsorganisation vorfindbaren Machtgefälles zugunsten der Vorgesetzten erscheint diese Interpretation auch durch die Praxis gestützt.

Dieses in der Literatur häufig thematisierte Interpretationsproblem (für viele Vroom, 1964; Kerr et al., 1974) ist u. E. prinzipiell lösbar, indem mitarbeiter- und aufgabenorientierte Vorgesetzte verschiedenen Gruppen zugeordnet werden. So fand man, daß stark mitarbeiterorientierte und hochproduktive Führer die Zufriedenheit und Leistung von zufriedenen und wenig leistungsfähigen Gruppen nach einer gewissen Zeit erhöhten, während sachaufgabenorientierte und wenig erfolgreiche Vorgesetzte die Produktivität wenig leistungsfähiger Gruppen nach einer gewissen Zeit noch verringerten (vgl. Likert, 1972; Pollard, 1973; Kap. N).

Obgleich ähnliche Ergebnisse wie jene von Fleishman/Harris auch in Nachfolgestudien gefunden wurden (vgl. das Sammelreferat von Kerr et al., 1974), ist eine Generalisierung der Befunde von Fleishman/Harris auf andere Organisationen, Situationen und Personengruppen nur mit äußerster Vorsicht möglich. Immerhin gilt als gesichert, daß die empirischen Befunde zum Führungsverhalten u. a. maßgeblich davon abhängen, a) auf welcher hierarchischen Ebene sie erhoben wurden und b) ob Mitarbeiter und/oder Vorgesetzte befragt wurden (Likert, 1972, 52; Halpin/Winer, u. a. vgl. auch Abb. G-4-5 aus Likert):

Hierarchie-Ebene und Wahrnehmung von Führungsbeziehungen	In welchem Ausmaß fühlen sich — nach Ansicht der Vorgesetzten und der Untergebenen — die Untergebenen frei, Fragen der Arbeit mit Vorgesetzten zu diskutieren?			
	Oberste Führung über die Vorarbeiter:	Vorarbeiter über sich selbst:	Vorarbeiter über ihre Untergebenen:	Untergebene über sich selbst:
Probleme der Arbeit mit dem Vorgesetzten zu diskutieren fühlen sich				
völlig frei	90%	67%	85%	51%
ziemlich frei	10%	23%	15%	29%
nicht besonders frei	—	10%	—	14%
ganz und gar nicht frei	—	—	—	6%

Abb. G-4-5:
Hierarchieebene und Selbst- und Fremdwahrnehmung von Führungsbeziehungen (nach Likert, 1972, 52)

4. Empirisch ermittelte Konzepte des Führungsverhaltens

Abb. G-4-5 zeigt deutlich die Unterschiedlichkeit der subjektiven Wahrnehmung, je nachdem, auf welcher hierarchischen Ebene sich die befragten Mitarbeiter befinden.

Auch Halpin/Winer (1957), Fleishman (1957), Korman (1966), Miles (1975) u. a. fanden ähnliche Ergebnisse. Danach erfuhren effektive Vorgesetzte, die von der nächsthöheren Ebene hoch in I und niedrig in C eingeschätzt wurden, bei niedriger Leistung eine genau umgekehrte Beurteilung.

Wie problematisch eine vorschnelle Generalisierung einzelner empirischer Befunde sein kann, zeigt die Studie von Fleishman, Harris und Burt (1955). Wider Erwarten zeigten C und I ganz unterschiedliche Ergebnisse, je nachdem, ob die Daten in der Produktion oder in nicht-produktionsbezogenen Bereichen (z. B. Verwaltung) erhoben wurden (vgl. Abb. G-4-6; vgl. Kap. N).

Korrelative Beziehung zwischen Führungsstil und Leistung

	Produktion	Nicht-Produktion
Consideration	−.31	.28
Initiating Structure	.47	−.19

Abb. G-4-6:
Korrelation zwischen Führungsstil und Leistung (nach Fleishman et al. 1955).

Die inkonsistenten Ergebnisse werden von den Autoren auf die unterschiedliche Erwartungshaltung der Arbeitnehmer in den verschiedenen Unternehmensbereichen zurückgeführt. Heute tendiert man dazu, C und I weniger aus der Sicht des Vorgesetzten als aus der Sicht der Mitarbeiter zu erheben, da deren Erwartungen und Verhaltensweisen C und I stark beeinflussen und beide Dimensionen nicht immer eindeutig als ursächliche Faktoren interpretierbar sind (Stogdill, 1974, 141; Hollander/Julian, 1966; Frew, 1980).

4.1.2. Diskussion

Faßt man mit Stogdill (1974) die vielfältigen, z. T. inkonsistenten Befunde über die Bedingungen und Konsequenzen von C und I zusammen, dann zeigt sich, daß hohe Aufgabenorientierung *tendenziell* zu einer größeren Gruppenproduktivität führt als Mitarbeiterorientierung. Und Mitarbeiterorientierung führt eher zu einer großen Zufriedenheit der Arbeitnehmer als Aufgabenorientierung. Die effektivsten Führer werden zumeist auf beiden Dimensionen hoch eingeschätzt (vgl. hierzu Kap. N). Diese Aussage stimmt auch mit den Ergebnissen der Abb. G-4-2 und G-4-3 überein.

Auswirkung von Mitarbeiter- und Sachaufgabenorientierung

In einem neueren Übersichtsreferat von Kerr et al. (1974) werden die C und I-Skalen wegen fehlender theoretischer Fundierung und mangelnder Situationsbezogenheit kritisiert. Dennoch sind die Skalen in Forschung und Praxis nach wie vor von großer Bedeutung,

(a) weil sie identifizierbares Verhalten zu messen ermöglichen und
(b) viele Studien durch die Verwendung dieser Skalen vergleichbare Daten hervorbringen, die
(c) empirisch-statistisch belegt sind.

4.1.3. Psychometrische Beurteilung der „Ohio State Leadership Scales"

Gültigkeit (Validität)[1]

Gültigkeit der Ohio-Skalen

Schriesheim/Kerr (1974) vergleichen in ihrem Artikel die psychometrischen Eigenschaften der Ohio-Skalen sowie die modifizierte Version der LBDQ (Form XII) von Stogdill. Es zeigt sich, daß die Inhalts-Validität des SBDQ, des LOQ und des LBDQ nicht hinreichend gesichert ist. Lediglich die Stogdillsche Version scheint hinsichtlich der experimentellen und Inhaltsvalidität am besten gesichert. Auch die Konstrukt-Validität ist nicht gesichert, da noch keine Beziehungen zu verwandten Konzepten aufgezeigt wurden. Ebensowenig ist bislang eine konvergente oder diskriminante Validierung erfolgt. Wie schon Korman (1966) feststellte, ist die Übereinstimmungsvalidität (concurrent validity) und Vorhersage-Validität (predictive validity) ebenso ungesichert.

Verläßlichkeit (Reliabilität)[2]

Verläßlichkeit der Ohio-Skalen

Der LOQ zeigte in zwei Studien eine relativ stabile Test-Retest-Reliabilität von 0,80 und 0,77 für C und 0,74 und 0,67 für I nach drei bzw. einem Monat.

Hingegen ist die Reliabilität des LBDQ und des SBDQ noch nicht zureichend nachgewiesen. Die wenigen bisher vorliegenden Studien zeigten Reliabilitätskoeffizienten von 0,57 bis 0,87.

Des weiteren wird von Schriesheim/Kerr festgestellt, daß systematische Beurteilungsfehler, wie z. B. soziale Erwünschtheit, Tendenz zur Milde, Halo-Effekt, Zustimmungs-Tendenz etc. durch die Skalenformulierung gefördert würden. Von Fleishman et al. (1955, 39) wird z. B. die Interkorrelation (Abhängigkeit C und I) von C und I. i. S. der Wirksamkeit eines Halo-Effekt interpretiert. Allerdings ist auch die Deutung möglich, daß Führer stets beide Verhaltensdimensionen zeigen (Schriesheim/Kerr, 1974, 761 f.). Weiterhin wird von den Autoren kritisiert, daß der SBDQ und der LOQ items beinhalten, welche Häufigkeit des Führerverhaltens und Bedeutsamkeit vermengen sowie die meßtheoretisch fragwürdige Annahme gleicher Intervallbreiten der Skalen implizieren. Die Autoren haben in Abb. G-4-7 die kritischen Punkte der Ohio State Skalen zusammengefaßt:

---

[1] Unter Validität versteht man den Grad der Genauigkeit, mit dem ein Test das mißt, was er messen soll (zu den einzelnen Validitätsarten vgl. Kap. B).
[2] Reliabilität ist die Bezeichnung für den statistisch ermittelten Genauigkeitsgrad eines Maßes bzw. Tests (zu den einzelnen Reliabilitätsarten vgl. Kap. B).

4. Empirisch ermittelte Konzepte des Führungsverhaltens

Property	LOQ	SBDQ	Early LBDQ	Revised LBDQ
Internal consistency reliability	Acceptable	Acceptable	Acceptable	Acceptable
Test-retest reliability	Acceptable	Marginally[a] acceptable	Unknown	Marginally acceptable
Content validity	Unacceptable	Unacceptable	Unacceptable	Marginally acceptable
Construct validity	Unknown	Unknown	Unknown	Unknown
Convergent and discriminant validity	Unknown	Unknown	Unknown	Unknown
Experimental validity	Unknown	Unknown	Unknown	Marginally acceptable
Concurrent validity	Marginally acceptable	Acceptable	Acceptable	Acceptable
Predictive validity	Unknown	Unknown	Unknown	Unknown
Absence of response skewedness	Unacceptable	Unacceptable	Unacceptable	Unacceptable
Absence of social desirability and leniency	Unknown	Unknown	Unknown	Unknown
Scale independence and lack of halo	Unacceptable	Unacceptable	Unacceptable	Unacceptable
Reflected items (partial control of agreement response tendency)	Unacceptable	Unacceptable	Unacceptable	Unacceptable
Equal response intervals	Unknown	Unknown	Unknown	Unknown
Distinction between frequency and magnitude	Unacceptable	Unacceptable	Acceptable	Acceptable

[a] Data are insufficient to consider fully acceptable.

Abb. G-4-7:
Kritische Punkte der Ohio-Skalen (nach Schriesheim/Kerr, 1974)

4.1.4. Zum gegenwärtigen Stand der C- und I-Forschung

Korman (1966) und Kerr/Schriesheim (1974) haben zusammenfassende Literaturberichte über die Forschung zum C- und I-Konzept vorgelegt. Dabei gehen Kerr/Schriesheim (1974) ausführlich auf Kormans Kritik ein, die wir kurz referieren wollen.

Kritik der Führerverhaltensforschung

Korman kritisierte 1966 die C- und I-Forschung wie folgt:
(1) Die Forschung berücksichtige situationale Variablen nur unzureichend.
(2) Die meisten Studien, insbesondere zu I, zeigten tendenziell nichtsignifikante Korrelationen zwischen Führungsverhalten und Kriterien.
(3) Viele Studien seien insofern methodisch unzulänglich, als die Prediktor- und Kriterieneinschätzungen von ein und denselben Individuen stammten.
(4) Die Richtung der Kausalität sei bei den Variablen C und I nicht geklärt: bedingten sie die Kriterien oder werden sie durch die Kriterien bedingt?

(5) Es sei nicht geklärt, welches Führerverhalten mit den Kriterien in Beziehung stünde und welches nicht, zumal häufig nicht-lineare Beziehungen gefunden wurden (vgl. Fleishman/Harris, 1962)

Kerr/Schriesheim (1974) untersuchten den Forschungsstand, der sich nach Kormans kritischem Artikel entwickelte. Dabei folgten sie der von Weissenberg/Kavanagh (1972) empfohlenen Unterscheidung zwischen den Meßinstrumenten LOQ, LBDQ und SBDQ.

Zu (1) Kerr et al. (1974) zeigten, daß inzwischen in über 200 Studien eine Vielzahl von Situationsvariablen untersucht wurden.

Zu (2) Aufgrund verbesserter Designs, die situationale Variablen verstärkt berücksichtigten, sei Kormans diesbezügliche Kritik nicht mehr haltbar. Es zeige sich eine Tendenz zu einer signifikanten Beziehung zwischen Führerverhalten und Zufriedenheit sowie in geringerem Maße zwischen Führerverhalten und Leistung.

Zu (3) In den neueren Arbeiten seien Leistungswerte und Zufriedenheit sowie C und I von verschiedenen Personen erhoben worden.

Zu (4) Die Autoren kommen nach Prüfung verschiedener, mit der Frage nach der Ursache-Wirkungs-Beziehung befaßten Studien zu dem Schluß, daß die Kritik Kormans nach wie vor gültig sei.

Zu (5) Auch die Frage, welches Führerverhalten mit welchen Kriterien korreliere und welches nicht (sog. konvergente und diskriminante Validität), sei noch offen.

Unabhängigkeit versus Abhängigkeit von C und I

Faktorenanalysen des LBDQ und des LOQ haben mehrfach die Unabhängigkeit der beiden Dimensionen C und I (Fleishman, 1969) ergeben. Unabhängigkeit bedeutet, daß die Verhaltensweisen des Führers auf der einen Dimension die Verhaltensweisen auf der anderen Dimension *nicht* beeinflussen. Allerdings wurde die Allgemeingültigkeit der Unabhängigkeitsthese von verschiedenen Autoren in Frage gestellt (vgl. Fiedler, 1964; Korman, 1966; Weissenberg, 1965; Weissenberg/Kavanagh, 1972). Die Klärung dieses Problems ist von größter Wichtigkeit, denn bei wechselseitiger Abhängigkeit beider Dimensionen vermag der Führer nicht beide Dimensionen gleichermaßen zu maximieren. Unabhängigkeit beider Dimensionen hieße, daß sie um Null interkorrelieren müßten.

Abhängigkeit vs. Unabhängigkeit der Führerdimensionen: Mitarbeiter- und Sachaufgabenorientierung

Weissenberg/Kavanagh (1972) haben zur Untersuchung dieser Frage 72 Studien, die den LBDQ oder den LOQ verwendeten, vergleichend analysiert. Bei 37 (51%) Studien fanden sich signifikante positive Korrelationen zwischen C und I, bei 7 (10%) Studien signifikante negative Korrelationen und bei 28 (39%) der Studien nichtsignifikante Korrelationen. Kurz: es wurden insgesamt in 61% der untersuchten Fälle statistisch überzufällige Beziehungen zwischen C und I gefunden, welche die These von der Unabhängigkeit beider Dimensionen ernsthaft erschüttern. Schließlich betrug die durchschnittliche Korrelation aller 72 Studien 0.23, während nach Fleishman eine Korrelation um Null zu erwarten wäre. Möglicherweise sind die verwendeten Meßinstrumente für die inkonsistenten Befunde verantwortlich. Immerhin wird beim LOQ das *ideale* Führungsverhalten aufgrund von Selbsteinschätzungen erhoben, während der LBDQ das tatsächlich gezeigte Führungsverhalten aus der Sicht der Mitarbeiter mißt (Kerr et al., 1974). Eine genauere Analyse ergab, daß bei Verwendung des LOQ die Dimensionen C und I in 67% der Fälle *unabhängig* voneinander variierten. Dagegen waren beim LBDQ die Dimensionen C und I in 75% der Fälle voneinander *abhängig*.

Der Schluß liegt nahe, daß Manager von der Idealvorstellung geleitet sind, sich so verhalten zu müssen, als seien C und I voneinander unabhängig (LOQ). Andererseits läßt die Beschreibung des Vorgesetzten durch die Mitarbeiter (LBDQ) vermuten, daß sich die Vorgesetzten in der Realität nicht so verhalten oder aber von den Mitarbeitern anders wahrgenommen werden.

In Übereinstimmung mit Kurt Lewin gehen wir davon aus, daß in den Sozialwissenschaften alles als „Realität" angesehen werden muß, „was wirkt" bzw. als real wahrgenommen wird. In diesem Sinne ist die „subjektiv" verzerrte Wahrnehmung der unterstellten Mitarbeiter von ebenso großer Bedeutung für die Führungsforschung und -praxis wie die „objektive" Wahrnehmung der Vorgesetzten, und umgekehrt.

Eine weitere, die Unabhängigkeit bzw. Abhängigkeit von C und I bestimmende Variable ist nach Auffassung der Autoren die Hierarchieebene einer Organisation. Wie Abb. G-4-8 zeigt, wurden die Korrelationen zwischen C und I in 30 Studien nach Fragebogentyp und Hierarchieebene aufgelistet.

	Meß-Instrumente					
	LOQ			LBDQ		
Ebene	positiv	negativ	non-sign.	positiv	negativ	non-sign.
First-Line	1	2	7	11	2	4
Above-first-line	2	0	2	2	0	5

Abb. G-4-8:
Der Einfluß der Hierarchieebenen auf die Korrelationen zwischen C und I (nach Weissenberg/Kavanagh, 1972)

Auch hier zeigt sich bei Verwendung des LBDQ eine gewisse Abhängigkeit der Dimensionen C und I: 15 von insgesamt 24 Studien weisen signifikante Korrelationen auf. Überdies scheint die untere Hierarchieebene ebenfalls auf die Abhängigkeit von C und I großen Einfluß auszuüben. In Übereinstimmung mit der oben gegebenen Interpretation der LOQ-Daten besteht *auf einer höheren Hierarchieebene eine Tendenz zur Unabhängigkeit von C und I.*

Eine weitere Analyse der 72 Studien ergab, daß der Organisationstyp, sei es im militärischen oder industriellen Bereich, keinerlei Wirkung auf die Beziehung zwischen C und I zu haben scheint.

Situationsvariablen und die Abhängigkeit bzw. Unabhängigkeit von C und I

Einfluß von Situationsvariablen auf das Führerverhalten

Die Führerdimensionen C und I wurden in der Literatur wegen ihrer fehlenden theoretischen Fundierung kritisiert. Vielfach wurden hohe Werte von C und I als ideales Führungsverhalten gefordert, obwohl viele Studien über C und I eher dagegen sprachen und auf die Abhängigkeit effizienten Führungsverhaltens von der Interaktion zwischen Individuum und Situation verwiesen. Gelegentlich fand man in Studien eine Abhängigkeit zwischen C und I; in einigen Fällen sogar eine negative Korrelation (Kerr et al., 1974). Nach Kerr et al. (1974) werden — angesichts der widersprüchlichen Ergebnisse zu C und I — Vermittlervariablen zunehmend wichtiger, da die kausale Beziehung zwischen Führerverhalten, Einstellungen der Mitarbeiter und Arbeitsleistung — je nach Situation — einmal durch den Führer, ein anderes Mal durch die Mitarbeiter bedingt sein kann. Nach eingehender Literaturanalyse konnten die Autoren folgende bedeutsamen Vermittlervariablen ausfindig machen:

Druck: Diese Variable manifestiert sich in Zeitknappheit, Aufgabenanforderung, Streß und Gefahr. So fand z. B. Halpin (1954) bei Bomberpiloten in Situationen der Gefahr eine größere Zufriedenheit, wenn der Führer mehr I als C zeigte.

Aufgabenbezogene Zufriedenheit: Die Beziehung zwischen C, Zufriedenheit und Leistung der Mitarbeiter hängt im wesentlichen davon ab, inwieweit die Arbeit für die Mitarbeiter intrinsisch motivierend ist. Wenn die Aufgabe keine intrinsische Zufriedenheit zu vermitteln vermag, ist die Beziehung zwischen I und Zufriedenheit eher negativ, jedoch zwischen I und Leistung eher positiv (vgl. Fleishman, 1973; Hunt/Liebscher, 1973).

Bedürfnis der Unterstellten nach Informationen: Diese Variable wird beeinflußt a) vom Individuum und b) der Aufgabenart. Hochinformierte Individuen tendieren dazu, C wichtiger als I einzuschätzen. In mehreren Untersuchungen fanden Kerr et al. folgende Beziehung: Je unstrukturierter die zu lösende Aufgabe, desto positiver die Beziehung zwischen I des Führers und Zufriedenheit der Mitarbeiter.

Job level: Die bisher vorliegenden Arbeiten vermochten keine Klarheit über die moderierende Wirkung der Variable Statushöhe der Mitarbeiter in der Hierarchie zu geben.

Erwartungen der Unterstellten: Es spricht viel für die Annahme, daß Unterschiede zwischen beobachteter und erwarteter I und C in enger Beziehung stehen zur Leistung und Zufriedenheit der Mitarbeiter (Crowe et al., 1972).

Übereinstimmung der Führungsstile: Das Verhalten der Vorgesetzten scheint weniger durch Managementtraining denn durch die Einstellung des Managements (Managementphilosophie) zur Führung gesteuert zu sein. Danach kann man aufgrund des Ausmaßes an C beim höheren Management mit einiger Sicherheit auf das Ausmaß von C beim unteren Management und auf die Zufriedenheit der Mitarbeiter schließen, während dies bei I nicht möglich ist (Hunt et al., 1971). Der Einfluß des oberen Management auf die Zufriedenheit der Mitarbeiter ist so stark, daß er auch bei geringerem C des in der unteren Hierarchie arbeitenden Vorgesetzten wirksam wird. Hingegen vermag dieser Vorgesetzte ein geringes Ausmaß an C beim oberen Management durch eigenes hohes C auszugleichen und damit Zufriedenheit und Leistung der Mitarbeiter zu beeinflussen. Die Beziehung ist also asymmetrisch: *C ist die dominante Variable!*

Organisatorische Unabhängigkeit der Unterstellten: Die von den Mitarbeitern wahrgenommene Unabhängigkeit von der Organisation, in der sie arbeiten, ist eine wichtige vermittelnde Beziehung zwischen C und I-Prediktoren sowie Zufriedenheit. Je größer die wahrgenommene Unabhängigkeit der Mitarbeiter, desto positiver und signifikanter ist die Beziehung.

Der Einfluß des Vorgesetzten nach oben: Wenngleich die moderierende Wirkung dieser Variable bei der Vorhersage zwischen Führerprediktoren (z. B. Intelligenz, Status, etc.) und Zufriedenheitskriterien eine Rolle spielt, so sind doch die vorliegenden Befunde inkonsistent. Tendenziell zeichnet sich folgende Beziehung ab: je größer der wahrgenommene Einfluß des Vorgesetzten nach oben, desto größer ist die positive Beziehung zwischen C und Zufriedenheit (für viele Pelz, 1952).

Andere Faktoren: Die *Größe der Gruppe* scheint eine wichtige Variable zu sein. Nach Hemphill (1950) wird I umso bereitwilliger von den Unterstellten akzeptiert, je größer die Arbeitsgruppe ist. *Persönlichkeitscharakteristika* der Unterstellten spielen als Vermittler (Moderatoren) eine wesentliche Rolle. So werden z. B. autoritär strukturierte Mitarbeiter unabhängig vom Aufgabentyp durch I stärker motiviert als durch C.

Neuberger (1976, 144) hat die von Kerr et al. (1974) aufgestellten Hypothesen zu den oben besprochenen Moderatorvariablen in übersichtlicher Form (Abb. G-4-9) zusammengestellt.

Weiterentwicklung des I- und C-Konzepts

Stogdill (1959; 1974) betont die Unzulänglichkeit des Zwei-Faktoren-Ansatzes zur Beschreibung komplexen Führungsverhaltens und stellt aufgrund theoretischer Überlegungen sowie anhand empirischer Befunde 12 voneinander unabhängige Merkmalsdimensionen (Faktoren) zusammen, die in unterschiedlichster Ausprägung Führung in Gruppen charakterisieren (1974, 143f.):

(1) „Repräsentation — spricht und handelt als Repräsentant der Gruppe
(2) Konfliktausgleich — regelt konfligierende organisatorische Fragen und verringert Störungen des Systems

12 Merkmale von Führung in Gruppen

(3) Toleranz hinsichtlich Ungewißheit — ist fähig, Ungewißheit ohne Angst und Aufregung zu tolerieren
(4) Überzeugungskraft — benützt Überredung und Argumentation effektiv, zeigt starke Überzeugungen
(5) Aufgabenorientierung (I) — definiert eindeutig die eigene Rolle und läßt Unterstellte wissen, was von ihnen erwartet wird
(6) Toleranz hinsichtlich Freiheitsspielraum — erlaubt den Unterstellten Initiative, Entscheidung und Handlung
(7) Rollenbeibehaltung — behält eher seine Führungsrolle, als andere daran teilhaben zu lassen
(8) Mitarbeiterorientierung (C) — nimmt Rücksicht auf Zufriedenheit, Status und Leistungen der Unterstellten
(9) Betonung der Produktion — wendet Druck an im Hinblick auf das Arbeitsergebnis
(10) Vorhersagegenauigkeit — zeigt Voraussicht und Fähigkeit, Arbeitsergebnisse genau vorherzusagen
(11) Integration — fördert eine geschlossene Organisation; löst interpersonelle Konflikte
(12) Einfluß durch Vorgesetzte — unterhält herzliche Beziehungen zu Vorgesetzten; hat auf sie Einfluß; strebt nach höherem Status."

Saris (1969) erwähnt als weiteren Faktor „responsibility deference" (Gefühl der Verantwortung) und Yukl (1971) den Faktor „Entscheidungszentralisation".

Die Führungshierarchie als Einflußfaktor

Stogdill et al. (1963; 1964; 1965; vgl. Stogdill, 1974, 143 f.) konnten die oben aufgeführten 12 Faktoren weitestgehend bei Mitgliedern der höchsten Hierarchieebene feststellen (Senatoren, Präsidenten von Unternehmen, internationalen Gewerkschaften, Universitäten etc.)

Für das mittlere Management scheint die Anzahl der Merkmalsdimensionen etwas geringer, nämlich 2-11, zu sein. So fand Wofford (1971) auf faktorenanalytischem Wege nach Analyse des Vorgesetztenverhaltens *aller* hierarchischen Ebenen insgesamt 5 Dimensionen.

Baumgarten (1974, 54) interpretiert die Zahl von 5 Dimensionen als Mittelwert über alle hierarchischen Ebenen hinweg und vermutet, daß die Anzahl der Dimensionen mit abnehmender Ranghierarchie tendenziell abnimmt. Diese Auffassung wird gestützt durch die Tatsache, daß in den unteren Ebenen häufig nur 2 Dimensionen, nämlich C und I ermittelt wurden, die jedoch als Beschreibungskategorien für die oberste Hierarchieebene nicht mehr ausreichten. Dieser Befund wird damit zu erklären versucht, daß a) entweder die kognitive Komplexität der auf höheren Organisationsebenen Arbeitenden sehr differenziert ist und/oder b) die auszuführenden Tätigkeiten wesentlich komplexer sind als auf den unteren Ebenen.

Weitere empirische Untersuchungen werden nötig sein, um die gesetzmäßigen Zusammenhänge zwischen den von Stogdill u. a. aufgeführten 12 Führungsdimensionen zu ermitteln. Immerhin läßt der gegenwärtige Erkenntnisstand den Schluß zu, daß die Zwei-Faktoren-Lösung (C und I) für eine angemessene Beschreibung und Erklärung des Führungsverhaltens nicht differenziert genug ist. Schaut man sich andererseits z. B. die von Wofford (1971, 169) ermittelten fünf Führungsdimensionen näher an, so scheint es möglich, diese auf die beiden Grunddimensionen C und I zu reduzieren:

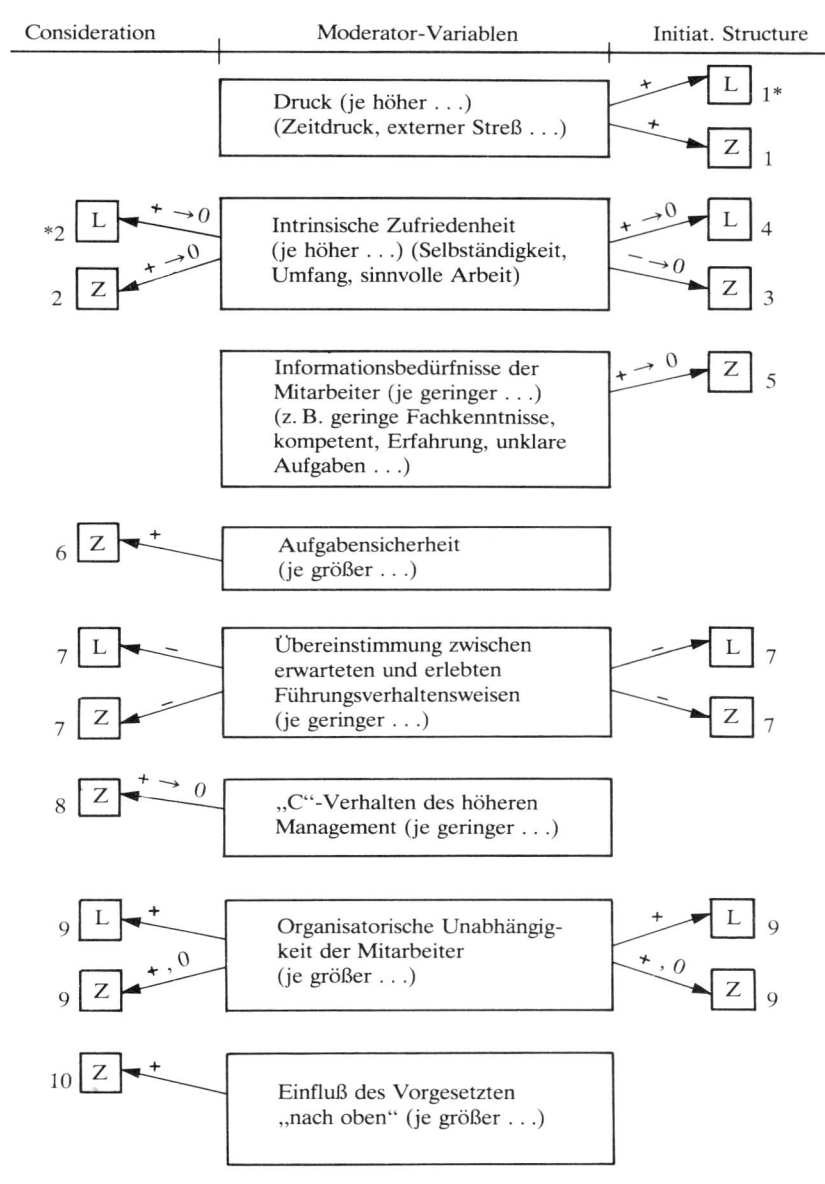

4. Empirisch ermittelte Konzepte des Führungsverhaltens

Consideration	Moderator-Variablen	Initiat. Structure	
	Druck (je höher ...) (Zeitdruck, externer Streß ...)	+ → L 1* + → Z 1	Beziehung zwischen Führerverhalten, Leistung und Zufriedenheit sowie vermittelnder Variablen
*2 L +→0 2 Z +→0	Intrinsische Zufriedenheit (je höher ...) (Selbständigkeit, Umfang, sinnvolle Arbeit)	+ →0 L 4 − →0 Z 3	
	Informationsbedürfnisse der Mitarbeiter (je geringer ...) (z. B. geringe Fachkenntnisse, kompetent, Erfahrung, unklare Aufgaben ...)	+ → 0 Z 5	
6 Z +	Aufgabensicherheit (je größer ...)		
7 L − 7 Z −	Übereinstimmung zwischen erwarteten und erlebten Führungsverhaltensweisen (je geringer ...)	− L 7 − Z 7	
8 Z + → 0	„C"-Verhalten des höheren Management (je geringer ...)		
9 L + 9 Z +, 0	Organisatorische Unabhängigkeit der Mitarbeiter (je größer ...)	+ L 9 +, 0 Z 9	
10 Z +	Einfluß des Vorgesetzten „nach oben" (je größer ...)		

*Die Zahlen neben den Kästchen beziehen sich auf die Nummer der Hypothesen bei Kerr et al. (1974, S. 73/74). Die Symbole auf den Pfeilen drücken die Richtung der Korrelation aus (+ = positiv, − = negativ, usw.)

Abb. G-4-9:
Beziehungen zwischen Führungsverhalten (IS, C) und Leistung (L) bzw. Zufriedenheit (Z) in Abhängigkeit von Moderator-Variablen (nach Kerr et al., 1974, 73f.)

1. Group achievement and order, 2. personal enhancement, 3. personal interaction, 4. security and maintenance und 5. dynamic and achievement.

Mit diesem Vorgehen ist u. E. wenig an Erkenntnis gewonnen, denn mit zunehmender Abstraktion nimmt der Informationsgehalt ab, da 2 Dimensionen mehr Widerlegungsmöglichkeiten ausschließen als fünf oder mehr Dimensionen (vgl. Opp, 1976, 255 f.).

4.2. Die Michigan-Studien zum Führungsverhalten

Michigan-Studien zum Führungsverhalten

Der Forschungsansatz von Likert, Katz, Kahn, Marrow, Bowers, Seashore u. a. (sog. Michigan-Studien) zeichnet sich dadurch aus, daß er Felduntersuchungen aus Industrie und Verwaltung beinhaltet, wodurch der Geltungs- und Gültigkeitsbereich sowie die praktische Relevanz der ermittelten Befunde eher gewährleistet sind als etwa durch Laborexperimente.

Ebenso wie die Ohio-Gruppe um Fleishman und Hemphill ging die Michigan-Gruppe bei der Erforschung der Führung empirisch-induktiv vor, indem Verhaltensunterschiede von erfolgreichen und wenig erfolgreichen Vorgesetzten untersucht wurden, ohne sich von einer umfassenden Führungstheorie leiten zu lassen.

Likert (1972; 1975), Katz und Kahn (1956; 1966) u. a. fanden, daß jene Vorgesetzten in Industrie und Verwaltung, welche die höchste Produktivität, die niedrigsten Kosten, die geringsten Fluktuationen sowie das höchste Ausmaß der Arbeitszufriedenheit bei den Arbeitnehmern erreichten, i. a. einen gänzlich anderen Führungsstil praktizierten als ihre weniger erfolgreichen Kollegen. Bei näherer Analyse dieser Ergebnisse stieß die Michigan-Gruppe auf ein Führungsverhalten, das sie im ersten Fall als Mitarbeiterorientierung (employee centered) und im zweiten Fall als Produktionsorientierung (production centered) bezeichnete.

4.2.1. Die Führungssysteme von Likert

Führungssysteme von Likert

Bei dem Versuch, ein umfassendes kooperatives Führungssystem zu entwikkeln, wird von Likert die traditionelle Zweiteilung der Führungsstile zugunsten eines 4-fach unterteilten Führungssystems ersetzt, das unter Verwendung der Befunde zur Gruppendynamik sowie der betriebswirtschaftlichen Organisationsforschung in vereinfachender Weise wichtige Merkmale verschiedener Führungssysteme typologisierend darstellt. Unter Führungssystem versteht Likert das für die *gesamte Unternehmung* charakteristische personale Organisationsklima. Es werden folgende vier verschiedene Führungssysteme unterschieden (1972; 1975): 1) ausbeutend autoritär, 2) wohlwollend autoritär, 3) beratend und 4) partizipativ-gruppenbezogen.

Die vier Führungssysteme werden als abgestufte Kontinua dargestellt. In der Vertikalen führt Likert — ohne Anspruch auf Vollständigkeit — verschiedene,

4. Empirisch ermittelte Konzepte des Führungsverhaltens

als wichtig erachtete Merkmale von Führungssystemen auf: Motivation, Kommunikation, Interaktions-Beeinflussungs-Prozeß, Entscheidungsbildungsprozeß, Zielsetzung und Befehlserteilung, Kontrolle und Leistung. In der Horizontalen sind die Ausprägungen aufgeführt. Wie die im Anhang aufgeführte Tabelle zeigt, werden diese Merkmale noch weiter spezifiziert.

Nach Likert ist diese Tabelle ein verläßliches und nützliches Instrument, um das in einer Organisation angewandte und/oder als wünschenswert angesehene Führungssystem zu messen. Die graphische und numerische Auswertung der Tabelle ermöglicht es, für die verschiedenen Organisationseinheiten charakteristische Führungsprofile zu erstellen (Ist- und Sollprofile) (vgl. Tabelle, 1975, 43, 139f.; im Anhang). Der Kürze halber und um unnötige Wertungen zu vermeiden, wurden von Likert die Bezeichnungen „ausbeutend autoritär", „wohlwollend autoritär" etc. durch die neutralen Bezeichnungen System 1, System 2, System 3 und System 4 ersetzt (Likert, 1975; Likert/Likert, 1976). Aufgrund von Felduntersuchungen erfolgreicher Unternehmen verschiedenster Branchen wird der generelle Nachweis zu führen versucht, daß das Führungssystem 4 den Führungssystemen 1, 2 und 3 im Hinblick auf höhere Produktivität, größere Zufriedenheit der Mitarbeiter sowie Verbesserung der Beziehung zwischen Unternehmungsleitung und Gewerkschaften grundsätzlich überlegen sei (vgl. Likert/Likert, 1976, 16f.). Im Zusammenhang mit der Entwicklung des Systems 4 plädiert Likert für einen systemanalytischen Ansatz. Dieser Ansatz geht einher mit der Forderung, daß ein gut funktionierendes Führungssystem einer Organisation aus kompatiblen Führungselementen bestehen sollte, da die einzelnen Führungselemente interdependent seien. Folglich sei es auch unangemessen, partikularistische Änderungsstrategien einzuführen, die das gesamte Organisationssystem außer acht lassen. Organisationen — so Likert — seien grundsätzlich durch einheitliche Führungssysteme gekennzeichnet. Diese These versucht er durch Befragungen von Managern zu stützen, die das Führungssystem ihrer Organisation stets in konsistenter Weise entweder nach System 1, 2, 3 oder 4 einschätzten.

Vorzüge des Führungssystems 4

Als geeigneten methodischen Ansatz für die Analyse, Interpretation und Veränderung von Führungssystemen in Organisationen empfiehlt der Autor, zwischen *kausalen, intervenierenden* und *resultierenden* Variablen zu unterscheiden (Likert, 1975, 36f.; Likert/Likert, 1976). Die kausalen bzw. unabhängigen Variablen bestimmen die von der Organisation zu erbringenden Ergebnisse und können prinzipiell von der Unternehmensführung beeinflußt werden. Es sind dies die Geschäftspolitik, Strategien der Organisations- und Mitarbeiterführung etc. Die intervenierenden Variablen spiegeln das „Organisationsklima" wider (vgl. Kap. M). Zu den resultierenden bzw. abhängigen Variablen zählen die Unternehmensergebnisse, wie z. B. Produktivität, Kosten, Erträge, etc.

Die Abbildungen G-4-10 und G-4-11 veranschaulichen in vereinfachter Form die Beziehungen zwischen den erwähnten 3 Variablen in Abhängigkeit von System 1, 2 und 4.

Kausale Variablen

Hat ein Manager:

Einen durchorganisierten Arbeitsplan
Hohe Leistungsziele
Hohe fachliche Qualifikation
(Manager oder leitende Mitarbeiter)

und beruht sein Führungsstil auf:

System 1 oder 2	System 4
z. B. auf direktem hierarchischem Leistungsdruck, einschließlich der üblichen Wettbewerbe und ähnlicher Praktiken der herkömmlichen Systeme	z. B. auf der Anwendung des Prinzips der unterstützenden Beziehungen, Gruppenmethoden der Führung und anderer Prinzipien von System 4

dann zeigt seine Organisation:

Intervenierende Variablen

Weniger Gruppenkohäsion	Stärkere Gruppenkohäsion
Niedrigere Leistungsziele	Höhere Leistungsziele
Mehr Konflikte und weniger Zusammenarbeit	Bessere Zusammenarbeit
Weniger gegenseitige fachliche Unterstützung bei Gleichgestellten	Mehr gegenseitige fachliche Unterstützung bei Gleichgestellten
Stärkeres Gefühl, es werde unvernünftiger Druck ausgeübt	Selteneres Auftreten des Gefühls, es werde unvernünftiger Druck ausgeübt
Weniger positive Einstellungen gegenüber dem Manager	Positivere Einstellungen gegenüber dem Manager
Schwächere Motivation zu hoher Produktionsleistung	Stärkere Motivation zu hoher Produktionsleistung

und dann erreicht seine Organisation:

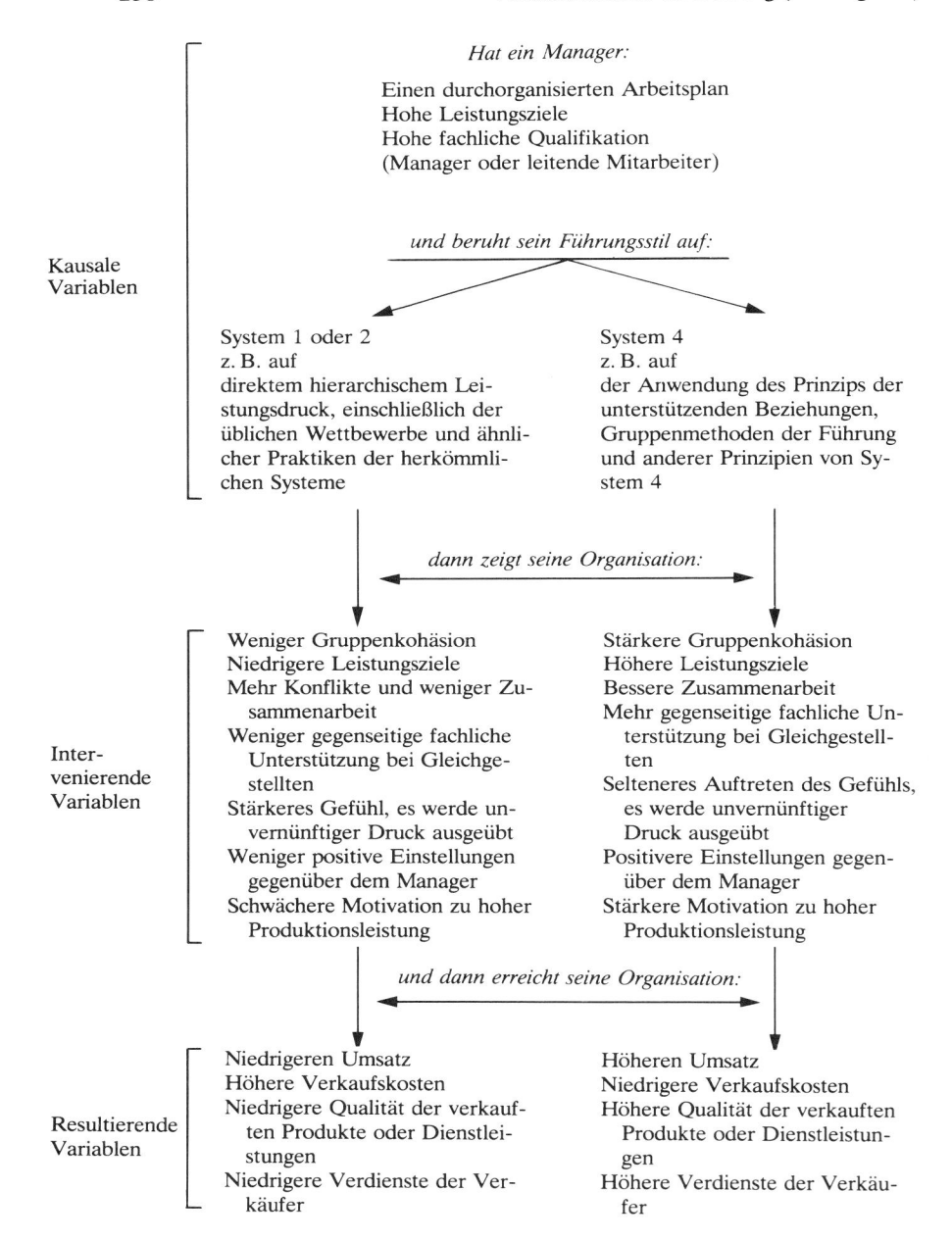

Resultierende Variablen

Niedrigeren Umsatz	Höheren Umsatz
Höhere Verkaufskosten	Niedrigere Verkaufskosten
Niedrigere Qualität der verkauften Produkte oder Dienstleistungen	Höhere Qualität der verkauften Produkte oder Dienstleistungen
Niedrigere Verdienste der Verkäufer	Höhere Verdienste der Verkäufer

Abb. G-4-10:
Die Beziehungen zwischen kausalen, intervenierenden und resultierenden Variablen (nach Likert, 1975, 89).

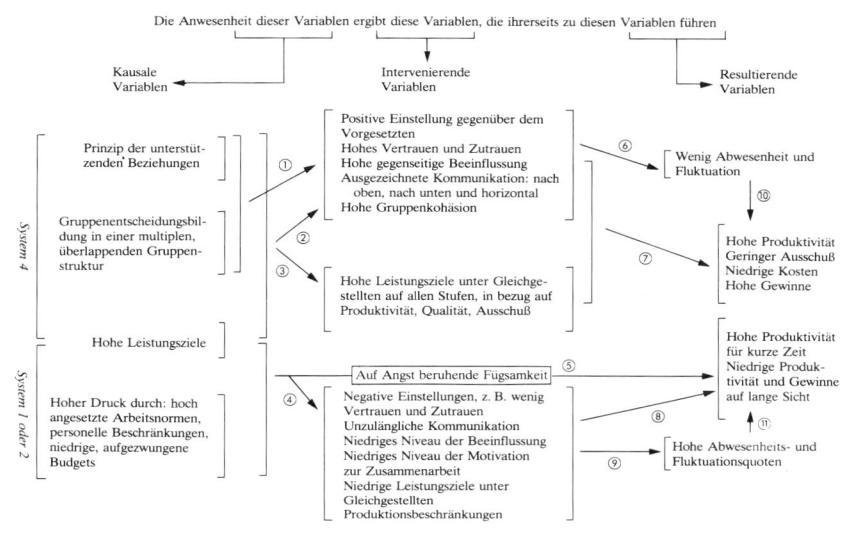

4. Empirisch ermittelte Konzepte des Führungsverhaltens

Abb. G-4-11:
Vereinfachte schematische Darstellung der Beziehungen zwischen Variablen in einem System -1- oder System -2-Unternehmen und in einem System-4-Unternehmen (nach Likert, 1975, 165).

Drei Hauptprinzipien kooperativer Führung

Für die bestmögliche Realisierung des Führungssystems 4 (partizipativ-gruppenbezogen) hat Likert drei Hauptprinzipien aufgestellt, die von ihm ausführlich diskutiert und anhand kasuistischen Materials belegt werden:

3 Hauptprinzipien kooperativer Führung

(1) Das Prinzip der *unterstützenden Beziehungen* geht davon aus, daß die Führung gewährleisten soll, daß die Organisationsmitglieder ihre zwischenmenschlichen Beziehungen in der Organisation als ihrem Selbstwertgefühl und ihrer Selbstverwirklichung förderlich beurteilen (vgl. ausführlich Kap. D).

(2) Das Prinzip der *überlappenden Gruppen* soll die Anwendung von Gruppenentscheidungs- und -führungsmethoden durch den Vorgesetzten sicherstellen. Die überlappende Gruppenmitgliedschaft soll eine intensive Zusammenarbeit in und zwischen den Gruppen ermöglichen, indem in jeder Gruppe Mitarbeiter tätig sind, die mehreren Gruppen angehören (sog. Verbindungsglieder, vgl. ausführlich Kap. L, M).

(3) Das Prinzip der *hohen Leistungsziele* postuliert, daß durch Gruppenentscheidungsprozesse sowie durch die überlappende Gruppenstruktur bei den Mitarbeitern das Bedürfnis geweckt wird, sich hohe Leistungsziele zu setzen.

4.2.2. Diskussion

Kritik der Hauptprinzipien kooperativer Führung

An diesen drei Prinzipien zeigt sich deutlich ein Grundproblem des Likertschen Ansatzes: Wie in den klassischen Managementlehren (z. B. bei Fayol, Barnard u. a.) wird der komplexe Führungsprozeß mit einigen wenigen, vermeintlich allgemeingültigen normativen Prinzipien zu beschreiben und zu erklären versucht, obgleich Likert selbst auf die Anwendungsprobleme allgemeingültiger Prinzipien hinweist (1972, 96):

„Es kann keine spezifischen Führungsregeln geben, die in jeder Situation richtig sind. Wohl können weitgefaßte Prinzipien bei jedem Führungsvorgang angewandt werden und somit zutreffende Verhaltensregeln darstellen. Aber diese Prinzipien müssen jedesmal in einer Weise angewandt werden, die vollständig von dieser speziellen Situation und den betroffenen Personen ausgeht".

Auch in ihrer jüngsten Publikation weisen Likert/Likert (1976, 55) auf die Gefahren der unkritischen Anwendung von Führungsprinzipien hin: „Principles never should be applied in a rigid, uniform manner regardless of the requirements of the specific situation".

Andererseits hat sich das differenzierte Analysekonzept Likerts nach mehrjährigen eigenen Erfahrungen anhand von Befragungen zu Führungs- und Kooperationsbeziehungen in mehreren Unternehmen nach einigen methodischen Änderungen durchaus bewährt (vgl. Wunderer, 1975f.) – auch als empirische Grundlage für integrierte Personal- und Organisationsentwicklungsprozesse.

4.3. Das Typenkonzept von Tausch

Führungstypologie von Tausch

Tausch und Mitarbeiter (1973, 171) haben den empirisch fundierten Versuch unternommen, die Lewinsche Führungstypologie weiterzuentwickeln, indem sie diese in ein Koordinatensystem mit 2 quantitativ abgestuften Hauptdimensionen, nämlich Geringschätzung vs. Wertschätzung einerseits und minimale Lenkung vs. maximale Lenkung andererseits einordneten (vgl. Abb. G-4-12).

Kritik der Führungstypologie

Die Autoren rechtfertigen ihr Typenkonzept mit dem Hinweis, daß es auch bei Laien eine rasche Verständigung über bestimmte erwünschte Verhaltensmodelle erlaube und zudem frühere Befunde (Lewin u. a.) in das Koordinatensystem der 2 Hauptdimensionen einzuordnen ermögliche.

Es ist überdies möglich, die Führungsdimensionen C und I der Ohio-Gruppe graphisch im Koordinatensystem von Tausch et al. anschaulich darzustellen.

Beachtenswert ist der Ansatz von Tausch et al. insofern, als er eine übersichtliche Beschreibung des Führungsverhaltens sowie bestimmtes *situationsunabhängiges* Verhalten zu identifizieren erlaubt. Gleichwohl ist auch dieser Ansatz statistisch-abstrahierend, der dynamisch-situationale Aspekte des Führungsverhaltens nicht zu erfassen vermag (vgl. Lukesch, 1975, 50f.).

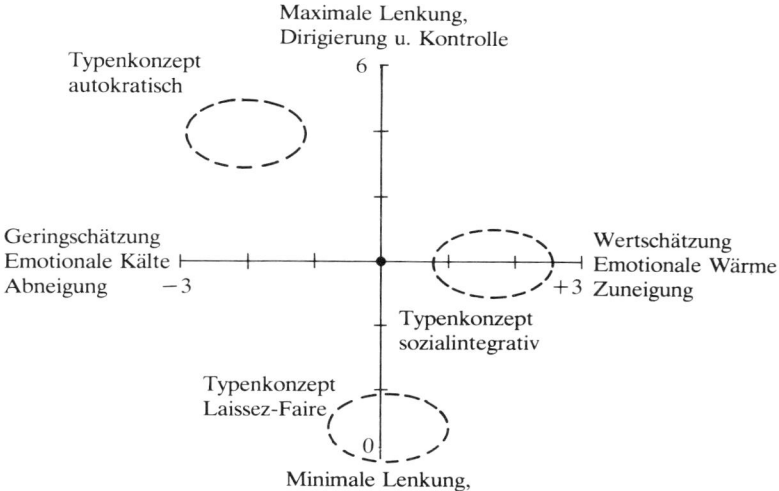

4. Empirisch ermittelte Konzepte des Führungsverhaltens 261

Abb. G-4-12:
Einordnung von typologischen Verhaltensformen in das Koordinatensystem der Hauptdimensionen Geringschätzung vs. Wertschätzung sowie minimale Lenkung vs. maximale Lenkung gemäß Untersuchungen von Tausch, Tausch und Fittkau (1967), Fittkau und Langer (1969) sowie teilweise von Fenner und Tausch (1969).

4.4. Das Kontingenzmodell der effektiven Führung von Fiedler

Das Kontingenzmodell der Führung von Fiedler gehört zu den meistdiskutierten Führungsmodellen der Gegenwart (vgl. Wunderer, 1979a). Es nimmt zwischen den empirischen und/oder mehrdimensionalen Ansätzen eine Zwischenstellung ein: die motivationale Führerorientierung als zentrale personale Einflußgröße für das Führungsverhalten wird zwar auf einem zweidimensionalen Kontinuum gemessen, indessen zu anderen führungsrelevanten Dimensionen in Beziehung gesetzt. Unter Kontingenz (contingency) versteht man: Bedingtheit bzw. Abhängigkeit von bestimmten Situationen oder Ereignissen. Typisch für Kontingenztheorien ist die Untersuchung gesetzmäßiger wenn-dann-Beziehungen (vgl. Bühner, 1977; Saha, 1979). Fiedler nennt seinen Ansatz Kontingenztheorie bzw. -modell, weil die Effektivität der Führung in Abhängigkeit von verschiedenen Situationen untersucht wird.

Kontingenzmodell der Führung von Fiedler

Fiedler (1967; 1974) unterscheidet in Übereinstimmung mit Likert, Fleishman u. a. zwischen aufgaben- und mitarbeiterorientierter Führung. Seine Theorie geht davon aus, daß die Effektivität von Führung in Gruppen hauptsächlich von der motivationalen Orientierung des Führers sowie von günstigen situativen Konstellationen abhängt. In einem zwanzigjährigen empirischen Forschungsprogramm hat Fiedler seine Theorie an über 800 Gruppen erprobt und weiterentwickelt. In operationaler und didaktisch aufbereiteter Form hat er sein Konzept 1976 vorgelegt (Fiedler/Chemers/Mahar, 1976; deutsch, 1979).

Die grundlegende Dimension seines Modells ist der „Führungsstil" des Vorgesetzten, der als motivationale Orientierung als „the underlying need-structure of the individual that motivates his behavior in various leadership situations" definiert wird (Green et al., 1970, 286). Im Gegensatz zu vielen Führungsforschern legte Fiedler eine operationale Definition der Führerorientierung (Führungsstil) vor, nämlich das sog. LPC-Maß (Least Preferred Co-worker). Es soll die Einstellung des Führers zu seinen Mitarbeitern messen. Anhand von 16 achtstufigen bipolaren Adjektivskalen (z. B. angenehm − unangenehm, freundlich − unfreundlich, ablehnend − akzeptierend etc.) wird der Vorgesetzte gebeten, an den Mitarbeiter zu denken, mit dem er in seinem Leben am schlechtesten zusammenarbeiten konnte.

Fiedler ist der Auffassung, daß hohe LPC-Werte der Dimension „Consideration" und niedrige Werte der Dimension „Initiating Structure" entsprechen. Danach ist ein Führer mit hohen LPC-Werten eine Person, die seine am wenigsten geschätzten Mitarbeiter relativ günstig wahrnimmt und dazu neigt, ein hohes Ausmaß an C zu zeigen (personenbezogener Führungsstil). Ein Führer mit niedrigem LPC-Wert betrachtet seine am wenigsten geschätzten Mitarbeiter sehr ungünstig und ablehnend und ist durch ein hohes Maß an I gekennzeichnet (aufgabenbezogener Führungsstil). Nachdem Fiedler in − theoretisch nicht immer überzeugenden − empirischen Studien feststellte, daß der LPC-Wert je nach Gruppenaufgabensituation positiv oder negativ mit unterschiedlichen Effizienzkriterien korreliert, entwickelte er ein Klassifikationssystem von Gruppenaufgabensituationen. In seinem Modell wird dementsprechend der Einfluß des Führers auf die Gruppe und deren Leistung hauptsächlich auf *drei Klassen von Situationsvariablen* zurückgeführt: a) Führer-Mitglieder-Beziehungen, b) Aufgabenstruktur und c) Positionsmacht des Führers.

4.4.1. Die drei Situationsvariablen

Führer-Mitarbeiter-Beziehungen

Führer-Mitarbeiter-Beziehung

Mit dieser Variablen soll die zwischenmenschliche Beziehung zwischen Führer und Gruppenmitgliedern erfaßt werden. Dies geschieht über 7 items, die der Vorgesetzte bewerten soll. Sie konzentrieren sich auf die prosozialen Dimensionen der Führung, wie gegenseitige Unterstützung, Vertrauensbildung, Konfliktfreiheit, Kooperationsbereitschaft, Arbeitsklima. Mit einem item wird zusätzlich die laterale Kooperation zwischen den Mitarbeitern bewertet (vgl. Fiedler/Chemers/Mahar, 1976, 39; deutsch 1979)

Aufgabenstruktur

Aufgabenstruktur

Fiedler unterscheidet zwischen strukturierten und unstrukturierten Aufgaben, wobei letztere im Hinblick auf die Motivierung seiner Mitarbeiter dem Führer mehr Fähigkeiten und Fertigkeiten abverlangen. Die Messung der Aufgabenstruktur erfolgt auf 4 Dimensionen:

4. Empirisch ermittelte Konzepte des Führungsverhaltens

(a) Zielklarheit
(b) Anzahl der Lösungsalternativen
(c) Spezifität (Genauigkeit) der Arbeitsanforderungen und Problemlösungen
(d) Beurteilbarkeit der Aufgabenerfüllung durch möglichst qualifizierbare Leistungsstandards.

Positionsmacht des Führers

Diese Dimension betrifft die mit formaler Führungsposition verbundene Macht des Vorgesetzten, bei den Mitarbeitern — auch gegen ihren Willen — Gehorsam durchzusetzen (Amtsautorität). Die Messung der Positionsmacht erfolgt durch standardisierte items, wie z. B. „der Führer kann Beförderung und Degradierung durchsetzen", „der Führer kann die Arbeit jedes Mitgliedes beaufsichtigen, bewerten oder korrigieren" (vgl. Fiedler/Chemers/Mahar, 1976, 77ff.).

Positionsmacht des Führers

Das Würfelmodell

Die Gruppenaufgabensituationen bildet Fiedler in einem achtzelligen Würfel ab, in dem die o. g. drei Dimensionen dichotomisiert werden (Führer-Mitglieder-Beziehung = gut — schlecht; Aufgabenstruktur = strukturiert — unstrukturiert; Positionsmacht = stark — schwach). Die daraus resultierenden 8 Situationen sind im Würfelmodell abgebildet (Abb. G-4-13).

Die im Würfel (Abb. G-4-13) abgebildeten Situationsbedingungen lassen sich nach der „Günstigkeit der Situation" bezüglich der Ausübung von Führungsmacht in eine Rangfolge bringen. Fiedler zufolge werden der Führungsstil und die Gruppenleistung von der Günstigkeit der Situation wesentlich beeinflußt, wobei als wichtigste Situation die Führer-Mitglieder-Beziehung angesehen wird, da beliebte Führer kaum der Positionsmacht und einer strukturierten

Würfelmodell der Kontingenztheorie

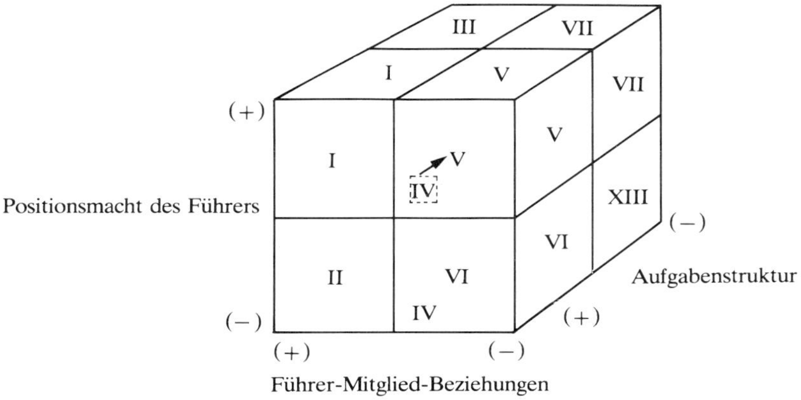

Abb. G-4-13:
Das Fiedlersche Würfelmodell (nach Fiedler, 1967)

Aufgabe bedürfen, um sich durchzusetzen. Als zweitwichtige Dimension wird die Aufgabenstruktur angesehen, weil ein Führer mit einer strukturierten Aufgabe nicht unbedingt über eine hohe Positionsmacht verfügen muß, um erfolgreich zu sein.

Das Kontingenzmodell

In Abb. G-4-14 sind die Korrelationen zwischen den LPC-Werten und der Gruppenleistung in Abhängigkeit von der Günstigkeit der Situation abgebildet. Es zeigt sich eine umgekehrt u-förmige Beziehung zwischen Günstigkeit der Situation, Führereinstellung und Gruppenleistung.

Führer mit niedrigen LPC-Werten (hohes I) bewirken entweder in sehr günstigen oder in sehr ungünstigen Situationen die besten Gruppenleistungen (Zelle I und VIII). Dagegen können Führer mit hohen LPC-Werten (hohes C) hohe Gruppenleistungen in Situationen von mittlerer Günstigkeit herbeiführen. Nach Fiedler handelt es sich bei Situationen von mittlerer Günstigkeit um a) Situationen mit strukturierten Aufgaben und unbeliebten Führern, die deshalb diplomatisch vorgehen müssen (Zelle V) und b) Situationen mit unstrukturierten Aufgaben und beliebten Führern, die aufgrund des komplizierten Aufgabetyps mit der Gruppe kooperieren müssen (Zelle IV).

Schematische Darstellung des Kontingenzmodells der Führung

Oktanten	I	II	III	IV	V	VI	VII	VIII
Führer-Mitglied Beziehungen	gut	gut	gut	gut	relativ schlecht	relativ schlecht	relativ schlecht	relativ schlecht
Aufgabenstruktur	strukturiert	strukturiert	unstrukturiert	unstrukturiert	strukturiert	strukturiert	unstrukturiert	unstrukturiert
Positionsmacht des Führers	stark	schwach	stark	schwach	stark	schwach	stark	schwach

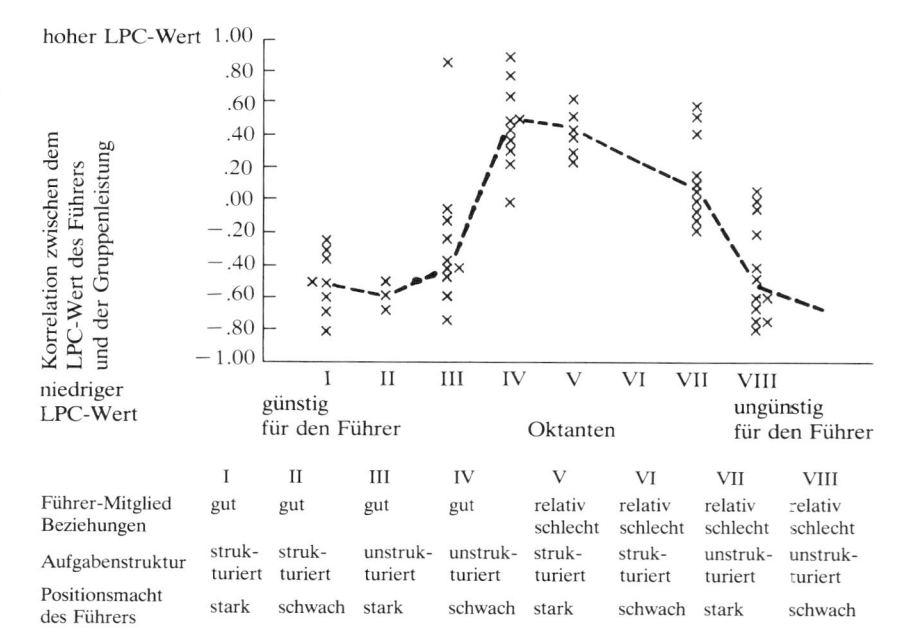

Abb. G-4-14:
Das Kontingenzmodell der Führung (nach Fiedler, 1967, 146)

4. Empirisch ermittelte Konzepte des Führungsverhaltens 265

Bei hochstrukturierten Aufgaben und bei Beliebtheit des Führers ist nach Fiedlers Theorie permissives bzw. kooperatives Verhalten unangemessen (Zelle I). Die gleiche Aussage gilt für den Fall, wenn der Führer relativ unbeliebt ist und er es mit unstrukturierten Aufgaben zu tun hat (Zelle VIII). Nach den Vorhersagen der Theorie würde in dieser Situation ein aufgabenorientierter Führer optimale Gruppenleistungen herbeiführen.

Fiedler und Mitarbeiter fanden, daß Führer situationsspezifisches Verhalten zeigen.

Wie die Abbildungen G-4-15 und G-4-16 zeigen (Fiedler/Chemers, 1974, 102), verändert sich das Führerverhalten mit den Problemlösungsphasen.

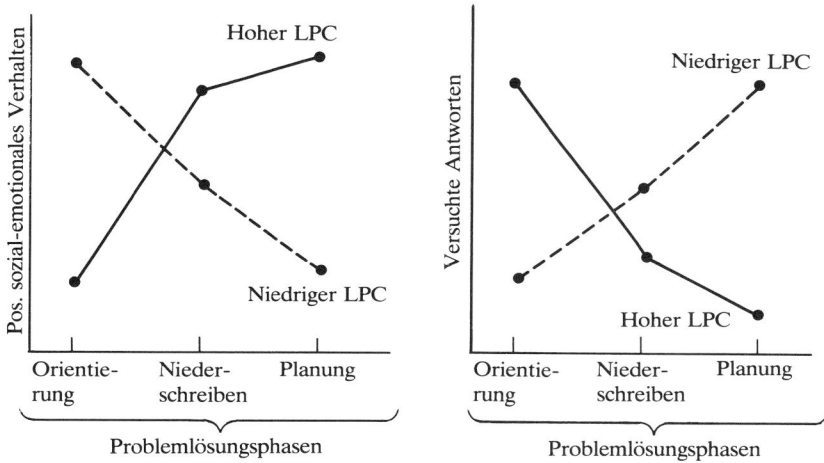

Problemlösung und Führerverhalten

Abb. G-4-15:   Abb. G-4-16:
Die Beziehungen zwischen Problemlösungsphasen und Führerverhalten (nach Fiedler/Chemers, 1974, 102).

Aus der Beobachtung, daß das Führerverhalten nicht situationsunabhängig ist, folgert Fiedler, daß der Führungsstil durch das Führungsverhalten bestimmbar sei. Auch wenn man sich dieser Auffassung nicht anschließen mag, kann man Fiedlers Feststellung zustimmen, daß es keinen allgemeinen permissiven oder autoritären Führungsstil gibt, sondern nur Führer, die sich in bezug auf bestimmte Situationsklassen eher permissiv oder eher autoritär verhalten. „Ein Führungsstil ist nicht per se besser als der andere, noch ist ein Typ des Führungsverhaltens geeignet für alle Bedingungen" (Fiedler, 1967, 247).

4.4.2. „Günstigkeit" der Situation

Die Interaktion zwischen Persönlichkeit des Führers (hoher vs. niedriger LPC) und Günstigkeit der Situation zeigt sich in den Abbildungen G-4-17 und G-4-18 (Fiedler/Chemers, 1974, 101 f.):

Günstigkeit der Situation

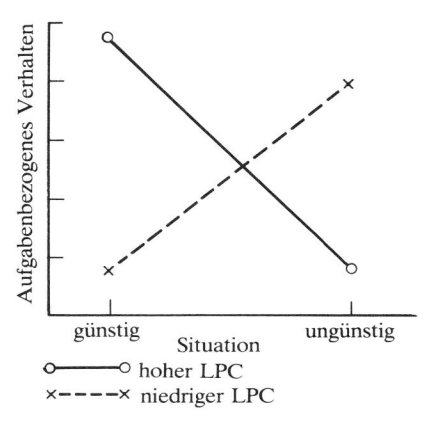

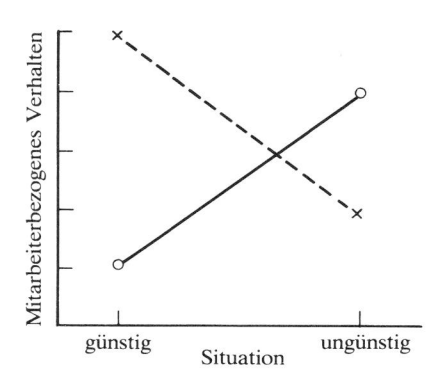

Abb. G-4-17:
Die Beziehung zwischen aufgabenbezogenem Verhalten und Günstigkeit der Situation (Fiedler/Chemers, 1974, 101)

Abb. G-4-18:
Die Beziehung zwischen mitarbeiterorientiertem Verhalten und Günstigkeit der Situation (Fiedler/Chemers, 1974, 101)

4.4.3. Diskussion

Kritik der Kontingenztheorie der Führung

Es gibt keinen Zweifel, daß die Fiedlerschen Situationsvariablen nicht hinreichen, um effektive Führung zu erklären oder gar vorherzusagen. Auf diesen Mangel weist jedoch auch Fiedler hin und fordert die Einbeziehung neuer Situationsklassen in empirischen Untersuchungen (Fiedler, 1967; Fiedler/Chemers, 1974; vgl. den Vorschlag von Wunderer, 1979a, 239).

Problematisch sind die Fiedlerschen Situationsvariablen insofern, als Aufgabenstruktur und Positionsmacht sehr hoch interkorrelieren (r = 0.75; vgl. Bastine, 1972, 1683), d. h. sie messen zu 56,25% (von 100%) dasselbe, so daß der prognostische Wert beider Variablen relativ gering ist.

Ein weiteres Problem ist die gültige Operationalisierung der Variablen „Günstigkeit der Situation". Abgesehen davon, daß mit dieser Variablen gleich alle drei Variablenkomplexe zu einem Merkmal zusammengezogen werden, stellt sich die Frage, ob die Dimension „Führer-Mitarbeiter-Beziehung" generell viermal stärker zu gewichten ist als die Dimension „Aufgabenstruktur", wie Fiedler/Chemers/Mahar dies in ihrem insoweit völlig situationsunabhängigen Meßkonzept vorsehen. Ebenso muß die einseitig auf den Vorgesetzten konzentrierte Strategieorientierung und Meßkonzeption kritisiert werden. Gleiches gilt für die einseitige Interpretation der Effektivität als ausschließlich outputorientierte, ökonomisch-technische Leistungsgröße, die dazu noch als einziges Führungsziel interpretiert wird (vgl. Wunderer, 1979a, 236ff.).

Zur Gültigkeit des LPC

Wie Fiedler/Chemers feststellen (1974, 99), korreliert der LPC-Wert nicht mit zahlreichen Persönlichkeitstests. Die Autoren folgern daraus, daß der LPC einen *Persönlichkeitsaspekt* messe, der durch die üblichen psychologischen Tests nicht erfaßt würde.

Gültigkeit des LPC-Wertes

Fiedlers Interpretation hoher bzw. niedriger LPC-Werte als I bzw. C ist empirisch nicht hinreichend gestützt. Eine Beziehung zwischen beiden Führungskonzepten ist schon deshalb problematisch, weil der LPC als *eindimensionales* Kontinuum konzipiert ist, an dessen Endpunkten hohe bzw. niedrige LPC-Werte abgetragen werden. Dagegen haben die Ohio-Studien eine gewisse Unabhängigkeit zwischen C und I festgestellt (vgl. Abschnitt 4.1.1.), so daß Führungsverhalten sowohl C wie I beinhalten kann. Demgegenüber ist es nach Fiedlers Modell nicht möglich, daß ein Führer zugleich einen hohen und niedrigen LPC-Wert aufweist.

Mertens (1972), Neuberger/Roth (1974), Kunczik (1974), Sarges (1974), Chemers/Rice (1974) u. a. haben sich kritisch mit dem LPC-Wert auseinandergesetzt. Wir wollen im folgenden auf einige neuralgische Punkte des LPC eingehen.

Die interne Konsistenz des LPC (split-half-Skala) ist sehr hoch: 0,90-0,95. Konsistenz bedeutet, daß ein Führer, der seine Mitarbeiter auf einigen items negativ beurteilt, dies auch auf den anderen items tut.

Die Stabilität der LPC-Skala ist dagegen nicht sehr hoch (Retest-Reliabilität); sie streut zwischen 0,31-0,70. Die Konstruktvalidität des LPC ist — wie schon Fiedler bemerkt — noch nicht gesichert. In diesem Zusammenhang ist die Untersuchung von Graham (1968, zit. n. Mertens, 1972) von Interesse. Er untersuchte Vorgesetzte mit hohen und niedrigen LPC sowie mit Kurzformen des LBDQ. Es fanden sich zwar ähnliche Mittelwerte in beiden Gruppen (hohe vs. niedrige LPC-Werte), aber in bezug auf C und I jedoch wesentliche Unterschiede in der Streuung der Werte. In der Gruppe mit niedrigem LPC-Wert war die Varianz bezüglich C signifikant größer als in der Gruppe mit hohem LPC-Wert. Für I zeigten sich keine signifikanten Unterschiede, d. h. Führer mit niedrigem LPC scheinen ebensoviel C zu zeigen wie Führer mit höherem LPC. Wie Mertens bemerkt, tun sie das möglicherweise nur bei bestimmten Mitarbeitern und in bestimmten Zeitperioden. Es sei jedoch betont, daß Nealey/Blood (1968, zit. n. Mertens) keinen Zusammenhang zwischen dem LPC-Wert des Vorgesetzten und der Beschreibung seines Verhaltens durch die Mitarbeiter fanden. Immerhin konnten Gruenfeld/Arbuthnot (1968) die Mehrdimensionalität des LPC nachweisen: es wurden 4 LPC-Subskalen ermittelt:

— soziale Akzeptierung
— Kompetenz
— Soziabilität
— soziale Erleichterung

Mehrdimensionalität des LPC-Wertes

Auch Fishbein et al. (1969) wiesen die Mehrdimensionalität der LPC-Skalen nach. In ihrer Untersuchung hatten Versuchspersonen (Vpn) die Einschätzung der schlechtesten Mitarbeiter anhand *frei gewählter* Eigenschaftsdimensionen vorzunehmen. Es zeigte sich, daß Vpn mit hohem LPC den schlechtesten Mitarbeiter als „starrköpfig", „rechthaberisch" und „dogmatisch" bezeichneten, während Vpn mit niedrigem LPC-Wert den schlechtesten Mitarbeiter als „unintelligent" beschrieben. In den folgenden Tabellen (Abb. G-4-19) sind die einzelnen Rangfolgen der Einschätzungen beider Führertypen aufgeführt (zit. n. Mertens, 1972, 79).

Die 20 häufigsten Antworten von Vpn mit hohem LPC

LPC hoch Position	Häufigkeit		LPC niedrig Position	Häufigkeit
1	21	starrköpfig, dogmatisch, rechthaberisch	19,5	6
2	16	vermeidet die Arbeit, verschwendet Zeit, blödelt herum	6,5	14
3	14	träge	2	22
4	12	spricht zu viel	19,5	6
5,5	10	herrschsüchtig	17,5	7
5,5	10	intelligent	—	0
7	9	weiß schon alles	17,5	9
8	8	kein Arb.stolz od. Interesse	13,5	9
10,5	7	nicht intelligent	1	28

Die 20 häufigsten Antworten von Vpn mit niedrigem LPC

LPC niedrig Position	Häufigkeit		LPC hoch Position	Häufigkeit
1	28	nicht intelligent	10,5	7
2	22	träge	3	14
3	16	unfreundlich, unangenehm, gehässig	19,5	5
4,5	15	selbstsüchtig, egoistisch	—	2
4,5	15	ungepflegt, unordentlich, schlampig	—	3
6,5	14	sorglos, unzuständig, macht Fehler	19,5	5
6,5	14	vermeidet die Arbeit, blödelt herum, verschwendet Zeit	2	16
8,5	13	langsam	15,5	6
8,5	13	gewöhnlich, ordinär, grob.	—	2

Abb. G-4-19:
Effektive Führung und rücksichtsvolles Führerverhalten in verschiedenen Situationen (nach Mertens, 1972, 79)

Aus Abb. G-4-19 ist ersichtlich, daß sich Vpn mit hohen und niedrigen LPC bezüglich ihrer Wahrnehmung der am wenigsten geschätzten Mitarbeiter offensichtlich zwei verschiedene Persönlichkeitstypen vorstellen.

4. Empirisch ermittelte Konzepte des Führungsverhaltens

Zur Reinterpretation des LPC

Angesichts der inkonsistenten empirischen Befunde zur Konstruktvalidierung des LPC hat Fiedler dieses Maß mehrfach reinterpretiert. Noch um 1960 betrachtete er den LPC als differentialdiagnostisches Persönlichkeitsmerkmal, das den effektiven vom ineffektiven Führer unterscheiden sollte. In jüngster Zeit betrachtet Fiedler den LPC als Indikator der motivationalen Orientierung (Menschenbild) im Führungsverhalten (Fiedler/Chemers, 1974, 75 f.).

Dabei geht er von der ursprünglichen dichotomisierenden Betrachtungsweise ab und interpretiert den LPC als Index der Motivations- bzw. Zielhierarchie eines Vorgesetzten. Mit dieser Auffassung versucht er, eine stärkere Verbindung zu den Forschungsergebnissen der Ohio- und Michigan-Schule herzustellen. Dementsprechend seien Personen mit hohem LPC disponiert, als *primäres* Ziel, gute zwischenmenschliche Beziehungen herzustellen und als *sekundäres* Ziel, die Aufgabenorientierung zu erfüllen. Bei Personen mit niedrigem LPC sei die Rangordnung genau umgekehrt. Fiedler meint, daß beide Personen in normalen Situationen sowohl ihre primären wie sekundären Ziele zu erreichen trachten. Sobald jedoch ungünstige Bedingungen aufträten, aufgrund deren sich die Führer unsicher oder bedroht fühlten, würden sie sich auf die für sie charakteristischen primären Ziele konzentrieren.

Reinterpretation des LPC-Wertes

Kritisch ist zu dieser zweifellos interessanten Reinterpretation zu sagen, daß es sich hierbei um eine ex-post-Erklärung handelt, die nur schwer empirisch widerlegbar ist. Weitere Untersuchungen werden die Tragfähigkeit dieser Interpretation prüfen müssen.

So kommt z. B. Wunderer (1974; 1975 f; 1979 a) zu dem Ergebnis, daß Personen mit niedrigen LPC-Werten — im Gegensatz zu jenen mit hohen LPC-Werten — mehr *intragruppenorientiert* sind und weniger laterale Kooperationsbereitschaft zeigen.

Sarges (1974) untersuchte 89 koagierende Arbeitsgruppen (Gruppen, in denen die Tätigkeit eines Gruppenmitgliedes von der Tätigkeit der anderen weitgehend unabhängig ist) in vier Versicherungsunternehmen, wobei das Fiedlersche Modell nicht bestätigt werden konnte. „Der Zusammenhang zwischen dem Fiedlerschen Orientierungs- (Führungsstil-)Maß (LPC-Score) des Gruppenleiters und Gruppenleistung war signifikant und erwies sich entgegen der Modell-Vorhersage als nicht beeinflußt von Gruppenklima als der Hauptkomponente der Variable ‚Günstigkeit der Führungssituation'" (Sarges, 1974, 201). Der Autor glaubt, daß die LPC-Skala *Kooperationsfreundlichkeit* erfaßt.

Zusammenfassend hat Fiedler die unterschiedlichen Vorhersagen des Kontingenzmodells in folgender Tabelle dargestellt (Fiedler/Chemers, 1974, 104):

Motivationale Orientierung	Günstigkeit der Situation		
	sehr günstig	mittel günstig	ungünstig
mitarbeiterorientiert (hoher LPC)	ineffektiv rücksichtslos	effektiv rücksichtsvoll	ineffektiv rücksichtsvoll
aufgabenorientiert (geringer LPC)	effektiv rücksichtsvoll	ineffektiv rücksichtslos	effektiv rücksichtslos

Vorhersagen des Kontingenzmodells

4.4.4. Folgerungen für die Praxis

Kritik des Kontingenz-Modells

Bei genauerer Betrachtung erweist sich das Fiedlersche Modell mit der Hervorhebung des LPC als *eigenschaftszentrierter Führungsansatz,* der Gruppenleistung und -klima aus der Sicht des Führers untersucht und dabei die Interaktion mit den Mitarbeitern sowie deren Motivation, Qualifikation etc. weitgehend außer acht läßt (Neuberger, 1976, 232; Loscher, 1977)

Von Bedeutung für die Praxis ist das Kontingenzmodell insofern, als es auf die situativen Bedingungen im Führungsprozeß aufmerksam macht. Es stellt fest, daß der Führungsstil und dessen Effektivität unter dem Aspekt der Interaktion zwischen Führer und Mitarbeiter sowie dem Aufgabentyp und der institutionalisierten Macht des Führers gesehen werden muß. Nach Fiedler sind Aufgabenstruktur und organisatorische Positionsmacht leichter von der Unternehmensleitung zu verändern als etwa Persönlichkeitscharakteristika von Vorgesetzten. Für die Personalpolitik bedeutet dies, daß sowohl autoritär wie demokratisch eingestellte Vorgesetzte unter Beachtung der situativen Erfordernisse zum Zweck einer effizienten Gruppenführung ausgewählt und plaziert werden können, ohne langfristige und kostenintensive Personalentwicklungsprogramme durchführen zu müssen (kritisch hierzu Schreyögg, 1977).

4.5. Ein neuer dimensionaler Ansatz in der Führungsstilforschung

Typologisch-dimensionales Führungsstilmodell

Eine Mischform aus dem typologischen und dimensionalanalytischen Ansatz vertritt Shapira (1976). In Anlehnung an Bass/Valenzi (1974) wird der Führungsstil durch drei Dimensionen charakterisiert: Führerverhalten, Macht und Information, wobei die beiden letzteren zwischen Führer und Mitarbeiter ungleich verteilt sind. Es werden insgesamt folgende Alternativen unterschieden:

A: *Führerverhalten*   B: *Quelle der Macht*
a1: autoritär   b1: Vorgesetzter hat die Macht
a2: demokratisch   b2: Unterstellter hat die Macht

C: *Quelle der Information*
c1: Vorgesetzter hat die Information
c2: Unterstellter hat die Information

8 Führungsstilkombinationen

Diese drei dichotomisierten Dimensionen ergeben insgesamt 8 (2^3) Führungsstilkombinationen. Wichtig ist, daß sich die Anzahl der Dimensionen beliebig vermehren läßt, wodurch die Anzahl der Kombinationen progressiv steigt (2^n).

4. Empirisch ermittelte Konzepte des Führungsverhaltens   271

Shapira untersucht 5 Kombinationen, die ein unterschiedliches Ausmaß autoritärer bzw. kooperativer Führung widerspiegeln.

Kombinationen   *Führungsstil*
1. a1 b1 c1   direktiv
2. a1 b2 c1   verhandelnd
3. a2 b1 c2   konsultativ
4. a2 b2 c1   partizipativ
5. a2 b2 c2   delegativ

Der Vollständigkeit halber seien die verbleibenden drei Kombinationen aufgeführt:

6. a1 b2 c2
7. a1 b1 c2
8. a2 b1 c1

Die 7. Kombination dürfte heute noch in vielen Unternehmen anzutreffen sein. Man könnte sie als Variante eines anachronistischen autoritären Führungsstils bezeichnen. Kombination 8 scheint eine Form des wohlwollend-patriachalischen Führungsstils zu repräsentieren.

Shapira (1976) befragte 407 Unterstellte mit einem Fragebogen, dessen multiitem-Skalen folgende Aspekte aufwiesen: 5 Führungsstile, 5 Organisations-, 3 Arbeitsgruppen-, 5 Aufgaben-, 4 Einstellungs-, 2 Effektivitäts- und 6 within-system-Variablen (vgl. nähere Erläuterung bei Bass/Valenzi, 1974). Die ermittelte Interkorrelations-Matrix scheint die vorhergesagte aufsteigende Rangfolge in Richtung zu einem kooperativen Führungsstil tendenziell zu bestätigen (vgl. Abb. G-4-20).

Führungsstile	1	2	3	4	5
1. direktiv	1.00	.25	.31	.28	.13
2. verhandelnd		1.00	.02	.14	.10
3. konsultativ			1.00	.84	.66
4. partizipativ				1.00	.68
5. delegativ					1.00

Korrelationsstatistische und geometrische Darstellung von Führungsstilen

Abb. G-4-20:
Interkorrelationen der Führungsstile (Shapira, 1976, 137)

Die geometrische Transformation der Interkorrelationen in Abb. G-4-21 deutet darauf hin, daß der verhandelnde Führungsstil von den übrigen sehr verschieden ist, während der konsultative und partizipative Führungsstil einander ähnlich zu sein scheinen. Sie unterscheiden sich lediglich hinsichtlich der Macht- und Informationsverteilung. Offensichtlich sind Macht und Informa-

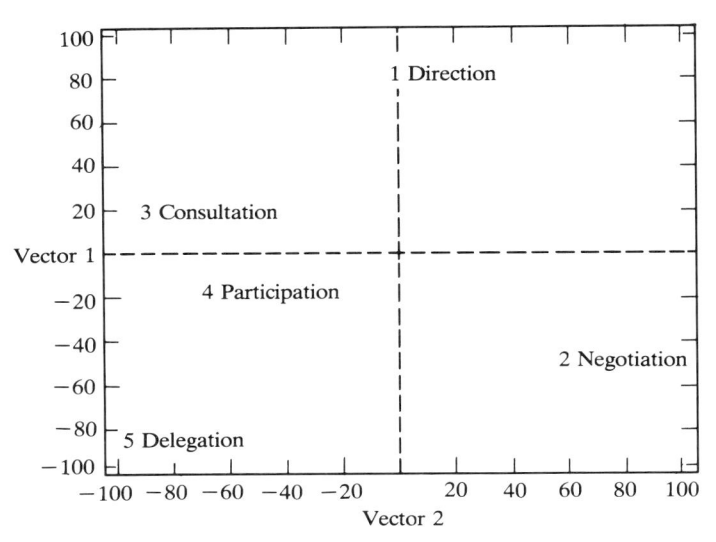

Abb. G-4-21:
Geometrische Transformation der Interkorrelationen (nach Shapira, 1976)

tion einander ähnlich, was sich z. B. auch in der Redewendung „Wissen ist Macht" ausdrückt.

Die Arbeit von Shapira ist deshalb interessant, weil sie die Mannigfaltigkeit von Führungsstilen verdeutlicht. Mit zunehmender Anzahl dichotomer Führungsdimensionen nimmt die Kombinationsmöglichkeit progressiv zu, so daß allein bei 8 dichotomisierten Dimensionen $2^8 = 256$ Führungsstilkombinationen resultieren. Erhöht man z. B. die Ausprägungsmerkmale von 2 auf 3, resultieren $3^8 = 6561(!)$ Kombinationstypen.

5. Allgemeine Bewertung der Führungsstiltypologien

5.1. Ziele und Bedingungen von Führungsstilklassifikationen

Kritik der Idealtypen

Die meisten Führungsstilklassifikationen sind Ergebnisse idealtypischen Denkens. Diese besonders durch M. Weber bekannt gewordene und in der betriebswirtschaftlichen sowie soziologischen Literatur (Tietz, 1960; Mayntz, 1970) häufig angewandte Betrachtungsweise empirischer Sachverhalte weist — ungeachtet ihres heuristischen Werts — den fundamentalen Nachteil auf, daß sie in ihrer Extremform nur zu rein gedanklichen Konstruktionen führt, die in ihrer begrifflichen Reinheit empirisch nicht auffindbar sind. Idealtypen sind nach M. Weber keine Widerspiegelung der Realität, sondern Fiktionen, weil das Erkenntnisinteresse des Individuums wesentliche Elemente der Wirklichkeit abstrahierend hervorhebt und weniger charakteristische Elemente ver-

5. Allgemeine Bewertung der Führungsstiltypologien

nachlässigt. Problematisch an diesem Ansatz ist, daß Idealtypen in der Regel empirisch nicht widerlegbar sind (ceteris paribus-Klausel). Zudem handelt es sich bei Idealtypen zumeist um statische Gebilde, deren Gültigkeit vorschnell verabsolutiert wird, ohne daß Bedingungen oder Konsequenzen einzelner Typologien sowie Interdependenzen der Merkmalsausprägungen näher spezifiziert würden (vgl. Helle, 1977, 31f.; Topitsch, 1965; Kap. E, K).

Idealtypen haben u. a. die Funktion, als rationales Bezugssystem für die vergleichende Beschreibung von Einzelphänomenen zu dienen. Die meisten Führungsstiltypologien sind jedoch Ergebnis tradierter vorwissenschaftlicher Anschauungen, deren Popularität u. a. darauf beruht, daß sie ein „Körnchen Wahrheit" beinhalten. So basieren sie im wesentlichen auf der Annahme, daß der Führer in einseitiger Weise das Verhalten der Geführten bestimmt (vgl. „great man"-Theorie Kap. E, 1), ohne die kreiskausalen Einflußbeziehungen zwischen Führer und Geführte gebührend zu berücksichtigen.

Es wurde bereits erwähnt, daß Klassifikationen erkenntnis- und handlungsleitende Funktionen sowohl im Alltag wie in der Wissenschaft ausüben. Gleichwohl sind die vorliegenden Führungsstilklassifikationen in zweierlei Hinsicht unzureichend:

— Es handelt sich bei ihnen um willkürliche und unsystematische Aufzählungen unverbundener Einzelmerkmale, die allenfalls die Extrembereiche von Führungsverhalten zu charakterisieren vermögen.
— Sie genügen nicht den Kriterien eines wissenschaftlich fundierten Klassifikationssystems.

Kritik der Führungsstilklassifikationen

Auf den letzten Punkt sei näher eingegangen. Nach einhelliger Auffassung (Indik, 1968; Altman, 1968) muß ein wissenschaftlich begründetes Klassifikationssystem mindestens folgende Kriterien erfüllen:

Anforderungen an ein Klassifikationssystem

(1) Jede Subklasse der Variablen sollte für die Erforschung von Individuen, Kleingruppen, Organisationen oder ihrer Umwelt relevant sein.
(2) Die Variablenklassen sollten definitorisch voneinander unabhängig sein.
(3) Jede Klasse von Variablen sollte mit den anderen Variablenklassen in irgend einer Beziehung stehen.
(4) Jede Variablenklasse sollte in sich homogen sein.
(5) Das Klassifikationssystem muß alle bekannten „Fakten" abdecken.
(6) Es muß überdies auch neue Ergebnisse einbeziehen können.
(7) Es sollte auch neue „Fakten", Phänomene oder Relationen vorhersagen.
(8) Es muß von der „Wissenschaftsgemeinschaft" allgemein akzeptiert sein.

Die rational und/oder empirisch fundierten dimensionsanalytischen Führungsstile sind zwar ein wesentlicher Fortschritt im Hinblick auf eine differenziertere Betrachtung und ökonomische Integration von Einzelmerkmalen der Führung, genügen jedoch nicht den o. a. Kriterien eines wissenschaftlich fundierten Klassifikationssystems.

Trotz dieser Einwände haben Führungsstiltypologien als *vorläufige Beschreibungskategorien* für die Theorie und Praxis großen heuristischen Wert. In dem

Maße, wie in der Führungsstilforschung theoriegeleitete empirisch-statistische Methoden angewendet werden, wird sich eine Entwicklung von den zur Zeit vorherrschenden idealtypischen Führungsstilen zu realtypischen Führungsstilen vollziehen, welche differenziertere Aussagen über reales Führungsverhalten erlauben.

5.2. Folgerungen für die Praxis

Möglichkeiten und Grenzen von Führungsstiltypologien

Typologien sind charakteristisch für das Frühstadium einer Wissenschaft, denn sie erfüllen wichtige Orientierungs- und Ordnungsfunktionen, reduzieren Unsicherheit und sind Ausdruck des menschlichen Strebens nach kognitiver Konsistenz. Durch ihren normativen Aufforderungscharakter üben Führungsstiltypologien häufig die Funktion verhaltenssteuernder Prinzipien aus. Sie können deshalb in der Praxis als Führungsinstrument sowie als didaktisches Mittel zur Veranschaulichung von Führungsproblemen in Fortbildungsseminaren sinnvoll eingesetzt werden, sofern mit ihnen kein Absolutheitsanspruch hinsichtlich der Erklärung und Vorhersage von Führungsverhalten verbunden wird.

Die praxisbezogene Verwendung von Führungsstilprofilen, wie sie etwa bei Likert (1975) oder Marrow et al. (1967) zu finden ist, hat sich offensichtlich als Kontroll- und Steuerungsinstrument von Organisationen bewährt. Mit diesem Instrumentarium ist es möglich, das ideale und reale Führungsverhalten sowie die Diskrepanz zwischen subjektiven Erwartungen und objektiv vorfindbarer Realität in praktikabler Form graphisch und numerisch darzustellen. Durch regelmäßige Befragungen der Organisationsmitglieder sowie durch eine vergleichende Analyse der ermittelten Führungsstilprofile ist es möglich, relativ frühzeitig Informationen über manifeste oder verdeckte Führungskonflikte innerhalb und zwischen Gruppen oder Abteilungen zu erhalten. Dabei könnte der mit dieser Methode verbundene verwaltungstechnische Aufwand durch Einsatz einer standardisierten computerunterstützten Verrechnung der Führungsstilprofil-Werte auf ein Minimum reduziert werden.

Ausgewählte Literatur

Baumgarten, R.: Führungsstile und Führungstechniken. Berlin/New York 1977.
Fiedler, F. E. et al.: Der Weg zum Führungserfolg. Stuttgart 1979.
Heinen, E. (Hrsg.): Betriebswirtschaftliche Führungslehre. Wiesbaden 1978.
Hersey, P. und Blanchard, K. H.: Management and Organizational Behavior. Englewood Cliffs, N. J. 1969.
Kunczik, M. (Hrsg.): Führung. Düsseldorf/Wien 1972.
Lattmann, Ch.: Führungsstil und Führungsrichtlinien. Bern/Stuttgart 1975.
Likert, R.: Die integrierte Führungs- und Organisationsstruktur. Frankfurt 1975.
Neuberger, O.: Führungsverhalten und Führungserfolg. Berlin 1976.
Nieder, P. (Hrsg.): Führungsverhalten im Unternehmen. München 1977.
Reddin, W.: Das 3-D-Programm zur Leistungssteigerung des Management. München 1977.
Seidel, E.: Betriebliche Führungsformen. Stuttgart 1978.
Steinle, C.: Führung. Stuttgart 1978.
Stogdill, R. M.: Handbook of leadership. New York 1974.

Kapitel H

Gestaltungsmuster der Führung (Managementkonzeptionen)

0. Zusammenfassung

Im Rahmen der betriebswirtschaftlichen Managementlehre wurden unterschiedliche Managementkonzeptionen als globale Führungsmodelle für Organisationen entwickelt und z. T. in der Praxis angewandt. Neben ihrer Beschreibung ist auch zu prüfen, inwieweit die Aussagen der bedeutsamsten betriebswirtschaftlichen Managementkonzepte für (kooperative) Führungsformen von Bedeutung sind.

Im ersten Teil des Kapitels wird die historische Entwicklung der Managementlehre dargestellt. Es werden 4 Perioden unterschieden: 1) vorwissenschaftliches Management (vor 1880), 2) „wissenschaftliche" Betriebsführung, bürokratisches Modell, Theorien des administrativen Managements (1880-1930), 3) Human-Relations-Modell (1930-1950) und 4) Differenzierung und Weiterentwicklung der Managementlehre (1950-Gegenwart). Dabei zeigt es sich, daß die Managementkonzepte der Perioden 2-4 in unterschiedlichem Ausmaß die gegenwärtige Führungstheorie und -praxis beeinflussen.

Im zweiten Teil des Kapitels werden Anspruch und Wirklichkeit aktueller Managementansätze kritisch analysiert. Es sind dies vor allem jene Führungsmodelle, die unter der schillernden Bezeichnung „management by ..." in Theorie und Praxis diskutiert werden. Aus der Vielzahl der Management-by-Ansätze werden „management by ideas", „management by break-through", „management by delegation" (Harzburger Modell) und „management by objectives" (MbO) dargestellt, kritisiert und ihre Bedeutung für (kooperative) Führungsformen geprüft. In diesem Zusammenhang ergibt sich, daß die Konzepte „management by ideas" und „management by break-through" nur programmatische Funktionen erfüllen.

Möglichkeiten und Grenzen des Harzburger Modells (HM) im Hinblick auf die Gestaltung kooperativer Führungsbeziehungen werden ausführlich referiert. Es wird nachgewiesen, daß das HM ein bürokratisches Delegationskonzept darstellt, das eine v. a. an prosozialen Prinzipien orientierte partnerschaftliche Zusammenarbeit nicht zu gewährleisten vermag.

Das umfassendste und meistdiskutierte Führungskonzept der Gegenwart, das „management by objectives" (MbO), wird ausführlich dargestellt und kritisch gewürdigt. Dabei wird die kooperativ ausgerichtete Version des MbO untersucht, die als „Führung durch Zielvereinbarung" bezeichnet wird und betriebswirtschaftliche wie sozialpsychologische Erkenntnisse zu berücksichtigen trachtet. Es zeigt sich, daß MbO noch nicht den Status eines integrativen und in sich widerspruchsfreien Führungsmodells beanspruchen kann. Überdies berücksichtigen die meisten MbO-Ansätze Ergebnisse der sozialpsychologischen Forschung nur in unzureichender Weise. Schließlich wird kritisiert, daß die in den Management-by-Ansätzen verwendeten traditionellen Managementprinzipien den Anforderungen komplexer sozio-technischer Organisationssysteme nicht gerecht werden und für die Beschreibung, Erklärung sowie Gestaltung personaler und sachstruktureller Führungsprobleme nur von geringem Wert sind.

1. Managementtheorien

In den letzten Jahren hat sich der angelsächsische Begriff „Management" in der deutschsprachigen betriebswirtschaftlichen Literatur und in der Praxis durchgesetzt, obgleich er nicht weniger mehrdeutig ist als etwa die Begriffe Macht, Autorität oder Führung. Managementkonzeptionen bzw. -systeme im weitesten Sinne umfassen Managementtheorien, -modelle, -techniken und -prinzipien, wobei sich die Bedeutungen dieser Begriffe überlappen. Wie Bessai (1975, 359) in seiner zusammenfassenden Analyse der deutschsprachigen Managementliteratur feststellt, wurden und werden die Begriffe Unternehmensführung, Betriebsführung, Geschäftspolitik, Führung, Führungsmodell, Führungssystem, Führungskräfte, Führungsstile, Führungsrichtlinien etc. häufig mit Management gleichgesetzt. Die überlappende Begriffsverwendung dürfte im wesentlichen darauf zurückzuführen sein, daß es sich um verschiedene Aspekte ein und desselben Sachverhalts handelt, die zwar logisch unterschieden werden, aber in der Realität interdependent sind (Glasl/Lievegoed, 1975, 926; vgl. Kap. C 3.2.).

Bestandteile von Managementsystemen

Wild/Schmidt (1973) führen als wichtigste Bestandteile von Managementsystemen bzw. -theorien auf:

(1) Allgemeine Führungsprinzipien
(2) Aufbau- und Ablauforganisation
(3) Zielsystem
(4) Planungssystem
(5) Kontrollsystem
(6) Informationssystem
(7) Motivationskonzept und Anreizsystem sowie
(8) Personalentwicklungssystem.

Erklärungswert von Managementtheorien

Unter Managementtheorien im engeren Sinne verstehen wir mit Miles (1975) die Gesamtheit der Grundannahmen, Einstellungen, Erwartungen, Meinungen und Vermutungen über systematische Zusammenhänge organisatorischer und personaler Steuerungsvariablen in sozio-technischen Systemen (vgl. auch Kap. D). Daß diese „Theorien" über das Verhalten von Menschen in Organisationen nicht „wahr" zu sein brauchen, um wirksam zu werden, ist eher die

Regel denn die Ausnahme. Derartige Theorien fungieren als Ordnungs- und Orientierungsinstanzen in einer komplexen und sich ständig verändernden sozialen Umwelt. Die z. T. vorwissenschaftlichen Managementtheorien sind u. a. deshalb so schwer widerlegbar, weil sie „Teil-Wahrheiten" beinhalten und selten unter Angabe der jeweiligen Randbedingungen und Konsequenzen systematisch überprüft werden. Managementtheorien gründen sich häufig auf Alltagstheorien, in denen Erfahrungen, die in einem bestimmten situativen Kontext richtig sein mögen, verabsolutiert werden: „Einigkeit macht stark; viele Köche verderben den Brei; selbst ist der Mann; eine Hand wäscht die andere; alle sitzen im gleichen Boot; eine Kette ist so stark wie ihr schwächstes Glied usw." (vgl. Steiner, 1972; Laucken, 1974, 196f.). Die wissenschaftliche Managementlehre erhebt den Anspruch, solche übergeneralisierte Alltagserfahrungen in systematischer Weise zu untersuchen und − wenn möglich − gesetzmäßige wenn-dann-Beziehungen aufzudecken, um praktikable Handlungsanweisungen für die Unternehmensführung bereitzustellen.

In der Literatur finden sich unterschiedliche Systematisierungsversuche zur Entwicklung der Managementkonzepte. Dabei werden − je nach theoretischer Herkunft der Autoren − als Ordnungsgesichtspunkte inhaltliche, funktionale, methodische oder historische Klassifikations-Kriterien gewählt. Jeder Ordnungsversuch, jede Klassifikation reduziert Komplexität und bewirkt mithin eine Vereinfachung der Realität. Dies ist zu beachten, wenn etwa Grochla (1969) zwischen pragmatischen, entscheidungstheoretischen, verhaltenstheoretischen und informationstechnologischen Ansätzen differenziert. Das gleiche gilt für Miles (1975), der a) ein traditionelles Modell, b) ein Human-Relations-Modell und c) ein Human-Resources-Modell unterscheidet. Andere Autoren wiederum unterscheiden zwischen klassischen, neoklassischen und modernen Ansätzen (z. B. Thompson). Hier ist jedoch nicht der Ort für eine erschöpfende Aufzählung und Kritik der bisher vorliegenden Systematisierungen. Vielmehr soll die Entwicklungsgeschichte der Managementlehre in ihrer Bedeutung für kooperative Führungsformen aufgezeigt werden.

2. Historische Entwicklung der Managementlehre

In Anlehnung an Hicks (1972, 369f.; Hill et al. 1974) läßt sich die Entwicklung der Managementlehre nach 4 historischen Zeitabschnitten gliedern (vgl. Kap. D, F).

Historische Entwicklung der Managementlehre

Periode I — vorwissenschaftliches Management (vor 1880)
Periode II — „wissenschaftliche Betriebsführung", bürokratisches Modell, Theorien des administrativen Management (1880-1930)
Periode III — „Human-Relations-Modell" (1930-1950)
Periode IV — Differenzierung und Weiterentwicklung der Managementlehre (1950-Gegenwart).

278   Gestaltungsmuster der Führung (Managementkonzeptionen)

Zusammenfassend lassen sich die letzten drei Perioden wie folgt darstellen: Die ausgezogenen Linien deuten an, daß alle drei Ansätze heute noch mehr oder weniger ausgeprägt in der Praxis wirksam sind.

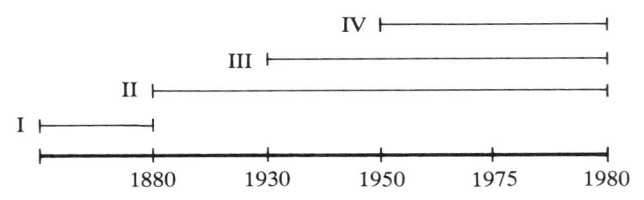

```
                    IV  ├──────────────┤
              III  ├───────────────────┤
        II  ├─────────────────────────┤
    I ├─────┤
  ├───┼──────┼───────┼─────────┼──────┤
 1880     1930    1950      1975   1980
```

Abb. H-2-1:
Historische Entwicklung der Managementlehre

2.1. Periode I – Vorwissenschaftliches Management

Vorwissenschaftliches Management

Die Entwicklung der Managementlehre hat – wie die Sozialwissenschaften – eine lange Geschichte, aber eine kurze Vergangenheit. Seit Menschen die Elementarfaktoren Arbeit, Betriebsmittel und Werkstoffe zu einer produktiven Kombination verbinden, gibt es Managementprobleme. Die damit einhergehenden Führungsaufgaben der Planung, Entscheidung, Organisation, Koordination, Motivation und Kontrolle werden freilich erst seit Ende des 19. Jahrhunderts begrifflich gefaßt und systematisch untersucht. Daher beginnen wir unsere Darstellung mit der Periode II.

2.2. Periode II – „Wissenschaftliche Betriebsführung", bürokratisches Modell und Theorie des administrativen Managements

„Wiss. Betriebsführung", bürokratisches Modell, administratives Management

Im folgenden werden nur die wichtigsten Grundgedanken des „scientific management" dargestellt, zumal diese in fast allen Lehrbüchern zur Managementlehre ausführlich dargestellt sind (für viele Rose, 1975; Massie, 1975; Kap. D, F).

Sodann soll die administrative Managementlehre skizziert werden. Auf die Implikationen des Bürokratiemodells von Weber und Nachfolger für kooperative Führungsformen wird in Kapitel I näher eingegangen.

Typisch für die „klassische" Managementlehre der II. Periode ist die Vernachlässigung des menschlichen Faktors in den Arbeitsorganisationen sowie eine rein funktionale Betrachtungsweise der Managementaufgaben. Mit ihr wird der Einfluß der Elementarfunktionen, Planung, Kontrolle und Organisation auf die Effektivität der Unternehmung, insbesondere auf die Gewinnmaximierung, untersucht. Die systematische Analyse der Managementfunktionen ist untrennbar mit den Namen Taylor, Fayol und M. Weber verbunden (vgl. Hicks, 1972; Grochla, 1974; Massie, 1965; Pollard, 1973; Rose, 1975 u. a., Kap. D, I, M).

2. Historische Entwicklung der Managementlehre

Der amerikanische Ingenieur F. W. Taylor gilt als Begründer der „Wissenschaftlichen Betriebsführung" (scientific management). Taylor und seine Nachfolger (Gilbreth, Gantt u. a.) stellten fest, daß die meisten industriellen Arbeitsprozesse unzulänglich strukturiert und die Mehrzahl der Arbeitnehmer unzureichend ausgebildet waren. Ihre heute noch in der industriellen Produktion angewandten arbeitswissenschaftlichen Analysen zum Zwecke einer systematisch geplanten Arbeitsteilung betrachteten sie als wichtiges Instrument der Unternehmensführung, um Leistung und Zufriedenheit zu steigern. Die „Wissenschaftliche Betriebsführung" befaßte sich mit folgenden Hauptbereichen (Heinen, 1972, 450):

(1) „Festlegung von *Arbeitsmethoden durch Zeit- und Bewegungsstudien,* die in ihrem Ablauf ein maximales Arbeitsergebnis gewährleisten.
(2) Entwicklung eines Systems von *Leistungsnormen und Entlohnungsregeln auf der Grundlage von Arbeitsstudien,* das den Arbeitenden bei Anwendung der leistungsmaximalen Arbeitsmethode zur Erreichung der geforderten Produktionsnorm motiviert.
(3) Optimale *Gestaltung des Arbeitsplatzes im Hinblick auf die physiologischen Merkmale des Menschen* sowie Entwicklung organisatorischer Regeln zur Festlegung von Arbeitsprioritäten durch spezialisierte ‚Funktionsmeister'."

Aufgabenbereiche der „Wiss. Betriebsführung"

Der gegenwärtig häufig verwendete Begriff „Taylorismus" bezeichnet die negativen psychosozialen Implikationen eines auf extremer Arbeitsteilung beruhenden Arbeitsprozesses (Rose, 1975). Taylors ursprüngliche Intention war indessen darauf gerichtet, die divergierenden Interessen der Betriebsleitung und Mitarbeiter durch systematische Arbeitsanalysen auf „objektiver, wissenschaftlich begründeter Basis" zufriedenzustellen und möglichst zu harmonisieren. Man könnte die von Taylor propagierte Führung aus heutiger Sicht als wohlwollend-patriarchalischen Führungsstil bezeichnen (vgl. Likert/Likert, 1976; Likert, 1975).

Taylorismus

Die pervertierten Erscheinungsformen des Taylorismus, wie z. B. rücksichtslose Rationalisierung im Interesse der Gewinnmaximierung, monotone Arbeitstätigkeit etc., sind primär auf Taylors Epigonen zurückzuführen. Taylors Gedankengut vertrug sich durchaus mit der vorherrschenden protestantischen Ethik des amerikanischen Kapitalismus der Jahrhundertwende (M. Weber).

Die „Wissenschaftliche Betriebsführung" hat Taylor (1911) in 4 Prinzipien festgehalten (zitiert nach Grochla, 1974, 14f.):

„Erstens: Die Leiter entwickeln ein System, eine Wissenschaft für jedes einzelne Arbeitselement, die an die Stelle der alten Faustregel-Methode tritt.
Zweitens: Aufgrund wissenschaftlicher Untersuchungen wählen sie die passenden Leute aus, schulen sie, lehren sie und bilden sie weiter, anstatt wie früher ohne Anleitung den Arbeitern selbst die Wahl ihrer Tätigkeit und ihrer Weiterbildung zu überlassen.
Drittens: Sie arbeiten in herzlichem Einvernehmen mit den Arbeitern; so können sie sicher sein, daß alle Arbeit nach den Grundsätzen der Wissenschaft, die sie aufgebaut haben, geschieht.
Viertens: Arbeit und Verantwortung verteilen sie fast gleichmäßig auf Leitung und Arbeiter. Die Leitung nimmt alle Arbeit, für die sie sich besser eignet als der Arbeiter, auf ihre Schulter, während bisher fast die ganze Arbeit und der größte Teil der Verantwortung auf die Arbeiter gewälzt wurde".

4 Prinzipien der „wiss. Betriebsführung"

Im vierten Prinzip findet sich unschwer das Prinzip der Subsidiarität wieder; im dritten Prinzip werden mitarbeiterorientierte Aspekte thematisiert (vgl. Kap. K 6.2.4.). Hingegen scheint sich das zweite Prinzip gegen Selbstbestimmung am Arbeitsplatz zu stellen.

Taylors Verdienst ist es, viele neue Ideen zur Unternehmensführung entwickelt zu haben, nämlich Trennung zwischen Planung und Ausführung, funktionale Organisation, Geldanreize, Ausnahme-Prinzip u. a. m., die später von den administrativen Managementtheorien (Fayol, Barnard, March/Simon, Urwick u. a.) aufgegriffen und weiterentwickelt wurden (vgl. Massie, 1965, 38f.).

Die administrative Managementlehre Fayols

Zu den Pionieren der Entwicklung einer wissenschaftlich begründeten Managementlehre zählt auch der Franzose Henri Fayol (1916). Er beschrieb allgemeine Verwaltungsprobleme aus funktionaler Sicht durch 5 Elemente:

Administrative Managementlehre Fayols

(a) Planung
(b) Organisation
(c) Weisung
(d) Koordination und
(e) Steuerung.

Im Gegensatz zu Taylor, der sich nur mit der Analyse der unteren hierarchischen Ebenen des Managements der industriellen Produktion beschäftigte, setzte sich Fayol mit dem Top-Management der industriellen Verwaltung auseinander. Fayol stellte 14 Prinzipien auf, die er — wie folgendes Zitat verdeutlicht — keineswegs verabsolutierte (1949, zit. n. Massie, 1965, 390): *„Der Bequemlichkeit halber verwende ich den Begriff Prinzipien, ohne die damit einhergehende Vorstellung von Rigidität zu übernehmen, denn es gibt nichts Starres oder Absolutes im Managementbereich ..."*

14 Managementprinzipien von Fayol

Viele der von Fayol aufgestellten 14 Managementprinzipien werden noch häufig der Praxis als verbindliche Handlungsmaximen vorgegeben (vgl. Dale, 1973, 149f.). Die ersten drei Prinzipien sind am bekanntesten geworden:

(1) *Autorität* sollte nicht unabhängig von Verantwortung gesehen werden, d. h. diejenigen, welche über Autorität verfügen, Anordnungen zu erteilen, sollen auch die Verantwortung für deren Konsequenzen tragen.

(2) Die *Einheit der Auftragserteilung* sollte beachtet werden. Ein Mitarbeiter solle nur von einem bestimmten Vorgesetzten Anweisungen erhalten (Taylor vertrat die gegenteilige Auffassung).

Beispiel: 20 Vertreter verkaufen dasselbe Produkt im gleichen Absatzgebiet und haben 2 Verkaufschefs, denen je 10 Vertreter unterstellt sind. Jeder Vertreter erhält dann nur von *einem* Vorgesetzten Weisungen.

(3) *Querverbindungen* zwischen Stellen und Instanzen sollten hergestellt werden, um den hierarchischen Informationsweg abzukürzen, sofern der normale Weg zu viel Zeit in Anspruch nehmen würde.

2. Historische Entwicklung der Managementlehre

Beispiel: Wenn F und P kommunizieren wollen, müßte dies unter normalen Umständen über A nach P geschehen, wodurch viel Zeit vergeht. Fayol plädiert deshalb für eine „Querverbindung", ohne daß die vertikale Informationskette aufgehoben würde, d. h. A müßte F und P autorisieren, direkt zu kommunizieren (vgl. Kap. I).

In aller Kürze seien weitere Prinzipien aufgeführt:

Arbeitsteilung: Spezialisierung der Arbeit, um die Produktivität zu erhöhen.

Disziplin: Sie sei für den reibungslosen Ablauf des Unternehmensgeschehens wesentlich.

Subordination des individuellen Interesses zugunsten des *Allgemeininteresses.*

Bezahlung: Löhne und Gehälter sollten angemessen sein, d. h. sowohl die wirtschaftliche Lage des Unternehmens als auch die Interessen der Mitarbeiter berücksichtigen.

Zentralisation: Wie die Arbeitsteilung sei Zentralisation ein natürlicher Bestandteil einer Organisation.

„Esprit de corps": Betonung der Teamarbeit und guter zwischen-menschlicher Beziehungen.

Arbeitsbesetzung: Fayol meint damit die Forderung, daß der richtige Mann an den richtigen Platz gehöre.

Im Gegensatz zu Taylor, der das Mehrliniensystem („Funktionsmeister") vertrat (jedes Organisationsmitglied kann von mehreren Vorgesetzten Weisungen erhalten), empfahl Fayol das Einliniensystem („Prinzip der Einheit der Auftragserteilung").

Einliniensystem   Mehrliniensystem   Einlinien- und Mehrliniensystem

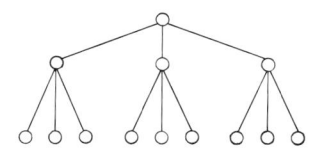

Abbilung H-2-2:
Ein- und Mehrliniensystem

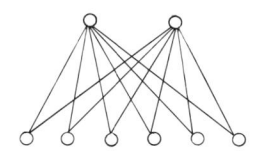

Eine andere, in der Literatur sehr einflußreiche und die formale Organisation hervorhebende Konzeption von Managementprinzipien stammt von Mooney/Reiley (1939), in der vier Hauptprinzipien aufgestellt werden:

a) koordinatives Prinzip, b) skalares Prinzip (hierarchische Autoritätsbeziehung), c) funktionales Prinzip (Spezialisierung) und d) Stabsprinzip.

Gulick/Urwick (1937) wiederum vertraten folgende Grundprinzipien (zit. n. Kast/Rosenzweig, 1970, 58f.): a) Anpassung des Menschen an die Organisa-

4 Prinzipien von Mooney/Reiley

8 Prinzipien von Gulick/Urwick

tionsstruktur, b) Anerkennung des Topmanagement als Quelle der Autorität, c) Beachtung der Einheit der Auftragserteilung, d) Verwendung spezieller und allgemeiner Stäbe, e) Abteilungsbildung nach Zweck, Prozeß, Personen und Ort, f) Anwendung des Ausnahmeprinzips, g) Verantwortlichkeit gemäß der Autoriät bilden, h) Beachtung angemessener Kontrollspannen.

<small>Management als soziale Interaktion</small>

Zu erwähnen ist in diesem Zusammenhang Mary Parker Follett (1939), die — ihrer Zeit weit voraus — Management *als sozialen Interaktionsprozeß* begriff. Die „Koordination sollte durch unmittelbaren Kontakt" der von Entscheidungen betroffenen verantwortlichen Mitarbeiter erfolgen; Anweisungen und Zusammenarbeit sollten sich auf konkrete Situationen richten. Damit nahm Follett bereits wesentliche Grundgedanken der kooperativen Führung vorweg (Massie, 1965, 394; Pollard 1974).

2.3. Periode III — „Human-Relations-Modell"

<small>Human-Relations-Modell</small>

Ende der 20er Jahre entstand in den USA die sog. „Human-Relations-Bewegung" (vgl. Kap. D) als Reaktion auf die Vernachlässigung der sozio-emotionalen Bedürfnisse des arbeitenden Menschen in der Praxis und in den klassischen Theorien des „scientific management", die den Menschen als „homo oeconomicus", als rational handelndes Individuum betrachteten. Einen maßgeblichen Einfluß auf die Entstehung der Human-Relations-Bewegung übten in den USA die Gewerkschaften aus mit ihrem Widerstand gegen immer neue Formen finanzieller Anreizpläne zur Steigerung der Arbeitsleistung (Miles, 1975). Mit den später berühmt gewordenen Experimenten in den Hawthorne-Werken der Western Electric Company (1927-1932, sog. Hawthorne-Experimente, vgl. Roethlisberger/Dickson, 1939; Rose, 1975) wurde ursprünglich die Wirkung unterschiedlicher Intensitätsgrade von Arbeitsplatzbeleuchtung auf die Arbeitsproduktivität der Arbeitnehmer untersucht. Dabei stellte sich gleichsam als „Nebenergebnis" die Bedeutung sozialpsychologischer Einflußgrößen für die Arbeitsleistung und -zufriedenheit heraus, nämlich soziale Bedürfnisse der Mitarbeiter, informelle Gruppenstrukturen und -prozesse, Kommunikationsprozesse, Normen, Konformität u. ä. Der mit diesen Untersuchungen verbundene „NEW LOOK" in Theorie und Praxis läßt sich treffend durch folgende Äußerung E. Mayos — dem „Propagandisten" dieser Bewegung — charakterisieren:

„Eine Organisation ist ein soziales System, ein System von Cliquen, informellen Nachrichtensystemen, informellen Statussystemen, Ritualen und eine Mixtur logischen, nonlogischen und a-logischen Verhaltens" (zit. n. Hicks, 1972, 374).

Diese Sichtweise hat die Entwicklung kooperativer Führungsformen maßgeblich beeinflußt. Ungeachtet der am Human-Relations-Ansatz geübten Kritik, wonach die Berücksichtigung der Individualziele der Mitarbeiter ausschließlich im Interesse der Erfüllung der Organisationsziele erfolge, kann das Human-Relations-Modell als historische Wurzel des prosozialen Aspekts der koopera-

2. Historische Entwicklung der Managementlehre 283

tiven Führung gelten (vgl. Kap. K). Die Erkenntnisse der durch den Human-Relations-Ansatz angeregten Forschung über Konformität, Gruppenbeziehungen, Individual- und Gruppenleistungen u. a. m. im industriellen Arbeitsbereich gehören heute zu den klassischen Beständen der Kleingruppenforschung, die zum sozialpsychologischen Aspekt der kooperativen Führung Wesentliches beizutragen vermögen (vgl. den umfassenden Literaturüberblick bei Hare, 1976; Kap. L).

2.4. Periode IV — Differenzierung und Weiterentwicklung der Managementlehre

Die gegenwärtige Entwicklung der Managementlehre spiegelt sich in zwei Hauptströmungen wider: Einerseits gibt es einen starken Einfluß verhaltenswissenschaftlicher, insbesondere sozialpsychologischer Erklärungsansätze. Hierzu gehört die sogenannte Human-Resources-Bewegung mit ihrer Kritik am Human-Relations-Modell. Ihre Hauptvertreter sind Argyris, Miles, Likert, McGregor, Maslow, Gellerman, Bennis u. a. Diese Autoren betonen die Notwendigkeit der Befriedigung sozio-emotionaler Bedürfnisse, insbesondere des Selbstverwirklichungsbedürfnisses des Menschen auch und gerade im Arbeitsprozeß (vgl. Kap. D, F, K). Auf der anderen Seite findet man die traditionell betriebswirtschaftlich-pragmatischen Ansätze, welche den Leistungsaspekt der formalen Organisation hervorheben. In jüngster Zeit wird allerdings versucht, die Betriebswirtschaftslehre als Führungslehre auch aus sozialpsychologischer Sicht zu konzeptualisieren (für viele Kirsch, 1976, a, b; Heinen, 1978). Beide Ansätze werden in Kap. K, L, M ausführlich besprochen.

Weiterentwicklung der Managementlehre

Baugut/Krüger (1976, 10) haben in einer Übersicht (Abb. H-2-3) die wichtigsten, z. T. konkurrierenden angelsächsischen Managementansätze vergleichend gegenübergestellt.

Verschiedene Managementlehren

Auch die deutschsprachigen Vertreter der Betriebswirtschaftslehre können verschiedenen Schulen und Lehrmeinungen zugeordnet werden. So vertreten etwa Bleicher und Rühli systemtheoretisch-kybernetische Managementansätze; Kirsch, Reber, Staehle oder Heinen verhaltenswissenschaftliche Ansätze. Die meisten deutschsprachigen Autoren sind jedoch noch der traditionellen funktionsorientierten Schule verbunden.

Im folgenden seien die Managementansätze der Periode IV näher erläutert. Dabei steht vor allem die kritische Analyse jener Führungsmodelle bzw-systeme im Mittelpunkt, die unter dem schillernden Namen „management by ..." angeboten werden. Es wird zu prüfen sein, was sie zum Konzept der kooperativen Führung beizutragen vermögen (vgl. Kap. K, L).

Führungsmodelle

Zuweilen werden diese Management- bzw. Führungsmodelle — wie etwa im „Handwörterbuch des Personalwesens" (Gaugler, 1975) — auch als Führungstechniken bezeichnet. Unter einem *Führungsmodell* verstehen wir jedoch nicht bloß eine vereinfachte Abbildung der Wirklichkeit, sondern überdies ein Sy-

Angelsächsische Managementlehren (Management-Schools)	Wichtige Vertreter	Wichtige Lehrinhalte
1. Prozeßorientierte M.-Schule (management process school, operational school)	*Barnard* (auch social system school), *Urwick, Davis, Simon*	Erklärung der Führungstätigkeit abstrahiert von sachbezogenen Aufgaben als Kette bzw. Zyklus von Funktionen
2. Empirische M.-Schule (empirical school, case school)	*Dale, Drucker, Allen, Mc Farland*	Ableitung von Führungsgrundsätzen (management principles) mit Allgemeingültigkeitsanspruch aus praktischen Erfahrungen
3. Behavioristische Schule (human behavior school, z. B. Michigan School)	*Barnard, Tannenbaum, March/Simon, Likert, Marrow/Bowers/Seashore, Maslow, Mc Gregor, Odiorne*	Erklärung des Führungsverhaltens aufgrund der Bedürfnisse von Individuen und sozialen Gruppen
4. Entscheidungstheoretische Schule (decision theory school)	*Luce/Raiffa, Miller/Starr, Simon, Ansoff*	Erklärung der Führung als Entscheidungsprozeß unter Übernahme von Denkkategorien der mathematischen Entscheidungstheorie
5. Mathematische Schule (mathematical school)	*Churchmann/Ackoff/Arnoff*	Abbildung von Führungsproblemen durch mathematische Modelle mit quantitativen Optimal- oder Näherungslösungen
6. Kybernetische M.-Schule	*Beer, Forrester, Optner, Johnson/Kast/Rosenzweig*	Erklärung der Führung als kybernetischer Prozeß

Abbildung H-2-3:
Angelsächsische Managementlehren (nach Baugut/Krüger, 1976, 10)

stem allgemeiner deskriptiver und/oder präskriptiver Handlungsempfehlungen, empirische Generalisierungen sowie Grundsätze und Techniken zur Führung sozio-technischer Systeme (Baugut/Krüger, 1976, 59).

Die meisten Führungsmodelle erheben den Anspruch, Lösungshilfen für die praxisnahe Gestaltung des Gesamtsystems einer Organisation mit dem Ziel einer integrierten Unternehmensführung zu geben. Wieweit ein solcher Anspruch bei dem gegenwärtigen Stand des Wissens gerechtfertigt ist, wird die nachfolgende Analyse zeigen.

3. Führungsmodelle für Gesamtsysteme — „Management-by-Ansätze"

Die Managementlehre hat viel Mühe darauf verwandt, Managementprinzipien, -grundsätze oder -regeln aufzustellen, da eine empirisch gesicherte und umfassend konzeptualisierte Managementtheorie fehlt. Man ging sogar so weit, bis zu 96 Managementprinzipien aufzustellen (vgl. Brown, 1945).

Häufig sind „management by ..."-Ansätze jedoch nichts anderes als weiterentwickelte und ausformulierte Managementprinzipien. Ohne Anspruch auf Vollständigkeit seien die bekanntesten Management-by-Konzepte aufgeführt (vgl. dazu den ausgezeichneten Überblick bei Baugut/Krüger, 1976; Glasl/Lievegoed, 1975, 919f.).

(1) Management by ideas (Leitbildorientierte Führung)
(2) Management by break through (Führung durch organisatorischen Wandel)
(3) Management by objectives (Führung durch Zielorientierung)
(4) Management by delegation (Führung durch Delegation)
(5) Management by exception (Führung nach dem Ausnahmeprinzip)
(6) Management by results (Führung mit Ergebnisorientierung)
(7) Management by systems (Führung mit Systemorientierung)
(8) Management by motivation (Führung durch Motivation)

„Management by ..."-Ansätze

Darstellung und Diskussion der Ansätze werden im folgenden, entsprechend ihrer Bedeutung für die kooperative Führung, unterschiedlich akzentuiert. Auf die Modelle 1 und 2 gehen wir nur kurz ein, weil sie in den späteren Kapiteln ausführlich diskutiert werden (vgl. Kap. I, L, M, O). Die Führungsmodelle 3 und 4 werden eingehender dargestellt, da sie am weitesten entwickelt und in der Praxis am häufigsten angewandt werden. Führungsmodell 6 ist weitestgehend in 3 enthalten. Die Modelle 5 und 7 werden nicht eigens erörtert, „da das ‚management by exception' auf der für jede Organisation unumgänglichen Einräumung von Entscheidungsspielräumen mit ihren Informationskonsequenzen beruht und das ‚management by systems' allenfalls als ‚reale Utopie' einzustufen ist" (Frese, 1974, 239). Auf die Grundgedanken des Führungsmodells „management by motivation" gehen wir in Kapitel F ausführlich ein.

Die Abb. H-3-1 gibt eine erste Orientierung über die Inhalte verschiedener Managementmodelle (Wild, 1973). Wir sind jedoch nicht der Auffassung von Wild, daß das Harzburger Modell einen partizipativen Führungsstil i. S. unserer Konzeption von kooperativer Führung zu fördern geeignet ist (vgl. Kap. K). Diese Feststellung wird weiter unten begründet.

Führungsmodelle im Vergleich

Bestandteile und Prinzipien (× = berücksichtigt) \ Führungskonzepte	Führung durch Selbstvollzug (Pseudoführung)	Führung durch Einzelauftrag (Management by Direction and Control)	(Laissez-faire) Führung durch Eingriffsverzicht	Führung durch Aufgabendelegation („Harzburger Modell")	Führung durch Ausnahmeeingriff (Management by Exception)	Führung durch Zielvereinbarung (Management by Objectives)	Führung durch Systemsteuerung (Management by System)
integriertes Führungsinformationssystem (IMPICS)							×
System der Führungspotentialentwicklung (Management Development)						×	×
zielbezogenes Anreizsystem						×	×
zielbezogene Leistungs- und Lernmotivation						×	×
Ziel- bzw. erfolgsorientierte Mitarbeiterbeurteilung						×	×
Regeln für die Zielbildungs-, -anpassungs- und Abstimmungsprozesse						×	×
periodischer Managementzyklus						×	×
revolvierendes Planungssystem						×	×
Informationsbilder						×	×
Kontrolldaten — feed back (Kontrollsystem)					×	×	×
periodische Ziel-Ergebnis-Analysen					×	×	×
Zielbilder (Ziele, Leistungsstandards)					×	×	×
Stellenbeschreibungen				×	×	×	×
Ausnahmeregelungen				×	×	×	×
partizipativer Führungsstil				×	×	×	×
Delegation				×	×	×	×
Selbststeuerungserwartung			×	×	×	×	×
Führungsinitiative		×	—	×	×	×	×
Aufgabenfestlegung		—	—	×	×	×	×

Abb. H-3-1: Führungskonzepte im Vergleich (nach Wild, 1973)

3. Führungsmodelle für Gesamtsysteme

3.1. Management by Ideas
3.1.1. Darstellung

Grundprinzip dieses Modells ist die Existenz einer für das Gesamtunternehmen richtungsweisenden Leitidee, die das Handeln der Führungskräfte und der Mitarbeiter bestimmt. Mit Leitidee ist die „Unternehmensphilosophie" gemeint, die alle wirtschaftlichen, sozialen und politischen Handlungen durchdringt bzw. durchdringen soll. Ihren formalen Ausdruck findet die Unternehmensphilosophie in den kodifizierten Führungsrichtlinien oder Verhaltensleitsätzen (vgl. Lattmann, 1975; Wistinghausen, 1977; Kap. I) sowie in den Manuals zum Führungstraining (vgl. Pilla, 1976).

Management by ideas

Im betrieblichen Alltag zeigt sich die Unternehmensphilosophie im Menschen- und Weltbild der Führungskräfte sowie in ihrem Führungsverhalten (Miles, 1975; vgl. Kap. D, E, G, I, L).

3.1.2. Bedeutung für die Führung

Streng genommen handelt es sich beim „management by ideas" nicht um ein eigenständiges, in sich geschlossenes und praktikables Führungsmodell. Vielmehr ist es nur in Verbindung mit den anderen „management-by"-Modellen zu sehen. Im „management by ideas" werden normative Rahmenbedingungen sowie Aufgaben, Ziele und Identität der Organisation (vgl. Kap. I, M) thematisiert, die in anderen Führungsmodellen hinter formalen Regelungen verschwinden. An verschiedenen Stellen dieser Arbeit (insbesondere Kap. D, I, K, L, M, O) werden jene „Ideen" erörtert, die eine notwendige Vorbedingung für die Einführung, Durchführung und Sicherung kooperativer Führungsformen darstellen. Die Wirksamkeit rechtsverbindlicher „Ideen" (z. B. Verhaltensleitsätze) wird erst durch komplementäre formale, materielle und psychologische Maßnahmen gewährleistet (vgl. Kap. I, L, M).

3.2. Management by Break Through
3.2.1. Darstellung

Bei diesem Modell geht es um zweierlei: einmal soll das Unternehmen im Bereich der Produktion, des Marktes, des Absatzes oder der internen Struktur verändert und zum anderen das Erreichte stabilisiert werden. In der Literatur werden verschiedene Schritte des „Durchbruchs" und der „Stabilisierung" beschrieben, auf die nicht näher eingegangen werden soll, da die empfohlenen Techniken auch im Modell des „management by objectives" enthalten sind. Von einigen Autoren wird unter der Rubrik „Management by break through" das Konzept der Organisationsentwicklung (OE) genannt. Unter OE versteht man die Bemühungen, die Flexibilität, Veränderungs- und Innovationsbereitschaft einer Organisation zu steigern, um Organisations- *und* Individualziele besser realisieren zu können (vgl. Gebert, 1974; vgl. Kap. O).

3.2.2. Bedeutung für die Führung

Es dürfte sich bei diesem „Modell" mehr um ein programmatisch-normatives Konzept handeln als um ein geschlossenes und durch empirisch bewährte Handlungsregeln charakterisiertes Führungssystem. Die Bedeutung dieses Ansatzes ist aber unter Aspekten der Entwicklung von Einführungsstrategien kooperativer Führungsformen relevant.

3.3. Management by Delegation

3.3.1. Das Harzburger Modell (HM)

Harzburger Modell

Alle Führungsmodelle befürworten mehr oder weniger ausgeprägt das Delegationsprinzip. Im deutschen Sprachraum hat dieses Prinzip vornehmlich im „Harzburger Modell" (HM) durch R. Höhn und Mitarbeiter seit 1956 in Wirtschaft und Verwaltung der BRD große Verbreitung gefunden. Die Bedeutung des HM zeigt sich u. a. daran, daß die „Akademie für Führungskräfte der Wirtschaft" in Bad Harzburg allein im Jahre 1970 Führungskurse mit insg. 34 740 Teilnehmern aus allen Bereichen der Wirtschaft und der öffentlichen Verwaltung durchgeführt hat (Guserl, 1973, 37).

In den letzten Jahren ist jedoch die Kritik am HM in Wissenschaft und Praxis immer größer geworden (für viele Baugut/Krüger, 1976; Krüger, 1970; Reber, 1970; Frese, 1974; Steinle, 1975; Letsch, 1976; Guserl, 1973; Bieding/Scholz, 1973).

Wir stützen uns bei der nachfolgenden kurzen Darstellung und Kritik des HM vornehmlich auf die grundlegende Monographie von Guserl (1973) bzw. Hofmann/Guserl (1976), in der Anspruch und Wirklichkeit des HM aus theoretischer und praktischer Sicht untersucht werden.

Höhns Führungsmodell beansprucht, die auf dem Befehls- und Gehorsamsprinzip aufbauende autoritär-patriarchalische Führungsform durch eine neue Führungsform, nämlich „Führung im Mitarbeiterverhältnis" abzulösen. Dieses Modell stößt auch heute noch auf großes Interesse, da es häufig mit kooperativer Führung gleichgesetzt wird. Aus diesem Grunde seien die von Höhn aufgeführten Charakteristika dieser Führungsform ausführlich zitiert (Höhn/Böhme, 1969, 6f.):

— „Die betrieblichen Entscheidungen werden nicht mehr lediglich von einem einzelnen oder einigen Männern an der Spitze des Unternehmens getroffen, sondern jeweils von den Mitarbeitern auf den Ebenen, zu denen sie ihrem Wesen nach gehören.
— Die Verantwortung ist nicht mehr auf die oberste Spitze allein konzentriert. Ein Teil dieser Verantwortung wird vielmehr zusammen mit den Aufgaben und den dazugehörigen Kompetenzen auf die Ebene übertragen, die sich ihrem Wesen nach damit zu beschäftigen hat.
— Das Unternehmen wird nicht mehr, wie dies typisch für eine der absolutistischen Denkweise entsprechende Form der Organisation ist, von oben nach unten aufgebaut, indem die vorgesetzte Instanz nur das abgibt, was ihr zuviel wird, sondern von

3. Führungsmodelle für Gesamtsysteme

unten nach oben, wobei die vorgesetzte Instanz der untergeordneten nur diejenigen Entscheidungen abnimmt, die ihrem Wesen nach nicht mehr auf die untere Ebene gehören."

Das Führungsverhältnis zwischen Vorgesetzten und Mitarbeitern ist im HM durch eine weitgehende Delegation von Aufgabenbereich, Kompetenzen und Verantwortung gekennzeichnet.

Stellenbeschreibung und Allg. Führungsanweisung

Als Instrumente zur Verwirklichung der „Führung im Mitarbeiterverhältnis" werden von Höhn genannt:

(a) Stellenbeschreibungen und die
(b) „Allgemeine Führungsanweisung"

Zu (a) Mit der Stellenbeschreibung soll der Delegationsbereich des Stelleninhabers gegenüber der über-, nach- und gleichgeordneten Ebene abgegrenzt werden.

Zu (b) Im folgenden sei der Inhalt der „Allgemeinen Führungsanweisung" aufgeführt (Höhn/Böhme, 323, zit. n. Guserl, 1973, 41 f.):

„Kurze Darstellung des Wesens der Führung im Mitarbeiterverhältnis
- Kennzeichen der Delegation von Verantwortung
- Pflichten der Mitarbeiter
- Pflichten der Vorgesetzten
- Verantwortung bei einer Führung im Mitarbeiterverhältnis
- Mitarbeitergespräch und Mitarbeiterbesprechung
- Dienstgespräch und Dienstbesprechung
- Kritik und Anerkennung
- Grundsätze für die Information
- Anregung des Vorgesetzten
- Richtlinien
- Stab-Linie
- Teamarbeit
- Rundgespräch
- Stellvertretung und Platzhalterschaft
- Einzelauftrag
- Beschwerde
- Dienstweg
- Fachvorgesetzte
- Disziplinarvorgesetzte."

Während die Stellenbeschreibung die fachlichen Pflichten bestimmt, werden in der „Allgemeinen Führungsanweisung" die Führungspflichten verbindlich aufgeführt (vgl. Kap. I). Typisch für das HM ist, daß die Entscheidungen über den Inhalt der „Stellenbeschreibungen" und der „Allgemeinen Führungsanweisung" nur der *Unternehmensleitung* vorbehalten sind (Höhn/Böhme, 1969, 42 f., 120 f.). Die „Allgemeine Führungsanweisung" bestimmt im HM in verbindlicher Weise die Beziehungen zwischen Vorgesetzten und Mitarbeitern aufgrund einer Dienstanweisung, womit ein einheitlicher Führungsstil gewährleistet werden soll. Sowohl „Stellenbeschreibung" wie „Allgemeine Führungsanweisung" werden als generelle Normen vorgegeben, deren wiederholte Mißachtung nach Höhn von der Unternehmensleitung mit Entlassung geahndet werden kann.

Führung im Mitarbeiterverhältnis

3.3.2. Beurteilung des HM

Im folgenden werden in zusammenfassender Form die in der Literatur diskutierten Vor- und Nachteile des HM dargestellt.

Vorzüge

Vorzüge des Harzburger Modells

- Dem HM kommt das Verdienst zu, in der Verwaltung und Industrie der BRD die Diskussion um „zeitgemäße" Führungsformen gefördert zu haben.
- Erhöhung der Transparenz der Unternehmung durch Stellenbeschreibung (in der Literatur ist diese Auffassung aber auch umstritten, vgl. Guserl, 1973, 247).
- Betonung der Information und Beratung.
- Delegation ständiger Aufgabenbereiche auf den Mitarbeiter anstatt zeitlich limitierte Einzelaufträge.
- Forderung nach einer Dezentralisierung der Entscheidungsbefugnisse (vgl. Guserl, 1973, 247; Baugut/Krüger, 1976, 82f.).

Kritik aus theoretischer Sicht

Kritik des Harzburger Modells aus theoretischer Sicht

- Reichard (1973, 14) führt den Erfolg des HM in der Wirtschaft darauf zurück, „daß die Führung im Mitarbeiterverhältnis zu keiner echten Demokratisierung der Entscheidung führt", sondern bestehende Machtstrukturen festigt.
- Das von Höhn propagierte grundlegend Neue der „Führung im Mitarbeiterverhältnis", nämlich die Übereinstimmung von Aufgabe, Kompetenz und Verantwortung, ist in der betriebswirtschaftlichen Organisationslehre als Kongruenzprinzip schon lange bekannt und bereits von Max Weber (1956, 559) als Merkmal eines idealtypischen Bürokratiemodells herausgestellt worden (Zepf, 1970, 155f.; vgl. Kap. I).
- Der von Höhn kritisierte patriarchalisch-autoritäre Führungsstil wird lediglich durch einen *bürokratisch-autoritären Führungsstil* ersetzt, denn das HM zeigt aufgrund seiner 315 (!) Organisationsregeln alle negativen Implikationen eines starren Bürokratiemodells (Guserl, 1973, 53, 159).
- Durch die Stellenbeschreibungen tendiert das HM zur Überorganisation und zu einer strikten Kompetenzabgrenzung, die das in einer Verwaltung tradierte Ressortdenken noch verstärkt (Wunderer, 1975c, 226f.).
- Das HM beinhaltet nur *eine* notwendige Bedingung kooperativer Führung, nämlich ein gewisses Ausmaß an Entscheidungsdezentralisation. Weitere notwendige Bedingungen, wie z. B. Entscheidungsdelegation an Gruppen bzw. Einfluß von Gruppen auf Entscheidungen der Vorgesetzten, sind im HM nicht enthalten (Zepf, 1972, 156; Letsch, 1976, 132f.).
- Das HM ist vorgesetztenzentriert. „Das Modell der ‚Führung im Mitarbeiterverhältnis' ist nicht – wie es vorgibt – demokratisch oder kooperativ,

3. Führungsmodelle für Gesamtsysteme

sondern versteckt autoritär beziehungsweise dirigistisch" (Schubert, 1972, 85, zit. n. Baugut/Krüger, 1976, 83; vgl. auch Frese, 1974, 241; Zepf, 1970, 157; Guserl, 1973, 53f.; Reber, 1970; Letsch, 1976, 131f.; Steinle, 1975 u. a.).

— Die Forderung Höhns, wonach Entscheidungen von jenen Ebenen zu treffen seien, zu denen sie „ihrem Wesen nach gehören", ist inhaltsleer und somit beliebig interpretierbar.

— Das HM kann nur in begrenztem Umfang Verhaltensänderungen bei den Mitarbeitern erreichen, da es die *Erkenntnisse der Sozialwissenschaften nicht berücksichtigt* und sie durch moralisierende Appele oder dogmatische Feststellungen ersetzt (Baugut/Krüger, 1976, 83). Das HM gilt mithin nur für Teilbereiche der Unternehmung, welche insbes. die Aufbauorganisation und die Erfüllung der Organisationsziele betreffen, ohne daß die Individualziele der Mitarbeiter hinreichend berücksichtigt würden (Letsch, 1976, 131f.). Gerade die Berücksichtigung der Individualziele ist ein essentielles Kriterium kooperativer Führung (vgl. Kap. D, K, L, M, O).

Kritik aus der Sicht der Praxis

Grundlage der hier aufgeführten Kritik sind die von Guserl (1973) erhobenen Interviews mit 56 überwiegend höheren Führungskräften aus 13 schweizerischen und bundesdeutschen Unternehmen, in denen das HM angewandt wurde. Die Aufzählung der einzelnen Kritikpunkte ist nach der Häufigkeit geordnet (Guserl, 1973, 186f.; vgl. Gebert, 1977):

Kritik des Harzburger Modells aus der Sicht der Praxis

— „Das Ressortdenken wird durch das Modell gefördert.
— Der bürokratische Aspekt des HM, der vor allem im Informationskatalog, der Dienstaufsicht mit der Kontrollakte und dem Kontrollplan und der Erfolgskontrolle zum Ausdruck kommt.
— Die Vernachlässigung des menschlichen Fehlverhaltens im Modell.
— Die Außerachtlassung der jetzigen Arbeitsmarktsituation.
— Das Fehlen des Hinweises auf die Notwendigkeit einer individuellen Anpassung des Modells an das jeweilige Unternehmen.
— Der Formalismus des Modells.
— Die unkritische Übernahme des Stab-Linien-Konzeptes."

Weitere Einwände waren:

— „Die Unterbetonung des Managements by Objectives.
— Die Starrheit des Modells.
— Die Vernachlässigung der Teamarbeit.
— Der militärische Einfluß auf das Modell.
— Das Aufblähen der Hierarchie durch das Modell.
— Die Vernachlässigung der Gruppendynamik."

Guserl (1973, 244) hat die kritischen Einwände der Theorie und Praxis gegen das HM in der Abb. H-3-2 vergleichend gegenübergestellt:

	Kritische Einwände der Theorie gegenüber dem Harzburger Modell	War diese Kritik auch in der Praxis anzutreffen?
Vergleich der Kritik von Theorie und Praxis zum Harzburger Modell	(1) Das Harzburger Modell kann sein Ziel — Verhaltensänderung der Mitarbeiter eines Unternehmens im Sinne einer Führung im Mitarbeiterverhältnis — auf Grund seines ausschließlich an den Verstand gerichteten Mitteleinsatzes kaum realisieren.	Ja
	(2) Das Harzburger Modell führt zu einer Bürokratisierung der innerbetrieblichen Beziehungen.	Ja
	(3) a) Der Zwangscharakter der Allgemeinen Führungsanweisung.	Ja
	b) Die Vernachlässigung des menschlichen Fehlverhaltens im Modell.	Ja
	c) Die Perfektion der Stellenbeschreibung im Modell führt zur organisatorischen Zementierung und zur Überorganisation.	Ja
	d) Die Forderung Höhns, daß die Entscheidungen von jenen Ebenen zu treffen sind, zu denen sie ihrem Wesen nach gehören.	Diese Forderung hat für die Praxis keine gewichtige Bedeutung. Bei unseren Befragungen konnten wir dazu keine schlüssige Stellungnahme erhalten.
	e) Der Allgemeingültigkeitsanspruch des Modells und die Meinung, daß die Führung im Mitarbeiterverhältnis der optimale Führungsstil sei.	Ja
	f) Die völlig unzureichende Interpretation des autoritären Führungsstils im Modell.	Ja
	g) Das Modell nimmt auf die Entwicklungsphasen eines Unternehmens keine Rücksicht.	Ja
	h) Die Interpretation der sachbezogenen Organisation im Modell ist zu starr.	Ja
	i) Dem Harzburger Modell fehlen wesentliche Grundfragen der Aufbauorganisation.	Ja

Abb. H-3-2:
Abschließende Bewertung des Harzburger Modells (nach Guserl, 1973, 244).

3.3.3. Bedeutung für die Führung

Bedeutung des Harzburger Modells für die kooperative Führung

Vergleicht man die in Kap. K vertretenen Grundwerte Wechselseitigkeit, Selbstverwirklichung, Arbeit (Leistung), die Merkmale kooperativer Führung sowie die Arbeitsdefinition von kooperativer Führung mit den Grundgedanken des HM, wird man nicht umhin kommen, dieses Modell für kooperative Führungsformen als völlig unzulänglich einzustufen. Hier ist nicht der Ort einer ideologiekritischen Analyse des HM; aber wie bereits aus der o. a. Kritik ersichtlich, hat das Modell der „Führung im Mitarbeiterverhältnis" mit einem kooperativen Führungsansatz humanistischer Provenienz allenfalls den Namen gemein.

3. Führungsmodelle für Gesamtsysteme

Steinle (1975, 219f.) hat die Hypothesen und Folgerungen des HM (von Steinle „HFM" abgekürzt) in bezug auf den uns interessierenden Bereich der Entscheidungsbeteiligung (partizipativer Aspekt) und der Mitarbeiterorientierung (prosozialer Aspekt) mit den Thesen seines Leistungs-Verhaltens-Modells (LVM) verglichen, das auf sozialpsychologischen Erkenntnissen und Forderungen zum Führungsverhalten basiert.

Einschätzung des HFM in bezug auf die Maslowsche Motivhierarchie

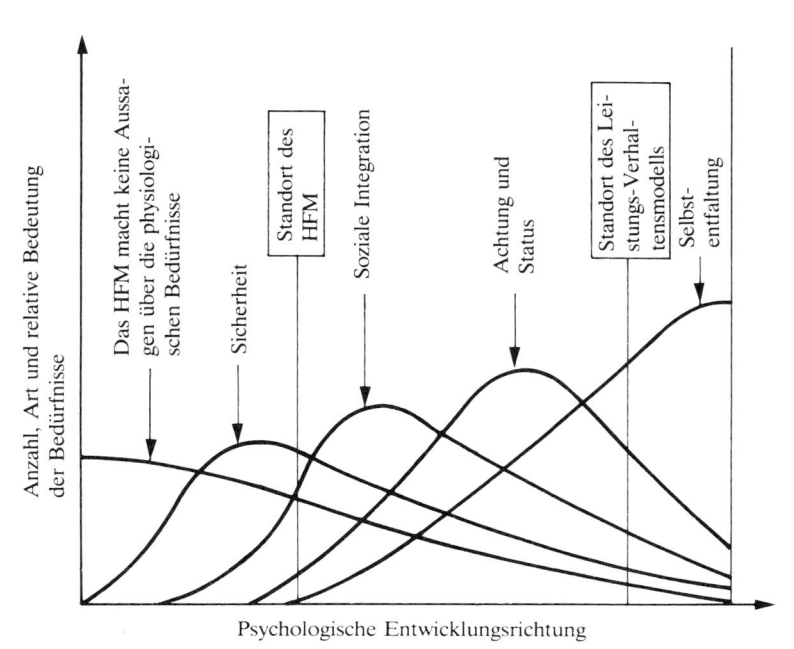

[Diagramm: Anzahl, Art und relative Bedeutung der Bedürfnisse über die Psychologische Entwicklungsrichtung, mit Beschriftungen: „Das HFM macht keine Aussagen über die physiologischen Bedürfnisse", „Sicherheit", „Standort des HFM", „Soziale Integration", „Achtung und Status", „Standort des Leistungs-Verhaltensmodells", „Selbstentfaltung"]

Abb. H-3-3:
Bewertung des Harzburger Modells (nach Steinle, 1975, 219ff.)

A: Gegenüberstellung der Hypothesen aus dem Leistungs-Verhaltensmodell und der Thesen aus dem HFM zur Entscheidungsbeteiligung (zit. n. Steinle, 1975, 219f.):

	Hypothesen aus dem LVM	*Thesen aus dem HFM*	Beurteilung des HM nach Steinle
H_{11}	*Leistungsergebnis* Autoritäre und partizipative Zielbildungsprozesse führen in etwa zu gleichartigen Leistungsergebnissen; autoritäre Zielbildungsprozesse erfordern dazu jedoch die dauernde	*These: Zielfestlegung* Das HFM billigt dem Mitarbeiter im Rahmen der Führung im Mitarbeiterverhältnis grundsätzlich die Möglichkeit einer Mitwirkung bei der Zielfestlegung zu.	

Anwesenheit des Führers (Kontrolle).

Diese Mitwirkung wird jedoch speziell durch die *Festlegung* des „Delegationsbereichs", „Stellenbeschreibung", „Richtlinien" und „Einzelauftrag" drastisch eingeschränkt.

These: Delegationsbereich
Im HFM erfolgt die Festlegung des Delegationsbereichs ohne Beteiligung der Mitarbeiter durch die Unternehmungsleitung; auch die „Geistige Inventur", die Tätigkeitsanalyse der Mitarbeiter, erfolgt ohne Partizipation der Betroffenen.

These: Stellenbeschreibung
Die Normation (Stellenbeschreibung) der auf der Basis der „Geistigen Inventur" geschaffenen Delegationsbereiche liegt in Händen der Unternehmungsleitung.

These: Richtlinien
Trotz der möglichen Gefährdung der „Delegation von Verantwortung" durch den Erlaß von Richtlinien, legt das HFM Wert auf ihre Beibehaltung; die Partizipation der Mitarbeiter beschränkt sich auf eine Beteiligungsdiskussion.

These: Einzelauftrag
Das HFM hält für eine Fülle von Problemen der Ablauforganisation den Einzelauftrag für geeignet; eine Mitwirkung des Mitarbeiters bei der Festlegung (Ausgestaltung) und Zuweisung des Einzelauftrags ist nicht gegeben.

Der autoritäre Grundcharakter des HFM dürfte daher, trotz des tendenziell partizipativen Zielanspruchs der „Delegation von Verantwortung", als die partizipativen Elemente überwiegend einzuschätzen sein; dies soll im folgenden weiter bestätigt werden.

H_{12} *Langfrist-Aspekt*
Autoritäre Zielbildungsprozesse in einer Unternehmung führen längerfristig, auch bei Einführung eines umfangreichen Kontrollmechanismus (und auch gerade dadurch), zu negativen Einflüssen auf die Effizienz.

These: Kontrolle
Das HFM verlangt eine permanente Außenkontrolle des Mitarbeiters durch den Vorgesetzten in Form der Dienstaufsicht; Dienstaufsicht und Erfolgskontrolle sind an Maßstäben orientiert, auf deren Festlegung der Mitarbeiter kaum Einfluß hat.

Außenkontrolle und mangelnde Partizipation bei der Standardfestlegung weisen auf den autoritären Charakter

3. Führungsmodelle für Gesamtsysteme

des Zielfestlegungsprozesses; zusammen mit dem umfangreichen Kontrollsystem dürften sich zumindest langfristig negative Einflüsse auf die Effizienz ergeben.

H_{13} *Innovation*
Autoritäre Entscheidungsprozesse sind partizipativen Entscheidungsprozessen in bezug auf die Berücksichtigung innovativer Möglichkeiten deutlich unterlegen.

These: Beratungszeitpunkt
Neue Argumente, die sich nach Abschluß der Beratung ergeben könnten, bleiben unberücksichtigt: über die vom Vorgesetzten getroffene Entscheidung findet keine erneute Diskussion statt.
Obwohl diese These nicht direkt die Innovations-Hypothese betrifft, so zeigt sie doch die Abschließung des Entscheidungsprozesses gegenüber neuen Argumenten.

H_{14} *Einführung*
Die Einführung partizipativer Entscheidungsmodi bei der Zielsetzung wirkt sich positiv auf die Leistungseffizienz aus.

Durch das Bestehen auf einem überwiegend autoritären Entscheidungsprozeß muß das HFM einen Mangel an Effizienz in Kauf nehmen.

H_{15} *Entscheidungs-Teilhabe*
Eine deutliche Effizienzverbesserung wird nur dann erreicht, wenn die Partizipation sich nicht auf eine Beteiligungsdiskussion beschränkt, sondern eine weitgehend selbständige Zielsetzung erfolgt.

These: Mitarbeitergespräch
Das HFM beschränkt die „Partizipation" der Mitarbeiter beim „außergewöhnlichen Fall" auf eine Beratungsfunktion bei der Entscheidungsvorbereitung; der Entscheidungsakt selbst liegt ausdrücklich beim Vorgesetzten, der ohne Entscheidungsteilhabe des betroffenen Mitarbeiters entscheidet.

These: „Partizipations"-Prozeß
Beim Prozeß der Zielfestlegung (Soll) hat der Mitarbeiter die Möglichkeit, einmalig Sollvorschläge für seine Stelle zu entwickeln und (schriftlich) an den Vorgesetzten zu geben; die Entscheidung über die endgültige Festsetzung des Einzelsolls und über die Adaption der Einzelsolls verschiedener Stellen liegt ausschließlich beim Vorgesetzten. Sowohl bei Entscheidungen innerhalb des delegierten Aufgabenbereichs (Zielfestlegungsprozeß) als auch bei Entscheidungen außerhalb des delegierten Bereichs (Außergewöhnlicher Fall: Mitarbeitergespräch) beschränkt sich die Teilhabe des Mitarbeiters auf ein Vorschlags- bzw. Beratungsrecht; echte Partizipation und damit hohe Effizienz werden hierdurch nicht erreicht.

H_{16} *Einfluß-Frequenz*
Häufige, den Arbeitseinfluß deutlich restringierende Einflußnahme des Vorgesetzten durch Anweisungen auf den Arbeitsbereich des Mitarbeiters, verhindert eine aktive Partizipation und führt zu niedriger Effizienz.

These: Dienstbesprechung
Die Dienstbesprechung übermittelt Ausführungsbefehle an den Mitarbeiter; eventuell auftretende Bedenken werden zerstreut, die Anweisung gilt jedoch auch dann, wenn es nicht gelingt, Verständnis für die Durchführung zu wecken.
Durch die Dienstbesprechung und insbesondere durch die permanente Dienstaufsicht (Verhaltenskontrolle) ist die restringierende Einflußnahme auf den Arbeitsbereich des Mitarbeiters im HFM gegeben.

H_{17} *Qualität*
Durch die Partizipation der Mitarbeiter wird eine Verbesserung der Qualität der Entscheidung erzielt.

Das HFM kann die Verbesserung der Qualität der Entscheidung zumindest teilweise realisieren: durch die Ausweitung der Informationsbasis des Vorgesetzten durch Vorschlag und Beratung wird die *Fundierung* der Entscheidung verbessert.

H_{18} *Ich-Einbezug*
Partizipation führt zu einer Erhöhung des Ich-Einbezugs durch Bestärkung der Selbstachtungsmotive und — über erhöhte Anteilnahme an der Arbeit — zu höherer Effizienz.

These: Zielfestlegung
Der Mitarbeiter hat zwei Möglichkeiten, Einfluß auf die Bestimmung des „Solls" zu nehmen:
— nach „oben"
  Eine Beratungsfunktion bei der Festlegung des Solls für die Unternehmungsleitung.
— bei der Festlegung des eigenen Solls
  Ein Vorschlagsrecht.
Beratungsfunktion und Vorschlagsrecht scheinen kaum geeignet, die Selbstachtungsmotive deutlich zu aktivieren. Durch die Teilhabe nach HFM-Muster wird zwar die Entscheidungs*fundierung* verbessert, durch das Fehlen echter Partizipation wird der Einbezug der Mitarbeiter bei der Entscheidungs*ausführung* jedoch verhindert.

H_{19} *Satisfaktion*
Partizipation beim Entscheidungsprozeß führt zu größerer Satisfaktion der Mitarbeiter.

Das HFM kann das mit der Partizipation der Mitarbeiter einhergehende höhere Satisfaktionsniveau nicht erreichen; als provokantes Beispiel hierfür kann das Vorgehen bei der Dienstbesprechung gewählt werden: alles ist hier auf die *Durchsetzung* der Ausführungsbefehle gerichtet, Bedenken werden zerstreut. Eine Problem*lösung,* die vorhandene Bedenken ausräumen könnte, wird nicht in Betracht gezogen.

3. Führungsmodelle für Gesamtsysteme

H_{20} *Identifikation*
Partizipation bei der Zielsetzung führt über eine Erhöhung der Satisfaktion zu einer Identifikation persönlicher Ziele (Motive) mit den Zielen der Unternehmung.

Das Satisfaktionsniveau dürfte durch diese Vorgehensweise negativ beeinflußt werden.

Das HFM will eine Identifikation des Mitarbeiters mit den Zielen der Unternehmung ebenfalls erreichen, doch entsteht der Eindruck, daß eine Identifikation nach dem HFM „verordnet" wird: „Erst dadurch, daß der Mitarbeiter das Ziel seiner Stelle genau kennt und sich mit ihm identifiziert, ist er in der Lage, im Geiste dieses Zieles zu handeln"; das *Kennen* ergibt sich aus *Klarlegung* und *Verdeutlichung*.
Identifikation wird daher nicht als Resultat eines aus aufeinander abgestimmten und motivational gerichteten Führungsinstrumenten bestehenden Satisfaktions-„Klimas" gesehen, sondern Identifikation soll aufgrund von Begründung, letztlich von Anordnung erreicht werden; eine verordnete Identifikation scheint jedoch unmöglich.

Gegenüberstellung der Folgerungen

Folgerungen für eine Führungskonzeption

Folgerungen für das Harzburger-Führungsmodell

F_7 *Gegenstromprinzip*
Eine Diskussion von Bereichszielen, wobei Entscheidungskompetenz nur beim Bereichsleiter (Vorgesetzten) liegt, reicht für einen partizipativen Entscheidungsprozeß nicht aus; Partizipation wird erst durch einen Zielbildungs- und Entscheidungsprozeß realisiert, der progressive und retrograde Elemente in Form eines „Gegenstromprinzips" vereint: Stellenziele werden einerseits in einem retrograden Prozeß der deduktiven Ableitung aus übergeordneten Gesamtzielen erhalten, andererseits aber auch progressiv, durch die Entscheidungskompetenz des einzelnen Stelleninhabers.

Das HFM hat, durch die Beteiligung der Mitarbeiter an der Entscheidungs-*Vorbereitung*, einen Schritt in Richtung auf eine Verbesserung des Leistungsverhaltens getan; eine weitere Verbesserung würde jedoch durch die Beteiligung der Mitarbeiter an der Entscheidung selbst zu erwarten sein: durch die Identifikationswirkung partizipativer Entscheidungsmodi würde auch die *Durchführung* (Performanz) durch den motivationalen Einbezug wirksamer erfolgen.

F_8 *Einzelanweisungen*
Einzelanweisungen, die die Durchführung einer speziellen Handlung erzwingen wollen, sind wegen ihrer ausgesprochen negativen motivationalen Wirkungen abzulehnen.

Das Bestehen des HFM auf dem Einzelauftrag zur Lösung von Problemen der Ablauforganisation dürfte zu geringer Effizienz führen.

F_9 *Anweisung*
Nur in ausgesprochenen Notfallsituationen können Zielsetzungen ausschließlich in Form von Anweisungen gegeben werden; durch eine Verbesserung des Planungssystems sind sie jedoch ganz zu vermeiden.

In das HFM müßte, um dieser Forderung gerecht zu werden, eine „Planungskomponente" als weiteres Führungsinstrument aufgenommen werden.
Eine „Adaption" des Leistungsverhaltens aufgrund von Fall zu Fall getroffener Einzelanweisungen muß, da letztlich Konzeptions- und zusammenhanglos und gegen die Partizipation gerichtet, zu niedriger Effizienz führen.

F_{10} *Zielsetzungsprozeß*
„Zielsetzung" ist als ein revolvierender Prozeß anzusehen: deshalb ist eine dauernde Partizipation notwendig. Eine einmalige, organisatorisch bedingte Delegation muß wegen ihres statischen Charakters unvollkommen bleiben.

Das HFM widerspricht dieser Folgerung ganz deutlich bei der „Festlegung der Delegationsbereiche"; die Normation der Delegationsbereiche (Stellenbeschreibung) ist zwar anpassungsfähig, trägt jedoch einen prinzipiell statischen Charakter wegen der einmaligen (und der Partizipation entgegenstehenden) Festlegung durch die Unternehmungsleitung.

F_{11} *Veränderungsmöglichkeit*
Um die innovative Komponente partizipativer Entscheidungsprozesse voll auszuschöpfen, muß die Möglichkeit zu sukzessiver Veränderung der durch die Stellenbeschreibung abgegrenzten Aufgabenelemente durch die Mitarbeiter gegeben sein.

Durch die mangelnde Partizipation der Mitarbeiter bei der Festlegung der Stellenbeschreibung muß das HFM einen Verlust an Einsatz innovativen Potentials (das sich in Entscheidungsprozessen realisieren könnte) hinnehmen.

F_{12} *Entscheidungsort*
Der Entscheidungsprozeß darf nicht an der Spitze der Unternehmung konzentriert sein; Effizienz und Satisfaktion werden nur dann erreicht, wenn eine Partizipation der jeweils betroffenen Entscheidungsausführenden gewährleistet wird.

Das HFM weist eine Diskrepanz auf zwischen seiner Grundforderung, daß „Entscheidungen jeweils von den Mitarbeitern auf den Ebenen (getroffen werden), zu dem sie ihrem Wesen nach gehören", und der Formation seiner Führungsinstrumente, die den Ort der Entscheidungsfindung stets wieder *nach oben transferieren,* sofern es sich nicht um reine *Routineentscheidungen* handelt.
Die hierdurch bedingte, mangelnde Partizipation dürfte wiederum zu geringer Effizienz und Satisfaktion führen.

F_{13} *Linking-pin*
Eine mögliche Organisationsform, die die partizipative Entscheidung weitgehend verwirklicht und zugleich den organisatorischen Zusammenhalt verbürgt, ist im System der verbundenen Gruppen Likerts (Linking-pin) zu sehen.

Demgegenüber zeigt die aus dem HFM folgende Aufbauorganisation mit ihrer Betonung der hierarchischen Gliederung der Unternehmung, daß die mit der Modifikation der Hierarchie mögliche Partizipation der Mitarbeiter nicht vorgesehen ist. Der hierarchische Aufbau der Unternehmungsorganisation im Sinne des Stab-Linien-

3. Führungsmodelle für Gesamtsysteme

F_{14} *Selbstorganisation*
Durch Partizipation wird eine „Selbstorganisation" bezüglich des adäquaten Entscheidungsortes erzielt; einerseits werden über die verbundenen Gruppen Probleme an die Entscheidungsleiter (im Sinne von „primus inter pares") gebracht, die über die relevante Information verfügen, andererseits werden aber auch Informationen zum betreffenden Entscheidungsleiter und seine „Gruppe" geliefert.

systems bleibt im HFM nahezu unverändert erhalten.
Die Möglichkeit einer „Selbstorganisation" wird im HFM ausgeschlossen; das HFM versucht, alle Sachverhalte in formalisierenden Systemen zu erfassen.

F_{15} *Problembewußtsein*
Durch Partizipation wird eine weitgehende Ausschöpfung entscheidungsrelevanter Information gesichert; auch das Problembewußtsein wird auf allen Betriebsstufen erhöht, und durch den regeren Informationsaustausch werden effizientere Lösungen gefunden.

Ob diese Ausschöpfung entscheidungsrelevanter Information auch für das HFM gegeben ist, muß wegen der geringen materiellen Partizipation und der daraus folgenden negativen motivationalen Wirkungen fraglich bleiben.

F_{16} *Aktivationsfunktion*
Durch Partizipation wird das gesamte Reservoir des technischen und organisatorischen Wissens insbesondere auf der Mitarbeiterseite aktiviert und zur Zielbildung und Zielerreichung eingesetzt.

Die Aktivationsfunktion der Partizipation wird im HFM lediglich im Hinblick auf die Zielbildung, durch die Beratungsfunktion und das Vorschlagsrecht der Mitarbeiter innerhalb des ihnen zugebilligten geringen „Partizipationsrahmens" erreicht. Bezüglich der Zielerreichung ergibt sich wegen der mangelnden Partizipation bei der Entscheidung keine oder nur eine sehr geringe Aktivation.

F_{17} *Kontrollsystem*
Partizipative Entscheidungsfindung ermöglicht durch die Identifikationswirkung eine deutliche Verringerung des externen Kontrollmechanismus.

Die herausragende Stellung des Kontrollsystems als Führungsinstrument zeigt, wie wenig das HFM auf die Identifikationswirkung seiner übrigen Führungsinstrumente vertraut. Dabei dürfte die aus echter Identifikation resultierende Selbstkontrolle mindestens eine gleichwertige Verhaltenswirksamkeit aufweisen, wie sie durch ein formalisiertes externes Kontrollsystem gegeben ist, jedoch eine wesentlich günstigere motivationale Gesamtwirkung zeigen: Verstärkung der promotiven statt der präventiven Verhaltenstendenzen.

F_{18} *Kommunikation*
Durch die Akzeptanz der Bereichsziele gewinnen Dienst-(Informa-

Das HFM verharrt weitgehend in einer Regelung der jeweils unilateralen Informationsbeziehungen durch detail-

tions-)Gespräche neue Form und neuen Inhalt: Ihr Charakter wandelt sich von der überwiegenden „Anordnungs"-Funktion zur multi-direktionalen „Informationsbereitstellungs"-Funktion als Basis eigeninitiativer Entscheidungsprozesse.

Schlußfolgerung
Partizipative Entscheidungsfindung führt über eine Aktivation der positiven Tendenz der Motivklassen Selbstachtung und Selbstentfaltung zu günstigem Einfluß auf die Mitarbeitersatisfaktion.
Auch die Leistungseffizienz wird positiv beeinflußt: die vermehrte Berücksichtigung innovationaler Möglichkeiten, die Selbstorganisation des Entscheidungsortes und die Ausschöpfung entscheidungsrelevanter Information manifestieren die Akzeptanz der Bereichsziele und die hohe Identifikation.

lierte Informationskataloge; hierin äußert sich eine Verneinung des Tatbestandes, daß bei hoher Identifikation, resultierend aus der Akzeptanz der Bereichsziele, effiziente, multidirektionale Informationsbeziehungen eingeführt werden können.

Schlußfolgerung
Dem HFM muß im Hinblick auf die Partizipationsdimension eine „Fassadenfunktion" zugesprochen werden: der Zielanspruch einer „Mitbeteiligung der Mitarbeiter" wird nur für den Bereich der reinen Routineentscheidungen realisiert. Auf alle übrigen Entscheidungen kann nur in Form von Beratung und Vorschlag eine Einwirkung realisiert werden, deren Wirksamwerden jedoch völlig in der Hand des Vorgesetzten liegt: alle fundamentalen Entscheidungen (Normation, Variation der Delegationsbereiche — Außergewöhnlicher Fall) liegen ausschließlich beim Vorgesetzten (Unternehmens-Leitung). Eine materiale Partizipation ist daher im HFM kaum anzunehmen: Zielanspruch und Formation der Führungsmittel (Instrumente) klaffen auseinander.

B: Gegenüberstellung der Hypothesen aus dem Leistungs-Verhaltensmodell und der Thesen aus dem HFM zur Mitarbeiterorientierung

Hypothesen aus dem LVM

H_{21} *Effizienz und Konsideration*
Verstärkte Konsideration wirkt sich effizienzverbessernd aus.

Thesen aus dem HFM

Für das HFM ergibt sich auch in bezug auf die Konsiderationsdimension ein Auseinanderklaffen von Zielanspruch und zur Realisation eingesetzter Führungsmittel; als Zielanspruch läßt sich konstatieren:
These: Die „Führung im Mitarbeiterverhältnis" verlangt auch ein Eingehen auf Wünsche und Vorstellungen des Mitarbeiters; damit wird die Konsiderations-Dimension angesprochen.
These: Delegation von Verantwortung schafft die Basis für eine konsiderative Beziehung Vorgesetzter — Mitarbeiter.
Diesen *Zielanspruch* tangiert im wesentlichen die Formation der Führungsmittel Mitarbeiterbesprechung, Dienstbesprechung und die Selbstinformationsmöglichkeit.

3. Führungsmodelle für Gesamtsysteme

		These: Der als Vorteil für den Mitarbeiter propagierte Einbezug in das betriebliche Gesamtgeschehen durch das Mitarbeitergespräch erfolgt nur aus dem Blickwinkel der Effizienzfunktion der Konsideration.
		These: Statt durch problemorientiertes und konfliktlösendes konsideratives Verhalten versucht das HFM durch das Anbieten von Ersatzobjekten (Ankündigung einer neuen Mitarbeiterbesprechung) Verärgerung und Frustration zu überwinden.
		These: Das HFM hält die Selbstinformation für ein mehr oder minder adäquates Instrument der Dienstaufsicht; die Konsideration wird hierdurch jedoch empfindlich tangiert.
H_{22}	*Konsiderationsniveau* Das Konsiderationsniveau zeigt sich auch in der Verwendung von Lob und Tadel.	Die drei vorangestellten Thesen zeigen, daß das reale Konsiderationsniveau im HFM relativ niedrig ist; auch die Verwendung von „Kritik" und „Anerkennung" (im HFM synonym zu „Tadel" und „Lob" verwandt) bestätigen diese Auffassung.
H_{23}	*Leistung — Lob und Tadel* Hohe Leistungseffizienz wird von einem geringen Maß an Tadel und häufiger Verwendung von Lob gekennzeichnet.	*These:* Kritik und Anerkennung werden, jeweils in bezug auf die Zielwirksamkeit (Leistungseffizienz), als gleichwertige Instrumente zur Verhaltensbeeinflussung angesehen.
		These: Im HFM wird der Anwendung und der Durchführung der „Kritik" weitaus mehr Beachtung geschenkt als der „Anerkennung"; hieraus und aus den inhaltlichen Aussagen kann die überwiegende „Kritikorientierung" des HFM erschlossen werden.
		Aus diesen Thesen ergibt sich ein Widerspruch im Hinblick auf die Aussagen des LVM: hohe Leistungseffizienz ist eher mit zielrichtend-permissivem Lob als mit verurteilend-prohibitivem Tadel verbunden und wird durch analoge *Anwendung* auch eher erreicht.
H_{24}	*Zusammenhang* Lob und Tadel wirken sich jedoch nur dann unmittelbar auf die Leistungseffizienz aus, wenn ein erkennbarer Zusammenhang von erbrachter Leistung und Lob und Tadel besteht.	*These:* Das Kritikgespräch versucht eine Verhaltensänderung auf der Basis eines fundierten Urteils des Vorgesetzten; durch eine genaue Klärung des Tatbestandes (Entschuldigungsgründe) soll das Kritikgespräch abgesichert werden.
		Das HFM entspricht im Hinblick auf „Kritik" dieser Forderung; für das

H_{25}	*Individuelle Erwartungen* Konsideration muß, um die Leistungseffizienz wirksam zu beeinflussen, stets die individuellen Erwartungen der Mitarbeiter miteinbeziehen.	Führungsinstrument „Anerkennung" ist dieser Zusammenhang explizit nicht gegeben. *These:* Die Erteilung einer Anweisung erfolgt nach dem HFM ausdrücklich ohne auf Bedenken der Mitarbeiter einzugehen; dieses normierte Vorgehen verhindert jegliche aktive Konsideration.
H_{26}	*Konsideration und Partizipation* Wirksame Konsideration verlangt die Möglichkeit zur Partizipation am Entscheidungsprozeß.	*These:* Im Rahmen des Zielfestlegungs-Prozesses werden individuelle Zielsetzungen vom Vorgesetzten rezipiert; eine Aufnahmeverpflichtung in die Entscheidung über das Soll der Stelle besteht nicht. Das HFM kann schon von vornherein die *Grundvoraussetzung* der Konsideration nicht erfüllen, da eine *ausreichende* Partizipation nicht sichergestellt wird. Auch die für konsideratives Verhalten entscheidende Inklusion individueller Zielsetzungen in den Entscheidungsprozeß wird zwingend nicht gefordert.
H_{27}	*Satisfaktionsniveau* Konsideration der Mitarbeiter durch den Vorgesetzten führt zu hohem Satisfaktionsniveau.	*These:* Statt durch problemorientiertes und konfliktlösendes konsideratives Verhalten versucht das HFM durch das Anbieten von Ersatzobjekten (Ankündigung einer neuen Mitarbeiterbesprechung) Verärgerung und Frustration zu überwinden. *These:* Die Formation der „Information" zeigt im HFM eine Ausrichtung an Bedürfnissen des Mitarbeiters; eine Konsideration bezüglich des Führungsmittels Information scheint grundsätzlich gegeben. Anhand dieser beiden Thesen kann ein Grundphänomen des HFM verdeutlicht werden: das Informationssystem als Grundvoraussetzung leistungsbetonten Verhaltens ist derart normiert, daß der Mitarbeiter Informationen über alle für ihn relevanten Unternehmungsvorgänge (konkret: Entscheidungsprozesse) erhält, und diese im Hinblick auf die Entscheidungsvorbereitung auch beeinflussen kann; die Konsiderationsforderung wird hierdurch erfüllt. Ganz anders dagegen die Normation des Entscheidungsaktes selbst: hier wird nur die Entscheidungskompetenz

H_{28} *Dissatisfaktion*
Mangelnde Konsideration führt zu Unzufriedenheit der Mitarbeiter und zu der Tendenz, die Unternehmung zu verlassen.

des Vorgesetzten zugelassen, auftretende Dissatisfaktion wird durch Ersatzobjekte abgelenkt, die Konsiderationsforderung nicht erfüllt.

Die Gegenüberstellung des HFM mit dem LVM zeigt in bezug auf die Konsiderationsdimension (vom Führungsinstrument „Information" abgesehen) eine starke Abweichung des HFM von den Hypothesen des LVM.
Konsideration ist nur in geringem Maße gegeben: sowohl Satisfaktions- als auch Effizienzgrad werden dadurch auf niedrigem Niveau restringiert.

Gegenüberstellung der Folgerungen

Folgerungen für eine Führungskonzeption

F_{19} *Partizipation − Konsideration*
Konsideration wird im allgemeinen nur dann günstige Wirkungen zeigen, wenn gleichzeitig eine Partizipationsmöglichkeit bei der Zielbildung gegeben wird.

F_{20} *Vertrauen*
Konsideration schafft eine Vertrauensbasis zwischen Vorgesetzten und Mitarbeitern.

F_{21} *Aktives Interesse*
Konsideration erfordert ein aktives Interesse an der Leistung des Mitarbeiters, dies bedingt ein schnelles und ausführliches Zurverfügungstellen von Informationen über das Leistungsergebnis: Der Mitarbeiter muß wissen „wo er steht".

Folgerungen für das Harzburger-Führungsmodell

Das HFM realisiert lediglich bei der Entscheidungsvorbereitung (wenn vom Routinefall abstrahiert wird) eine Partizipation; insgesamt ist der Partizipationsgrad gering. Schon von dieser Seite her wird die Möglichkeit konsiderativen Verhaltens stark eingeschränkt.

Gerade diese Vertrauensbasis kann im HFM nicht erreicht werden: das handlungsbezogene Kontrollsystem und insbesondere die Selbstinformationsmöglichkeit manifestieren die *zutiefst mißtrauensorientierte Grundhaltung des HFM; eine Konstitution von „Vertrauen" scheint auf dieser Basis unwahrscheinlich.*

Das aktive Interesse an der Leistung des Mitarbeiters beschränkt sich im HFM weitgehend auf eine vergangenheitsbezogene Soll-Erreichungsanalyse; der Zukunftsbezug im Sinne der planmäßigen Entwicklung des Mitarbeiterpotentials, beispielsweise durch Herstellen eines „Klimas", das die graduelle Variation des Anspruchsniveaus sicherstellt, fehlt völlig. Die „exante"-Komponente des Interesses ist daher nicht vorhanden.
Dagegen wird im HFM durch die Formation des Informationssystems (besonders im Zusammenhang mit der Erfolgskontrolle) sichergestellt, daß der Mitarbeiter „weiß, wo er steht".

F_{22} *Information*
Konsideration bedeutet auch eine umfassende Information über alle den Mitarbeiter betreffenden Unternehmungsvorgänge.

Konsideration im Hinblick auf eine Informationsverpflichtung wird im HFM weitgehend erreicht.

F_{23} *Flexibilität*
Konsideration verlangt eine Flexibilität der Unternehmungs-, spezifischer der Arbeitsstellenorganisation, um die Arbeitsstellen individuell an den Mitarbeiter anpassen zu können.

Diese Flexibilität wird durch das ausschließlich sachbezogene Organisationsprinzip im HFM explizit ausgeschlossen: *sie ist nicht erwünscht*.

F_{24} *Leistungsdisziplin*
Leistungsdisziplin wird bei konsiderativen Beziehungen zwischen Vorgesetztem und Mitarbeiter nicht durch kritische Verdammung, sondern durch konstruktives Helfen erzielt.

Das HFM konzentriert sich weitgehend auf das Führungsinstrument „Kritik"; ein Vorgehen nach dem im HFM vorgeschlagenen Kritikgespräch führt zu einer Vergangenheitsorientierung: dem Kritikgespräch fehlt die zukunftsbezogene Problem*lösung*, durch reine Kritik werden Leistungs-Verhaltensprobleme nicht gelöst. Das Kritikgespräch, das mehr oder weniger in einer Verurteilung endet, müßte unbedingt durch eine gemeinsame Problemlösung mit anschließender Zielsetzung ergänzt werden.

F_{25} *Anerkennung*
Gute Leistungsergebnisse müssen durch Lob und Anerkennung ausgezeichnet und dürfen nicht als selbstverständlich hingenommen werden.

Das HFM berücksichtigt diese Forderung grundsätzlich; eine gewisse Diskrepanz (Auseinanderklaffen von Zielanspruch und Mitteleinsatz) ergibt sich allerdings aus der überwiegenden Kritikorientierung des HFM, die zu einer Einseitigkeit der verhaltensbeeinflussenden Instrumente führt.

F_{26} *Analyse*
Tadel und Kritik sind wegen ihrer destruktiven Wirkungen möglichst zu meiden; stattdessen ist eine Analyse des Mißerfolgs, verbunden mit einem Aufzeigen möglicher Lösungswege, anzustreben.

Das HFM konzentriert sich auf die Analyse und die Sanktionierung präteritärer Probleme: das Kritikgespräch wird mit der Verurteilung (Verhaltens-Änderungsbefehl) abgeschlossen, eine zukunftsorientierte gemeinsame Konstitution des Anspruchsniveaus unterbleibt.

Interessant ist in diesem Zusammenhang auch die Wertigkeit der Kritik im Hinblick auf eine Verhaltensbeeinflussung; so besteht
— von unten nach oben (Mitarbeiter – Vorgesetzter) eine *Äußerungsmöglichkeit* der Kritik (Mitarbeiterbesprechung)
— von oben nach unten (Vorgesetzter – Mitarbeiter) eine *Urteilskompetenz* zur Verhaltensänderung (Kritikgespräch).

F_{27} *Reziprozität*
Konsideration erfordert eine Reziprozität der Kommunikation; es dürfen nicht nur Leistungsziele an den Mitarbeiter herangetragen werden, sondern es muß auch eine Aufnahme von Individualzielen des Mitarbeiters (insbesondere Achtungs-, Entfaltungsmotive) gewährleistet sein.

Die Reziprozität der Kommunikation ist im HFM gegeben; allerdings wird die Aufnahme von Individualzielen in das „Soll" der Stelle nicht zwingend gefordert, sondern in das Ermessen des Vorgesetzten gelegt.

F_{28} *Arbeitsgruppe*
Um eine hohe Konsideration zu gewährleisten, ist eine möglichst starke Integration des Vorgesetzten in die Arbeitsgruppe zu empfehlen.

Das HFM geht von einer (durch die Möglichkeit der Teambildung gemilderten) hierarchisch-starren Stab-Linienorganisation aus; eine Integration des Vorgesetzten in die „Arbeitsgruppe" wird lediglich andeutungsweise beim Mitarbeitergespräch realisiert.

F_{29} *Integration*
Konsideration führt über ein hohes Satisfaktionsniveau zu einer Integration der Mitarbeiter in die Unternehmung.

Die verschiedenen Aspekte der Konsiderations-Dimension werden im HFM insgesamt nur ungenügend berücksichtigt oder falsch formiert. Damit ist mit einem geringen Satisfaktionsniveau zu rechnen, eine mögliche Integration der Mitarbeiter wird kaum erreicht.

Schlußfolgerung
Ein hoher Konsiderationsgrad, realisiert insbesondere durch *aktives Interesse* des Vorgesetzten an der Mitarbeiter-Leistung, führt zu einer Integration des Mitarbeiters in die Unternehmung.
Satisfaktion und Effizienz erreichen ein hohes Niveau durch beiderseitiges *Vertrauen*, die *Flexibilität* der Arbeitsorganisation und durch *Leistungsdisziplin*, die aus zukunftsbezogenem, konstruktivem Helfen (Leistungsanalyse) resultiert.

Schlußfolgerung
Das HFM erreicht durch die Formation seiner Führungsmittel nur einen geringen Konsiderationsgrad; dies kann im wesentlichen mit folgenden Ursachen begründet werden:
− die überwiegende *Kritikorientierung*.
− der *Vergangenheitsbezug*.
− die *Inflexibilität* der Organisation im Hinblick auf den Mitarbeiter.
− das *Fehlen einer Aufnahmeverpflichtung* individueller Ziele.
Der sich daraus ergebende geringe Konsiderationsgrad muß nach dem LVM sowohl niedrige Mitarbeitersatisfaktion als auch geringe Leistungseffizienz bewirken.

3.4. Management by Objectives (MBO)

Das Führungsmodell „management by objectives" (MbO) ist das umfassendste und meistdiskutierte gesamtorganisatorische Führungssystem der Gegenwart (für viele Wild, 1973; Banner, 1975; Böttcher, 1974; Humble, 1972; u. a.). Es wird heute in drei verschiedenen Varianten diskutiert:

(a) Management durch Zielvorgabe (autoritäre Variante)
(b) Management durch Zielvereinbarung (kooperative Variante)
(c) Management durch Zielorientierung (neutrale Variante)

Management by objectives

In diesen Bezeichnungen drückt sich das geplante Ausmaß der Beteiligung der Vorgesetzten und Mitarbeiter an der Festsetzung der Unternehmensziele aus.

3.4.1. Darstellung

Die Grundannahme des MbO-Modells beschreibt Humble (1972, 7) wie folgt: MbO „ist ein dynamisches System, das versucht, das Streben des Unternehmens nach Wachstum und Gewinn mit dem Leistungswillen der Führungskräfte und ihrem Trachten nach Selbstentfaltung zu integrieren". MbO ist also ein leistungs- und zufriedenheitsorientiertes Führungsmodell, das in der kooperativen Variante auch die Selbstverwirklichung der Mitarbeiter zu berücksichtigen versucht (Wild, 1973; Banner, 1975). Wesentlich am MbO ist, daß es statt Aufgaben die Ziele bzw. Zielrealisierung in den Mittelpunkt stellt, wobei die Mittelwahl den Mitarbeitern freigestellt bleibt (Bleicher/Meyer, 1976, 232). Bei Anwendung des MbO entsteht neben der Organisationshierarchie eine Zielhierarchie.

Odiorne (1967) zufolge ist das MbO-Modell in seiner theoretischen Konzeption hinsichtlich partizipativer oder autoritärer Führungsformen *wertneutral*. Wir haben bereits darauf hingewiesen, daß es in der Praxis nur verschiedene normative Varianten des MbO gibt.

In seinem Kern ist MbO ein Planungs- und Kontrollinstrument des Topmanagements sowie ein Hilfsmittel zur Leistungsbewertung von Führungskräften und Mitarbeitern. Nach MbO sollen auf allen Führungsebenen operationalisierbare Ziele vereinbart werden, so daß sich ein System von Ober-, Unter-, Haupt- und Nebenzielen ergibt (zum Problem der Zielbildung vgl. Johnson, 1968; Ortmann, 1976; Mag, 1977; Kupsch, 1979).

Die meisten Autoren (z. B. Wild, 1973; Banner, 1975) sehen in MbO die Bedingung für eine Realisierung sachbezogener *und* personenbezogener Ziele in einer Organisation. Einige Autoren (z. B. Levinson, 1970) sind dagegen eher skeptisch eingestellt und vermuten in MbO eine neue Form der „wissenschaftlichen Betriebsführung", die ausschließlich auf erhöhte Leistungen der Arbeitnehmer ausgerichtet ist.

Merkmale des MbO

Zusammenfassend sei mit Humble (1972, 14f.) der kontinuierliche Prozeß beschrieben, der mit der Anwendung des MbO verbunden ist:

(1) „Kritisches Überprüfen und Neufestlegen der *taktischen und strategischen* Unternehmenspläne.
(2) Gemeinsames Herausarbeiten der *Hauptergebnisse und Leistungsstandards* jedes Managers, für die seine Mitarbeit gewonnen werden, an die er sich gebunden fühlen muß. Sie müssen in Einklang stehen mit den Bereichs- und Unternehmenszielen.
(3) Gemeinsames Erarbeiten eines *Verbesserungsplanes* für jeden Manager. Der Plan muß einen meßbaren und realistischen Beitrag zu den Verbesserungsplänen der einzelnen Bereiche und des Unternehmens leisten.
(4) Schaffen von Voraussetzungen, die es ermöglichen, die Hauptergebnisse zu erzielen und die Verbesserungspläne in die Praxis umzusetzen, vor allem
    a) eine *Organisationsstruktur,* die den Managern maximale Handlungsfreiheit und Flexibilität bei ihren Operationen gewährt.

3. Führungsmodelle für Gesamtsysteme

b) *Management-Kontrollinformationen,* die in geeigneter Form und so reichlich bereitgestellt werden müssen, daß sie wirksam zur eigenen Leistungsüberwachung und zu besseren und rascheren Entscheidungen beitragen können.
(5) Einführung von systematischen Leistungs-Überprüfungs-Gesprächen, um den erreichten Fortschritt an den gesetzten Zielen zu messen und zu diskutieren. *Überprüfen der Entwicklungsfähigkeit,* um die Mitarbeiter herauszufinden, die für höhere Aufgaben in Frage kommen.
(6) Ausarbeiten von *Management-Schulungs-Programmen,* die jedem Manager helfen, seine Schwächen zu überwinden, seine Stärken auszubauen und anzuerkennen, daß er für seine Weiterentwicklung selbst verantwortlich ist.
(7) Motivationssteigerung der Manager durch effektive *Personalauswahl-, Gehaltsfestsetzungs- und Nachfolgepläne.*"

Wie die Abb. H-3-4 zeigt, erhebt MbO den Anspruch eines dynamischen und integrativen Führungsmodells, das die individuellen Ziele der Mitarbeiter mit den institutionellen Zielen zu vereinen trachtet (Bleicher/Meyer, 1976, 242).

Wollte man die Vorzüge des MbO (kooperative Variante) auf eine prägnante Formel bringen, könnte man mit Wild (1973, 290) sagen: „Mehr Leistung durch klare Ziele und zielorientiertes Verhalten, mehr Zufriedenheit durch Identifizierung mit den Zielen und Anerkennung und Belohnung der ‚richtigen Leistung'."

Wild hat die Grundannahmen eines „idealen" MbO herausgearbeitet, die unseren Vorstellungen von einer kooperativen Führung entsprechen (Wild, 1973, 289f.):

Grundannahmen eines „idealen MbO"

- „Eine effiziente Wahrnehmung von Führungsfunktionen und ein sinnvoller Leistungseinsatz sind ohne Ziele nicht denkbar.
- Ziele für einzelne Organisationseinheiten bzw. Mitarbeiter können sinnvollerweise nicht beliebig festgesetzt werden, sondern müssen aus übergeordneten Unternehmungs- oder Verwaltungszielen abgeleitet werden, sich im Rahmen der ‚Vorgaben' der Planung bewegen, selbst ‚geplant' und horizontal wie vertikal koordiniert sein.
- Ein Vorgesetzter erreicht seine Ziele nur über die Verwirklichung von Teilzielen seiner Mitarbeiter. Sein Erfolg ist also letztlich das Resultat der Zielverwirklichungen seiner Mitarbeiter. Er muß daher seine Ziele in Unterziele für seine Mitarbeiter umsetzen und sie auf diese Weise weiterreichen.
- Ziele gelten nicht zeitlich unbegrenzt; vielmehr besteht die Notwendigkeit, sie regelmäßig zu überprüfen und bei gegebenem Anlaß zu revidieren bzw. fortzuschreiben.

Wichtige *Prämissen* des MbO über *menschliches Verhalten* bilden ferner folgende Hypothesen:
- Der Mensch arbeitet wirksamer, wenn er die Ziele, die er erreichen soll, kennt, versteht und sich mit ihnen identifiziert (Leistungsmotivation, Selbstverwirklichung).
- Zielforderungen werden eher akzeptiert, wenn sie von den Betroffenen vorgeschlagen oder wenigstens unter ihrer Mitwirkung bzw. mit ihrer Zustimmung vereinbart werden und wenn ein objektiver Zusammenhang mit der Erreichung persönlicher (Entwicklungs-)Ziele erkennbar ist.
- Der Mensch arbeitet wirksamer und ist zufriedener, wenn er regelmäßig über seine Leistungsanstrengungen Ergebnisrückkopplungen erhält, die ihm den Stand der Zielverwirklichung zeigen (Selbstkontrolle, Erfolgserlebnisse, Lernen).
- Er ist engagierter und zufriedener, wenn seine Leistung objektiv und gerecht belohnt wird (durch Lob, Anerkennung, Aufstieg und Bezahlung) und wenn unzureichende Leistungen kein Grund zur „Bestrafung", sondern Anlaß zur persönlichen Förderung durch Fortbildung, Unterstützung und andere motivierende Anreize darstellen (Management Development).

308 Gestaltungsmuster der Führung (Managementkonzeptionen)

Grundmodell des MbO

Interessen → Unternehmungspolitik ← Interessen

Strategische Planung
Ziele + Maßnahmen
Sachplanung | Formalplanung

Taktische Planung
Operatives Planungssystem

Budgets | Abteilungsziele

Individuelle Ziele
Leistungsziele
Innovationsziele
Pers. Entwicklungsziele

Situationsveränderung

REALISATION

Selbstkontrolle | Fremdkontrolle

Kooperative Erfolgsbeurteilung

Leistungsbewertung Personalbeurteilung | Abweichungsanalyse

Förderungsgespräch | Gehaltsüberprüfung

Personalplanung

Personalentwicklung Ausbildung

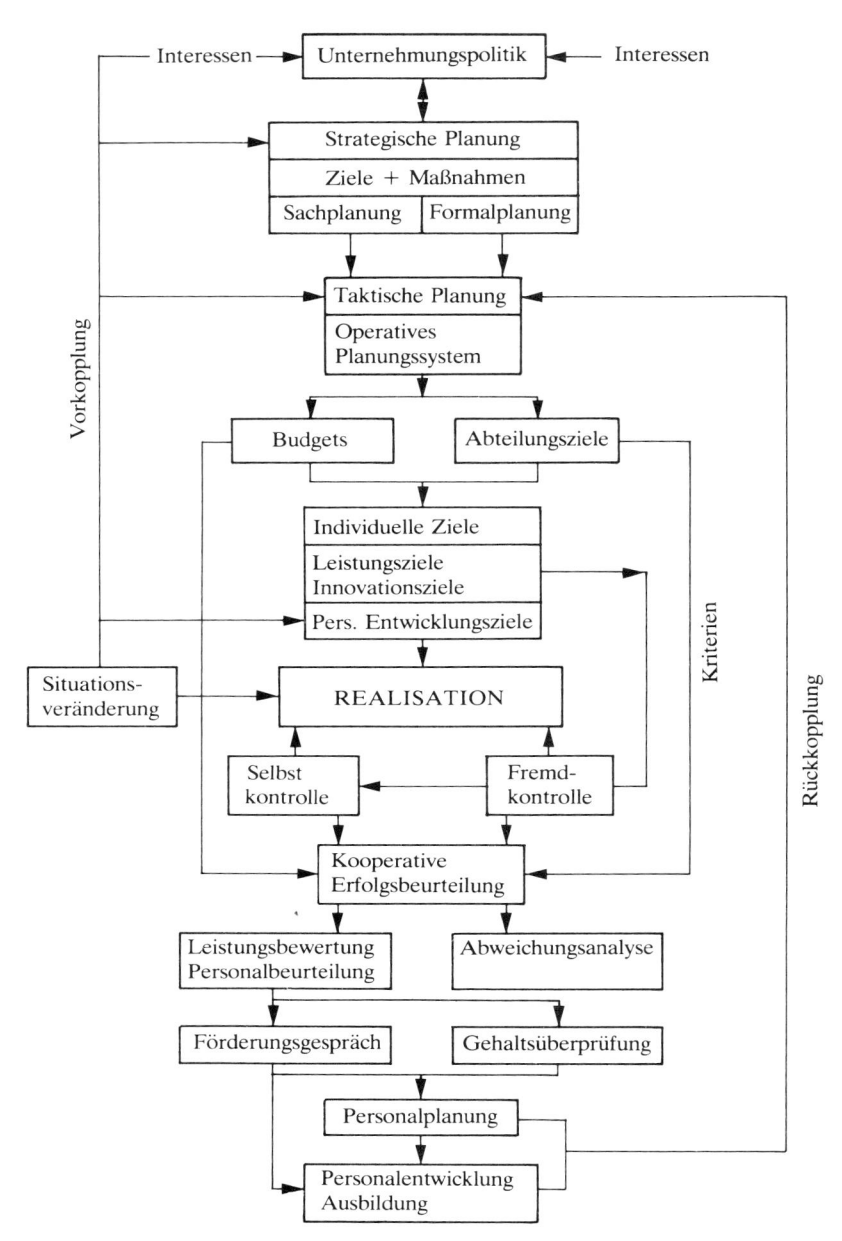

Vorkopplung — Kriterien — Rückkopplung

Abb. H-3-4:
Grundmodell des Management by Objectives (nach Bleicher/Meyer, 1976, 242).

3. Führungsmodelle für Gesamtsysteme

— Bei allem muß der Mitarbeiter wissen, was man von ihm erwartet und woran seine Leistung kontrolliert und beurteilt wird; er muß in die Lage versetzt werden, sich im Wege der Selbstkontrolle zu steuern, und muß der Unterstützung seines Vorgesetzten bei Zielabweichungen und bei der Erreichung seiner persönlichen Entwicklungsziele sicher sein."

Diese Prämissen zeigen deutlich das Bemühen, im MbO betriebswirtschaftliche und verhaltenswissenschaftliche Erkenntnisse der Führungsforschung zu integrieren. In seinem idealtypischen „Soll-Konzept" des MbO postuliert Wild folgende realisierbare Vorteile, sofern eine konsequente Anwendung sichergestellt wäre (1973, 307, vgl. Humble, 1972, 402):

Vorzüge des „idealen" MbO

(1) „Höhere Effektivität der Führung bei größerer Zufriedenheit der Mitarbeiter,
(2) bessere Planung und Zielabstimmung im gesamten Unternehmen,
(3) höhere Anpassungsfähigkeit und Schlagkraft des Unternehmens durch geregelten Prozeß der Zieländerung und -fortschreibung,
(4) Offenlegung von (anderenfalls versteckten) Zielkonflikten, Aufdeckung von Abstimmungserfordernissen,
(5) Entlastung der Führungsspitze, Freistellung der Vorgesetzten für Aufgaben,
(6) mehr Erfolg der Vorgesetzten durch gezielter eingesetzte, leistungsbereitere und erfolgreichere Mitarbeiter,
(7) Förderung der Leistungsmotivation, Eigeninitiative, Verantwortungsbereitschaft und Selbstregelungsfähigkeit,
(8) mehr Ziel- und Leistungsbewußtsein, Identifikation der Mitarbeiter mit den Unternehmenszielen, Förderung des Kostenbewußtseins,
(9) mehr Entfaltungsmöglichkeiten, Erfolgserlebnisse und persönliche Sicherheit;
(10) klarere Leistungserwartungen und Verknüpfung von Anreizen und Belohnungen mit der erbrachten bzw. verlangten Leistung,
(11) objektivere Leistungs- und Personalbeurteilung, gezielte und sachlich fundierte Personalentwicklung unter Berücksichtigung persönlicher Ziele,
(12) Hilfe für den Vorgesetzten, um sachlich fundiert kritisieren und helfen zu können,
(13) Abbau von Verhaltenskontrollen, die negative Motivationseffekte auslösen; Ersatz durch ergebnisbezogene Kontrollen und Selbstüberwachung,
(14) besseres Kontroll-Informationssystem durch Feststellung des Informationsbedarfs, Änderung des Informationsverhaltens,
(15) bessere Organisation durch Aufdeckung von Organisationsmängeln,
(16) systematische Erkenntnis von Verhaltens- und Systemschwachstellen und laufende Steigerung der Leistungsfähigkeit der Unternehmung durch Verbesserungsmaßnahmen und gezieltes Management Development,
(17) günstigere Voraussetzungen für die Verwirklichung von Innovationszielen, Erkenntnis von Innovationsnotwendigkeiten,
(18) Förderung des Teamgeistes und des Kooperationsklimas durch Partizipation der Mitarbeiter an der Willensbildung."

3.4.2. Bedeutung für die Führung

Gegen das Führungsmodell MbO lassen sich verschiedene Einwände erheben:
— Es ist fraglich, ob MbO bereits den Status eines integrativen, in sich widerspruchsfreien Führungsmodells beanspruchen kann. Wie die zusammenfassende Darstellung von Humble gezeigt hat, handelt es sich beim MbO zumeist um normative, relativ abstrakte und theoretisch weitgehend unverbundene Forderungen.

Bedeutung des MbO für die (kooperative) Führung

- Wenngleich MbO in vielen Betrieben der BRD praktiziert wird, so ist es doch im Hinblick auf die postulierten Vorzüge noch unzureichend realisiert und kaum empirisch überprüft. Dies mag nicht zuletzt daran liegen, daß empirische Untersuchungen auf erhebliche methodische und statistische Probleme stoßen (vgl. Tosi et al., 1976; Bartölke, 1977). Eine recht pessimistische Einschätzung hinsichtlich der Berücksichtigung personen- und sachbezogener Ziele durch das MbO gibt Ivancevich (1972, zit. n. Bleicher/Meyer, 1976, 243):

  „Eine grundlegende Frage ist, ob MbO in der Lage ist, die Planungs-, Kontroll- und Motivationsziele zu realisieren, wie von ihren Anhängern behauptet wird. Aus wissenschaftlicher und empirischer Sicht ist diese Frage bislang unbeantwortet."

- Häufig wird nur eine bilaterale Beziehung zwischen Vorgesetztem und Mitarbeiter angestrebt, wodurch gruppendynamische Prozesse vernachlässigt werden, die für kooperative Führungsformen charakteristisch sind (vgl. Baugut/Krüger, 1976, 69).

- In den meisten theoretischen und praktischen MbO-Ansätzen werden die theoretischen und empirischen Ergebnisse der Nachbardisziplinen, insbesondere der Sozialpsychologie, nur unzureichend berücksichtigt.

- Übergeneralisierung des Geltungsbereiches aufgrund von vereinzelten Fallstudien, Wunschdenken und intellektuelle Schönfärberei zeigen sich exemplarisch in der Arbeit von Humble (1972) sowie in folgender Äußerung von P. Drucker (zit. n. Humble, 1972, 395): „Was das Wirtschaftsunternehmen benötigt, ist ein Managementprinzip, das individueller Tüchtigkeit und Verantwortung weitestmöglichen Spielraum läßt und gleichzeitig den Vorstellungen und Anstrengungen eine gemeinsame Richtung gibt, Teamarbeit einführt und die Wünsche des einzelnen mit dem allgemeinen Wohl harmonisiert. Das einzige Prinzip, das dies vermag, ist Management by Objectives und Selbstkontrolle."

- MbO-Ansätze, die auf *Zielvereinbarung* aller am Unternehmensprozeß Beteiligten basieren, erfüllen wesentliche Forderungen der kooperativen Führung nach Mitbestimmung. Um MbO als umfassendes kooperatives Führungssystem akzeptieren zu können, wäre die von Wild geforderte Berücksichtigung sozialpsychologischer Aspekte der Führung sowie die Realisierung bestimmter strukturell-organisatorischer Rahmenbedingungen (vgl. Kap. I, M) unerläßlich.

3.5. Kritische Beurteilung von Managementprinzipien

Kritik der Managementprinzipien

Die skizzierten Management-by-Ansätze mit ihren vielfältigen Grundsätzen, Regeln und Prinzipien stellen lediglich erste Schritte zu einer integrativen Managementtheorie dar. Die Propagierung und Anwendung von Managementprinzipien ist in den letzten Jahren zunehmend kritisiert worden (vgl. Massie, 1965; Wild, 1971; Fuchs-Wegner, 1974 u. a.).

- Fast alle Prinzipien basieren auf nicht-repräsentativen verallgemeinerten Beobachtungen und Erfahrungen. Bei den meisten Prinzipien handelt es sich lediglich um logisch-analytisch gefundene Wahrheiten, die den Informationsgehalt von Gemeinplätzen oder gar Tautologien aufweisen. (Beispiel: „Der richtige Mann am richtigen Platz")
- Viele Prinzipien gründen sich z. T. auf fragwürdigen, nichtexplizierten Prämissen, wie z. B. „homo oeconomicus", Dominanz ökonomischer Bedürfnisse, Amtsautorität u. ä. (vgl. Kap. D).
- Viele Prinzipien konkurrieren miteinander bzw. sind inkompatibel. Sie vertreten einen Allgemeingültigkeitsanspruch, ohne konkrete Anwendungsregeln für bestimmte Situationen anzugeben. Bedingungen und Konsequenzen ihrer Anwendung werden in den seltensten Fällen spezifiziert. (Beispiel: „Prinzip der Einheit der Auftragserteilung")
- Managementprinzipien sind i. d. R. nicht operationalisiert.
- Managementprinzipien berücksichtigen nicht oder nur unzureichend die sozialpsychologischen Erkenntnisse zum Arbeitsleben.

Zusammenfassend sei Kirsch zitiert, der den desolaten Zustand der Managementlehre wie folgt charakterisiert:

„Diesen heute kaum noch zu übersehenden *„Management by ..."-Methoden* (z. B. management by objectives, ... exceptions, ... break through, ... systems, ... participation) haftet eine gewisse Scharlatanerie an, weil unter dem starken Eindruck pragmatischen Handelns allzu früh und allzu schnell verhaltenswissenschaftliche Theorien in mehr oder weniger abgesicherte Techniken umformuliert wurden, wobei man oft den Stand der wissenschaftlichen Forschung nicht adäquat erfaßte, indem man auf in den Grundlagendisziplinen umstrittene oder gar überholte Konzeptionen Bezug nahm" (Kirsch, 1974, 15, in: Nick, 1974).

Ausgewählte Literatur

Baugut, G. und S. Krüger: Unternehmensführung. Opladen 1976.
Beensen, R.: Organisationsprinzipien. Berlin 1969.
Fuchs-Wegner, G.: Management by ... Eine kritische Betrachtung moderner Managementprinzipien und -konzeptionen, in: Grochla, E. (Hrsg.): Management. Düsseldorf/Wien 1974, S. 224–237.
Guserl, R.: Das Harzburger Modell. Ideen und Wirklichkeit. Wiesbaden 1973.
Höhn, R.: Stellenbeschreibung und Führungsanweisung. Bad Harzburg 1966 (1. Aufl.).
Humble, J.: Praxis des Management by Objectives. München 1972.
Kieser, A./Kubicek, H.: Organisationstheorien, I. Stuttgart 1978.
Pollard, H. R.: Developments in management thought. London 1973.
Staehle, W. H.: Management: Ein verhaltenswissenschaftlicher Ansatz. München 1980.
Ulrich, P. und E. Fluri: Management. UTB, Bern/Stuttgart 1975.

KAPITEL I

Gestaltungsmuster sozio-technischer Systeme (Organisationsstrukturen)

0. Zusammenfassung

Während in den vorhergehenden Kapiteln, besonders in den Kapiteln C, E und G, Führungsprozesse als direkte Beeinflussung (interaktionelle Führung) der Geführten im Mittelpunkt standen, tritt in diesem Kapitel die Organisationsstruktur des Führungsprozesses (strukturelle Führung) ins Blickfeld.

Noch immer bestimmt das klassische Bürokratiemodell Max Webers das Verständnis von Struktur und Funktion soziotechnischer Systeme. Die darin unterstellten Auswirkungen werden hier einer differenzierten Kritik unterzogen.

Die strukturellen Dimensionen des Aston-Konzepts, das auf eine kontrolliertempirische Organisationsforschung zielt, werden dargestellt und diskutiert. In diesem Konzept werden auch außerhalb der Einflußstruktur angesiedelte Einflußvariablen thematisiert: Merkmale der Beziehung zwischen Organisation und Organisationsumgebung, wie z. B. Ausmaß und Intensität der Veränderungen in relevanten Umweltsektoren, bestimmten Strukturmerkmale und damit indirekte Führungsprozesse. Kooperative Führungsprozesse wurden häufig in Organisationsbereichen beobachtet, die einen Informationsaustausch mit komplexen und dynamischen Umweltsektoren durchführten.

Neben formalen Organisations-Strukturen hat sich das Konzept der Rollenerwartungen bewährt, um die Transformation von Organisationszielen und organisationsspezifischen Erwartungen in Führungshandeln zu beschreiben. Den Grundwerten (kooperativer) Führung entsprechend wird dabei die Spannung zwischen institutionalisierten Normen (z. B. Mitbestimmungsgesetz, Organisationsgrundsätze) und individuell bzw. situational orientiertem Rollenhandeln angesprochen, denn (kooperative) Führung kann durch institutionalisierte Normen und Umgebungseinflüsse gefördert, aber nicht garantiert werden (vgl. die Kapitel L und M).

1. Problemstellung und Begriffsklärung

1.1. Die bürokratische Organisation als Umfeld der Führung

Verschiedentlich ist in vorhergehenden Kapiteln deutlich geworden, daß Führungsprozesse in enger Wechselwirkung mit Führungssituationen (Kap. E) sowie organisationsspezifischen Rollenerwartungen an Vorgesetzte und Mitar-

1. Problemstellung und Begriffsklärung

beiter (Kap. D) stehen. An diese Kapitel anschließend soll hier die „Führungssituation" als Organisationsstruktur näher bestimmt und der Entstehungsprozeß organisationsspezifischer Rollenerwartungen untersucht werden.

Das vorangegangene Kapitel H behandelte zwar bereits Gestaltungsmuster der Führung in Organisationen. Hier soll jedoch stärker der Frage nachgegangen werden, wie gegenwärtig Einflußstrukturen in soziotechnischen Systemen gestaltet sind, welche Bedingungen zur Entwicklung dieser Strukturen beitragen und auf welche Weise strukturelle Merkmale in Organisationen kooperatives Führungshandeln beeinflussen. Damit wird die Gesamtorganisation mit ihren führungsrelevanten Binnen- und Außenbeziehungen Gegenstand der Diskussion.

Das bisher in Wissenschaft und Alltag einflußreichste Konzept zur Beschreibung von Organisationsstrukturen ist das idealtypische Bürokratie-Modell von Max Weber. Es wird u. a. kritisch zu überprüfen sein, ob die gängige These aufrechterhalten werden kann, daß eine bürokratische Strukturierung soziotechnischer Systeme kooperativer Führung entgegensteht.

Weiterhin werden moderne Bürokratiemodelle und aus der bürokratischen Tradition stammende Normensetzungsprozesse (Organisationsgrundsätze und Verhaltensleitsätze), deren Inhalte und Gestaltung, thematisiert.

Überdies wird der Einfluß der Organisationsumgebung auf die Organisationsstruktur behandelt. Werden Organisationen als offene Systeme aufgefaßt, so werden Informations- und Austauschprozesse zwischen Organisation und Umgebung als Problem sichtbar. Analog hierzu wird Führung nicht nur als Einflußausübung im Führungsbereich gesehen, sondern auch im Spannungsfeld der aktiven Beeinflussung und der Abhängigkeiten vom Umfeld der Führung, nämlich der Organisationsstruktur, untersucht.

Das vorliegende Kapitel „Gestaltungsmuster soziotechnischer Systeme" stellt mit seinen begrifflichen Schwerpunkten „Bürokratie" und „Rollenerwartungen" eine für die institutionalisierte Führung bedeutsame Auswahl von Gestaltungsalternativen vor.

1.2. Bürokratie und demokratische Gesellschaft

Die klassischen Theorien der Bürokratie fragen einmal danach, auf welche Weise große Verwaltungs- oder Wirtschaftsorganisationen die politischen Institutionen der modernen Industriegesellschaft beeinflussen. Sie fragen aber auch nach ihrem Einfluß auf die Chance des Individuums, in unserer Gesellschaft, und das heißt auch als Mitglied dieser mächtigen Organisationen, eine freie und sinnvolle Existenz zu führen.

In soziologischer Sicht steht die Institution Bürokratie im Mittelpunkt, nicht ihre Mitglieder. Die Frage lautet: Ist die Bürokratie ein Mittel, sozial nützliche Ziele zu erreichen, oder hat sie ihren neutralen und instrumentellen Charakter verloren und ist zum Selbstzweck geworden? Die Antwort darauf kennzeichnet spezifische Rahmenbedingungen und Anforderungen der Bürokratie gegen-

Bürokratie und Demokratie

über ihren Mitgliedern und ihren Führungsbeziehungen. Wir beschränken uns hier auf die Darstellung der Konzepte Webers und Michels.

Die bei Weber (Abschnitt I, 2) beschriebene Idealvorstellung einer Balance zwischen politischer Neutralität und professioneller Autonomie ist auf verschiedene Weise störbar (vgl. Monzelis, 1975, 488). Weber sah den Beamten als Organisationsmitglied, das pflichtbewußt und verantwortlich in einem gewissen Freiraum handelt. Dagegen vermutete Michels (1911), daß mit der zunehmenden Komplexität und Bürokratisierung moderner Organisationen die unteren Ränge der Hierarchie jeden Einfluß verlieren; alle Macht sei an der Spitze konzentriert. Aufgrund einer inneren Dynamik, die er als „Ehernes Gesetz der Oligarchie" bezeichnete, werde die Bürokratie vom Mittel zum Zweck, regiert von einer Elite. Michels begründete seine Theorie anhand der Entwicklung demokratischer Parteien (vgl. Kap. H).

Er fand eine zunehmende Entwicklung im Hinblick auf:
— Ausschluß der Mitglieder vom Einfluß auf übergreifende Entscheidungen;
— Apathie und Desinteresse gegenüber den Organisationszielen;
— Entfremdung der Mitglieder vom politischen Prozeß;
— Stabilisierung der Position weniger Mächtiger.

Das „Eherne Gesetz der Oligarchie"

Michels „Oligarchiegesetz" ist durch eine Vielzahl neuerer Studien belegt worden. „In all societies, under all forms of government, the few govern the many. This is true in democracies as well as dictatorships" (Zeigler/Dye, 1969, 167, zit. n. Mayhew/Levinger, 1977, 1037; Grunwald, 1980).

Im Anschluß an Michels Studie sowie an Rizzi's (1939) Analyse der Sowjetbürokratie legte James Burnham (1960) eine Theorie der „Revolution der Manager" vor. Danach führe technischer Fortschritt und wachsende Großbürokratie dazu, daß die „Kapitalistenklasse" die Kontrolle über die Produktionsmittel verliere. Manager würden eine Oligarchie der Bürokraten bilden und Produktion und Staatsbürokratie kontrollieren.

Diese Auffassung wurde von Lipset et al. (1956) relativiert. Ihre Untersuchung einer Druckergewerkschaft ergab, daß ein großes Interesse der Mitglieder an der Arbeit der Gewerkschaft und intensive Partizipation an Entscheidungen einherging mit einer dezentralisierten Machtstruktur und Autonomie der örtlichen Zweigvereinigungen.

Widersprüche zwischen Partizipationsforderungen und -realität

Child (1976) weist am Beispiel Großbritanniens auf zwei kontradiktorische Entwicklungstendenzen westlicher Industriegesellschaften hin: nämlich auf die zunehmende Kluft zwischen Ideologie und sozialer Realität. Auf der einen Seite stehe die Forderung nach umfassender Entscheidungsbeteiligung der Bevölkerung in Staat und Wirtschaft (vgl. Kap. K); auf der anderen Seite zeige sich in allen Bereichen der Gesellschaft ein Trend zu immer größeren sozialen Institutionen mit zunehmender Bürokratisierung, Entscheidungszentralisierung und verringerter Möglichkeit der Partizipation seitens der Organisationsmitglieder. Die ideologischen Spannungen zwischen den Grundwerten einer demokratischen Gesellschaft und der Bürokratie veranschaulicht Child (1976) wie folgt:

1. Problemstellung und Begriffsklärung

I. The ethic of mature democracy	II. The ethic of bureaucracy
1. Responsibility to the governed.	1. Responsibility to superiors in the line of command.
2. Participation and involvement in decisions.	2. Remoteness of the top of the hierarchy; confidentiality and restriction of information to the public.
3. The right to dissent.	3. Insistence on conformity to common rules and regulations; maintaining a departmental „view".
4. Awareness of local and community interests.	4. Geographical centralization of policy-making.

Abb. I-1-1:
Zwei kontradiktorische Entwicklungstendenzen in modernen Gesellschaften (Child, 1976, 432)

1.3. Zum Begriff der Organisation und der Bürokratie

Organisationen sind im Leben des Menschen ebenso allgegenwärtig wie Führung. Der Begriff „Organisation" wird in verschiedenster Bedeutung gebraucht; die drei wichtigsten Begriffsinhalte sind:

Begriffsbestimmung von „Organisation" und „Bürokratie"

(1) „Organisation als *Struktur*, d. h. als Art und Weise der Relationen zwischen den Eigenschaften und Elementen eines sozialen Systems;
(2) Organisation als *Tätigkeit* des Organisierens bzw. deren Resultat, eine zielgerichtete *Formalstruktur*;
(3) Organisation als *konkretes soziales Gebilde* mit bestimmten Merkmalen" (Pfeiffer, 1976, 12; Grochla, 1975; 1980).

In diesem Kapitel wird Organisation zwar in allen drei Bedeutungen verwendet; indessen liegt der Akzent auf Punkt 3. Unter organisations- und sozialpsychologischer Sichtweise der Führung (vgl. Kap. H und K) wird hier vornehmlich der Einfluß verschiedener Organisationsstrukturen auf Gruppen und Individuen dargestellt.

Dabei wird Organisationsstruktur als die Gesamtheit aller *formalisierten und generalisierten* Regeln einer Organisation verstanden (vgl. Kieser/Kubicek, 1977; 1978). Folgende Fragen stehen im Vordergrund des Interesses:

(a) Welche Strukturmerkmale weisen Arbeitsorganisationen auf?
(b) Welche positiven und negativen Auswirkungen haben diese Strukturmerkmale auf kooperative Führungsformen?

Analog dem Führungsbegriff (vgl. Kap. C) gibt es mannigfaltige Versuche, „Organisation" zu definieren. Im folgenden seien aus der Fülle der vorliegenden Konzeptualisierungsversuche vier Definitionen exemplarisch aufgeführt:

Verschiedene Definitionen von „Organisation"

(1) „Das gemeinsame Kennzeichen aller von der Soziologie als Organisationen bezeichneten Gebilde ist, daß in ihnen eine Mehrzahl von Menschen zur Erreichung eines spezifischen Zieles bzw. einer begrenzten Anzahl von spezifischen Zielen zweckbewußt und nach rationalen Gesichtspunkten handeln" (Mayntz, 1961, 30).

(2) „Eine Organisation ist die rationale Koordination der Aktivitäten einer Anzahl von Menschen, um einige gemeinsame explizit definierte Ziele und Zwecke zu erreichen, und zwar durch Arbeitsteilung und Funktionsdifferenzierung und eine Hierarchie der Autorität und Verantwortung" (Schein, 1970, 9).

(3) „Organisation ist die planmäßige Zusammenfassung von Menschen und Sachen im Hinblick auf ein bestimmtes Ziel" (Hoffmann, 1973, 59).

(4) „Organisationen sind
- aus Individuen und Gruppen zusammengesetzt
- um bestimmte Ziele und Zwecke zu erreichen
- mithilfe differenzierter Funktionen, die darauf angelegt sind, rational koordiniert und ausgerichtet zu sein und
- zeitübergreifend auf einer kontinuierlichen Basis existieren" (Porter et al., 1975, 69).

Der Beginn systematischer Organisationsforschung wird gemeinhin mit dem idealtypischen Bürokratiemodell von Max Weber (1921) datiert. Von ihm ausgehend befaßte sich die sich anschließende theoretische und empirische Organisationsforschung mit der Ermittlung zeitlich überdauernder und universeller Organisationsstrukturen, die den unterschiedlichsten soziotechnischen Systemen eigen sind (Kieser/Kubicek, 1978; Mayntz, 1978).

Im folgenden sei zunächst die klassische Bürokratieauffassung von M. Weber skizziert, um dann das gegenwärtig vieldiskutierte und empirisch fundierte Organisationsforschungsprogramm an der Aston-Universität von Birmingham in England (sog. Aston-Gruppe) vorzustellen (Pugh, Hickson, Inkson, Hinnings, Child u. a.).

Das Klassifikationssystem der Aston-Gruppe wird auch den Bezugsrahmen für die Darstellung von Kap. M abgeben. Dabei ist zu beachten, daß die organisatorischen Strukturmerkmale des Aston-Konzeptes nicht aus einem theoretischen System abgeleitet wurden, sondern induktiv gewonnene empirische Verallgemeinerungen darstellen (vgl. Abschnitt I, 3).

2. Klassische Bürokratiemodelle

2.1. Die Entstehung bürokratischer Verwaltungsformen

Bürokratie aus historischer Sicht

Ein Ursprung bürokratischer Organisationsformen der Verwaltung in Europa liegt in den königlichen Haushalten des Mittelalters. Es gab keine Trennung zwischen Aufgaben und Ausgaben dieser Hofhaltungen und den Staatsgeschäften. Alle Träger öffentlicher Ämter waren Mitglieder des Königlichen Hofes und wurden aus dessen Mitteln unterhalten. Im Laufe der Zeit nahmen die Macht des Königs und damit auch der Umfang und die Komplexität der Verwaltungsgeschäfte derart zu, daß zwischen Hof- und Staatsverwaltung unterschieden werden mußte. Die Zahl der Bediensteten und Würdenträger vermehrte sich, so daß ihre Unterhaltung durch den Hof schwieriger wurde und sie eigene Unterhaltungsquellen organisieren mußten (Monzelis, 1975, 485f.).

2. Klassische Bürokratiemodelle

Im absolutistischen Frankreich des 17. Jahrhunderts unter Louis XIV. (1643-1715) erreichte die Ausweitung und Zentralisierung der öffentlichen Verwaltung perfektionierte Ausmaße. Die *frühere dezentralisierte Selbstverwaltung* in Landschaften und Städten verschwand vollständig. Die französische Revolution und die Regierung Napoleons verstärkten und konsolidierten um 1800 ein politisches System, in dem der Apparat des Zentralstaates alles beherrschte. Das Ziel war, eine direkte Beziehung und einen unmittelbaren Kontakt zwischen Staat und Bürgern herzustellen. Dem fielen städtische und ständische Einflüsse auf Politik und Verwaltung zum Opfer (Zentralisierung).

In Preußen — wie in anderen Staaten Mitteleuropas — folgte die Ausweitung der Bürokratie demselben Muster. Der Große Kurfürst (1640-1688) baute eine starke Staatsverwaltung auf, um die Macht und die Kompetenz des Landadels und seiner Standesvertretungen zu beschneiden. Kurzfristig unterbrach Friedrich der Große (1712-1786) diese Entwicklung. Er wollte dem wachsenden Einfluß der Staatsbürokratie entgegentreten, suchte den Einfluß des Adels zu verstärken und gab den Provinzregierungen vermehrte Macht (Dezentralisierung).

Zentralisierung vs. Dezentralisierung

Die weitere Entwicklung dieses Machtkampfes wurde durch zwei Tendenzen bestimmt: die *Aristokratisierung* und die *Kommerzialisierung* der Staatsämter. Diese keineswegs stetige Entwicklung spiegelte den Kampf zwischen dem König als Oberhaupt der Verwaltung und dem Feudaladel wider. Parallel dazu spielte sich ein Kampf ab zwischen dem Adel und den nicht-adligen Beamten, die mit einer speziellen Ausbildung, vornehmlich in den Rechtswissenschaften, Spitzenpositionen in der Verwaltung erreichen konnten. Einerseits kämpfte der Adel gegen die Zentralgewalt, andererseits paßte er sich auch flexibel an und strebte seinerseits nach dem Zugang zu höchsten Staatsämtern. Das Ergebnis war eine Mischung von patrimonialen mit bürokratischen Elementen (Weber) in der Verwaltung.

Aristokratisierung und Kommerzialisierung der Ämter

Parallel existierten ein Erbfolgesystem und ein bürokratisches, am Verdienst des einzelnen orientiertes Zugangssystem zu den Staatsämtern. Diese delikate Balance zwischen „Gemeinen" und Adel erlaubte es dem König, beide Seiten gegeneinander auszuspielen. Andererseits entwickelten die — adligen wie nichtadligen — höchsten Amtsträger ein gemeinsames Selbstbewußtsein und einen Konsens über das Rekrutierungssystem. Sie bildeten schließlich eine gegenüber dem König und dem nicht-beamteten Landadel relativ geschlossene Gruppe, innerhalb derer das Adelsprädikat als Statussymbol unwichtiger wurde.

Rekrutierungssysteme

Eine zweite Entwicklungstendenz der Bürokratie, nämlich die Kommerzialisierung der Ämter, erreichte erst in der spanischen Kolonialverwaltung, dann in Frankreich ein großes Ausmaß. Ämter wurden verkauft, durch jährliche Zahlungen nach Belieben des Inhabers verpacht- oder vererrbar, und schließlich in großem Umfang nur deshalb geschaffen, um die Staatsfinanzen zu sichern.

Beide Tendenzen, Aristokratisierung und Kommerzialisierung, wirkten als Verselbständigung der Macht der Amtsinhaber gegenüber dem König. Aufgrund ihres Status und ihrer finanziellen Unabhängigkeit wuchs die Autonomie der Staatsbeamten.

Als Folge der Revolutionen und der Verwaltungsreformen gegen Ende des 18. Jahrhunderts und zu Beginn des 19. Jahrhunderts verschwand allmählich die Praxis, Beamte aufgrund „zugeschriebener" Merkmale (Stand) zu rekrutieren. Erworbene Qualifikationen mußten in Prüfungen nachgewiesen werden. Formale Bedingungen der Rekrutierung nahmen ebenso zu wie eine rationale Aufgabenteilung innerhalb der Ämter. Überdies wandelte sich die öffentliche Verwaltung von einem Instrument des Monarchen oder einer privilegierten Gruppe — zumindest in der allgemeinen Vorstellung — zu einer Institution, die allen Bürgern, mit ‚neutralen' Leistungen diente. Als solche mußte sie vor allem Einfluß geschützt werden, der den Bürokraten an seiner professionellen und interessefreien Amtsausübung hindern könnte. Zunehmend wurde der Verwaltungsbeamte aufgrund seines Expertenwissens und seiner Verwaltungserfahrung relativ autonom gegenüber seinem höchsten Vorgesetzten.

2.2. Das Bürokratiemodell Max Webers

2.2.1. Merkmale der Bürokratie

Merkmale der Bürokratie nach M. Weber

Nach Weber ist die Bürokratie ein System miteinander verbundener Ämter. Sie werden um ein spezifisches Segment von erforderlichem Wissen, Fähigkeiten und Expertentum gebildet: Aufgabenspezialisierung durch rational organisierte Arbeitsteilung. Diese Ämter sind hierarchisch geordnet; Aufstieg und Rekrutierung geschehen nach Leistung und Verdienst. *Autorität und Verantwortung sind mit dem jeweiligen Amt verbunden, nicht mit dem Amtsinhaber.* Methoden und Aufgaben der Amtstätigkeit bleiben konstant, unabhängig von der Person des aktuellen Amtsinhabers und seinen spezifischen Fähigkeiten und Interessen. Ebenso scharf ist die Trennung zwischen dem öffentlichen und privaten Bereich im Leben des Beamten sowie zwischen den ihm zur Verfügung gestellten Verwaltungsmitteln und seinem privaten Eigentum. Weber stellt folgenden Katalog typischer Merkmale zusammen (Weber 1922, 125 f.; nach Schmid/Treiber, 1975, 21 f.):

(1) „Ein(en) kontinuierliche(n) regelgebundene(n) Betrieb von Amtsgeschäften, innerhalb:
(2) Einer *Kompetenz* (Zuständigkeit), welche bedeutet
   a) einen kraft Leistungsverteilung sachlich abgegrenzten Bereich von Leistungspflichten,
   b) mit Zuordnung der etwa dafür erforderlichen Befehlsgewalt und
   c) mit fester Abgrenzung der eventuell zulässigen Zwangsmittel und der Voraussetzungen ihrer Anwendung.
Dazu tritt:
(3) Das Prinzip der *Amtshierarchie*, d. h. die Ordnung fester Kontroll- und Aufsichtsbehörden für jede Behörde mit dem Recht der Berufung oder Beschwerde von den nachgeordneten an die vorgesetzten ... (Behörden).

2. Klassische Bürokratiemodelle

(4) Es gilt ... das *Prinzip der vollen Trennung des Verwaltungsstabes von den Verwaltungs- und Beschaffungsmitteln.* Die Beamten, Angestellten, Arbeiter des Verwaltungsstabes sind nicht im Eigenbesitz der sachlichen Verwaltungs- und Beschaffungsmittel, sondern erhalten diese in Natural- oder Geldform geliefert und sind rechnungspflichtig.

(5) Es fehlt im vollen Rationalitätsfall jede Appropriation (Aneignung) der Amtsstelle an den Inhaber ...

(6) Es gilt das *Prinzip der Aktenmäßigkeit* der Verwaltung, auch da, wo mündliche Erörterung tatsächlich Regel oder geradezu Vorschrift ist".

Weber beschreibt mit diesen Merkmalen einen Idealtyp, der sich ergibt „durch einseitige Steigerung eines oder einiger Gesichtspunkte und durch den Zusammenschluß einer Fülle von diffus und diskret, hier mehr, dort weniger, stellenweise gar nicht, vorhandenen Einzelerscheinungen, die sich jenen einseitig herausgehobenen Gesichtspunkten fügen, zu einem in sich einheitlichen Gedankengebilde" (Weber, zit. n. Pfeiffer, 1976, 31). D. h. Webers idealtypisches Bürokratiemodell ist nicht am faktischen, sondern am optimalen, zweckrationalen Handeln orientiert (vgl. Luhmann, 1964; Hartmann, 1964; Mayntz, 1968; 1978; Kieser/Kubicek, 1978).

Bei dem Weberschen Idealtypus der Bürokratie ist zu beachten, daß nicht jede Organisation alle Merkmale zugleich aufweisen muß, um als eine bürokratische Organisation zu gelten. Vielmehr können einzelne Merkmale in unterschiedlicher Anzahl, Konfiguration und Intensität realisiert sein. Entsprechend haben Bürokratieforscher unterschiedliche Merkmalskataloge erarbeitet, wie die Übersicht von Hall (1968, 71, Abb. I-2-1) zeigt.

Dimensionen der Bürokratie	Weber	Friedrich	Merton	Udy	Heady	Parsons	Berger	Michels	Dimock
Autoritätshierarchie	*	*	...	*	*	*	*	*	*
Arbeitsteilung	*	*	*	*	*	*	...	*	*
Fachliche Kompetenz	*	*	*	*	...	*	*	...	...
Arbeitsverfahren	*	*	*	...	*	...	*	...	*
Regeln für das Verhalten der Positionsinhaber	*	*	*	...	...	...	*	*	...
Begrenzte Amtsautorität	*	...	*	...	*	*	...	...	...
Nach der Position abgestufte Belohnungen	*	...	...	*	...	...	...	...	...
Unpersönlichkeit	...	...	*	...	...	...	...	...	...
Trennung von Verwaltung und Eigentum	*	...	...	...	...	...	...	...	...
Betonung schriftlicher Kommunikation	*	...	...	...	...	...	...	...	...
Rationale Disziplin	*	...	...	...	...	...	...	...	...

* Vom Autor angeführt

Abb. I-2-1:
Merkmale der Bürokratie bei maßgebenden Autoren (Hall, 1968, 71)

Merkmale der Bürokratie bei verschiedenen Autoren

2.2.2. Drei Typen der Herrschaft

3 Typen der Herrschaft

Webers Erkenntnisinteresse richtet sich auf die Frage, wie Herrschaft möglich sei:

„Präziser: Wie kommt es, daß wenige über viele herrschen. „... Die Stabilität einer Herrschaft (Durchsetzung i. S. der Herrschaftssicherung) wird nach Weber garantiert durch ihre „innere Stütze" (Organisation). Die Legitimitätsbeziehungen sieht Weber in der sozialen Vertikalen: als Legitimitätsanspruch der Herrschenden und als Legitimitätsglaube der Beherrschten. Die Frage, wie Legitimität entsteht, wie der Legitimitätsanspruch des oder der Herrschenden zum Legitimitätsglauben der Beherrschten wird' (Spittler, 1973, 1), wird (mit Ausnahme der charismatischen Herrschaft) ausgeklammert. ... Diesen vernachlässigten Aspekt der Entstehung der Legitimitätsgeltung — als Versuch der positiven Bestimmung dessen, was schließlich Legitimität ist — behandelt Popitz ausführlich" (Schmid/Treiber, 1975, 24):
„Die Legitimitätsgeltung bildet sich hier also zunächst in einer sozialen Horizontalen aus, als wechselseitige Bestätigung zwischen Gleichen, als Consensus der Privilegierten über die Gültigkeit der Ordnung, die sie privilegiert" (Popitz, 1968, 15).

Legitimität stützt Herrschaft als Chance, für Befehle bei angebbaren Personen Gehorsam zu finden. Dadurch werden die spezialisierten Aufgaben der einzelnen Ämter hierarchisch, also durch Befehl und Gehorsam, koordiniert. Weber hat drei Typen der Herrschaft formuliert, denen verschiedene Begründungen (Legitimation) der Machtbeziehung zugrunde liegen (vgl. Kap. C 3.5.). Die Legitimationsart des Herrschaftsanspruches bestimmt auch Grad und Umfang der Abhängigkeit der Untergebenen:

Charismatische Herrschaft	— vollkommene persönliche Abhängigkeit
Traditionale Herrschaft	— tradierte Regeln bestimmen die Grenzen der Abhängigkeit
Legale Herrschaft	— beide, Herrscher und Beherrschte, unterliegen und gehorchen gesetzten, rationalen Regeln

„Der Verwaltungsstab dient ... primär der Herrschaftssicherung, der Durchsetzung der Herrschaftsansprüche der Herrschenden gegenüber den Beherrschten (Spittler, 1973, 1). Die ambivalente Stellung des Verwaltungsstabes: einmal dient er dem oder den Herrschenden als Herrschaftsinstrument, zum anderen verfügt er zur Erfüllung dieser Aufgabe über eigene Machtmittel, die er gegen den oder die Herrschenden einsetzen kann" (Schmid/Treiber, 1975, 25).

2.2.3. Das idealtypische Mitglied von Bürokratien („Beamter")

Unter legaler Herrschaft sind für den Beamten Bereiche der Unabhängigkeit sowie Gehorsamspflichten definiert:

— seine Entlassung ist nur zulässig unter besonderen, unpersönlich festgelegten Bedingungen
— wenn ein Befehl gegen allgemeine Regeln oder professionelle Standards verstößt, darf er den Gehorsam verweigern
— Gehorsamsverweigerung ist ebenfalls Rechtens, wenn ein Befehl sich auf seine Privatsphäre bezieht.

2. Klassische Bürokratiemodelle

Der Beamte hat also einen hohen Grad von Autonomie gegenüber seinem Vorgesetzten dadurch, daß seine Stellung, seine private Existenz und sein professionelles Verhalten geschützt sind. Innerhalb seiner Amtstätigkeit und -verantwortung hat er dagegen in jeder Hinsicht allen Befehlen Folge zu leisten. Weber sieht hier einen patrimonialen Charakterzug des Beamtenstatus darin, „daß der Eintritt in ein persönliches Unterwerfungs-(Klientel-) Verhältnis verlangt wird" (Weber, 1964, 197), indessen nicht einem Herrscher, sondern einer Institution und damit auch einer Idee gegenüber. Auf diese Weise kann der Beamte in ‚neutraler' Amtsführung seine persönliche Meinung negieren und dem allgemeinen politischen Willen als ‚Werkzeug' dienen.

Am Beispiel des Zusammenbruches der bis 1918 legitimen Herrschaft in Deutschland zeigt Weber (1964, 197) auf, wie trotz Erschütterung des Heeresgehorsams und der Arbeitsdisziplin ein „glattes Weiterfunktionieren" des Verwaltungsstabes möglich war.

In Webers Bürokratiemodell besteht der bürokratische Verwaltungsstab aus Einzelbeamten, die im Idealfall die folgenden Bedingungen erfüllen (nach Schmid/Treiber, 1975, 22):

Idealtyp des Beamten

(1) „Sie gehorchen nur sachlichen Amtspflichten.
(2) Sie unterstehen einer festen Amtshierarchie.
(3) Sie haben feste, klar abgegrenzte Amtskompetenzen.
(4) Sie sind kraft Vertrag (Kontrakt), also prinzipiell auf Grund freier Auslese angestellt, und zwar
(5) auf Grund fachlicher Qualifikation — im „rationalsten Fall: durch Prüfung ermittelter, durch Diplom beglaubigter Fachqualifikation" — sie (die Beamten) werden also nicht gewählt.
(6) Sie werden mit festen Gehältern in Geld entgolten, meist mit Pensionsberechtigung „unter Umständen allerdings (besonders in Privatbetrieben) kündbar auch von seiten des Herrn, stets aber kündbar von seiten des Beamten; dies Gehalt ist abgestuft primär nach dem hierarchischen Rang, daneben nach der Verantwortlichkeit der Stellung, im übrigen nach dem Prinzip der ‚Standesgemäßheit'".
(7) Sie üben ihr Amt als einzigen oder im Hauptberuf aus.
(8) Sie sehen eine Laufbahn vor sich: „Aufrücken" je nach Amtsalter oder Leistungen oder beiden, abhängig vom Urteil der Vorgesetzten.
(9) Sie sind von den Verwaltungsmitteln getrennt und arbeiten ohne „Appropriation" der Amtsstelle — das Amt dient also nicht als „Pfründe".
(10) Sie unterliegen einer strengen, einheitlichen Amtsdisziplin und Kontrolle" (Weber, 1922, 126f.).

Aus der Sicht *kooperativer Führung,* das soll hier bereits kritisch angemerkt werden, bietet Webers Modell den Beamten nur geringe Chancen zur Realisierung des prosozialen Aspekts. Denn

„die von Weber vorgenommenen konkreten (historischen) Analysen behandeln weniger das Problem der Durchsetzung der Herrschaftsansprüche gegenüber den Beherrschten; die Beherrschten spielen nämlich in Webers Herrschaftssoziologie als „Fußvolk" eine eigentümliche Nebenrolle (nur bei der charismatischen Herrschaft, die als außeralltägliche Form der Herrschaft den Verwaltungsstab nicht kennt, wird das „Fußvolk" aufgewertet). Das „Fußvolk" wird von Weber als nivellierte „Masse" behandelt, ihre Chancen zur Organisationsfähigkeit und Konfliktfähigkeit werden von ihm als minimal beurteilt." (Schmid/Treiber, 1975, 25).

"Klassischer" vs. "politischer" Bürokrat

Dem „klassischen Bürokraten" Webers wird heute der Idealtyp des „politischen Bürokraten" gegenübergestellt (Abb. I-2-2):

Der „klassische Bürokrat"	Der „politische Bürokrat"
(1) Orientierung am „Gemeinwohl", „öffentlichen Interesse" etc.	(1) Orientierung an politisch divergierenden Interessen bzw. -gruppen, politisch diverg. Zielvorstellungen.
(2) Meinung, daß Probleme „rein sachlich", politisch neutral bzw. objektiv gelöst werden können und sollen.	(2) Orientierung an Aushandlungsprozessen (bargaining) und Kompromissen, weil versch. politische Meinungen bzw. Schlußfolgerungen als legitim angesehen werden.
(3) Das pluralistische politische „Vorfeld" (Parlament, Parteien, Interessenverbände, Lobby etc.) wird tendenziell für überflüssig oder gar für gefährlich gehalten.	(3) Das pluralistische politische „Vorfeld" wird sowohl für Wahrnehmung als auch für die politische Durchsetzung von Entscheidungen als wichtig erachtet.
(4) Politische Teilnahme der Massen wird abgelehnt.	(4) Politische Teilnahme der Massen wird tendenziell befürwortet.
(5) Gleichheit als politisches Ziel wird ebenfalls tendenziell abgelehnt (da formaler Rationalitätsbegriff).	(5) Gleichheit als politisches Ziel wird ebenfalls tendenziell befürwortet.
(6) Geringe Interaktion zwischen Bürokraten und Politikern.	(6) Relativ hohe Interaktion zwischen Bürokraten und Politikern.
(7) Elitekohäsion (Übereinstimmung, daß die höheren Ministerialbeamten eine moralische wie intellektuelle Elite darstellen bzw. darstellen sollen).	(7) Geringe Elitekohäsion.
(8) Legalistische bzw. prozedurale Orientierung.	(8) Programm- bzw. problemorientierte Vorgehensweise.

Abb. I-2-2:
Der „klassische" und der „politische Bürokrat" in idealtypischer Gegenüberstellung (Schmid/Treiber, 1975, 223).

2.3. Bürokratietypen

2.3.1. Die Strukturalisten

Alle Organisationen müssen zur Sicherung ihres Bestandes und der Zielerreichung Aufgabenzuweisung, Autoritätsverteilung, Funktionskoordination usw. regelhaft festlegen. Diese Regelmäßigkeiten werden häufig als Organisationsstruktur bezeichnet.

Nach March/Simon (1976, 157f.) kann sich adaptives Handeln in Organisationen immer nur auf einige wenige Elemente einer Situation richten; die anderen müssen — zumindest kurzfristig — als gegeben, d. h. nicht beeinflußbar, angesehen werden. So kann etwa ein Individuum oder eine Organisation entweder die Verbesserung eines bestimmten Programms oder aber die Auswahl eines Programms aus einem Repertoire anstreben, selten aber beides gleichzeitig. Rationales Entscheidungsverhalten richtet sich demnach primär auf wenige „strategische Faktoren" (Barnard). Diese „ceteris-paribus"-Sichtweise ist fundamental für die Existenz der Organisationsstruktur: „Die Organisationsstruktur setzt sich einfach aus jenen Aspekten des Verhaltensmusters in der Organisation zusammen, die relativ stabil sind und sich nur langsam ändern" (March/Simon, 1976, 158). Diese relativ stabilen Aspekte von Organisationen werden — in der Tradition Max Webers und in kritischer Auseinandersetzung mit ihm — von den Strukturalisten (vgl. dazu Pugh et al., 1975) in den Mittelpunkt gestellt. Die klassischen amerikanischen Studien in dieser Tradition, wie z. B. Merton (1940), Dubin (1949), Gouldner (1955), Argyris (1957), untersuchten Strukturen und Funktionen gegenwärtiger Organisationen und verglichen sie mit Webers Idealtypen.

Strukturalisten

Das Ergebnis war eine zweifache Kritik (Mayntz, 1968, 13):

— die bürokratische Organisation wird normativ als im Widerspruch zu demokratischen Idealen stehend empfunden
— unter veränderten Herrschaftsvoraussetzungen erscheint auch die Zweckmäßigkeit bürokratischer Organisationen als durchaus begrenzt.

Aus dieser Kritik (vgl. Abschnitt I 2.5.) entstanden Untersuchungen über dysfunktionale Konsequenzen von Bürokratien. So entwickelten z. B. Burns/Stalker ein Kontinuum der Flexibilität von Organisationen zwischen den beiden Extremen: „organische" und „mechanistische" Strukturen. Schließlich entstand der auf der Grundlage von Burns/Stalker und anderen in Feldforschungen entwickelte systematisch-empirisch orientierte Aston-Ansatz, der in Abschnitt I 3. behandelt wird.

2.3.2. Drei Modelle der Bürokratie

Presthus (1962, 37f.) kennzeichnet das idealtypische bürokratische Modell durch folgende Merkmale:

Merkmale der Bürokratie nach Presthus

(1) beträchtliche Größe
(2) Spezialisierung
(3) Hierarchie
(4) Statusangst
(5) Oligarchie (Herrschaft der Wenigen)
(6) Kooptation (Auswahl des Nachfolgepersonals durch die Elite der Organisation)
(7) Leistungswirksamkeit und Rationalität

Die Nachfolger Webers haben sich, ohne die von Weber postulierte Effektivität der Bürokratie in bezug auf die Ziele der formellen Hierarchie (vgl. Abschnitt I 2.5.) zu bestreiten, besonders mit den dysfunktionalen Konsequenzen bürokratischer Organisationen befaßt. Im folgenden seien drei Bürokratie-

Modelle dieser Art dargestellt (vgl. March/Simon, 1976, 38f.): Alle nachfolgend aufgeführten Bürokratie-Modelle untersuchen sowohl vorgesehene wie unvorhergesehene Konsequenzen organisatorischen Verhaltens.

Vereinfachtes Bürokratiemodell von Merton

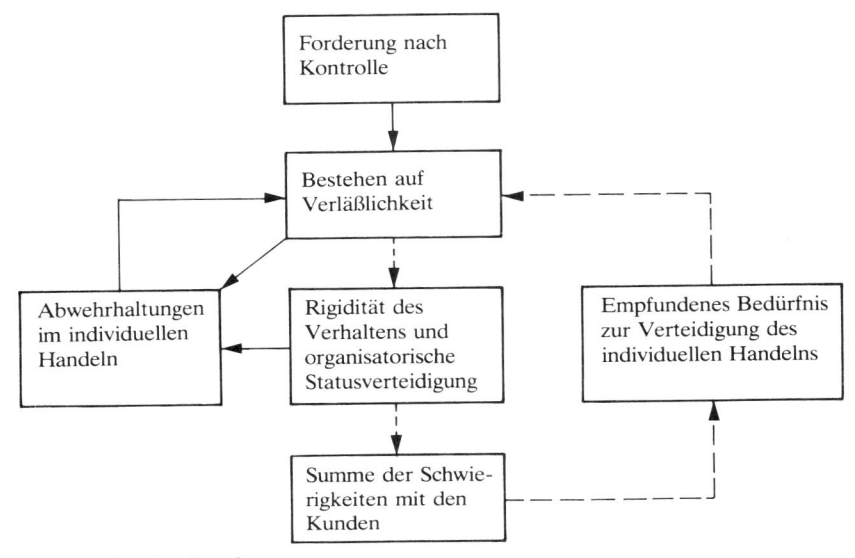

Abb. I-2-3: Das vereinfachte Modell der Bürokratie von Merton (nach March/Simon, 1976, 42).

Erläuterung: Die oberste Führungsebene der Organisation besteht auf Kontrolle und *Verläßlichkeit des Verhaltens.* Aufgrund der institutionalisierten Verfahrensweise zur Sicherung der Verläßlichkeit des Verhaltens der Organisationsmitglieder folgen bestimmte Konsequenzen, nämlich

(1) Verringerung der persönlichen Beziehungen (formalisiertes Rollenverhalten)
(2) Internalisierung der Organisationsregeln bei den Mitgliedern und
(3) Standardisierung der Entscheidungstechnik und damit verringerte Suche nach Entscheidungsalternativen.

Diese drei Aspekte fördern zwar die *Vorhersagbarkeit des Organisationsverhaltens,* führen indessen zu einer erhöhten *Rigidität des Verhaltens* der Organisationsmitglieder. Die Verhaltensrigidität führt ihrerseits zur a) Befriedigung der Forderung nach Verläßlichkeit, b) erhöht die *Abwehrhandlungen im individuellen Handeln* und c) erhöht die *Schwierigkeiten mit den Kunden,* und diese Schwierigkeiten führen zu einer Erhöhung des *Bedürfnisses zur Verteidigung des individuellen Handelns.*

2. Klassische Bürokratiemodelle

Vereinfachtes Bürokratie-Modell von Selznick

— erwünschte Ergebnisse
--- unerwünschte Ergebnisse

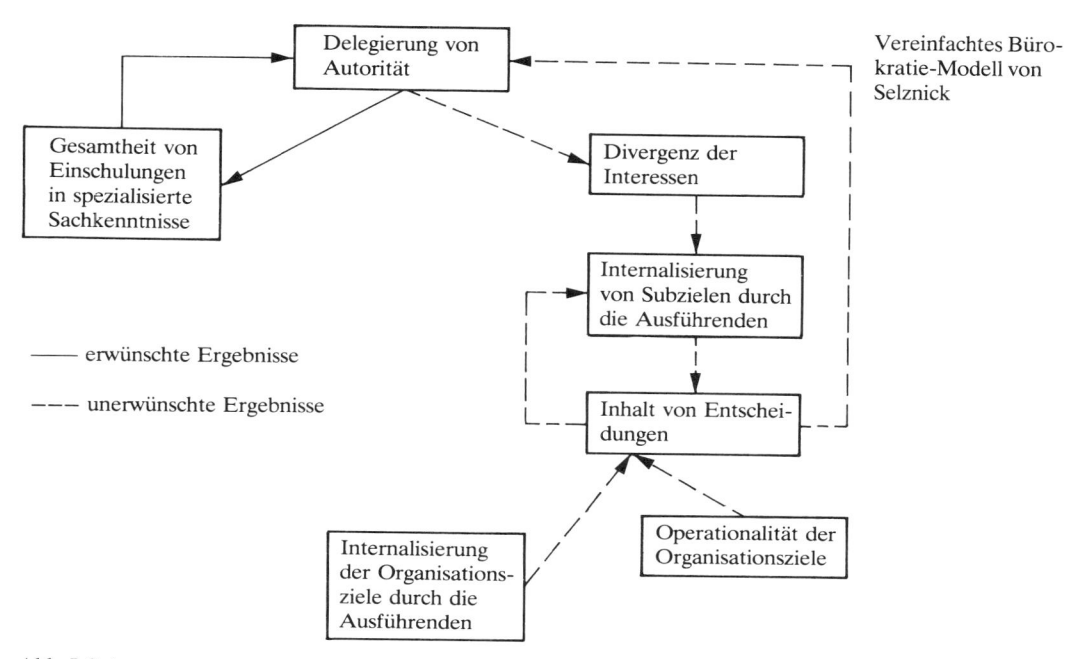

Abb. I-2-4:
Das vereinfachte Bürokratiemodell von Selznick (nach March/Simon, 1976, 45)

Erläuterung: In Selznicks Bürokratiemodell werden die funktionalen und dysfunktionalen Konsequenzen der Delegation von Autorität untersucht. Aufgrund der von der obersten Führungshierarchie gestellten Forderung nach Kontrolle kommt es zur erhöhten *Delegation von Autorität.* Diese erhöht wiederum die *spezialisierten Sachkenntnisse* und damit die adäquate Erfüllung der organisatorischen Ziele. Gleichzeitig führt die Delegation zur Abteilungsbildung und zur verstärkten *Divergenz der Interessen* bei den verschiedenen Organisationsmitgliedern.

Dies führt wiederum zu erhöhtem Konflikt zwischen den organisatorischen Subgruppen, die dazu neigen, ihre Gruppenvorstellungen in der *Internalisierung von Subzielen* zum Ausdruck zu bringen. Der *Inhalt von Entscheidungen,* die in der Organisation getroffen werden, wird maßgeblich durch die *Internalisierung von Subzielen* beeinflußt, insbesondere dann, wenn es zu einer geringen *Internalisierung der Organisationsziele durch die Ausführenden* kommt. Die daraus resultierende wachsende Diskrepanz zwischen den Organisationszielen und den organisatorischen Leistungen führt zur erhöhten Delegation.

Darüber hinaus wird der Inhalt der täglichen Entscheidungen und die Internalisierung von Subzielen in der Organisation vom Grad der *Operationalität der Organisationsziele* bestimmt. Zusammengefaßt: Nach Selznick führt die Delegation sowohl zur Realisierung wie zur Verschiebung der Organisationsziele.

In beiden Fällen wird mehr delegiert, so daß die Delegation funktionale wie dysfunktionale Wirkungen nach sich zieht.

Vereinfachtes Bürokratiemodell von Gouldner

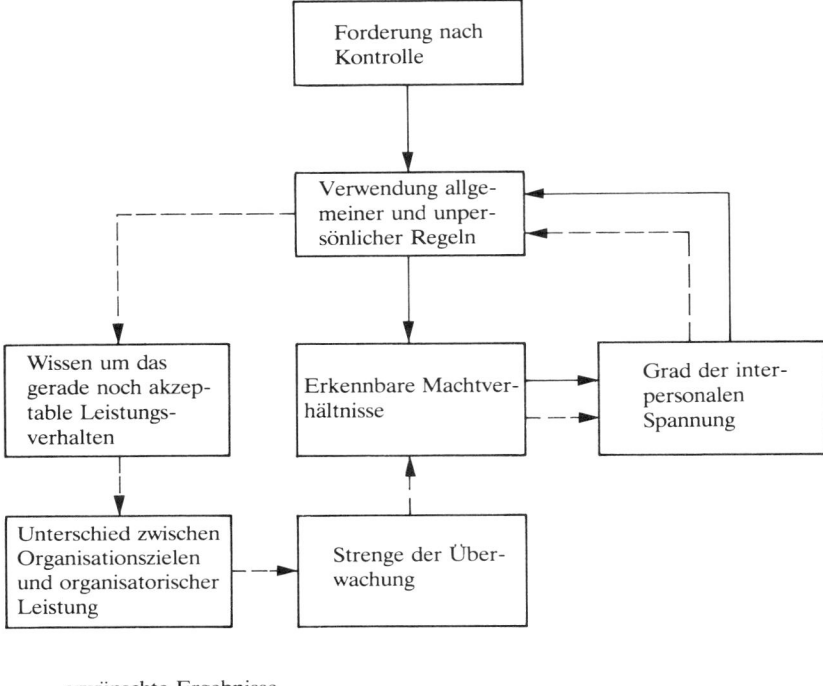

——— erwünschte Ergebnisse

--- unerwünschte Ergebnisse

Abb. I-2-5:
Das vereinfachte Bürokratiemodell von Gouldner (nach March/Simon, 1976, 46)

Erläuterung: In Gouldners Modell werden die Konsequenzen der *Verwendung allgemeiner und unpersönlicher Regeln* untersucht, die Ergebnis der Forderung nach Kontrolle sind. Die Regeln führen zu einer Verringerung der *erkennbaren Machtverhältnisse* innerhalb der Gruppe, wodurch der *Grad der interpersonalen Spannung* beeinflußt wird. Die Kenntnis der allgemeinen und unpersönlichen Regeln führt bei den Organisationsmitgliedern zum *Wissen um das gerade noch akzeptable Leistungsverhalten,* das in Verbindung mit einem geringen Internalisierungsgrad der Organisationsziele einen *Unterschied zwischen Organisationszielen und organisatorischer Leistung* bewirkt. Darauf folgt wiederum eine Vergrößerung der *Überwachungsstrenge* und eine Erhöhung der erkennbaren Machtverhältnisse.

Wie man sieht, werden in allen drei Bürokratie-Modellen nur ausgewählte Variablen thematisiert, so daß eine Integration dieser Modelle für die Bürokra-

2. Klassische Bürokratiemodelle

tieforschung sehr fruchtbar wäre. Diese Aufgabe kann jedoch im Rahmen dieses Buches nicht geleistet werden. Verschiedene Hypothesen der Modelle werden in den Kapiteln L, M, N und O erörtert.

2.4. Hierarchische Strukturformen der Organisationstheorie

2.4.1. Strukturmerkmale

Der Begriff Hierarchie meint eine Strukturierungsform von Organisationen aus mindestens zwei Rängen, die in einem Über- und Unterordnungsverhältnis stehen (Grün, 1969). Der Rang drückt Macht und Amtsautorität aus (vgl. Kap. C). Je mehr (weniger) Rangstufen, desto tiefer (flacher) die Hierarchie.

„In den personengebundenen (patriarchalischen, autokratischen, charismatischen) Organisationsformen diente die Hierarchie vor allem dem Zweck, Entscheidungen von oben nach unten durchzusetzen und die Disziplinierung der ausführenden Personen sicherzustellen (Befehlshierarchie)" (Grün, 1969).

Hierarchische Strukturformen

In den bürokratischen Organisationsformen ist im Laufe der Zeit aufgrund der Delegation von Aufgaben, Kompetenzen und Verantwortung von oben nach unten aus der Befehlshierarchie eine Leitungshierarchie (Entpersönlichung der Macht) geworden.

Die komplizierten arbeitsteiligen Prozesse in modernen Organisationen, die damit einhergehende Notwendigkeit zunehmender horizontaler Zusammenarbeit sowie die veränderten Einstellungen und Erwartungen der Mitarbeiter u. a. m. lassen das hierarchische Ordnungsprinzip im Hinblick auf eine optimale Leistungserstellung und Zufriedenheit der Mitarbeiter immer dysfunktionaler werden. Es herrscht in der Literatur weitgehende Übereinstimmung darüber, daß kooperative Führungsformen nur in Verbindung mit einer Veränderung der traditionellen hierarchischen Strukturen, die auf dem Grundsatz der Trennung von Entscheidung und Ausführung basieren, zu realisieren sind (für viele James/Jones, 1976). Eine gewisse Entwicklung zur „Enthierarchisierung" läßt sich, wenn auch nicht so stark in der Aufbauorganisation, so doch in der Ablauforganisation durch den tendenziellen Übergang von der ursprünglichen Leitungshierarchie zur „Berichtshierarchie" feststellen, nämlich „eine unter dem Aspekt der Berichterstattung von unten nach oben vorgenommene Stellenordnung" (Grün, 1969) in Abhängigkeit von bestimmten Terminen oder Ereignissen (z. B. beim management by exception oder objectives.).

Wie Grün (1969) hervorhebt, bezieht sich die Hierarchie primär auf die Verteilung von Zuständigkeiten für Arbeits*inhalte* sowie die Festlegung ihrer rangmäßigen Beziehung, während die Verrichtungs*art* oder zeit-räumliche Fragen selten formal geregelt sind. Damit wird die Bedeutung der Aufgabenart im Hinblick auf die Möglichkeiten und Grenzen kooperativer Führung offenbar.

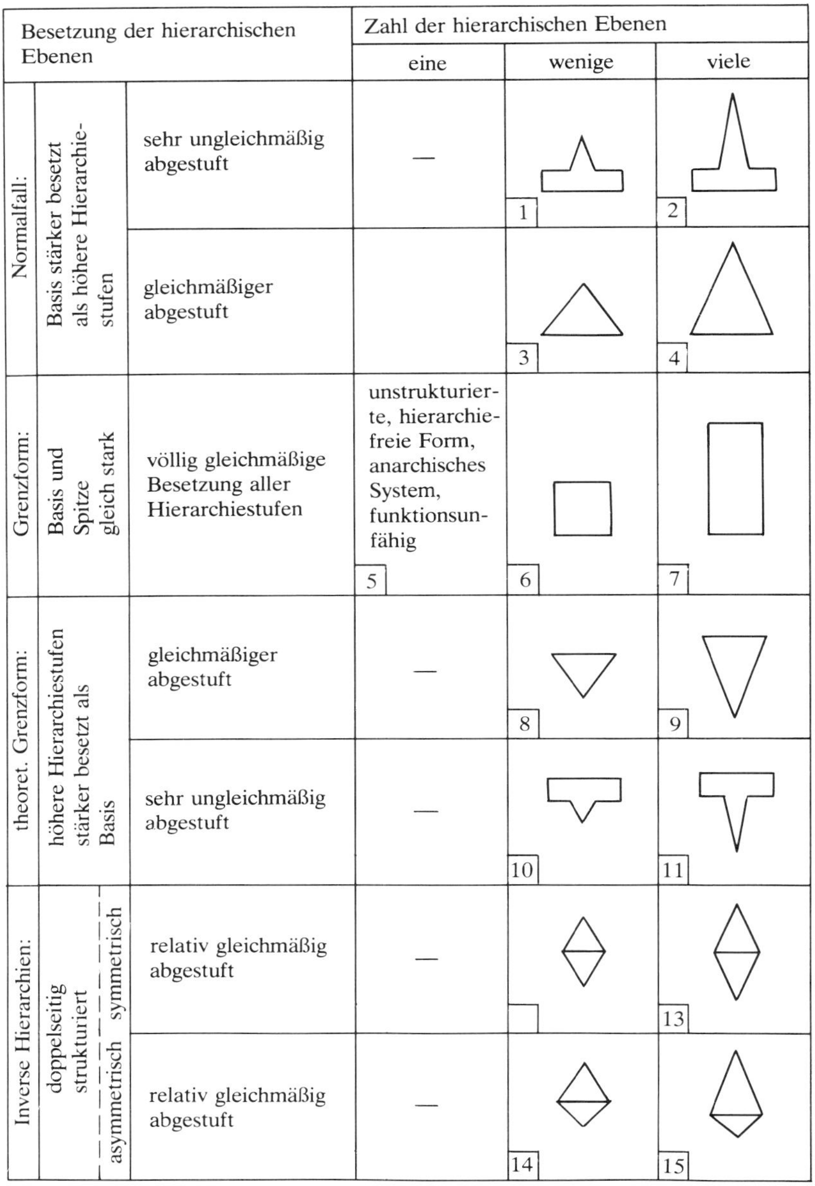

Besetzung der hierarchischen Ebenen			Zahl der hierarchischen Ebenen		
			eine	wenige	viele
Normalfall:	Basis stärker besetzt als höhere Hierarchiestufen	sehr ungleichmäßig abgestuft	—	⟨Form 1⟩	⟨Form 2⟩
		gleichmäßiger abgestuft		⟨Form 3⟩	⟨Form 4⟩
Grenzform:	Basis und Spitze gleich stark	völlig gleichmäßige Besetzung aller Hierarchiestufen	unstrukturierte, hierarchiefreie Form, anarchisches System, funktionsunfähig ⟨Form 5⟩	⟨Form 6⟩	⟨Form 7⟩
theoret. Grenzform:	höhere Hierarchiestufen stärker besetzt als Basis	gleichmäßiger abgestuft	—	⟨Form 8⟩	⟨Form 9⟩
		sehr ungleichmäßig abgestuft	—	⟨Form 10⟩	⟨Form 11⟩
Inverse Hierarchien:	doppelseitig strukturiert — symmetrisch / asymmetrisch	relativ gleichmäßig abgestuft	—	⟨Form 12⟩	⟨Form 13⟩
		relativ gleichmäßig abgestuft	—	⟨Form 14⟩	⟨Form 15⟩

Abb. I-2-6:
Grundformen hierarchischer Systeme (Fuchs, 1975, 11).

2. Klassische Bürokratiemodelle

In Abb. I-2-6 sind verschiedene empirische und idealtypische Grundformen hierarchischer Systeme mit unterschiedlichen Autoritätsstrukturen abgebildet (Fuchs, 1975, 11).

Verschiedene hierarchische Systeme

Erläuterung: Die Horizontale der Abb. I-2-6 zeigt die Anzahl der hierarchischen Ebenen (Leitungstiefe); die Vertikale die quantitative Besetzung und Verteilung dieser Hierarchiestufen mit Aufgabenträgern (Leitungsbreite). Aus der Kombination der Strukturmerkmale Leitungstiefe und -breite resultieren die o. a. verschiedenen Hierarchiestrukturen.

Die Grundformen 3 und 4 sind in der Praxis am weitesten verbreitet. Eine Tendenz zur „inversen" Hierarchie (12-15) zeichnet sich — wie Fuchs empirisch nachweist — in den letzten Jahren beim Stellenkegel der öffentlichen Verwaltung ab.

2.4.2. Organisatorische Strukturtypen

Im folgenden seien einige organisatorische Strukturtypen aufgeführt, die (kooperative) Führung in unterschiedlichem Ausmaß positiv und negativ zu beeinflussen vermögen. Unter Strukturtypen versteht man deduktive *Grundmodelle* der Kompetenzzuteilung, aus denen die unterschiedlichsten Mischformen abgeleitet werden. In den nachfolgend abgebildeten Übersichten werden die Vor- und Nachteile von 4 Grundmodellen hinsichtlich der Grundsätze, der Eigenarten, der Kapazität, der Koordination, der Entscheidungsqualität und des personalen Aspektes vergleichend analysiert (Hill et al., 1974, 191):

Organisatorische Strukturtypen

	Linienorganisation	Stab-Linien-Organisation	Funktionale Organisation	Matrix-Organisation
Grundsätze	– Einheit der Leitung – Einheit des Auftragsempfangs	– Einheit der Leitung – Spezialisierung von Stäben auf Leitungshilfsfunktionen ohne Kompetenzen gegenüber der Linie	– Spezialisierung der Leitung – direkter Weg – Mehrfachunterstellung	– Spezialisierung der Leitung nach Dimensionen – Gleichberechtigung der verschiedenen Dimensionen
Schema				

	Linienorganisation	Stab-Linien-Organisation	Funktionale Organisation	Matrix-Organisation
Eigenarten	– Linie = Dienstweg für Anordnung, Anrufung, Beschwerde, Information – Linie = Delegationsweg – hierarchisches Denken – keine Spezialisierung bei der Leitungsfunktion	– Funktionsaufteilung der Leitung nach Phasen des Willensbildungsprozesses – Entscheidungskompetenz von Fachkompetenz getrennt	– Job-Spezialisierung der Leitungskräfte – Übereinstimmung von Fachkompetenz und Entscheidungskompetenz	– keine hierarchische Differenzierung zwischen verschiedenen Dimensionen – systematische Regelung der Kompetenzkreuzungen – Teamarbeit der Dimensionsleiter
	In der Praxis: – Tendenz zur Bildung von „Passerellen" (Querverbindungen) – Tendenz zur Angliederung von Stäben – Tendenz zur Angliederung von Komitees	In der Praxis: – Tendenz zur Bildung einer eigenen funktionalen Stabshierarchie – Tendenz zur Erweiterung der Stäbe zu zentralen Dienststellen (unechte Funktionalisierung) – Tendenz zur Angliederung von Komitees	In der Praxis: – Tendenz zur unechten Funktionalisierung – fließender Übergang zu Matrix-Organisation	In der Praxis: – Tendenz zur Gewichtung eines der Dimensionsleiter als „Primus inter pares" – Tendenz zur Unterordnung der Matrix unter eine „klassische" Leitungsspitze mit Stab-Linien-Struktur
Kapazitätsaspekt	Vorteile: – Einheit der Auftragserteilung reduziert Kommunikations- und Entscheidungsprozesse	Vorteile: – Entlastung der Linieninstanzen – erhöhte Kapazität für sorgfältige Entscheidungsvorbereitung	Vorteile: – Entlastung der Leitungsspitze – Verkürzung der Kommunikationswege – keine Belastung von Zwischeninstanzen	Vorteile: – Entlastung der Leitungsspitze – direkte Wege – keine Belastung von Zwischeninstanzen

2. Klassische Bürokratiemodelle

	Linienorganisation	Stab-Linien-Organisation	Funktionale Organisation	Matrix-Organisation
	Nachteile: – Überlastung der Leitungsspitze – unterdimensioniertes Kommunikationssystem – lange Kommunikationswege, Zeitverlust – unnötige Belastung von Zwischeninstanzen	Nachteile: – Gefahr der Entwicklung einer überdimensionierten „wasserkopfartigen" Stabstruktur – Gefahr der Vernachlässigung der Leitungsorganisation (Stab als Vorwand für mangelhafte Delegation)	Nachteile: – großer Bedarf an Leitungskräften – großer Kommunikationsbedarf	Nachteile: – großer Bedarf an Leitungskräften – großer Kommunikationsbedarf
Koordinationsaspekt	Vorteile: – klare Kompetenzabgrenzung – klare Anordnungen – klare Kommunikationswege – leichte Kontrolle	Vorteile: – erhöhte Koordinationsfähigkeit gegenüber Linienorganisation	Vorteile: – potentiell große Koordinationsfähigkeit – direkte, schnelle Kommunikation	Vorteile: – mehrdimensionale Koordination – übersichtliche, klare Leitungsorganisation – Möglichkeit, Projekte als eigene Dimension zu integrieren
	Nachteile: – keine direkte Koordination zwischen hierarchisch gleichrangigen Instanzen und Stellen – Gefahr der Überorganisation (Verbürokratisierung)	Nachteile: – Fülle von Konfliktmöglichkeiten zwischen Linie und Stab – Transparenz der Entscheidungsprozesse geht verloren	Nachteile: – Kompetenzkonflikte kaum vermeidbar – keine klaren Kriterien der Kompetenzabgrenzung – in großen Systemen Koordination kaum zu bewältigen, da zu komplizierte Struktur	Nachteile – Zwang zur Regelung sämtlicher Kompetenzkreuzungen zwischen den Dimensionen – lückenlose Mitsprache schafft anspruchsvolle und kaum nachvollziehbare Entscheidungsprozesse – Konflikte wegen unterschiedl. Denkweisen.

	Linienorganisation	Stab-Linien-Organisation	Funktionale Organisation	Matrix-Organisation
Aspekt der Entscheidungsqualität	Vorteile: – Alleinentscheid ergibt einheitliche, zielorientierte Entscheide, kein Kompromißdenken (Einheit der Leitung) Alleinverantwortung bedeutet eindeutige Anerkennung persönlicher Beiträge, was die Einsatzbereitschaft fördert	Vorteile: – sinnvoller Ausgleich zwischen Spezialistendenken des Stabes und Überblick der Linie (Teamarbeit) – fachkundige Entscheidungsvorbereitung unter Einsatz moderner Methoden möglich	Vorteile: – Job-Spezialisierung des Vorgesetzten ermöglicht: Berücksichtigung spezifischer Eignungen sowie raschen Erwerb von Wissen und Erfahrung – Fachkompetenz wichtiger als hierarchische Stellung	Vorteile: – Spezialisierung der Leitung nach Problemdimensionen – gleichwertige Berücksichtigung mehrerer Dimensionen – permanente Teamarbeit der Leitung
	Nachteile: – Unvereinbarkeit mit dem Grundsatz der Spezialisierung – Gefahr der Vernachlässigung einer systematischen Entscheidungsvorbereitung – Gefahr der Informationsfilterung durch Zwischeninstanzen – starre, langsame Willensbildung	Nachteile: – Gefahr, daß Stabsarbeit von Linieninstanz nicht ausgewertet wird – Stab als „Graue Eminenz": Gefahr, daß Stabsmitarbeiter den Linienvorgesetzten dank seiner fachlichen Überlegenheit manipulieren kann (Entscheidung ohne Verantwortung)	Nachteile: – keine Einheit der Leitung – fehlender Blick des Vorgesetzten für das Ganze (Ressort-Denken) – Gefahr eines Konkurrenzverhältnisses zwischen den Fachbereichen anstatt Kooperation – Gefahr zu vieler Kompromisse – Gefahr großer Zeitverluste, bis ein Gesamtentscheid zustande kommt	Nachteile: – keine Einheit der Leitung – Gefahr zu vieler Kompromisse – Gefahr des Zeitverlustes, bis Gesamtentscheid zustande kommt

2. Klassische Bürokratiemodelle

	Linienorganisation	Stab-Linien-Organisation	Funktionale Organisation	Matrix-Organisation
Personenbezogener Aspekt	Vorteile: – Tüchtige Linienchefs werden als solche erkannt und gefördert – einfache Kommunikations- und Kompetenzstruktur fördern das Sicherheitsgefühl – großer Entfaltungsraum der oberen Linienvorgesetzten	Vorteile: – Stabstelle und Linienstelle sprechen unterschiedliche Individuen an und erlauben geeignetere Auswahl	Vorteile: – geringere Willkürgefahr als bei Linienorganisation – psychologischer Vorteil der funktionalen Autorität: geringere hierarchische Distanz, Vorgesetzte mehr als Berater empfunden	Vorteile: – kein hierarchisches „Pyramiden-Denken", funktionale Autorität – Ausgleich zwischen unterschiedlichen Dimensionsleitern, keine Willkürgefahr – Teamentscheidung gibt Sicherheit und fördert die persönliche Entfaltung
	Nachteile: – Betonung der vertikalen Beziehungen unvereinbar mit den heutigen menschlichen Anforderungen: Überbetonung der positionsspezifischen Autorität	Nachteile: – Betonung der vertikalen Beziehungen unvereinbar mit den heutigen menschlichen Anforderungen – psychologischer Nachteil der Stabstelle, daß ihre Entscheidungskompetenzen und ihr Status nicht der meist hohen Fachkompetenz des Inhabers entsprechen	Nachteile: – Unsicherheit von Vorgesetzten und Untergebenen bei lückenhaften oder widersprüchlichen Anweisungen	Nachteile: – ev. Gefühl der zu geringen Alleinverantwortung beim einzelnen Dimensionsleiter

Abb. I-2-7:
Vor- und Nachteile der Strukturtypen (Hill et al. 1974, 212-217)

2.5. Zur Kritik bürokratischer Modelle

2.5.1. Vom Bürokratie- zum „Mülleimer"-Modell

„Der entscheidende Grund für das Vordringen der bürokratischen Organisation war von jeher ihre rein technische Überlegenheit über jede andere Form. Ein voll entwickelter bürokratischer Mechanismus verhält sich zu diesem genau wie eine Maschine zu den mechanischen Arten der Gütererzeugung. Präzision, Schnelligkeit, Eindeutigkeit, Aktenkundigkeit, Kontinuierlichkeit, Diskretion, Einheitlichkeit, straffe Unterordnung, Ersparnisse an Reibung, sachlichen und persönlichen Kosten sind bei streng bürokratischer, speziell monokratischer Verwaltung durch geschulte Einzelbeamte gegenüber allen kollegialen .... Formen auf das Optimum gesteigert" (Weber, 1922, 668f.).

Max Webers generalisierende These von der „technischen Überlegenheit" bürokratischer Organisationen – die er eindeutig idealtypisch beschrieb – wurde besonders von amerikanischen Organisationsforschern relativiert. Sie beschrieben Bürokratien als tendenziell geschlossene, stabile und technisch-mechanistische Systeme und versuchten nachzuweisen, daß ihre Effizienz von dafür günstigen situativen Bedingungen („contingencies") abhinge. Diese Ansätze wurden deshalb auch als Situations-, Kontingenz- oder Kontexttheorien bezeichnet (vgl. Staehle, 1973). Als günstige Bedingungen für stabile/bürokratische Organisationsmuster wurden dabei z. B. genannt: Einfache und strukturierbare Aufgabenstellungen, gut definierte Ziele und erkennbare Präferenzen der Organisationsmitglieder, relativ stabile Organisationsmitgliedschaften und stabile Umwelten.

In ebenfalls idealtypischer Weise beschrieben diese Forscher Systeme mit entgegengesetzten Eigenschaften, bezeichneten sie als organische, anpassungsfähige, offene Systeme und versuchten, deren Leistungsfähigkeit aus meist gegensätzlichen Situationsbedingungen zu beschreiben.

Kast/Rosenzweig (1973, 311ff.) haben in einer verdienstvollen Synopse diese Situationsansätze nach Autoren- und nach Beschreibungsmerkmalen der polaren Systemtypen zusammengestellt. Sie werden in den Abbildungen I-2-8 und I-2-9 wiedergegeben. In ausführlicher Weise wird im folgenden Kapitel 3 das situative Konzept der „Aston-Gruppe" beschrieben, da es ein besonders differenziertes, empirisch ermitteltes und teilweise auch überprüftes Modell darstellt, in dem auch viele führungsrelevante Aspekte berücksichtigt sind.

Kast/Rosenzweig (1973, 311f.) vergleichen in Abb. I-2-8 die Auffassungen verschiedener Autoren über offene und geschlossene Organisationsmodelle. Die Übersicht ist insofern interessant, als zwei Typen von Organisationen vergleichend gegenübergestellt werden:

- die Organisation als geschlossenes, stabiles und mechanistisches System, zuvor auch als bürokratischer Typ beschrieben;
- die nicht-bürokratische Organisation als offenes, adaptives und organisches System.

2. Klassische Bürokratiemodelle

Eine daraus gewonnene Übersicht (Kast/Rosenzweig 1973, 315f.) gliedert – in der gleichen typologischen Gegenüberstellung – diese Konzepte nach den Dimensionen von Systemen und Subsystemen (Abb. I-2-9):

(1) Umgebung (Umsystem)
(2) Gesamtsystem der Organisation
(3) Ziele und Werte der Organisation
(4) Technologie
(5) Struktur der Organisation
(6) Psychosoziales Subsystem
(7) Management

Author	Characteristics of Organizational Systems	
	Closed/Stable/Mechanistic	Open/Adaptive/Organic
James D. Thompson	Closed system Certain, deterministic, rational	Open system Uncertain, indeterministic, natural
Fremont E. Kast and James E. Rosenzweig	Closed-system principles Concentration on individual subsystem	Open-system concepts Concentration on interdependence and integration of subsystems
Harold J. Leavitt	Power concentration Combination of relatively independent parts or components	Power equalization Multivariate systems of interacting variables: task, structural, technical, and human variables
Tom Burns and G. M. Stalker	Mechanistic	Organic
Shirley Terreberry	Placid environment	Turbulent environment
Henry P. Knowles and Borje O. Saxberg	Pessimistic View (Man as Robot) System emphasizes competition and relies upon imposed organization controls	Optimistic View (Man as Pilot) System emphasizes cooperation and relies upon individual self-control
Herbert A. Simon	One goal, one criterion Decision-making strategy to achieve a goal	Multiple, goals, multiple criteria Decision-making strategy to satisfy a set of constraints.
Charles Perrow	Routine technology Analyzable search procedures, few exceptions, programmable decisions	Nonroutine technology Unanalyzable search procedures, numerous exceptions, nonprogrammable decisions
Raymond G. Hunt	Performance	Problem solving
Jay W. Lorsch	Certain, homogeneous	Uncertain, diverse
D. S. Pugh, D. J. Hickson and C. R. Hinings	Full bureaucracy: structured, concentrated authority, impersonal control	Implicitly structured organizations: unstructured, dispersed authority, line control

Author	Characteristics of Organizational Systems	
	Closed/Stable/Mechanistic	Open/Adaptive/Organic
John J. Morse	Certain, predictable, routine, unchanging, structured	Uncertain, unpredictable, nonroutine, changing, unstructured
Fred E. Fiedler	Leadership style: task oriented, low tolerance for ambiguity	Leadership style: relationship oriented, high tolerance for ambiguity
George F. F. Lombard	Undimensional Dualism (right-wrong)	Multidimensional Relativism (multiple values; "It all depends")
	Closed, rationalistic decision processes	Open, contingent, satisficing, heuristic decision processes
Roger Harrison	"Surface" interventions Low emotional involvement in organization change	"In-depth'" interventions High emotional involvement in organization change
	Emphasis on instrumental relationships	Emphasis on interpersonal relationships
William H. Newman	Management design for stable technology	Management design for adaptive technology

Abb. I-2-8:
Verfasserorientierte Charakterisierung bürokratischer und nichtbürokratischer Organisationen (Kast/Rosenzweig 1973, 311 ff.)

Systems and Their Key Dimensions	Characteristics of Organizational Systems	
	Closed/Stable/Mechanistic	Open/Adaptive/Organic
Environmental Suprasystem General nature	Placid	Turbulent
Predictability	Certain, Determinate	Uncertain, Indeterminate
Degree of environmental influence on organization	Low	High
Control of task environment by organization	High	Low
Technology	Stable	Dynamic
Input	Homogeneous	Heterogeneous
Boundary relationships	Relatively closed. Limited to few participants (sales, purchasing, etc.). Fixed and well defined.	Relatively open. Many participants have external relationships. Varied and not clearly defined.
Organization means for interfacing with environment	Routine, standardized procedures	Nonroutine, flexible arrangements
Interorganizational relationships	Few organizations and/or Organization types with well-defined, fixed relationships	Many diverse organizations with changing relationships

2. Klassische Bürokratiemodelle

Systems and Their Key Dimensions	Characteristics of Organizational Systems	
	Closed/Stable/Mechanistic	Open/Adaptive/Organic
Overall Organizational System		
Boundary	Relatively closed	Relatively open
Goal structure	Organization as a single goal maximizer	Organization as a searching, adapting, learning system which continually adjusts its multiple goals and aspirations
Predictability of actions	Relatively certain, determinate	Relatively uncertain, indeterminate
Decision-making processes	Programmable, computational	Nonprogrammable, judgmental
Organization emphasis	On performance	On problem solving
Goals and Values		
Organizational goals in general	Efficient performance, stability, maintenance	Effective problem solving, innovation, growth
Pervasive values	Efficiency, predictability, security, risk aversion	Effectiveness, adaptability, responsiveness, risk taking
Ideological orientation	Undimensional and dualism	Multidimensional and relativism
Goal set	Single, clear-cut	Multiple, determined by necessity to satisfy a variety of constraints
Involvement in goalsetting process	Managerial hierarchy primarily (top down)	Widespread participation (bottom up as well as top down)
Means-ends orientation of participants	Emphasis on means (processes)	Emphasis on ends (objectives)
Number	Few	Many
Stability	Stable	Changing (over time)
Flexibility	Inflexible	Flexible
Clarity	Well defined	General (vague at times)
Specificity	High	Low
Technical System		
General nature of tasks	Repetitive, routine	Varied, nonroutine
Input to transformation process	Homogeneous	Heterogeneous
Output of transformation process	Standardized, fixed	Nonstandardized, variable
Knowledge	Specialized (narrow base)	Generalized (broad base)
Facilities	Special purpose	General purpose
Methods	Programmed, algorithmic	Nonprogrammed, heuristic
Propensity to change	Stable	Dynamic

Systems and Their Key Dimensions	Characteristics of Organizational Systems	
	Closed/Stable/Mechanistic	Open/Adaptive/Organic
Diversity	Low	High
Task interdependence	Low	High
Task rigidity	High	Low
Time perspective	Short term	Long term
Effect on participants	Task and technology define participant roles precisely. Difficult to adapt to individual needs and abilities. Limited discretion in carrying out tasks.	Technology is more tool than master. Considerable discretion in carrying out tasks.
Structural System		
Organizational formalization	High	Low
Differentiation and specialization of activities	Highly specific by function	More general, overlapping of activities
Specificity of tasks and functions	High	Low
Specificity of tasks and roles	High	Low
Procedures and rules	Many and specific, usually formal and written.	Few and general, usually informal and unwritten.
Number of levels in hierarchy	Many	Few
Authority structure	Concentrated, hierarchic	Dispersed, network
Source of authority	Authority based on position	Authority based on knowledge
Responsibility	Attached to position and/or role	Assumed by individual participants
Interdependence of individual, group, and department activities	Low	High
Psychosocial System		
Interpersonal relationships	Formal	Informal
Status structure	Clearly delineated by formal hierarchy	More diffuse. Based upon expertise and professioned norms.
Role definitions	Specific and fixed	General and dynamic. Change with tasks
Motivational factors	Emphasis on extrinsic rewards, security, and lower level need satisfaction. Theory X view.	Emphasis on intrinsic rewards, esteem, and self-actualization. Theory Y view.
Interaction-influence patterns	Superior → Subordinate Hierarchical	Superior ⇌ Subordinate Horizontal and diagonal

2. Klassische Bürokratiemodelle

Systems and Their Key Dimensions	Characteristics of Organizational Systems	
	Closed/Stable/Mechanistic	Open/Adaptive/Organic
Distribution of influence	Narrow, top of hierarchy	Wide, egalitarian distribution
Degree of autonomy for individual	Tightly controlled and structured	Relatively free and autonomous
Basis of organization influence upon individual	Manipulation of income and economic security	Adapting influence to higher level and internalized needs. Linking individual and organization goals.
Personal involvement	Low	High
Power system	Power concentration	Power equalization
Interpersonal collaboration	Low, discouraged	High, encouraged
Perspective of participants	Limited, parochial	Broad, systemic
Control of individual participants	Externally imposed	Self-imposed
Leadership style	Autocratic, task oriented desire for certainty	Democratic, relationship oriented, tolerance for ambiguity
Orientation of individuals	Local, Institutional orientation	Cosmopolitan, environmental orientation
Degree of participant commitment to organization	Low, conflicting values and goals	High, shared values and goals
Degree of participant uncertainty	Low	High
Managerial System		
General nature	Hierarchical structure of control, authority, and communications; Combination of independent, static components	A network, structure of control, authority, and communications; Co-alignment of interdependent, dynamic components
Specificity of managerial role	High	Low
Problem solving	Algorithmic, systematic, optimizing models	Heuristic, "disjointed incrementation," satisficing models
Decision-making techniques	Autocratic, programmed, computational	Participative, nonprogrammed, judgmental
Information flow	Quantitative data	Qualitative data
Content of communications	Decisions and instructions	Advice and information
Planning process	Repetitive, fixed, and specific	Changing, flexible, and general
Planning horizon	Short term	Long term
Types of plans	Standing plans, specific policies	Single-use plans, general policies

	Characteristics of Organizational Systems	
Systems and Their Key Dimensions	Closed/Stable/Mechanistic	Open/Adaptive/Organic
Control structure	Hierarchic, specific, short term, External control of participants	Reciprocal, general, long term. Self-control of participants
Control process	Control through impersonal means (rules, regulations, e. g.)	Control through interpersonal contacts (suggestion, persuasion, e. g.)
Position-based authority	High	Low
Knowledge-based authority	Low	High
Formality of authority	High	Low
Degree of professionalization	Low	High
Reaction to individual differences	Disallow, or at best tolerate	Recognize and value
Means of conflict resolution	Resolved by superior (refer to "book")	Resolved by group ("situational ethics")
	Compromise and smoothing	Confrontation
	Keep below the surface	Bring out in open
Management development	Orientation and training to fit the organization	Personal growth leading to organizational adjustments

Abb. I-2-9:
Merkmalsvergleich von bürokratischen und nichtbürokratischen Systemen (Kast/Rosenzweig, 1973, 315ff.)

Das Mülleimermodell

Das „Mülleimermodell"
Ein situativer Relativierungsansatz aus dem Lager der verhaltenswissenschaftlichen Entscheidungstheorie stammt von Cohen, March und Olsen (1974; vgl. dazu auch Kieser/Kubicek, II, 1978, S. 72ff.). Dieser macht u. a. deutlich, daß auch innerhalb bürokratischer Strukturen bei bestimmten Voraussetzungen anhand von Entscheidungsprozessen ein nahezu anarchisches Individualverhalten von Organisationsmitgliedern beschrieben werden kann. Dies wird am Beispiel amerikanischer Universitäten als „organisierte Anarchie" charakterisiert. In dem „Mülleimer-Modell" (Garbage Can Model) der Organisation sind Entscheidungsprozesse durch folgende Bedingungen gekennzeichnet: Unstrukturierte, wechselnde und komplexe Aufgaben, unklare Ziele, Präferenzen und Verhaltensweisen der Organisationsmitglieder, wechselnde Teilnehmer an Entscheidungsprozessen, schlecht strukturierte Entscheidungstechnologien, die kaum Zusammenhänge zwischen Entscheidungsalternativen und -konsequenzen erkennen lassen.

2. Klassische Bürokratiemodelle

Diese Bedingungen lassen sich besonders gut an „politischen" Verfahren zur Gesetzgebung bzw. Institutionalisierung von Organisationsnormen exemplifizieren:

„Die Entscheidung über eine neue Prüfungsordnung in einem Fachbereich mag ein Beispiel für einen solchen Entscheidungsprozeß sein: Einige Fakultätsmitglieder entscheiden mit, ohne sich über ihre Präferenzen im klaren zu sein (sie lassen Meinungen auf sich zukommen, wägen ab, ohne zu einem endgültigen Urteil zu kommen, steuern Diskussionsbeiträge bei und beeinflussen so die Entscheidung, ohne in der Lage zu sein, sich und anderen ihre Präferenzen klar zu machen; dabei können ihre Argumente sehr hilfreich sein). Die Technologie ist schlecht strukturiert, weil niemand genau angeben kann, welche Effekte bestimmte Ausgestaltungen der Prüfungsordnungen haben werden. Die Teilnehmer wechseln – außer dem Fachbereich werden noch verschiedene Kommissionen, der Senat und das Kultusministerium mit der Angelegenheit beschäftigt; während die Angelegenheit in einem Gremium behandelt wird, sind einige Mitglieder überhaupt nicht vertreten oder sie schicken ihren Vertreter. Vielleicht finden während des Entscheidungsprozesses Wahlen statt, durch die sich die Zusammensetzung der Gremien ändert" (Kieser/Kubicek, 1978, Bd. II, 73 f.).

Ein Fallbeispiel

Diskussion:
Anhand dieser Fallstudie wird deutlich, daß viele Entscheidungen in Organisationen nicht als echte Problemlösungen gekennzeichnet werden können, wovon die verhaltenswissenschaftliche Entscheidungstheorie grundsätzlich ausgeht. Viele solche Entscheidungen werden vielmehr durch „Flucht", „Blockierung" oder „Übersehen" geregelt (vgl. Cohen et al., 1974). Weder die idealtypischen Formen von Problemlösungsprozessen in der Entscheidungstheorie noch die von polaren Systemtypen der Organisationstheoretiker können die Organisationswirklichkeit voll erfassen. Sie müssen deshalb für empirische und realitätsgerechte Analyse- und Gestaltungskonzepte modifiziert werden.

2.5.2. Gründe für die Institutionalisierung bürokratischer Strukturen

Die Bürokratieforschung in der Nachfolge Webers hat sich besonders mit der Frage beschäftigt, ob und inwieweit die von Weber postulierte maximale Effizienz bürokratischer Organisationen angesichts des rapiden gesellschaftlichen und technologischen Wandels der hochkomplexen Industriestaaten noch zutrifft oder ob nicht vielmehr kooperativ-demokratisch strukturierte Organisationsmodelle effizienter wären.

Gründe für die Institutionalisierung

Hier können nur einige der vielen Forschungsergebnisse und Urteile zur Kritik bürokratischer Organisationen referiert werden (vgl. Mayntz, 1968; 1978; Ziegler, 1970; Kieser/Kubicek, 1978; Wagner, 1978). Die Diskussion wird u. a. auch um die Problemkreise Institutionalisierung, Komplexität und Komplexitätsreduktion geführt, auf deren unterschiedliche Voraussetzungen hier nicht eingegangen werden kann (vgl. Habermas/Luhmann, 1971; Narr/Naschold, 1969).

Im folgenden werden die verschiedenen Auffassungen über bürokratische Strukturen zusammenfassend aufgeführt. Dabei ist zu beachten, daß Organisationen verschiedene Bürokratisierungsgrade aufweisen, die — je nach Umweltdynamik und -komplexität — im Hinblick auf die Aufgabenerfüllung *funktional* oder *dysfunktional* sein können (Kieser/Kubicek, 1977, 341 f.).

Ausgehend von der Tatsache, daß der Mensch in unüberschaubaren Situationen handeln muß, untersuchte Gehlen (1951) spezifische Leistungen sozialer Systeme. Aufgrund „der sehr geringen, aus anthropologischen Gründen kaum veränderbaren Fähigkeiten des Menschen zu bewußter Erlebnisverarbeitung" (Luhmann, 1970, 116) wird die Institutionalisierung sozialer Systeme notwendig, um dem Handelnden „Selektion unter Risiko" (Luhmann) zu ermöglichen. Die Institutionalisierung des Handelns ist somit ein Mittel des Menschen, um sich von der ständigen Überlastung durch Unsicherheit und damit von Entscheidungszwängen zu entlasten (vgl. dazu auch Wunderer, 1975 f; b). Diese Institutionalisierung ist damit „kontrafaktisch gesicherte Verhaltensnormierung, die durch übervereinfachende Weltinterpretation abgestützt" wird (Habermas, 1971, 157; vgl. Kap. D, L). Auf die Kritik dieser „anthropologischen Konstante" bei Luhmann und Gehlen können wir hier nicht eingehen (vgl. Prewo et al., 1973, 22 f.; Habermas, 1971).

Funktionalität bürokratischer Organisationen

Mayer/Neuberger (1975, zit. n. Neuberger, 1977, 47) erwähnen folgende Aspekte der Funktionalität bürokratischer Organisationen:

(1) „Sicherung ziel- und normenkonformen Verhaltens in allen Situationen, in denen nicht davon ausgegangen werden kann, daß die Organisationsmitglieder sich mit den Zielen und Normen voll identifizieren und die nötigen Informationen zur Zielerreichung haben.
(2) Koordination der Aktivitäten mehrerer Positionen (v. a. wenn zwischen ihnen kein unmittelbarer Informationsaustausch besteht).
(3) Kontinuität der Handlungsstrategien durch Entlastung von Machtkämpfen aufgrund abgesicherter Einflußfelder.
(4) Transparenz der Organisation durch eindimensionale Strukturierung (nach dem Gesichtspunkt der Über — Unterordnung). Horizontale Beziehungen sind nicht institutionalisiert.
(5) Kanalisierung der Informationen (im sog. „Dienstweg"), Abkürzung der Zielfindungs- und Konfliktlösungsprozesse auf dem Instanzenweg mit der Möglichkeit der endgültigen Entscheidung. Damit ist eine klare Regelung der Berufungsmöglichkeiten in strittigen Fällen verbunden.
(6) Konzentration der Mitgliedermotivation auf bestimmte Kernbereiche (wie Unterordnung, Aufstiegsstreben, Konkurrenz, Sicherheit). Die Organisationshierarchie wiederholt und verstärkt eindeutige Informationsbeziehungen mit großem ‚Standardisierungspotential und niedrigem (Quer-)Informationsbedarf.'"

2.5.3. Zur Kritik bürokratischer Institutionen

Noch vor der Rezeption Webers durch die amerikanische Organisationssoziologie hatte sich Barnard (1938) kritisch über die Rigidität bürokratischer Organisationen geäußert. In dieser Tradition kritisierte Thompson (1961) als kennzeichnendes Symptom moderner Bürokratien das zunehmende Ungleichgewicht zwischen Fähigkeiten einerseits und formaler Autorität andererseits aufgrund der Trennung von Linie und Spezialisten (Stab). Mit dem Begriff „Büro-

2. Klassische Bürokratiemodelle

pathologie" bezeichnete er verschiedene Dysfunktionen, wie die Überbetonung von Regeln, Normen und Präzedenzfällen, kalte Überheblichkeit, Selbstunterwerfung unter das Amtsprotokoll, schriftliche Regelsammlungen etc. In der persönlichen Unsicherheit der Organisationsmitglieder sah er einen Grund für die Dominanz persönlicher Bedürfnisse über Notwendigkeiten der Organisation sowie die Ablehnung von Innovationen (Thompson, 1965).

Büropathologie

Bürokratische Institutionen berücksichtigen nach Laux (1975) zu wenig, daß:

- „Kommunikations- und Informationsbeziehungen nicht den formalen Rangfolgen, übergreifende Probleme zu ihrer Lösung einer gemeinsamen Meinungs- und Willensbildung und nicht nur der Koordinierung von einzelnen Verantwortungsbereichen bedürfen.
- Autorität kraft verliehener Macht (Vorgesetztenstatus) und Autorität kraft fachlicher Kenntnisse (Fachautorität) weithin nicht mehr deckungsgleich sind und sein können, zahlreiche Vorgänge sich einer Kontrolle durch den Vorgesetzten entziehen,
- die Arbeit des Mitarbeiters sich durch den Einsatz technischer Hilfsmittel zunehmend auch in einem Mensch-Maschine-Verhältnis realisiert."

Kritik bürokratischer Organisationen

Unlängst hat Bosetzky (1976) folgende These der Funktionalität sozialer Systeme in Bürokratien kritisiert, die im Mittelpunkt der Arbeiten Luhmanns (1964; 1970; 1971) steht:

Soziotechnische Systeme haben die Funktion der Erfassung und Reduktion von Komplexität.

Nach Bosetzky stehen dem entgegen

(1) die dysfunktionalen Konsequenzen bürokratischer Organisationen
(2) die mikropolitischen Strategien und das karriereorientierte Verhalten der Organisationsmitglieder sowie
(3) der Totalitätsanspruch der Führungsspitze.

(1) Dysfunktionale Konsequenzen bürokratischer Organisationen *erhöhen* (Bosetzky, 1976, 281) die Komplexität einer Organisation durch:

Erhöhung der Komplexität in bürokratischen Organisationen

- „die Tendenz zur Vermehrung des Personals und der Dienststellen
- das Fortbestehen von an sich funktionslos gewordenen Stellen und Untersystemen
- die doppelte Ausführung bestimmter Arbeiten
- ein Übermaß an Vorschriften
- einen überflüssigen Perfektionismus
- ein Zuviel an gegenseitigen Kontrollen
- ein Überbetonen der Regelbefolgung
- eine Tendenz zur schriftlichen Fixierung aller Informationen und Entscheidungen
- die Schwerfälligkeit von Entscheidungen durch Überlastung des Vorgesetzten
- das Abschieben von Verantwortung."

(2) Mikropolitische Strategien *erhöhen* die Eigenkomplexität von Bürokratien zumindest in dreierlei Hinsicht (Bosetzky, 1976, 282):

- „durch bestimmte Strategien der Machtgewinnung,
- durch bewußtes Schaffen von Ungewißheit und durch bewußte Verkomplizierung von Tatbeständen,
- durch einen organisationsinternen „Grabenkrieg"."

Bosetzky setzt Luhmann folgende These entgegen:
„Großorganisationen produzieren gleichzeitig mit der Reduktion von Komplexität immer auch Komplexität, und zwar in einem Ausmaß, daß sie langfristig mehr Komplexität an die Umwelt abgeben als sie Umweltkomplexität abbauen" (Bosetzky, 1976, 284).

Aus Bosetzkys These, wonach dysfunktionale Konsequenzen der Bürokratie im Streben der Mitglieder nach Selbstverwirklichung begründet seien (vgl. auch Thompsons o. a. Begründung mit persönlicher Unsicherheit), kann man zusammenfassend folgern, daß bürokratische Institutionen nicht a priori als für *kooperative Führung* hinderlich beurteilt werden dürfen. Diese Auffassung wird durch folgende Gegenüberstellung der Vor- und Nachteile der Bürokratie (Janowsky, 1969, 2) belegt, die als Konflikt zwischen einem „Zuviel" und „Zuwenig" aufgefaßt werden können:

Vor- und Nachteile bürokratischer Institutionen

Funktion	Kritik
Präzision	Pedanterie
Stetigkeit	Tendenz zur Macht
Disziplin	gläubiger Gehorsam
Straffheit	starke Kontrollen
Unerläßlichkeit	„Rädchen in der Maschine"
Gerechtigkeit	Versagen im Einzelfall
Eindeutigkeit	Schablone
Aktenkundig	„von der Wiege bis zur Bahre – Formulare"
Diskretion	Vertuschungsgefahr
straffe Unterordnung (?)	Untertanengeist
technische Überlegenheit	Perfektionismus
Unabhängigkeit	Überheblichkeit
Rationalität	Entpersönlichung

Abb. I-2-10:
Vor- und Nachteile bürokratischer Institutionen (nach Janowsky, 1969, 2)

3. Das Organisationskonzept der Aston-Gruppe

3.1. Grundlagen des Aston-Modells

In den frühen 60er Jahren konstituierte sich eine Forschergruppe an der Universität Aston in Birmingham (England) mit dem Ziel, die empirische Organisationsforschung weiterzuentwickeln. Ihre Arbeit hat zu einer spezifischen Schule geführt: dem Aston-Ansatz (vgl. Pugh/Hinings, 1976; Kieser/Kubicek, 1977).

3. Das Organisationskonzept der Aston-Gruppe

3.1.1. Grundannahmen

Das Aston-Konzept geht von fünf Annahmen (vgl. Pugh et al., 1975, 63) aus:

5 Grundannahmen des Aston-Modells

— Ein Vergleich von Organisationen verschiedener Typen soll dazu beitragen, allen Organisationen gemeinsame Probleme von solchen zu trennen, die für bestimmte Organisationen spezifisch sind. Das Ziel ist eine „Allgemeine Theorie der Organisation".
— Ein Vergleich erfordert gemeinsame Maßstäbe, insbesondere Meßbarkeit der Organisationsvariablen (Faktoren).
— Organisationen werden von ihren Zielen und ihrer Umgebung beeinflußt; diese müssen in die Untersuchung einbezogen werden.
— Untersuchungen des Arbeitsverhaltens von Individuen und Gruppen sollten in Beziehung gesetzt werden mit den Merkmalen der Organisation.
— Organisatorische Prozesse der Stabilität und des Wandels sollten vor dem Hintergrund eines Bezugsrahmens signifikanter Variablen und Beziehungen untersucht werden, und zwar durch vergleichende Forschung.

Die Strategie des Aston-Ansatzes besteht darin, zuerst nomothetische Untersuchungen von Organisationen (Analyse von Gesetzmäßigkeiten) durchzuführen, um generalisierbare Konzepte und wenn—dann—Beziehungen zu entwickeln. Anschließend sollen ideographische Untersuchungen (Einzelfalluntersuchungen) durchgeführt werden. Beide Forschungsansätze sollen durch einen einheitlichen Bezugsrahmen integriert werden, der es erlaubt, spezifische und generelle Probleme zu unterscheiden.

3.1.2. Das Variablensystem

Für die theoretische und empirische Analyse der Bedingungen und Konsequenzen organisatorischer Strukturen hat die sogenannte Aston-Gruppe (Pugh, Hickson, Child u. a.) einen konzeptuellen Bezugsrahmen entwickelt, den wir als globale Klassifikations- und Analysegrundlage für die Frage nach den organisatorischen Bedingungen und Hemmnissen kooperativer Führung verwenden werden.

Daneben gibt es in der Organisationsliteratur eine Reihe enumerativ aufgeführter Strukturvariablen, die freilich nur einen begrenzten Erklärungswert aufweisen. So erwähnen beispielsweise March/Simon (1976, 232) insgesamt 207 Variablen zur Strukturbeschreibung von Organisationen.

Im „Aston-Konzept" werden folgende fünf *organisatorische Strukturvariablen* unterschieden (Pugh/Hickson, 1968; Pugh/Hinnings, 1976):

5 Strukturvariablen des Aston-Modells

„*Spezialisierung* — der Grad, in dem die Tätigkeiten in den Organisationen in spezialisierte Rollen aufgeteilt sind.
Standardisierung — der Grad, in dem die Tätigkeiten von Routineverfahren bestimmt werden.
Formalisierung — der Grad, in dem Verfahren, Regeln, Aufgaben, Weisungen usw. schriftlich formuliert sind.

Zentralisierung — der Grad, in dem die Autorität, Entscheidungen zu treffen, zentralisiert ist.

Konfiguration — die „Gestalt" der Struktur, wie sie durch eine Anzahl von Dimensionen angedeutet wird, zum Beispiel ihrer „Höhe" (die Zahl der Positionen zwischen dem „leitenden Direktor" und der Ausführungsebene) dem Prozentsatz ihres „nicht fertigungsbezogenen" (d. h. indirekten) Personals, dem Prozentsatz der Bürokräfte etc."

Eine Faktorenanalyse (vgl. Kap. B) der strukturalen Interkorrelationen ergab folgende 3 Faktoren (Pugh et al., 1969):

Faktor 1: Strukturierung der Aktivitäten (hoch, mittel, niedrig)

Faktor 2: Entscheidungsbeanspruchende Autorität (hoch, niedrig)

Faktor 3: Mittel der Steuerung (hierarchische Kontrolle persönlich — unpersönlich)

Diese Taxonomie führt, wie die Abbildung I-3-1 zeigt, zu insgesamt 12 Zellen. Im Würfelmodell sind 7 der 12 Zellen mit verschiedenen Organisationstypen bezeichnet.

Taxonomie der Strukturvariablen

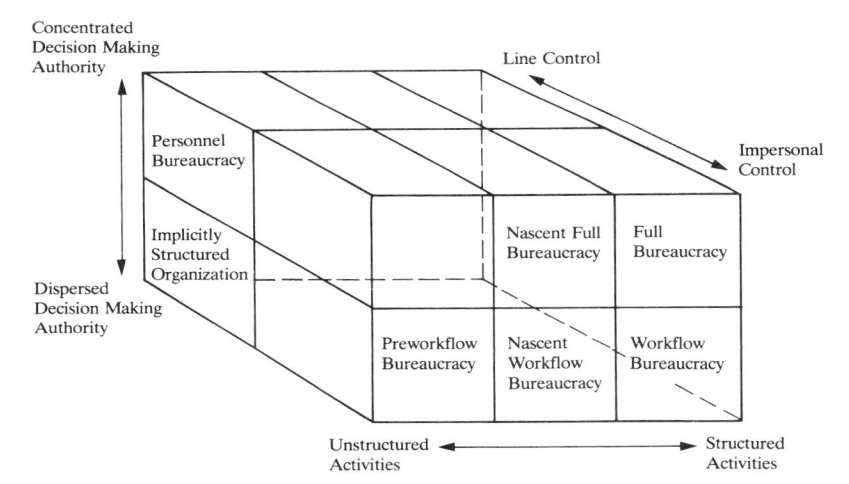

Abb. I-3-1:
Eine Klassifikation der Strukturen von Arbeitsorganisationen (nach Pugh/Hinings 1976, 133).

Kieser/Kubicek (1977, 49) führen als Anhänger des Aston-Konzeptes folgende 5 Hauptdimensionen der Organisation auf:
(1) Spezialisierung (Arbeitsteilung)
(2) Koordination
(3) Konfiguration (Leitungssystem)
(4) Entscheidungsdelegation (Kompetenzverteilung) und
(5) Formalisierung.

3. Das Organisationskonzept der Aston-Gruppe   347

Diese Dimensionen entsprechen weitgehend der Aston-Konzeption: Zentralisierung wird bei Kieser/Kubicek Entscheidungsdelegation genannt; Koordination deckt sich teilweise mit Standardisierung im Aston-Konzept.

Gebert (1974, 44; 1978) faßt die in der Literatur genannten Strukturmerkmale von Organisationen wie folgt zusammen:

Zentralisierung:	Entscheidungsgewalt
	Kommunikation
Strukturierung:	Standardisierung
	Formalisierung
	Aufgabenkomplexität
Differenzierung:	Positionsdifferenzierung
	Funktionsdifferenzierung
	Hierarchiehöhe
	Kontrollspanne
	Größe der Organisation

Wie die nachfolgende Abbildung I-3-2 in Analogie zur Abbildung in Kap. L zeigt, wird in Kap. M der Einfluß der Kontext- und Strukturvariablen des Aston-Konzepts auf *kooperative Führungsformen* untersucht, wobei der partizipative Aspekt im Mittelpunkt des Interesses steht, während der prosoziale Aspekt in Kap. L thematisiert wird.

Da im Aston-Modell (insbes. bei Kieser/Kubicek, 1977) dem Rollenkonzept eine zentrale Bedeutung zugewiesen wird, soll im folgenden kurz auf Grundlagen der Rollentheorie eingegangen werden (vgl. dazu Kap. D, L).

3.2. Die Rollentheorie als zentrales Paradigma des Aston-Modells

3.2.1. Zur Bedeutung der Rollentheorie

Die Handbuchartikel und Übersichtsarbeiten von Sarbin/Allen (1969), Sader (1969) und Wiswede (1977) zeigen die zunehmende Verbreitung rollentheoretisch orientierter Arbeiten in Soziologie und Sozialpsychologie. Auch in die betriebswirtschaftliche Organisationstheorie wurden Konzepte der Rollentheorie aufgenommen (z. B. Hill et al., 1974; Kieser/Kubicek, 1977). An verschiedenen Stellen dieser Arbeit sind bereits Forschungsergebnisse der Rollentheorie referiert worden (u. a. Kap. D, E, G, H). Diese Orientierung konnte allerdings nicht (wie z. B. Katz/Kahn, 1966; Silvermann, 1972) der gesamten Arbeit zugrunde gelegt werden, denn die rollentheoretische Sicht ist nur

Rollentheorie

Beziehung zwischen Kontext-, Strukturvariablen und kooperativer Führung	Unabhängige Variablen	Intervenierende (moderierende) Variablen	Abhängige Variablen
	Kontextvariablen Gesellschaftliche und organisatorische Normen Organisationsgröße Technologie Abhängigkeit Unsicherheit	situationale Rahmenbedingungen	*Kooperative Führung* 9 Merkmale prosozialer und partizipativer Aspekt (vgl. Kap. K, L)
	Strukturvariablen Spezialisierung Standardisierung Formalisierung Zentralisierung Konfiguration (Koordination)		

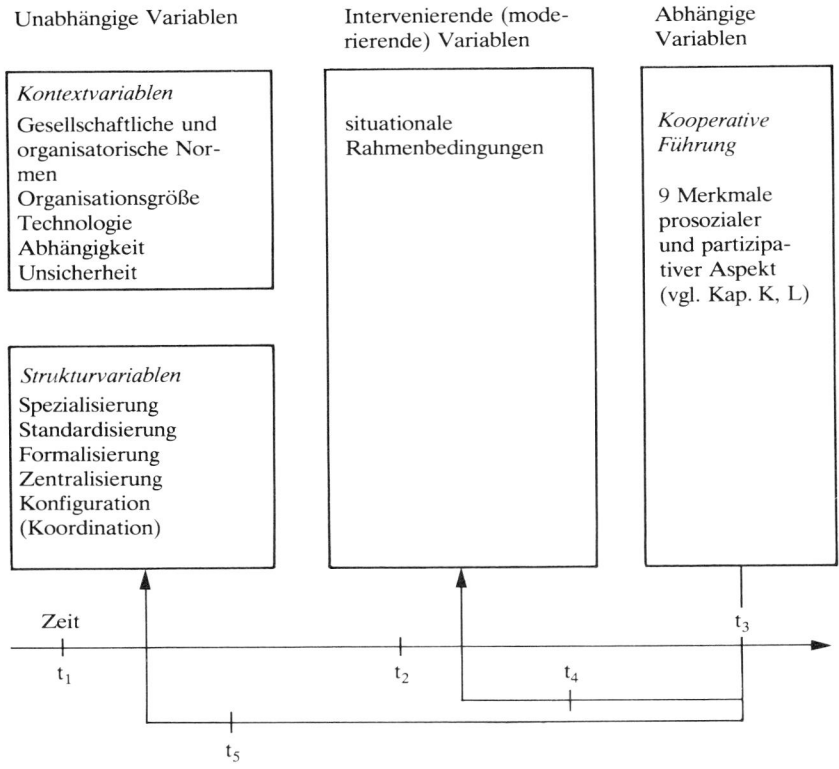

Zeit t_1 t_2 t_4 t_3
t_5

Abb. I-3-2:
Beziehungen zwischen Kontext- und Strukturvariablen sowie kooperativer Führung

eine unter anderen möglichen und bedarf in vielen Punkten der Einschränkung und Ergänzung (vgl. Kap. E 2.).

Im folgenden seien einige rollentheoretische Konzepte diskutiert, die zur begrifflich-theoretischen Integration dieses Kapitels verwendet werden können.

3.2.2. Anforderungen der kooperativen Führung an die Rollentheorie

Kooperative Führung und Rollentheorie

Die Auswahl der vorzustellenden Konzepte orientiert sich an den von uns definierten Prinzipien der kooperativen Führung (vgl. Kap. K). Das soll anhand einer Gegenüberstellung zweier ergänzender theoretischer Positionen verdeutlicht werden (vgl. Wiswede, 1977, 16ff.):

— Beschränkt man sich auf den Ziel-Leistungs- und Organisationsaspekt (= Führung in Organisationen) sowie auf das Arbeits-Leistungs-Prinzip, so reicht ein positionales und formalistisches Rollenkonzept aus. D. h. Rollen-

3. Das Organisationskonzept der Aston-Gruppe

erwartungen werden grundsätzlich in Zusammenhang mit sozialen Positionen gesehen (Parsons, Merton, Dahrendorf), als festgelegte, vordefinierte und weitgehend formalisierte Verhaltensschemata verstanden (Kahn, Parsons) sowie *unabhängig von den beteiligten Akteuren als Realität sui generis*, als Leerstelle der sozialen Struktur, als jederzeit verfügbare Hülse für austauschbare Rollenspieler aufgefaßt (Popitz, 1975).
— Durch die Berücksichtigung kooperativer Führungsformen (partizipativer und prosozialer Aspekt) sowie der Prinzipien Wechselseitigkeit und Selbstverwirklichung wird eine Ergänzung der oben skizzierten Position — die der Sicht der Organisation unter rein formalhierarchischem Aspekt entspricht — durch einen personalen und empirisch ausgerichteten Rollenbegriff notwendig. Danach sind Rollen Typisierungsschemata für soziale Kategorien und Sachverhalte, die in konkreten Interaktionssequenzen erst ausgebildet, verhandelt und ausgehandelt werden müssen (vgl. Krappmann, 1970; Ziegler, 1970, s. Abschnitt 6.4.) und daher der Interpretation durch die Beteiligten bedürfen.

Unter dem Aspekt der Führung wird damit das handelnde Individuum herausgestellt, das auf spezifische organisatorische Erwartungen in spezifischer Weise reagiert.

Zwischen dem „interpretativen Rollenbegriff" des *symbolischen Interaktionismus* (z. B. bei Silverman, 1972), der soziale Rollen als Ergebnis gemeinsamer Sinndefinitionen (Luhmann) über soziales Handeln betrachtet, und dem formalisierten Rollenbegriff von Systemtheorien bestehen große konzeptionelle und inhaltliche Differenzen, auf die wir hier nicht eingehen können (vgl. dazu Wiswede, 1977; Silverman, 1972; Helle, 1977).

3.2.3. Einige Konzepte der Rollentheorie

Folgende Konzepte der Rollentheorie scheinen uns geeignet, auf Handlungsspielräume des Organisationsmitgliedes (kooperative Qualität) innerhalb eines formal strukturierten Erwartungsfeldes hinzuweisen. Wir folgen dabei der Darstellung von Wiswede (1977), auf dessen systematische Analyse des Rollenkonzeptes zur Ergänzung verwiesen wird (vgl. Kap. E 2.)

Grundkonzepte der Rollentheorie

Rollenerwartungen, Normen und Werte

In normativer Sicht können Rollenerwartungen auf Normen und Werte zurückgeführt werden.

Rollenerwartungen

„Wenn die Befolgung sozialer Werte mit Sanktionen verknüpft ist, so werden aus ihnen Normen, d. h. Gebote und Verbote, und sie kennzeichnen die ‚richtigen' Wege, die Werte (Ziele) der Gesellschaft oder Gruppe anzustreben und zu erreichen. Werden Normen kogniziert (wahrgenommen, die Verf.), so werden sie Teil der kognitiven Struktur des Individuums; man erwartet, daß Individuen sich an bestimmte Normen halten. Erwartungen, die gegenüber dem Inhaber gewisser sozialer Positionen bestehen, werden dann als Rollen bezeichnet, und in sich zusammengehörige Flechtwerke von Rollenbeziehungen gelten üblicherweise als soziale Systeme. Somit sind Rollen nach diesem Verständnis auf Erwartungen bzw. auf Normen rückführbar; sie sind aus ihnen abgeleitet" (Wiswede, 1977, 37f.).

Das Gesagte wird durch Abbildung I-3-3 verdeutlicht (Wiswede, 1977, 37).

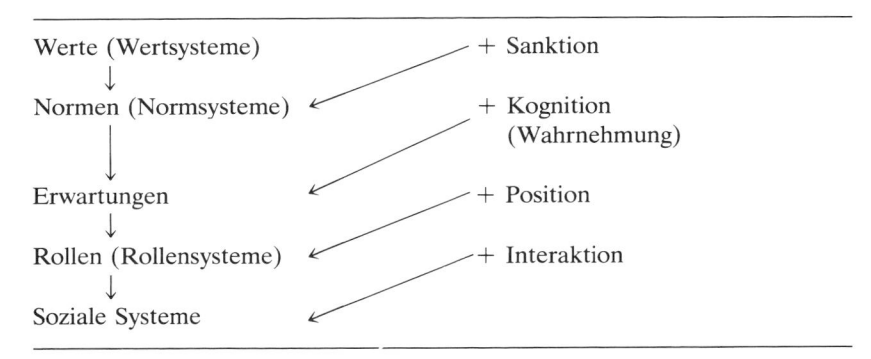

```
Werte (Wertsysteme)              ╱─── + Sanktion
    ↓                           ╱
Normen (Normsysteme)  ←────────╱    + Kognition
    ↓                               (Wahrnehmung)
Erwartungen           ←────────╲    + Position
    ↓                           ╲
Rollen (Rollensysteme) ←─────────╲  + Interaktion
    ↓                             ╲
Soziale Systeme       ←
```

Abb. I-3-3:
Werte, Normen und Rollen (nach Wiswede, 1977, 37)

Dementsprechend sind Erwartungen „das psychische Korrelat von Normen auf der kognitiven Ebene: Vorstellungen darüber, was ein Individuum in einer bestimmten Situation oder Position tun wird und/oder tun sollte" (Wiswede, 1977, 39). Erwartungen beinhalten also sowohl antizipatorische (A wird so handeln) wie normative (A sollte so handeln) Aspekte. Der prognostische Inhalt steht und fällt mit seiner normativen Verankerung (vgl. dazu Abschnitt 6.4.).

Im folgenden wird der Begriff „Rolle" mit − in der Regel formal legitimierter − „Rollenerwartung" gleichgesetzt. Alternativ wird „Rolle" auch als „Rollenhandeln" (z. B. Katz/Kahn, 1966, 179) oder als wahrgenommene Erwartung bzw. intrapsychische Definition der Erwartung aufgefaßt (ausführlich Levinson, 1959; Sader, 1969).

Rollenkonsens

Rollenübereinstimmung – 5 Hypothesen

Über die Merkmale einer sozialen Rolle, insbes. hinsichtlich der eingeschlossenen Rechte und Pflichten, besteht keineswegs Übereinstimmung (vgl. die bei Wiswede, 1977, 49 zitierten empirischen Untersuchungen). Wiswede (1977, 48f.) faßt die Bedingungen für einen hohen Konsensgrad in fünf Hypothesen zusammen (ceteris paribus). Danach steigt der Konsens über Rollenerwartungen (vgl. Merkmal Vertrauen in Kap. L)

— mit der Interaktionshäufigkeit
— mit der Attraktivität einer Gruppe/Person
— mit der Gruppenkohäsion
— mit der Homogenität von Personen oder Gruppen
— mit den ähnlichen (insbesondere positiven und wichtigen) Konsequenzen des rollengemäßen Handelns für andere.

3. Das Organisationskonzept der Aston-Gruppe

„Die Ähnlichkeit der hiergenannten unabhängigen Variablen hat als Generalnenner vermutlich ein einigermaßen einheitliches Interaktionsklima..." (Wiswede, 1977, 54). Überschaubarkeit, geringe Komplexität und Bekanntheit der Sozialbeziehungen fördern den Konsens über Rollenerwartungen und vermindern Konflikte. Diese Hypothesen entsprechen den in Abschnitt 4 darzustellenden Problemen der Wahrnehmung und Definition von Organisationsumwelt und -kontext durch die Organisationsmitglieder.

Rollenmacht

In der Regel werden Machtprobleme in rollentheoretischen Diskussionen ausgeklammert (Ausnahme: Claessens, 1970).

5 Fragen zur Rollenmacht

Aus rollentheoretischer Sicht können fünf Fragen nach der Genese und dem Einfluß von Machtbeziehungen formuliert werden (Wiswede, 1977, 57):

— Die Frage nach der Rollenproduktion: inwieweit ist soziale Macht an der Herstellung, Definition, Institutionalisierung und Veränderung von Rollen bzw. der Verdrängung anderer Rollen beteiligt?
— Die Frage nach der Rollenbesetzung: welche Individuen bestimmen über die Besetzung von Positionen bzw. haben die Chance, sie zu erreichen?
— Die Frage nach der Rollenasymmetrie: Ausmaß von Über/Unterordnung sozialer Rollen und der damit verbundenen Sanktionspotenz (Anweisungsbefugnis) und deren Reichweite?
— Die Frage nach der Rollendisparität: inwieweit können Individuen oder Gruppen ein Ungleichgewicht zwischen Privilegien, Rechten und Pflichten herstellen und aufrechterhalten?
— Die Frage nach den Rollensanktionen: Inwieweit muß die Übernahme und das Ausfüllen sozialer Rollen durch Sanktionen durchgesetzt und abgesichert werden?

Diese Fragen werden in den Kap. E und L behandelt.

Exemplarisch seien drei Hypothesen zur Rollendisparität referiert (Wiswede, 1977, 71f.; vgl. auch Weber, 1964, 159): Danach neigen disparitätisch (d. h. durch Differenz zwischen Rechten und Pflichten) begünstigte Rolleninhaber dazu

Rollenkonflikte

— ihre Position zu verteidigen,
— die Vorteile ihrer Position nicht sichtbar werden zu lassen oder sie zu bagatellisieren sowie Nachteile herauszustreichen,
— ihre Disparität zu rechtfertigen, zu legitimieren und sich mit gleichermaßen Begünstigten zu solidarisieren.

Damit ist eine sozialpsychologisch bedingte Behinderung von Entscheidungsbeteiligung angedeutet; auf den partizipativen Aspekt kooperativer Führung bezogen heißt das: Entscheidungsbeteiligung kann dort am ehesten realisiert werden, wo sie schon ansatzweise besteht (vgl. Kap. K und O).

Rollenaspekte

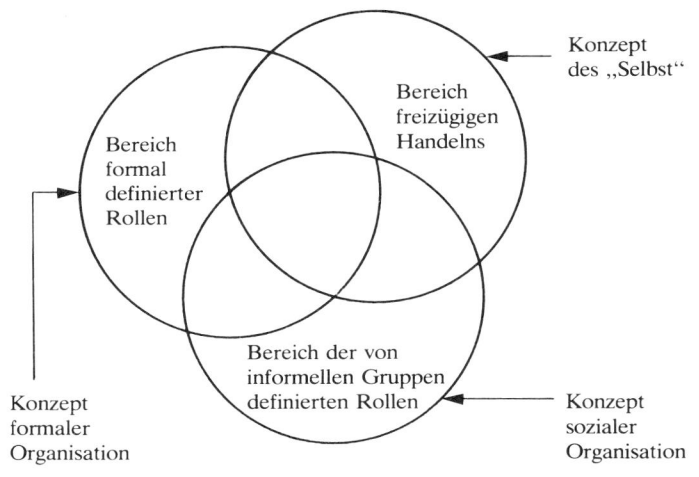

Abb. I-3-4:
Formale, informelle und irrelevante Rollenaspekte (nach Wiswede, 1977, 120)

Rollendifferenzierung in Organisationen

Rollen innerhalb von Organisationen unterscheiden sich in der Regel von solchen außerhalb einer Organisation durch drei Besonderheiten:
- sie sind strukturierter und formalisierter
- sie sind eher nach Rang und Befugnis unterschieden, also hierarchisch gegliedert
- sie sind stärker spezialisiert und abgegrenzt.

Rollendifferenzierung

Auf alle drei Aspekte wird in Kap. M eingegangen. In diesem Zusammenhang wird deutlich, daß es sich hierbei lediglich um die formalisierten Rollensegmente handelt, d. h. Verhaltensvariabilitäten möglichst ausgeklammert werden (vgl. Abb. I-3-4).

Folgende Definition (Kahn/Wolfe, 1975, zit. nach Wiswede, 1977, 101) verknüpft die formal-organisatorische und rollentheoretische Betrachtungsweise:

„Jede Stelle in einer Organisation kann betrachtet werden in ihrer Definition durch Erwartungen, Vorschriften und Verhaltensweisen, die von den Kollegen (i. w. S., d. Verf.) ausgehen. Um das Bild ein wenig zu ändern, ist die Organisation eine Art von Fischernetz; die Knoten sind die Stellen oder Positionen, und das verbindende Garn repräsentiert die Erwartungen."

3.3. Korrelative Beziehungen zwischen Variablen soziotechnischer Systeme

Während in der Organisationsforschung häufig nur Einzelfaktoren diskutiert werden, soll hier über einen Versuch berichtet werden, in systematischer Weise Zusammenhänge, von der Organisationsumgebung bis zum Verhalten der Organisationsmitglieder, empirisch zu untersuchen.

3. Das Organisationskonzept der Aston-Gruppe 353

Im Abschnitt I 2. dieses Kapitels wurden anhand einer typologischen Gegenüberstellung bürokratischer und organischer Organisationsstrukturen verschiedene Forschungsergebnisse über den Zusammenhang zwischen Organisationsumgebung, Organisationsstruktur und Führungsbeziehungen referiert. Sie entsprachen der allgemeinen Auffassung, daß

— Systeme mit bürokratischen Strukturen für die partizipativen und prosozialen Aspekte kooperativer Führung eher ungünstige,
— flexibel abgegrenzte, offene Systeme der kooperativen Führung eher günstige Voraussetzungen bieten.

Nun hat seit Weber der Begriff der Bürokratie einen Bedeutungswandel erfahren. Zumindest in der Umgangssprache wird ihm ein negativer Bedeutungsinhalt zugesprochen. Danach erlaubt die Bürokratie ihren Mitgliedern nur ein Minimum an Entscheidungsfreiheit; sie verhindert Eigeninitiativen, kreativinnovatives Verhalten, Selbstverwirklichung am Arbeitsplatz usw.

Im Gegensatz dazu steht ein Untersuchungsergebnis von Kohn (1971; Kieser/Kubicek, 1977, 342), wonach die in stark bürokratisierten Organisationen arbeitenden Menschen „aufgeschlossener" und offener gegenüber Innovationen sind, sich flexibler bei Problemlösungstests verhalten und Selbstbestimmung der Fremdbestimmung vorziehen.

Bewertung bürokratischer Strukturen

Für eine Variable bürokratischer Strukturen, nämlich Spezifität formaler Rollenvorschriften, stellte Hickson (1966, zit. nach Kieser/Kubicek, 1977, 330) verschiedene Hypothesen über den Zusammenhang mit Rollenhandeln zusammen. Abbildung I-3-5 zeigt, daß sich einige Hypothesen widersprechen und daß die gewählten Einstellungs- und Verhaltensdimensionen auf unterschiedlichen Ebenen erfaßt wurden.

Hypothesen	Hohe Spezifität	Niedrige Spezifität der Rollenvorschriften			
	reduziert Konfusion	motiviert stärker	führt mehr zu Innovationen	führt zu Unsicherheit	führt zu Machtkonflikten
Autoren	Taylor Fayol Urwick Brech Brown Weber	Likert Mc Gregor Argyris Barnes Bennis	Burns und Stalker Thompson Frank Bennis Hage	Presthus Burns und Stalker	Crozier Gordon und Becker Litwak

Abb. I-3-5:
Begleiterscheinungen der Rollenspezifität (nach Hickson, 1966, 233).

Freilich zeigen bürokratische Organisationen nicht in jedem Fall vollständige Ausprägungen aller bürokratischen Merkmale. Daher haben Forscher der Aston-Gruppe die Ausprägungsgrade einzelner Bürokratievariablen erhoben und ihren direkten bzw. über die Struktur indirekten Einfluß auf Führungsbeziehungen untersucht.

Beziehungen zwischen Situation und Organisationsstruktur

In die gleiche Richtung weist Abb. I-3-6 (Kieser/Kubicek, 1977, 307ff.) über Korrelationen zwischen Variablen struktureller Führungssysteme (Kontext- und Strukturfaktoren), die aus den wenigen vorliegenden Analysen der Aston-Schule (Child, 1973 b; Kieser, 1973; Wollnik/Kubicek, 1976) zusammengestellt wurden:

Struktur- dimensionen Situations- dimensionen	Verrichtungsorientierte Spezialisierung	Produktspezialisierung	Persönliche Weisungen	Selbstabstimmung	Programmierung	Planung	Entscheidungsdelegationen	Formalisierung	Anmerkungen
Diversifikation		+			+	+	+		nur auf die Koordination zwischen Sparten bezogen
Größe	+				+	+	+	+	
Geographische Diversifikation	−						−		
Größe der Mutterorganisation	+				+	+		+	
Integration des Fertigungsflusses	+	−			+	+	−		auf den Fertigungsbereich begrenzt
Computereinsatz		−			+		+	+	auf den Benutzerbereich begrenzt
Öffentliche Kontrolle					+	+	+		
Konkurrenzintensität		+	−	+			+	+	
Preisempfindlichkeit			+	+	+		+	+	
Technologische Dynamik	−	+		+			+	+	

Abb. I-3-6:
Zusammenfassung der wichtigsten Einflußbeziehungen zwischen Situation und Organisationsstruktur (Kieser/Kubicek, 1977, 307)

Dabei sind im Hinblick auf den partizipativen Aspekt kooperativer Führung folgende Einflußzusammenhänge wichtig:

− personale Führung korreliert negativ mit Technologie (Computereinsatz, Integration des Fertigungsflusses) sowie mit Konkurrenz (Aspekt der Dynamik);

3. Das Organisationskonzept der Aston-Gruppe

Multivariable Analyse von Einflußfaktoren formaler Organisationsstrukturen

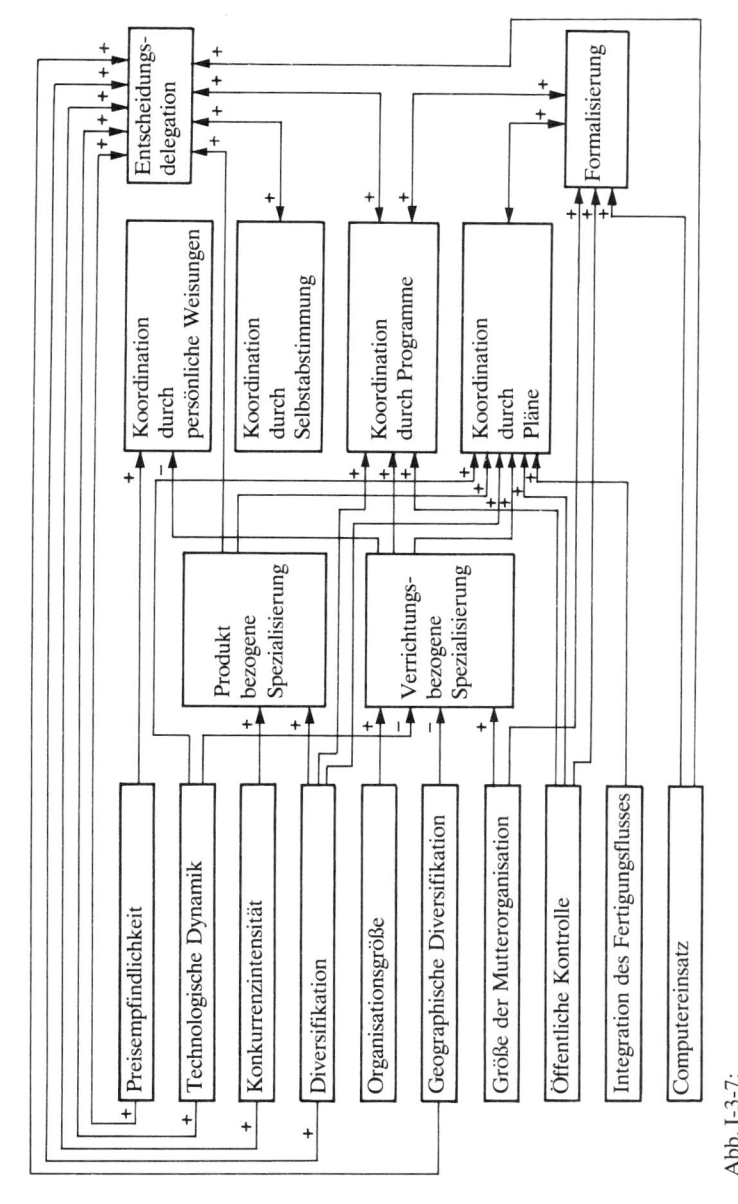

Abb. I-3-7:
Ein Bezugsrahmen für die multivariable Analyse der Einflußfaktoren formaler Organisationsstrukturen (Kieser/Kubicek, 1977, 308)

- Selbstabstimmung sowie Entscheidungsdelegation (partizipativer Aspekt) korreliert positiv mit dynamischen Kontextqualitäten;
- Formalisierung korreliert positiv mit öffentlicher Kontrolle (Bürokratisierung).

Die in Abb. I-3-7 dargestellten Ergebnisse (Kieser/Kubicek, 1977, 307) dienen den Autoren zur Konstruktion eines Bezugsrahmens, in dem auch einige substitutive bzw. komplementäre Beziehungen zwischen einzelnen Strukturdimensionen berücksichtigt werden. So besteht zwischen Programmierung (Aspekt der strukturellen Führung) und Entscheidungsdelegation ein positiver Zusammenhang, der weiter unten diskutiert werden soll.

3.4. Der Einfluß der Organisationsstruktur auf Rollenerwartungen und Rollenhandeln

3.4.1. Situative Gestaltung des Rollenhandelns

Tatsächlich in Organisationen auftretende Rollenerwartungen weichen häufig von den formal bestimmten Rollenmustern ab. Unter *partizipativem und prosozialem Aspekt,* aber auch um situativen Anforderungen entsprechendes flexibles Rollenhandeln zu ermöglichen, ist die Chance des Organisationsmitgliedes bedeutsam, von formal vorgeschriebenen Rollenmustern abzuweichen und sich damit einen individuellen Freiheitsspielraum zu sichern. Außerdem sind in der Regel tatsächliche Erwartungen an den Rollenträger unvollständig, unterschiedlich und widersprüchlich. Die dadurch herbeigeführte Labilität der Rolle führt zu intra- und interpersonalen Konflikten (vgl. Grunwald, 1976; Deutsch, 1976; Naase, 1978).

Rollenmehrdeutigkeit und -distanz

Die hier skizzierten Probleme wurden als „Inkonsistenz" bzw. „Ambiguität" der Rolle problematisiert, die vom Rollenträger „Rollendistanz" fordern (vgl. Kap. L). Auf diese Diskussion kann hier nicht näher eingegangen werden; aus Raumgründen beschränken wir uns auf die Aufzählung einiger Prozesse der Reduzierung dieser Unsicherheit durch den Rollenträger (Entlastung von Rollendruck).

Die Unsicherheit ist gekennzeichnet durch eine Diskrepanz zwischen den für das Rollenhandeln notwendigen und verfügbaren Informationen (Kahn et al., 1964). Nach Merton (1957) und Goode (1960, zit. n. Wiswede, 1977, 149f.) hat der Rollenträger folgende Möglichkeiten der eigenen Entlastung:

- Abschirmung des Rollenhandelns gegenüber Kontrolle durch andere, Einschränkung der sozialen Sichtbarkeit der Erfüllung von Rollenpflichten;
- gegenseitige Unterstützung und Solidarisierung von Trägern ähnlicher Rollen bis hin zur Subkulturbildung;
- Abschottung durch Trennung von Rollenaspekten; zeitlich, räumlich oder nach Dringlichkeitsstufen und damit Verdecken von Rollenkonsistenz;
- Differenzierung der Bedeutung verschiedener Sender widersprüchlicher Rollenerwartungen und damit Bildung von Erwartungshierarchien (z. B. Fachkollegen);
- Berücksichtigung der unterschiedlichen Machtausstattung und damit Legitimation von Erwartungsträgern (z. B. Vorgesetzte);

3. Das Organisationskonzept der Aston-Gruppe

- Offenlegung der Widersprüchlichkeit von Erwartungen und dadurch Neutralisierung der Erwartungen oder Rückdelegation des Problems;
- Delegation von Rollenpflichten (z. B. Abschieben von Verantwortung);
- Verzicht auf Rollenbeziehungen bzw. ihr Abbruch, soweit normativ erlaubt bzw. bei Alternativen;
- Ausweitung der Rollenbeziehungen durch Übernahme einer hohen Zahl von Verpflichtungen, dadurch die Möglichkeit, das Pflichtniveau der Einzelrolle zu senken und auf die eigene Überdeterminierung (Luhmann) hinzuweisen.

Inkonsistenz und Ambiguität der Rollenerwartungen kann der Rollenträger schließlich mit explorativem Verhalten begegnen, sich weitere Informationen zu verschaffen suchen sowie auf seine Beziehungspartner einzuwirken versuchen. Ambiguität der Rollenerwartungen wäre damit – neben der Machtausstattung einer Rolle – eine Voraussetzung von Neudefinitionen einer Rolle und damit ein Teilaspekt der Organisationsentwicklung (vgl. Graen, 1976; Kap. O).

Reduktion von Rollenmehrdeutigkeit

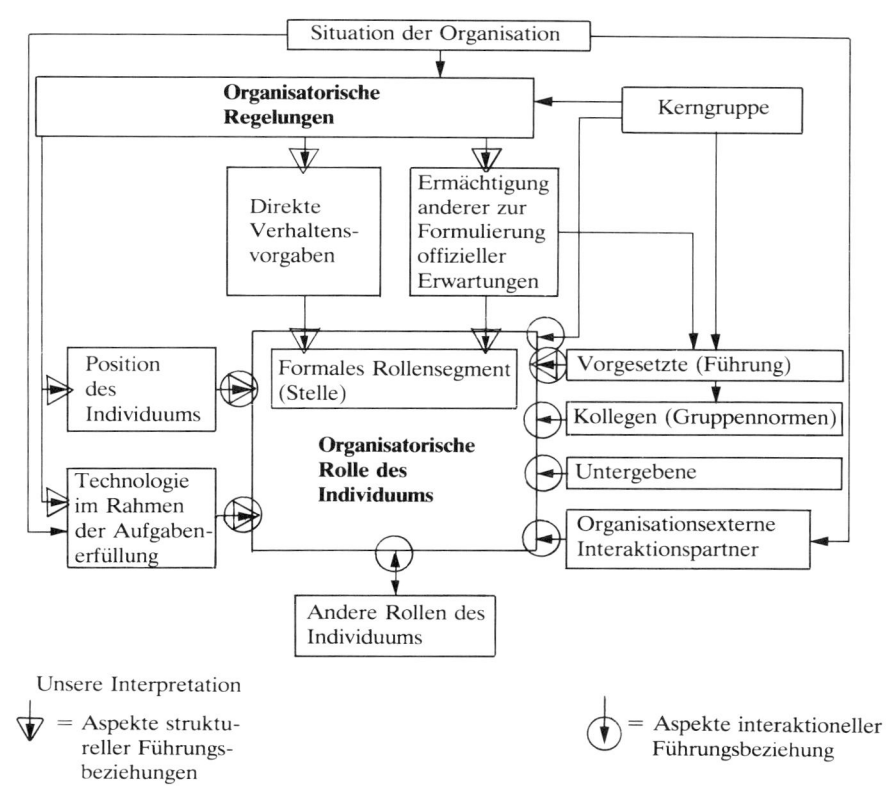

Abb. I-3-8:
Strukturelle und interaktionale Aspekte von Rollenerwartungen (verändert nach Kieser/Kubicek, 1977, 323)

Den Zusammenhang persönlicher und organisatorischer Bedingungen bei der Wahl selbstbestimmten Verhaltens faßt folgende These zusammen (Wiswede, 1977, 92):

„Je positiver und/oder stabiler das Selbstbild einer Person ist und/oder je größer die Monopolstellung der Person zur Beeinflussung der Situation ist und/oder je größer die Wahrscheinlichkeit von positiven und je geringer die Wahrscheinlichkeit von negativen Sanktionen ist, desto eher wird die Person bei objektiver Ambiguität die Chance der Selbstbestimmung der Rolle wahrnehmen und bei perzeptiver Ambiguität diese durch exploratives Verhalten reduzieren."

Diese Hypothese nennt individuelle und organisatorische Bedingungen für die Realisierung der kooperativen Qualität von Führung: „Reife" Vorgesetzte mit großem Einfluß unter „günstigen" Organisationsbedingungen haben die größte Chance, kooperative Führung zu realisieren (vgl. Kap. L).

Die oben aufgeführten Prozesse sind namentlich in bürokratischen Organisationen ein Mittel der Organisationsmitglieder, die Flexibilität ihres Handelns zu sichern. Unter dem partizipativen Aspekt kooperativer Führung verweisen diese Prozesse auf eine Chance zu relativer Unabhängigkeit von vorgegebenen, formalisierten Rollenerwartungen.

Inkson et al. (1968) folgend wählten Child (1973, 1973c), Child/Ellis (1973) und Child/Kieser (1975) ein Rollenkonzept als konzeptionelles Verbindungsglied zwischen organisatorischen und individuellen Merkmalen, dessen Weiterentwicklung durch Kieser/Kubicek (1977) nach personellen und strukturellen Aspekten des Führungseinflusses interpretiert werden soll.

3.4.2. Zur Messung von Verhaltensspielräumen

Oben wurden Interdependenzen zwischen Dimensionen struktureller Führung skizziert. Wechselwirkungen mit Dimensionen der Führungsbeziehung wurden ebenfalls von der Aston-Gruppe untersucht. Einflüsse des Kontextes (Situation) und der Organisationsstruktur (Regelungen) auf die Rollenerwartungen zeigt Abb. I-3-9. Dabei liegt die Betonung auf formalen, von der Organisationsleitung intendierten und sanktionierten Rollenerwartungen (dagegen wurde in Abschnitt 2. die ergänzende Seite der individualpsychologischen Rollengestaltung hervorgehoben.)

Inkson et al. (1968) entwickelten auf faktorenanalytischer Basis einen Ansatz zur Messung von Handlungsspielräumen, der auch von anderen Autoren der Aston-Schule verwendet wurde (Inkson et al., 1970; Child, 1973; Child/Ellis, 1973; Child/Kieser, 1975).

Er enthält – als Ergänzung der Dimension formaler Rollensegmente –

(a) Dimensionen der Rollenperzeption
(b) Verhaltensvariablen
(c) Einstellungsvariablen.

Diese Variablen seien im folgenden näher beschrieben:

3. Das Organisationskonzept der Aston-Gruppe

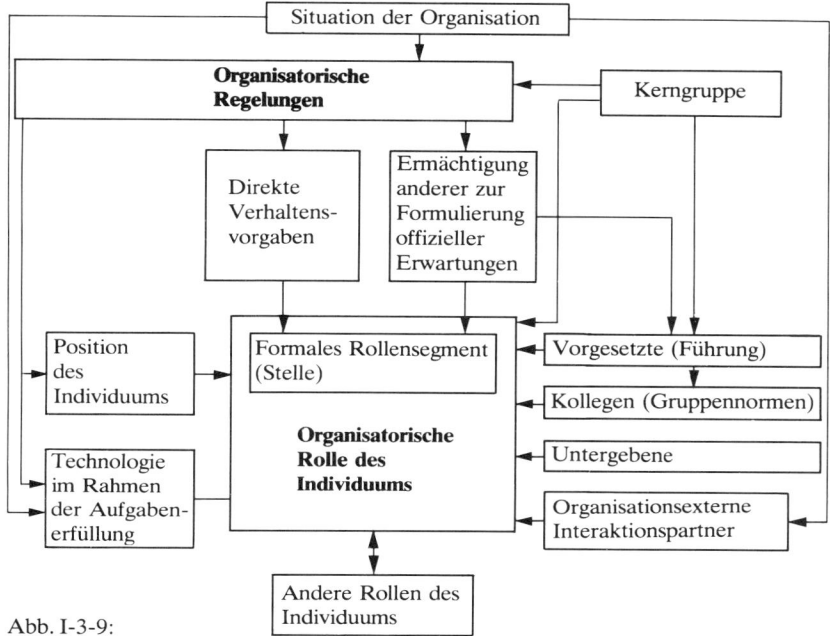

Abb. I-3-9:
Der Zusammenhang zwischen organisatorischen Regeln und der organisatorischen Rolle (nach Kieser/Kubicek, 1977, 323)

(a) Sechs Dimensionen der Rollenwahrnehmung (nach Kieser/Kubicek, 1977, 327)

6 Dimensionen der Rollenwahrnehmung

(1) Stellenformalisierung
(2) Genauigkeit der Kompetenzabgrenzung (Rollendefinition, vgl. Abschnitt 2.),
(3) Routinisierung der Arbeitsaufgabe: Ausmaß, in dem Wahrnehmung der Aufgabe als wenig variabel und wenig komplex und weitgehend programmiert angesehen wird,
(4) Stellenroutine (geringer Problemgehalt); bekannte Probleme können mit unproblematischen Mitteln gelöst werden,
(5) langfristige Stabilität – Grad der Konstanz der Aufgaben über Jahre hinweg,
(6) empfundene Entscheidungskompetenz – von den Organisationsmitgliedern wahrgenommene Entscheidungsbefugnis.

Alle sechs Merkmale fragen nach den wahrgenommenen Handlungsspielräumen, d. h. nach der Wahrnehmung der Rollenerwartungen durch den Rollenträger. Die Rollenträger antworten mit ihrem Verhalten auf diese Rollenerwartungen. Dieses Verhalten wurde mit drei Verhaltens- und fünf Einstellungsdimensionen erfaßt (Kieser/Kubicek, 1977, 335):

(b) Tatsächliches Verhalten

Verhaltens- und Einstellungsdimensionen

(1) „Wahrgenommene Konformität
    (questioning authority): das Ausmaß, in dem Kollegen nach Angabe der Befragten offizielle Regeln und Anweisungen in Frage stellen,
(2) Wahrgenommene Innovationsfreudigkeit
    (pressing for change): das Ausmaß, in dem sich Kollegen nach Angabe der Befragten innovativ und risikofreudig verhalten,

(3) Konfliktintensität
(conflict): das Ausmaß an Schwierigkeiten, das es nach Angabe der Befragten bereitet, im Rahmen der Aufgabenerfüllung Einigung über die Diagnose von Situationen, die Zuweisung von Verantwortlichkeiten, die Auswahl von Maßnahmen und die Zuordnung von Aktivitäten zu erzielen."

(c) Kognitives Verhalten (Einstellungen und Neigungen)

(1) „Nonkonformitätsneigung
(questioning authority): das Ausmaß, in dem die befragten Organisationsmitglieder bei ihren Kollegen ein Infragestellen offizieller Regeln und Anweisungen wünschen und befürworten,
(2) Innovationsneigung
(pressing for change): das Ausmaß, in dem die befragten Organisationsmitglieder bei ihren Kollegen ein innovatives und risikofreudiges Verhalten wünschen und befürworten,
(3) Empfundene Befähigung zur Aufgabenerfüllung
(perceived job competence): das Ausmaß an Befähigung zur Aufgabenerfüllung, das sich Organisationsmitglieder im Vergleich mit ihren Kollegen selbst zusprechen und angeben,
(4) Empfundene Arbeitszufriedenheit
(perceived job satisfaction): das Ausmaß an Zufriedenheit mit der Position und der Arbeit, das Organisatonsmitglieder im Vergleich mit ihren Kollegen empfinden und angeben
(5) Präferenz für eine abwechslungsreiche Tätigkeit
(preference for a varied work environment): das Ausmaß, in dem Organisationsmitglieder neue und/oder unstrukturierte Probleme bei ihrer Aufgabenerfüllung bevorzugen."

3.5. Das Modell der organisatorischen Steuerung individuellen Verhaltens

Die Aston-Gruppe zielt auf ein Modell „*zur administrativen Reduktion der Verhaltensvarianz*" (Child, 1973, 17); es enthält Dimensionen des Kontextes, der Organisationsstruktur, der formalen Rollenerwartung und ihrer Wahrnehmung sowie des aufgabenbezogenen Verhaltens.

Organisatorische Steuerung individuellen Verhaltens

Folgende stufenweise Beeinflussung wird dabei unterstellt (Inkson et al., 1968):

Situation der Organisation
↓
formale Rollenstruktur
↓
Rollenvorgaben und Rollenperzeption
↓
Rollenverhalten

Die einzelnen beschriebenen Variablen zeigt Abb. I-3-10 in ihrem Zusammenhang:

3. Das Organisationskonzept der Aston-Gruppe

Organisatorische Regeln und organisatorische Rollen

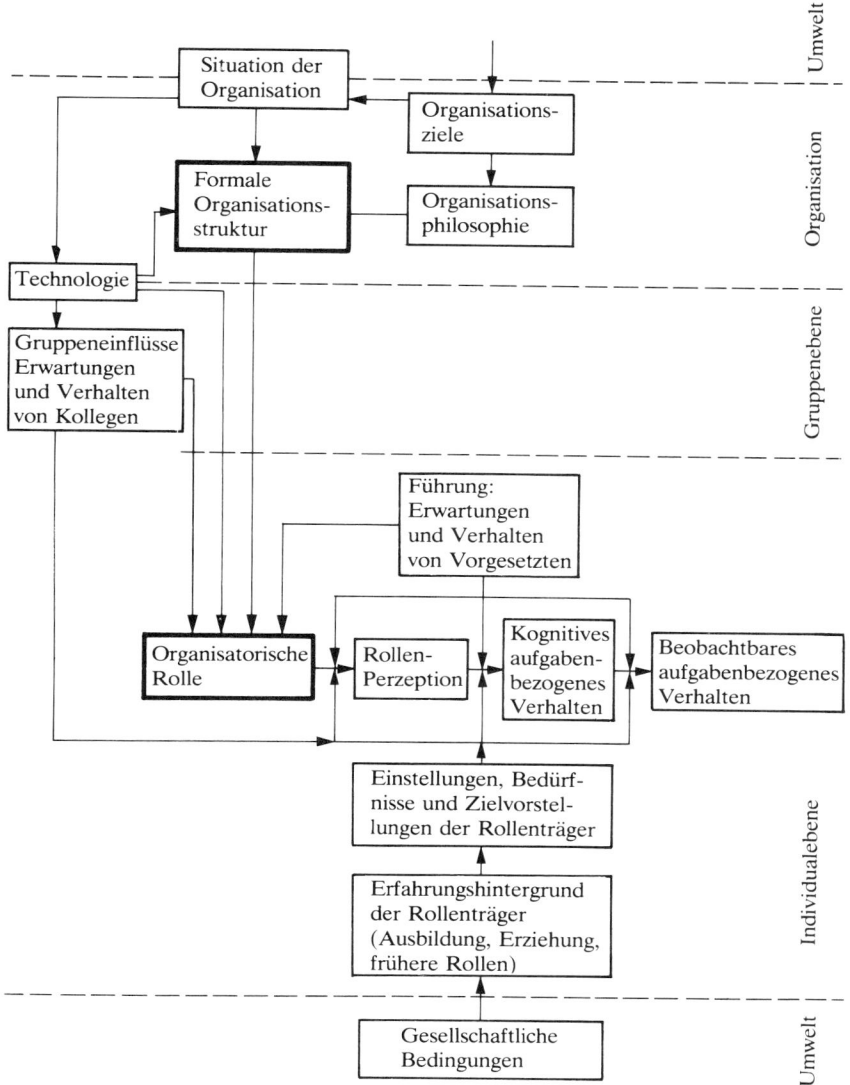

Abb. I-3-10:
Ein gedanklicher Bezugsrahmen zur Analyse der Auswirkungen formaler Organisationsstrukturen auf das Verhalten der Organisationsmitglieder (nach Kieser/Kubicek, 1977, 340)

3.6. Ergebnisse der Aston-Studien

Entsprechend dem Ansatz der Aston-Schule werden in der Regel zwei Problemkomplexe getrennt untersucht:
(1) Der Einfluß von Kontext und Struktur auf die Rollenwahrnehmung.
(2) Der Einfluß von Kontext und Rollenwahrnehmung auf das Rollenhandeln.

Empirische Befunde zum Aston-Modell

Die Ergebnisse von zwei Untersuchungen sollen an dieser Stelle referiert werden. Child (1973 c) befragte 198 Manager aus oberen Hierarchiebereichen in 82 britischen Dienstleistungs- und Fertigungsunternehmen.

Child/Kieser (1975) befragten 201 Manager aus 51 Fertigungsbetrieben Nordrhein-Westfalens.

Zu (1) Der Einfluß von Kontext und Struktur auf die Rollenwahrnehmung

Mit Fragebogen wurden fünf der oben aufgezählten Variablenkomplexe des Rollenhandelns erfaßt; die Ergebnisse zeigt Abb. I-3-11.

Erläuterung zu Abb. I-3-11:
Wir können hier lediglich die Interpretation der Autoren wiedergeben, da die für eine gründlichere Analyse der Daten notwendigen Hintergrundinformationen nicht zur Verfügung stehen. Die von Kieser/Kubicek gezogenen Schlüsse sind:

Kontext und Organisationsvariablen und Rollenwahrnehmung

Variablen des Kontextes und der Organisationsstruktur	Variablen der Rollenperzeption									
	Genauigkeit d. Kompetenzabgrenzung		Mangel an Problemgehalt		Routinisierung der täglichen Arbeit		langfristige Stabilität der Aufgaben		empfundene Entscheidungskompetenzen	
	GB	BRD	GB	BRD	GB	BRD	GB	BRD	GB	BRD
Kontext										
Unternehmensgröße (Log. Gesamtbeschäftigtenzahl)	05	19	−22*	−36*	−38***	−25	−20	−20	29**	02
Größe der Muttergesellschaft	16	44**	−15	00	−25*	−04	−20	−32*	22*	01
Integration des Fertigungsflusses	26*	10	17	−10	15	12	−10	−13	−39***	−13
Organisationsstruktur										
Abteilungsspezialisierung	27*	20	−11	−30*	−21	−25	−25*	−23	07	09
Stellenspezialisierung	35**	04	−04	−39**	−22*	−38**	−28*	−17	14	04
Standardisierung (GB) bzw. Planung (BRD)	28*	−03	−20	−14	−21	−27	−27*	−38+	24*	15
Delegation	−08	30*	−45***	−32*	−51***	−14	−32**	−07	57***	25

* p <.05
** p <.01
*** p <.001

Abb. I-3-11:
Korrelation von Variablen des Kontextes und der Organisationsstruktur mit Variablen der Rollenperzeption (die ersten beiden Stellen hinter dem Komma) GB Stichprobe: N = 78 Unternehmungen
BRD Stichprobe: N = 47 Unternehmungen
(nach Kieser/Kubicek, 1977, 351)

3. Das Organisationskonzept der Aston-Gruppe 363

- die Rollenwahrnehmung hängt stärker mit der Struktur als mit dem Kontext zusammen;
- mit zunehmender Bürokratisierung (Spezialisierung, Standardisierung, Planung) nehmen die mit Routinisierung assoziierten Rollenwahrnehmungen ab (Problemmangel, langfristige Stabilität).

„ ... Die Annahme, daß eine bürokratische Struktur zu nicht-bürokratischen Rollenperzeptionen führen kann, erfährt hier eine empirische Stützung in dem Sinne, daß Manager in bürokratischen Organisationen ihre Rolle zwar als exakt definieren, ihre Arbeit jedoch nicht als routinisiert empfinden" (Kieser/Kubicek, 1977, 352). Die Manager erleben eine indirekte Steuerung durch Planung, Programme – und die damit verbundene Strukturformalisierung – keineswegs als Einengung von Entscheidungsspielräumen.

Kieser/Kubicek (1977) interpretierten diesen scheinbaren Widerspruch als Anzeichen dafür, daß „offensichtlich nicht unwichtig (ist), auf welche Weise Entscheidungsspielräume abgegrenzt werden" (352) und stellen fest, „daß die Abhängigkeit von schriftlich fixierten Richtlinien als weniger ‚einschnürend' empfunden wird als die direkte Abhängigkeit von hierarchisch übermittelten Weisungen, auch wenn objektiv der Entscheidungsspielraum nicht unbedingt größer sein muß" (352; ähnlich Blau/Schönherr, 1971). Daß diese Präferenz auch auf bestimmte, vorherrschende Persönlichkeitsstrukturen verweist, zeigt

	Verhaltensvariablen							
	Erwartete Nonkonformität[1]		Beobachtete Nonkonformität		Präferenz für eine abwechslungsreiche Tätigkeit		Konflikte	
Organisatorische Variablen	GB	BRD	GB	BRD	GB	BRD	GB	BRD
Struktur:								
Abteilungsspezialisierung	− 04	14	07	05	37***	24*	33**	01
Stellenspezialisierung	07	22	08	− 10	39***	16	23*	05
Standardisierung (GB) bzw. Planung (BRD)	15	25*	22	− 21	43***	07	31**	10
Delegation	46***	22	− 19	01	− 52***	20	− 01	− 18
Rollenperzeption								
Genauigkeit der Kompetenzabgrenzung	− 27*	07	06	10	n. v.	− 18	08	− 16
Routine: Mangel an Probl.-Geh.	− 48***	− 42**	− 37**	04	− 33***	− 46***	− 03	− 15
Routinisierung der tägl. Arbeit	− 34***	− 04	− 22	04	− 37***	− 57***	13	− 18
Langfristige Stabilität	− 33*	− 19	− 21	− 09	− 18***	− 54***	− 20	07
Empfundene Entscheidungskompetenz	46***	10	43	19	n. v.	21	− 03	06

Organisatorische Variablen und Rollenkonformität

[1] Die Maße für die Nonkonformität sind nicht völlig identisch, da die Faktorenanalyse zu unterschiedlichen Gruppierungen für die Fragen in den beiden Stichproben führte.
[2] Nicht veröffentlicht.
 * $p < 0{,}05$
 ** $p < 0{,}01$
 *** $p < 0{,}001$

Abb. I-3-12:
Korrelationen zwischen organisatorischen Variablen und Verhaltensgrößen (nach Kieser/Kubicek, 1977, 354)

Kapitel L. Außerdem ist die Organisationsstruktur ein Werkzeug, und „wie jedes Werkzeug in ständigem Gebrauch formt es die Hand, die es formte" (Pugh/Hickson, 1976, 70).

Zu (2) Die Varianten regelkonformen Verhaltens

Der partizipative Aspekt kooperativer Führung beschreibt die wechselseitige Einflußausübung innerhalb der Führungsbeziehungen, die von bürokratisch-formellen Entscheidungen eingeengt wird. In diesem Zusammenhang ist es nicht uninteressant, zu wissen, in welchem Ausmaß Abweichungen von der Rollenerwartung zu beobachten sind.

Erläuterung zu Abb. I-3-12:
Die untersuchten Variablen sind:
— erwartete Nonkonformität: Antworten von Managern auf die Frage, wie Manager sich verhalten sollten (Ideal);
— beobachtete Nonkonformität: bei Kollegen beobachtetes Verhalten;
— Präferenz für abwechslungsreiche Tätigkeit;
— in der Untersuchung festgestellte Konflikte.

Kieser/Kubicek (1977, 353) interpretieren die Ergebnisse wie folgt:
— „Je genauer die Manager ihre Kompetenzen als abgegrenzt empfinden und je routinehafter ihnen die Arbeit vorkommt, desto weniger erwarten sie nonkonformes Verhalten von ihren Kollegen".
— Da (wie oben referiert) nach Kieser/Kubicek in stark bürokratisierten Organisationen die Arbeit nicht als routinisiert erlebt wird, ist es plausibel, „daß unter bürokratischen Bedingungen nonkonformes Verhalten erwartet wird und der Wunsch nach abwechslungsreicher Tätigkeit stärker ausgeprägt ist" (vgl. Abb. I-3-13).
— In der deutschen Stichprobe bleibt es bei dem Wunsch nach nonkonformem Verhalten; in der englischen Stichprobe wird der Wunsch in Verhalten umgesetzt.

Die in beiden Stichproben festgestellten Beziehungen werden in Abb. I-3-13 und I-3-14 zusammengefaßt.

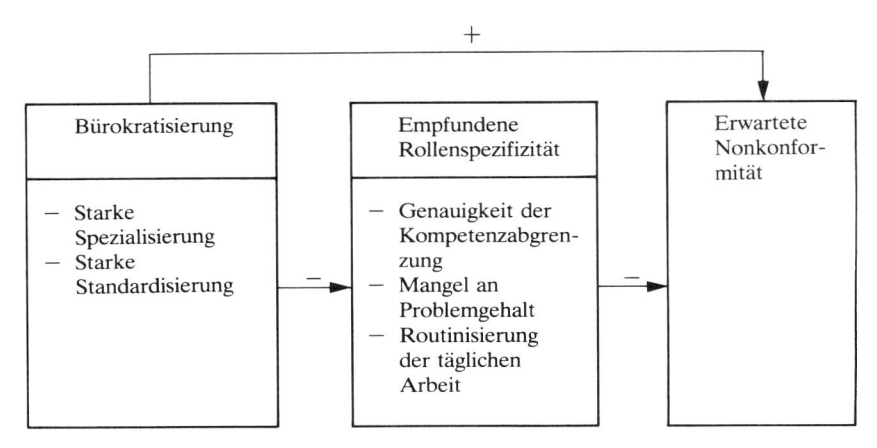

Bürokratisierung	Empfundene Rollenspezifizität	Erwartete Nonkonformität
— Starke Spezialisierung — Starke Standardisierung	— Genauigkeit der Kompetenzabgrenzung — Mangel an Problemgehalt — Routinisierung der täglichen Arbeit	

Bürokratisierung —(−)→ Empfundene Rollenspezifizität —(−)→ Erwartete Nonkonformität (+)

Abb. I-3-13:
Der Zusammenhang zwischen Bürokratisierung und erwarteter Nonkonformität (nach Kieser/Kubicek, 1977, 355)

3. Das Organisationskonzept der Aston-Gruppe

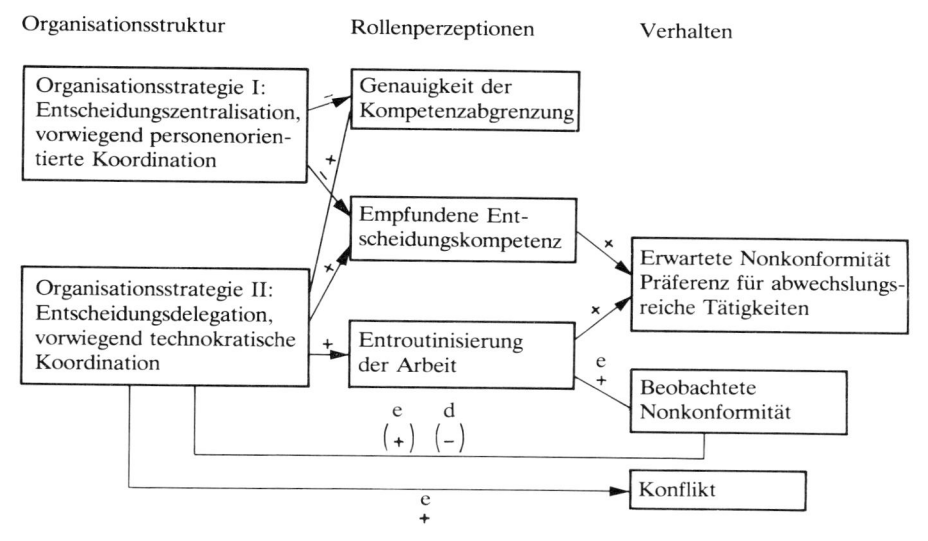

```
Organisationsstruktur        Rollenperzeptionen        Verhalten
```

[Diagramm: Beziehungen zwischen Organisationsstruktur, Rollenperzeption und Verhalten]

- Organisationsstrategie I: Entscheidungszentralisation, vorwiegend personenorientierte Koordination → (−) Genauigkeit der Kompetenzabgrenzung; (+) Empfundene Entscheidungskompetenz
- Organisationsstrategie II: Entscheidungsdelegation, vorwiegend technokratische Koordination → (×) Empfundene Entscheidungskompetenz; (+) Entroutinisierung der Arbeit
- Empfundene Entscheidungskompetenz →(×) Erwartete Nonkonformität / Präferenz für abwechslungsreiche Tätigkeiten
- Entroutinisierung der Arbeit →(×) Erwartete Nonkonformität; (e +) Beobachtete Nonkonformität
- e d (+) (−)
- e + → Konflikt

e — in der englischen Stichprobe festgestellte Beziehungen
d — in der deutschen Stichprobe festgestellte Beziehungen

Abb. I-3-14:
Beziehungen zwischen Organisationsstruktur, Rollenperzeption und Verhalten (nach Kieser/Kubicek, 1977, 356)

3.7. Kritik des Aston-Ansatzes

3.7.1. Begriffe und Grundannahmen

Die Untersuchungen der organisatorischen Strukturvariablen durch die Aston-Gruppe sind nicht ohne Kritik geblieben. Im folgenden wird diese Kritik zusammenfassend dargestellt.

Gegenüber den Befunden über die Strukturvariablen werden zwei Haupteinwände geltend gemacht:

— Generalisierungsversuche auf nicht gemessene Variablen
— die Abgrenzung der Variablen wird nicht diskutiert.

Beide Praktiken sind das Resultat unzureichender Kategorisierung der Variablen sowie fehlender Erklärung der vorgenommenen Gruppierungen und Trennungen. Die einmal eingeführten Kategorien- und Variablensysteme werden ohne einen verbindenden theoretischen Hintergrund verwendet (z. B. Kieser/Kubicek, 1977). So wird z. B. angenommen, die Kategorie „Struktur" sei homogen und durch Messung einiger ihrer Variablen hinreichend abzubilden. Doch ist gerade „Struktur" keineswegs eine eindimensionale Variable, sondern ein komplexes Aggregat verschiedener Variablen (Pugh et al., 1968; Reeves/Woodward, 1970, 52). Das gleiche gilt für die Variable „Technologie"

Kritik des Aston-Ansatzes

(vgl. Perrow, 1972, 168f; Blau et al., 1976.). Dessen ungeachtet setzen viele Theoretiker einige Dimensionen dieser Variablen für die Gesamtheit (z. B. Child/Mansfield, 1972, 388f.; Woodward, 1970, 242f.; Khandwalla, 1974), was zu widersprüchlichen Ergebnissen hinsichtlich der Beziehung zwischen Organisationsstruktur und Technologie führte.

So verwendete Perrow (1965) als Maße für Technologie „Spezialisierung/Arbeitsteilung" und „Wissensdifferenzen"; „Dominanz von Berufsgruppen" und „Organisationsziel" als Repräsentanten für Organisationsstruktur. Er fand, daß „Technologie" gewisse Merkmale der „Struktur" beeinflußt.

Dagegen behaupten Child/Mansfield (1972), Technologie beeinflusse keineswegs die Organisationsstruktur, nicht einmal ihre auf die Integration des Arbeitseinflusses ausgerichteten Aspekte. Sie verwendeten „Ungestörtheit des Produktionsflusses" als Maß für Technologie und einige, mit Perrows Maßen nicht übereinstimmende Indizes für „Struktur."

Die Ergebnisse beider Arbeiten widersprechen sich also nicht, wenn man die verwendeten Maßeinheiten betrachtet. Alle drei Autoren unterstellen aber fälschlicherweise eine Homogenität ihrer Kategorien durch die verwendeten Maße und Indizes (Stanfield 1976, 489f.).

Ausführlich kritisiert Kimberly (1976) weitere begriffliche Ungenauigkeiten am Beispiel der Variable „Organisationsgröße". Insbesondere fehlt den meisten Untersuchungen eine theoretische Basis. Statt dessen sucht man nach pragmatisch in Beziehung gesetzten empirischen Regelhaftigkeiten (vgl. Kapitel M; Pondy, 1969, 48).

Oftmals wird die Organisationsgröße unabhängig vom Organisationstyp untersucht. Auch die Ergebnisse intra-typischer (z. B. Blau/Schönherr, 1971) und inter-typischer Studien (Hall, 1972) vermögen das Problem nicht zu lösen (vgl. Kimberly, 1976, 576ff.).

3.7.2. Zum Problem der Kausalbeziehung

Bei der Diskussion der Beziehung zwischen Größe (hier als Beispiel für andere Variablen) und Organisationsstruktur stellt sich die Frage nach der auftretenden Kausalfolge: determiniert die Organisationsgröße die Struktur oder umgekehrt? Oder ist diese Frage vielleicht unangemessen (Kimberly, 1976, 579f.)? In etwa 60% der empirischen Untersuchungen wurde das Problem der Kausalität nicht diskutiert. Diese Frage wurde erst nach der Anwendung bestimmter Methoden gestellt (ausführlich bei Kimberly, 1976; Blau/Schönherr, 1971, 27f.).

In den neueren Studien zum kausalen Status der Variable Organisationsgröße wird Größe als Antezedenzbedingung, d. h. die Struktur beeinflussend, angesehen. Durch die überwiegende Verwendung von Querschnittuntersuchungen wurden die Forscher auf eine statische Problemsicht eingeschränkt, da die Frage nach der historischen Entwicklung der Organisationsgröße außer acht blieb. Längsschnittstudien liegen kaum vor (z. B. Holdaway/Blowers, 1971; Hendershot/James, 1972; Meyer, 1972).

3. Das Organisationskonzept der Aston-Gruppe

Bei der Definition von „Größe" als unabhängiger und „Struktur" als abhängiger Variable sollte auf eine definitorische Unabhängigkeit der beiden Meßgrößen geachtet werden, was häufig nicht beachtet wird, wenn z. B. die Zahl der Organisationsmitglieder (Größe) und das Verhältnis von Verwaltungsangestellten zur Gesamtzahl (Struktur) miteinander in Beziehung gesetzt werden (z. B. Champion/Britterton, 1974; Goldman, 1973).

Verschiedentlich wurde die nachgewiesene Beziehung zwischen Größe und Struktur statt auf die behauptete Allgegenwart bürokratischer Strukturen auf eine mathematische Beziehung zwischen den definierten Variablen zurückgeführt (Mayhew, 1973; Mayhew et al., 1972; Specht, 1973 u. a.). So belegen Freeman/Kronenfeld (1974) mit *zufällig generierten Daten* die negative Beziehung zwischen Größe und Zahl der Verwaltungsangestellten.

„Zusammengefaßt zeigt sich in der Literatur über soziotechnische Systeme eine beträchtliche Konfusion" (Stanfield, 1976, 491); man solle statt generelle Variablen zu untersuchen, lieber genau klären, „unter welchen Bedingungen Größe für welche anderen organisatorischen Merkmale" von Bedeutung ist und von der Untersuchung einzelner Variablen zur Untersuchung von Konfigurationen übergehen (Kimberly, 1976, 586).

Zur Variable „Abhängigkeit" werfen Mindlin/Aldrich (1975) der Aston-Schule vor, daß sie die ursprünglich definierte Trennung zwischen „Abhängigkeit von der Mutterorganisation" und „Abhängigkeit von anderen Organisationen" in ihren empirischen Untersuchungen nicht aufrechterhalten und in der Darstellung der Ergebnisse verwischt haben (weitere Kritikpunkte bei Mindlin/Aldrich, 1975, 386f.). Zusammenfassend beurteilen die Autoren: „Begrifflich wurde die Bedeutung von Abhängigkeit in der Aston-Gruppe niemals klar herausgearbeitet" (387), und methodisch sind die definierten Dimensionen in hohem Grade voneinander abhängig (388). Insgesamt belegen sie ihr Argument, „daß die Aston-Maße der Abhängigkeit nicht notwendig den Begriff, wie er in der Literatur diskutiert wurde, reflektieren, denn ihre Maße reflektieren nicht die Abhängigkeit von anderen Organisationen der Umgebung" (388).

Die Grenzen der empirischen Forschungsmöglichkeit und des methodischen Instrumentariums haben auf dem Gebiet der Organisationsforschung in besonderem Maße die bisher untersuchten Fragen, die Art der Studien und ihre Ergebnisse eingeschränkt. Häufig wurden lediglich bereits vorhandene Daten ausgewertet und die Forschungshypothesen erst ex post formuliert. Mit anderen Worten: Empirischer Pragmatismus ist eher die Regel als die Ausnahme. Dieses Urteil wird gestützt durch die geringe Zahl langfristiger Forschungsprogramme (Kimberly, 1976, 581f.). Das zeigt sich auch bei vorliegenden Operationalisierungen von „Organisationsgröße": am häufigsten wird die Zahl der Organisationsmitglieder genannt (Child, 1973, 170).

Zusammenfassend (weitere Kritik bei Child, 1972; Aldrich, 1972; Reimann, 1973; Mansfield, 1973) kann man mit Crozier (1976) drei Problembereiche des Aston-Ansatzes kritisieren:

Marginalia: Problematik von Kausalerklärungen bei korrelativen Zusammenhängen

Marginalia: 3 Problembereiche des Aston-Ansatzes

- Er ist deterministisch in einer dem komplexen Gegenstand unangemessenen Weise
- er ist unfähig, kulturelle Variablen zu erfassen und fragt nach dem „einen besten Weg"
- indem er die Organisationsstruktur als einzige vermittelnde Variable zwischen Umwelt und Organisations-Output setzt, überprüft er nicht die implizite Annahme, inwieweit die Organisationsstruktur mit allen weiteren Merkmalen der Organisation gleichgesetzt werden kann.

Zweifellos sind die theoretischen und begrifflichen Ansätze der Aston-Schule komplexer als die früherer Autoren. Doch zwangen operationale Meßmethoden und deren restriktive Bedingungen die Aston-Gruppe zu einer reduktionistischen Sichtweise und damit zur Aufgabe der eigentlich angestrebten Differenzierung. Das zuerst vielversprechend erscheinende Konzept hat, so Crozier (1976, 195), mehr und mehr zu formalistischen Studien mit immer weniger gehaltvollen Ergebnissen geführt.

Als deskriptiver organisatorisch-struktureller Gliederungsrahmen für die Analyse betrieblicher Führungsformen läßt sich jedoch das Aston-Konzept verwenden (vgl. Kap. M).

4. Organisationsumgebung

4.1. Der Umwelteinfluß auf einzelne Führungsbereiche

Bedeutung der Organisationsumwelt für die kooperative Führung

Auf den ersten Blick erscheint es nicht selbstverständlich, Fragestellungen der Organisationsumwelt im Zusammenhang mit Führungsproblemen zu diskutieren. Führungslehren und Führungstheorien in der Human-Relations-Tradition haben z. B. diese Dimension weitgehend ausgeblendet (Höfer, 1977; Rose, 1975). Ein Grund für die Vernachlässigung der Organisationsumwelt ist darin zu sehen, daß sie erst aufgrund ihres Wandels innerorganisatorische Reaktionen hervorruft und damit als Problem sichtbar wird. Diese Feststellung sei anhand dreier Beispiele belegt:

(1) Das Interesse an kooperativen Führungsformen in Wirtschaft und öffentlicher Verwaltung ist sicherlich auch auf den gesamtgesellschaftlichen Wertewandel zurückzuführen (Kmieciak, 1976; Schmid/Treiber, 1975).
(2) Vor Beginn der bekannten Experimente zur Demokratisierung und Humanisierung der Arbeitswelt in Skandinavien (vgl. Kap. K, M) wurden die Ausgangsbedingungen auf internationaler, nationaler und Organisations-Ebene überprüft (Qvale, 1976).
(3) Kooperative Führungsformen in Organisationen stehen in engem Zusammenhang mit der Ausbreitung gesamtorganisatorischer Mitbestimmung (vgl. Kap. K).

Die wechselseitige Abhängigkeit zwischen einem Führungsbereich bzw. dem Führungsverhalten und der Organisationsumgebung untersuchen *Kontingenz-*

4. Organisationsumgebung

theorien (situativer oder Bedingtheits-Ansatz, vgl. Höfer, 1977, 139; Bühner, 1977). Bisher sind noch folgende Probleme unzureichend bearbeitet:

- es existiert keine allgemeine Theorie der Beziehungen zwischen Organisationen und ihrer Umgebung
- vorliegende Ansätze gehen konzeptionell-theoretisch wie empirisch sehr unterschiedlich vor; ihre Vergleichbarkeit ist eingeschränkt
- interkulturelle Differenzen und historische Bedingungen (auf personaler-, Gruppen- und Organisations-Ebene) werden häufig vernachlässigt
- viele Untersuchungen richten sich auf Einzelprobleme; sie abstrahieren vom Gesamtzusammenhang.

Ein Vergleich von vier Schaubildern soll zeigen, daß der Einfluß der Organisationsumgebung auf binnenorganisatorische Prozesse unterschiedlich gesehen und untersucht werden kann (vgl. Abb. I-4-1 bis 4-4).

Politisch-gesellschaftliche Umwelt von Unternehmen

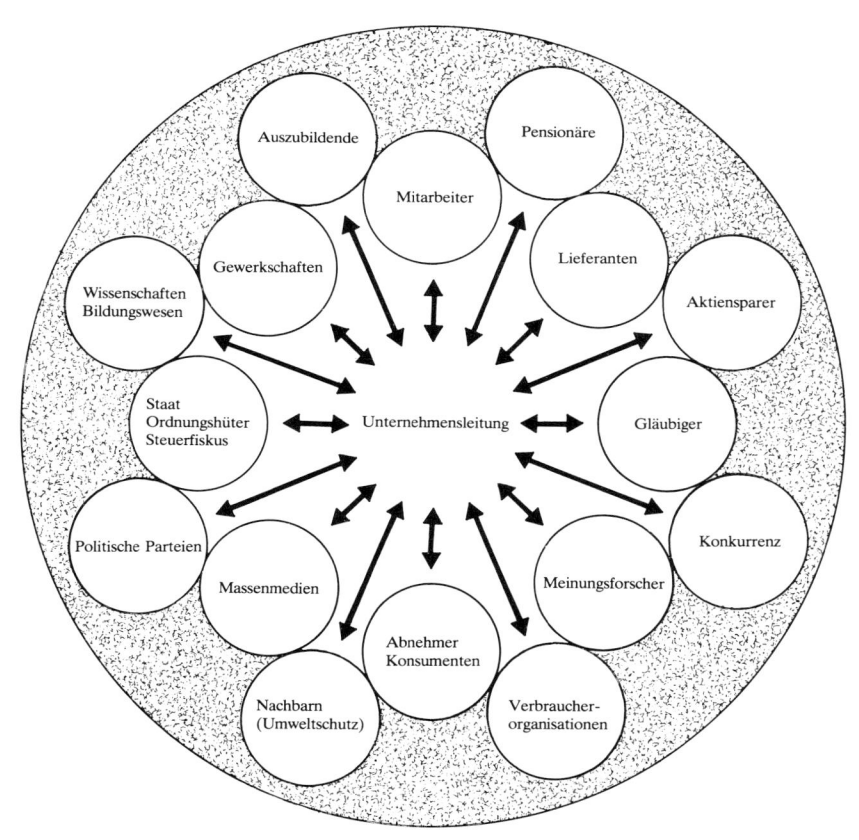

Abb. I-4-1:
Die Unternehmensleitung in ihrer politisch-gesellschaftlichen Umwelt (Plesser, 1974)

Erläuterung: Abb. I-4-1 (Plesser, 1974, 144) problematisiert die Interdependenz zwischen Umgebung und Organisation am Beispiel einer Unternehmensleitung. Aus diesem Blickwinkel stellt sich z. B. das Problem, unter welchen hinreichenden Bedingungen Gruppen der Umgebung zum Austausch von Ressourcen mit der Organisation bereit sind (Hinterhuber, 1977, 21; Abb. I-4-2).

Theoretisch wie praktisch geht es dabei weniger um einen absoluten, generell gültigen Maßstab für diese Bedingungen, als vielmehr um ihre „hinreichende" (March/Simon, 1976) Erfüllung im Urteil der Betroffenen.

Ressourcen-Austausch zwischen Unternehmung und Umwelt

Umweltgruppen	Bedingungen für den Austausch von Ressourcen
Mitarbeiter	Sinnvolle Aufgaben, Sicherheit des Arbeitsplatzes, gerechtes Entgelt, Aufstiegsmöglichkeiten, Gewährung von Aus-, Weiter- und Fortbildung, Teilhabe an Gewinn und Vermögen, Mitbestimmung, nichtmonetäre Gratifikationen usw.
Abnehmer	Produktqualität, Lieferbedingungen, Kundendienst, akzessorische Leistungen, Güte der Dienstleistungen usw.
Lieferanten	Kontinuierliche, langfristige Absatzmärkte, sichere, termingerechte Zahlungen, vernünftige Lieferzeiten, von den Anlagen erfüllbare Qualitätsstandards usw.
Kapitalgeber	Sicherheit und Angemessenheit der Dividende, eventuell Anteil an der Unternehmensführung, angemessene Rendite, Zinsen usw.
Gesellschaft	Umweltschutz, urbane Organisation, Angemessenheit der Steuerleistung, sichere Güter- und Energieversorgung, Freistellung von Mitarbeitern für öffentliche Aufgaben, energie- und rohstoffsparende Maßnahmen usw.

Abb. I-4-2:
Die Bedingungen für den Austausch von Ressourcen zwischen der Unternehmung und der Umwelt (nach Hinterhuber, 1977, 21).

Erläuterung: Abb. I-4-3 (Lorsch/Morse, 1974, 131) setzt „angemessenes" Führungsverhalten in Beziehung zu
— der äußeren Umgebung der Führungsbeziehung, definiert als das Humansystem der Organisation. D. h. dem System der sozialen, insbesondere der Führungsbeziehungen, das alle Informationen innerhalb und außerhalb der, hier physikalisch abgegrenzten, Organisation umfaßt
— der internen Umwelt, definiert als die Arbeitssituation der Organisationsmitglieder
— Aspekten der Persönlichkeit der Organisationsmitglieder.

Abb. I-4-4 (Seiler, 1967, 33; zit. n. Staehle, 1973, 82) problematisiert das „aktuelle Verhalten" aller Organisationsmitglieder und setzt es in Beziehung zu binnen- und außerorganisatorischen Prozessen.

Ein Vergleich der Schaubilder I-4-1 bis I-4-4 zeigt den Wechsel des Bezugspunktes von einem organisatorischen Subsystem über die Führungsbeziehung

4. Organisationsumgebung

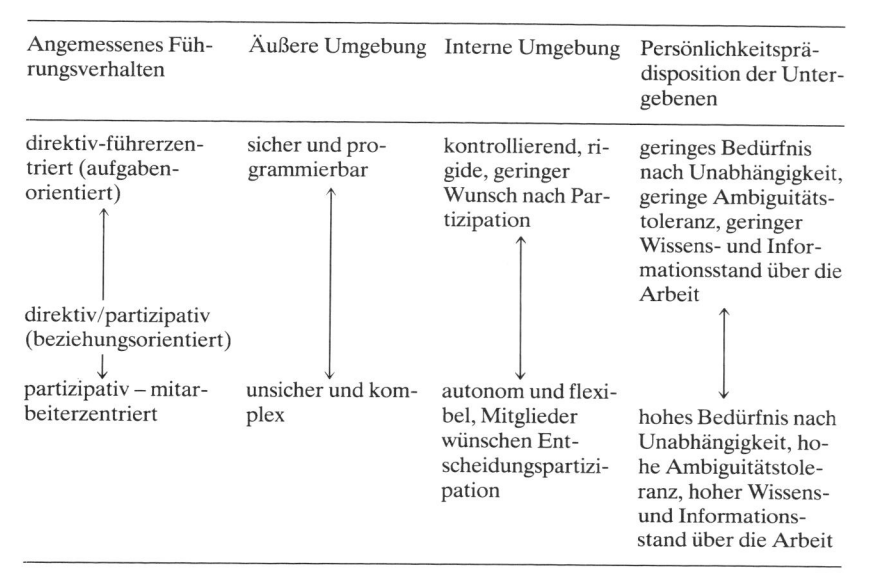

Angemessenes Führungsverhalten	Äußere Umgebung	Interne Umgebung	Persönlichkeitsprädisposition der Untergebenen
direktiv-führerzentriert (aufgabenorientiert) ↑ direktiv/partizipativ (beziehungsorientiert) ↓ partizipativ – mitarbeiterzentriert	sicher und programmierbar ↑ ↓ unsicher und komplex	kontrollierend, rigide, geringer Wunsch nach Partizipation ↑ ↓ autonom und flexibel, Mitglieder wünschen Entscheidungspartizipation	geringes Bedürfnis nach Unabhängigkeit, geringe Ambiguitätstoleranz, geringer Wissens- und Informationsstand über die Arbeit ↑ ↓ hohes Bedürfnis nach Unabhängigkeit, hohe Ambiguitätstoleranz, hoher Wissens- und Informationsstand über die Arbeit

Kontingenzansatz der Führung von Lorsch/Morse

Abb. I-4-3:
Ein Kontingenzansatz der Führung (nach Lorsch/Morse, 1974, 131).

zur Gesamtorganisation. Gleichzeitig nimmt die Komplexität der Darstellung zu. Inhaltlich bedeutsame Qualifizierungen finden sich in Abb. I-4-3 sowie in Abb. I-4-2; die beiden anderen Schaubilder zeigen lediglich abstrakte Relationen.

Besonders in Abb. I-4-3 kommt nicht nur der *Führungsbereich,* sondern auch dessen Umfeld als Problem des Vorgesetzten ins Blickfeld. Der Einflußbereich des Vorgesetzten wird über seinen Führungsbereich (Binnen-Ausrichtung) hinaus auch auf dessen Umfeld ausgedehnt gesehen (so wird z. B. in der Praxis ein Vorgesetzter die Ergebnisse seiner Arbeitsgruppe nach außen/oben „verkaufen" und um notwendige Ressourcen kämpfen müssen). Die wechselseitige Beziehung zwischen Binnen- und Außenbereich aufrechtzuerhalten, wird damit explizit als Aufgabe des Vorgesetzten definiert (vgl. Kap. M). Dementsprechend ist eine zentrale und generelle Strukturierung der Beziehungen (strukturelle Führung) durch situationsspezifische Entscheidungen (interaktionale Führung) zu ergänzen (vgl. Kap. M, L).

4.2. Begriffe und Paradigmata der Umgebung

Die organisatorische Umwelt kann nur in Beziehung zur Organisation begrifflich adäquat erfaßt werden; *das jeweilige Konzept von „Organisation"* (= begriffliche Bezugseinheit) *bestimmt den Begriff von „Umwelt".*
Von Beginn an richteten sich die theoretischen und empirischen Bemühungen der Kontingenztheorie (Lawrence/Lorsch, 1967) auf die Beziehung zwischen

Begriff der „Umgebung"

Menschliches Verhalten in Organisationen

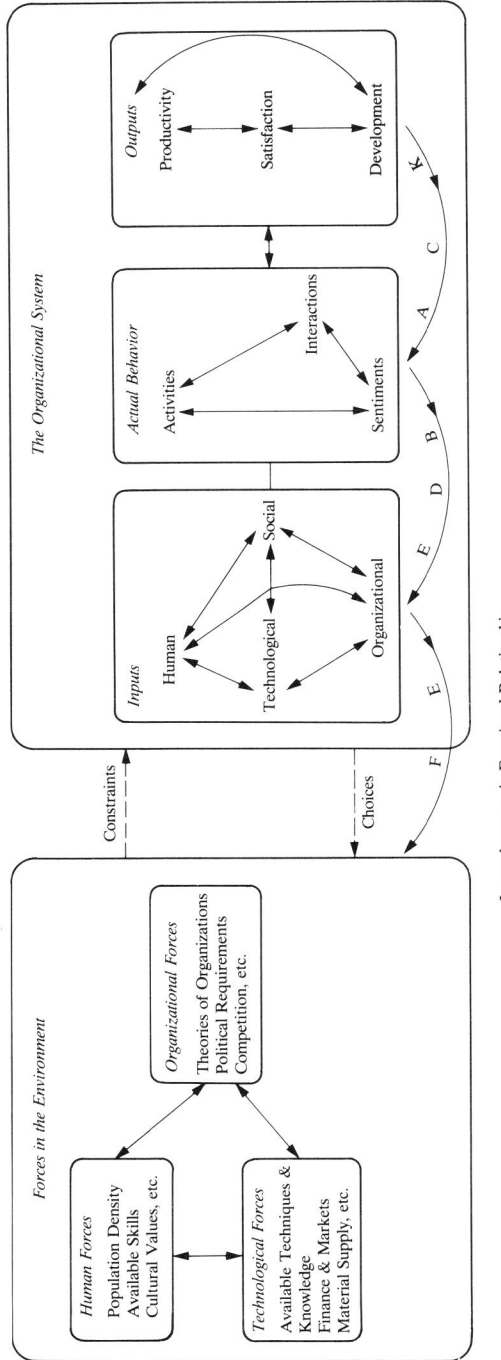

Abb. I-4-4:
Bezugsrahmen zur Analyse menschlichen Verhaltens in Organisationen (nach Seiler, 1967, 33)

4. Organisationsumgebung

Organisation und ihrer Umgebung. Erste Forschungsansätze gingen noch von der Vorstellung einer Gleichartigkeit beider Einheiten und damit einer direkten Abhängigkeit der Organisation von der Umgebung aus, wobei zu Beginn lediglich eine Umgebungsvariable als beeinflussend gesehen wurde (monokausaler Ansatz, vgl. Kieser/Kubicek, 1977; Child, 1977). Folgende Variablen standen zu Beginn der Forschung im Mittelpunkt:
— Organisationsgröße (Weber, 1971; Presthus, 1958)
— Technologie von Produktion oder Dienstleistung (Dubin, 1958; Perrow, 1967; Woodward, 1965; Trist et al., 1963)
— soziale Ziele und Funktionen (Parsons, 1956; Selznik, 1949).

Diese monokausalen Erklärungsversuche wichen zunehmend multikausalen Ansätzen, wie z. B. dem Konzept der Aston-Schule.

Als Beispiel für eine noch weitergehende Auffassung, die an die Stelle einseitig gerichteter Kausalbeziehungen eine wechselseitige Beeinflussung setzt, sei die Auffassung von Weick (1969, 27f.; ähnlich Elbing, 1974, 289; Starbuck, 1976) referiert: Statt von einer Anpassung der Organisation an die externe Umwelt zu sprechen, könnte besser formuliert werden, daß Organisieren eine Anpassung an eine selbst hergestellte („enacted") Umgebung ist, die durch Handlungen interdependenter Aktoren konstituiert wird. Dementsprechend ist Umgebung von Wahrnehmungs- und Aufmerksamkeitsprozessen abhängig: was nicht beachtet wird, existiert nicht.

Interdependenz zwischen offenen Systemen
Unter zunehmendem Einfluß der Systemtheorie wandte man sich den Bedingungen und Möglichkeiten organisatorischen Handelns zu, die außerhalb der Grenze der Organisation liegen. Damit wurden „komplexe Organisationen als offene Systeme begriffen, die undeterminiert und mit Ungewißheit konfrontiert, doch gleichzeitig Rationalitätskriterien unterworfen sind und damit Determiniertheit und Gewißheit benötigen" (Thompson, 1967, 10).

Komplexe Organisationen als offene Systeme

Die Beziehung zwischen Organisation und Umwelt ist im wesentlichen durch Abhängigkeiten charakterisiert. Diese Abhängigkeit kann als eine Abhängigkeit von knappen Ressourcen aufgefaßt (Levine/White, 1961) und als „Ressourcen-Abhängigkeits-Modell" der Interaktion zwischen Umwelt und Organisation konzipiert werden (Aldrich, 1975). Zunehmend wird die Abhängigkeit allerdings wechselseitig gesehen: die Organisation beeinflußt auch die Umwelt, von der sie selbst beeinflußt wird (Litwak/Hylton, 1962).

Auffassungen von „Umwelt"
Verschiedene begriffliche Differenzierungen von „Umwelt" wurden in der Literatur diskutiert. So unterscheidet Hall (1972) zwischen der allgemeinen und der spezifischen Umgebung der Organisation. Neben der externen Umgebung haben Organisationen auch eine interne Umgebung (Duncan, 1972; Lawrence/Lorsch, 1967; vgl. Abb. I-4-3).

Definition von „Umwelt"

Evan (1966) prägte – damit an Mertons Begriff des ‚role-set' anschließend – den Begriff ‚organizational set', um jene Organisationen zu identifizieren und zu spezifizieren, welche die Umgebung einer Organisation bilden. Auch nicht organisierte Umgebungsbestandteile (z. B. Kunden) erfaßt der Umgebungs-Sektor (Jurkovich, 1974). Als strukturiertes Feld, gebildet aus einer Serie von Organisationen, sieht Warren (1967) die Umgebung einer Organisation. Dieses Feld konstituiert ein inter-organisatorisches Netzwerk (Turk, 1970) mit spezifischen Merkmalen sowie Graden sozialer Integration. Crozier (1972) zeigte, daß dieses Netzwerk als mehr oder weniger strukturiertes organisiertes System gesehen und mit organisationssoziologischen Methoden untersucht werden kann (ebenso Aldrich, 1974). Damit wird allerdings das Begriffspaar Organisation-Umgebung inhaltlich verändert. „Organisiert" und „Organisation" bezieht sich auf das System der Interdependenzen, z. B. zwischen einer bestimmten Unternehmung und ihrer Umgebung (Lieferanten etc.). „Umgebung" bezeichnet nicht-organisierte Anteile und wird zu einer *Resi-*

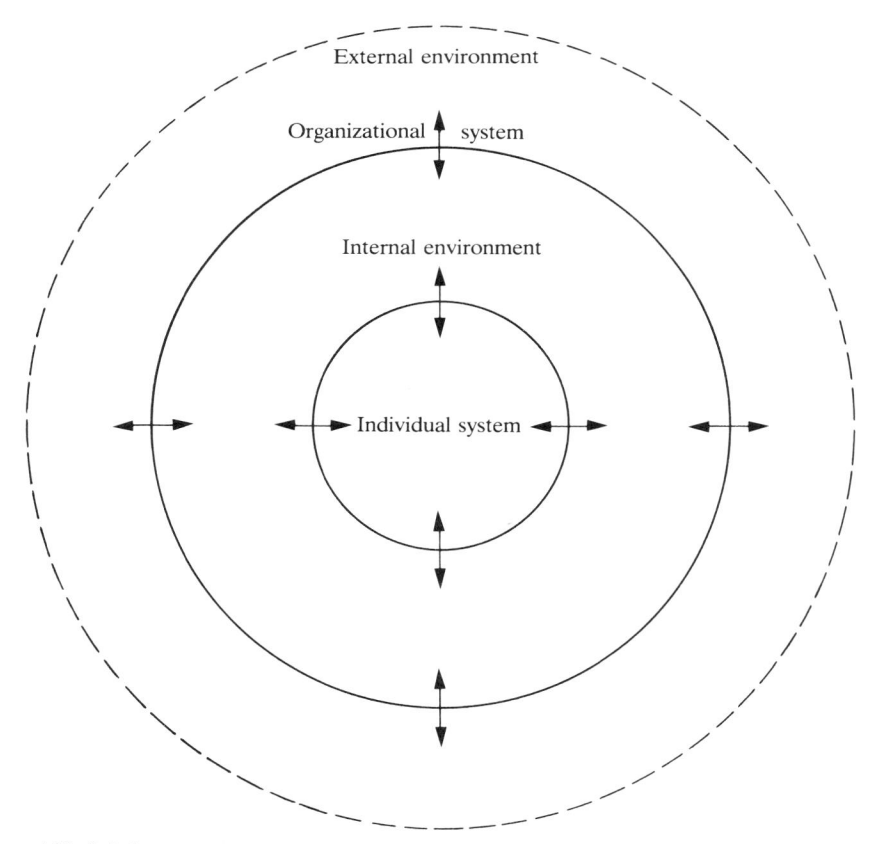

Abb. I-4-5:
Systeme und Umgebungen in schematischer Darstellung (nach Lorsch/Morse, 1974)

dualkategorie, die alles enthält, was nicht zum Netzwerk gerechnet werden kann: das Ungewisse und Unsichere. Diese Begriffsverschiebung von Crozier/ Thoenig (1976) erscheint deshalb als Rückfall, weil gerade die problematischen, da ungewissen Beziehungen an den Rand des untersuchten Feldes geschoben werden und damit wiederum ein geschlossenes System konzipiert wird.

Dieser kurze Überblick zeigt, daß bei der Untersuchung der Umweltproblematik folgende Fragen gestellt und z. T. beantwortet wurden:

Untersuchungsbereiche zur Umweltproblematik

— die Frage nach dem Umfang von „Organisation" („Humansystem/Sozialbeziehungen" oder „physikalisch/juristisch definierte Organisation" oder „interdependentes Netzwerk zusammenhängender Organisationen") und davon abhängend nach dem Umfang der „Umwelt"
— die Frage nach der Beziehung zwischen den gegenübergestellten Einheiten „Organisation" und „Umwelt"
— die Frage nach den Bestandteilen, Faktoren, Variablen, Komponenten o. ä. der Umwelt
— die Frage nach qualitativen Merkmalen der Umwelt (z. B. Vorhersagbarkeit, Komplexität, Dynamik)
— die Frage nach der Regulation der Interaktion zwischen Organisation und Umwelt sowie nach den verfügbaren organisatorischen „Mechanismen" und Prozessen sowie Aktoren (handelnde Personen/Stellen/Gruppen), den sogenannten Grenzrollenpersonen (boundary role persons; vgl. Adams, 1976), die wir als Grenzrollenaktoren bezeichnen wollen.

In den folgenden Abschnitten werden diese Fragen diskutiert; die jeweils gewählten Antworten bilden den Begriffsinhalt von „Umwelt".

4.3. Umfang und Gestalt der Organisationsumgebung

4.3.1. „Umgebung" im Aston-Modell

Traditionell geht die Organisationsforschung von einer Organisation aus und fragt dann nach ihrer Beeinflussung durch „außerhalb" dieser Organisation liegenden Kräften oder Faktoren: die Sichtweise ist „organisationszentriert" (Starbuck, 1976).

Umgebung im Aston-Modell

Das Konzept der Aston-Schule wurde bereits in Abschnitt I 3. vorgestellt. Ihre Autoren versuchen, mit der Untersuchung zweier getrennter Problemkreise die Wechselwirkung zwischen Organisationsumwelt, Organisationsstruktur und Verhalten der Organisationsmitglieder zu erfassen:

— die Abhängigkeit der Organisationsstruktur von der Umgebung dieser Struktur, die sie „Kontext" nennen und durch acht Variablen zu messen versuchen (Pugh et al., 1969):
  — primär umweltbezogene Variablen
    Eigentumsstatus und Kontrolle
    Lokalisierung
    Abhängigkeit

- Situationsvariablen
  Ursprung der Organisation, ihre Geschichte
  Größe der Organisation
  „Charter", d. h. Unternehmungsverfassung
  Technologie
  Ressourcen
- Einfluß der Organisationsstruktur auf das Verhalten der Organisationsmitglieder, vermittelt durch formalisierte Rollenerwartungen (Kieser/Kubicek, 1977; Pugh et al., 1976)

Der Begriff „Kontext" der Aston-Schule ist zwar enger als der Begriff „Organisationsumgebung" (Pugh et al., 1969, 111), aber immer noch recht weit. Er wurde durch eine Anzahl von Variablen bzw. „Faktoren" zu erfassen versucht, von deren Messung man eine hinreichende Beschreibung und Erklärung der Varianzen zwischen verschiedenen Organisationen erwartete. Allerdings warnen Pugh et al. (1969, 112) davor, Korrelationen als Kausalitätsbeziehungen zu interpretieren, da eine Theorie des dynamischen Wandels von Organisationen im Zeitablauf fehle.

Zur Beschreibung und empirischen Untersuchung der Umgebung wurden unterschiedliche Konzepte und Maße verwendet. Kieser/Kubicek (1976, 279; vgl. auch Kubicek/Thom, 1976) unterscheiden Konzepte zur

- Ermittlung der Ungewißheit der Entscheidungsträger bezüglich der Umgebung
- Erfassung objektiver Bedingungen der Umgebung
- Einschätzung objektiver Umgebungsbedingungen durch Organisationsmitglieder.

4.3.2. Vergleich einiger Begriffsbestimmungen von „Umgebung"

In vielen Untersuchungen, die Aspekte der Beziehung zwischen Organisation und Umwelt erforschen, werden „Organisation" und „Umwelt" nicht systematisch voneinander abgegrenzt und definiert. Oft stellen die Autoren lediglich einzelne Umweltfaktoren und Strukturelemente einander gegenüber oder verlassen sich auf verfügbare Methoden, deren Eigenheiten auch inhaltliche Fragestellungen und Aussageeinschränkungen bestimmen.

Offensichtlich bilden hier
- inhaltliche Fragestellungen als Forschungs- oder Gestaltungsproblem,
- begriffliche Klärung und Präzisierung,
- methodisches Instrumentarium und
- aus Vorannahmen abgeleitete Paradigmen über Gestalt und Beziehung von Umwelt und Organisation

eine Einheit. Die in Abb. I-4-6 wiedergegebene Tabelle zeigt die Unterschiedlichkeit bisheriger Ansätze; der Autor (Starbuck, 1976, 1082 ff.) versucht eine Klassifikation durch Gliederung in fünf Typen mit direkter und einem Typ mit indirekter Interaktion zwischen Organisation und Umgebung, sowie durch Gliederung nach

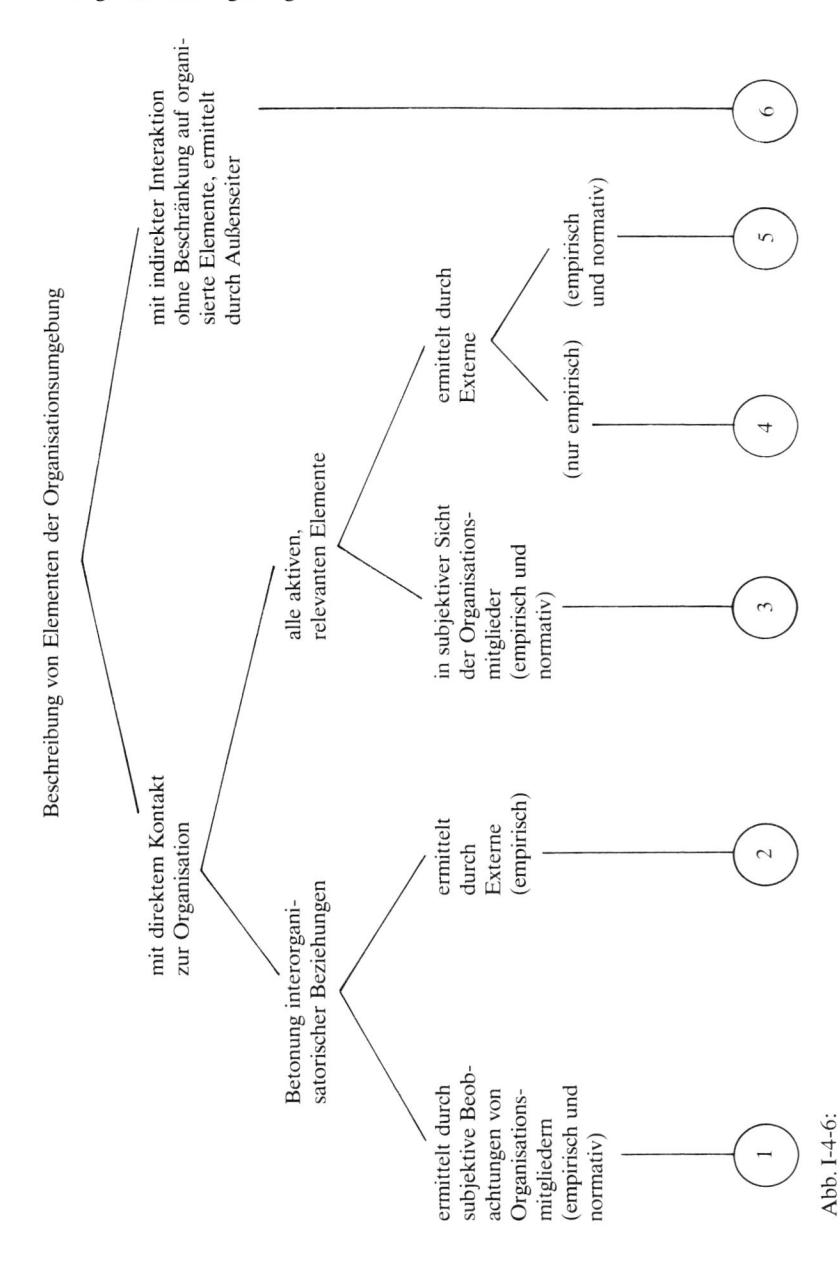

4. Organisationsumgebung

Beschreibung von Elementen der Organisationsumgebung

- mit direktem Kontakt zur Organisation
  - Betonung interorganisatorischer Beziehungen
    - ermittelt durch subjektive Beobachtungen von Organisationsmitgliedern (empirisch und normativ) — 1
    - ermittelt durch Externe (empirisch) — 2
  - alle aktiven, relevanten Elemente
    - in subjektiver Sicht der Organisationsmitglieder (empirisch und normativ) — 3
    - ermittelt durch Externe
      - (nur empirisch) — 4
      - (empirisch und normativ) — 5
- mit indirekter Interaktion ohne Beschränkung auf organisierte Elemente, ermittelt durch Außenseiter — 6

Abb. I-4-6:
Beschreibung von Elementen der Organisationsumgebung (nach Starbuck, 1976)

- dem Begriffsinhalt: Bezeichnung nur interorganisatorischer Beziehungen bzw. darüber hinaus reichende Konzepte und
- der Datenherkunft: von Organisationsmitgliedern erfragte bzw. von unabhängigen Beobachtern stammende Beschreibungen.

Starbuck (1976, 1082) teilt die referierten Ansätze in sechs Typen mit unterschiedlicher Reichweite ein.

4.3.3 Versuch einer generellen Bestimmung der Umgebung

Kubicek/Thom (1976, 3981) führen die in der Literatur beschriebenen Unterschiede in den Grenzziehungen zwischen Organisation und Umwelt auf verschiedene Fragestellungen zurück.

So verzichtet z. B. eine Analyse von Zielbildungsprozessen und Zielkonflikten (Cyert/March, 1963; Dorow, 1978) auf eine explizite Trennung zwischen Organisation und Umgebung. Die Organisation wird als Koalition verschiedener Interessenten-Gruppen (Leitung, Mitarbeiter, Lieferanten, Abnehmer) angesehen.

Ein auf Rice (1963) zurückgehendes Konzept stellt den Entscheidungsprozeß einzelner Entscheidungsträger in den Mittelpunkt. Hier bilden alle für den Entscheidungsprozeß relevanten Informationen die Umwelt, mit der ein Austauschprozeß organisiert werden muß. Ähnlich sehen auch Lawrence/Lorsch (1967) die „äußere Umgebung" der Organisation (definiert als „Humansystem") als für den Entscheidungsprozeß notwendige Informationen, die sich auch innerhalb der – physikalisch/juristisch definierten – Organisation befinden können (z. B. Forschungsergebnisse, Marktstudien, Produktionstechnologie).

Grenzziehung zwischen Organisation und Umgebung

Kubicek/Thom (1976) fordern anstelle einer dichotomen Gegenüberstellung die Konzeptualisierung gradueller Größen sowie die Erhebung von Ausprägungen. Als Grundlagen einer Umgebungsdefinition fordern sie die Angabe von drei Kriterien:

- Bezugseinheit
- Abgrenzungskriterium
- Relevanzkriterium

Als Abgrenzungskriterium werden häufig objektivierbare Kriterien (Kubicek/Thom, 1976, 3984) herangezogen:

„Solche Kriterien sind z. B. in den rechtlichen Beziehungen, räumlichen und zeitlichen Verhältnissen, kapitalmäßigen Verflechtungen oder faktischen Beeinflussungsbeziehungen zu sehen."

Ein sog. Identitätsprinzip soll zwischen relevanten und nicht relevanten Elementen der Umwelt unterscheiden. Für Unternehmungen gilt häufig das Unternehmensziel als Identitätsprinzip. Es kann in dreifacher Hinsicht präzisiert werden:

- generelle und aufgabenspezifische Bedingungen
- potentiell relevante und faktisch relevante Bedingungen
- direkte und indirekte Umweltbeziehungen.

Wir werden auf diese Präzisierung im Abschnitt 4.6. „Qualitative Merkmale der Umwelt" zurückkommen.

4. Organisationsumgebung 379

Bereits an dieser Stelle lassen sich die von Kubicek/Thom (1976, 3982f.) vorgeschlagenen Definitionsanforderungen *Bezugseinheit, Abgrenzungskriterium, Relevanzkriterium* ergänzen durch:

— organisatorische bzw. personale Bezugseinheit
 (handelnder und interessierter Teil der Organisation bzw. außerhalb der Organisation);
— Bezugsinhalt, d. h. organisatorisches oder theoretisches Problem;
— daraus abgeleitete Abgrenzungs- und Relevanzkriterien;
— Präzisierung des Zeitaspektes bei dynamischer Betrachtung.

4.4. Problematisierung der Umgebungsgrenze

Wie bereits erwähnt, findet man in der Literatur häufig eine unbegründete Trennung von organisatorischen Variablen und Umweltvariablen. Entsprechend wird z. B. die Variable Technologie einmal als ein Merkmal der Organisation (z. B. Starbuck, 1976) oder als Merkmal ihrer Umgebung aufgefaßt (z. B. Dill, 1958; Evan, 1966; Khandwalla, 1970; Norman, 1969; Thompson, 1967). Die Ungewißheit von Umgebungsbedingungen, d. h. die Unfähigkeit der Organisation, zukünftige Ereignisse vorherzusagen, wird interessanterweise als Merkmal der Umgebung behandelt (vgl. Emery/Trist, 1965; Lawrence/Lorsch, 1967; Thompson, 1967), obwohl diese Dimension durch Befragung von Organisationsmitgliedern erhoben wurde. Ein als subjektive Meinung erhobenes Merkmal wird also zu einem objektiven Merkmal uminterpretiert; Binnenorganisatorisches wird der Umgebung zugeschrieben (vgl. zur Diskussion Starbuck, 1976, 1082ff.).

<small>Problem der Umgebungsgrenze</small>

Die Unterschiede in der Interpretation von Variablen weisen auf die Problematik dichotomer Gegenüberstellung von Umwelt und Organisation hin, die eine Verschiedenheit der beiden Bereiche impliziert. Doch sind die beiden Variablen keineswegs eindeutig unterscheidbar, da eine Grenze zwischen Organisation und Umwelt teilweise eine willkürliche Erfindung des Wahrnehmenden ist (Child, 1969; Thompson, 1967). Deshalb ist es auch bisher nicht gelungen, generelle und intersubjektiv gültige Regeln für diese Grenzziehung zu formulieren (Höfer, 1977; Kubicek/Thom, 1967; Gebert, 1978).

In der organisatorischen Praxis wird dementsprechend die relevante Umwelt weder expliziert noch reflektiert. Statt dessen spielen eine wesentliche Rolle (Starbuck, 1976, 1078):

<small>Unzureichende Beachtung der organisatorisch relevanten Umwelt</small>

— unreflektiertes Ausschließen von Umweltaspekten, bewirkt durch organisationstypische Werte, die den Entscheidungsprozeß beeinflussen (Buck, 1966; Starbuck/Dutton, 1973)
— mangelhafte Überprüfung von Regeln für den Auswahlprozeß
— Imitation anderer Autoren („me-too") als handlungsleitendes Prinzip.

Damit werden — als implizites Auswahlkriterium der zu beachtenden Umweltaspekte — keineswegs rationale Überlegungen, sondern bestehende organisatorische Werte sowie Entscheidungen anderer Organisationen („organization set", Evan) wirksam. Diese Ergebnisse gelten vermutlich auch für die Beziehung zwischen Führungsbereich und deren organisatorischem Umfeld.

In einer Pilot-Studie verglich Starbuck (1976, 1024) vier verschiedene Kriterien (wie z. B. soziale Sichtbarkeit, Einfluß auf Ressourcen-Verteilung, psychologische Investition in die Aufgabe) zur Bestimmung der Distanz einzelner Personen. Jedes der verwendeten Kriterien ergab eine andere Einordnung von Personen als zur Organisation bzw. zu ihrer Umgebung gehörig.

Am Beispiel eines Krankenhauses verdeutlicht: je nach verwendetem Mitgliedschaftskriterium können ambulante oder stationäre Patienten, Belegärzte, Studenten im Praktikum und Schwesternschülerinnen, Verwaltungspersonal usw. als Mitglieder des Versorgungssystems oder dessen Umgebung eingeordnet werden.

Starbuck (1976, 1078) schlägt aufgrund dieser Überlegungen als alternative Interpretation von Organisationen vor, diese nicht mehr als unterscheidbare Untereinheiten einer Gesellschaft aufzufassen, sondern als *„Hügel in einer Geographie"* menschlicher Aktivitäten. Soziale Gruppen (wie z. B. einzelne Führungsbereiche) würden dann als Wälle und Hügel auf hervorragenden Bergen

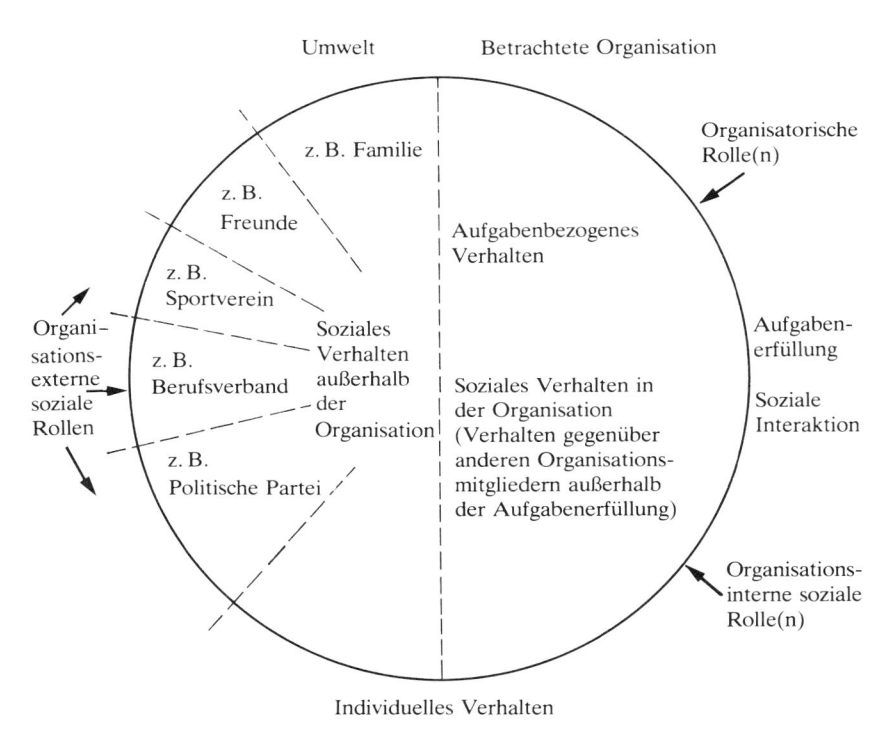

Abb. I-4-7:
Verhaltensbereiche und Rollen eines Organisationsmitgliedes (nach Kieser/Kubicek, 1977, 319)

(den Organisationen) erscheinen; ganze Volkswirtschaften als Inseln und Kontinente (ähnlicher Auffassung sind auch Crozier, 1972; Levine, 1972; Hoiberg/Cloyd, 1971): Wie in der Geographie wechselt das Kartenbild je nach dem verwendeten Kriterium.

Diese metaphorisch anmutende Auffassung von Organisation weist den Vorgesetzten ausdrücklich darauf hin, daß seine Verantwortung und sein Einfluß über die formal-hierarchische Abgrenzung seines Führungsbereiches hinausreichen.

Auch aus der Sicht des einzelnen Organisationsmitgliedes ist die formale Grenzziehung wirklichkeitsfremd. „Außerhalb" des Führungsbereiches wirkende Kräfte bestimmen das Rollenverständnis und das Rollenhandeln (vgl. Abb. I-4-7). Zunehmend wird daher die Vorstellung einer „Einbindung" des Individuums in eine Organisation ersetzt durch die Vorstellung einer Verflechtung in vielen Beziehungsnetzen mit verschiedenen Rollenerwartungen und unterschiedlichem Rollenhandeln.

Diese Sichtweise macht jedoch für jedes Organisationsmitglied ein konflikthaltiges Spannungsfeld sichtbar, wie z. B. Konflikte zwischen persönlichen und professionellen Interessen.

Vorgesetzte und Organisationsleitungen neigen dazu, von ihnen beeinflußbare Aktivitäten als innerhalb ihres Subsystems befindlich zu definieren. Durch derartige Abgrenzungen und Hervorhebungen fördern sie ein „Wir-Gefühl" innerhalb ihres Einflußbereiches, einen Aspekt gemeinsamer Identität. Dementsprechend versuchen sie, Unsicherheit auszugrenzen (z. B. sie nicht als eigenes Problem, sondern als Merkmal der Umgebung zu definieren).

4.5. Sektoren und Komponenten der Umgebung

Kubicek/Thom folgend wollen wir Komponenten und Sektoren der Umwelt bzw. der Organisation-Umwelt-Beziehung unterscheiden. Bisherige Klassifikationen sind z. B.:

Merkmale der Organisation-Umwelt-Beziehung

Homans (1951)	physical, cultural and technological sector
Farmer/Richman (1964)	economic, educational, legal-political and social-cultural forces
Boddeuyn (1967)	physical, economic, social and cultural sector
Child (1969)	product markets, factor markets, technical knowledge, political environment, socio-cultural environment
Hall (1972)	technological, legal, political, economic, demographic, ecological, cultural and social conditions
Kotler (1974)	Wirtschaft, Technologie, Politik und Kultur
Lorsch/Morse (1974)	market, technological, economic and scientific factors

Demgegenüber unterscheiden Kubicek/Thom (1976, 3988) fünf Komponenten der Organisationsumgebung:

(a) ökonomische Komponente: generelle ökonomische Situation eines Raumes, die auf die für die Unternehmung relevanten Märkte ausstrahlt;
(b) technologische Komponente: technologische Entwicklung bezüglich neuer Produkte und Verfahren, mit der die Unternehmung schritthalten muß, um konkurrenzfähig zu sein;
(c) rechtlich-politische Komponente: Gesamtheit rechtlicher Vorschriften sowie ihre Handhabung durch Organe der Exekutive und Jurisdiktion, denen die tatsächlichen und geplanten Aktionen einer Unternehmung unterliegen;
(d) sozio-kulturelle Komponente: Gesellschaftsstruktur eines Raumes, in die sich die Unternehmung einfügen muß;
(e) physische Komponente: Gesamtheit physisch manifester, natürlicher oder gestalteter Bedingungen eines Raumes, unter denen eine Unternehmung dort agieren muß.

Diese Komponenten umfassen teilweise recht diffuse, jeweils zu präzisierende Phänomene. Die Organisation trägt zwar zu ihrer Gestaltung bei, kurzfristig gesehen handelt es sich jedoch um gesellschaftlich-kollektive Phänomene (vgl. Kap. A).

Weitere Beispiele dafür sind (Staehle, 1973, 75):

Umgebungssektor und entsprechendes Subsystem

Umgebungssektor	zuständiges Subsystem
Wissenschaft und Technik	Forschung
Technologie, Investitionsgüterindustrie	Produktion
Lieferanten	Einkauf
Kunden und Konkurrenz	Verkauf
Arbeitsmarkt	Personal
Geld- und Kapitalmarkt	Finanzierung
Presse, Verbände etc.	Public Relations

Vermutlich wird ein analoger Prozeß der Spezialisierung und Ausrichtung einzelner Stellen auf spezifische Sektoren der Umgebung auch innerhalb von Führungsbereichen festzustellen sein.

Abb. I-4-8 zeigt Umgebungskomponenten und relevante Sektoren, denen spezialisierte Organisations-Subsysteme gegenüber stehen (vgl. die Diskussion der Grenzrollenträger, I 4.8.).

Eine Untersuchung dieser fünf Komponenten im Hinblick auf Unabhängigkeit sowie logische Über- bzw. Unterordnung soll hier nicht erfolgen. Interessanter scheint ein Vergleich der oben angeführten Bezeichnungen „Sektoren", „Kräfte", „Faktoren", „Bedingungen", die erkennen lassen, daß hier Merkmale der Umgebung angesprochen werden; also eine Trennung zwischen Umwelt und Organisation vorausgesetzt wird, die empirisch nicht eindeutig nachgewiesen werden kann (Starbuck, 1976).

4. Organisationsumgebung

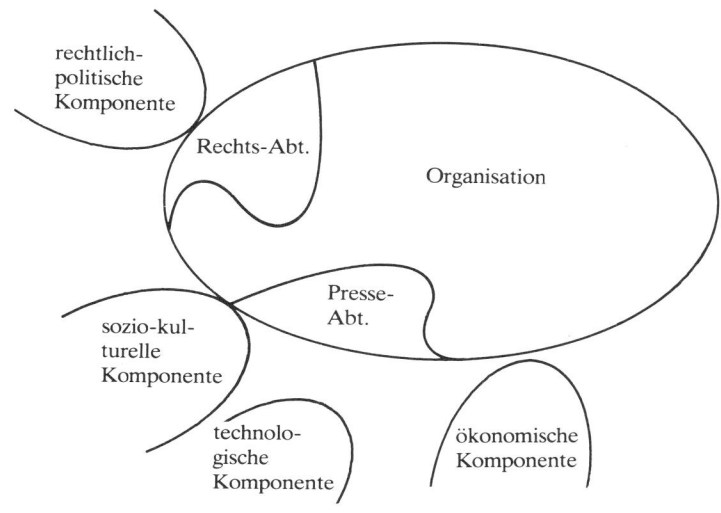

Abb. I-4-8
Die Beziehung zwischen Umgebungskomponenten und Abteilungen

Dem Prinzip der Wechselseitigkeit in der kooperativen Führung entsprechend (vgl. Kap. M) werden im folgenden „Komponenten" als globale und „Dimensionen" als spezifizierte Merkmale, und zwar nicht der Umgebung, sondern der *Beziehung* zwischen Umgebung und Organisation interpretiert. Auch Kubicek/Thom (1976, 3983) haben bereits darauf hingewiesen, daß eine Trennung (z. B. Hill et al., 1975) von Elementen einer Handlungssituation in „Instrumente" (means) und „Einschränkungen" (constraints) nicht aufrechterhalten werden kann. Damit entfällt das in Abschnitt I 4.3. diskutierte Zuordnungsproblem.

In den folgenden Abschnitten werden einzelne Aspekte dieser Komponenten dargestellt. Die dabei gewählte Trennung der einzelnen Probleme soll nicht darüber hinwegsehen lassen, daß eine Organisation in einer konkreten Situation allen diesen und weiteren Umwelteinflüssen ausgesetzt ist. Gleiches gilt auch für eine beliebige Situation eines Führungsbereichs. Dabei wird „... der Begriff der Situation als offenes Konzept aufgefaßt, das in Abhängigkeit von der jeweiligen Fragestellung und dem vorhandenen Wissen mit konkretem Inhalt gefüllt werden soll" (Kieser/Kubicek, 1977, 184; vgl. Kap. 3).

4.6. Qualitative Merkmale der Umgebung

Die bisher umfangreichste Typologie von „Umwelt" (Jurkovich, 1974) basiert auf drei früheren Klassifikationen, die jeweils zwei dichotome Dimensionen zur Beschreibung von Umweltqualitäten verwenden:

Umwelt-Typologien

Thompson (1967, 70–73)   Lawrence/Lorsch (1967, 23–54)
homogen-stabil   niedrige Verschiedenheit, nicht dynamisch
homogen-verändernd   niedrige Verschiedenheit, hoch dynamisch
heterogen-stabil   hohe Verschiedenheit, nicht dynamisch
heterogen-verändernd   hohe Verschiedenheit, dynamisch

Emery/Trist (1965)
hohe Komplexität-hohe Flexibilität
hohe Komplexität-niedrige Flexibilität
niedrige Komplexität-hohe Flexibilität
niedrige Komplexität-niedrige Flexibilität

Im Anschluß an Jurkovich (1974) gliedern Kieser/Kubicek (1977, 280):
(1) Umweltkomplexität (Duncan, 1972)
 — Anzahl zu berücksichtigender Externfaktoren
 — Verschiedenheit der Faktoren
 — Verteilung der Faktoren in verschiedenen Umweltsegmenten
(2) Dynamik der Umgebung, resultierend aus der
 — Häufigkeit von Änderungen der Umgebungsfaktoren
 — Stärke der Änderungen
 — Irregularität der Änderungen
(3) Die Abhängigkeit der Organisation von Ressourcen-Lieferanten der Umwelt (Thompson, 1967, 31; Jacobs, 1974) ist um so größer,
 — je weniger potentielle Partner eine Ressource zur Verfügung stellen
 — je höher der Organisierungsgrad zwischen den Partnern ist (z. B. Lieferantenkartell).

Einige dieser qualitativen Merkmale werden in Kapitel M diskutiert. Für den einzelnen Führungsbereich spielen sie lediglich aus formalorganisatorischer Sicht keine Rolle:

— die Umweltkomplexität des Führungsbereichs soll durch Unterstellung unter einen Vorgesetzten reduziert werden
— die Dynamik der Umgebung soll durch Formalisierung (vgl. Kap. M) reduziert werden
— die Abhängigkeit des Führungsbereichs wird dementsprechend erhöht.

Sieht man allerdings über formalorganisatorische Zusammenhänge hinaus, so bestehen für den Führungsbereich die gleichen Probleme wie für die Gesamtorganisation. Unter dem Aspekt der kooperativen Führung werden diese offen diskutierbar („Konfliktregelung durch Aushandeln", vgl. Kapitel L).

4.7. Abhängigkeiten zwischen Organisation, Umgebung und Führungsbereich

Eine Zusammenfassung von Ergebnissen kontingenztheoretischer Forschung über die Beziehung zwischen Umgebungsbedingungen, Organisationsprozessen und Führungsbeziehungen erfolgt an dieser Stelle. Ergänzend hierzu wer-

4. Organisationsumgebung

den in Kapitel M Forschungsergebnisse zu Einzelvariablen und Spezialproblemen diskutiert.

In seiner Übersichtsarbeit zu Problemen der Anpassung von Organisationen an ihre Umwelten unter besonderer Berücksichtigung von Struktur-, Konflikt- und Effizienzaspekten formuliert Höfer (1977, 196f.) folgende Hypothesen:

Anmerkung: Soweit in den folgenden Hypothesen von „Ungewißheit der Umwelt", „Umweltdynamik" und „Umweltkomplexität" gesprochen wird, ist zu berücksichtigen, daß diese Variablen – wie bereits mehrfach erwähnt – *auf subjektiven Daten* basieren, d. h. durch Befragung von Organisationsmitgliedern erhoben wurden, und daß mit dem Begriff „Ungewißheit der Umwelt" der subjektive Informationsstand organisationaler Entscheidungsträger hinsichtlich der externen Faktoren gemeint ist.

Organisations-Umwelt-Anpassung:

„Hypothese D 1

Je mehr die Umweltkomplexität zunimmt, in desto stärkerem Maße werden die betroffenen Organisationen Untereinheiten (Subsysteme) herausbilden, die den einzelnen Umweltsegmenten gegenüberstehen und Austauschbeziehungen mit diesen aufnehmen *(Thompson, Lawrence/Lorsch).*

Hypothese D 2

Wenn die einzelnen Umweltsegmente in unterschiedlichem Ausmaß ungewiß sind, werden sich die den Austausch mit diesen Segmenten vollziehenden organisationalen Subsysteme hinsichtlich mehrerer Kriterien voneinander abweichend entwickeln (Differenzierung der Organisationsstruktur).

Zu diesen Kriterien gehören die Bürokratisierung der Struktur sowie die Zeit-, die Ziel- und die interpersonelle Orientierung der Mitglieder der Subsysteme *(Lawrence/Lorsch).*

Hypothese D 3

Von insgesamt ungewisseren Umwelten betroffene Organisationen entwickeln eine differenziertere Struktur als soziale Systeme in insgesamt weniger ungewissen Umwelten *(Lawrence/Lorsch).*

Hypothese D 4

Je mehr die strukturelle Differenzierung die innerhalb der Umwelt vorhandenen Unterschiede und Besonderheiten berücksichtigt, desto höher wird die ökonomische Effizienz der betreffenden Organisation sein *(Lawrence/Lorsch).*

Hypothese D 5

Je stärker die Differenzierung einer Organisation durch eine entsprechende Integration ihrer Untereinheiten ergänzt wird, desto höher wird die ökonomische Effizienz dieser Organisation sein *(Lawrence/Lorsch).*

Hypothese D 6

Je höher die Ungewißheit der Umwelt ist, desto mehr werden die betroffenen Organisationen Maßnahmen der Reduktion dieser Ungewißheit, der Differenzierung und der Integration durchführen *(Khandwalla).*

Hypothese D 6a

Soweit die Ungewißheit durch technologischen Wandel bedingt ist, werden erfolgreiche Organisationen sie mit Hilfe der Leistungen von Stabstellen reduzieren, sich mittels

Hypothesen zur Organisations-Umwelt-Anpassung

Entscheidungsdelegation und divisionaler Abteilungsbildung differenzieren und die notwendige Integration über den Einsatz komplizierter Kontrollsysteme erreichen *(Khandwalla)*.

Hypothese D 6 b
Soweit die Ungewißheit durch die Konkurrenz bedingt ist, werden erfolgreiche Organisationen sie mittels partizipativer Entscheidungsbildung und vertikaler Integration reduzieren, sich mit Hilfe der Delegation von Entscheidungen differenzieren und die erforderliche Integration primär über einen partizipativen Führungsstil und an zweiter Stelle durch komplizierte Kontrollsysteme sicherstellen *(Khandwalla)*.

Hypothese D 7
Je höher der Urbanisierungsgrad der Umwelt ist, d. h. je mehr die Umweltkomplexität zunimmt, desto größer wird in den betroffenen Organisationen das Ausmaß der Arbeitsteilung, die Zahl der hierarchischen Ebenen und die Zahl der Abteilungen sein *(Blau/Schönherr)*.

Hypothese D 8
Je höher die Dynamik der Umwelt ist, desto mehr werden die betroffenen Organisationen Entscheidungen dezentralisieren, Ausführungsaufgaben programmieren, formalisierte Prozeduren anwenden und auf eine genaue Kompetenzabgrenzung verzichten *(Kieser)*.

Hypothese D 9
Je größer die Abhängigkeit einer Organisation von anderen sozialen Systemen ist, desto stärker wird ihre Struktur die Merkmale der Spezialisierung, Standardisierung und Formalisierung aufweisen *(Child)*.

Hypothese D 10
Je mehr eine Organisation ihre Abhängigkeit durch die gemeinsame Durchführung von Programmen oder Projekten mit anderen Organisationen zu reduzieren sucht, desto höher wird der Grad ihrer Spezialisierung und ihrer Entscheidungsdezentralisation sein *(Aiken/Hage)*.

Hypothese D 11
Je mehr eine Organisation ihre Abhängigkeit durch Kooptation zu reduzieren sucht, desto größer werden ihre als Kooptationsinstrumente dienenden Gremien sein und desto mehr organisationsfremde Mitglieder werden sie enthalten *(Pfeffer).*"

Im folgenden werden die für die jeweilig untersuchten Organisationen bestätigten Hypothesen in allgemeiner Formulierung zusammengefaßt. Dabei werden auch Aussagen berücksichtigt, welche die konfliktären Auswirkungen von organisationalen Variablen betreffen, die nicht-struktureller Art sind, aber im Zuge einer Hypothesenverknüpfung mit umweltbedingten Strukturcharakteristika in Beziehung gesetzt werden können.

Empirisch bestätigte Hypothesen über organisatorische Konflikte

Systeminterne Konflikte:

„*Hypothese E 1*
Je stärker die in einer Organisation bestehende strukturelle Differenzierung ist, desto mehr Konflikte werden innerhalb dieses sozialen Systems auftreten *(Lawrence/Lorsch, Corwin)*.

4. Organisationsumgebung

Hypothese E 1 a

Je stärker die Struktur einer Organisation durch das Merkmal der Spezialisierung gekennzeichnet ist, desto mehr Konflikte werden innerhalb dieses sozialen Systems auftreten *(Corwin, Child)*.

Hypothese E 1 b

Je mehr hierarchische Ebenen eine Organisation besitzt, desto mehr Konflikte werden in ihr auftreten *(Corwin)*.

Hypothese E 1 c

Je größer die Zahl der voneinander unterscheidbaren, aber nicht notwendig spezialisierten Arbeitseinheiten in einer Organisation (Gesamtkomplexität) ist, desto mehr Konflikte werden in ihr auftreten *(Corwin)*.

Hypothese E 2

Je stärker die Arbeitstätigkeiten in einer Organisation strukturiert sind, d. h. je mehr die Organisationsstruktur die Merkmale der Standardisierung und Formalisierung aufweist, desto mehr Konflikte werden innerhalb dieses sozialen Systems auftreten *(Child, Corwin)*.

Hypothese E 2 a

Je mehr man die Arbeitstätigkeiten in stärker professionell orientierten und weniger bürokratisierten Organisationen strukturiert, desto mehr Konflikte werden in diesen sozialen Systemen auftreten. *(Corwin)*.

Hypothese E 2 b

Je mehr man die Arbeitstätigkeiten in weniger professionell orientierten und stärker bürokratisierten Organisationen strukturiert, desto weniger Konflikte werden in diesen sozialen Systemen auftreten *(Corwin)*.

Hypothese E 3

Je stärker die Mitglieder an der Entscheidungsbildung über innerorganisationale Probleme teilnehmen, desto mehr wird in dem betreffenden sozialen System das Entstehen geringfügiger und die Vermeidung schwerwiegender Konflikte zu beobachten sein *(Corwin)*.

Hypothese E 4

Je ungenauer die Kompetenzen zwischen zwei Abteilungen einer Organisation abgegrenzt sind, desto mehr Konflikte werden zwischen den Mitgliedern dieser Abteilungen auftreten *(Walton/Dutton/Cafferty)*.

Hypothese E 5

Je mehr Hindernisse der Kommunikation zwischen den zu unterschiedlichen Abteilungen gehörenden Mitgliedern entgegenstehen, desto mehr Konflikte werden zwischen ihnen auftreten *(Walton/Dutton/Cafferty)*.

Hypothese E 6

Je schwieriger in Unternehmungsorganisationen der Austausch von arbeitsbezogenen Informationen zwischen den zu unterschiedlichen hierarchischen Ebenen gehörenden Mitgliedern ist, desto mehr Konflikte werden zwischen ihnen auftreten *(Smith)*.

Hypothese E 7

Je mehr Gegensätzlichkeiten zwischen den Interessen (latente Konflikte) der zu unterschiedlichen Abteilungen gehörenden Mitgliedern bestehen, desto mehr manifeste Konflikte werden zwischen ihnen auftreten *(Walton/Dutton//Cafferty)*.

Hypothese E 8

Je mehr in Unternehmungsorganisationen Gegensätzlichkeiten zwischen den Interessen (latente Konflikte) der zu unterschiedlichen hierarchischen Ebenen gehörenden Mitgliedern bestehen, desto mehr manifeste Konflikte werden zwischen ihnen auftreten *(Smith)*.

Hypothese E 9

Je höher das in einer Abteilung bestehende Wissen um die Probleme und Verfahrensweisen einer anderen Abteilung ist, desto mehr Konflikte werden zwischen den Mitgliedern dieser Untereinheiten auftreten *(Walton/Dutton/Cafferty)*.

Hypothese E 10

Je mehr eine Abteilung von einer anderen hinsichtlich ihrer Aufgabenerfüllung abhängig ist, desto mehr Konflikte werden zwischen den Mitgliedern dieser Untereinheiten auftreten *(Walton/Dutton/Cafferty)*.

Hypothese E 11

Je weniger in Unternehmungsorganisationen ein Konsensus zwischen den zu unterschiedlichen hierarchischen Ebenen gehörenden Mitgliedern besteht, desto mehr Konflikte werden zwischen ihnen auftreten *(Smith)*."

4.8. Zur Organisation der Austauschbeziehungen zwischen System und Umgebung

Luhmann (1968, 117f.) bestimmt das Verhältnis von System (Organisation, Führungsbereich) und Umgebung als Differenz hinsichtlich ihrer Komplexität (vgl. Abschnitt Kap. 5). Systeme sind zeitlich invariant strukturierte Einheiten, die sich durch Stabilisierung einer Innen-Außen-Differenz (Systemgrenze) in einer komplexen und veränderlichen Umwelt erhalten. Zwei Bedeutungen hat demnach der Begriff des Systems:

— das System selbst;
— die Austauschbeziehung zwischen System und Umwelt.

Grenzrollen und Grenzrollenträger

Zur Lösung seines zentralen Problems, der Bestandserhaltung, muß demnach das System ständig gegenüber einer es gefährdenden, da zu Reaktionen herausfordernden, Umwelt eine relative Invarianz seiner Grenzen und seiner Struktur durchsetzen (Luhmann, 1968, 117f.). Während in geschlossenen Systemen kein Austausch zwischen Organisation und Umgebung vorkommt und daher auch nur Binnenprobleme auftauchen, nehmen offene Systeme gleichzeitig zwei entgegengesetzte Funktionen wahr, die zueinander ausbalanciert werden müssen: Organisationsgrenzen dienen einmal zur Abgrenzung von Organisationen (Child, 1972a; Evan, 1966; u. a.), zum anderen regulieren sie den Informationsfluß zwischen Organisation und Umgebung (Miller, 1972; Miller/Rice, 1967; Organ, 1971; Thompson, 1967; Adams, 1976; u. a.).

4. Organisationsumgebung

Diese nur scheinbar widersprüchlichen Funktionen („öffnen" und „abschließen") und damit die Stabilisierung der Systemgrenze als Innen-Außen-Differenz nehmen besondere Subsysteme wahr, die als

— Handlungssysteme (boundary spanning behavior),
— Rollensysteme (Grenzrollen) und
— Organisationsmitglieder (Grenzrollenträger)

je nach theoretischem Bezugsrahmen problematisiert werden können. Im Anschluß an Katz/Kahn (1966) und Adams (1976) wählen wir eine rollentheoretische Darstellung.

Typische Grenzrollen sind Einkäufer und Verkäufer, Pressestellen, Personalabteilungen, Werbe- und public-relations-Stäbe, Beschaffer von Informationen für die Organisation (z. B. Marktforschungsabteilungen von Forschungsbereichen) usw. Trotz der verschiedenen Aufgaben kann man drei Merkmale aufzählen (Adams, 1976, 1176), hinsichtlich derer sich Grenzrollen von Produktions-, Verwaltungs- und Managementstellen unterscheiden:

— Grenzrollen sind weiter entfernt (psychologisch, organisatorisch, oft räumlich) von anderen organisatorischen Rollen als voneinander; ihre Träger (Grenzrollenpersonen) sind Organisationen der Umgebung und ihren Vertretern näher als anderen Mitgliedern der eigenen Organisation
— sie repräsentieren ihre Organisation gegenüber der Umgebung
— sie sind Agenten des Einflusses der Organisation auf diese Umgebung – und der Umgebung auf die Organisation.

Hier können nur einige Aspekte dieser Doppelbelastung skizziert werden:

Probleme von Grenzrollenträgern

Aufgrund der
— Distanz der Grenzrollenträger zur eigenen Organisation,
— ihrer Doppelaufgabe (Repräsentation der eigenen Organisation nach außen, der fremden nach innen),
— der Forderung an sie, beiden gegenüber loyal gegenseitige Einflußbeziehungen (Abhängigkeitsbeziehungen) zu organisieren,

wird die Organisation u. a.

— ein gewisses Mißtrauen gegenüber den Grenzrollenträgern entwickeln,
— versuchen, ihr Verhalten zu kontrollieren,
— Maßnahmen ergreifen, um die Loyalität der Grenzrollenträger gegenüber ihren Pflichten und Normen zu sichern.

Andererseits muß die Organisation den Grenzrollenträgern hinreichend Freiheit gewähren, damit sie ihre Aufgaben erfüllen können.

Der Grenzrollenträger
— muß notwendigerweise den Normen seiner eigenen Organisation distanzierter gegenüberstehen,
— wird die ihm gewährte Freiheit durch Loyalität kompensieren,

— muß seine Loyalität und sein Bemühen, organisatorische Normen zu beachten, in höherem Maße realisieren als andere Organisationsmitglieder. Je mehr er Mißtrauen wahrnimmt, desto mehr wird er sich angepaßt und loyal verhalten, bis hin zur Einschränkung effektiver Aufgabenerfüllung.

Die notwendige Sensitivität der Grenzrollenträger gegenüber zwei Normensätzen belastet sie in besonderem Maße. Selbst wenn sie einen objektiv optimalen Erfolg erzielt haben, stehen sie in der Gefahr, als ineffektiv, illoyal etc. bezeichnet zu werden. So wird der Vertreter einer Organisation auf einer Konferenz den Standpunkt seiner Organisation zu repräsentieren und durchzusetzen suchen, weiter wird er die Standpunkte seiner Verhandlungspartner erkunden, diese informieren und möglichst überzeugen und schließlich bei einem Kompromiß vom eigenen Auftrag abrücken müssen. Er steht buchstäblich „zwischen zwei Fronten" (ähnlich der Werkmeister, Vorarbeiter, Gruppenführer).

Grenzrolle und kooperative Führung

Interessanterweise erfolgten viele Untersuchungen zu *kooperativen Führungsformen* in Organisationen oder organisatorischen Subsystemen, die einen hohen Anteil von Grenzrollen aufweisen. Vermutlich ist besonders kooperative Führung, d. h. die Realisierung der Prinzipien Wechselseitigkeit und Selbstverwirklichung, in der Lage, mit den oben skizzierten widersprüchlichen (konflikthaften) Rollenerwartungen flexibel umzugehen.

Das Gesagte soll verdeutlichen,
— daß die Aufgabe, zur Umgebung Kontakt, Einfluß-, Informations- und Abhängigkeitsbeziehungen zu organisieren, spezialisierten Rollen übertragen werden kann,
— daß damit keineswegs eine Abschirmung der Organisation gegen die Unsicherheit der Umgebung erreicht wird: binnenorganisatorische Rollenträger haben es nun statt mit der Umgebung mit ihren Grenzrollenträgern zu tun.

Grenzprobleme in und um Organisationen

Probleme der Grenzregulation zwischen Systemen und Umgebung sind also nicht durch strukturelle Führungsmaßnahmen allein zu lösen. Grenzprobleme treten nach Lawrence/Lorsch (1969) an drei kritischen Stellen auf:
— der Grenze zwischen Organisation und Gesellschaft,
— der Grenzen zwischen verschiedenen Gruppen (Führungsbereichen innerhalb der Organisation),
— an der Nahtstelle, die durch das Verhältnis der Organisationsmitglieder zur Organisation bestimmt wird.

5. Politisch-gesellschaftliche Normen als Variable der Organisationsumgebung

5.1. Rechtlich-politischer Einfluß auf die Organisationsstruktur

Politisch-rechtliche Rahmenbedingungen kooperativer Führung

In Abschnitt I 4. wurde die rechtlich-politische Komponente als Teil der organisatorischen Umgebung aufgezählt. Einige dieser Aspekte der Umgebung sollen hier dargestellt werden (vgl. Kubicek/Thom, 1976, 3991):

5. Politisch-gesellschaftliche Normen als Variable der Organisationsumgebung

- Wirtschaftsordnung
- Sozialordnung, einschließlich Arbeits- und Sozialrecht
- wirtschaftliche Strukturpolitik
- wirtschaftliche Prozeßpolitik, insbesondere Konjunkturpolitik.

Wir werden im folgenden auf drei rechtliche Normenkomplexe eingehen, die für den partizipativen Aspekt kooperativer Führung bedeutsam sind:
- das Mitbestimmungsgesetz (MitbestG)
- das Betriebsverfassungsgesetz (BetrVG) sowie
- die Personalvertretungsgesetze (PersVG).

In der Entwicklung der Mitbestimmung seit 1848 (Entwurf einer Gewerbeordnung, die Fabrikausschüsse vorsah) bis zum Mitbestimmungsgesetz (1976) läßt sich eine zunehmende Tendenz zur repräsentativen Einflußbeteiligung der Arbeitnehmer (partizipativer Aspekt) feststellen. Nach Arendt ist diese

„gesellschaftliche Entwicklung ... ein bedeutender Schritt in Richtung auf eine humane Arbeitswelt, der die Chance zur Selbstverwirklichung des abhängig Beschäftigten spürbar vergrößert" (Arendt, 1976, 5).

Die Mitbestimmungsgesetze sind als Teil des Arbeitsrechts „das Sonderrecht der fremdbestimmte Arbeit leistenden Personen (Arbeitnehmer)" (Söllner, 1969, 13). Vorschriften, die auf das Arbeitsverhältnis einwirken, finden sich in einer Reihe von Gesetzen (u. a. BGB, HGB, GewO, RVO); eine zusammenfassende Kodifikation steht noch aus. Den Stand diesbezüglicher Bemühungen dokumentiert der „Entwurf eines Arbeitsgesetzbuches" (BMA 1977).

Vom staatlichen Recht mit zwingenden Normen (d. h. völliger Abhängigkeit der Organisation) bis zu den Elementen privat-autonomer Gestaltung (z. B. Arbeitsverträge) findet man eine Skala der Verbindlichkeit arbeitsrechtlicher Vorschriften (vgl. u. a. Söllner, 1976; 1969, 34ff.).

Als Ergänzung der folgenden Ausführungen sei auf die Übersichtsreferate von Chmielewicz et al. (1977), Dlugos (1980) sowie auf den Kommentar von Fitting et al. (1976) hingewiesen. Die Autoren beschreiben den Anwendungsbereich der Mitbestimmung sowie die Unterschiede zwischen dem Betriebsverfassungsgesetz 1952, dem Montanmitbestimmungsgesetz 1951 und dem neuen Mitbestimmungsgesetz (1976) und diskutieren ausgewählte Probleme ihrer Auswirkung auf die Struktur von Unternehmungen.

So gibt Abb. I-5.1 einen Überblick über die Geltungsbereiche dieser Gesetze; Abb. I-5-2 führt die gesetzlichen Regelungen für die einzelnen Mitbestimmungsebenen in der Privatunternehmung und in der öffentlichen Verwaltung auf.

Von unvorhergesehenen Konsequenzen des MitbestG, die bei Konflikten um die Einstufung leitender Angestellter auftraten, berichten Rüßmann/Wilhelm (1978) u. a. Sie beobachteten eine Tendenz, Führungskräfte zu „entleiten", denn die „Rechtsprechung berücksichtigt weder moderne Unternehmensstruk-

Gegenstand und/oder Rechtsform	Zahl der Arbeitnehmer (AN)	0–500	über 500–1000	über 1000–2000	über 2000
Tendenzunternehmen (§ 81 BetrVG 1952; § 1 IV MitbestG)					
Privatrechtliche Unternehmungen (außer Tendenz- und Montan-Unternehmungen)	Einzelfirma				
	OHG				
	KG				
	GmbH & Co KG / AG & Co KG				MitbestG § 4*
	Versicherungsverein auf Gegenseitigkeit mit bestehendem AR		§ 77 II		
	Erwerbs- und Wirtschaftsgenossenschaft		§ 77 III		
	Bergrechtliche Gewerkschaft m. eigener Rechtspersönlichkeit		§ 77 I		
	GmbH		§ 77 I		MitbestG § 1 I
	KGaA		§ 76 I - BetrVG 1952 in Verb. mit § 129 I BetrVG		
	AG	Keine Mitbestimmung bei Familiengesellschaft mit weniger als 500 AN (§ 76 VI)	§ 76 I		
Montan-Unternehmungen i. S. v. § 1 I Montan-MitbestG	AG		§ 76 I		
	GmbH		§ 77 I	Montan-MitbestG § 1 II	
	Bergrechtliche Gewerkschaft m. eigener Rechtspersönlichkeit		§ 77 I		

* Mitbestimmungspflichtig ist nur die Komplementärin (GmbH, AG), wobei unter den Voraussetzungen des § 4 MitbestG die AN der KG der Komplementärin zugerechnet werden.

Abb. I-5-1:
Geltungsbereich des BetrVG 1952, MitbestG und Montan-MitbestG (nach Chmielewicz et al., 1977, 111)

5. Politisch-gesellschaftliche Normen als Variable der Organisationsumgebung

Betriebstyp / Rechtssphäre / Eigentum / Mitbestimmungsebene			Privatunternehmung Privatrecht privat		Öffentliche Unternehmung Öffentliches Recht öffentlich	Öff. Verwaltung
			1	2	3	4
Arbeitsplatz		1	Nichtkodifiziert Ansätze z. B. in §§ 90f. BetrVG		Nicht kodifiziert Ansätze z. B. in §§ 75 III Nr. 16, 76 II Nr. 5 BPersVG	
Arbeitnehmergremium (Mitbestimmung im „Betrieb") (z. B. Betriebs-, Personalrat)		2	Betriebsverfassungsgesetz (1972) [Betriebsrat, Wirtschaftsausschuß, Einigungsstelle]		Bundespersonalvertretungsgesetz (1974) Personalvertretungsgesetze der Länder [Personalrat, Einigungsstelle]	
Organe des Betriebes (Mitbestimmung in der „Unternehmung")	Kontrollorgan (z. B. Aufsichts-, Verwaltungsrat)	3	Montan-Mitbestimmungsgesetz (1951), Betriebsverfassungsgesetz 1952 (§§ 76 ff.), Mitbestimmungsgesetz (1976) [Mitbestimmung im Aufsichtsrat]		Bundesbahngesetz (1951), Postverwaltungsgesetz (1953), Sparkassen u. Eigenbetriebsgesetze einiger Bundesländer* [Verwaltungsrat, Betriebskommission, Werksausschuß]	Z. B. Hochschulrahmengesetz (1975): Organe haben überwiegend sowohl Kontroll- als auch Leitungsbefugnisse [Zentrale Kollegialorgane, Fachbereichsrat]
	Leitungsorgan (z. B. Vorstand, Geschäftsleitung)	4	Montan-Mitbestimmungsgesetz (1951), Mitbestimmungsgesetz (1976) [Arbeitsdirektor]		Ansätze z. B. im Bundesbahngesetz (1951), Eigenbetriebsgesetz Berlin (1973) [Geschäftsführer für personelle u. soziale Angelegenheiten]	

* Organe sind im Vergleich zum Aufsichtsrat mit mehr Leitungsfunktionen ausgestattet

Abb. I-5-2:
Mitbestimmung in der öffentlichen und privaten Unternehmung (nach Chmielewicz et al., 1977, 106)

turen noch kooperative Führungsstile" (Gaul, zit. in Rüßmann/Wilhelm, 1978, 36). Diese Entwicklung führte einmal zu Kompensationsangeboten der obersten Geschäftsleitung, andererseits ist aber auch

„durch diese Entleitungsaktion ... im Kreise der Betroffenen und der Aufsteiger eine bis dahin nicht beobachtete politische Aktivität freigesetzt worden. Diese Führungskräfte setzen nun ihren ganzen Intellekt und ihre Kreativität auch im sozialpolitischen Bereich ein" (Steiner, zit. in Rüßmann/Wilhelm, 1978, 37).

Dabei wird auch „die Diskrepanz zwischen tatsächlich praktiziertem Führungsstil und offiziell verkündeten Führungsprinzipien" (Rüßmann/Wilhelm, 1978, 38) diskutiert. Die hier zu Tage tretenden binnenorganisatorischen Konflikte sind vermutlich nur zum geringen Teil durch die gesetzliche Einführung der Mitbestimmung selbst verursacht worden.

5.2. Mitbestimmungsgesetz

Mitbestimmungsgesetz

Das Mitbestimmungsgesetz (MitbestG) vom 4. 5. 1976 gilt zwar nicht für den Bereich des öffentlichen Dienstes (§ 1), spiegelt aber den Stand der Verbreitung partizipativer Werte und Normen in unserer Gesellschaft wider und übt insoweit auch einen indirekten Einfluß auf den Bereich der öffentlichen Verwaltung aus. Die mit dem Gesetz verbundenen Ziele und Erwartungen wurden vom seinerzeit verantwortlichen Minister wie folgt formuliert (Arendt, 1976, 5):

„Der Arbeitnehmer wird künftig über seine gewählte Vertretung im Aufsichtsrat an der Willensbildung im Unternehmen und an den unternehmerischen Entscheidungen, die nicht zuletzt auch seine Existenz betreffen, maßgeblich beteiligt sein. Er kann in Zukunft auf Entscheidungen Einfluß nehmen, von denen sein Einkommen, die Sicherheit seines Arbeitsplatzes und seine Arbeitsbeziehungen ganz allgemein abhängen. Die Betriebsverfassung wird besser ausgeschöpft werden können. Das neue Mitbestimmungsgesetz wird in den Beziehungen zwischen Kapital und Arbeit eine auf Kooperation und Mitverantwortung begründete neue Ära einleiten."

Mitbestimmung nach dem neuen Mitbestimmungsgesetz

Grundmodell
(Unternehmen mit mehr als 20 000 AN)

Aufsichtsrat

Belegschaft → Wahlmänner-Gremium → 10 Arbeitnehmervertreter, davon 7 Unternehmensangehörige, davon min. 1 Arbeiter, 1 Angestellter, 1 leitender Angestellter, 3 Gewerkschaftsvertreter

10 Kapitalvertreter ← Hauptversammlung ← Aktionäre

Auf Wunsch der Belegschaft Urwahl

→ Vorstand → Arbeitsdirektor

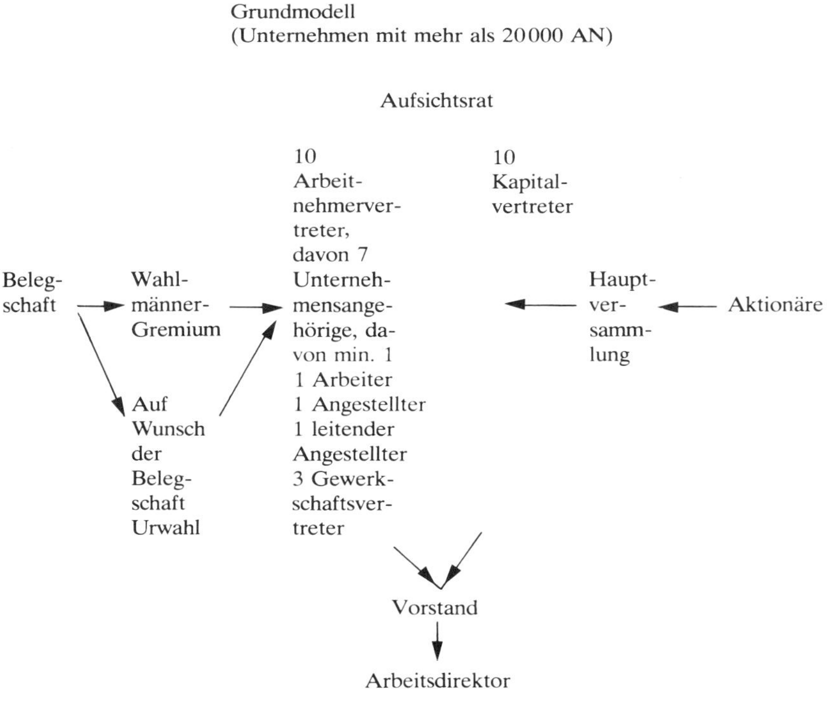

Abb. I-5-3:
Mitbestimmungsgesetz (nach Arendt, 1976, 29)

5. Politisch-gesellschaftliche Normen als Variable der Organisationsumgebung

Vier wesentliche Bestimmungskomplexe des MitbestG sollen hier skizziert werden (genaue Vorschriften in den angegebenen §§):

4 wesentliche Aspekte des Mitbestimmungs-Gesetzes

(1) Das MitbestG gilt für Unternehmen mit mindestens 2000 Arbeitnehmern und ihre Tochtergesellschaften (nicht für sogenannte „Tendenzunternehmen" und Unternehmen des Montanbereichs – § 1). Es betrifft unmittelbar schätzungsweise 650 Unternehmen, zuzüglich einer vermutlich vielfach größeren Zahl von Tochterunternehmen.

(2) Die Aufsichtsräte der betroffenen Unternehmen werden mit der gleichen Zahl von Vertretern der Anteilseigner (§ 2) und der Arbeitnehmer (§ 3) besetzt (§§ 6, 7). Ein Teil der Aufsichtsratssitze der Arbeitnehmer sind für Gewerkschaftsvertreter reserviert (§ 16) (2 Sitze im 12- oder 16köpfigen Aufsichtsrat) (vgl. Abb. I-5-3). Die übrigen Sitze der Arbeitnehmer sind auf Arbeiter, Angestellte und leitende Angestellte zu verteilen; jeder Gruppe ist mindestens ein Sitz garantiert (Minderheitenschutz).

(3) Die Wahl der Aufsichtsratsmitglieder der Arbeitnehmer geschieht durch Urwahl (§ 18) oder Wahlmänner nach Gruppen. Die Gewerkschaftsvertreter werden durch die Gewerkschaften gewählt. In der Regel wird der Aufsichtsratsvorsitzende von den Anteilseignern, sein Stellvertreter von den Arbeitnehmervertretern gestellt werden. Aufgrund der Zweitstimme des Aufsichtsratsvorsitzenden bei Stimmengleichheit ist die Dominanz der Eignervertreter gesichert (Eigentumsprinzip).

(4) Die Bestellung eines Arbeitsdirektors ist die zweite wesentliche Neuerung. Er ist ein gleichberechtigtes Vorstandsmitglied, für Personal- und Sozialfragen zuständig und soll das Vertrauen der Arbeitnehmer genießen (§ 33).

Das Gesetz vergrößert die Chance der Arbeitnehmer, gesamtbetrieblichen Einfluß auszuüben. Es bleibt abzuwarten, inwieweit hierdurch auch eine verstärkte unmittelbare Mitbestimmung am Arbeitsplatz gefördert wird (vgl. den Gesetzeskommentar von Fitting et al., 1976).

5.3. Betriebsverfassungsgesetz

„Leitgedanken der Betriebsverfassung sind einerseits ein humaner, menschengerechter und zugleich wirtschaftlicher arbeitender Betrieb, andererseits die Anerkennung der Spannung zwischen Arbeitgebern und Arbeitnehmern" (Galperin, 1975, 728).

Im Betriebsverfassungsgesetz von 1952/1972 (vgl. Galperin, 1975; Sölle, 1975) bilden die Beteiligungsrechte der Arbeitnehmer (Träger: Betriebsbelegschaft) eine *Stufenfolge* (vgl. auch Abb. I-5-4):

Betriebsverfassungsgesetz

— Anspruch auf Unterrichtung (§§ 50, 51, 59, 61, 80)
— Recht auf Anhörung und
— Beratungsanspruch (z. B. § 102) (Entscheidung bleibt beim Arbeitgeber, Anhörung/ Beratung sind Voraussetzung für die Wirksamkeit der Arbeitgebermaßnahme)
— Mitwirkungsrechte
— Mitbestimmungsrecht (Zustimmung des Betriebsrates erforderlich oder Durchsetzung über die Einigungsstelle, §§ 87, 94, 95 99)
— Initiativrecht.

Beteiligungsebenen/ Beteiligungsberechtigte		3. Beteiligungsrechte					
		3.1. Mitwirkungsrechte			3.2. Mitbestimmungsrechte		
BetrVerfG		3.1.1 Informationsrecht	3.1.2 Anhörungsrecht	3.1.3 Beratungsrecht	3.2.1 Initiativrecht	3.2.2 Widerspruchsrecht	3.2.3 Zustimmungsrecht
2.1 Arbeitsplatzebene	Mitbestimmung einzelner Arbeitnehmer §§ 81–84	81 82(2) 83(1) 84(2)	82(1) 84(1)		83(2)		
2.2 Betriebsebene (Mitbestimmung des Betriebsrates)	2.2.1 Mitbestimmung im Rahmen allgemeiner Aufgaben §§ 80, 85, 86	80(2) 85 (3)	80(1)				
	2.2.2 Mitbestimmung in sozialen Angelegenheiten §§ 87–91	89(2) 90	89(1)	89(2)(3) 90	87(1) 91	91	87(1)
	2.2.3 Mitbestimmung in personellen Angelegenheiten §§ 92–105	92(1) 94(1) 95(1) 99(1) 100(1) 102(1) 103(1) 105	102(1)(2)	92(1) 96(1) 97	93 95(2) 98(3) 102(3) 104	98(2) 102(3) 104	94(1) 95(1) 98(1)(3) 99(1)(2) 100(2) 103(1)
	2.2.4 Mitbestimmung in wirtschaftlichen Angelegenheiten §§ 106–113 (BR und WA)	106(2) 108(3)(5) 110 111		106(1) 111 112(1)	112(2)(4)		
MitbestG 1951 MitbestErgG § 129 BetrVerfG 1972 mit §§ 76ff. BetrVerfV 1952 MitbestG 1976 (sämtlich in Verbindung mit Spezialvorschriften des Gesellschaftsrechts)		3.3 Recht auf Teilnahme an den Willensbildungs- und Entscheidungsprozessen der Kontroll- und Leitungsorgane					
2.3 Unternehmensebene	2.3.1 Mitbestimmung von Arbeitnehmervertretern im Aufsichtsrat	3.3.1 Rechte des Aufsichtsrats					
	2.3.2 Vertretung von Arbeitnehmerinteressen durch den Arbeitsdirektor im Leitungsorgan (Nicht KGaA)	3.3.2 Rechte des Leitungsorgans					

Abb. I-5-4:
Beteiligungsebenen, Beteiligungsberechtigte und Beteiligungsrechte (nach Dlugos, 1980)

5. Politisch-gesellschaftliche Normen als Variable der Organisationsumgebung

Gegenstände der Mitbestimmung sind (vgl. Abb. I-5-4):
— soziale Angelegenheiten (§§ 87-89)
— Berufsausbildung (§§ 96-98)
— Personalplanung (§§ 92-95)
— Personelle Einzelmaßnahmen (§§ 99-101)
— Kündigungsmaßnahmen (§§ 102-104)
— Arbeitsplatzgestaltung (§§ 90-91)
— Betriebsänderungen (§§ 111-113)
— Mitwirkung am Arbeitsplatz (§§ 81-85).

Rohmert/Weg (1976, 16f.) stellen einige für den partizipativen Aspekt kooperativer Führung relevante Bestimmungen und Kommentare des BetrVerfG zusammen (vgl. Abb. I-5-5):

§	Gesetzestext	Kommentare und Hinweise	Literaturquelle
3	*Zustimmungsbedürftige Tarifverträge* (1) Durch Tarifvertrag können bestimmt werden: 1. Zusätzliche betriebsverfassungsrechtliche Vertretungen der Arbeitnehmer bestimmter Beschäftigungsarten oder Arbeitsbereiche (Arbeitsgruppen), wenn dies nach den Verhältnissen der vom Tarifvertrag erfaßten Betriebe der Zusammenarbeit des Betriebsrats mit den Arbeitnehmern dient;	Hiermit ist die Möglichkeit gegeben, die Zusammenarbeit von Betriebsrat und (teilautonomen) Arbeitsgruppen institutionell abzusichern und vor allem Regelungen für die Fälle zu treffen, in denen es zu Konflikten zwischen den Aufgaben und Rechten des Betriebsrats und dem Autonomierahmen einer teilautonomen Arbeitsgruppe kommen kann.	Gesetzestext: Betriebsverfassungsgesetz vom 15. 1. 1972, Bundesgesetzblatt I, S. 13 ff.
75	*Grundsätze für die Behandlung der Betriebsangehörigen* (1) ... (2) Arbeitgeber und Betriebsrat haben die freie Entfaltung der im Betrieb beschäftigten Arbeitnehmer zu schützen und zu fördern.	Diese Präzisierung von Art. 2 des Grundgesetzes für den betrieblichen Bereich enthält implizit die Verpflichtung, über den Bereich des Arbeitsschutzes hinaus Maßnahmen zur Humanisierung der menschlichen Arbeit zu ergreifen und zu unterstützen.	
81	*Unterrichtspflicht des Arbeitgebers* (1) Der Arbeitgeber hat den Arbeitnehmer über dessen Aufgabe und Verantwortung sowie über die Art seiner Tätigkeit und ihre Einordnung in den Arbeitsablauf des Betriebes zu unterrichten. Er hat den Arbeitnehmer vor Beginn der Beschäftigung über die Unfall- und Gesundheitsgefahren, denen dieser bei der Beschäftigung ausgesetzt ist, sowie über	Diese Informationspflicht des Arbeitgebers, die nach § 81 (2) auch bei Veränderungen in dem Arbeitsbereich des einzelnen Arbeitnehmers besteht, ist wesentliche Voraussetzung für die Wahrnehmung der Rechte nach § 82 durch den Arbeitnehmer. Diese Informationen müssen so rechtzeitig erfolgen, daß noch Änderungen zugunsten des Arbeitnehmers vorgenommen werden können.	Jungbluth 1972. S. 43f.

§	Gesetzestext	Kommentare und Hinweise	Literaturquelle
	die Maßnahmen und Einrichtungen zur Abwendung dieser Gefahren zu belehren.		
82	*Anhörungs- und Erörterungsrecht des Arbeitnehmers* (1) Der Arbeitnehmer hat das Recht, in betrieblichen Angelegenheiten, die seine Person betreffen, von den nach Maßgabe des organisatorischen Aufbaus des Betriebs hierfür zuständigen Personen angehört zu werden. Er ist berechtigt, zu Maßnahmen des Arbeitgebers, die ihn betreffen, Stellung zu nehmen sowie Vorschläge für die Gestaltung des Arbeitsplatzes und des Arbeitsablaufs zu machen.	Das Anhörungs- und Erörterungsrecht des § 82 gibt dem einzelnen Arbeitnehmer die Möglichkeit, seine eigenen Arbeitsbedingungen zu beeinflussen. Betriebsrat, Unternehmen und Gewerkschaften müssen durch entsprechende Informations- und Ausbildungsmaßnahmen darauf hinarbeiten, daß die Arbeitnehmer in die Lage versetzt werden, von diesen Rechten wirksam und sinnvoll Gebrauch zu machen.	Vitt 1974, S. 13
87	*Mitbestimmungsrechte* (1) Der Betriebsrat hat, soweit eine gesetzliche oder tarifliche Regelung nicht besteht, in folgenden Angelegenheiten mit zu bestimmen . . (Es folgt ein Katalog von zwölf Einzelpunkten.)	Die Mitbestimmungsrechte des Betriebsrats (z. B. Arbeitszeit, Leistungsmessung, Lohnsystem, etc.) können zu Konflikten mit der Autonomie teilautonomer Gruppen führen. In Tarifverträgen müssen zur Vermeidung dieser Probleme unter Berücksichtigung der § 3 und § 77 BetrVerfG geeignete Regelungen vorgesehen werden.	
90	*Unterrichtungs- und Beratungsrechte* Der Arbeitgeber hat den Betriebsrat über die Planung 1. von Neu-, Um- und Erweiterungsbauten von Fabrikations-, Verwaltungs- und sonstigen betrieblichen Räumen, 2. von technischen Anlagen, 3. von Arbeitsverfahren oder Arbeitsabläufen oder 4. der Arbeitsplätze rechtzeitig zu unterrichten und die vorgesehenen Maßnahmen insbesondere im Hinblick auf ihre Auswirkungen auf die Art der Arbeit und die Anforderungen an die Arbeitnehmer mit ihm zu beraten. Arbeitgeber und Betriebsrat sollen da-	1. Diese Vorschrift ist eine generalklauselartige Rahmenverpflichtung mit dem Anspruch an Unternehmen, Betriebsräte und Gewerkschaften (evtl. auch Gerichte) gemäß dem aktuellen Stand arbeitswissenschaftlicher Forschung Konkretisierungsmaßnahmen einzuleiten und auszuführen. 2. Da die arbeitswissenschaftliche Forschung sich in der Vergangenheit vorwiegend mit ergonomischen und arbeitsphysiologischen Fragen beschäftigt hat, besteht unter Berücksichtigung der Problematik der Forderung von „arbeitswissenschaftlich gesicherten Erkenntnissen" die Gefahr, daß bei der	Zöllner 1973, S. 14f.; Vitt 1974, S. 8ff.

5. Politisch-gesellschaftliche Normen als Variable der Organisationsumgebung   399

§	Gesetzestext	Kommentare und Hinweise	Literaturquelle
	bei die gesicherten arbeitswissenschaftlichen Erkenntnisse über die menschengerechte Gestaltung der Arbeit berücksichtigen.	Ausführung des § 90 BetrVerfG nur Teilbereiche der Humanisierung der Arbeit berücksichtigt werden. Insbesondere gilt das für die in der vorliegenden Arbeit schwerpunktmäßig behandelten arbeitsorganisatorischen Maßnahmen, die – bei vorsichtiger Auslegung – nur bedingt als arbeitswissenschaftlich gesichert anzusehen sind und daher in verstärktem Maße Gegenstand arbeitswissenschaftlicher Forschung sein müssen.	
		3. Die Unkenntnis wichtiger Ergebnisse arbeitswissenschaftlicher Forschung bei Betroffenen im Betrieb (Management, Betriebsräte, Arbeitnehmer) verhindert in vielen Fällen eine humane Arbeitsgestaltung. Aus diesem Grund sind umfassende Informations- und Ausbildungsmaßnahmen notwendig.	Jungblut, 1972, S. 43 f.
91	*Mitbestimmungsrechte* Werden die Arbeitnehmer durch Änderung der Arbeitsplätze, des Arbeitsablaufs oder der Arbeitsumgebung, die den gesicherten arbeitswissenschaftlichen Erkenntnissen über die menschengerechte Arbeitsgestaltung offensichtlich widersprechen, in besonderer Weise belastet, so kann der Betriebsrat angemessene Maßnahmen zur Abwendung, Milderung oder zum Ausgleich der Belastung verlangen. Kommt eine Einigung nicht zustande, so entscheidet die Einigungsstelle. Der Spruch der Einigungsstelle ersetzt die Einigung zwischen Arbeitgeber und Betriebsrat.	Der Betriebsrat kann nur in den Fällen das Initiativrecht ausüben, die folgenden Kriterien genügen: – Es muß eine besondere Belastung des Arbeitnehmers vorliegen. – Sie müssen durch eine Änderung bedingt sein. – Die Änderung muß in offensichtlichem Widerspruch zu arbeitswissenschaftlich gesicherten Erkenntnissen stehen. Damit wird dieses Mitbestimmungsrecht derzeit fast nur auf Belastungen anwendbar sein, die dem Gebiet des Arbeitsschutzes zuzurechnen sind.	Zöllner 1973, S. 17 ff.
96	*Förderung der Berufsbildung* (1) Arbeitgeber und Betriebsrat haben im Rahmen der betrieblichen Personalplanung	Die Förderung der Berufsbildung der Arbeitnehmer ist ein wesentliches Ziel der menschengerechten Gestaltung der	

§	Gesetzestext	Kommentare und Hinweise	Literaturquelle
	und in Zusammenarbeit mit den für die Berufsbildung zuständigen Stellen die Berufsbildung der Arbeitnehmer zu fördern. Der Arbeitgeber hat auf Verlangen des Betriebsrats mit diesem Fragen der Berufsbildung zu beraten. Hierzu kann der Betriebsrat Vorschläge machen.	Arbeit. Das kommt vor allem in Maßnahmen wie Job-Enlargement, Job-Enrichment und teilautonomer Gruppenarbeit zum Ausdruck. Grundlage für eine vertrauensvolle Zusammenarbeit von Betriebsrat und Arbeitgeber kann die volle Beteiligung des Betriebsrats bei der Planung und Durchführung derartiger Maßnahmen sein.	
106	*Wirtschaftsausschuß* (1)... (2) Der Unternehmer hat den Wirtschaftsausschuß rechtzeitig und umfassend über die wirtschaftlichen Angelegenheiten des Unternehmens unter Vorlage der erforderlichen Unterlagen zu unterrichten, soweit dadurch nicht die Betriebs- und Geschäftsgeheimnisse des Unternehmens gefährdet werden, sowie die sich daraus ergebenden Auswirkungen auf die Personalplanung darzustellen. (3) Zu den wirtschaftlichen Angelegenheiten im Sinne dieser Vorschrift gehören insbesondere 1...., 2...., 3...., 4. Rationalisierungsvorhaben; 5. Fabrikations- und Arbeitsmethoden, insbesondere die Einführung neuer Arbeitsmethoden, 6...., 7...., 8...., 9. die Änderung der Betriebsorganisation oder des Betriebszwecks sowie 10. sonstige Vorgänge und Vorhaben, welche die Interessen der Arbeitnehmer des Unternehmens wesentlich berühren können.	Die Meinung, daß eine rechtzeitige Information einen Eingriff zugunsten des betroffenen Arbeitnehmers zulassen muß, bedeutet bei Aktivitäten zur menschengerechten Arbeitsgestaltung eine Informationspflicht des Arbeitgebers von Anfang an (vgl.: § 111 BetrVerfG, der bei Betriebsänderungen mit Nachteilen für die Beschäftigten eine Beratungspflicht mit dem Betriebsrat vorsieht.)	Schmidt 1973, S. 53 ff., Jungbluth 1972, S. 44

Abb. I-5-5:
Hauptbereiche der Mitbestimmung (nach Rohmert/Weg, 1976, 16f.)

5.4. Personalvertretungsgesetze

Wie erwähnt, findet das Betriebsverfassungsgesetz (BetrVG) keine Anwendung auf die Betriebe und Verwaltungen des Bundes, der Länder und Gemeinden (§ 130 BetrVG). Für diesen Bereich gelten die Personalvertretungsgesetze des Bundes und der Länder.

Mit dem Personalvertretungsgesetz vom 5. 8. 1955 wurden dem BetrVG 1952 entsprechende Regelungen für den öffentlichen Dienst getroffen. Es gilt für Bundesbedienstete und stellt einen Rahmen für Ländergesetze dar.

Personalvertretungsgesetze

In der Regel werden in allen Dienststellen Personalräte gewählt. Diese haben nach §§ 55-58 PersVG ein Beratungsrecht für alle „Verwaltungsanordnungen (generelle Dienstvorschriften), die eine Dienststelle für die innerdienstlichen, sozialen oder persönlichen Angelegenheiten der Bediensteten erlassen will", z. B. bei der Einführung von Personalbeurteilungssystemen (Söllner, 1969, 171).

Zwei Formen der Teilnahme des Personalrates werden unterschieden: „Mitwirkung" und „Mitbestimmung".

„Mitwirkung" beinhaltet nicht — wie im BetrVG — Unterrichtung, Anhörung, Beratung usw., sondern präzisiert eine Form der formalen Beteiligung (§ 61 PersVG).

„Mitbestimmung" kennzeichnet die grundsätzliche Zustimmungsbedürftigkeit einer Maßnahme, die auch durch eine Einigungsstelle erteilt werden kann (genauer §§ 62, 63 PersVG).

„Mitbestimmung" und „Mitwirkung" finden gleichermaßen in sozialen, personalen und organisatorischen Angelegenheiten Anwendung:

Mitbestimmung in sozialen Angelegenheiten (§ 67 PersVG):
(a) Beginn und Ende der täglichen Arbeitszeit und der Pausen,
(b) Zeit und Ort der Auszahlung der Dienstbezüge und Arbeitsentgelte,
(c) Aufstellung des Urlaubsplanes,
(d) Durchführung der Berufsausbildung bei Angestellten und Arbeitern,
(e) Errichtung und Verwaltung von Wohlfahrtseinrichtungen ohne Rücksicht auf ihre Rechtsform,
(f) Aufstellung der Entlohnungsgrundsätze und Festsetzung der Akkordlohnsätze.

Mitwirkung in sozialen Angelegenheiten (§ 66 Abs. 1 PersVG):
(a) Gewährung von Unterstützungen und entsprechenden sozialen Zuwendungen, jedoch nur mit Zustimmung des Antragstellers,
(b) Maßnahmen zur Hebung der Arbeitsleistung und zur Erleichterung des Arbeitsablaufs,
(c) Bestellung von Vertrauens- und Betriebsärzten,
(d) Zuweisung von Wohnungen, über die die Dienststelle verfügt,
(e) Zuweisung von Dienst- und Pachtland und Festsetzung der Nutzungsbedingungen,
(f) Maßnahmen zur Verhütung von Dienst- und Arbeitsunfällen und sonstigen Gesundheitsschädigungen,
(g) Regelung der Ordnung in der Dienststelle und des Verhaltens der Bediensteten,
(h) Fragen der Fortbildung der Bediensteten.

Mitbestimmung in personellen Angelegenheiten (§ 71 Abs. 1 PersVG):

(a) Höhergruppierung
(b) Rückgruppierung
(c) Versetzung zu einer anderen Dienststelle.

Mitwirkung bei personellen Angelegenheiten (Personalentscheidungen über Beamte (§ 70 Abs. 1 Buchstabe a PersVG); Personalangelegenheiten von Angestellten und Arbeitern (§ 70 Abs. 1 Buchstabe b PersVG):

(1) Einstellung
(2) Weiterbeschäftigung über die Altersgrenze hinaus,
(3) Versagung der Genehmigung zur Übernahme einer Nebenbeschäftigung,
(4) Anordnungen, welche die Freiheit in der Wahl der Wohnung beschränken,
(5) Kündigung.
(6) Abordnung zu einer anderen Dienststelle.

Mitwirkung in organisatorischen Angelegenheiten:

(1) Betriebsänderung,
(2) Einführung neuer Arbeitsmethoden,
(3) Auflösung,
(4) Einschränkung,
(5) Verlegung von Dienststellen usw. unterliegen der Mitwirkung des Personalrats (§ 73).

Die einschlägigen Gesetze regeln zunächst nur den formal-juristischen Aspekt der Beteiligung an Entscheidungen in Unternehmungen. Nachdrücklich sei deshalb darauf hingewiesen, daß zwischen der *formalen* Mitbestimmungsmöglichkeit und der *tatsächlichen* Mitbestimmung zu unterscheiden ist (vgl. Paul, 1977, 222).

„Die zahlreichen Studien zur *formalen* Mitbestimmungsorganisation konnten keine gültigen Aussagen über die Mitbestimmungsrealität enthalten, denn die hier grundlegende Hypothese von der Identität zwischen formaler und tatsächlicher Organisation, zwischen formaler und tatsächlicher Willensbildung, ist durch zahlreiche empirische Untersuchungen falsifiziert worden" (Brinkmann-Herz, 1975, 55).

Unterscheidung zwischen formaler und tatsächlicher Mitbestimmung

Folgende Beziehungen zwischen formaler und tatsächlicher Mitbestimmung sind möglich:

(1) formale Mitbestimmung $>$ tatsächliche Mitbestimmung
(2) formale Mitbestimmung $=$ tatsächliche Mitbestimmung
(3) formale Mitbestimmung $<$ tatsächliche Mitbestimmung
(4) Wunsch nach größerer formaler Mitbestimmung $>$ formale und tatsächliche Mitbestimmung
(5) Wunsch nach Mitbestimmung $<$ formale und tatsächliche Mitbestimmung

Für die überwiegende Mehrzahl der Unternehmungen in der BRD dürfte der erste und vierte Fall typisch sein, wonach die Möglichkeiten der formalen Mitbestimmung — aus welchen Gründen auch immer — nicht ausgeschöpft werden.

6. Organisationsspezifische Normen

6.1. Die Bedeutung organisationsinterner Normensysteme

6.1.1. Zusammenhänge zwischen verschiedenen Normensystemen

Im vorhergehenden Abschnitt wurden politisch-gesellschaftlich legitimierte Normen vorgestellt. Hier sollen nun Einführung bzw. Präzisierung organisationsspezifischer Normen durch Unternehmensgrundsätze und Verhaltensleitsätze behandelt werden.

„Gewachsene Unternehmen kennen so etwas wie einen eigenen Stil, einen Unternehmensgeist", der oft vom Gründer-Unternehmer entscheidend geprägt wurde. Mit zunehmender Größe der Organisation und schwindenden persönlichen Kontakten zwischen Mitarbeitern und Organisationsleitung entsteht bei der Organisation zunehmend ein Bedürfnis nach schriftlicher Fixierung von Grundsätzen, die „eine Verantwortung gegenüber der Organisation als solcher" und gegenüber den in ihr Tätigen herausstellt, und zwar auf andere Weise als durch das persönliche Verhalten eines Unternehmers (Beckerath, 1974, 64).

„Konkret gesehen hat fast jede Arbeitsbesprechung in der Leitungsebene Überlegungen dieser Art zum Inhalt. Es geht also im Grunde nur darum, das, was man im Unternehmen tut und will, gedanklich zu ‚bündeln' und auf wenige Grundtatbestände zurückzuführen" (Wistinghausen, 1977, 62).

Obwohl Organisationsgrundsätze bereits eine lange historische Tradition (vgl. die Beispiele bei Zander et al., 1972, 39 ff.) haben, läßt sich in den letzten Jahren eine zunehmende Diskussion ihrer Probleme beobachten. Beckerath (1974) nennt hierfür verschiedene Gründe:

Entwicklung von Organisationsgrundsätzen und Verhaltensleitsätzen

— zunehmende Anforderungen an die Denkfähigkeit der Mitarbeiter;
— Bildungsunterschiede zwischen Mitarbeitern und Führungskräften werden geringer;
— Veränderung der Autoritätsgrundlagen; Legitimation nicht mehr selbstverständlich durch die Position, sondern durch Persönlichkeit, Leistung, zwischenmenschliches Verhalten;
— Bestreben, „in einem rentabel arbeitenden Unternehmen allen Beteiligten ein Höchstmaß an persönlicher Freiheit zu verschaffen und damit die unvermeidliche Organisation menschlicher zu machen" (Wistinghausen, 1973, 4);
— zunehmende Beachtung der Organisationsumwelt und ihrer — oft nicht wirtschaftlichen — Forderungen an die Unternehmung.

Gesellschaftliche Werte (vgl. Kap. D; K) werden in Organisationen von einflußreichen Organisationsmitgliedern (der Kerngruppe) ausgewählt, mit Sanktionen versehen und für alle Organisationsmitglieder verbindlich erklärt (vgl. Abschnitt 2.3.1.). Abbildung I-6-1 (ähnlich Lattmann, 1975, 50) zeigt diesen „Ableitungszusammenhang" der Umsetzung gesellschaftlicher Werte und Normen in organisationsspezifische Rollenerwartungen. Die Rollenträger interpretieren jeweils die an sie gerichteten Erwartungen, reagieren darauf individuell-situationsspezifisch (vgl. Kap. L sowie I 3.2) und lernen, diese „richtig" zu verstehen (besonders in der Sozialisationsphase nach Eintritt in die Organisation). Ihre Erfahrungen in der Organisation wenden Organisationsmitglieder wiederum bei der Interpretation gesellschaftlicher Normen und Rollenerwartungen an. Es zeigt sich hier ein Rückkoppelungsprozeß: gesellschaftliche und organisatorische Normen (sowie deren Institutionalisierung, Interpretation und Handhabung) stehen in Wechselwirkung zueinander. Demokratische Normen der Umgebung fördern die Verwirklichung partizipativer Führungsbeziehungen; Chancen zur Partizipation im Betrieb lassen Organisationsmitglieder auch ihre demokratischen Rechte (gegenüber Staat und Gewerkschaft) eher wahrnehmen, und umgekehrt (vgl. die empirischen Untersuchungen bei Gardell, 1975).

```
                        Wertvorstellungen u.
                        Ziele d. Organisa-
                        tionsleitung
                        (individuell bzw.
                        Kerngruppe)
                               │
Organisationsspezi-            │           Normen u. Werte d.
fische Grenzen u.              │           Organisationsumge-
Notwendigkeiten                │           bung (d. Gesell-
                               │           schaft sowie wei-
                               │           terer Interaktions-
                               ▼           partner)
                    Unternehmensgrundsätze
                               │
                               ▼
                     Verhaltensleitsätze
                               │
                               ▼
                    Rollenerwartungen der
                    Organisation an die
                    Organisationsmitglieder
```

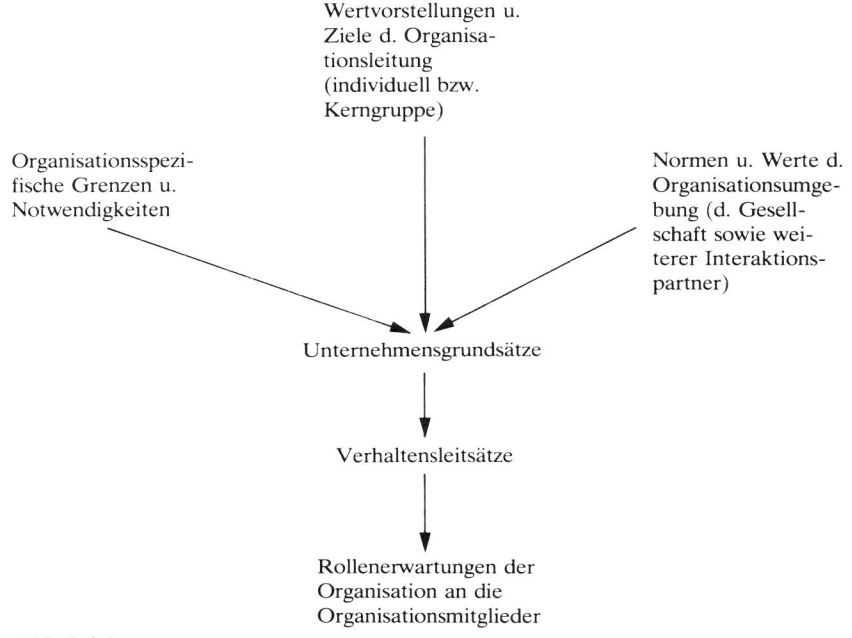

Abb. I-6-1:
Unternehmensgrundsätze und Verhaltensleitsätze — Transformation von Normen in Rollenerwartungen

6.1.2. Zur Unterscheidung von Organisationsgrundsätzen und Verhaltensleitsätzen

Unterscheidung zwischen Organisationsgrundsätzen und Verhaltensleitsätzen

Häufig werden die Begriffe Unternehmensgrundsätze, Führungsrichtlinien, Verhaltensleitsätze u. ä. synonym verwendet. Mit Wistinghausen (1977) sind wir der Auffassung, daß eine Trennung zweckmäßig ist in

— Organisationsgrundsätze, die sowohl an Adressaten außen (Umgebung) wie innen gerichtet werden und langfristig gelten sowie
— Verhaltensleitsätze, die im Innenverhältnis das Beziehungsangebot und die Rollenerwartungen der Organisation gegenüber ihren Mitgliedern präzisieren.

6. Organisationsspezifische Normen

Diese Unterscheidung soll im folgenden anhand einer Gegenüberstellung von Glasl/Lievegoed (1975, 18) verdeutlicht werden:

Ebene	Inhalte	Kodifizierung
Organisations-(Management-)Philosophien	Gedanken- u. Wertsystem zur Deutung u. Gestaltung einer Organisation; prinzipielle Begründung in Welt-/Menschenbild; Verhältnis zur Gesellschaft; kognitiver Aspekt	Organisationsgrundsätze
Führungsstile	von inneren Einstellungen u. Haltungen sowie von Org.strukturen bestimmte, wechselseitige Einflußbeziehung u. -beteiligung	Verhaltensleitsätze
Führungstechniken	konkrete Gestaltungsregeln u. Instrumente der Führung; von Personen u. Einstellungen abstrahierend	

Auf der Ebene der Managementphilosophien wird durch Entscheidungen über Werte das organisationspolitische Konzept präzisiert. Mit Wistinghausen (1977, 62) sehen wir in diesen Entscheidungen eine wesentliche Basis für Verhaltensleitsätze. Die schriftliche Fixierung und Kodifizierung beider erlaubt es, sie „allgemein wirkungsvoll bekannt zu geben" (Beckerath, 1976, 64). Übereinstimmungen oder Differenzen zwischen Organisationsphilosophien, erwünschten bzw. realisierten Führungsstilen und Verhaltensleitsätzen können dann überprüft und gegebenenfalls einer Diskussion ihrer Konflikte zugeführt werden (vgl. hierzu Kubicek, 1976).

Merkmale von Organisationsgrundsätzen und Verhaltensleitsätzen

6.2. Organisationsgrundsätze – Unternehmensgrundsätze

Organisationsgrundsätze (auch „Unternehmensleitbild", Ulrich, 1975; „Unternehmenspolitische Leitsätze", Plesser, 1974; „Unternehmensphilosophie", „Organisationsphilosophie", Wistinghausen, 1977; u. ä.) sind der schriftlich festgehaltene Teil des Selbstbildes einer Gesamtorganisation, in dem sie ihr Verhältnis zu Teilen der Organisationsumgebung (Gesellschaft, Organisationsmitgliedern, Lieferanten, Kunden usw.) zu beschreiben und zu normieren versucht.

6.2.1. Personale und soziale Aspekte

Organisationsgrundsätze werden in der Regel von den Repräsentanten der Organisation formuliert. Das muß freilich nicht immer der Fall sein: In Konzerngesellschaften und auch in Organisationen der öffentlichen Verwaltung

Personale und soziale Aspekte der Organisationsgrundsätze

sind übergeordnete Organe autorisiert, organisationspolitische Richtlinien vorzugeben (z. B. durch Art. 65 GG für Ministerien).

Die eine Organisationsleitung bildenden Personen (Kerngruppe) „tragen ihre bewußten und unbewußten Strebungen, die ihren Bedürfniseinstellungen und ihren Erwartungen an das Leben entspringen" an die Organisation heran und setzen „dieses persönliche Streben gesamt ... (als) unmittelbarste Quelle der unternehmenspolitischen Normen" bei der Formulierung der Unternehmensgrundsätze ein. „In diese gehen nicht nur eigennützige Antriebe, sondern auch ethische Werthaltungen ein, die teils als unbewußter Niederschlag des Sozialisierungsvorganges, teils als bewußte Wahrnehmung überpersönlicher Verpflichtungen, in das individuelle Gewissen eingehen" (Lattmann, 1975, 49).

Damit sind individualpsychologische und soziale Ursprünge und Inhalte der Organisationsgrundsätze angesprochen. Daneben werden gesellschaftliche Normen — auch wenn sie nicht persönlich vertreten werden —, Organisationsnotwendigkeiten und -gegebenheiten innerhalb der leitenden Kerngruppe (z. B. Machtverhältnisse) in den Formulierungen, im Inhalt und in der Darstellungsform der Organisationsgrundsätze sichtbar (vgl. Abbildung I-6-5).

In einer vergleichenden Untersuchung von 36 Unternehmen fragte Albach (1976) die Unternehmensleitung nach ihrer Beziehung zur Umgebung und zu Mitarbeitern (vgl. Abb. I-6-2). Dabei wurden verschiedene Bezugsgruppen angesprochen (Abb. I-6-3): die eigenen Mitarbeiter — obgleich am häufigsten erwähnt — wurden nur in 37% der Fälle in den Führungsgrundsätzen genannt (vgl. dazu auch Abb. I-6-5, Seite 412).

Das Unternehmen versteht sich als ...	Anzahl der Erwähnungen in Führungsgrundsätzen
1. Soziale Einrichtung, in der sich Mitarbeiter frei entfalten	13
2. Hersteller von Produkten, mit denen der Markt versorgt wird	12
3. Konkurrent anderer Hersteller, der seine Marktstellung erhalten und ausbauen will	9
4. Teil einer freiheitlichen Gesellschaftsordnung, zu der es sich bekennt	7
5. Soziale Institution, die die Belange des Gemeinwohls beachtet	7
6. Hersteller von umweltfreundlichen Produkten und Verfahren	3

Abb. I-6-2:
Elemente des Selbstverständnisses von Unternehmen (nach Albach, 1976, 748)

Bezugsgruppe	Erwähnung in Führungsgrundsätzen	mittlerer Rangplatz
Mitarbeiter	18	1,56
Kunden	10	2,00
Kapitalgeber	8	2,38
Öffentlichkeit	10	2,90
Lieferanten	2	4,00

Abb. I-6-3:
Bezugsgruppen für die Willensbildung in Unternehmen (nach Albach, 1976, 750)

6.2.2. Darstellung von Organisationszielen

Die Formulierung der Organisationsziele und -aufgaben bildet einen weiteren Inhalt von Organisationsgrundsätzen. Neben wirtschaftlichen Zielsetzungen (Gewinnerzielung, Sicherung des Wettbewerbs, Stabilität, Flexibilität und Wachstum des Unternehmens, vgl. Scott/Mitchell, 1976, 59f.; Albach, 1976, 750) werden zunehmend auch Existenzsicherung der Mitarbeiter sowie Erfüllung sozialer und humaner Bedürfnisse genannt (vgl. hierzu Schröder, 1978).

Organisationsziele als Teil der Organisationsgrundsätze

Organisationsgrundsätze als Teil struktureller Führung sind durch interaktionelle Führungsformen zu ergänzen (vgl. Kap. K 8., L, M) und zu stützen. Daß dies in der Praxis nur unzureichend geschieht, zeigt ein Vergleich des Informationsstandes über Unternehmensziele zwischen drei hierarchischen Ebenen (Abb. I-6-4). Gottschall (1977) untersuchte in 54 Unternehmen die Bekanntheit von Organisationszielen. Während das obere Management von klar definierten Zielen berichtete, zeigten sich Manager der unteren Hierarchieebene weniger zufrieden mit dem Grad der Zielklarheit. Leider wurde den Gründen für diese Differenz nicht nachgegangen.

Als Beispiel für eine Konzeption von Organisationsgrundsätzen (einige weitere faßt Abb. I-6-5 zusammen) sollen hier die Organisationsgrundsätze der IBM angeführt werden (vollständig wiedergegeben in Abb. I-6-6):

Beispiele von Organisationsgrundsätzen in der Praxis

(1) Achtung vor den Rechten und der Würde jedes Mitarbeiters
(2) Dienst am Kunden
(3) Hervorragende Qualität ist das Kennzeichen des Unternehmens
(4) Manager verbürgen den Erfolg
(5) Verpflichtung gegenüber den Aktionären
(6) Faire geschäftliche Beziehungen zu unseren Lieferanten
(7) Die Verantwortung des Unternehmens gegenüber der Öffentlichkeit.

An diesem Beispiel wird deutlich, wie eine Organisation in ihren Grundsätzen die Beziehungen zu verschiedenen Sektoren (vgl. Abschnitt I 4.) ihrer äußeren und inneren Umwelt definiert.

Interessanterweise fehlen derartige Inhalte z. B. in den „Leitlinien für die Zusammenarbeit und Führung bei der Deutschen Bundespost" sowie in den

Die Kurven geben den Grad der Zustimmung (in Prozent) zu den einzelnen Statements an; je höher die Prozentzahl, desto größer die Zustimmung:

unteres Management – – – –, mittleres Management ·········· oberes Management ———

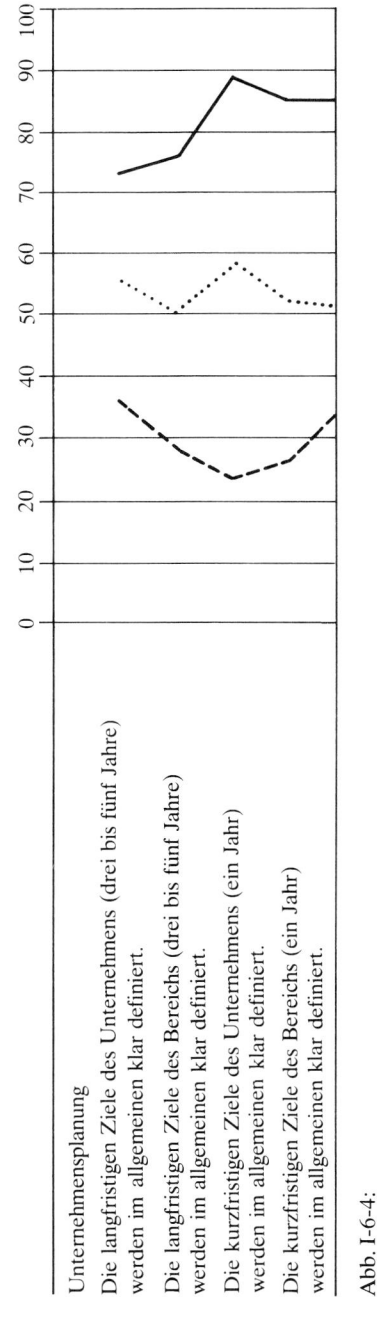

Unternehmensplanung

Die langfristigen Ziele des Unternehmens (drei bis fünf Jahre) werden im allgemeinen klar definiert.

Die langfristigen Ziele des Bereichs (drei bis fünf Jahre) werden im allgemeinen klar definiert.

Die kurzfristigen Ziele des Unternehmens (ein Jahr) werden im allgemeinen klar definiert.

Die kurzfristigen Ziele des Bereichs (ein Jahr) werden im allgemeinen klar definiert.

Abb. I-6-4:
Die Bekanntheit von Unternehmenszielen auf verschiedenen Ebenen der Hierarchie (nach Gottschall, 1977)

6. Organisationsspezifische Normen 409

„Richtlinien für die Zusammenarbeit und den Personaleinsatz im Bundesministerium des Innern". Diese regeln lediglich Aspekte des Innenverhältnisses, sind also Verhaltensleitsätze.

Die Gemeinsame Geschäftsordnung der Bundesministerien (GGO) wird im Abschnitt I.6.3. exemplarisch auf ihre Eignung für kooperative Führungsformen untersucht.

6.2.3. Organisationsgrundsätze und Humanisierung der Arbeit

Neben den referierten personalen, sozialen und ökonomischen Aspekten, die in Organisationsgrundsätzen eingehen, wäre auch eine Berücksichtigung von Grundsätzen zur Arbeitsgestaltung denkbar. Besonders bei der Einführung alternativer Formen der Arbeitsorganisation, z. B. teilautonomer Gruppen (vgl. Kap. M), könnten Absichtsbekundungen der Organisationsleitung nützlich sein. Wir referieren einen Vorschlag von Davis (1977), der acht Bedürfnisse im Zusammenhang mit der Arbeitsgestaltung formuliert:

(1) „The need for the content of the work to be reasonable in terms other than sheer endurance, yet provide a minimum of variety (not merely novelty).
(2) The need to be able to learn on the job and go on learning, which requires standards and knowledge of results.
(3) The need for some area of decision making that an individual can call one's own in which one can exercise one's own discretion.
(4) The need for social support in the work place, i. e., the need for an individual to know that one can rely on others for help needed in performing the job as well as for sympathy and understanding.
(5) The need for an individual to have recognition within the organization for one's performance and contributions.
(6) The need for an individual to be able to relate what one does and what one produces to one's social life.
(7) The need to feel that the job leads to some sort of desirable future.
(8) The need for an individual to know that choices are available in the organization by which one can satisfy one's need and achieve one's objectives.
Designing jobs in support of satisfying these needs is seen in the effect it has on design or choice of machines, layout, work systems, training, rewards, careers, and other aspects of life in the work place."

Plesser (1974, vgl. Abb. I-6-5) stellte eine vergleichende Übersicht von Organisationsgrundsätzen deutscher Unternehmen zusammen (gegliedert nach 7 Bezugsgruppen):

	Bayer AG	Bertelsmann	Ciba Geigy	Dow Chemical Europe	IBM	Opel	Sandoz
I. *Verhalten in bezug auf das Unternehmen*	Sicherung der Ertragskraft des Unternehmens		Kurz- und langfristige Sicherung der Ertragskraft	Profitmotiv zur Festigung der Unternehmensstellg.		Gewinnoptimale Leistungserstellung	

Bayer AG	Bertelsmann	Ciba Geigy	Dow Chemical Europe	IBM	Opel	Sandoz
		Erschließung neuer Tätigkeitsbereiche zwecks Wachstum und Risikoverteilung		Ausnutzung aller Wachstumschancen		Streben nach branchenkonformer Rentabilität und Wachstumsrate
		Streben nach weltweiter Tätigkeit				
Klare Aufgaben- und Kompetenzverteilung durch Stellenbeschreibung	Sicherung der Ertragskraft des Unternehmens durch qualifizierte Unternehmensführung und flexible Unternehmensverfassung	Schaffung klarer Aufgaben und Kompetenzverteilung und deren flexible Anpassung an wechselnde Ansprüche	Steigerung der Produktivität und Produktqualität durch effiziente Organisation und Innovation			Schaffung klarer Aufgaben und Kompetenzverteilung und deren ständige Anpassung an neue Umstände
Aufgeschlossenheit gegenüber neuen Ideen und technischem Fortschritt				Planung für die Zukunft und Offenheit für neue Ideen	Planung für die Zukunft und Entwicklung neuer Produkte und Verfahren	
		Selbständiges Handeln der Konzerngesellschaften im Rahmen der Gesamtzielsetzungen und -richtlinien des Unternehmens				Erfüllung der Führungsaufgaben nach den Grundsätzen der Führung durch Ziele, der partizipativen Führung und des Management by exception

6. Organisationsspezifische Normen

	Bayer AG	Bertelsmann	Ciba Geigy	Dow Chemical Europe	IBM	Opel	Sandoz
			Langfristige kollegiale Entscheidungsfindung, kurzfristige Einzelentscheidungen				
			Ständige Revision der unternehmenspolitischen Grundsätze			Erweiterung des beruflichen Wissens seitens der Manager	
II. *Verhalten gegenüber Aktionären und Gläubigern*	Erwirtschaftung eines angemessenen Ertrags		Gewährung einer langfristig interessanten Geldanlage	Sicherstellung eines angemessenen Gewinns und Gewährung stabiler, trendmäßig steigender Dividenden und günstiger Bezugsrechte	Erwirtschaftung einer angemessenen Rendite des eingesetzten Kapitals		
			Information über die Tätigkeit des Unternehmens	Regelmäßige Information der Aktionäre			
			Sicherung der Selbständigkeit durch Stützung auf eigene Mittel	Sicherung der finanziellen Position des Unternehmens (durch ein Eigenkapital-Fremdkapital-Verhältnis von 6:4)			
				Sicherung der Liquidität durch			

	Bayer AG	Bertelsmann	Ciba Geigy	Dow Chemical Europe	IBM	Opel	Sandoz
				Haltung von 10% des Umsatzes in flüssigen Mitteln			
III. *Verhalten gegenüber den Mitarbeitern*	Vertrauensvolle Zusammenarbeit durch kooperativen, die Mitarbeiter motivierenden Führungsstil bei Delegation von Verantwortung	Kooperativer Führungsstil bei weitgehender Delegation von Verantwortung	Kooperativer, toleranter Führungsstil bei Delegation von Verantwortung				Inner- und außerbetriebliche Kooperation mit Arbeitnehmern unter Gewährung von Mitspracherechten
				Schaffung eines guten, die Mitarbeiter motivierenden Arbeitsklimas bei Berücksichtigung ihrer Interessen	Schaffung eines günstigen, die Mitarbeiter motivierenden Arbeitsklimas	Schaffung eines guten, die Mitarbeiter motivierenden Arbeitsklimas	Faire Behandlung der Mitarbeiter
	Entlohnung nach Leistung	Gerechte materielle Vergütung	Entlohnung nach Funktion, Leistung und Erfahrung		Bezahlung nach der Leistung		Entlohnung nach Anforderung und Leistung
	Übernahme sozialer Verantwortung gegenüber den Mitarbeitern, u. a. in Form betrieblicher Sozialleistungen	Gewährung sozialer Sicherheit und humaner Arbeitsbedingungen durch betriebliche Vereinbarungen	Anerkennung der sozialen Verantwortung gegenüber den Mitarbeitern	Gewährung sozialer Sicherheit			Gewährung fortschrittlicher Sozialleistungen
	Weiterentwicklung der Fähigkeiten	Förderung der beruflichen Wei-	Aus- und Weiterbildung der		Weiterentwicklung der Anlagen und		Förderung der Aus- und Weiter-

	Bayer AG	Bertelsmann	Ciba Geigy	Dow Chemical Europe	IBM	Opel	Sandoz
	und optimaler Einsatz des Leistungsvermögens der Mitarbeiter	terbildung der Mitarbeiter	Mitarbeiter		optimaler Einsatz der Fähigkeiten der Mitarbeiter		bildung der Mitarbeiter
	Beförderung nach der Leistung	Förderung des beruflichen Aufstiegs unter Wahrung des Grundsatzes der Chancengleichheit	Wahrung von Chancengleichheit für alle	Schaffung von Aufstiegschancen für fähige Arbeitskräfte unabhängig von Rasse, Nationalität und Geschlecht	Beförderung nach der Leistung	Schaffung von Aufstiegsmöglichkeiten durch die Bereitstellung qualifizierten Führungsnachwuchses	Gewährung von Aufstiegsmöglichkeiten nach Eignung und Leistung
			Internationale Rekrutierung der Führungskräfte				Besetzung von Kaderstellen aus eigenen Reihen
				Zurückhaltende, selektive Einstellungspolitik			
IV. Verhalten gegenüber Lieferanten und Kunden					Vertragsabschluß mit Lieferanten unter Berücksichtigung der Interessen beider Partner		
					Vermeidung unangemessener Abhängigkeit der Lieferanten vom Unternehmen		
	Lieferung guter Produkte und Problemlösungen zu		Lieferung qualitativ guter Produkte und Dienstlei-	Herstellung modernster Qualitätserzeugnisse zu möglichst			Zuverlässige Lieferung qualitativ einwandfreier Produkte

	Bayer AG	Bertelsmann	Ciba Geigy	Dow Chemical Europe	IBM	Opel	Sandoz
	marktgerechten Preisen			stungen und ständige Verbesserung derselben	niedrigen Preisen		
					Beratung über den optimalen Einsatz der Erzeugnisse und Dienstleistungen	Vorbildliche Behandlung der Kunden	Information und Beratung über die Anwendung der Produkte
					Orientierung am gegenwärtigen und zukünftigen Bedarf des Kunden		
					Gewährung einwandfreier Wartung		
V. Verhalten gegenüber konkurrierenden und Verbundunternehmen		Bekenntnis zu einer auf Leistung, Wettbewerb und privatem Eigentum basierenden Wirtschaftsordnung		Stützung auf freien Wettbewerb	Unterstützung fairen Wettbewerbs		
							Kooperation mit fremden Gesellschaften
							Streben nach 100%-iger Beteiligung an Tochtergesellschaften
VI. Verhalten gegenüber Nachbarn		Freiwillige Übernahme überdurchschnittlicher	Information der Öffentlichkeit über die Tätigkeit	Größtmögliche Zusammenarbeit mit der ein-		Teilnahme am sozialen und kulturellen Leben	Regelmäßige Information und Pflege der

6. Organisationsspezifische Normen

	Bayer AG	Bertelsmann	Ciba Geigy	Dow Chemical Europe	IBM	Opel	Sandoz
und Gesellschaft		sozialer Verpflichtungen	des Unternehmens	heimischen Bevölkerung		des Gemeinwesens	wechselseitigen Bez. mit Öffentlichkeit
	Entwicklung umweltfreundlicher Produkte und Einführung neuer Verfahren für die Reinerhaltung der Umwelt		Sorge für Umweltschutz durch: a) Beachtung der begrenzten Verfügbarkeit von Boden, Wasser und Luft b) aktiven Beitrag dazu — auch ohne behördliche Auflagen — c) Herstellung umweltfreundlicher Produkte	Sorge für Umweltschutz durch: a) Einhaltung und Verbesserung diesbezüglicher Unternehmensvorschriften und behördlicher Auflagen b) Errichtung von Ausschüssen für Umweltprobleme c) Entwicklung von Werksanlagen mit minimalen Abfallprodukten d) Verminderung der Kosten des Umweltschutzes	Beitrag zur Verbesserung der Lebensbedingungen in Niederlassungsorten und Verbesserung der Qualität der Gesellschaft insgesamt	Anerkennung der Verpflichtung zum Umweltschutz und Herstellung umweltfreundlicher Produkte	
VII. Verhalten gegenüber dem Staat			Bemühen um gute Zusammenarbeit mit Behörden und anderen öffentlichen Instanzen sowie verantwortungsbewußtes Verhal-	Bemühen um staatsbürgerliches, demokratisches Verhalten und loyale Zusammenarbeit mit gesellschaftlichen Institutionen		Übernahme staatsbürgerlicher Verantwortung	

Bayer AG	Bertelsmann	Ciba Geigy	Dow Chemical Europe	IBM	Opel	Sandoz
		ten in der Gemeinschaft				
			Volle Einhaltung öffentlicher Verpflichtungen wie Steuerzahlungen etc.			
		Berücksichtigung der besonderen Verhältnisse der Entwicklungsländer und größere Risikobereitschaft in bezug auf diese	Einpassung der Unternehmensaktivitäten in die jeweilige Gesellschaft			
		Unterstützung der wirtschaftlichen und sozialen Entwicklung anderer Länder durch weltweite Ausdehnung des Unternehmens				

Abb. I-6-5:
Synopse von Organisationsgrundsätzen (nach Plesser, 1974)

Unternehmungsgrundsätze der IBM

„Ein Unternehmen muß, wie jeder einzelne, auf einem Fundament vernünftiger Grundsätze aufbauen, um im Geschäft zu bleiben und Erfolg zu haben. In der Führung seiner Geschäfte muß das Unternehmen diesen Grundsätzen entsprechend handeln. Jeder Manager muß sich bei seinen Handlungen und Entscheidungen nach diesen Grundsätzen richten.
Die Überzeugungen, die die IBM in allen ihren Tätigkeiten leiten, sind in den Unternehmensgrundsätzen zusammengefaßt.

6. Organisationsspezifische Normen

1. Achtung vor den Rechten und der Würde jedes Mitarbeiters
Unser Grundprinzip ist die Achtung vor den Rechten und der Würde jedes Mitarbeiters der IBM.
Darum will das Unternehmen
- jedem Mitarbeiter helfen, seine Anlagen zu entwickeln, und seine Fähigkeiten optimal einzusetzen;
- nach Leistung bezahlen und befördern;
- für gegenseitiges Verständnis zwischen Managern und Mitarbeitern sorgen;
- Gelegenheit schaffen, daß jeder in fairer Weise gehört wird und Meinungsverschiedenheiten in gerechter Weise gelöst werden.

2. Dienst am Kunden
Unser oberstes Anliegen ist der Dienst an unseren Kunden. Unsere Erzeugnisse und Dienstleistungen bringen uns nur soweit Gewinn, als sie unseren Kunden dienen und ihren Bedarf befriedigen.
Das erfordert, daß wir
- den Bedarf unserer Kunden kennen und mit ihnen zusammen künftigen Bedarf erkennen;
- unseren Kunden helfen, unsere Erzeugnisse und Dienstleistungen optimal einzusetzen;
- einwandfreie Wartung und ausgezeichnete Unterstützung liefern.

3. Hervorragende Qualität ist das Kennzeichen des Unternehmens
Wir wollen, daß die IBM für hervorragende Qualität bekannt ist. Darum glauben wir, daß jede Aufgabe, in jedem Zweig des Unternehmens, in überlegener Weise und nach bestem Vermögen wahrgenommen werden muß. Im Streben nach Qualität darf nichts dem Zufall überlassen werden.
Darum müssen wir
- im Entwicklungsbereich führend sein;
- Fortschritte anderer zur Kenntnis nehmen, sie – wo nur möglich – verbessern und bereit sein, sie zu übernehmen, wenn sie unseren Erfordernissen entsprechen;
- Qualitätserzeugnisse modernster Konstruktion zu möglichst niedrigen Preisen herstellen.

4. Manager verbürgen den Erfolg
Unseren Erfolg verbürgen intelligente und tatkräftige Manager, die wissen, daß das Unternehmen darauf angewiesen ist, daß jeder mit Begeisterung bei der Sache ist.
Daraus ergeben sich folgende Forderungen an die Manager:
- ein Führungsstil der jeden Mitarbeiter motiviert, seine Arbeit hervorragend zu tun;
- häufige Gespräche mit allen Mitarbeitern;
- Mut, Entscheidungen und Richtlinien des Unternehmens infrage zu stellen;
- ein Blick für die Erfordernisse des Unternehmens ebenso wie des Bereichs und der eigenen Abteilung;
- Planung für die Zukunft und uneingeschränkte Offenheit für neue Ideen.

5. Verpflichtung gegenüber den Aktionären

Die IBM ist ihren Aktionären verpflichtet, deren Kapital unsere Arbeitsplätze geschaffen hat.
Daraus ergeben sich die folgenden Forderungen:
- *sorgfältiger Umgang mit dem uns von den Aktionären anvertrauten Eigentum;*
- *Erwirtschaftung einer angemessenen Rendite des eingesetzten Kapitals;*
- *Wahrnehmung aller Gelegenheiten zu anhaltendem, ertragreichem Wachstum*

6. Faire geschäftliche Beziehungen zu unseren Lieferanten

Wir wollen faire und unvoreingenommene Beziehungen zu den Lieferanten von Gütern und Dienstleistungen.
Darum möchten wir:
- *Auswahl der Lieferanten nach der Qualität ihrer Erzeugnisse und Dienstleistungen, nach ihrer allgemeinen Zuverlässigkeit und nach Wettbewerbsfähigkeit ihrer Preise;*
- *Anerkennung der legitimen Interessen sowohl der Lieferanten wie der IBM beim Abschluß von Verträgen;*
- *Abwicklung der Verträge nach dem Prinzip von Treu und Glauben;*
- *Vermeidung unangemessener Abhängigkeit der Lieferanten von der IBM.*

7. Die Verantwortung des Unternehmens gegenüber der Öffentlichkeit

Wir akzeptieren die staatsbürgerliche Verantwortung, die wir als Unternehmen gegenüber Gemeinde, Nation und der Welt haben;
wir dienen unseren Interessen am besten, wenn wir dem öffentlichen Interesse dienen;
wir glauben, daß dem unmittelbaren wie dem langfristigen öffentlichen Interesse mit einem System miteinander konkurrierender Unternehmen am besten gedient wird. Daher glauben wir, daß wir kraftvoll am Wettbewerb teilnehmen sollen, jedoch im Geiste des Fair Play, der Achtung vor unseren Mitbewerbern und der Achtung vor Recht und Gesetz.
In Gemeinden, wo sich IBM Niederlassungen befinden, wollen wir nach besten Kräften mithelfen, Verhältnisse zu schaffen, in denen Menschen gern leben und arbeiten.
Wir anerkennen unsere Verpflichtung als Wirtschaftsunternehmen, zur Verbesserung der Qualität der Gesellschaft, deren Teil wir sind, beizutragen.
Wir möchten zu denjenigen Unternehmen gehören, die daran mitwirken, unsere Welt zu einer besseren Welt zu machen."

Abb. I-6-6:
Unternehmungsgrundsätze der IBM

6.3. Organisationsprinzipien – Ein Beispiel: Die Gemeinsame Geschäftsordnung der Bundesministerien

Bei ihrer Entstehung (1924; 1926) schrieb die GGO eine Tradition fest, die insbesondere durch Bismarck geprägt worden war (Brecht, 1927, 2).
Die seitherigen Veränderungen spiegeln Wandlungsprozesse in der öffentlichen Verwaltung wider, die entsprechend geänderte organisatorische Regelungen nach sich zogen. Allerdings beherrscht noch die Grundkonzeption des ursprünglichen Entwurfs die heutige Fassung der GGO.

Gemeinsame Geschäftsordnung der Bundesministerien (GGO)

Die GGO ist ein Organisationshandbuch für die Bundesministerien, deckt allerdings nur einen Teil der Ablauforganisation ab (Lepper et al., 1977, 145). Die Aufbauorganisation – üblicherweise als zentraler Aspekt bürokratisch-hierarchischer Organisationen angesehen – wird kaum erwähnt. Auch für den Führungsprozeß liegen nur wenige Hinweise vor. Lepper et al. (1977) fordern deshalb die Weiterentwicklung der GGO und ihre Anpassung an moderne Führungskonzeptionen (insbesondere an das MbO). Die Autoren kritisieren besonders die Unvollständigkeit und mangelnde Präzision der GGO-Regelungen.

6.3.1. GGO und kooperative Führung

Im folgenden werden einige Paragraphen der GGO kommentiert (vgl. Abb. I-6-7.

GGO und kooperative Führung

§ 3 – Die Leitung
  Die GGO geht eindeutig vom Grundsatz der Einzelleitung aus. Entsprechendes sieht das Grundgesetz für die Bundesregierung vor (GG, Art. 65). Doch schließt diese Regelung keineswegs eine Funktionsteilung zwischen Ministerien, Staatssekretären und Abteilungsleitern aus (Lepper et al., 1977, 14). „Tatsache ist vielmehr, daß eine so verstandene kollegiale Leitung mehr und mehr, jedenfalls in den großen Ministerien, verwirklicht wird." „Kollegiale Leitung als Handlungsempfehlung neuerer Führungsformen steht § 3 (1) folglich nicht entgegen";
  Auch die Stellvertretungsregelung in § 3 (3): „wenn nichts anderes angeordnet ist" läßt für *kooperative Führung* hinreichend Raum, insbesondere für ihren partizipativen Aspekt.
§ 4 – Gliederung und Organisationsplanung
  Dieser Paragraph stellt das Referat als organisatorische Einheit in den Mittelpunkt der Organisationsstruktur. Die Festlegung der in § 4 (1) („Unterabteilungen ... nur ... bei ... mindestens fünf Referaten") könnte eine „überorganisierende" Einschränkung bedeuten. Sie widerspricht möglicherweise einer zielorientierten Strukturierung der Arbeitssituation (Organisationsaspekt). Wir sind jedoch der Auffassung (anders als Lepper et al., 1977, 149), daß diese Regelung eine *kooperative Führungsbeziehung* nicht ausschließt.

§ 4 (1) und (2)
könnten der Einrichtung von Stäben und Arbeitsgruppen, von Entscheidungskollegien (vgl. dazu Kap. M) und Formen der Matrixorganisation widersprechen. Hier ist mit Lepper et al. (1977, 150) festzustellen, „daß die Praxis über den durch § 4 GGO gezogenen Rahmen hinausgegangen ist". Die Gestaltung der Grundorganisation der Ministerien sei heute vielfältiger als in der GGO vorgesehen. Daraus kann der Schluß gezogen werden, daß GGO-Regeln durchaus von den Anforderungen der Praxis überholt und dann auch stillschweigend außer Kraft gesetzt werden können, bis eine nachholende Anpassung dieser formalen Regelung erfolgen kann.
Die Regelung in

§ 4 (3)
schließt eine Beteiligung der Hilfsreferenten unter partizipativem und prosozialem Aspekt nicht aus. Allerdings können sich aus der laufbahnrechtlichen Bestimmung dysfunktionale Konsequenzen ergeben (höherer vs. gehobener Dienst); für die Funktion im Arbeitszusammenhang ist der dienstrechtliche Status in der Regel sekundär.

§ 5 — Der Geschäftsverteilungsplan
Die Regelung in § 5 (1) betont eine Trennung und eindeutige Zuordnung von Zuständigkeiten, die dem partizipativen Aspekt kooperativer Führung nicht genügen; das Umfeld des einzelnen Referats (bis hin zu beteiligten Referaten in anderen Häusern) hat einen größeren Einfluß auf den Arbeitsablauf als hier festgelegt wurde. Neuere formale Regelungen (z. B. Teams, Kollegien, vgl. Kap. M) könnten mit dieser Vorschrift konfligieren.

§ 6 — Die Verantwortung für den allgemeinen Geschäftsbetrieb
Die Trennung zwischen der Verantwortung des Staatssekretärs für die Leitung und des Abteilungsleiters für den „zweckmäßigen und glatten Ablauf des Geschäftsbetriebes" kann — je nach spezifischer Situation und politischer Konstellation — Quelle von Konflikten, aber auch von partnerschaftlicher Zusammenarbeit sein.

§ 9 — Der Ausschuß für Organisationsfragen
Die Funktion der subsystem-übergreifenden Koordination könnte durch stärkere Beteiligung aller Bediensteten (partizipativer und prosozialer Aspekt) ergänzt werden. Dies wird durch die GGO nicht verhindert. Daß spezielle Regelungen innerhalb einzelner Subsysteme möglich sind, zeigt die Praxis.

§ 21 — Zusammenarbeit innerhalb des Ministeriums
Dieser Paragraph fordert explizit eine *kooperative* und laterale *Koordination*.

§ 35 ff. — Zeichnungsregelung
Hier kann man dem Hinweis von Lepper et al. folgen, daß das Zeichnungsrecht als Ausdruck der Verantwortung in hierarchischen Ebenen, nicht aber nach Sachverstand und Funktion geregelt wird. Führungstechniken, wie z. B. das „Ansichziehen des Vorganges" durch den Vorgesetzten bzw. der Zeichnungsvorbehalt, lassen vermuten, daß in der Praxis diese eindeu-

6. Organisationsspezifische Normen

tige Regelung — durch Aspekte der Aufgabe und der Machtverteilung bedingt — umgangen wird.

§ 55 — Dienstbesprechung

Diese Vorschrift bietet einen sehr weiten Rahmen, der durch Informations- und Beratungskollegien ausgefüllt werden kann (vgl. Kap. M). Die Regelung ist bei entsprechender Handhabung durch die Organisationsleitung durchaus geeignet, *kooperative Führungsbeziehungen* zu fördern.

§ 87 — Vorgesetzte

Diese Regelung läßt faktisch vorkommende Doppelunterstellungen nicht zu (Projektgruppen) und sollte revidiert werden.

Paragraphen der Gemeinsamen Geschäftsordnung der Bundesministerien (GGO), auf die Bezug genommen wird:

§ 3 — *Die Leitung*

(1) Der Bundesminister leitet das Ministerium. Er wird insoweit durch den Staatssekretär vertreten, bei mehreren Staatssekretären, wenn nichts anderes angeordnet ist, durch jeden Staatssekretär in seinem Geschäftsbereich. In dem Geschäftsbereich, der dem Parlamentarischen Staatssekretär nach § 14a der Geschäftsordnung der Bundesregierung übertragen worden ist, sowie in den vom Minister bestimmten Einzelfällen, wird dieser durch den Parlamentarischen Staatssekretär vertreten.

(2) ...

(3) Der Staatssekretär wird bei mehreren Staatssekretären durch einen anderen Staatssekretär, sonst, wenn nichts anderes angeordnet ist, durch den dienstältesten anwesenden Abteilungsleiter eines Geschäftsbereichs vertreten.

(4) ...

(5) ...

§ 4 — *Gliederung und Organisationsplan*

(1) Das Ministerium gliedert sich in Abteilungen, die Abteilungen in Referate (Sachgebiete). Unterabteilungen sollen nur dann gebildet werden, wenn es sachlich nötig ist und dabei mindestens je fünf Referate zusammengefaßt werden. Selbständige Stellen, Ämter, Sonderreferate und dergl. sollen außerhalb der Abteilungen nicht eingerichtet werden.

(2) Die tragende Einheit im organisatorischen Aufbau des Ministeriums ist das Referat. Jede Arbeit in einem Ministerium muß einem Referat zugeordnet sein. Dabei sind nach Möglichkeit sachlich verwandte Aufgaben zusammenzufassen. Eine zu weitgehende Aufspaltung von Arbeitsgebieten ist zu vermeiden.

(3) Referent ist ein Beamter (Angestellter) des Höheren Dienstes, der unmittelbar unter dem Abteilungsleiter (Unterabteilungsleiter) ein Referat in eigener Verantwortung verwaltet. Er hat die erste Entscheidung in allen Angelegenheiten, die in sein Referat fallen. Hilfsreferent ist der einem Referenten zur Unterstützung zugewiesene Beamte (Angestellte) des Höheren Dienstes, Sachbearbeiter der einem Referenten zur Unterstützung zugewiesene Beamte (Angestellte) des gehobenen Dienstes.

(4) ...

§ 5 — Der Geschäftsverteilungsplan
(1) Die Verteilung der einzelnen Dienstgeschäfte auf die Abteilungen (Unterabteilungen) und Referate regelt der Geschäftsverteilungsplan. Er grenzt die Arbeitsgebiete nach sachlichen Gesichtspunkten so ab, daß Zuständigkeitsüberschreitungen vermieden, gleichartige oder verwandte Sachgebiete nur von einer Stelle bearbeitet werden.
(2) ...
§ 6 — Die Verantwortung für den allgemeinen Geschäftsbetrieb
(1) Den Geschäftsbetrieb des Ministeriums leitet der Staatssekretär, bei mehreren Staatssekretären, wenn nichts anderes angeordnet ist, jeder in seinem Geschäftsbereich.
(2) Für den zweckmäßigen und glatten Ablauf des Geschäftsbetriebes in den Abteilungen haben die Abteilungsleiter zu sorgen.
§ 9 — Der Ausschuß für Organisationsfragen
(1) Die Organisationsreferenten und die Referenten des inneren Dienstes der Bundesministerien bilden gemeinsam mit Vertretern des Bundesrechnungshofs und des Bundesbeauftragten für Wirtschaftlichkeit in der Verwaltung den Ausschuß für Organisationsfragen ...
(2) Der Ausschuß vermittelt den Erfahrungsaustausch und prüft hierbei, wie Organisation und Geschäftsgang der Bundesministerien und der nachgeordneten Dienststellen verbessert und die Arbeitsleistungen gehoben werden können.
§ 20 — Abgabe wegen Unzuständigkeit
(1) Der Bearbeiter hat zunächst zu prüfen, ob er sachlich zuständig ist.
(2) Ist nach dem Geschäftsverteilungsplan ein anderes Referat zuständig, so ist ihm der Geschäftsvorfall unverzüglich zuzuleiten.
(3) ...
§ 21 — Zusammenarbeit innerhalb des Ministeriums
Enge Zusammenarbeit ist nötig, um eine abgewogene Entscheidung und eine einheitliche Haltung des Ministeriums zu sichern. Der Referent hat daher alle nach dem Geschäftsverteilungsplan oder der Natur der Sache in Betracht kommenden Stellen zu beteiligen. Wenn notwendig, ist die Verbindung schon vor Fertigung des Verfügungsentwurfs aufzunehmen, um Doppelarbeit zu vermeiden. Verständigung ist auf dem kürzesten Weg (z. B. Fernsprecher) herbeizuführen. Schriftwechsel innerhalb des Ministeriums hat möglichst zu unterbleiben.
§ 22 — Rechtzeitige Erledigung
(1) Jeder Geschäftsvorfall ist so schnell und so einfach wie möglich zu erledigen.
(2) Sofortsachen sind unverzüglich, Eilsachen vor den übrigen zu bearbeiten. Beschleunigungsvermerke sind nur in den notwendigen Fällen als Ausnahmen zu verwenden, weil sonst der erstrebte Zweck gefährdet wird, eine bevorzugte und fristgerechte Bearbeitung sicherzustellen (s. Merkblatt 2).
(3) Fristen sind einzuhalten, Fristverlängerung rechtzeitig zu beantragen.

6. Organisationsspezifische Normen

§ 35 — Zeichnung, Mitzeichnung, Verantwortung
(1) Der Zeichnende unterzeichnet den Entwurf abschließend. Die Mitzeichnenden wirken am Zustandekommen des Entwurfs mit und bestätigen es durch ihr Namenszeichen mit Tagesangabe. Wegen der Form der Zeichnung und Mitzeichnung siehe Merkblatt 5.
(2) Wer zeichnet, übernimmt damit die Verantwortung für den sachlichen Inhalt des Entwurfs. Die Mitzeichnenden sind für den sachlichen Inhalt nur soweit verantwortlich, wie er ihr Arbeitsgebiet berührt. Die Verantwortung des federführenden Referats erstreckt sich auch darauf, daß alle nach §§ 21 und 70 Abs. 2 zu beteiligenden Stellen beteiligt werden.
(3) ...
(4) Hält eine beteiligte Stelle eine Ergänzung oder Änderung des Entwurfs für nötig, so darf sie sie nur im Einvernehmen mit dem federführenden Referenten oder seinem mitzeichnenden Vorgesetzten vornehmen. Bei Nichteinigung entscheidet der gemeinsame nächste Vorgesetzte. Absatz 3 gilt sinngemäß.

§ 37 — Zeichnung durch den Minister
(1) Soweit nichts anderes bestimmt ist, zeichnet der Minister die Entwürfe
  a) von Vorlagen oder wichtigen Mitteilungen an den Bundespräsidenten, den Bundeskanzler, die Bundesregierung, den Bundestag und den Bundesrat
  b) der Schreiben und Erlasse von grundsätzlicher politischer Bedeutung
  c) von Verleihungsurkunden
  d) von Schreiben und Erlassen, deren Zeichnung er sich allgemein oder durch Geschäftsgangvermerk (§ 18) vorbehalten hat.
(2) ... (6)

§ 40 — Zeichnung durch den Referenten und den Hilfsreferenten
(1) Der Referent und der Hilfsreferent zeichnen alle Entwürfe mit, die übergeordneten Stellen zur Zeichnung vorzulegen sind.
(2) Abschließend („Im Auftrag", im Entwurf abgekürzt „I. A.") zeichnet der Referent die Entwürfe des Referats, deren Zeichnung nicht vorgesetzten Stellen vorbehalten ist. Auch wenn ein Zeichnungsvorbehalt fehlt, hat er zu prüfen, ob die Zeichnung durch einen Vorgesetzten geboten ist.
(3) Der Hilfsreferent zeichnet abschließend („Im Auftrag", im Entwurf abgekürzt „I. A.") die Entwürfe des Referenten, soweit ihm die Zeichnungsbefugnis vom Staatssekretär übertragen wurde. Im übrigen gilt Absatz 2 entsprechend.

§ 41 — Zeichnung durch den Sachbearbeiter
(1) Der Sachbearbeiter zeichnet alle Entwürfe mit, die er übergeordneten Stellen zur Zeichnung vorzulegen hat.
(2) Abschließend („Im Auftrag", im Entwurf abgekürzt „I. A.") zeichnet der Sachbearbeiter Entwürfe und unterschreibt Reinschriften nach Stichworten (§ 30), soweit ihm diese Befugnisse übertragen sind.

§ 55 — Dienstbesprechung
(1) Zur gemeinsamen Beratung wichtiger Fragen, die für das Ministerium als Ganzes bedeutsam sind oder die über den Bereich einer Abteilung hinausgehen, beraumt der Minister (Staatssekretär) nach Bedarf Dienst-(Arbeits-)

besprechungen an. Er bestimmt, wie sie vorzubereiten und durchzuführen sind. Förmliche Beschlüsse werden nicht gefaßt. Die Entscheidung trifft der Minister (Staatssekretär) in der Besprechung oder später. Wenn nichts anderes bestimmt wird, ist keine Niederschrift aufzunehmen.

(2) ...

§ 87 — Vorgesetzte

Vorgesetzter eines Behördenangehörigen (Beamten, Angestellten oder Arbeiters) ist, wer ihm für seine dienstliche Tätigkeit Anordnungen erteilen kann (für Beamte § 3 Absatz 2 Bundesbeamtengesetz — BBG).

Abb. I-6-7:
Einige Paragraphen aus der GGO (nach Lepper et al., 1977)

6.3.2. Zusammenfassende Stellungnahme zur Ergänzung der GGO

Drei Gründe lassen die Forderung Leppers et al., die GGO zu ergänzen, problematisch erscheinen:

— Der Stand der Entwicklung *kooperativer Führungsformen* in den einzelnen Ministerien ist gegenwärtig sehr unterschiedlich. Eine Gesamtregelung könnte zu einer Einigung auf kleinstem gemeinsamen Nenner führen, da sie auszuhandeln wäre und nicht — wie bei innerorganisatorischen Regelungen — von der Organisationsleitung verfügt werden kann.

— Die unter partizipativem und prosozialem Aspekt der *kooperativen Führung* zu fordernde relative Selbstbestimmung der unmittelbar Beteiligten kann aus politisch-juristischen Gründen gegenwärtig nicht verwirklicht werden.

— Schließlich folgen derartige Regelungen — wie auch der Vergleich zwischen GGO und Praxis zeigt — häufig mit zeitlicher Verzögerung den aktuellen Bedürfnissen nach modernen Organisationsformen. Insgesamt gesehen dürfte es wichtigere Hemmnisse für die Realisierung *kooperativer Führungsformen* im öffentlichen Dienst geben (vgl. Kap. L) als die GGO.

6.4. Verhaltensleitsätze

Die oben begründete Unterscheidung zwischen Organisationsgrundsätzen und Verhaltensleitsätzen wird in der Literatur nicht immer getroffen. So enthalten die unter dem Begriff „Führungsrichtlinien" oder „Führungsgrundsätze" zusammengefaßten Regeln mitunter auch Elemente der Organisationspolitik oder setzen diese implizit voraus.

6.4.1 Zur Begriffsklärung

Definition von „Führungsrichtlinien" und „Verhaltensleitsätze"

In der Literatur wird häufig der Begriff „Führungsrichtlinien" für generelle Anweisungen an Vorgesetzte und Mitarbeiter verwendet. So versteht Lattmann (1975, 47) unter Führungsrichtlinien den

6. Organisationsspezifische Normen

„Zusammenhang der vom obersten Willensträger der Unternehmung formalisierten, d. h. schriftlich niedergelegten Grundsätze, welche von den Führungskräften ihrer Aufgabenerfüllung zugrunde zu legen sind".

Baumgarten (1977, 158) definiert eine Führungsanweisung als

„die schriftliche Festlegung der Führungsgrundsätze einer Organisation. Sie stellt eine Zusammenfassung verbindlicher Richtlinien für das Verhalten von Vorgesetzten und Mitarbeitern im Führungsprozeß bei der Erledigung ihrer Sachaufgaben dar".

Höhn (1969, 569) versteht unter einer Führungsanweisung

„die schriftliche Festlegung der Führungsgrundsätze eines Unternehmens. Sie bedeutet die Kodifizierung des Führungsstils, zu dessen Verwirklichung sich die Unternehmensführung entschlossen hat ... (es) werden bestimmte Regeln für das Verhalten von Vorgesetzten und Mitarbeitern bei der Wahrung ihrer fachlichen wie führungsmäßigen Aufgaben zur Norm erhoben".

In dieser Definition zeigt sich der für Höhn typische Gedanke, allein die Unternehmensführung übe wirksamen Einfluß aus (vgl. dazu Kap. H). Die Führungsanweisung soll nach Höhn (1969, 571) „gewissensschärfend" wirken.

Nach Goossens (1974, 115; zit. n. Beckerath, 1976, 64) handelt es sich bei Führungsgrundsätzen um die schriftliche Fixierung der Grundsätze von Personalorganisation und Personalführung.

Wistinghausen (1977, 62) bezeichnet als Führungsrichtlinien jene Anweisungen,

„in denen die Unternehmensleitungen ihren qualifizierten Mitarbeitern in mehr oder weniger verbindlicher Form ein wünschenswertes Führungsverhalten empfehlen oder ‚vorschreiben'".

Wunderer (1978a) definiert Verhaltensleitsätze folgendermaßen:

„Verhaltensleitsätze sind wertorientierte, generalisierte und formalisierte Verhaltenserwartungen zur Sicherung eines erwünschten organisations- und mitgliedergerechten Sozial- und Leistungsverhaltens nach einem einheitlichen Kooperations- und Führungskonzept".

Folgende Entwicklungstendenzen lassen sich in der Literatur feststellen:

— der Kreis der Adressaten wird von den Vorgesetzten auf alle Mitarbeiter ausgedehnt;
— strikte Normen („muß-Erwartungen") werden durch Empfehlungen („soll-" bzw. „kann-Erwartungen") ergänzt oder ersetzt.

Nach Fiedler-Winter (1977) werden heute

„die Grundsätze des Führungsverhaltens in den einzelnen Anforderungsbereichen ausführlicher dargestellt. Bei Shell wird z. B. eigens hinzugefügt, daß Information auch ‚die Unterrichtung über Situation und Entwicklung des Unternehmens und in sich geschlossener Betriebseinheiten' einschließt; und bei der Deutschen Bundespost wird für das Informationsmittel ‚Besprechung' festgelegt, daß ‚in der Regel derjenige Leiter sein soll, dessen Aufgabengebiet mehr als das der anderen vom Besprechungsgegenstand betroffen ist'".

Verhaltensleitsätze in verschiedenen Organisationen

Die Geschichte schriftlich formulierter Verhaltensempfehlungen für Organisationen ist alt. Am Beispiel veröffentlichter Richtlinien zur Regelung von Entscheidungs- und Kommunikationsprozessen läßt sich die zugrunde liegende Führungsphilosophie teilweise schon recht gut interpretieren (Wunderer, 1978 a):

Kirche: „Sooft im Kloster eine wichtige Angelegenheit zu entscheiden ist, rufe der Abt die ganze Klostergemeinde zusammen und lege dar, worum es sich handelt und er höre den Rat der Brüder an und überlege dann bei sich in Ruhe, was nach seinem Urteil das Nützlichste ist" (Die Regel des hl. Benedikt, 6. Jh., S. 24).

Militär: „Der Vorgesetzte läßt sich — wenn zweckmäßig — vor Entscheidungen beraten. Den oder die Berater wählt er in Abwägung des Gegenstandes, des Sachverstandes und des Betroffenseins aus. Diskussion ist ein wichtiges Mittel der Entscheidungsvorbereitung. Die Gesamtverantwortung bleibt bei dem Vorgesetzten" (Hilfen für Innere Führung, Bundesminister für Verteidigung, 1972, Zentrale Dienstvorschrift 10/1, S. 32)

Öffentliche Verwaltung: „Soweit wie möglich, beteiligen die Vorgesetzten ihre Mitarbeiter am Willensbildungs- und Entscheidungsprozeß und hören sie vor wichtigen Entscheidungen an, die ihre Aufgaben betreffen. Den Mitarbeitern werden die getroffenen Entscheidungen durch Darlegung der maßgebenden Gründe verdeutlicht" (Bundesminister des Inneren, 1975).

Industrie (1872): „Zweck und Aufgabe der Conferenz ist, die erforderliche Einheit im Gesamtbetriebe und in der Verwaltung zu erhalten und die Procura bei der Prüfung von Projekten und Plänen mit ihrem Rathe zu begleiten und zu unterstützen. Demgemäß ist die Conferenz keine beschließende, sondern nur eine berathende Instanz, und die Ausführung des in einer Conferenz Beschlossenen bleibt von der Anordnung der Procura abhängig" (Fried. Krupp, Generalregulativ v. 1872, S. 14).

Industrie (1975): „Entscheidungen sind vorher auf ihre Auswirkungen auf die Unternehmensziele sowie auf die anderen Bereiche innerhalb oder außerhalb des Unternehmens zu prüfen. Ebenso sind berechtigte Interessen von Mitarbeitern zu beachten.

Wer an der Entscheidungsvorbereitung beteiligt ist, wird sich auch zur Entscheidung bekennen.

Entscheidungen sollen dort vorbereitet werden, wo der größte Sachverstand herrscht und sind dort zu treffen, wo Zuständigkeit und rechtliche Verpflichtung liegen. Entscheidungen sind den Betroffenen in sachlicher und verständlicher Weise zu begründen. Damit werden Vertrauen und Mitarbeit gefördert. Aufgabe eines jeden Vorgesetzten ist es, seine Mitarbeiter zu befähigen, Entscheidungen, die in ihren Aufgabenbereich fallen, selbst treffen zu lassen" (Plansee AG, 1975).

6.4.2. Funktion von Verhaltensleitsätzen

Funktion von Verhaltensleitsätzen

Verhaltensleitsätze können zur Erfüllung von drei Funktionsbereichen beitragen:

(A) Strukturelle *Organisationsentwicklung*
- Analyse und Entwicklung eines Verhaltenskonzepts (Konzeptentwicklung)
- Institutionalisierung von Kooperationsnormen (Organisationsentwicklung)
- Sozialisation von Kooperations- und Führungsnormen (Personalentwicklung)

6. Organisationsspezifische Normen

(B) Strukturelle *Organisationssteuerung*
- Information und Orientierung
- Motivation und Appell
- Aktion und Legitimation
- Beurteilung und Sanktion

(C) *Organisationsdarstellung*
- Werbung um öffentliches Vertrauen (PR-Funktion)
- Werbung neuer Organisationsmitglieder (Personalwerbungsfunktion)
- Anregung („Schumpeter-Funktion")

Abb. I-6-8:
Funktionsbereiche von Verhaltensleitsätzen (nach Wunderer, 1978a)

(A) *Funktionen zur strukturellen Organisationsentwicklung*
„Verhaltensleitsätze treffen Aussagen über allgemeine *Kooperations-und Führungsprinzipien* und die damit verbundenen Folgerungen für die Gestaltung von Teilsystemen der Führung (Planung, Organisation, Kontrolle, Entscheidung) und von Instrumenten (z. B. Stellenbeschreibung, Beurteilungssystem) der Führung. Sie sind damit ein integraler Bestandteil von Führungsmodellen (Baugut/Krüger, 1976, 58ff.; Bleicher/Meyer, 1976, 201; Wild, 1974, 169).

Bei der Entwicklung eines Führungskonzepts — und damit auch von Verhaltensleitsätzen — sollten drei Dimensionen berücksichtigt werden (Gebert, 1976, 19ff.):
- Der Nutzen oder „Belohnungswert" von Leitsätzen („*Wollen*")
- Die Kenntnis und Bewertung von relevanten Instrumenten und Wegen („*Wissen*")
- Die Fähigkeit, angestrebtes Verhalten zu realisieren („*Können*")

3 Dimensionen von Verhaltensleitsätzen: Wollen, Wissen, Können

Verhaltensleitsätze müssen diese drei „Prüfkriterien" positiv bestehen, will man von ihnen einen wirksamen Beitrag zur Führungskonzeptentwicklung erwarten.

Aus organisationspolitischer Sicht trägt die schriftliche Formulierung und Vorgabe von Verhaltensleitsätzen dazu bei, erwünschte Einstellungen und Verhaltensweisen zu generalisieren, in zeitlich relativ überdauernder und personenunabhängiger Weise festzulegen und damit die interaktionelle Führung zu entlasten. Man nennt diese Funktion auch *Institutionalisierung*.

Schließlich können Verhaltensleitsätze einen klaren Handlungsrahmen für instrumentelle Maßnahmen zur *Internalisierung* von *Kooperationsnormen* liefern, z. B. über Informations- und Bildungsprogramme.

(B) *Funktionen zur strukturellen Organisationssteuerung*
Alle Mitarbeiter (vor allem auch Neueingetretene) werden in gleicher Weise über das erwünschte Kooperations- und Leistungsverhalten schriftlich und ergänzend mündlich *informiert*. Sie erhalten damit eine gemeinsame, einheitliche und systematische *Orientierungshilfe*, die zugleich als Grundlage dient für die erforderliche Kommunikation über die Ziele solcher Leitsätze, einzelne Inhalte und Instrumente zu ihrer Realisierung.

Durch strukturierendes Führungsverhalten wird i. S. der *„Weg-Ziel-Motivation"* (vgl. Gebert, 1976; Neuberger, 1976) angestrebt, daß mehr Mitarbeiter Ziele sowie Wege („Instrumentalitäten") zum Ziel besser kennen. Dies erleichtert die erwünschte Identifikation mit den definierten Zielen und den Wegen. Dafür geeignete Einstellungen und Verhaltensweisen werden verstärkt bzw. gegenläufige offiziell mit einer niedrigen Bewertung („Valenz") versehen. Die Leitsätze appellieren an die Beteiligten, selbst bei eingeschränkter Motivation das erwünschte Kooperationsverhalten anzustreben.

(C) *Organisationsdarstellung*

Hier geht es vor allem darum, durch Veröffentlichung von Verhaltensleitsätzen in Ergänzung zu *PR-Maßnahmen* im ökonomischen und technischen Bereich auch den personalen Aspekt in „vertrauensfördernder" Weise einzusetzen. Daß manche Unternehmen hier den Schwerpunkt ihrer Aktivitäten sehen, bringt innerbetrieblich oft mehr Schaden als Nutzen, da hier die Glaubwürdigkeit der deklarierten Ziele bald in Frage gestellt wird. Ein „Verdacht..., daß derartige Verhaltenskodices nicht mehr als Lippenbekenntnisse gegenüber einer zunehmend kritisch eingestellten Umwelt sind" (Albach, 1976, 741), sollte nicht aufkommen können.

Formulierte Verhaltensleitsätze können auch gut als akquisitorisches Potential bei der *Personalwerbung* (Wunderer, 1975c) eingesetzt und deshalb Bewerbern übergeben werden. Nicht zuletzt können veröffentlichte Leitsätze für andere Organisationen wichtige *Anregungen* geben, sowohl zu den Leitideen als auch zu den praktischen Gestaltungshinweisen" (Wunderer, 1978a).

6.4.3. Inhalte von Verhaltensleitsätzen

Die in Verhaltensleitsätzen aufzunehmenden Inhalte sollten jeweilig organisationsspezifisch festgelegt werden. Sie richten sich idealiter nach dem Ausmaß, in dem Aufgaben innerhalb der Gesamtorganisation gleichartig sind und daher auch gleichartig geregelt werden können. Ähnlich anderen Aspekten struktureller Führung können die im folgenden als Vorteile einheitlicher Leitsätze genannten Effekte auch dysfunktional wirken bzw. von Organisationsmitgliedern als Hemmnisse ihrer Aufgabenerfüllung erlebt werden. Auf den hierfür notwendigen Diskussions- und Einigungsprozeß gehen wir in Abschnitt 6.5, 6.7 ein.

Vorteile einheitlicher Regelungen (Baumgarten, 1977, 158) sind:

— Der Führungsprozeß wird für Vorgesetzte wie Mitarbeiter durchsichtig (Transparenzeffekt).
— Der Führungsprozeß ist nicht mehr willkürlich gestaltbar (Kontrolleffekt).
— Die einmalige Erstellung erspart das wiederholte Abfassen von im Grunde gleichen Prinzipien (Wirtschaftlichkeitseffekt).

Die im folgenden referierten drei Vorschläge für Inhalte von Verhaltensleitsätzen (vgl. auch Hill et al., 1974, 546f.) sind als weiterzuentwickelnde Grundkonzepte zu verstehen.

6. Organisationsspezifische Normen

Formalorganisatorische Aspekte betont der Inhaltskatalog von Baumgarten (1977, 158) in Anlehnung an Höhn (1970):

1. „Kriterien des Führungserfolges
2. Grundsätze für die Delegation (Festlegung von Aufgaben, Kompetenzen und Verantwortung; Trennung Führungsverantwortung — Handlungsverantwortung; Eingriff in den Delegationsbereich nur im Ausnahmefall). Vorgesetzter ist nicht für alle Fehler seiner Mitarbeiter verantwortlich, nur wenn:
   - unklare Delegation
   - mangelhafte Anleitung
   - ungenügende Auswahl der Mitarbeiter
   - unzureichende Information
   - falsche Kontrolle
3. Regelung der Pflichten des Vorgesetzten, z. B.:
   - Sorge für fachliche Qualifikation der Mitarbeiter
   - sachliches Lob und Kritik
   - Förderung der Aus- und Weiterbildung der Mitarbeiter
   - Schaffung adäquater Leistungsbedingungen
   - Leistungsbeurteilung der Mitarbeiter
   - Vertretung der Mitarbeiter gegen höhere Instanzen
4. Regelung der Pflichten der Mitarbeiter, z. B.:
   - Selbständigkeit des Handelns im Normalfall
   - Beratung des Vorgesetzten in außergewöhnlichen Fällen
5. Grundsätze für die Information
   - in vertikaler Richtung
   - in horizontaler Richtung
6. Grundsätze zur Kontrolle
   - Art
   - Ausmaß
   - Durchführung
7. Grundsätze zur Gruppenarbeit
   - Einschaltung
   - Ablauf
   - Ausmaß und Art der Teilnahme der Mitarbeiter
     an der Zielsetzung
     an der Festsetzung von Maßnahmen
     an der Lösung von Einzelproblemen
8. Regelung der Stellvertretung
   - Informationsrechte- und pflichten
   - Kompetenzabgrenzung
   - Verantwortungsabgrenzung"

Inhalte von Verhaltensleitsätzen

Beckerath (1976, 68f.) führt auch Rechte der Organisationsmitglieder, Aspekte der Organisationspolitik und der Personalentwicklung auf:

- das Leitbild des Unternehmens
- die unternehmerischen Zielsetzungen
- die Delegation von Aufgaben und Verantwortung
- die Verhaltensregeln (Rechte und Pflichten; Rollenerwartungen)
- das Informations- und Kommunikationswesen
- die Kontrollmaßnahmen und
- die Anerkennung und Kritik gegenüber den Mitarbeitern
- Art der Stellvertretung, Stellung der Stäbe, Funktions- und Stellenbeschreibungen

— das Verhältnis der Organisation zur Umwelt (Probleme der Außenbeziehungen)
— Beitrag zur Klärung der Stellung der Vorgesetzten in der Organisation und ihres Einflusses auf Zielsetzung und -erreichung sowie auf die Arbeitsabläufe.

Prinzipien, Ziele und Instrumente von Verhaltensleitsätzen

Wunderer (1978a) unterscheidet drei inhaltliche Dimensionen von Verhaltensleitsätzen und schlägt folgende Grobgliederung vor (kooperative Führung vorausgesetzt, vgl. Kap. K):

(A) Prinzipien
— Prosoziales Verhalten (Einfühlung, Vertrauen, Akzeptanz, Wechselseitigkeit)
— Partizipatives Verhalten (Mitwirkung, Mitbestimmung, Delegation)

(B) Ziele
— Effektivität (Leistungswirksamkeit, z. B. Wirtschaftlichkeit, Rentabilität, Liquidität, Marktanteil)
— Effizienz (Bedürfniserfüllung, z. B. Selbstverwirklichung, Anerkennung, Kontakt, Sicherheit)

(C) Instrumente
— Kooperation (vertikal und lateral)
— Kommunikation (Inhalte, Formen, Anlässe)
— Motivation (Bedürfnisse, Anreize)
— Organisation (Führungs- und Arbeitsorganisation)
— Position (Stellenbesetzung, Stellenvertretung, Nachfolge)
— Sanktion (monetäre und nicht monetäre; Bewertung und Kontrolle)
— Promotion (Personal- und Organisationsentwicklung)

Empirische Analysen ergaben (vgl. u. a. Albach/Gabelin; Fiedler u. a.), daß Verhaltensleitsätze i. d. R. Aussagen über die inhaltliche Gestaltung von führungspolitischen Instrumenten treffen, wobei entweder explizit (z. B. Höhn) oder implizit Aussagen über das zugrunde liegende Führungsmodell getroffen werden.

(A) Prinzipien
In Anlehnung an Wild (1975) kann man Führungsmodelle als normative Aussagensysteme von aufeinander abgestimmten Prinzipien, Zielen, Instrumenten und Methoden der Führung bezeichnen. Sie erhalten damit konkrete Empfehlungen zur Gestaltung des strukturellen und interaktionellen Führungshandelns. Hier sind die *Prinzipien* der kooperativen Führung (vgl. Kap. K) einzufügen.

(B) Die Ziele von Führungsmodellen
Die Ziele von Führungsmodellen sind i. d. R. mit den Dimensionen des Führungserfolges umschrieben. Seit Chester Barnard unterscheidet man dabei zwischen Effektivität (Leistungswirksamkeit) und Effizienz (Zufriedenheit). Die Probleme entstehen in der Praxis bei der Definition eines kompatiblen und weitgehend akzeptierten Zielsystems, wobei Prioritätenentscheidungen (z. B.

6. Organisationsspezifische Normen 431

zwischen Effektivität und Effizienz) nicht zu vermeiden sind. Die Diskussion über die Ziele sollte möglichst vor der Definition von Verhaltensleitsätzen begonnen werden.

(C) Instrumentelle Funktionen von Verhaltensleitsätzen
Bei den instrumentellen Funktionen von Verhaltensleitsätzen kann man sich in vollem Umfang eines *führungspolitischen Instrumentariums* bedienen, bei dem Wunderer (1978a) folgende Instrumente unterscheidet:

„*Kommunikation:* Dieses Instrument betrifft Aussagen über Inhalte und Formen der Kommunikation (z. B. Mitarbeitergespräche, Abteilungsbesprechungen) zwischen Organisationsmitgliedern und -einheiten, aber auch über Anlässe (z. B. Begründung von Entscheidungen oder Weisungen). Dabei kann auch auf die Bedeutung der Kommunikation zur Erfüllung wichtiger Grundbedürfnisse, wie Sicherheit, Anerkennung und Vertrauensbildung hingewiesen werden.
Motivation: Mit dieser Dimension wird stellvertretend der Bereich der individuellen Steuerung angesprochen. Hier sind Aussagen zu treffen über die Bedeutung einzelner Grundbedürfnisse, wie Selbstverwirklichung, Selbständigkeit, Kooperation, Sicherheit, über Anreize, wie Anerkennung, Partizipation, Entgelt, Beförderung und die möglichen Instrumente zu ihrer Befriedigung, wie z. B. leistungsgerechte Lohn- und Karrieresysteme oder individuelle Mitwirkungsrechte.
Führungs- und Arbeitsorganisation: Hier können Leitsätze die Definition von Führungsaufgaben und -kompetenzen, die Grundsätze der Stellenbeschreibung, der Delegation von Verantwortung, der Partizipation an Entscheidungsprozessen sowie der Zusammenarbeit mit gleichgeordneten Abteilungen regeln. Aber auch Prinzipien menschengerechter Arbeitsorganisation haben hier ihren Platz.
Position: Leitlinien zur Gewinnung, Umsetzung und Freigabe von Mitarbeitern zählen hier ebenso dazu, wie Grundsätze zur Regelung des „Aufstiegs aus den eigenen Reihen", der Stellvertretung und Nachfolge oder des geplanten Arbeitsplatzwechsels (job rotation).
Sanktion: Die Sanktionsdimension betrifft die „pretiale Steuerung" der Mitarbeiter. Dazu zählt einmal die Steuerung über monetäre Anreize, wie Entgeltpolitik, Sonderleistungen aber auch Erfolgsbeteiligungen. Dazu tritt die Steuerung über nichtmonetäre Sanktionen wie Anerkennung, Versetzung, Aufgabenwechsel.
Schließlich sind hier Sanktions- und Bewertungsverfahren, wie Leistungsbeurteilung, Ermittlung und Überprüfung von qualitativen und quantitativen Leistungsstandards, Zielvereinbarungs- und Zielerreichungsgespräche angesprochen. Ebenso sind die erforderlichen Kontrollmaßnahmen (incl. des Verhältnisses von Selbst- zu Fremdkontrolle) und Beschwerderegelungen bis hin zur Einrichtung eines betrieblichen Ombudsmannes gemeint, der für die Einhaltung der Leitsätze in besonderer, neutraler Weise verantwortlich ist.
Promotion (Organisations-/Personalentwicklung): Neben dem generellen Hinweis, daß Führungsmodelle als offene Systeme einer ständigen Überprüfung, Weiterentwicklung und situativen Anpassung bedürfen, sollte hier auf die besonderen Verpflichtungen zur Personalentwicklung und der damit verbundenen Fort- und Weiterbildung (on-und off-the-job) unter den Prinzipien der gewählten Führungskonzeption eingegangen werden. Da mit einer Definition von Führungskonzeptionen keineswegs alle Gruppen (z. B. Ungelernte und Spezialisten, Führungskräfte und Mitarbeiter) in gleicher Weise angesprochen werden, sind auch spezifische Anpassungs- und Fortbildungsmaßnahmen zu konzipieren, die es erlauben, erkannte Einstellungs- und Verhaltensdefizite zu mildern. Schließlich sollten Grundsätze der Organisationsentwicklung (Bennis, Gebert, Glasl/Houssaye, Sievers) zur Anpassung struktureller Regelungen an die gewählte Führungskonzeption in maßgeblicher Weise berücksichtigt werden."

In diesen Formulierungen wird deutlich, daß sich Verhaltensleitsätze – im Gegensatz zu Führungsrichtlinien – an *alle* Mitarbeiter einer Organisation richten. Es wird darauf aufmerksam gemacht,

„daß Mitbestimmung am Arbeitsplatz einen mündigen, verantwortungsbereiten und dafür auch fachlich vorbereiteten Mitarbeiter erfordert" (Wunderer, 1975b).

Höhn (1969) nennt 21 Punkte als Inhalte für die „Allgemeine Führungsanweisung", die durch „spezielle Führungsanweisungen" ergänzt werden können. Im Gegensatz zu diesem Konzept kann kooperative Führung darauf verzichten, „alles so komplett wie möglich zu erfassen ... (um) ganz sicher zu gehen" (Beckerath, 1974, 71). „Führungsgrundsätze müssen Raum lassen für die Entfaltungsmöglichkeiten, für die Spielräume freien Ermessens und auch für die Mitbestimmung am Arbeitsplatz" (vgl. auch Wistinghausen, 1975, 21). „Andernfalls besteht die Gefahr, einen Einheits-Führungsstil und damit ein in vielen Bereichen inadäquates Führungsverhalten zu institutionalisieren. Diese Gefahr scheint z. B. bei der Führungsanweisung im sogenannten ‚Harzburger Modell' vorzuliegen" (Baumgarten, 1977, 160; zur Kritik vgl. Hofmann/Guserl, 1976; Kap. H).

Albach (1976, 764) warnt davor, daß

gesellschaftliche Veränderungen und ihre Auswirkungen in den Organisationsgrundsätzen von „Modeströmungen überlagert werden, von Schulen, die Führungslehren verkünden und eine modische Überspitzung gesellschaftlicher Wandlungsvorgänge (in den Formulierungen) bewirken".

Dem liegt die Sorge zugrunde, die Organisationsgrundsätze könnten lediglich als „Schaufenster nach draußen" verwendet oder aber „gesellschaftlichen Wandel" „überspitzt" in die Organisation hineintragen. Vermutlich wird hier aber der Einfluß der Unternehmensgrundsätze auf das wirkliche Verhalten überschätzt.

6.4.4 Verhaltensleitsätze als Instrument rationaler Kommunikation

Gestaltung und Einführung von Verhaltensleitsätzen

Zur konkreten Gestaltung von Verhaltensleitsätzen werden verschiedene Anforderungskriterien aufgestellt wie

— Vollständigkeit
— Klarheit (übereinstimmende Interpretation)
— Angemessenheit

„Vorgesetzte und Mitarbeiter müssen die durchzuführenden Aufgaben auf gleiche Weise beurteilen und auch die internen und externen Tatbestände, von denen die Entscheidungen abhängen, übereinstimmend interpretieren. Jede Änderung der Strategien, funktionalen Politiken und Organisation erfordert eine Änderung der Informationsstruktur der Unternehmung" (Hinterhuber, 1977, 254).

Erarbeiten und Inkraftsetzen von Verhaltensleitsätzen sind — besonders unter partizipativem Aspekt *kooperativer Führung* — keineswegs einseitige Entscheidungen der Organisationsleitung, sondern ein

„Verhandlungsprozeß, an dem alle sich nicht als Anpasser verhaltenden Individuen innerhalb und außerhalb der Organisation mehr oder weniger intensiv beteiligt sind" (Kirsch, 1969, 670).

6. Organisationsspezifische Normen 433

Dabei treten folgende Probleme auf, die Gegenstand des Aushandelns sein sollten (Baumgarten, 1976, 159ff.):

1) Einheitlicher Führungsstil
   Zwar gibt es keinen generellen ‚optimalen' Führungsstil, doch sollen Verhaltensleitsätze generell und einheitlich für alle Organisationsmitglieder gelten. „Der Sinn ist vor allem darin zu sehen, daß alle Organisationsmitglieder tendenziell von einheitlichen Annahmen über relevante Bedingungen des Führungsprozesses (Erwartungen, Verhalten, Einstellungen und Motive der Menschen und Erwartungen der Organisation an die Menschen) ausgehen sollen" (vgl. Hill et al., 1974, 544f.).
2) Umfang und Detaillierungsgrad der Führungsanweisung
   „Die in Großorganisationen erstellten Führungsanweisungen sind zum Teil äußerst umfangreich. Kataloge mit 30 Seiten und bis zu 200 oder mehr Organisationsregeln sind keine Seltenheit. Vorgesetzte und Mitarbeiter müßten — wollten sie alles ‚richtig' machen — ständig mit diesem Katalog herumlaufen. Zu umfangreiche Führungsanweisungen erweisen sich daher als wenig praktikabel und werden von den Organisationsmitgliedern nicht beachtet."
3) Formalisierung der Führungsanweisung
   „Führungsanweisungen sind häufig sehr formalistisch aufgebaut und berücksichtigen neuere sozialpsychologische Erkenntnisse nur unzureichend. Sie reglementieren zum Teil Einzelheiten, wo Freiheitsspielräume angebracht wären. Ein allzu starres Festlegen von Aufgaben und Befugnissen fördert weder die Identifizierung mit der Organisation noch das Vertrauen zwischen Vorgesetzten und Mitarbeitern."
4) Verträglichkeit mit anderen Regelungen
   „Die in der Führungsanweisung enthaltenen Grundsätze dürfen nicht in Widerspruch zu anderen Organisations- und Personalgrundsätzen stehen (Hill et al., 1974, 545). Beispielsweise nutzt die Pflicht des Vorgesetzten, die Weiterbildung seiner Mitarbeiter zu fördern, wenig, wenn keine Einsatzmöglichkeiten für besser ausgebildete Mitarbeiter geschaffen werden".
5) Konsequenzen bei Verstoß
   „Welcher Stellenwert der Führungsanweisung in einer Organisation beigemessen wird, läßt sich am besten an den vorgesehenen Konsequenzen bei Nichtbeachtung ablesen". Bei kooperativer Führung werden vermutlich „informelle" Sanktionen (Gruppendruck) stärker einsetzen.

Verhaltensleitsätze als Ergebnis von Aushandlungsprozessen aller Organisationsmitglieder

6.5. Zur Einführung von Organisationsgrundsätzen und Verhaltensleitsätzen

Die Erarbeitung von Organisationsgrundsätzen und Verhaltensleitsätzen, die den Prinzipien *kooperativer Führung* entsprechen, ist als *Organisationsentwicklung* (vgl. Kap. O) zu sehen. Denn sie zielt auf eine Veränderung wichtiger Aspekte der Gesamtorganisation, weil ihre Formulierung und Einführung (Glasl/Lievegoed, 1975, 926)

— die Grundlagen einer bestehenden Organisation direkt berührt (Organisationsziele und -philosophie; Identität der Organisation);
— den Ablauf von Entscheidungs-, Steuerungs- und Führungsprozessen wesentlich beeinflußt;
— einen Einstellungswandel aller Organisationsmitglieder erfordert sowie Umschichtungen und Veränderungen der Führungs- und Kollegen-Beziehung erfordert bzw. zur Folge hat;

Organisationsgrundsätze und Verhaltensleitsätze als Organisationsentwicklung

— unter Umständen auch die materiellen Gegebenheiten ändert bzw. neue Arbeits-Prozesse institutionalisiert (vgl. die teilautonomen Gruppen, Kap. M).

Die unmittelbare Wechselwirkung zwischen Verhaltensleitsätzen und Personalbeurteilungsverfahren, Systemen der Stellenbeschreibung und der Nachfolgeplanung wird häufig hervorgehoben und mit der Forderung nach der Integration neuer Regeln in das bestehende System der Organisation verbunden (Bekkerath, 1976, 69; Zander et al., 1972, 186ff.; Wunderer, 1975a).

Wistinghausen (1977) stellt einen Katalog von wünschenswerten Schritten zur Festlegung von Organisationsgrundsätzen zusammen, deren zeitliche Abfolge auch für Verhaltensleitsätze gelten kann:
— das tatsächliche unternehmerische Geschehen und Verhalten exakt ermitteln,
— das Zustandekommen von Unternehmensgrundsätzen als Beispiel sachbezogener Mitbestimmung qualifizierter Mitarbeiter praktizieren,
— Inhalte der Grundordnung unternehmensindividuell umschreiben,
— Schwerpunkte und Prioritäten präzisieren,
— formulierte Unternehmensgrundsätze mit der betrieblichen Wirklichkeit in Übereinstimmung bringen,
— erarbeitete Grundsätze niederschreiben und bekanntmachen.

Phasen der Einführung von Verhaltensleitsätzen

Lattmann (1975, 62f.) schlägt sechs Phasen zur Einführung von Verhaltensleitsätzen vor:

— Überprüfung, ob ein Bedürfnis nach Formalisierung überhaupt vorliegt,
— Erarbeiten eines Entwurfes,
— Diskussion durch Führungskräfte bzw. durch alle Mitarbeiter,
— nach Konsens, Formulieren der endgültigen Fassung,
— Verbindlichkeitserklärung,
— Ergebnisbewertung.

Lattmann und Wistinghausen fordern, dabei zumindest die leitenden Mitarbeiter an der Diskussion zu beteiligen. Denn mit Verhaltensleitsätzen allein sei eine sichtbare Wirkung erfahrungsgemäß nicht zu erzielen (Beckerath, 1976, 69; Zander, 1972, 186ff.), eine Präzisierung von Richtlinien gewährleiste nicht schon ihr Funktionieren (Beckerath, 1976, 70). Den Prinzipien *kooperativer Führung* entsprechend müßten „vielmehr ... die Mitarbeiter der Organisation selbst aktiv in den Prozeß der Änderung, d. h. in den Prozeß der Organisationsentwicklung einbezogen werden" (Glasl/Lievegoed, 1975, 926).

Ein Beispiel für ein derartiges Vorgehen findet sich in einem Bericht über die Erarbeitung von „Leitsätzen für Zusammenarbeit im Metallwerk Plansee" (vgl. Wunderer, 1975a, Abb. I-6-9). Die zu erarbeitenden Leitsätze stehen im Mittelpunkt der Diskussion, aber dieser Prozeß selbst wird als Medium eines umfassenden Organisations-Entwicklungs-Programms begriffen (die gleiche Forderung erheben auch Böhret/Junkers, 1976, 136ff. für den Bereich der öffentlichen Verwaltung).

6. Organisationsspezifische Normen   435

„Die Leitsätze wurden von einem offenen Arbeitskreis von Führungskräften in mehrtägigen Sitzungen als Entwurf formuliert. Dabei wurde klar, daß die kooperative Grundhaltung der Leitsätze auch in der Art der Beteiligung aller Betroffenen vor ihrer endgültigen Verabschiedung deutlich gemacht werden muß" (Wunderer, 1975a).

An diesem Beispiel wird sichtbar, daß die Art und Weise der Einführung von organisationsspezifischen Normen darüber entscheidet, wie sie von den Organisationsmitgliedern wahrgenommen und befolgt werden. Leitsätze der kooperativen Führung können folglich nicht „verordnet", sondern müssen ausdiskutiert und ausgehandelt werden (vgl. Böhret/Junkers, 1976, 142, 168; Kap. L, O).

„Plansee AG"-
Leitsätze der Zusammenarbeit

Die folgenden Leitsätze der Zusammenarbeit sollen als Grundordnung das Verhalten der Mitarbeiter in unserem Unternehmen als Leistungsgemeinschaft bestimmen. Ihre Anerkennung als gemeinsames Vorhaben ist eine notwendige Voraussetzung für den Erfolg des einzelnen und unserer Gemeinschaft.

Damit hat jeder Mitarbeiter das Recht, sich auf die Einhaltung dieser Leitsätze zu berufen. Er wird aber auch daran gemessen, ob er sie selbst zur Grundlage seines Handelns macht.

1. Die Grundregeln der Zusammenarbeit
2. Kooperative Führungsaufgaben
3. Kooperative Führungsmittel

1. Die Grundregeln der Zusammenarbeit

Zusammenarbeit bedeutet, Einzelziele von Mitarbeitern und Abteilungen auf gemeinsame Unternehmensziele ausrichten und dabei die Fähigkeiten und den Willen aller einsetzen.

Zusammenarbeit setzt allseitige Bereitschaft und persönliches Bemühen voraus. Sie erfolgt zwischen Mitarbeitern, Führungskräften, Betriebsrat und Unternehmensleitung.

Spezialisierung und steigende Anforderungen verlangen immer mehr Zusammenarbeit in und zwischen Gruppen.

Für die gewählte Form der Zusammenarbeit gelten folgende Grundregeln:

1.1 Achtung vor der Würde des Mitmenschen durch gegenseitiges Verständnis und Vertrauen sowie durch Aufrichtigkeit, Gerechtigkeit, Toleranz und Hilfsbereitschaft.

1.2 Recht jedes Einzelnen auf persönliche Mitgestaltung am Arbeitsplatz sowie auf von Mitverantwortung getragene Mitbestimmung am Leistungsprozeß des Unternehmens.

1.3 Unser Wille zur Zusammenarbeit geht über den unmittelbaren Bereich des Unternehmens hinaus. Er umfaßt besonders die Familien der Mitarbeiter unter Wahrung ihrer Privatsphäre, Gemeinden, Land sowie die Sozial- und Wirtschaftspartner.

2. Kooperative Führungsaufgaben

Unsere Grundregeln der Zusammenarbeit gestalten auch die Führungsaufgaben:

2.1 Planen:
   Ziele erarbeiten, festlegen und die Verfahrensweisen zu ihrer Erreichung bestimmen. Als Ziel verstehen wir, was wir als Ergebnis wollen und erarbeiten müssen.

   Pläne müssen realisierbar sein und veränderten Gegebenheiten angepaßt werden können.

Bei der Planung soll der Mitarbeiter die Möglichkeit haben, im Rahmen seiner Aufgaben und entsprechend seinem Können mitzuwirken. Dabei müssen die Zusammenhänge zwischen Einzelaufgaben und übergeordneten Zielen sichtbar gemacht werden.

2.2 Entscheiden:
Ein bewußtes Auswählen zwischen verschiedenen Möglichkeiten.

Entscheidungen sind vorher auf ihre Auswirkungen auf die Unternehmensziele sowie auf andere Bereiche innerhalb oder außerhalb des Unternehmens zu prüfen. Ebenso sind berechtigte Interessen von Mitarbeitern zu beachten.

Wer an der Entscheidungsvorbereitung beteiligt ist, wird sich auch zur Entscheidung bekennen.

Entscheidungen sollen dort vorbereitet werden, wo der größte Sachverstand herrscht und sind dort zu treffen, wo Zuständigkeit und rechtliche Verpflichtung liegen.

Fällige Entscheidungen sind unverzüglich zu treffen oder herbeizuführen. Entscheidungen sind den Betroffenen in sachlicher und verständlicher Weise zu begründen. Damit werden Vertrauen und Mitarbeit gefördert.

Aufgabe jedes Vorgesetzten ist es, seine Mitarbeiter zu befähigen, Entscheidungen, die in ihre Aufgabenbereiche fallen, selbst treffen zu können.

2.3 Delegieren und verantworten:
Übertragen von Aufgaben, die der Mitarbeiter selbständig und in eigener Verantwortung übernimmt. Mitarbeiter mit Verantwortung setzen sich mehr ein, gewinnen rascher Erfahrungen und erzielen bessere Leistungen.

Jeder Mitarbeiter soll einen eigenen Aufgabenbereich haben, in dem er selbständig handelt, entscheidet und Verantwortung trägt.

Führungskräfte behalten gegenüber ihren Vorgesetzten die Verantwortung für die Erfüllung der übertragenen Aufgaben.

Die Zuständigkeit bei zeitweiser Abwesenheit wird durch klare und rechtzeitige Regelung der Stellvertretung festgelegt.

2.4 Organisieren:
Aufstellen von Regeln und Treffen von Maßnahmen zur Erleichterung der Zusammenarbeit und zur Verbesserung ihres Ergebnisses.

Eine gute Organisation soll die Fähigkeiten des einzelnen voll zur Entfaltung bringen und die Leistungsfähigkeit der Gemeinschaft verbessern. Sie muß aufgaben- und menschengerecht gestaltet sein und veränderten Situationen angepaßt werden.

2.5 Bewerten:
Messen von Leistungen, Verhalten und Ergebnissen an vorgegebenen Maßstäben.

Gute Arbeit und kooperatives Verhalten verdienen Anerkennung. Diese soll ausgesprochen werden.

Konstruktive und sachliche Kritik an nicht befriedigenden Leistungen und Verhaltensweisen sind unerläßlich; aus Schwierigkeiten und Fehlern sollen Mitarbeiter und Vorgesetzte lernen.

Allen Beteiligten muß Gelegenheit zur Stellungnahme und die Möglichkeit zur Aussprache mit dem nächsthöheren Vorgesetzten gegeben werden.

3. Kooperative Führungsmittel

Der Einsatz geeigneter Führungsmittel wird unsere Zusammenarbeit erfolgreich gestalten:

3.1 Informieren:
Wechselseitige Beschaffung und Weitergabe von Kenntnissen, die zur Erreichung der uns gestellten Ziele und Aufgaben dienen.

6. Organisationsspezifische Normen

Information ist keine Einbahnstraße. Informationsrecht und Informationspflicht gilt für alle. Wer neben den unmittelbar mit seiner täglichen Arbeit in Beziehung stehenden Fragen auch über wesentliche betriebliche und wirtschaftliche Zusammenhänge informiert ist, kann wirkungsvoller und verantwortungsbewußter handeln.

3.2 Motivieren:

Alle Einflüsse, Anregungen und Maßnahmen, die den Bedürfnissen und Wünschen der Mitarbeiter entgegenkommen, ein Mehr an Bereitschaft zur Zusammenarbeit und an Leistungswillen von sich aus aufzubringen. Immer mehr Mitarbeiter sollen:
- *Sinn und Zweck ihrer Arbeit erkennen,*
- *ihre unmittelbaren Arbeitsbedingungen mitbestimmen,*
- *stärker an der Zielbestimmung und Planung beteiligt werden,*
- *mehr Selbständigkeit bei der Arbeit und mehr Mitverantwortung erhalten,*
- *größere Möglichkeiten bekommen, ihre Fähigkeiten einzusetzen und zu erweitern und*
- *eine sichere und dem Wert der Arbeit entsprechende Gegenleistung erhalten.*

3.3 Beurteilen:

Jeder Mitarbeiter hat das Recht, zu erfahren, wie seine Leistungen und seine Zusammenarbeit beurteilt werden.

Die Leistung ist an der Erfüllung der gesteckten Ziele zu messen. Die Zusammenarbeit zeigt sich in der Bereitschaft und Fähigkeit des Mitarbeiters, zur Verbesserung des Gesamtergebnisses in Gruppe, Abteilung, Bereich und Unternehmen beizutragen.

Der Vorgesetzte soll darüber in regelmäßigen Abständen mit seinem Mitarbeiter sprechen. Die Beurteilung soll den Mitarbeiter über die Einschätzung seiner Leistung und seiner Zusammenarbeit informieren, Kontakt und Verständnis zwischen Vorgesetzten und Mitarbeitern verbessern und gegebenenfalls Förderungsmaßnahmen einleiten.

3.4 Fördern:

Alle Maßnahmen und Verhaltensweisen, die zur Entfaltung und Bereicherung der Fähigkeiten des Mitarbeiters und zu seiner Persönlichkeitsentwicklung beitragen. Die Fähigkeiten sollen nicht nur für einen bestimmten Verantwortungsbereich, sondern für das ganze Unternehmen voll zur Wirkung kommen.

Wichtige Förderungsmittel sind:
- *der bestmögliche Einsatz — gemäß Fähigkeit und Ausbildungsstand — des Mitarbeiters unter Berücksichtigung der betrieblichen Erfordernisse,*
- *die Stärkung des Selbstvertrauens,*
- *die Ausbildung und Weiterbildung am Arbeitsplatz,*
- *inner- und außerbetriebliche Schulungen — fachlich sowie zur besseren Zusammenarbeit und Führung,*
- *Einsatz für zeitlich befristete Sonderaufgaben zur Entdeckung zusätzlicher Fähigkeiten und als Möglichkeit der Bewährung in neuen Aufgaben,*
- *Aufgaben- oder Arbeitsplatzwechsel.*

3.5 Entlohnen:

Grundlage unseres Entlohnungssystems ist die Bewertung nach folgenden Maßstäben:

Arbeitsaufgabe, Erfahrung, Leistung und Verhalten.

Vorgesetzte und Personalabteilung überprüfen im Einvernehmen mit dem Betriebsrat regelmäßig die Bezüge und sorgen für eine gerechte Entlohnung aller Mitarbeiter nach diesen Maßstäben.

Abb. I-6-9:
Plansee-Leitsätze der Zusammenarbeit (Wunderer, 1975a)

6.6. Die Formalisierung organisatorischer Normen

Formalisierungsgrad von Leitsätzen

Verhaltenserwartungen werden erst durch Umsetzung in wahrnehmbares Verhalten „wirksam". Eine Änderung der Einstellungen genügt i. d. R. noch nicht (vgl. Fishbein/Ajzen, 1975).

„Erstens gehören zur Umsetzung zumindest die tendenzielle *Realisierbarkeit* der Erwartungen. Zu absolute Forderungen können hier eher entmutigen bzw. Vorwände für eine generelle Ablehnung liefern. Weiterhin sollte der Leit-Ziel-Charakter von Verhaltensleitsätzen betont werden. Zweitens genügen weder zu generelle Formulierungen („gerechte Behandlung der Mitarbeiter ist sicherzustellen") noch zu detaillierte Vorstellungen, die unterschiedlichen Situationen nicht entsprechen können. Drittens müssen die Formulierungen verständlich sein und einen eindeutigen Aufforderungscharakter tragen. Schließlich sollten zumindest operationale Zwischenschritte zur Erreichung größerer Leitziele (z. B. Verbesserung des Informations- und Entscheidungsverhaltens) durch Begründung von Weisungen vorgeschlagen werden" (Wunderer, 1978a).

Zu beachten ist bei der Formalisierung von Leitsätzen, daß diese nie alle möglichen Situationen regeln können und deshalb nur einen beschränkten Grad an Spezifizierung aufweisen sollten. Alle anderen Ansprüche (z. B. mit speziellen „Führungsanweisungen" nach dem „Harzburger Modell", vgl. Höhn, 1972) führen zu realitätsferner und effektivitätsmindernder Bürokratisierung sowie zu geringerem Akzeptanzgrad bei den nach Selbständigkeit strebenden Mitarbeitern. Formalisierte und von der Führungsspitze ratifizierte Leitsätze *legitimieren* nicht nur Führungskräfte zu entsprechendem Verhalten, sondern auch Mitarbeiter oder Kollegen, entsprechendes Verhalten zu fordern und zu realisieren. Gerade letzteres führt bei nicht wenigen zu subjektiven Bedrohungsgefühlen, vor allem bei Führungskräften in den mittleren und unteren Ebenen.

Legitimation und Wirksamkeit von Leitsätzen

„*Verhaltensleitsätze ohne Anreiz- und Sanktionscharakter* werden nur wenig Verhaltenswirksamkeit zeigen. Deshalb ist es z. B. sinnvoll, die Verhaltensbeschreibungen von Leistungsbeurteilungen mit der Formulierung der Verhaltensleitsätze abzustimmen. Soweit jährliche Beratungs- und Förderungsgespräche institutionell vorgesehen sind, sollten die Leitsätze als „checklist" für die Beurteilung des Führungs- und Kooperationsverhaltens verwendet werden (können). Wird, wie nicht selten zu beobachten ist, der „leistungsfähige Unkooperative" im Zweifel bei Entgelt- und Karriereentscheidungen doch anderen vorgezogen, dann sollte man an die Sanktionswirkung von Verhaltensleitsätzen auch keine Anforderungen stellen. Schließlich können Leitsätze als Gestaltungsgrundlage für die Konzeption von *Analysen* des *Führungs- und Kooperationsstils* verwendet werden, um so einen direkten Vergleich zwischen erwünschten Verhaltensnormen und ihrem Realisierungsgrad zu ermöglichen" (Wunderer, 1978a).

Kooperative Führung begreift — wie oben beschrieben — die Problematik von Organisationsgrundsätzen und Verhaltensleitsätzen als Organisationsentwicklung, die mit Veränderungen bei Mitarbeitern (Aus- und Weiterbildung), den Organisationszielen (Entwicklung und Konkretisierung), der Organisationsstruktur (Modifikation von Abläufen und Entscheidungsverfahren u. a.) verbunden ist. Es soll

„das Organisations- und Führungsmodell erarbeitet werden, das seiner Identität, seiner Geschichte und seinem Mitarbeiterpotential am besten gerecht wird. Ideen und Techniken, die andernfalls von außen der Organisation auferlegt und von den Mitarbeitern zurückgewiesen werden, müssen von Grund auf von den Mitgliedern der Organisation

6. Organisationsspezifische Normen

kritisch beleuchtet und auf die eigene Situation hin durchdacht und abgewandelt werden. ... Oft bringen Führungskonzeptionen nicht den erwarteten Erfolg, nicht weil die Modelle mangelhaft sind, sondern weil die Strategie der Einführung unzureichend war, da sie den komplexen Charakter der Problematik nicht berücksichtigt hat" (Glasl/Lievegoed, 1975, 926f.).

Umgekehrt können Form und Inhalt organisatorischer Normen als Hinweis auf den „Reifegrad" einer Organisation verstanden werden.

Bei einer zusammenfassenden Bewertung des potentiellen Beitrages von Organisationsgrundsätzen und Verhaltensleitsätzen (Organisationsnormen) zur Entwicklung *kooperativer Führung* ist zu beachten, daß die in ihnen festgeschriebenen Wertentscheidungen in direkter Beziehung zu den Inhalten aller Kapitel dieser Arbeit stehen. Organisatorische Werte und Normen lassen sich auf bestimmte Menschenbilder (Kap. D), Führungstheorien (Kap. E) und Managementkonzeption (Kap. H) zurückführen.

6.7. Organisationsziele und Verhaltensleitsätze

Ein großer Teil der Literatur setzt Organisationsziele voraus, aus denen Verhaltensleitsätze abgeleitet werden. Es handelt sich um

Vage Organisationsziele und Verhaltensleitsätze

„die verblüffende Tatsache, daß zwar Unternehmungstheorie wie Organisationstheorie davon ausgehen, die von ihnen untersuchten Systeme seien zielgerichtet, es jedoch bislang keineswegs hinreichend geklärt ist, was unter einem ... Organisationsziel zu verstehen ist" (Kirsch, 1969, 665). Selbst eine „deskriptive Erfassung von Zielgrößen, die Führungskräfte bei ihren Beurteilungen verwenden", fehlt (Bühner, 1977, 69).

Werden Erarbeitung und Einführung organisatorischer Normen als Organisationsentwicklungsprozeß aufgefaßt, können sie innerhalb kooperativer Führungsbeziehungen schon dadurch wirken, daß sie bereits bestehende kooperative Ansätze verstärken und jene Organisationsmitglieder ermutigen, die bereits *partizipative und prosoziale Wertorientierungen* vertreten (vgl. Kap. D, K).

Zusammenfassend seien einige Anforderungen an formelle Normensetzungen innerhalb *kooperativer Führung* aufgeführt:

Anforderungen an formelle Normensetzungen

(1) Organisationsnormen sollten nicht allein als ein Mittel der Steuerung Vieler (Mitarbeiter) durch Wenige (Kerngruppe) angesehen werden. Wenn sie darüber hinaus Ergebnis konfliktbearbeitenden Aushandelns sind, an dem alle Organisationsmitglieder teilnehmen können, dienen sie zur Selbstverständigung aller Organisationsmitglieder über die Identität der Organisation.

(2) In den folgenden Normen sollten die hinter Zielangaben stehenden Werte explizit herausgearbeitet, beschrieben und begründet werden, um einen Koordinationseffekt für die Gesamtorganisation (vgl. „management by ideas", Kap. E) erreichen zu können.

(3) Auf bürokratischen Perfektionismus sollte verzichtet und statt dessen auf die situationsgerechte Interpretationsbedürftigkeit der Normen hingewiesen werden.

(4) Nicht bloße widerspruchsfreie Präzisierung, sondern umfassende, breite Diskussion fördern die Wirksamkeit (Akzeptanz) der Normen.

(5) Statt eines ‚optimalen Kataloges' sollte ein kreativer Diskussionsprozeß (Selbstverständigung, Aushandeln von Konflikten) angestrebt werden.

(6) Dadurch wird auch der gegenwärtige Stand der Normen und das wirksame Rollenverständnis der Organisationsmitglieder bereits *vor* einer Formalisierung berücksichtigt.

(7) Es sollte ausdrücklich festgestellt werden, daß formalisierte Normen bestehende Konflikte nicht beseitigen, sondern nur regeln können.

(8) Nicht generell und formell (z. B. Differenzierung der Subsysteme, Machtverhältnisse) regelbare Bereiche sollten kenntlich gemacht werden als Problembereich der interaktionalen Führung.

Diese Empfehlungen setzen voraus, daß innerhalb einer Organisation bereits weitgehende Ansätze partizipativer und prosozialer kooperativer Führung vorhanden sind und sowohl Organisation wie Mitglieder einen hohen „Reifegrad" erreicht haben. Diese Bedingungen sind als – von spezifischen Verhältnissen abstrahierende – Maximalforderungen zu sehen. Die Bedeutung formeller Normen relativiert folgendes zusammenfassende Urteil:

„Aber im Ergebnis ist ein niedergeschriebenes Wollen oder Sollen nicht so wichtig wie das konkrete Handeln des einzelnen. Insoweit sollten wir von den europäischen Angelsachsen lernen, die gewohnt sind, Grundsätzliches langsam entstehen zu lassen und dann das Erstandene zu sanktionieren" (Beckerath,1976, 72; vgl. Wistinghausen, 1977, 64).

Ausgewählte Literatur

Bosetzky, H.: Grundzüge einer Soziologie der Industrieverwaltung. Stuttgart 1970.
Grochla, E. (Hrsg.): Handwörterbuch der Organisation. Stuttgart, 2. Aufl. 1980.
Hoffmann, F.: Führungsorganisation, Bd. 1. Tübingen 1980.
Hofstede, G. und H. Sami Kassem (Hrsg.): European Contributions to Organization Theory. Assen 1976.
Kieser, A. und H. Kubicek: Organisation. Berlin 1977.
Lattmann, Ch.: Führungsstil und Führungsrichtlinien. Bern/Stuttgart 1975.
Mayntz, R. (Hrsg.): Bürokratische Organisation. Köln/Berlin 1968.
Scott, W. G. und T. R. Mitchell: Organization theory. Homewood, Ill. 1976.
Silverman, D.: Theorie der Organisation. Graz 1972.
Starbuck, W. (Ed.): Handbook of organizational design. New York 1978.
Thompson, V. A.: Bureaucracy and the modern world. Morristown, New Jersey 1976.
Wiswede, G.: Rollentheorie. Stuttgart 1977.

Anhang I

Ein integratives Klassifikationssystem zur Analyse menschlichen Verhaltens in Organisationen (nach Indik 1968)

There are seven basic classes of variables. These include the following panels:

(I)   Variables associated with organizational structure.
(II) Variables associated with organizational process and function.
(III) Variables associated with small group structure.
(IV) Variables associated with small group process and function.
(V)   Organizationally relevant individual attitudes, perceptions, abilities, temperaments, ascriptive dimensions and motivations.
(VI) Organizationally relevant individual behavior.
(VII) Organizational environment.

Panel I: Organizational Structure Variables

This classification area is concerned with those attributes of organizations that are relatively static in time. Such variables as the following are considered as being within this category.

(A) Size. The number of individuals who are members of the organization by organizational criteria.

(B) Span of control. The average number of individuals who are responsible to a supervisor.

(C) The number of hierarchical levels in the organization. The number of layers of authority between the highest and the lowest member of the organization.

(D) The authority structure. The pattern of influence present in the organization with reference to organizational activities.

(E) The communication structure. The pattern of one-way and two-way information passing connections between individuals.

(F) The degree of task specification. The extent to which the roles and tasks within the organization are described and formalized.

(G) The degree of task interdependence. The extent to which the tasks of the different roles are interrelated with each other.

(H) Task specialization. The extent to which jobs are fragmented and made smaller parts of the whole function of the organization.

(I) The status and prestige structure. The distribution pattern of status and prestige attributed to role occupants in the organization.

(J) The psychological distance between the decision makers and the operating level in the organization.

Panel II: Organizational Functions or Process Variables

(A) Communication. The process by which individuals send and receive information to and from other individuals within the organization (Bales, 1950).

(1) The average amount of communication interaction within the organization.
 − The amount of task-oriented communication.
 − The amount of socioemotional communication.
 − The amount of inappropriate communication (to the organization).
(2) The distribution of communication interaction within the organization.

(B) Control. The process by which individuals or groups influence each other within the organizational setting.

(1) The average amount of influence exerted by members in the organization.
(2) The distribution of influence exerted by members in the organization.
(3) The discrepancy between the actual distribution of influence and the desired distribution of influence in the organization.

(C) Coordination. The process by which the parts of the organization are geared and articulated toward the objectives of the whole organization.

(1) The extent to which the parts of the organization are geared and articulated toward the objectives of the organization.
(2) The clarity of understanding of the goals of the organization by the members.
(3) The extent to which the parts of the organization are articulated in time sequence toward the objectives of the organization.

(D) Organizational socialization-integration processes. The processes by which the organization obtains members to replace and/or increase its size and adapt these members for behavior valuable to the system by differential reward values such as pay, promotions, and status.

(1) Recruitment process. The process by which and the extent to which members are selected from the population available and placed in the roles allocated by the organizational system.
(2) Orientation and adaptation process. The process by which and the extent to which members are oriented (and/or conditioned) to the needs of the organization.
(3) Reward process. The process by which and the extent to which members are rewarded (with pay, status, and promotions) for attitudes and behavior desired by the organization.

(E) Supervision. The process by which and the extent to which managers facilitate the objectives of the organization through the use of their administrative, human-relations, and technical skills.

(1) Initiating structure. The extent to which supervision facilitates task performance by allocating tasks clearly and understandably.
(2) Consideration. The extent to which supervision facilitates satisfaction of the socioemotional needs of the members.
(3) Leadership style. The extent to which the approach of supervision is distributed closer to the authoritarian or democratic (participative) end of the continuum (or possibly the „laissez-faire" corner if the continuum should be considered a triangle).
(4) Supervisory skill mix. The distribution of supervisory skills (administrative, human relations, and technical) operating in the organization.

(F) Adaptability to change. The extent to which the organization and its members can adjust to internal and external changes in a manner that promotes the survival and development of the organization.

(1) Adaptability to internal changes.
(2) Adaptability to external changes that are relevant to the organization.
(3) Rate of change.

(G) Conflict control process. The extent to which conflicts of needs or interests are resolved toward the more effective operation of the organization toward its objectives.

(1) The amount of tension and conflict.
(2) The amount of conflict resolution and tension reduction.
(3) The discrepancy between G1 and G2.

(H) The mutual understanding of reciprocal role relations. The degree to which role expectations in the organization are clear to those who are interdependent in their relationships.

(I) The degree of bureaucracy. The proportion of behavior that is controlled by specified rules and regulations of the organization.

(J1) Amount of communication interaction by members of the organization with nonmembers for organizational purposes.
(J2) Distribution of communication interaction by members of the organization with nonmembers for organizational purposes.

Anhang I   443

Panel III: Small-Group Structure Variables

This domain is concerned with those variables of groups that are relatively static in time. Such variables as the following are seen as being in this category:

(A) Size of the group. The number of individuals who are members of the group by the group's criteria of membership.
(B) The authority and influence structure of the group. The pattern of interpersonal control present in the group with reference to group activities.
(C) The communication structure of the group. The pattern of one-way and two-way information passing connections between individuals in the group.
(D) The degree of task specification. The extent to which the roles and tasks within the group are proscribed and formalized.
(E) The degree of task interdependence. The extent to which the tasks of the different roles are interrelated with each other.
(F) The degree of task specialization. The extent to which jobs are fragmented and made smaller parts of the whole function of the group.
(G) The status and prestige structure of the group. The distribution pattern of status and prestige attributed to role occupants in the group.
(H) The psychological distance between the leader(s) of the group and the rest of its members.

Panel IV: Group Function or Process Variables

(A) Communication. The process by which individuals send and receive information to and from other within the group (Bales, 1950).

(1) The average amount of communication interaction.
(2) The distribution of communication interaction.
(3) The proportion of socioemotional negative communications.
(4) The proportion of socioemotional positive communications.
(5) The proportion of ,,ask for information" communications.
(6) The proportion of ,,giving information" communications.
(7) The amount and distribution of communications by members of the group with the larger system in the organization.
(8) The amount, proportion, and distribution of communication interaction by members of the group with nonmembers of the organization.

(B) Control. The process by which individuals influence each other within groups.

(1) The average amount of influence exerted by members in the group.
(2) The distribution of influence exerted by members in the group.
(3) The discrepancy between the actual distribution of influence and the desired distribution of influence in the group.
(4) The amount of influence from the larger system.

(C) Coordination. The process by which the parts of the group are geared and articulated toward the objectives of the whole organization.

(1) The extent to which parts of the group are geared and articulated toward the objectives of the organization.
(2) The clarity of understanding of the goals of the group by the members.
(3) The extent to which the parts of the group are articulated in time sequence toward the objectives of the larger organization.

(D) Group socialization-integration processes. The processes that provide for the needs of the group by bringing in members and developing norms and rewarding the members for behavior valuable to the system by differential reward values such as pay, promotions, and status.

(1) Recruitment process. The process by which and the extent to which members of the

group are selected from the population available and placed in the roles allocated by the group.

(2) Orientation and adaptation process. The process by which and the extent to which members of the group are oriented (trained and/or conditioned) to the needs of the group.

(3) Reward process. The process by which and the extent to which members are rewarded (with pay, status, and promotions) for attitudes and behavior desired by the group.

(E) Supervision. The process by which and the extent to which supervisors (leaders) of groups facilitate the objectives of the group through the use of their administrative, human relations, and technical skills.

(1) Initiating structure. The extent to which supervision (leaders) facilitates task performance by allocating tasks clearly and understandably.

(2) Consideration. The extent to which supervision (leaders) facilities the satisfaction of the socioemotional needs of the group members.

(3) Leadership style. The extent to which the approach of supervision (leadership) is distributed either closer to the authoritarian or democratic (participative) end of the continuum (or possibly the „laissez-faire" corner, if the continuum should be considered a triangle).

(4) Supervisory skill mix. The distribution of supervisory (leadership) skills (administrative, human relations, and technical) operating in the group.

(F) Adaptability to change. The extent to which the group and its members can adjust to internal and external changes in a manner that promotes the survival and development of the group.

(1) Adaptability to internal changes.
(2) Adaptability to external changes that are relevant to the group.
(3) Rate of change.

(G) Conflict control processes. The extent to which conflicts of needs or interests are resolved toward the more effective operation of the group toward its goals.

(1) The amount of tension and conflict.
(2) The amount of conflict resolution and tension reduction.
(3) The discrepancy between G1 and G2.

(H) The mutual understanding of reciprocal role relations. The degree to which role expectations in the group are clear to those who are interdependent in their relationships.

(I) The degree of bureaucracy. The proportion of behavior that is controlled by specified rules and regulations of the group.

(J 1) Amount of communication interaction by members of the group with nonmembers for organizational purposes.

(J 2) Distribution of communication interaction by members of the group with nonmembers for organizational purposes.

It can be seen, once again, from the above listings of variables within the third and fourth panels of variables, that they are not sets of mutually exclusive variables. Ideally they should be such; however, the present state of the field only allows us the possibility to enumerate a wide range (possibly not inclusive enough) of variables within the two small group panels.

Panel V: Organizational and Group-Relevant (Nonbehavioral)
Individual Variables

In this panel we are going to attempt to place those nonbehavioral psychological variables that have relevance to and mediate between the organizational variables and individual behaviors in these organizational and small group settings. While any arbitrary set of variables considered might be inexhaustive of this domain, our intention will be to include as many separable and relevant variables as seem appropriate. We will let subsequent empirical analysis and present conceptual criteria govern our choices.

(A) Motivational variables. This subcategory of variables will reflect the forces that impel responses toward or away from a class of goal objects, persons, or ideas generally found in small group and organizational settings (see Murray, 1955).

(1) Need for achievement. The degree to which an individual wants to perform at a high degree of excellence.

(2) Need for affiliation. The degree to which an individual wants to be included and feels that he belongs in a group or organization. The converse of this is the need for independence, that is, the degree to which he wants to be autonomous.

(3) Need for power. The degree to which an individual desires to control others and the converse, that is, to be controlled by others. This is related to authoritarianism.

(4) Need for ego support, status, and recognition. The degree to which the individual wants to be appreciated and receive positive evaluations of himself in the group and organizational setting.

(5) Need for affection. The degree to which an individual wants to like others and be liked by others.

(6) Need for acquisition. The degree to which an individual wants material things, that is, money.

(B) Attitudinal variables. An enduring system of positive or negative evaluations, emotional feelings, and pro or con actions tendencies with respect to a social object, position, person, or system. (Krech, Crutchfield, & Ballachey, 1962).

(1) Attitude toward the organization. The enduring system of positive or negative evaluations, emotional feelings, and pro or con action tendencies with respect to the work organization and its top management.

(2) Attitude toward supervision. The enduring system of positive or negative evaluations, emotional feelings, and pro or con action tendencies with respect to his immediate supervisors or superiors.

(3) Attitude toward the work group. The enduring system of positive or negative evaluations, emotional feelings, and pro or con action tendencies with respect to the work group in which the individual finds himself.

(4) Attitude toward the job. The enduring system of positive or negative evaluations, emotional feelings, and pro or con action tendencies with respect to the work position the individual fills in the organization.

Intrinsic job satisfaction. The degree to which an individual feels his needs satisfied by the activities performed on his job.

Extrinsic job satisfaction. The degree to which an individual feels his needs satisfied by the rewards and punishments associated with his job performance.

(5) Attitude toward influential ancillary organizations. The enduring system of positive or negative evaluations, emotional feelings, and pro or con action tendencies with respect to influential ancillary organizations such as unions or professional organizations, or trade and fraternal associations.

(C) Perceptual role relations variables. This category of variables includes those variables reflecting aspects of the organizational environment that impinge on the individual and are perceived by the individual but that have not been covered in other categories so far.

(1) Discrepancies between the organizationally relevant expectations of the individual and his experiences as he sees them.

(2) Job-related stress. A set of forces that impinge on an individual on the job as seen by the individual.

(3) Role conflict (taken from Wolfe & Snoek, 1962). This occurs when two or more sets of role pressures are incompatible with each other.

(D) Aptitude variables. The variables in this subcategory reflect the capacities of the individuals to perform organizationally relevant behaviors, and in this sense form upper and lower limits on their behavioral tendencies. A capacity can only be exercised to the degree it is present.

(1) Perceptual. The senses of vision, audition, taste, smell, cutaneous senses, kinesthesis, and equilibrium are considered in this category.

> Color sensitivity
> Attention
> Length estimation
> Sensitivity to visual movement
> Auditory sensitivity (range of frequencies)
> Pitch discrimination
> Loudness discrimination
> Auditory integral (tone duration discrimination)
> Kinesthetic sensitivity
> Balance control
> Taste
> Smell
> Cutaneous senses

(2) Psychomotor dimensions are from Guilford (1959).
— Strength
  (1) General strength
  (2) Trunk strength
  (3) Limb strength
— Impulsion
  (1) General reaction time
  (2) Limb thrust
  (3) Tapping
  (4) Articulation speed
— Motor speed. This subcategory can be distinguished from the impulsion subcategory by the fact that it tends to emphasize the rate of movement after it has been initiated.
  (1) Arm speed
  (2) Hand speed
  (3) Finger speed
— Static precision
  (1) Static balance
  (2) Arm steadiness
— Dynamic precision
  (1) Dynamic balance
  (2) Arm aiming
  (3) Hand aiming
— Coordination. The variables in this subcategory involve the use of patterns of muscles in combination and in sequence.
  (1) Gross body coordination
  (2) Hand dexterity
  (3) Finger dexterity
— Flexibility. This subcategory, finally, includes variables reflecting upon the looseness of the joints and determining the range of movements of parts associated with the trunk and the legs.
  (1) Trunk flexibility
  (2) Leg flexibility

Anhang I

(3) Intellectual abilities, also from Guilford (1959) include a group of memory abilities and a group of thinking abilities. The list of memory abilities follows.

- Substantive memory variables
    (1) Visual memory
    (2) Auditory memory
    (3) Memory span
    (4) Memory for ideas
- Associative memory variables
    (1) Rote memory
    (2) Meaningful memory
- Memory for systems variables
    (1) Memory for spatial position
    (2) Memory for temporal order

There is a larger group of cognitive factors.

- Factors for knowing units
    (1) Visual cognition
    (2) Auditory cognition
    (3) Symbolic cognition
    (4) Verbal comprehension
- Factors for knowing classes
    (1) Figural classification
    (2) Semantic classification
- Factors for knowing relations
    (1) Eduction of figural relations
    (2) Eduction of symbolic relations
    (3) Eduction of semantic relations
- Factor for knowing patterns or systems
    (1) Spatial orientation
    (2) Eduction of symbolic patterns
    (3) General reasoning
- Factors for knowing implications
    (1) Perceptual foresight
    (2) Conceptual foresight
- Convergent thinking factors
    (1) Factors for producing names
        Object naming
        Concept naming
    (2) Factors for producing correlates
        Eduction of symbolic correlates
        Eduction of semantic correlates
    (3) The ordering factor for the production of system
    (4) Factors for the production of transformation
        Visualization
        Symbolic redefinition
        Semantic redefinition
    (5) Factors for production of unique implications
        Symbol substitution
        Numerical facility
- Divergent thinking factors
    (1) Factors involving production of units

Word fluency
Ideational fluency
(2) Factors involving spontaneous shifts of classes
Semantic spontaneous flexibility
Figural spontaneous flexibility
(3) Factor of associational fluency, for producing correlates
(4) Factor of expressional fluency, for production of systems
(5) Factors involving divergent transformations
Figural adaptive flexibility
Symbolic adaptive flexibility
Originality
(6) Factor involving varied implications
Elaboration

— Evaluative factors, having have to do with testing information and conclusions as to their suitability, acceptability, goodness, or correctness.
(1) Factors involving judgments of identity
Figural identification
Symbolic identification
(2) Factors involving judgments of relations
Logical evaluation
Symbolic manipulation
(3) Factors for judging in terms of systematic consistency
Experiential evaluation
Judgment, the ability to make wise choices of action in a somewhat ambiguous situation
(4) Factor involving judgments of goal satisfaction
Sensitivity to problems, recognizing that a problem exists

It is clear that organizational and small-group variables do not affect these ability variables in the same sense that they may influence the other variables in this panel (except that a number of group variables do seem to affect individual judgments in group situations). In this case we feel justified in placing an ability or aptitude set of categories in the overall picture for two reasons. First, the organizational requirements of role performers, both in the group and in the organization, affect the ability mix that is found in a particular group or organization through the processes of selection, promotion, attrition, and so forth. Secondly, the organizational and group structure and processes influence the exercise of these abilities and aptitudes. As well, these abilities and aptitudes affect organizationally relevant behavior. Clearly much taxonomic research has been done in abilities and aptitudes, but more research needs to be done on how these abilities variables fit into the larger picture.

(E) Dimensions of temperament. Temperamental traits have to do with the personality tendencies of the individuals. We are concerned here with the characteristics of the dispositions of the individuals in the groups in the organizational settings. This area is less clearly organized than the abilities area, but there is some clear evidence that supports a breakdown such as the one that follows (Guilford, 1959). Further, it is relevant to consider temperament in this general panel of variables, since it is a nonbehavioral characteristic of individuals in organizational and small-group environments that is influenced by these environmental factors and is in turn influential on organizationally relevant individual behavior.

(1) Factors of general disposition.
Confidence vs. inferiority feelings
Alertness vs. inattentiveness
Impulsiveness vs. deliberateness
Restraint vs. rhathymia. This dimension can be described in terms of the comparison

of the self-controlled, serious, and conscientious disposition and the happy-go-lucky and carefree disposition.
Objectivity vs. hypersensitivity
(2) Factors of emotional disposition.
Cheerfulness vs. depression
Emotional immaturity vs. maturity
Nervousness vs. composure
Stability vs. cycloid disposition
Poise vs. self-consciousness
(3) Factors of social disposition.
Ascendance vs. timidity
Socialization vs. self-sufficiency. This dimension is definable in terms of dependency vs. independence.
Social initiative vs. passivity
Friendliness vs. hostility
Tolerance vs. criticalness
(4) Masculinity vs. femininity.
(5) Personal tempo, rate of movement.
(6) Perseveration. Mental inertia or lag (rigidity) vs. quickness and originality.
(7) Oscillation. The tendency for an individual to be variable in his behavior vs. the tendency to be stable.
(8) Suggestibility.
Primary suggestibility. This involves motoric reactions consequent to verbal suggestions.
Secondary suggestibility. This involves unwarranted or illusory sensory or perceptual outcomes consequent to verbal suggestion.
Prestige suggestibility. How strongly the individual accepts the opinions of authorities or peers.

(F) Ascriptive dimensions. Descriptive characteristics that place persons in specific categories relative to the positions they may hold in organizations.

(1) Age
(2) Sex
(3) Level of formal education
(4) Race
(5) General physical condition
(6) Past training
(7) Ethnicity
(8) Religion

Panel VI: Organizationally Relevant Individual Behavior Variables

A. Member job outputs. This category of variables is concerned with both the quantity and quality of behavior in job output units. Job outputs can range from the number and quality of „widgets" assembled by an assembler to the number and quality of plans made by a corporate board chairman or a university president. Included in this category are leadership behaviors as well as other organizationally relevant performances.

(1) Relative number of job cycle units per unit time (repetitive jobs). The relative number of behavior cycles completed per unit time to produce a unit of organizationally relevant behavior.
(2) Relative quality of job performance in repetitive type jobs. Quality is determined in and by organization criteria.
(3) Relative amount of job performance of unequal units of job performance in complex jobs. The relative number of job performances of varying units of behavior including planning, decision-making, organizing, and influencing the behavior of others. This

category is guided by a relativistic view of the distribution of this kind of behavior. That is, any given organization or group may have changing requirements over time. The consideration here is how well the distribution of this behavior reflects the needs of the system.

(4) The relative quality of performance of unequal units of job performance in complex jobs. The qualitative complement to 3.

(B) Member Participation. The relative frequency of attendance when attendance is unexpected by the organization. This variable may be indicated by such measures as:

(1) Attendance rates (one minus absence rates)
(2) One minus turnover rates
(3) One minus lateness rates

(C) Strain symptoms. This category of variables refers to the behavioral forces generated within a system in response to stress. Phenomenologically they are indicated by discomfort and malfunction.

(1) Rate of behavior inappropriate to the organization. Frequency of dysfunctional behavior relative to the organization's requirements.
(2) Rate of behavior inappropriate to the individual.
(3) Rate of behavior inappropriate to the group.

Panel VII: Organizational Environment Variables

Recently Sells (1963) has attempted to develop a classification listing of aspects of the „total stimulus situation" for the individual. We are here attempting to develop such a classification system for the organization. That is, we are intending to develop a category scheme for the variables that impinge on the organization from its environment.

(A) Natural aspects of the environment.

(1) Weather in which the organization exists.
(2) Gravity.
(3) Terrain (rivers, lakes, deserts, altitude).
(4) Natural resources.

(B) Availability of resources needed by the organization.

(1) Personnel resources.
(2) Material resources.
(3) Financial resources.
(4) Market resources.
(5) Technological resources.

(C) Structure and relations with social environment.

(1) Technological structure.
(2) Amount of contact with nonorganizational personnel.
(3) Dependence on social environment.
    (a) Degree to which the social environment provides consumers of organizational products or services
    (b) Degree to which the environment provides integration of the organization to the larger social system
(4) The other characteristics of the social environment that influence relationship and behavior in the systems (urban-rural location, and so forth)."

Anhang II

Dimensionen des Führungsstils (nach Lattmann, 1975)

Merkmal	A	B	C	D	E
1 Wertung des Mitarbeiters	Der Mitarbeiter ist nur ein Mittel der Unternehmung	Der Mitarbeiter ist das ausschlaggebende Mittel der Unternehmung	Der Mitarbeiter ist ein persönlicher Wertträger, demgegenüber ethische Verpflichtungen bestehen	Der Mitarbeiter ist ein gleichwertiger Partner	Der Mitarbeiter ist der Träger und das eigentliche Subjekt der Unternehmung
2 Stellung der Mitarbeiter-Interessen im Zielsystem der Unternehmung	Die Interessen der Mitarbeiter werden außer acht gelassen (Ausschließlichkeit der Interessen der Führung)	Die Interessen der Mitarbeiter werden im Ausmaße des durchschnittlich Üblichen beachtet	Die Wahrung der Interessen der Mitarbeiter wird als soziale Verpflichtung betrachtet	Dem Mitarbeiter wird ein Anrecht auf Wahrung seiner Interessen zuerkannt	Die Interessen des Mitarbeiters sind die ausschließlichen Ziele der Unternehmung
3 Legitimation des Führungsanspruches	Privateigentum an den Sachwerten	Verantwortung für die Erhaltung der Unternehmung	Können und Leistung	Annahme der Führung durch die geführten Mitarbeiter	Arbeit: der Mitarbeiter ist der Souverän
4 Gewichtung der Arbeitszufriedenheit und des Betriebsklimas	Das Wohlbefinden des Mitarbeiters interessiert überhaupt nicht	Eine hohe Arbeitszufriedenheit und ein gutes Betriebsklima werden als Voraussetzungen für den Erfolg gewertet	Das Wohlbefinden des Mitarbeiters wird als eine Randbedingung darstellendes soziales Ziel gewertet, das einer ethischen Verpflichtung entspringt	Das Wohlbefinden des Mitarbeiters wird als den Leistungszielen gleichwertiges soziales Ziel wahrgenommen	Das Wohlbefinden des Mitarbeiters in der Unternehmung erscheint als deren Hauptziel
5 Anteil des Mitarbeiters an der Setzung seiner Arbeitsziele	Der Vorgesetzte entscheidet allein über die Ziele, die er dem Mitarbeiter in Form von Befehlen mitteilt	Der Vorgesetzte entscheidet über die Ziele, begründet aber seine Entscheidung	Der Vorgesetzte hört die Mitarbeiter an, entscheidet dann aber selbstverantwortlich	Die Ziele werden vom Vorgesetzten und Mitarbeiter gemeinsam erarbeitet	Der Mitarbeiter setzt seine Arbeitsziele autonom
6 Anspruchsniveau der Ziele und Aufgaben	Sehr niedrige Anforderungen, die anstrengungslos erfüllt werden können	Geringe Anforderungen, deren Erfüllung eine dauernd anhaltende, aber mäßige oder eine nur zeitweilige größere Anstrengung verlangt	Dem Leistungsvermögen des Mitarbeiters angepaßte Anforderungen, die auf seiner Seite eine Anstrengung verlangen	Hohe Anforderungen, deren Erfüllung eine starke Motivation und einen andauernden Einsatz voraussetzt	Außerordentlich hohe Anforderungen, die nur auf Grund höchsten Einsatzes erfüllt werden können

Merkmal	A	B	C	D	E
7 Aufgabenvollzug	Aufgabenerfüllung auf Grund von Arbeitsanweisungen des Vorgesetzten, die auf den Einzelfall bezogen sind. Keinerlei Autonomie	Aufgabenerfüllung auf Grund von Einzelanweisungen an den Mitarbeiter, die ihm einen Autonomieraum bei der Ausführung des einzelnen Auftrags einräumen	Autonome Aufgabenerfüllung im Rahmen allgemeiner Grundsätze des Aufgabenvollzugs	Autonome Aufgabenerfüllung auf Grund der Ausrichtung auf Ziele	Völlige Autonomie des Mitarbeiters bei der Aufgabenerfüllung
8 Kontrolle	Ständige und vollständige Überwachung der Aufgabenerfüllung	Kontrolle durch regelmäßige Stichproben	Kontrolle durch Ergebnisbewertung	Selbstkontrolle	Keine Kontrolle
9 Durchsetzung der Zielerreichung	Rücksichtsloser Zwang	Durchsetzung unter Begründung	Durchsetzung durch Überzeugung der Mitarbeiter	Durchsetzung im Einvernehmen mit dem Mitarbeiter	Freie Aufgabenerfüllung
10 Behandlung von Gruppen	Jede über den Arbeitsvollzug hinausreichende informale Beziehung ist unerwünscht. Die Bildung von Gruppen wird unterdrückt	Die Bildung von Gruppen und informalen Beziehungen wird toleriert, wenn sie nicht zu Störungen Anlaß geben	Gruppen werden als Gesprächspartner anerkannt	Entstandene Gruppen werden in das Führungsgefüge eingegliedert	Der Vorgesetzte strebt danach, seine Mitarbeiter zu einer Gruppe zusammenzuschließen
11 Setzung der Zwecke und Grundziele der Unternehmung	Völlige Alleinbestimmung durch die oberste Unternehmungsleitung	Alleinentscheid der Unternehmungsleitung, aber Gewährung eines Anrechtes auf Angehörtwerden und Information an die Arbeitnehmer	Mitsprache der Arbeitnehmer ohne Mitentscheidungsrecht oder minoritäre Mitbestimmung	Paritätische Mitbestimmung der Arbeitnehmer	Alleinbestimmung der Arbeitnehmer (Selbstverwaltung)

Anhang III
Beschreibung von 4 Führungssystemen (nach Likert 1975.)

Organisations- und Leistungscharakteristiken verschiedener Führungssysteme

Merkmale	Führungssystem			
	ausbeutend autoritär	wohlwollend autoritär	beratend/ konsultativ	partizipativ Gruppensystem
Motivation a) angesprochene Motive	physische Sicherheit, wirtschaftliche Sicherheit, Statusdenken (beschränkt)	wirtschaftliche, gelegentlich ichbezogene Motive, wie z. B. das Streben nach Prestige	wirtschaftliche, ichbezogene u. andere Hauptmotive, wie z. B. das Streben nach Erfahrung	wirtschaftliche, ichbezogene u. andere Hauptmotive, wie die aus den Gruppenprozessen hervorgehenden, werden in vollem Umfang genutzt
b) Mobilisierung der Motive	Furcht, Einschüchterung, Bestrafung, gelegentlich Belohnung	Belohnung, gelegentlich tatsächliche oder mögliche Bestrafung	Belohnung, gelegentlich Bestrafung, Engagement (beschränkt)	wirtschaftliche Belohnung aufgrund des Kompensationssystems. Engagement und Partizipation seitens der Gruppe beim Festsetzen von Zielen, bei der Verbesserung von Methoden, der Bewertung der im Hinblick auf die Zielerreichung gemachten Fortschritte usw.
c) Einstellung zur Unternehmung und ihren Zielen	meist feindselig und den Unternehmungszielen zuwiderlaufend	zuweilen feindselig und den Unternehmungszielen zuwiderlaufend; zuweilen günstig und der Erreichung der Unternehmungsziele förderlich	zuweilen feindselig, aber häufiger günstig und der Erreichung der Unternehmungsziele förderlich	meistens sehr günstig und für die Erreichung der Unternehmungsziele außerordentlich günstig

Merkmale	Führungssystem			
	ausbeutend autoritär	wohlwollend autoritär	beratend/ konsultativ	partizipativ Gruppensystem
d) Ausmaß, in dem sich verschiedene Motivationskräfte gegenseitig hemmen oder verstärken	ausgeprägter Widerspruch, welcher die Motivationskräfte zur Erreichung der Unternehmungsziele abschwächt	häufiger Widerspruch, zuweilen aber auch gegenseitige Förderung, mindestens teilweise	zuweilen Widerspruch, häufiger jedoch gegenseitige Förderung	im allgemeinen starke gegenseitige Förderung
e) Verantwortungsgefühl jedes Mitarbeiters bezüglich der Erreichung der Unternehmungsziele	starkes Verantwortungsgefühl auf den oberen, schwaches Verantwortungsgefühl auf den unteren hierarchischen Stufen; auf den untersten Stufen oft bewußte Zuwiderhandlungen gegen die Zielerreichung	bei den Führungskräften Verantwortungsgefühl vorhanden, bei den ausführend Tätigen aber nur sehr beschränkt	die Mehrzahl der Mitarbeiter setzt sich verantwortungsbewußt für die Zielerreichung ein	die Mitarbeiter fühlen sich für die Zielerreichung voll verantwortlich und sind dafür auch motiviert
f) Einstellung zu den andern Mitarbeitern	unterwürfige Haltung gepaart mit Feindseligkeit gegenüber Vorgesetzten; Feindseligkeit gegenüber Gleichgestellten und Geringschätzung der Untergebenen, weil weitverbreitetes Mißtrauen	unterwürfige Haltung gegenüber Vorgesetzten; Feindseligkeit als Folge von Rangstreitigkeiten zwischen Gleichgestellten; Herablassung Untergebenen gegenüber	günstige Haltung gegenüber den übrigen Mitarbeitern; eventuell etwas Konkurrenzkampf zwischen Gleichgestellten mit daraus resultierender Feindseligkeit und Herablassung Untergebenen gegenüber	günstige Einstellung in der ganzen Unternehmung, gepaart mit gegenseitigem Vertrauen
g) sich aus a) bis f) ableitender Grad der Zufriedenheit	normalerweise Unzufriedenheit bezüglich Unternehmung, Vorgesetzte und eigener Leistung	Unzufriedenheit bis mäßige Zufriedenheit bezüglich Unternehmung, Vorgesetzte und eigener Leistung	etwas Unzufriedenheit bis bescheidene Zufriedenheit bezüglich Unternehmung, Vorgesetzte und eigener Leistung	relativ große Zufriedenheit bezüglich Unternehmung, Vorgesetzte und eigener Leistung

Anhang III 455

Merkmale	Führungssystem			
	ausbeutend autoritär	wohlwollend autoritär	beratend/ konsultativ	partizipativ Gruppensystem
Kommunikation				
a) Ausmaß an Interaktion und Kommunikation zur Erreichung der Unternehmungsziele	sehr gering	gering	beträchtlich	groß sowohl beim einzelnen als in den Gruppen
b) Richtung des Informationsflusses	abwärts	vor allem abwärts	abwärts und aufwärts	aufwärts, abwärts und seitwärts
c) Kommunikation nach unten:				
(1) von wem veranlaßt?	von der Unternehmungsspitze oder auf deren Anordnung von einer unteren Instanz	unmittelbar von zuoberst oder angeregt von der Unternehmungsspitze	auf Initiative der unteren Stufen angeregt von der Unternehmungsspitze	von allen hierarchischen Stufen
(2) wie aufgenommen?	mit großem Mißtrauen	mit mehr oder weniger großem Mißtrauen	oft gute Aufnahme; gelegentlich Mißtrauen, das nicht immer offen geäußert wird	normalerweise gute Aufnahme; wenn nicht, dann offene freimütige Äußerung
d) Kommunikation nach oben:				
(1) Zulänglichkeit der Kommunikation nach oben über die Linie	sehr gering	beschränkt	recht groß	sehr groß
(2) Verantwortungsgefühl der Untergebenen bezüglich Einleitung genauer Kommunikation nach oben	nicht vorhanden	verhältnismäßig klein; normalerweise werden Informationen nur auf Verlangen weitergeleitet, und zwar gefiltert	beschränkt vorhanden	beträchtlich; die Gruppe leitet alle relevanten Informationen weiter

Merkmale	Führungssystem			
	ausbeutend autoritär	wohlwollend autoritär	beratend/ konsultativ	partizipativ Gruppensystem
(3) Kräfte, die exakte bzw. verzerrte Informationen bewirken	starke Kräfte, die Informationen zu verzerren und die Vorgesetzten zu täuschen	sowohl Kräfte, die die Weiterleitung verzerrter Informationen als auch solche, die die Weiterleitung exakter Informationen bewirken	geringe Kräfte, die Informationen zu verzerren und starke Kräfte, sie exakt weiterzuleiten	praktisch nur starke Kräfte, die exakte Informationen bewirken
(4) Genauigkeit der Kommunikation nach oben über die Linie	Neigung zu Ungenauigkeit	Informationen, die der Vorgesetzte gerne hört, werden genau weitergeleitet; die andern Informationen werden zurückgehalten oder gefiltert	Informationen, die der Vorgesetzte gerne hört, werden genau weitergeleitet; die übrigen Informationen werden beschränkt gegeben	absolute Genauigkeit
(5) Bedürfnis nach einem zusätzlichen Kommunikationssystem	Bedürfnis nach zusätzlicher Kommunikation nach oben durch Spitzel-, Zuträger- oder ähnliche Systeme	Kommunikation nach oben oft ergänzt durch Zuträgersystem	nur geringes Bedürfnis nach Zuträgersystem oder ähnlichem	kein Bedürfnis nach zusätzlicher Kommunikation
e) horizontale Kommunikation – ihre Genauigkeit und ihre Zulänglichkeit	infolge des gegenseitigen Ausspielens unter Gleichgestellten und der daraus erwachsenden Spannungen meist ungenügend	infolge des gegenseitigen Ausspielens zuweilen ungenügend	genügend bis gut	gut bis ausgezeichnet
f) Einfühlungsvermögen der Vorgesetzten in die Lage der Untergebenen	nicht vorhanden	einigermaßen vorhanden, wenn die Rollen richtig gespielt werden	ziemlich groß	normalerweise sehr groß
— Genauigkeit der Perzeption von Vorgesetzten und Untergebenen	oft ungenau	oft in gewissen Punkten ungenau	einigermaßen genau	normalerweise sehr genau

Anhang III

Merkmale	Führungssystem			
	ausbeutend autoritär	wohlwollend autoritär	beratend/ konsultativ	partizipativ Gruppensystem

Merkmale	ausbeutend autoritär	wohlwollend autoritär	beratend/ konsultativ	partizipativ Gruppensystem
Interaktions-Beeinflussungs-Prozeß				
a) Art der und Ausmaß an Interaktionen	wenig Interaktion, und nur mit Furcht und Mißtrauen	wenig Interaktion; normalerweise mit Herablassung bei Vorgesetzten und Furcht bei Untergebenen	etwas mehr Interaktion, oft auch ziemlich viel gegenseitiges Vertrauen	umfassende, freundschaftliche Interaktion, verbunden mit großem gegenseitigem Vertrauen
b) Bedeutung der Teamarbeit	Teamarbeit fehlt	Teamarbeit fehlt weitgehend	Teamarbeit besteht in bescheidenem Maße	Teamarbeit besteht durch die ganze Unternehmung hindurch
c) Ausmaß, in dem die Untergebenen die Ziele, Methoden und Tätigkeiten ihrer Abteilungen beeinflussen können				
(1) nach Auffassung der Vorgesetzten	kein Einfluß	praktisch kein Einfluß	bescheidener Einfluß	großer Einfluß
(2) nach Auffassung der Untergebenen	kein Einfluß, es sei denn über die informale Organisation oder die Gewerkschaft	wenig Einfluß, es sei denn über die informale Organisation oder die Gewerkschaft	bescheidene Einflußnahme, sowohl direkt als über die Gewerkschaft	große Einflußnahme, sowohl direkt als über die Gewerkschaft
d) Tatsächliche Einflußnahme der Vorgesetzten bezüglich Ziele, Tätigkeiten und Methoden ihrer Abteilungen	nach ihrer eigenen Meinung beträchtlich, tatsächlich jedoch bescheiden, es sei denn, die Möglichkeit zu bestrafen	bescheiden bis etwas mehr, besonders auf den oberen hierarchischen Stufen	bescheiden bis wesentlich, besonders auf den oberen hierarchischen Stufen	bedeutend, aber oft indirekt, wie z. B. durch die Schaffung leistungsfähiger Interaktionssysteme durch die Vorgesetzten
e) Ausmaß, in dem eine Or-	nur von oben nach unten	beinahe nur von oben nach unten	hauptsächlich von oben nach	sowohl Informationsfluß

Merkmale	Führungssystem			
	ausbeutend autoritär	wohlwollend autoritär	beratend/ konsultativ	partizipativ Gruppensystem
ganisationsstruktur besteht, die den Informationsfluß von einem Teil der Unternehmung zum andern und die gegenseitige Einflußnahme erleichtert			unten, in bescheidenem Maß aufwärts und seitwärts	wie gegenseitige Einflußnahme auf allen Stufen und in allen Richtungen
Entscheidungsbildungsprozeß a) Auf welcher Stufe der Organisation werden die Entscheide formell getroffen?	der Großteil der Entscheide an der Unternehmungsspitze	Grundsatzentscheide zuoberst, viele Entscheide im Rahmen vorgegebener Richtlinien auf unteren Stufen	Grundsatz- u. allgemeine Entscheide zuoberst, Detailentscheide weiter unten	auf allen Stufen der Organisation, dank der sich überschneidenden Gruppen trotzdem gut aufeinander abgestimmt
b) Wie vollständig und genau sind die verfügbaren Informationen auf den Stufen der Entscheidungsbildung?	unvollständige und oft ungenaue Informationen	nur wenige vollständige und genaue Informationen	einigermaßen vollständige und genaue Informationen	relativ vollständige und genaue Informationen aufgrund entsprechender Erhebungen und Informationsströme
c) Wieweit sind sich die für die Entscheidungsbildung Verantwortlichen der Probleme, vor allem jener der untern hierarchischen Stufen bewußt?	oft überhaupt nicht oder nur zum Teil	nur teilweise	mehr oder weniger weitgehend	im allgemeinen recht weitgehend

Anhang III 459

Merkmale	Führungssystem			
	ausbeutend autoritär	wohlwollend autoritär	beratend/ konsultativ	partizipativ Gruppensystem
d) Ausmaß der Nutzung technischer und beruflicher Kenntnisse bei der Entscheidungsbildung	nur soweit als auf den obersten Stufen vorhanden	weitgehend soweit als auf den oberen und mittleren Stufen vorhanden	weitgehend soweit als auf den oberen, mittleren und unteren hierarchischen Ebenen vorhanden	praktisch alle in der Unternehmung irgendwo vorhandenen Kenntnisse umfassend
e) Werden die Entscheide am richtigen Ort getroffen, und zwar im Hinblick auf				
(1) das Vorhandensein der für den Entscheid nötigen Informationen?	Entscheidungsbildung auf einer in der Regel bedeutend höheren Stufe	Entscheidungsbildung oft auf einer bedeutend höheren Stufe	Neigung zur Entscheidungsbildung auf einer etwas höheren Stufe	die ineinandergreifenden Gruppen sowie die Gruppenentscheide verlagern die Entscheidungsbildung auf die Stellen, wo die meisten Informationen vorhanden sind bzw. leiten die Informationen zu den Entscheidungsbildungsstellen
(2) die Konsequenzen für die Motivation (bewirkt die Entscheidungsbildung die für die Ausführung nötige Motivation)?	in der Regel keine oder wenig Motivation, vielmehr Schaffung einer negativen Atmosphäre	in der Regel wenig Motivation	etwas Motivation	bedeutende Motivation
f) Beruht die Entscheidungsbildung	auf dem Mann-zu-Mann-Prinzip; behindert	größtenteils auf dem Mann-zu-Mann-Prinzip;	sowohl auf dem Mann-zu-Mann- wie	hauptsächlich auf dem Gruppenprin-

Merkmale	Führungssystem			
	ausbeutend autoritär	wohlwollend autoritär	beratend/ konsultativ	partizipativ Gruppensystem
auf dem Mann-zu-Mann- oder auf dem Gruppenprinzip? Fördert sie die Zusammenarbeit?	die Zusammenarbeit	behindert die Zusammenarbeit	auf dem Gruppenprinzip; fördert zum Teil die Zusammenarbeit	zip; fördert die Zusammenarbeit
Zielsetzung und Befehlserteilung a) Art der Zielsetzung bzw. Befehlserteilung	mittels Anweisung	mittels Anweisung; ev. mit der Möglichkeit, sie zu kommentieren	Zielsetzung oder Befehlserteilung nach Besprechung der Probleme und Pläne mit dem(n) Untergebenen	abgesehen von Notfällen erfolgt die Zielsetzung in Gruppenarbeit
b) Bis zu welchem Grad werden von den verschiedenen hierarchischen Stufen hohe Leistungsziele angestrebt?	hohe Leistungsziele auf den obern, Widerstand dagegen auf den untern hierarchischen Stufen	hohe Leistungsziele auf den obern, teilweise Widerstand dagegen auf den untern hierarchischen Stufen	hohe Leistungsziele auf den obern, vereinzelter Widerstand auf den untern Stufen	hohe Leistungsziele auf allen hierarchischen Stufen, wobei die untern Stufen oft höhere Ziele verlangen als die obern
c) Art der Aufnahme der Zielsetzungen	nach außen gute Aufnahme, im geheimen aber starke Widerstände	nach außen gute Aufnahme, im geheimen aber oft mehr oder weniger starker Widerstand	nach außen gute Aufnahme, zuweilen aber mit etwas verstecktem Widerstand	in jeder Beziehung gute Aufnahme
Kontrolle a) Auf welcher hierarchischen Ebene befaßt man sich in erster Linie mit der Kontrollfunktion?	nur zuoberst	hauptsächlich zuoberst	hauptsächlich zuoberst, aber auch auf den mittleren und unteren Stufen ist dafür teilweise ein Verantwortungsgefühl vorhanden	durch die ganze Organisation hindurch

Anhang III

Merkmale	Führungssystem			
	ausbeutend autoritär	wohlwollend autoritär	beratend/ konsultativ	partizipativ Gruppensystem
b) Wie exakt sind die Messungen und Informationen zur Steuerung der Kontrollfunktion, und inwieweit bestehen in der Unternehmung Kräfte, welche diese Informationen verzerren und verfälschen?	ausgeprägte Kräfte, zu verzerren und zu verfälschen; entsprechend sind die Messungen und Informationen gewöhnlich unvollständig und ungenau	mehr oder weniger ausgeprägte Kräfte, zu verzerren und zu verfälschen; entsprechend mehr oder weniger ungenaue und unvollständige Messungen und Informationen	auch hier noch das Bestreben, sich und seine Arbeitskameraden zu schützen und daher bestimmte Informationen zu verfälschen	ausgeprägtes Bestreben, genaue und vollständige Informationen zu erhalten, um sein eigenes und das Verhalten der Arbeitsgruppen zu steuern
c) Ausmaß, in dem die Überwachungs- und Kontrollfunktionen konzentriert sind	stark auf die Unternehmungsspitze konzentriert	ziemlich stark konzentriert, mit beschränkter Delegation auf mittlere und untere Stufen	beschränkte Delegation nach unten; höhere und niedrigere Stellen fühlen sich verantwortlich	über alle Stufen sich erstreckendes Verantwortungsbewußtsein, wobei die hierarchisch tiefen Stellen oft strengere Kontrollen verlangen als die Unternehmungsspitze
d) Ausmaß, in dem eine informale Organisation besteht und die Ziele der formalen Organisation unterstützt oder bekämpft	eine informale Organisation, die die Ziele der formalen Organisation bekämpft, besteht	eine informale Organisation, die die Ziele der formalen Organisation zum Teil bekämpft, besteht in der Regel	eine informale Organisation, die für oder gegen die Ziele der formalen Organisation arbeitet, kann bestehen	die formale und die informale Organisation sind identisch; entsprechend wirken alle Kräfte im Sinne der Unternehmungsziele
Leistung				
a) Produktivität	mittelmäßig	genügend bis gut	gut	ausgezeichnet
b) Absenzen und Personalfluktuation	zahlreich bzw. groß, soweit die Mitarbeiter die Möglichkeit dazu haben	mäßig	bescheiden	gering

Merkmale	Führungssystem			
	ausbeutend autoritär	wohlwollend autoritär	beratend/ konsultativ	partizipativ Gruppensystem
c) Ausschuß- quote	verhältnismäßig groß, außer bei genauer Überwachung	ziemlich groß, außer bei Überwachung	mäßig	die Mitarbeiter bemühen sich, den Ausschuß auf einem Minimum zu halten
d) Qualitätskontrolle	zur Überwachung notwendig	für die Überwachung nützlich	zur Oberaufsicht nützlich	für die Selbstkontrolle nützlich

Anhang III   463

Merkmale		System 1 Ausbeutend autoritär	System 2 Wohlwollend autoritär	System 3 Beratend	System 4 Partizipativ-Gruppensystem	Merkmal Nr.
Motivationen	1a					1
	b					2
	c					3
	d					4
	e					5
	f					6
	g					7
Kommunikation	2a					8
	b					9
	c(1)					10
	(2)					11
	d(1)	—— Oberes Management				12
	(2)	······ Mittleres Management				13
	(3)	– – Unteres Management				14
	(4)					15
	(5)					16
	e					17
	f					18
	(1)					19
Interaktion	3a					20
	b					21
	c(1)					22
	(2)					23
	d					24
	e					25
Entscheidungs-	4a					26
bildung	b					27
	c					28
	d					29
	e(1)					30
	(2)					31
	f					32
Zielsetzung	5a					33
	b					34
	c					35
Kontrolle	6a					36
	b					37
	c					38
	d					39
Leistung	7a					40
	b					41
	c					42
	d					43
Summe						

Anhang IV
Beschreibung des Vorgesetztenverhaltens durch die Mitarbeiter (nach Fittkau-Garthe, H./Fittkau, B. 1971)

FVVB
Fragebogen zur
Vorgesetzten-Verhaltens-Beschreibung
von Dr. Heide Fittkau Garthe
und Dr. Bernd Fittkau

Sehr geehrte(r) Mitarbeiter(in)!
Wir möchten Sie herzlich bitten, uns bei einer Untersuchung zu helfen. Unsere Frage an Sie ist: Wie verhalten sich Vorgesetzte ihren unterstellten Mitarbeitern gegenüber? Wir bitten Sie deshalb, die folgenden Fragen so zu beantworten, wie Sie es in Ihrer Zusammenarbeit mit Ihrem Vorgesetzten erlebt haben. Ihre persönliche Meinung, Ihr Urteil, unabhängig davon, was Ihre Kollegen denken, ist für uns wertvoll. Es gibt also kein „richtig" oder „falsch". Nur das, was Sie persönlich erfahren und erlebt haben, ist von Bedeutung!
Bitte, fühlen Sie sich ganz frei, kritisch zu sein! Wie jeder Mensch, so hat auch jeder Vorgesetzte menschliche Schwächen, darum scheuen Sie sich bitte nicht, diese anzugeben. Sie selbst bleiben dabei völlig anonym. Es ist wichtig, daß Sie alle Fragen beantworten. Verlassen Sie sich bitte bei den Fragen, die Sie nur schwer beantworten können, ganz auf Ihr Gefühl.
                                Vielen Dank für Ihre Mitarbeit

---

Anweisung zum Ausfüllen des Fragebogens
Im folgenden finden Sie verschiedene Verhaltensbeschreibungen von Vorgesetzten. Hinter jeder Beschreibung sind jeweils fünf Abstufungen der Stärke oder Häufigkeit dieses Verhaltens angegeben.
Versuchen Sie jetzt bitte Ihren Vorgesetzten so zu beschreiben, wie Sie ihn persönlich erlebt haben, *durchkreuzen Sie jeweils die Zahl der ausgewählten Antwortstufe am rechten Rand,* die nach Ihrer Meinung am ehesten seinem Verhalten entspricht.

Ein Beispiel zur Erläuterung:
1. Er kritisiert seine unterstellten Mitarbeiter auch in Gegenwart anderer.
    1. oft 2. relativ häufig 3. hin und wieder 4. selten 5. fast nie
                                            1 ✗ 3 4 5
Sie durchkreuzen die Antwortstufe 2 (wie hier am rechten Rand), wenn Sie meinen, daß Ihr Vorgesetzter *relativ häufig* seine unterstellten Mitarbeiter in Gegenwart anderer kritisiert.
Bitte lassen Sie keine Beschreibung aus!

Anhang IV

1. Er kritisiert seine unterstellten Mitarbeiter auch in Gegenwart anderer.
   1. oft 2. relativ häufig 3. hin u. wieder 4. selten 5. fast nie
                                                   1 2 3 4 5

2. Er zeigt Anerkennung, wenn einer von uns gute Arbeit leistet.
   1. fast nie 2. selten 3. manchmal 4. häufig 5. fast immer
                                                   1 2 3 4 5

3. Er bemüht sich, langsam arbeitende unterstellte Mitarbeiter zu größeren Leistungen zu ermuntern.
   1. sehr selten 2. selten 3. hin u. wieder 4. relativ häufig 5. oft
                                                   1 2 3 4 5

4. Er weist Änderungsvorschläge zurück.
   1. fast immer 2. häufig 3. manchmal 4. selten 5. fast nie
                                                   1 2 3 4 5

5. Er weist seinen unterstellten Mitarbeitern spezifische Arbeitsaufgaben zu.
   1. fast nie 2. selten 3. manchmal 4. häufig 5. fast immer
                                                   1 2 3 4 5

6. Er ändert Arbeitsgebiete und Aufgaben seiner unterstellten Mitarbeiter, ohne es mit ihnen vorher besprochen zu haben.
   1. oft 2. relativ häufig 3. hin u. wieder 4. selten 5. sehr selten
                                                   1 2 3 4 5

7. Hat man persönliche Probleme, so hilft er einem.
   1. sehr selten 2. selten 3. hin u. wieder 4. relativ häufig 5. oft
                                                   1 2 3 4 5

8. Er steht für seine unterstellten Mitarbeiter und ihre Handlungen ein.
   1. fast nie 2. selten 3. manchmal 4. häufig 5. fast immer
                                                   1 2 3 4 5

9. Er behandelt seine unterstellten Mitarbeiter als gleichberechtigte Partner.
   1. fast nie 2. selten 3. manchmal 4. häufig 5. fast immer
                                                   1 2 3 4 5

10. Er überläßt seine unterstellten Mitarbeiter sich selbst, ohne sich nach dem Stand ihrer Arbeit zu erkundigen.
    1. fast immer 2. häufig 3. manchmal 4. selten 5. fast nie
                                                    1 2 3 4 5

11. Er „schikaniert" den unterstellten Mitarbeiter, der einen Fehler macht.
    1. fast immer 2. häufig 3. manchmal 4. selten 5. fast nie
                                                    1 2 3 4 5

12. Er legt Wert darauf, daß Termine genau eingehalten werden.
    1. überhaupt nicht 2. wenig 3. zu einem gewissen Grad 4. relativ stark 5. sehr stark
                                                    1 2 3 4 5

13. Er entscheidet und handelt, ohne es vorher mit seinen unterstellten Mitarbeitern abzusprechen.
    1. oft 2. relativ häufig 3. hin u. wieder 4. selten 5. sehr selten
                                                    1 2 3 4 5

14. In Gesprächen mit seinen unterstellten Mitarbeitern schafft er eine gelöste Stimmung, so daß sie sich frei und entspannt fühlen.
    1. fast nie 2. selten 3. manchmal 4. häufig 5. fast immer
                                                    1 2 3 4 5

15. Treffen seine unterstellten Mitarbeiter selbständig Entscheidungen, so fühlt er sich übergangen und ist verärgert.
    1. oft 2. relativ häufig 3. manchmal 4. selten 5. fast nie
                                                    1 2 3 4 5

16. Er gibt seinen unterstellten Mitarbeitern Aufgaben, ohne ihnen zu sagen, wie sie sie ausführen sollen.
    1. fast immer 2. häufig 3. manchmal 4. selten 5. fast nie
                                                    1 2 3 4 5

17. Er achtet auf Pünktlichkeit und Einhaltung von Pausenzeiten.
    1. fast gar nicht 2. kaum 3. etwas 4. relativ stark 5. sehr stark
                                                                                                        1 2 3 4 5
18. Er ist freundlich, und man hat leicht Zugang zu ihm.
    1. fast nie 2. selten 3. manchmal 4. häufig 5. fast immer
                                                                                                        1 2 3 4 5
19. Er reißt durch seine Aktivität seine unterstellten Mitarbeiter mit.
    1. überhaupt nicht 2. kaum 3. etwas 4. stark 5. sehr stark
                                                                                   1 2 3 4 5
20. Seine Anweisungen gibt er in Befehlsform.
    1. oft 2. relativ häufig 3. manchmal 4. selten 5. sehr selten
                                                                                        1 2 3 4 5
21. Bei wichtigen Entscheidungen holt er erst die Zustimmung seiner unterstellten Mitarbeiter ein.
    1. fast nie 2. selten 3. manchmal 4. häufig 5. fast immer
                                                                                    1 2 3 4 5
22. Er freut sich besonders über fleißige und ehrgeizige unterstellte Mitarbeiter.
    1. überhaupt nicht 2. kaum 3. etwas 4. stark 5. sehr stark
                                                                                    1 2 3 4 5
23. Persönlichen Ärger oder Ärger mit der Geschäftsleitung läßt er an seinen unterstellten Mitarbeitern aus.
    1. oft 2. relativ häufig 3. manchmal 4. selten 5. fast nie
                                                                                   1 2 3 4 5
24. Auch wenn er Fehler entdeckt, bleibt er freundlich.
    1. fast nie 2. selten 3. manchmal 4. häufig 5. fast immer
                                                                                    1 2 3 4 5
25. Er wartet, bis seine unterstellten Mitarbeiter neue Ideen vorantreiben, bevor er es tut.
    1. fast immer 2. häufig 3. manchmal 4. selten 5. fast nie
                                                                                    1 2 3 4 5
26. Er versucht, seinen unterstellten Mitarbeitern das Gefühl zu geben, daß er der „Chef" ist und sie unter ihm stehen.
    1. sehr stark 2. stark 3. etwas 4. kaum 5. überhaupt nicht
                                                                                    1 2 3 4 5
27. Er ist am persönlichen Wohlergehen seiner unterstellten Mitarbeiter interessiert.
    1. überhaupt nicht 2. wenig 3. etwas 4. relativ stark 5. sehr stark
                                                                                    1 2 3 4 5
28. Er paßt die Arbeitsgebiete genau den Fähigkeiten und Leistungsmöglichkeiten seiner unterstellten Mitarbeiter an.
    1. fast nie 2. selten 3. manchmal 4. häufig 5. fast immer
                                                                                    1 2 3 4 5
29. Der Umgangston mit seinen unterstellten Mitarbeitern verstößt gegen Takt und Höflichkeit.
    1. oft 2. relativ häufig 3. manchmal 4. selten 5. niemals
                                                                                    1 2 3 4 5
30. Er regt seine unterstellten Mitarbeiter zur Selbständigkeit an.
    1. überhaupt nicht 2. kaum 3. etwas 4. stark 5. sehr stark
                                                                                    1 2 3 4 5
31. In „Geschäftsflauten" zeigt er eine optimistische Haltung und regt zu größerer Aktivität an.
    1. überhaupt nicht 2. wenig 3. zu einem gewissen Grad 4. relativ stark 5. sehr stark
                                                                                    1 2 3 4 5
32. Nach Auseinandersetzungen mit seinen unterstellten Mitarbeitern ist er nachtragend.
    1. oft 2. relativ häufig 3. manchmal 4. selten 5. fast nie
                                                                                    1 2 3 4 5

Literatur

Abkürzungen

Acad. of Manag. J.	= Academy of Management Journal
ASQ	= Administrative Science Quarterly
Americ. Psychol.	= American Psychologist
Americ. Soc. Rev.	= American Sociological Review
Ann. Rev. Psychol.	= Annual Review of Psychology
DBW	= Die Betriebswirtschaft
Harv. Bus. Rev.	= Harvard Business Review
Hum. Relat.	= Human Relations
HWO	= Handwörterbuch der Organisation
HWP	= Handwörterbuch des Personalwesens
HWB	= Handwörterbuch der Betriebswirtschaft
Ind. Org.	= Industrielle Organisation
J. Abnorm. Soc. Psychology	= Journal of Abnormal and Social Psychology
J. Appl. Behav. Sci.	= Journal of Applied Behavioral Science
J. of Appl. Psych.	= Journal of Applied Psychology
J. of Pers. and Soc. Psych.	= Journal of Personality and Social Psychology
J. of Exp. Soc. Psych.	= Journal of Experimental Social Psychology
Org. Behav. and Hum. Perf.	= Organizational Behavior and Human Performance
Pers. Journ.	= Personnel Journal
Pers. Psych.	= Personnel Psychology
Psych. Bull.	= Psychological Bulletin
Psych. Monogr.	= Psychological Monographs
Psych. Rep.	= Psychological Reports
ZfB	= Zeitschrift für Betriebswirtschaft
ZfbF	= Schmalenbachs Zeitschrift für betriebswirtschaftliche Forschung
ZfO	= Zeitschrift für Organisation

Literaturverzeichnis

(Beinhaltet auch die in Band II ausgewertete Literatur)

Abbagnano, N.: Existentialism. In: Encycl. Brit., Chicago 1976.

Abrahamsson, B.: Conditions for participation in organizations: A research note, Dubrovnik, 13.–17. 12. 72, Vol. 4, Zagreb 1973.

Adams, J. S.: The structure and dynamics of behavior in organizational boundary roles; in: Dunnette, M. D. (Ed.): Handbook of industrial and organizational psychology, Chicago 1976, 1175f.

Adams, J. S.: Inequity in social change; in: Berkowitz, L. (Ed.): Advances in exp. social psychology, Vol. 2, New York/London, 1965, 267-299.
Adorno, T. W., et al.: The authoritarian personality, New York 1950.
Adorno, T. W., et al.: Der Positivismusstreit in der deutschen Soziologie, Neuwied/Berlin 1969.
Albach, H.: Welche Aussagen lassen Führungsgrundsätze von Unternehmen über die Auswirkung gesellschaftlicher Veränderungen auf die Willensbildung im Unternehmen zu? In: Albach, H./Sadowski, D. (Hrsg.): Die Bedeutung gesellschaftlicher Veränderungen für die Willensbildung in Unternehmungen, Berlin 1976.
Albach, H./Gabelin, Th.: Personalführung mit Führungsgrundsätzen; in: diess. (Hrsg.), Mitarbeiterführung, Wiesbaden 1977, S. 187ff.
Albert, H.: Wertfreiheit als methodisches Prinzip; in: Topitsch, E. (Hrsg.): Logik der Sozialwissenschaften, Köln/Berlin 1965.
Albert, H.: Traktat über kritische Vernunft, Tübingen 1968.
Albert, H./Topitsch, E. (Hrsg.): Werturteilsstreit, Darmstadt 1971.
Albert, H.: Konstruktion und Kritik, Hamburg 1972.
Alderfer, C. P.: Change processes in organizations. In: Dunnette, M. D. (Ed.): Handbook of industrial and organizational psychology, Chicago 1976, 1591f.
Alderfer, C. P.: An empirical test of a new theory of human needs, Org. Behav. and Hum. Perf., 1969, 4, 142-175.
Aldrich, H. E.: Technology and organization structure: A reexamination of findings of the Aston group, ASQ, 17, 1972, S. 26-43.
Aldrich, H. E.: The environment as a network of organizations: Theoretical and methodological implications. Toronto: VIII World Congress of Sociology. in: Crozier M./Thoenig, J. C. (Eds.): The regulations of complex systems, ASQ 1976, 21, 547-670.
Aldrich, H. E.: Organizational boundaries and inter-organizational conflict. Hum. Rel., 1971, 24, 279-293.
Alexander, F.: Introduction; in: Freud, S.: Group psychology and the analysis of the ego, New York 1965.
Allport, G. W./Odbert, H. S.: Trait-names: A psycho-lexical study, Psychol. Monogr. 1936, 47, Whole No. 211.
Allport, G. W.: Persönlichkeit, Stuttgart 1949.
Allport, G. W.: Traits revisited, Amer. Psych. 1966, 21, 1-10.
Alston, W. P.: Trait, consistency, and conceptual alternatives for personality theory, Journal for the Theory of Social Behavior, 1975, 5, 17-48.
Altman, K.: Choicepoints in the classification of scientific knowledge, in: Indik, B. P./Berrien, F. K. (Eds.) Peoples, Groups and Organizations, New York 1968, 47-72.
Anderson, R. C.: Learning in discussions: A resumee of the authoritarian-democratic studies, Harvard Educat. Rev., 1959, 201-215.
Anderson, N. H.: Equity judgements as information integration, J. of Person. and Soc. Psychol. 1976, 33, 291-299.
Angermeier, W.: Kontrolle des Verhaltens, Berlin/Heidelberg/New York 1972.
Antons, K.: Praxis der Gruppendynamik, 2. Aufl., Göttingen 1973.
Anzieu, D., et al.: Le travail psychoanalytique dans les groupes, Paris 1972.
Apfelbaum, E.: On conflicts and bargaining, in: Berkowitz, L. (Ed.): Advances in exp. soc. psychol., Vol. 7, New York/London 1974, 103-156.
Arendt, W. (Hrsg.): Mitbestimmung, Bonn 1976.
Argyle, M., et al.: Supervisory methods related to productivity, absentism, and labour turnover, Hum. Relat., 1958, 11, 23-39.
Argyle, M.: Social Interaction, London 1969, dt. 1975.
Argyle, M.: The social psychology of work, Harmondsworth 1972.
Argyris, Chr.: Personality and Organization, New York 1957.
Argyris, Chr.: Interpersonal competence and organizational effectiveness, Homewood, Ill., 1962.

Argyris, Chr.: Organization and innovation, Homewood, Ill., 1965.
Argyris, Chr.: The applicability of organizational sociology. New York, Cambridge University Press 1972.
Argyris, Chr.: Personality and organization theory revisited, ASQ 1973, 18, 141-167.
Argyris, Chr.: Problems and new directions for industrial psychology; in: Dunnette, M. (Ed.): Handbook of industrial and organizational psychology, Chicago 1976, 151-184.
Argyris, Chr./Schön, D. A.: Theory in practice, San Francisco, Cal., 1976.
Argyris, Chr.: Gefahren bei Anwendung von Ergebnissen aus der experimentellen Sozialpsychologie. In: P. Gottwald/Kraiker, Chr. (Hrsg.): Zum Verhältnis von Theorie und Praxis in der Psychologie, München 1976.
Aristoteles: Über Herrn und Sklaven. In: Kunczik, M. (Hrsg.): Führung, Düsseldorf 1972, 9-16.
Arnstein, F./Feigenbaum, K. D.: Relationship of three motives to choice in the prisoner's dilemma, Psych. Report, 1967, 20, 751-755.
Arvey, R. D./Dewhirst, H. D.: Relationships between goal clarity, participation in goal setting and personality characteristics on job satisfaction in a scientific organization, J. of Appl. Psychol. 1976, 61, 1, 103-105.
Asch, S. E.: Forming impressions of personality. J. Abnorm. Soc. Psychol. 1946, 41, 253-290.
Aschauer, E.: Führung, Stuttgart 1970.
Ashby, W. R.: Design for a brain, New York 1954 (dt.).
Ashby, W. R.: Principles of the self-organizing system; in: Walter Buckley (Ed.): Modern systems research for the behavioral scientist, Aldine 1968, 108-118.
Ashour, A. S.: The contingency model of leadership effectiveness: An evaluation, Org. Behav. and Hum. Perform., 1973, 9, 339f.
Assael, H.: Constructive role of interorganizational conflict, ASQ 1969, 14, 573-582.
Atkinson, J. W.: An introduction to motivation, Princeton, New Jersey, 1964 (dt. Stuttgart 1975).
Ausschuß für Soziale Betriebsgestaltung bei der BDA: Führungsgrundsätze, in: Informationen für die Betriebsleitung Nr. 38, 1976.
Austin, W., et al.: Equity and the law: The effect of a harmdoer's „Suffering in the act" on liking and assignment punishment, in: Berkowitz, L./Walster, E. (Eds.): Equity theory: Toward a general theory of social interaction, New York 1976, 163-191.
Azrin, N. H./Lindsley, O. R.: The reinforcement of cooperation between children, J. Abn. and Soc. Psych., 1956, 52, 100-102.
Bacharach, S. B./Aiken, M.: Communication in administrative bureaucracies, Acad. of Manag. J., 1977, 20, 3, 365-377.
Bärsch, H.: Fallstudie Krupp: 139 Jahre Verhaltensleitsätze und kein Ende, hekt. Vortragsmanuskript, Essen 1977.
Bales, R. F.: The equilibrium problem in small groups, in: Parsons, T. et al. (Eds.): Working papers in the theory of action, Glencoe, III, 1953, 111-161.
Bales, R. F./Slater, P. E.: Role differentiation in small decision-making groups, in: Parsons, T./Bales, R. F. (Eds.): Family, socialization and interaction process, New York/London, 1955, 259-306.
Bales, R. F.: Personality and interpersonal behavior, New York 1970.
Ballerstedt, E.: Selbstbestimmung oder Entfremdung, in: Fricke, W./Geißler, A. (Hrsg.): Demokratisierung der Wirtschaft, Hamburg 1973, 196-207.
Banbury, J.: Optimality and information system design. Paper read at International Research Conference on Operational Research, Chester 1973.
Bandura, A.: Principles of behavior modification, New York 1969.
Banner, G.: Ziel- und ergebnisorientierte Führung in der Kommunalverwaltung, Archiv f. Kommunalwiss., 1975, 14, 22-39.
Barck, K. et al.: Perspektiven des technischen Wandels und soziale Interessenlage, Göttingen 1974.

Barnard, Ch.: The functions of executive, 17. ed., Cambridge, Mass. 1966 (orig. 1938).
Barnard, Ch.: Über die Funktionen und die Pathologie von Statussystemen in formalen Organisationen, in: Barnard, Ch.: Organisation und Management, Stuttgart 1969.
Barnard, Ch.: Organisation und Management, Stuttgart 1969 (orig. Harvard 1948).
Barnes, L. B.: Organisational systems and engineering groups: A comparative study of two technical groups in industry, Division of research, Havard Business School, Boston 1960.
Barret, G. V./Bass, B. M.: Cross-cultural issues in industrial and organizational psychology. In: Dunnette, M. (Ed.): Handbook of industrial and organizational psychology, Chicago 1976, 1639 f.
Barrow, J. C.: The variables of leadership: A review and conceptual framework, The Academy of Management Review, 1977, 2, 231-251.
Bartölke, K.: Methodologische und anwendungstechnische Aspekte eines Führungskonzeptes am Beispiel von MbO (Management by Objectives) in: Nieder, P. (Hrsg.): Führungsverhalten im Unternehmen, München 1977, 109-123.
Bass, B. M.: Leadership, psychology and organizational behavior, New York 1960.
Bass, B. M.: Organizational life in the 70's and beyond, Pers. Psych. 1972, 25, 19-30.
Bass, B. M.: Die Wirklichkeit und das Schattenbild, in: Zum Verhältnis von Theorie und Praxis in der Psychologie, Hrsg.: „Gesellschaft zur Förderung der Verhaltenstherapie e. V.", Bochum 1976, 1, 87-120.
Bass, B. M./Ryterband, E. C.: Work and organizational life in 2001, in: Dunnette, M. D. (Ed.): Work and Nonwork in the year 2001, Belmont 1973, 134-153.
Bass, B. M./Valenzi, E. R.: Contingent aspects of effective management styles, in: Hunt, J. G./Larson, L. L. (Eds.): Contingency approaches to leadership, London/Amsterdam 1974.
Bastine, R.: Gruppenführung, in: Graumann, C. F. (Hrsg.): Handbuch der Psychologie, 7/2, Göttingen, 1972, 1654-1709.
Baugut, G./Krüger, S.: Unternehmensführung, Opladen 1976.
Baumgarten, R.: Betriebliche Führungsstile, Diss. Berlin 1974.
Baumgarten, R.: Führungsstile und Führungstechniken, Berlin 1977.
Bavelas, A.: Leadership, man and function. ASQ 1960, 4, 491-498.
Bayrisches Staatsministerium f. Arbeit u. Sozialordnung (Hrsg.): Wo drückt uns der Schuh?, Reg. Nr. 10/76/12, München 1976.
Beck, Edward M.: Conflict, change and stability: A reciprocal interaction in schools, Social Forces, 52: 268-279, 1974.
Becker, B.: Aufgabentyp und Organisationsstruktur von Verwaltungsbehörden, in: Die Verwaltung, 1976, 3, 273-296.
Beckerath, P. G. v.: Führungsgrundsätze – ein Instrument zur Bewältigung von Führungsproblemen im Arbeitsprozeß?, Verwaltung u. Fortbildung, 1976, 4, 2, 63-75.
Beckhard, R.: Organizational development. Strategies and models, London 1969.
Beer, M.: The technology of organizational development, in: Dunnette, M. D. (Ed.): Handbook of industrial and organizational psychology, Chicago 1976, 937-995.
Bell, C. R.: Informal learning in organizations. Person. J. 1977, 56, 280 ff.
Bendix, R.: Work and authority in industry, Berkeley 1974.
Bendixen, P.: Kreativität und Unternehmensorganisation, Köln 1976.
Benne, K. D.: History of the T-Group in the laboratory setting, in: Bradford, L. P. et al. (Eds.): T-group theory and laboratory method, New York 1964.
Benne, K. D.: The moral orientation of laboratory methods of education and changing, in: Bennis, W. G. et al. (Eds.): The planning of change, New York 1976.
Bennis, W. G.: Organizational developments and the fate of bureaucracy, 1964, in: Scott, W. E./Cummings, L. L. (Eds.): Readings in organizational behavior and human performance, Homewood, Ill., 1973, 327-339.
Bennis, W. G.: Leadership theory and administrative behavior: The problems of authority, ASQ Dec 1959, 4, 259-301.

Bennis, W. G.: Theory and method in applying behavioral science for planned organizational change. J. Appl. Behav. Sci. 1965, 1, 337-360.
Bennis, W. G.: Organisationsentwicklung, Hamburg 1974.
Bennis, W. G.: A funny thing happened on the way to the future, Am. Psychol. 1970, 25, 595-608.
Bennis, W. G., et al. (Eds.): The planning of change, New York, 3. ed., 1976.
Benson, K.: The organizational network as a political economy. Toronto: VIII World congress of sociology 1974.
Berg, C./Sjöstrand, S.-E.: Organisationspraktik, Lund 1977.
Berger, P. L./Luckmann, T.: Die gesellschaftliche Konstruktion der Wirklichkeit, Frankfurt 1970 (engl. 1966).
Bergius, R.: Sozialpsychologie, Hamburg 1976.
Bergler, R./Six, B.: Stereotype und Vorurteile. In: Graumann, C. F. (Hrsg.): Handbuch der Psychol. Bd. 7/2, Göttingen 1972, 1371 ff.
Bergler, R. (Hrsg.): Das Eindrucksdifferential, Bern 1975.
Berkowitz, L. (Ed.): Roots of aggression, New York 1969.
Berkowitz, L./Walster, E. (Eds.): Equity Theory: Toward a general theory of social interaction. Advances in exp. social psychology, Vol. 9, New York 1976.
Berle, A. E.: Power, New York 1969.
Bernstein, P.: Workplace democratization: Its internal dynamics, Kent State University Press, 1976.
Berthel, J.: Determinanten menschlicher Leistungseffizienz im Betrieb. ZfbF, 1973, 6, 383-397.
Berthel, J.: Zielorientierte Unternehmenssteuerung, Stuttgart 1973.
Berthel, J.: Strukturierung und Operationalisierung von Zielsystemen in der Unternehmung, in: Wild, J. (Hrsg.): Unternehmungsführung, Berlin 1974.
Bessai, B.: Eine Analyse des Begriffs Management in der deutsch-sprachigen betriebswirtschaftl. Literatur, ZfbF, 1974, 26, 353-362.
Biddle, B. J./Thomas, E. J. (Eds.): Role theory: Concepts and research, New York 1966.
Bidlingmaier, J.: Unternehmerische Zielkonflikte und Ansätze zu ihrer Lösung. ZfB 1968, 38, 149-176.
Bieding, F./Scholz, K.: Personalführungssysteme, Köln 1971.
Bieding, F./Scholz, K.: Management-Modelle in der Praxis, Köln 1973.
Bihl, G.: Von der Mitbestimmung zur Selbstbestimmung, München 1973.
Bilitza, K.: Organisationspsychologische Aspekte der Forschung; Gruppendynamik 1978, 9, 11-22.
Bion, W. R.: Experiences in groups, London 1961, (dt.).
Birnbacher, D./Hoerster, N. (Hrsg.): Texte zur Ethik, München 1976.
Blackler, F./Brown, C. A.: Organizational Psychology: Good intentions and false promises, Human Relat. 1978, 31, 4, 333-351.
Blai, B.: An occupational study of job satisfaction and need satisfaction, The Journ. of Exp. Education 1964, 32, 4, 383-388.
Blake, R./Mouton, J. S.: Verhaltenspsychologie im Betrieb, Düsseldorf/Wien 1968.
Blake, R./Mouton, J. S.: Building a dynamic corporation through grid organization development, Read. Mass. 1969.
Blau, P. M.: The dynamics of bureaucracy, Chicago 1955.
Blau, P. M.: Exchange and power in social life, New York 1964.
Blau, P. M.: The hierarchy of authority in organizations, American Journal of Sociology, 1968, 73, 453-467.
Blau, P. M.: A formal theory of differentiation in organizations, Social Science Research, 1972, 1, 1-24.
Blau, P. M.: The organization of academic work, New York 1973.
Blau, P. M. et al.: Technology and organization in manufacturing, ASQ 1976, 21, 20-40.

Blau, P. M./Schoenherr, R.: The structure of organizations, New York 1971.
Blau, P. M./Scott, R. W.: Formal organizations, London 1964.
Blau, P. M.: Social exchange, in: Sills, D. L. (Ed.): International encyclopedia of the social sciences, Vol. 7, New York 1968, 452-457.
Blauner, R.: Alienation and freedom, Chicago 1964.
Bleicher, K.: Koordinationsorgane, in: Grochla, E. (Hrsg.): Handwörterbuch der Organisation, Stuttgart 1969, 899-909.
Bleicher, K.: Span of control, in: Grochla, E. (Hrsg.): Handwörterbuch der Organisation, Stuttgart 1969, 1531-1536.
Bleicher, K.: Zentralisierung/Dezentralisierung, in: Grochla, E. (Hrsg.): Handwörterbuch der Organisation, Stuttgart 1969, 1802-1816.
Bleicher, K.: Zur Organisation von Leitung und Führung in der Verwaltung, in: Michalski, W. (Hrsg.): Leistungsfähigkeit und Wirtschaftlichkeit in der öffentlichen Verwaltung, Hamburg 1970.
Bleicher, K.: Perspektiven für Organisation und Führung von Unternehmungen, Baden-Baden 1971.
Bleicher, K.: Zur Zentralisation und Dezentralisation von Entscheidungsaufgaben der Unternehmung, in: Grochla, E. (Hrsg.): Unternehmensorganisation, Reinbek 1972, 72-87.
Bleicher, K.: Führungsstile, Führungsformen und Organisationsformen, 1969, in: Grochla, E. (Hrsg.): Management, Düsseldorf/Wien 1974, 187-204.
Bleicher, K.: Kollegien, in: Grochla, E. (Hrsg.): Handwörterbuch der Betriebswirtschaft, 4. Aufl., Stuttgart 1975, 2157-2169.
Bleicher, K./Meyer, E.: Führung in der Unternehmung, Reinbek 1976.
Bleicher, K.: Unternehmungsentwicklung und organisatorische Gestaltung, Stuttgart 1979.
Blum, G. S.: Psychoanalytic theories of personality, New York 1953.
Bochenski, J. M.: Die zeitgenössischen Denkmethoden, Bern/München, 3. Aufl., 1965.
Böhnisch, W.: Personale Widerstände bei der Durchsetzung von Innovationen, Stuttgart 1979.
Böhret, C./Junkers, M. T.: Führungskonzepte für die öffentliche Verwaltung, Stuttgart 1976.
Böhrs, H.: Arbeit, in: Grochla, E. (Hrsg.): Handwörterbuch der Organisation, Stuttgart 1969, 85-88.
Boesch, E. E./Eckensberger, L. H.: Methodische Probleme des interkulturellen Vergleichs, in: Graumann, C. F. (Hrsg.): Handbuch der Psychologie, Bd. 7/1, Sozialpsycholog., Göttingen 1969, 515-566.
Bohle, M.: Leistung, Erfolg und Leistungskonflikte in bürokratischen Organisationen, Meisenheim 1977.
Bonner, H.: Group dynamics, New York 1959.
Bormann, E. G., et al.: Interpersonal communication in the modern organization, New Jersey 1969.
Bosch, M.: Die Leute behandeln als ob sie Menschen seien, Starnberg 1974.
Bosetzky, H.: Grundzüge einer Soziologie der Industrieverwaltung, Stuttgart 1970.
Bosetzky, H.: Zur Erzeugung von Eigenkomplexität in Großorganisationen, ZfO 1976, 279-285.
Bosetzky, H.: Machiavellismus, Machtkumulation und Mikropolitik, ZfO 1977, 3, 121-125.
Boulding, K. E.: The dodo didn't make it: survival and betterment, Bulletin of Atomic Scientists, 1971, 27, 19-22.
Bowers, D. G./Seashore, S. E.: Predicting organizational effectiveness with a four-factor theory of leadership, ASQ 1966, 11, 238-63.
Bowers, D. G.: OD-techniques and their results in 23 organizations. J. Appl. Behav. Sci. 1973, 9, 21-43.

Bowers, K. S.: Situationism in psychology, Psych. Rev. 1973, 80, 307-336.
Bradford, L. P., et al.: T-group theory and laboratory method. New York 1964; dt.: Änderung des Sozialverhaltens, Stuttgart 1975.
Bräutigam, W./Christian, P.: Psychosomatische Medizin, Stuttgart 1973.
Brandt, U./Köhler, B.: Norm und Konformität, in: Handbuch d. Psych., Bd. 7/2, Hrsg.: C. F. Graumann: Sozialpsychologie, Göttingen, 1972, 1711.
Brandt, G./Kündig, B. et al.: Computer und Arbeitsprozeß, Frankfurt 1978.
Brandt, R. B.: Drei Formen des Relativismus, in: Birnbacher, D./Hoerster, N. (Hrsg.): Texte zur Ethik, München 1976.
Braun, H.: Rangordnung im Betrieb, in: Gaugler, E. (Hrsg.): Handwörterbuch des Personalwesens, Stuttgart 1975, 1751-1762.
Bravermann, H.: Die Arbeit im modernen Produktionsprozeß, Frankfurt 1977.
Brayfield, A. H./Crockett, W. H.: Employee attitudes and employee performance, Psych. Bull. 1955, 52, 396-424.
Brecht, A.: Die Geschäftsordnung des Reichsministeriums – Zugleich ein Lehrbuch der Büroreform, Bern 1927.
Brenner, Ch.: Grundzüge der Psychoanalyse, Frankfurt 1976.
Brezinka, W.: Grundbegriffe der Erziehungswissenschaft, 2. Aufl., München 1975.
Brickenkamp, R.: Handbuch psychologischer und pädagogischer Tests, Göttingen 1975.
Brightford, E. G.: Wie entwickeln wir einen eigenen Führungsstil? Ind. Org. 1974, 43, 143-47.
Brinkmann-Herz, D.: Die Unternehmensmitbestimmung in der BRD, Köln 1975.
Brocke, B.: Instrumentelle Prognosen, Freiburg 1978.
Brockhaus Enzyklopädie, Wiesbaden 1973.
Brown, A.: Organization – A formulation of principles, New York 1945.
Brown, M.: Identification and some conditions of organizational involvement, ASQ, 1969, 14, 346-355.
Bruggemann, A., et al.: Arbeitszufriedenheit, Bern/Stuttgart/Wien 1975.
Bruner, J. S./Tagiuri, R.: The perception of people, in: Lindzey, G. (Ed.): The Handbook of Social Psychology, Vol. 1, Read., Mass., 1954, 634-654.
Buchanan, B.: Building organizational commitment: The socialization of managers in work organizations, ASQ 1974, 19, 533-546.
Buckley, W.: Sociology and modern systems theory. Englewood Cliffs, N. J. 1967.
Bücher, K.: Arbeit und Rhythmus. 1899.
Bühl, W. L.: Einleitung: Reduktionismus – die Soziologie als Naturwissenschaft, in: Bühl, W. L. (Hrsg.): Reduktionistische Soziologie, München 1974.
Bühl, W. L. (Hrsg.): Konflikt und Konfliktstrategie, München 1974.
Bühl, W. L.: Theorien sozialer Konflikte, Darmstadt 1977.
Bühler, Ch.: Die Rolle der Werte in der Entwicklung der Persönlichkeit und in der Psychotherapie, Stuttgart 1974.
Bühler, Ch./Allen, M.: Einführung in die Humanistische Psychologie, Stuttgart 1974.
Bühner, R.: Zum Situationsansatz in der Organisationsforschung, ZfO 1977, 2, 67-74.
Bürgin, U. O.: Der kooperative Führungsstil, Bern/Stuttgart 1972.
Bundesminister des Inneren (Hrsg.): Richtlinien für die Zusammenarbeit und den Personaleinsatz, Bonn 1975.
Bundesminister der Verteidigung: Hilfen für die Innere Führung – ZDV 10/1, Bonn 1972.
Bundesministerium für Arbeit und Sozialordnung: Sozialpolitische Information v. 8. 5. 1974, Sonderausgabe, Forschung zur Humanisierung des Arbeitslebens.
Bundesminister für Arbeit und Sozialordnung: Entwurf eines Arbeitsgesetzbuches, Bonn 1977.
Bunge, M.: Scientific Research, I, II, Berlin/Heidelberg/New York 1967.
Bunz, A. R., et al.: Qualität des Arbeitslebens, Bonn-Bad Godesberg 1973.

Burke, P. J.: Role differentiation and the legitimation of task activity, Sociometry 1968, 31, 404-411.
Burke, P. J.: Leadership role differentiation, in: McClintock, C. G. (Ed.): Experimental social psychology, New York 1972, 514-546.
Burkhardt: Mitbestimmung, in: Gaugler, E. (Hrsg.): Handwörterbuch des Personalwesens, Stuttgart 1975, 1373f.
Burns, T./Stalker, G. M.: The management of innovation, London 1961.
Burns, I. M.: Leadership, New York 1978.
Buth, W.: Unternehmensführung, Stuttgart 1977.
Byrne, D./Grifitt, W.: Interpersonal attraction, Annual Review 1973, 24, 317-336.
Campbell, D. T.: An error in some demonstrations of the superior social perceptiveness of leaders, J. of Abn. Soc. Psychol. 1955, 51, 694-695.
Campbell, J. P., et al.: Managerial behavior, performance and effectiveness, New York 1970.
Campbell, J. P./Pritchard, R. D.: Motivations theory in industrial and organizational psychology, in: Dunnette, M. D. (Ed.): Handbook of industrial and organizational psychology, Chicago 1976, 63-130.
Campbell, J. P.: Psychometric theory, in: Dunnette, M. D. (Ed.): Handbook of industrial and organizational psychology, Chicago 1976, 185-222.
Canetti, E.: Masse und Macht, Hamburg 1960.
Caplow, Th.: Organizational size, ASQ 1957, 1, 484-505.
Caplow, Th.: Principles of organization, New York 1964.
Carnap, R.: Einführung in die Philosophie der Naturwissenschaft, München 1969.
Cartwright, D. (Ed.): Studies in social power, Ann Arbor, 1959.
Cartwright, D.: The nature of group cohesiveness, in: Cartwright, E./Zander, A. (Eds.): Group dynamics, New York 1968, 91-109.
Cartwright, D./Zander, A. (Eds.): Group dynamics, New York 1968.
Cattel, R. B.: New concepts for measuring leadership in terms of group syntality, Hum. Relat. 1951, 4, 161-184.
Carvell, F. J.: Human relations in business, New York 1975.
Centers, R./Bugental, D. E.: Intrinsic and extrinsic job motivations among different segments of the working population, J. of Applied Psych. 1966, 50, 3, 193-197.
Chadwick-Jones, J. K.: Social exchange theory: its structure and influence in social psychology, London 1976.
Champion, D./Britterton, H.: On organization size and administrative ratios. Pac. Soc. Rev. 1974, 17, 98-106.
Chell, E.: A study of situational (cooperative/competitive) and personality („High" and „Low" Participation) factors on the role enactment of human realtions problems, Hum. Relat. 1976, 29, 11, 1061-1081.
Chemers, M. M./Rice, R. W.: A theoretical and empirical examination of Fiedler's contingency model of leadership effectiveness, in: Hunt, J. G./Larson, L. L. (Eds.): Contingency approaches to leadership, London/Amsterdam 1974, 91-123.
Chenu, M. D.: Arbeit. In: Ritter, J. (Hrsg.): Hist. Wörterbuch d. Philosophie, Darmstadt 1971.
Cherry, F./Byrne, D.: Authoritarism, in: Blass, T. (Ed.): Personality variables in social behavior, New York 1977, 109-134.
Child, E.: The essentials of factor analysis, London 1970.
Child, J.: The business enterprise in modern industrial society, London 1969.
Child, J./Mansfield, R.: Technology, size and organizational structure, Sociology, 1972, 6, 369-393.
Child, J.: More myth of management organization? Journal of management studies, 1970, 7, 376-390.
Child, J.: Organizational structure, environment and performance: The role of strategic choice, Sociology, 1972a, 6, 2-22.

Child, J.: Organization structure and strategies of control: A replication of the Aston study, ASQ 1972b, 17, 163-177.

Child, J.: Parkinson's progress: Accounting for the number of specialists in organizations, ASQ 1973a, 18, 328-346.

Child, J., et al.: Towards an organizational study of trade unions, Sociology, 1973b, 7, 71-91.

Child, J.: Strategies of control and organizational behavior, ASQ 1973c, 18, 1-17.

Child, J.: Predicting and understanding organization structure, ASQ 1973d, 18, 168-185.

Child, J.: Participation, organization and social cohesion, Hum. Rel. 1976, 29, 5, 429-451.

Child, J./Ellis, T.: Predictors of variation in managerial roles. Hum. Rel. 1973, 26, 227-250.

Child, J./Kieser, A.: Organization and managerial roles in British and West German Companies. Arbeitspapier 7/75, Institut für Unternehmensführung, FU Berlin 1975.

Chmielewicz, K.: Arbeitnehmerinteressen und Kapitalismuskritik in der Betriebswirtschaftslehre, Reinbek 1975.

Chmielewicz, K., et al.: Die Mitbestimmung im Aufsichtsrat und Vorstand. Darstellung, Vergleich und Kritik der rechtlichen Regelungen aus juristischer und betriebswirtschaftlicher Sicht. DBW 1977, 37, 105-145.

Christie, R./Jahoda, M.: Studies in the scope and method of the Authoritarian Personality, Glencoe 1954.

Claessens, D.: Rolle und Macht, München 1968.

Clark, P. A.: Organization design, London 1972.

Clark, P. A.: Action research and organizational change, London 1972.

Clarke, R. D., et al.: Worker's participation in management in Britain, London 1972.

Clauss, G./Ebner, H.: Grundlagen der Statistik, Ffm/Zürich 1970.

Coch, L./French, J. R. P.: Overcoming resistance to change, Hum. Rel. 1948, 1, 512-532.

Coenenberg, A. G.: Die Kommunikation in der Unternehmung, Wiesbaden 1966.

Cofer, C. N./Appley, M. H.: Motivation: Theory and research, New York 1964.

Cohen, A. M., et al.: Experiments in organizational unbeddedness, ASQ 1969, 14, 208-221.

Cohen, M. V., et al.: A garbage can model of organizational choice, in: ASQ 1972, 17.

Colin, J. M.: After X and Y comes Z., Personn. J. 1971, 50, 56ff.

Collins, B. E./Guetzkow, H.: A social psychology of group processes for decision making, New York 1964.

Collins, B. E./Raven, B. H.: Group structure: attraction, coalitions, communication, and power, in: Lindzey, G./Aronson, E. (Eds.): The Handbook of Soc. Psych., Vol. 4, Read. Mass. 1969, 102-204.

Cook, T. D. et al.: The construct validity of relative deprivation, in: Suls, J. M./Miller, R. L. (Eds.): Social comparison processes, New York 1977, 307-333.

Cook, H./Stingle, S.: Cooperative behavior in children, Psych. Bull. 1974, 81, 12, 918-33.

Cooper, C. L./Payne, R. L. (Eds.): Stress at work, Chicester 1978.

Cooper, M. R. et al.: Mitarbeiter mit neuen Wertmaßstäben – mehr Unzufriedenheit am Arbeitsplatz, in: Harvard manager, 1979, 3, 112-127.

Corwin, R. G.: Patterns of organizational conflict, ASQ 1969, 14, 507-520.

Cozby, P. C.: Self-disclosure: A literature review, Psych. Bull. 1974, 79, 2, 73-90.

Cronbach, L. J.: Processes affecting scores on ,,understanding" of others and ,,assumed similarity", Psych. Bull. 1955, 52, 177-193.

Crosby, F.: A model of egoistical relative deprivation, Psychological Review, 1976, 83, 2, 85–113.

Crott, H., et al.: Verhandlungen, I, Stuttgart 1977a.

Crott, H., et al.: Verhandlungen, II, Stuttgart 1977b.

Crott, H.: Soziale Interaktion und Gruppenprozesse, Stuttgart 1979.

Crotty, W. J.: The party organization and its activities. In: Approaches to the study of party organizations, New York 1967.
Crowe, B. J. et al.: The effects of subordinates' behaviour on managerial style, Hum. Relat. 1972, 25, 3, 215-237.
Crozier, M.: The bureaucratic phenomenon, Chicago 1964.
Crozier, M.: The cultural determinants of organizational behavior. In: Neghandi, A. R. (Ed.): Modern organizational theory, Kent, Ohio, 1973.
Crozier, M.: The relationship between micro and macro sociology. Hum. Rel. 1972, 25, 239-251.
Crozier, M./Thoenig, J. C.: The regulation of complex systems, ASQ 1976, 21, 547-670.
Crozier, M.: Comparing structures and comparing games. In: Hofstede G./Sami Kassem, M. (Eds.): European contributions to organization theory, Assen, Amsterdam 1976.
Cube, F. v.: Gesamtschule – aber wie? Stuttgart 1972.
Cupei, J., et al.: Aspekte für die Formulierung von Führungsleitsätzen – noch unveröffentl. Manuskript der Bundesakademie für Öffentliche Verwaltung, Bonn 1976.
Cyert, R. M./Mac Crimmon, K. R.: Organization, in: Lindzey, G./Aronson, E. (Eds.): The Handbook of Social Psychology, Vol. 1, Read., Mass. 1969.
Cyert, R. M./March, J. G.: A behavioral theory of the firm, Englewood Cliffs, New Jersey 1963.
Dachler, H. P./Wilpert, B.: Conceptual dimensions and boundaries of participation in organizations: A critical evaluation, ASQ 1978, 23, 1-39.
Dahl, R. A.: The concept of power, Behav. Science, 1957, 2, 201-15.
Dahms, K.: Über die Führung, München/Basel 1963.
Dahrendorf, R.: Homo sociologicus, 5. Aufl., Köln/Opladen 1974.
Dale, E.: Management, New York 1965.
Damkowski, W.: Managementkonzepte und Managementtechniken – Ihre Anwendung und Eignung in der öffentlichen Verwaltung, 1. Teil, ZfO 1975, 3, 153-160.
Däumling, A. M., et al.: Angewandte Gruppendynamik, Stuttgart 1974.
Davis, K.: Human relations at work, New York 1967^3.
Davis, K./Blake, J.: Norms, values and sanctions, in: Faris, R. E. L. (Ed.): Handbook of modern sociology, Chicago 1964, 456-484.
Davis, L. E.: Evolving alternative organization designs: Their sociotechnical bases. Hum. Rel. 1977, 30, 261-273.
Davis, L. E./Taylor, J. C.: Design of jobs, Harmondsworth 1972.
DDR Handbuch, Köln 1975.
de Charms, R./Muir, M. S.: Motivation: Social approaches, Ann. Rev. Psychol., 1978, 29, 91-113.
Deci, E. L.: Intrinsic motivation, London 1975.
Degelmann, A.: Arbeitskontrolle, in: Gaugler, E. (Hrsg.): Handwörterbuch d. Personalwesens, Stuttgart 1975, 186f.
Devereux, G.: Angst und Methode in den Verhaltenswissenschaften, München o. J., Orig. 1967.
Deutsch, M.: A theory of cooperation and competition, Hum. Relat. 1949, 2, 129-152.
Deutsch, M.: The effect of motivational orientation upon trust and suspicion, Hum. Relat. 1960, 13, 123-139.
Deutsch, M.: Cooperation and trust: Some theoretical notes, in: Jones, M. R. (Ed.): Nebraska Symposium of motivation, 1962, 275-318.
Deutsch, M., et al.: Strategies of inducing cooperation: an experiment study, Journ. of conflict resoul., 1967, XI, 3, 346-360.
Deutsch, M.: Konfliktregelung, München 1976 (engl. 1973).
Dill, W. R.: Environment as an influence on managerial autonomy, ASQ 1958, 2, 409-443.
Dill, W. R., et al.: The new managers, Englewood Cliffs, New Jersey 1962.
Dill, W. R.: The impact of environment on organizational development, in: Mailick, S./

van Ness, E. H. (Eds.): Concepts and issues in administrative behavior, Englewood Cliffs, New Jersey 1962, 94-109.

Dlugos, G. (Hrsg.): Unternehmungsbezogene Konfliktforschung, Stuttgart 1979.

Dlugos, G.: Mitbestimmung, in: Grochla, E. (Hrsg.): Handwörterbuch der Organisation, 2. Aufl., Stuttgart 1980.

Dorfmann, J.: The economic mind in american civilization, Bd. 1, 1606-1865, New York 1946/1966.

Dorow, W.: Unternehmungskonflikte als Gegenstand unternehmungspolitischer Forschung, Berlin 1978.

Dorow, W./Grunwald, W.: Konflikte in Organisationen, in: Neubauer, M./Rosenstiel, L. (Hrsg.): Handbuch der angewandten Psychologie, Bd. 1, München 1980.

Drever, J./Fröhlich, W. D.: Wörterbuch zur Psychologie, München 1971.

Drexler, J. A. jr.: Organizational climate: Its homogenity within organizations, J. of Appl. Psychol., 1977, 62, 1, 38-42.

Driscoll, J. W.: Trust and participation in organization decision making as predictors of satisfaction, Acad. of Manag. Journ. 1978, 21, 1, 44-56.

Drucker, P.: What results do you expect? Publ. Admin. Rev. 1976.

Dubin, R.: Decision-making by management in industrial relations, Am. J. Sociol. 1949, 54, 292-297.

Dubin, R.: Supervision and productivity: Empirical findings and theoretical considerations, in: Dubin, R. et al. (Eds.): Leadership and productivity, Scanton 1965, 1-50.

Dubin, R., et al.: Central life interests and organizational commitment of blue-collar and clerical workers, ASQ 1975, 20, 411-421.

Dubin, R. (Ed.): Handbook of work, organization and society, Chicago 1976.

Duchini, P.: Lavoro. In: Enciclopedia filosofica. Firenze 1967.

Dullien, M.: Flexible Organisation, Opladen 1972.

Dullien, M.: Zur Anatomie des Projekt-Management, ZfO 1974, 5, 261-265.

Dullien, M.: Perspektiven des Matrix-Projekt-Management, ZfO 1975, 4, 187-190.

Dumont du Voit, R. et al.: Initiatoren von Reorganisationsprozessen, München 1976.

Duncan, R. B.: Characteristics of organizational environments and perceived environmental uncertainty, ASQ 1972, 17, 313-327.

Dunnette, M. D./Kirchner, W. K.: Psychology applied to industry, New York 1965.

Dunnette, M. D., et al.: Factory contributing to job satisfaction and job dissatisfaction in six occupational groups, Org. Behav. and Hum. Perf. 1967, 2, 143-174.

Dunnette, M. D. (Ed.): Handbook of industrial and organizational psychology, Chicago 1976.

Eckardstein, D. v./Schnellinger, F.: Betriebliche Personalpolitik, München 1973.

Ehmcke, H.: Keine Angst vor dem Fortschritt. Die Zeit, Nr. 18, 1977, S. 3.

Eichhorn, W., et al.: Wörterbuch der marxistisch-leninistischen Soziologie, 2. Aufl., Opladen 1971.

Eismann, B.: Some operational measures of cohesiveness and their interrelations, Hum. Rel. 1959, 12, 183-189.

Ekstein, R./Wallerstein, R. S.: The teaching and learning of psychotherapy, New York 1972.

Ellenberger, H. F.: The discovery of the unconscious, New York 1970, dt. 1973.

Elias, N.: Über den Prozeß der Zivilisation, Frankfurt 1977.

Emerson, R. M.: Social exchange theory, in: Ann. Review of Sociology, Palo Alto, 1976, Vol. 2.

Emery, F. E./Trist, E. L.: The causal texture of organizational environments, Hum. Rel. 1965, 18, 21-32.

Emery, F. E./Thorsrud, E.: Form and content in industrial democracy, London 1969.

Endler, N. S./Magnusson, D. (Eds.): Interactional psychology and personality, New York 1973.

Endress, R.: Strategie und Taktik der Kooperation, Berlin 1975.

England, G. W.: Personal value systems of american managers, Acad. of Manag. Journ. 1967, 10, 53-68.
England, G. W.: The manager and his values: An international perspective, Cambridge, Mass. 1975.
Erikson, E. H.: Childhood and society, New York 1963, (dt.).
Erikson, E. H.: Der junge Mann Luther, Reinbek 1970.
Erikson, E. H.: Die Goldene Regel im Licht neuer Einsicht, in: Erikson, E. H.: Einsicht und Verantwortung, Frankfurt 1971.
Erikson, E. H.: Identity and the life cycle. New York 1959; dt.: Identität und Lebenszyklus, Frankfurt 1966.
Erikson, E. H.: Jugend und Krise, Stuttgart 1970.
Erikson, E. H.: Haben und Sein, Frankfurt 1976.
Erlenkämper, R.: Reduktives Erkennen, München/Basel 1976.
Erzabtei Beuron (Hrsg.): Die Regel des Hl. Benedikt, Beuron o. J.
Eschenburg, T.: Über Autorität, Frankfurt 1976.
Esser, W. M.: Individuelles Konfliktverhalten in Organisationen, Stuttgart 1975.
Essler, W. K.: Wissenschaftstheorie, Bd. 1-3, München 1970/1973.
Etzioni, A.: Soziologie der Organisationen, München 1967.
Etzioni, A.: A comparative analysis of complex organizations, Glencoe III, 1971.
Euler, H. P.: Das Konfliktpotential industrieller Arbeitsstrukturen, Opladen 1977.
Evan, W. M.: The organization-set: Toward a theory of interorganizational relations, in: Thompson, J. D. (Ed.): Approaches to organizational design, Pittsburgh 1966, 174-191.
Evan, W. M.: Organization theory, New York 1976.
Evan, W. M.: Hierarchy, alienation, commitment and organization effectiveness, in: Hum. Rel. 1977, 30, 1, 77-94.
Evans, M. G.: The effects of supervisory behavior on the path-goal relationship, Org. Behav. and Hum. Perf. 1970, 5, 277-298.
Eysenck, H. J./Wilson, G. W. (Eds.): The experimental analysis of Freudian Theories, London 1973.
Ezriel, H.: A psychoanalytic approach to the treatment of patients in groups. Brit. J. Med. Psychol. 1950, 23, 59-74.
Fairbairn, W. R. D.: Psychoanalytic studies of the personality. London 1952.
Farris, G. F.: Leadership and supervision in the informal organization, in: Hunt, J. G./Larson, L. L. (Eds.): Contingency approaches to leadership, London 1974, 63-86.
Fäßler, K.: Betriebliche Mitbestimmung, Wiesbaden 1970.
Feger, H.: Gruppensolidarität und Konflikt, in: Graumann, C. F. (Hrsg.): Handbuch der Psychologie, Sozialpsychologie, Bd. 7/2, Göttingen 1972, 1594-1653.
Feger, H.: Konflikterleben und Konfliktverhalten, Göttingen 1978.
Feger, H.: Kooperation und Wettbewerb, in: Heigl-Evers, A. (Hrsg.): Die Psychologie des 20. Jahrhunderts, Band VIII, Zürich 1979, S. 290-303.
Fein, M.: Motivation for work, in: Dublin, R. (Ed.): Handbook of work, organization and society, Chicago 1976, 465-530.
Fengler, J.: Verhaltensänderung in Gruppenprozessen, Heidelberg 1975.
Festinger, L.: A theory of social comparison process, Hum. Relat. 1954, 7, 117-140.
Festinger, L.: Conflict, decision and dissonance, Standford 1964; dt. Stuttgart 1977.
Feyerabend, P.: Wider den Methodenzwang, Frankfurt 1976.
Fiedler, F.: A Theory of Leadership Effectiveness, New York 1967.
Fiedler, F. E./Chemers, M. M.: Leadership and effective management, Glenview III, 1974.
Fiedler, F./Chemers, M./Mahar, L.: Improving leadership effectiveness, New York 1976 (dt. Der Weg zum Führungserfolg, Stuttgart 1979).
Fiedler, H.: Führungsgrundsätze, in: Fortschrittliche Betriebsführung, 1976, S. 313 ff.

Fiedler-Winter, R.: Halteseil oder Gängelband? Führungsgrundsätze in Unternehmen. Die Zeit Nr. 19, 1977, 33.

Fiman, B. G.: An investigation of the relationships among supervisory attitudes, behavior and outputs: An examination of McGregor's theory Y, Pers. Psych. 1973, 95-105.

Fink, C. F.: Some conceptual difficulties in the theory of conflict, J. of conflict resolution, 1968, Vol. XII, 412-460.

Fischer, G.: Mensch und Arbeit im Betrieb, Stuttgart 2. Aufl. 1948.

Fischer, G.: Allgemeine Betriebswirtschaftslehre, 7. Aufl., Heidelberg 1957.

Fischer, G.: Die Führung von Betrieben, Stuttgart 1967.

Fischer, G.: Humanisierung der Arbeit, Personal, 1974, 26, 8, 340-42.

Fishbein, M./Ajzen, J.: Belief, attitude, intention and behavior, London 1975.

Fiske, D. W.: Measuring the concepts of personality, Chicago 1971.

Fitting, K., et al.: Mitbestimmungsgesetz, München 1976.

Fittkau-Garthe, H./Fittkau, B.: Fragebogen zur Vorgesetzten-Verhaltens-Beschreibung (FVVB), Göttingen 1971.

Fleishman, E. A. et al.: Leadership and supervision in industry, Columbus, Ohio State University, 1955.

Fleishman, E. A.: The leadership opinion questionnaire, in: Stogdill, R. M./Coons, A. E. (Eds.): Leader behavior: Its description and measurement, Columbus, Ohio State University, 1957.

Fleishman, E. A.: Manual for leadership opinion questionnaire (1969 revision) Science Research, Assoc. Inc. 1969.

Fleishman, E. A.: Twenty years of consideration and structure, in: Fleishman, E. A./Hunt, J. G. (Eds.): Current developments in the study of leadership, Carbondale 1973.

Fleishman, E. A./Peters, D. R.: Interpersonal values, leadership attitudes, and managerial „sucess", Personnel Psychol., 1962, 15, 127-143.

Fleishman, E. A./Harris, E. F.: Patterns of leadership behavior related to employee grievance and turnover, Pers. Psych. 1962, 15, 43-56.

Fleishman, E. A./Hunt, J. G. (Eds.): Current developments in the study of leadership, Carbondale/Edwardsville 1973.

Follett, M. P.: The psychology of consent and participation (1927), in: Metcalf H. C./Urwick L. (Eds.): Dynamic administration, London 1941, 210-212.

Forster, J.: Teams und Teamarbeit in der Unternehmung, Bern/Stuttgart 1978.

Foulkes, S. H./Anthony, E. J.: Group psychotherapy, Harmondsworth 1957.

Frank, H. H. (Ed.): Women in the organization; Univ. Pennsylv. Press 1977.

Franke, H.: Gruppenproblemlösen, Problemlösen in oder durch Gruppen? Problem und Entscheidung, H. 7, München/Augsburg 1972, 1-36.

Franke, H.: Das Lösen von Problemen in Gruppen, München 1975.

Frankena, W. K.: Analytische Ethik, München 1972.

Franz, M.: Verhaltenswissenschaftliche Aspekte des Projekt-Managements, ZfO 1972, 175-182.

Frederiksen, N.: Toward a taxonomy of situations, Amer. Psychol. 1972, 27, 114-123.

Freeman, J. H./Kronenfeld, J. E.: Problems of definitional dependency: The case of administrative intensity. Social forces 1974, 52, 215-228.

Freeman, J. H./Hannan, M. T.: Growth and decline processes in organizations, American Sociological Review, 1975, 40, 215-228.

French, J. R. P.: Feldexperimente; Änderung in der Gruppenproduktion, in: König, R. (Hrsg.): Beobachtung und Experiment in der Sozialforschung (Praktische Sozialforschung Bd. 2) Köln 1956.

French, J. R. P./Raven, B.: The basis of social power, in: Cartwright, D./Zander, A. (Eds.): Group dynamics, 3. ed. New York 1968.

French, J. R. P., et al.: An experiment on participation in a Norwegian factory: Interpersonal dimensions of decision-making, Human Relations 1960, 13, 3-19.

French, W.: The personnel management process, Boston 1974.
French, W. L./Bell, C. H.: Organisationsentwicklung, Bern 1977.
Frese, E.: Zum Vergleich von Führungsmodellen, in: Wild, J. (Hrsg.): Unternehmungsführung, Berlin 1974.
Freud, S.: Das Ich und die Abwehrmechanismen, London 1936.
Freud, S.: Zur Psychopathologie des Alltagslebens, Berlin 1904, in: Ges. Werke Bd. 4, London 1941.
Freud, S.: Vorlesungen zur Einführung in die Psychoanalyse, Wien 1916-1917, in: Ges. Werke Bd. 7, London 1941.
Freud, S.: Massenpsychologie und Ich-Analyse, Leipzig 1921.
Frew, D. R.: Führungsstil aus der Sicht von Vorgesetzten und Mitarbeitern, in: Grunwald, W./Lilge, H. G. (Hrsg.): Partizipative Führung, Bern/Stuttgart 1980, 173-188.
Frey, D. (Hrsg.): Kognitive Theorien der Sozialpsychologie, Bern 1978.
Freyer, H., et al. (Hrsg.): Ökonomik der Arbeit, Berlin 1974.
Fricke, W./Geißler, A. (Hrsg.): Demokratisierung der Wirtschaft, Hamburg 1973.
Friedeburg, L. v.: Soziologie des Betriebsklimas, Frankfurt/Main 1963.
Friedlander, F.: Comparative work value systems, Personnel Psych. 1965, 18, 1, 1-20.
Friedlander, F./Brown, L. D.: Organization development, Ann. Rev. Psychol. 1974, 313-341.
Friedrichs, J.: Werte und soziales Handeln, Tübingen 1968.
Friedrichs, J.: Methoden empirischer Sozialforschung, Reinbek 1973.
Frieling, E.: Psychologische Arbeitsanalyse, Stuttgart 1975.
Fritz, K. v. et al.: History of western philosophy, in: Encycl. Brit., Chicago 1976.
Fromkin, H. L./Streufert, S.: Laboratory experimentation, in: Dunnette, M. D. (Ed.): Handbook of industrial and organiz. psychology, Chicago 1976, 415-466.
Frost, C. F., et al.: The Scanlon plan for organization development: Identity, participation and equity, Michigan University Press 1974.
Fuchs, R.: Hierarchie im Wandel, ZfO 1975, 44, 9-18.
Fuchs, W., et al. (Hrsg.): Lexikon der Soziologie, Opladen 1973.
Fürstenberg, F.: Soziale Unternehmungspolitik, Berlin/New York 1972.
Fürstenberg, F.: Die Bedeutung der Mitbestimmung am Arbeitsplatz für die industr. Demokratie, in: Vilmar, F. (Hrsg.): Menschenwürde im Betrieb, Reinbek 1973.
Fürstenberg, F.: Strategien für eine humane Arbeitsgestaltung, in: Fortschrittl. Betriebsführung und Industrial Engineering, 1976, 25, 1, 5-8.
Fürstenau, P.: Institutionsberatung, Gruppendynamik, 1970, 1, 219-233.
Gabele, E., et al.: Werte von Führungskräften der deutschen Wirtschaft, München 1977.
Gadamer, H.-G./Vogler, P. (Hrsg.): Neue Anthropologie, Bd. 1-7, Stuttgart 1972-1976.
Gallati, A.: Der Führungsstil und seine Beeinflußbarkeit, Diessenhofen 1977.
Galperin, H.: Betriebsverfassung, in: Gaugler, E. (Hrsg.): Handwörterbuch d. Personalwesens, Stuttgart 1975.
Gamson, W.: The management of discontent, in: Thomas, J. M./Bennis, W. G. (Eds.): Management of change and conflict, Harmondsworth 1972.
Gamson, W. A.: Experimental studies of coalition formation, in: Berkowitz, L. (Ed.): Advances in experim. social psychology, Vol. 1, New York 1964, 82-109.
Gardell, B.: Arbetsinnehåll och livskvalitet, Lund 1976.
Gardell, B.: Autonomy and participation at work. Hum. Rel. 1977, 30, 515-533.
Gärtner, U./Luder, P.: Ziele und Wege einer Demokratisierung der Wirtschaft, Diessenhofen, 1979, Bd. 2a und 2b.
Gaugler, E.: Elemente des kooperativen Führungsstils, in: Gaugler, E. (Hrsg.): Verantwortliche Betriebsführung, Stuttgart 1969.
Gaugler, E., et al.: Humanisierung der Arbeitswelt und Produktivität, 2. Aufl., Ludwigshafen 1977.
Gaugler, E./Martin, A.: Fluktuation und krankheitsbedingte Fehlzeiten als Indikatoren

für Arbeitszufriedenheit, in: Wunderer, R. (Hrsg.): Humane Personal- und Organisationsentwicklung, Berlin 1979, 3-25.
Gebert, D.: Organisationsentwicklung, Stuttgart 1974.
Gebert, D.: Bürokratische Organisationsstruktur und Organisationserfolg, in: Problem und Entscheidung, 1976, 17, 1-55.
Gebert, D.: Zur Erarbeitung und Einführung einer neuen Führungskonzeption, Berlin 1976.
Gebert, D.: Organisation und Umwelt, Stuttgart 1978.
Gebert, D.: Möglichkeiten und Grenzen des personalen Ansatzes im Rahmen von Organisationsentwicklung – Perspektiven zum Abbau krankmachender Arbeitsbedingungen, in: Wunderer, R. (Hrsg.): Humane Personal- und Organisationsentwicklung, Berlin 1979, 189-201.
Gehlen, A.: Die Stellung des Menschen im Kosmos, 3. Aufl., Bonn 1951.
Gehlen, A.: Die Seele im technischen Zeitalter, Hamburg 1957.
Geißler, H.: Genossenschaftsunternehmen – Modelle der Wirtschaftsdemokratie. Die Beispiele Ahrensburg und Süßmuth, in: Vilmar, F. (Hrsg.): Menschenwürde im Betrieb 1973, 236-248.
Gergen, K. J.: The psychology of behavior exchange, Read. Mass. 1969.
Gergen, K. J.: Social psychology as history. J. Pers. Soc. Psychol. 1971, 26, 309-320.
Gerth, E.: Zwischenbetriebliche Kooperation. Stuttgart 1971.
Gesetz über die Rechtsstellung der Soldaten (Soldatengesetz) vom 19. 8. 1975.
Ghiselli, E. E.: The validity of occupational aptitude tests, New York 1966.
Gibb, C. A.: Eine interaktionelle Betrachtung des Entstehens von Führung, in: Kunczik, M. (Hrsg.): Führung, Düsseldorf/Wien 1972, 153-162.
Gibb, C. A.: Leadership, in: Lindzey, G./Aronson, E. (Eds.): The Handbook of Soc. Psych., Vol. 4, Read. Mass. 1969, 205-282.
Gibb, J. R.: Climate for trust formation, in: Bradford, L. P. et al. (Eds.): T-Group theory and laboratory method, New York 1964, 279-309 (dt.).
Gibson, F. K./Teasly, C. E.: The humanistic model of organizational motivation: A review of research support, Publ. Admin. Review, 1973, 33, 89-96.
Gipper, H.: Gibt es ein sprachliches Relativitätsprinzip? Stuttgart 1972.
Girschner, W.: Unternehmenssteuerung und Selbstverwirklichung, Königstein/Ts. 1978.
Glaser, H.: Sigmund Freud Zwanzigstes Jahrhundert, München 1976.
Glasl, F./Houssaye, L. (Hrsg.): Organisationsentwicklung, Bern 1975.
Glasl, F.: Selbstdiagnose einer Schule, in: Glasl/Houssaye, 1975.
Glasl, F./Lievegoed, B. C.: Führungstechniken, in: Gaugler, E. (Hrsg.): Handwörterbuch des Personalwesens, Stuttgart 1975, 917f.
Globerson, A.: Spheres and levels of employee participation in organisations, in: British J. Industr. Rel. 1970, 8, 252-262.
Götze, A. (Hrsg.): Trübners Dt. Wörterbuch, 2 Bd., Berlin 1970.
Goffman, E.: Asylums, Ithaca 1961.
Gohl, J. (Hrsg.): Arbeit im Konflikt, München 1977.
Goldman, P.: Size and differentiation and organizations: A test of a theory. Pac. Soc. Rev. 1973, 16, 89-105.
Goldstein, K.: Human nature in the light of psychopathology, Cambridge 1940.
Golembiewski, R. T.: Small groups and large organizations, in: March, J. G. (Ed.): Handbook of organizations, Chicago 1965, 87-141.
Golembiewski, R. T.: The small groups, Chicago 1962.
Golembiewski, R. T./Conkie, M. M.: The centrality of interpersonal trust in group processes, in: Cooper, C. L. (Ed.): Theories of group process, London 1975, 131-186.
Goode, W. J.: A theory of role strain. Am. Soc. Rev. 1960, 25.
Goodge, P.: Intergroup conflict: A rethink, Hum. Relat., 1978, 31, 6, 475-487.
Goodman, R.: On the operationality of the Maslow need hierarchy, Brit. Journ. of Industr. Rel. 1968, 7, 51-57.

Gordon, L. V.: Measurement of bureaucratic orientation, Pers. Psychol. 1970, 23, 1-11.

Gottschall, D.: Gewünscht: mehr Klarheit über Plan und Ziel. Manager-Magazin, 1977, Heft 9, 130-135.

Gottschall, D.: Führungsrichtlinien – Am Menschen vorbeigeschrieben, in: Manager-Magazin, 1975, Heft 2, 76ff.

Gottschall, D.: Ein Rätsel für den Chef, in: Manager- Magazin, 1978, Heft 11, 121, 123, 126, 128.

Gottschall, D.: Von einsamen Beschlüssen zu gruppendynamischen Prozessen, in: Vilmar, F. (Hrsg.): Menschen im Betrieb, Hamburg 1973, 154-158.

Gough, H.: Personality and Personality Assessment, in: Dunnette, M. D. (Ed.): Handbook of industrial and organiz. psychology, Chicago 1976, 571-608.

Gouldner, A. W.: Patterns of industrial bureaucracy, London 1955.

Graber, G. H.: Der Sohn-Komplex der Väter. Der Psychologe 1952, 4, 250-258.

Graen, G G./Schiemann, W.: Leader-Member Agreement: A vertical dyad linkage approach, J. of Appl. Psych., 1978, 63, 2, 206-212.

Graen, G.: Role-making processes within complex organizations, in: Dunnette, M. D. (Ed.): Handbook of industrial and organizational psychology, Chicago 1976, 1201-1246.

Graen, G., et al.: Effects of linking-pin-quality on the quality of working life of lower participants, ASQ 1977, 22, 491-504.

Gramatzki, H. E./Lemân, G.: Arbeiterselbstverwaltung und Mitbestimmung in den Staaten Osteuropas, Hannover 1977.

Graumann, C. F.: Eigenschaften als Problem der Persönlichkeitsforschung, in: Lersch, P. H./Thomae, H. (Hrsg.): Handbuch der Psychologie, Bd. 4, Göttingen 1960, 87-154.

Graumann, C. F.: Sozialpsychologie: Ort, Gegenstand und Aufgabe, in: Graumann, C. F. (Hrsg.): Handbuch der Psychologie, Bd. 7/1, Göttingen 1969, 3-80.

Graumann, C. F.: Motivation, Bern/Stuttgart 1969.

Graumann, C. F.: Interaktion und Kommunikation, in: Graumann, C. (Hrsg.): Sozialpsychologie, Bd. 7/2, Handbuch der Psychologie, Göttingen 1972, 1109-1262.

Gray, J. L./Starke, F. A.: Organizational behavior, Columbus, Ohio 1977.

Greenberg, J.: Effects of reward value and retaliative power on allocation decision: Justice, generosity, or greed? J. of Pers. and Soc. Psych. 1978, 36, 4, 367-379.

Greif, S.: Ansätze zur normativen Grundlegung der Psychologie, in: Iseler, A./Perrez, M. (Hrsg.): Relevanz in der Psychologie, München 1976, 80-111.

Greiner, L. E.: What managers think of participative leadership, Havard Business Review 1973, March/April, 111-117.

Grell, J.: Techniken des Lehrerverhaltens, Weinheim 1974.

Grochla, E.: Organisation und Organisationsstruktur, in: Grochla, E. (Hrsg.): Handwörterbuch der Betriebswirtschaft, Stuttgart 1975, 2846-2868.

Grochla, E. (Hrsg.): Handwörterbuch der Organisation, 2. neubearb. Aufl., Stuttgart 1980.

Groeben, N./Westmeyer, H.: Kriterien psychologischer Forschung, München 1975.

Groeben, N./Scheele, B.: Argumente für eine Psychologie des reflexiven Subjekts, Darmstadt, 1977.

Groskurth, P./Volpert, W.: Lohnarbeitspsychologie, Frankfurt 1975.

Grubitzsch, S./Rexilius, G.: Testtheorie – Testpraxis, Reinbek 1978.

Grün, O.: Hierarchie, in: Grochla, E. (Hrsg.): Handwörterbuch der Organisation, Stuttgart 1969, 677-683.

Grunwald, W.: Psychotherapie und experimentelle Konfliktforschung, München/Basel 1976.

Grunwald, W.: Toleranz, in: Personal-Enzyklopädie, Bd. 2, München 1978.

Grunwald, W. (Hrsg.): Kritische Stichwörter zur Gesprächspsychotherapie, München 1979.

Grunwald, W.: Versuch einer wissenschaftstheoretischen Bewertung psychologischer und betriebswirtschaftlicher Theorien für die Konfliktproblematik in Unternehmungen, in: Dlugos, G. (Hrsg.): Unternehmungsbezogene Konfliktforschung, Stuttgart 1979, 327-350.

Grunwald, W.: Innerbetriebliche Information, in: Stoll, F. (Hrsg.): Die Psychologie des 20. Jahrhunderts, Bd. XIII, Zürich 1980 (i. Druck).

Grunwald, W.: Das „Eherne Gesetz der Oligarchie" – Ein Grundproblem demokratischer Führung in Organisationen –, in: Grunwald, W./Lilge, H. G. (Hrsg.): Partizipative Führung, Bern/Stuttgart 1980, 245-285.

Grunwald, W.: Macht als Persönlichkeitsdisposition – Theoretische, empirische und methodologische Aspekte – in: Reber, G. (Hrsg.): Macht in Organisationen, Stuttgart 1980.

Grunwald, W./Lilge, H. G. (Hrsg.): Partizipative Führung, Bern/Stuttgart 1980.

Grusky, O.: Career mobility and organizational commitment, ASQ 1966, 10, 488-503.

Guilford, J. P.: Persönlichkeit, 5. Aufl., Weinheim 1965.

Guion, R. M.: A note on organizational climate; Org. Behav. and Hum. Perf. 1973, 9, 120-125.

Guion, R. M.: Recruiting, selection, and job placement, in: Dunnette, M. (Ed.): Handbook of industrial and organizational psychology, Chicago 1976, 777-828.

Guntrip, H.: Personality structure and human interaction, New York 1961.

Gurin, G., et al.: Americans view their mental health, A nation wide interview survey, New York 1960.

Guserl, R./Hofmann, M.: Harzburger Modell: Bürokratie statt Kooperation; Management Magazin 1972, 2, 60-65.

Guserl, R.: Das Harzburger Modell, Ideen und Wirklichkeit, Wiesbaden 1973.

Guski, H. G./Schneider, H. J.: Betriebliche Vermögensbeteiligung in der Bundesrepublik Deutschland, Köln 1977.

Gyllenhammar, P. G.: Volvo – ein Modell für industrielle Demokratie? Management Magazin 1977, 10, 71-84.

Gzuk, R.: Messung der Effizienz von Entscheidungen, Tübingen 1975.

Habermas, J./Luhmann, N.: Theorie der Gesellschaft oder Sozialtechnologie – Was leistet die Systemforschung? Frankfurt 1971.

Habermas, J.: Theorie der Gesellschaft oder Sozialtechnologie? Eine Auseinandersetzung mit Niklas Luhmann. In: Habermas/Luhmann 1971.

Habermas, J.: Erkenntnis und Interesse, Frankfurt 1968.

Habermas, J.: Technik und Wissenschaft als Ideologie, Frankfurt 1968.

Hack, H.: Leistungsprinzip, in: Bierfelder, W. (Hrsg.): Handwörterbuch des öffentl. Dienstes, Das Personalwesen, Berlin 1976, 954-959.

Hackman, J. R.: Effects of task characteristics on group products; J. of Experim. Soc. Psychol. 1968, 4, 162-187.

Hackman, J. R.: Toward understanding the role of rasks in behavioral research, Acta Psychologica 1969, 39, 97-128.

Hackman, J. R./Lawler, E. E. III: Employee reactions to job characteristics; J. of Appl. Psychol. Monograph, 1971, 55, 259-286.

Hackman, J. R./Morris, C. G.: Group tasks, group interaction process and group performance effectiveness: A review and proposed integration, in: Berkowitz, L. (Ed.): Advances in exp. social psychology, Vol. 8, New York 1975, 47-100.

Häring, B.: Personalismus in Philosophie und Theologie, München/Freiburg 1968.

Hage, G./Aiken, M.: Routine technology, social structure and organizational goals, ASQ 1969, 14, 366-375.

Hage, G./Aiken, M.: Social change in complex organizations, New York 1970.

Hahn, D.: Führung des Systems Unternehmung, in: Bleicher, K. (Hrsg.): Organisation als System, Wiesbaden 1972, 297-315.

Haire, M./Ghiselli, E./Porter, L.: Managerial thinking, New York 1968.

Hake, D. F./Vukelich, R.: A classification and review of cooperation procedures; J. of exp. analysis of behavior, 1972, 18, 333-43.
Halisch, F., et al.: Selbstbekräftigung, Theorieansätze und experimentelle Erfordernisse, Zeitschr. f. Entw. psychol. und Pädagog. Psychol., 1976, 8, 145-164.
Hall, C. S./Lindzey, G.: Theories of personality. 2. ed. New York 1977, dt. Stuttgart 1978.
Hall, R. H.: Die dimensionale Natur bürokratischer Strukturen, in: Mayntz, R. (Hrsg.): Bürokratische Organisation, Köln/Berlin 1968, 69-81.
Hall, R. H.: Organizations: Structure and process, Englewood Cliffs, New Jersey 1972.
Hall, R. H./Tittle, Ch. R.: A note on bureaucracy and its correlates; American Journal of Sociology 1966, 72, 267-272.
Hall, D. T./Nougaim, K. E.: An examination of Maslow's need hierarchy in an organizational setting; Org. Behav. and Hum. Perf. 1968, 3, 12-36.
Hall, D. T. et al.: Personal factors in organizational identification, ASQ 1970, 15, 176-189.
Hall, D. T./Schneider, B.: Correlates of organizational identification as a function of career pattern and organizational type, ASQ 1972, 17, 340-350.
Halpin, W./Winer, B. J.: A factorial study of the leader behavior descriptions, in: Stogdill, R. M./Coons, A. E. (Eds.): Leader behavior: Its descriptions and measurements, Ohio State University 1957, 39-51.
Hameister, J., et al.: Omnipotenz und Ohnmacht − zum Problem gruppendynamischer Maximalprogramme. In: Menne, F. W. (Hrsg.): Neue Sensibilität, Neuwied 1974.
Hamner, W. C.: Reinforcement theory and contingency management in organization settings, in: Tosi, H. L./Hamner, W. C. (Eds.): Organizational behavior and management: A contingency approach, Chicago 1974.
Hare, A. P.: Handbook of small group research, Glencoe III, 1976.
Harrison, R.: Role-negotiation. In: Bennis, W. G. et al. (Eds.): Interpersonal dynamics, Homewood Ill., 1973.
Harrison, R.: Choosing the depth of organizational intervention. J. Appl. Behav. Sci. 1970, 6, 181-202.
Harsanyi, J.: Messung der sozialen Macht, in: Shubik, M. (Hrsg.): Spieltheorie und Sozialwissenschaft, Frankfurt 1965, 191-193.
Hartfiel, G. (Hrsg.): Das Leistungsprinzip − Merkmale − Bedingungen − Probleme, Opladen 1977.
Hartig, M. (Hrsg.): Selbstkontrolle, München 1975.
Hartmann, H.: Funktionale Autorität, Stuttgart 1964.
Hartmann, H., et al.: Leitende Angestellte, Neuwied 1973.
Hartmann, K. D.: Psychologische Voraussetzungen der Selbstbestimmung und Selbstverwirklichung. In: Landeszentrale für politische Bildung (Hrsg.): Selbstverwirklichung und Verantwortung in einer demokratischen Gesellschaft, Mainz 1977.
Harvey, O. J., et al.: Conceptual systems and personality organization, New York 1961.
Hauer, J. W.: Toleranz und Intoleranz in den nichtchristlichen Religionen, Stuttgart 1961.
Haug, F.: Kritik der Rollentheorie, Frankfurt 1972.
Hauschildt, J.: Verantwortung, in: Grochla, E. (Hrsg.): Handwörterbuch der Organisation, Stuttgart 1969, 1693-1702.
Hauser, A.: Sozialgeschichte der Kunst und Literatur, München 1969.
Häusler, J.: Grundfragen der Betriebsführung, Wiesbaden 1966.
Hebb, D. O.: Einführung in die moderne Psychologie, 4./5. Aufl., Weinheim 1969.
Heckhausen, H.: Anlage und Umwelt als Ursache von Intelligenzunterschieden, in: Weinert, F. E., et al. (Hrsg.): Pädagog. Psych. Bd. 1, Frankfurt 1974, 275-312.
Heckhausen, H.: Leistung und Chancengleichheit, Göttingen 1974.
Heckhausen, H.: Motive und ihre Entstehung, in: Weinert, F. E., et al. (Hrsg.): Pädagogische Psychologie, Bd. 1, Frankfurt 1974, 151 f.

Heckhausen, H.: Motivation und Handeln, Göttingen 1980.
Heigl-Evers, A.: Konzepte der analytischen Gruppenpsychotherapie, Göttingen 1972.
Heinen, E.: Das Zielsystem der Unternehmung, Wiesbaden 1966.
Heinen, E.: Grundfragen der entscheidungsorientierten Betriebswirtschaftslehre, München 1976.
Heinen, E. (Hrsg.): Betriebswirtschaftliche Führungslehre, Wiesbaden 1978.
Heinrich, P.: Verwaltungshandeln als soziale Interaktion: Die Ebenen der Interaktion, in: Deutsche Verwaltungspraxis, 1978, 2, 25-29.
Helle, H. J.: Verstehende Soziologie und Theorie des symbolischen Interaktionismus, Stuttgart 1977.
Heller, F. A.: Participation, managerial decision-making and situational variables, Org. Behav. and Hum. Perf. 1969, 4, 227-241.
Heller, F. A.: Decision processes: An analysis of powersharing at senior organizational levels, in: Dubin, R. (Ed.): Handbook of work, organization and society, Chicago 1976, 687-745.
Hellpach, W.: Gruppenfabrikation, München 1922.
Hendershot, G. E./James, T. F.: Size and growth as determinants of administrative-production ratios in organizations. Am. Soc. Rev. 1972, 37, 149-153.
Hennis, W.: Demokratisierung. Zur Problematik eines Begriffs. Köln/Opladen 1970.
Herber, H.-J.: Motivationspsychologie, Stuttgart 1976.
Herbst, Ph. G.: Alternatives to hierarchies, Leiden 1976.
Herman, J. B./Hulin, C. L.: Managerial satisfactions and organizational roles: An investigation of Porter's need deficiency scales; Journ. of Appl. Psych. 1973, 57, 118-124.
Herrmann, T.: Lehrbuch der empirischen Persönlichkeitsforschung, 3. Aufl., Göttingen 1976.
Herrmann, T.: Die Psychologie und ihre Forschungsprogramme, Göttingen 1976.
Herrick, N. Q./Maccoby, M.: Humanizing work: A priority goal of the 1970's. In: Davis, L. E./Cherns, A. B. (Eds.): The quality of working life, London 1975.
Hersey, P./Blanchard, K. H.: Management of organizational behavior: Utilizing human resources, Englewood Cliffs, N. J., 1977.
Herzberg, F. H., et al.: The motivation to work, New York 1959.
Herzberg, F. H.: Work and the nature of man. London 1968.
Herzberg, F. H.: One more time: How do you motivate employees? Harvard Business Rev. 1968, Jan./Febr.
Herzberg, F. H.: The managerial choice, Homewood, Ill. 1976.
Hespe, G./Little, A. J.: Some aspects of employee participation, in: Warr, P. (Ed.): Psychology at work, Harmondsworth 1974.
Hespe, G./Wall, T.: The demand for participation among employees, Hum. Relat. 1976, 29, 5, 411-428.
Hicks, G. H./Gullett, C. R.: Organizations: Theory and behavior, New York 1975.
Hickson, D. J., et al.: Organizations technology and organizational structure, ASQ 1968, 14, 378-396.
Hickson, D. J., et al.: The culture-free context of organizational strucutre: A trinational comparison, Sociology 1974, 8, 1-14.
Hilgard, E. R./Bower, G. H.: Lerntheorien, 2 Bde., Stuttgart 1971.
Hilgenberg, H.: Philosophie der Unternehmung und Führungsgrundsätze, in: Personalführung, 1974, 10, S. 181 ff.
Hill, W., et al.: Organisationslehre, I, II, Bern/Stuttgart 1974.
Hillenbrand, R.: Motivation und neuerungsorientierte Unternehmensführung, Diss. Berlin 1976.
Hinterhuber, H. H.: Strategische Unternehmensführung, Berlin 1977.
Hinterhuber, H.: Strategische Personalentwicklung, in: Wunderer, R. (Hrsg.): Humane Personal- und Organisationsentwicklung, Berlin 1979, 147-171.
Hjelholt, G.: Training for reality. Leeds 1968.

Hjelholt, G.: Europe is different: boundary and identity as key concepts. In: Hofstede, G./Sami Kassem, M. (Eds.): European contributions to organization theory, Assen-Amsterdam 1976.
Hobbes, T.: Leviathan, New York 1958.
Hodgson, R. C., et al.: The executive role constellation, Boston 1965.
Hoefert, H.-W.: Engagement für die eigene Berufstätigkeit (Job Involvement), in: ZfO 1979, 7, 389-393.
Höfer, R.: Organisationen und ihre Umwelten, Frankfurt 1977.
Höffe, O. (Hrsg.): Über John Rawls Theorie der Gerechtigkeit, Frankfurt 1977.
Höhn, R./Böhme, G.: Führungsbrevier der Wirtschaft, 6. Aufl., Bad Harzburg 1969.
Höhn, R./Böhme, G.: Stellenbeschreibung und Führungsanweisung, 4. Aufl., Bad Harzburg 1970.
Hofer, M.: Die Validität der impliziten Persönlichkeitstheorie von Lehrern, Unterrichtswiss., 1975, 2, 5-19.
Hofmann, M.: Führungsmodelle – Gedanken zu einem Antimodell, in: Personal 1974, S. 162 ff.
Hofmann, M.: Tiefenpsychologie als Grundlage der Personalpolitik. In: Braun, W., et al. (Hrsg.): Grundfragen der betrieblichen Personalpolitik, Wiesbaden 1972.
Hofmann, M.: Personalentwicklung und mittlere Lebenskrise von Mitarbeitern, in: Wunderer, R. (Hrsg.): Humane Personal- und Organisationsentwicklung, Berlin 1979, 171-189.
Hofmann, M./Zauner, A.: Anthropologie und Personalführung. In: Gaugler, E. (Hrsg.): Handwörterbuch d. Personalwesens, Stuttgart 1975, 48-52.
Hofmann, M./Guserl, R.: Das Harzburger Modell, 2. erw. Aufl., Wiesbaden 1976.
Hoffmann, F.: Entwicklung der Organisationsforschung, Wiesbaden 1973.
Hoffmann, F.: Führungsorganisation, Bd. 1, Tübingen 1980.
Hoffmann, L. R.: Group problem solving, in: Berkowitz, L. (Ed.): Advances in exp. soc. psychology, Vol. 2, New York 1965, 99-132.
Hofstätter, P.: Psychologie, Frankfurt 1957.
Hofstätter, P.: Gruppendynamik, Hamburg 1965.
Hofstätter, P./Wendt, D.: Quantitative Methoden der Psychologie, 4. Aufl., München 1972.
Hofstede, G. H./Sadler, P. J.: Leadership styles, Mens en onderneming, 1972, 26, 43-63.
Hofstede, G./Sami Kassem, M. (Eds.): European contributions to organization theory, Assen-Amsterdam 1976.
Hogan, R.: Personality theory, Englewood Cliffs, N.J., 1976.
Hogan, R., et al.: Traits, Tests and Personality Research, Amer. Psychol. 1977, April, 255-264.
Hoiberg, E. O./Cloyd, J. S.: Definition and measurement of continuous variation in ecological analysis, Americ. Sociol. Review, 1971, 36, 65-74.
Hojos, C. Graf: Arbeitspsychologie, Stuttgart 1974.
Hollander, E. P./Julian, J. W.: Contemporary trends in the analysis of leadership processes, Psych. Bull. 1969, 71, 387-97.
Hollander, E. P./Julian, J. W.: Studies in leader legitimacy, influence and innovation, in: Berkowitz, L. (Ed.): Advances in exp. soc. psych., Vol. 5, New York/London 1970, 34-68.
Holdaway, E. A./Blowers, T. A.: Administrative ratios and organizational size: A longitudinal examination. Am. Soc. Rev. 1971, 36, 278-286.
Holm, K.: Zum Begriff der Macht, Kölner Zeitschrift f. Soz. und Sozialpsychologie 1969, 21, 269-288.
Holm, K.: Verteilung und Konflikt, Stuttgart 1970.
Holter, H.: Attitudes toward employee participation in company decision-making processes, Hum. Rel. 1965, 18, 297-321.
Holzkamp, K.: Kritische Psychologie, Frankfurt 1972.

Hollander, E. P.: Konformität, Status und Idiosynkrasie – Kredit, in: Kunczik, M. (Hrsg.): Führung, Düsseldorf 1972, 163-177 (engl. 1958).
Hollander, E. P.: Style, structure and setting in organizational leadership. ASQ 1971, 16, 1, 1-9.
Homans, G. C.: Elementarformen sozialen Verhaltens, Köln/Opladen 1968 (engl. 1961, 2. Aufl. 1974).
Hondrich, K. O./Matthes, J. (Hrsg.): Theorienvergleich in den Sozialwissenschaften, Darmstadt/Neuwied 1978.
Honolka, H.: Die Eigendynamik sozialwissenschaftlicher Aussagen, Frankfurt 1976.
House, R. J./Miner, J. B.: Merging management and behavioral theory: The interaction between span of control and group size, ASQ 1969, 14, 451-463.
House, R. J./Wigdor, L. A.: Herzberg's dual factor theory of job satisfaction and motivation: A review of the evidence and a criticism, Personnel Psych. 1967, 20, 369-89.
House, R. J.: A path goal theory of leader effectiveness, ASQ 1971, 16, 3, 321-338.
House, R. J./Dessler, G.: The path-goal theory of leadership: Some posthoc and apriori tests, in: Hunt, J. G./Larson, L. L. (Eds.): Contingency approaches of leadership, Carbondale 1974, 29-62.
House, R. J./Mitchell, T. R.: Path-goal theory of leadership. Journ. of contemp. business 1974, Autumn., 81-97.
Hrebiniak, L. G./Alutto, J. A.: A comparative organizational study of performance and size correlates in inpatient psychiatric departments, ASQ 1973, 18, 365-382.
Hrebiniak, L. G./Alutto, J. A.: Personal and role-related factors in the development of organizational commitment, ASQ 1972, 17, 555-572.
Hübner, K.: Kritik der wissenschaftlichen Vernunft, Freiburg 1978.
Huizinga, G.: Maslow's need hierarchy in the work situation, Groningen 1970.
Hulin, C. L./Blood, M. R.: Job enlargement, individual differences and worker responses, Psychol. Bull. 1968, 69, 41-55.
Hulin, C. L.: Individual differences and job enrichment – the case against general treatments, in: Maher, J. R. (Ed.): New perspectives in job enrichment. New York 1971.
Hullen, G.: Partizipation in der Gesamtschule. In: Gruppendynamik 1976, 7, 373f.
Humble, J.: Praxis des Management by Objectives, München 1972.
Hummell, H. J.: Probleme der Mehrebenenanalyse, Stuttgart 1972.
Hurrelmann, K. (Hrsg.): Sozialisation und Lebenslauf, Reinbek 1976.
Huston, T. L. (Ed.): Perspectives on interpersonal attraction, New York 1974.
Hyman, H. H./Singer, E. (Eds.): Readings in reference group theory and research, New York/London 1968.
Hyman, H. H.: Reflections on reference groups, Public Opinion Quarterly, 1960, 24, 383-396.
Iblher, H. R./Schnelle, W.: Organisationsentwicklung in der öffentlichen Verwaltung, Quickborn 1978.
IG Metall Stuttgart: „Werktage müssen menschlicher werden!", Stuttgart 1979.
Illetschko, L. L.: Management, in: Grochla, E. (Hrsg.): HWO, Stuttgart 1969, 951ff.
Indik, B. P.: The relationship between organizational size and supervision ration, ASQ 1964, 9, 301-312.
Indik, B. P.: Organizational size and member partizipation: Some empirical tests of alternative explanations. Hum. Rel. 1965, 18, 339-350.
Indik, B. P./Berrien, F. K. (Eds.): People, groups and organizations. New York 1968.
Inglehart, R.: The silent revolution in europe: Intergenerational charge in post-industrial societies, Americ. Polit. Science Rev. 1971, Vol. LXV, 4, 991-1017.
Inglehart, R.: Die stille Revolution, Frankfurt 1980 (i. Druck) (engl. 1977).
Insko, C. A.: Theories of attitude change. New York 1967.
Irle, M.: Führungsverhalten in organisierten Gruppen, in: Mayer, A./Herwig, B. (Hrsg.): Handbuch der Psychologie, Betriebspsych., Bd. 9, Göttingen 1970.
Irle, M.: Macht und Entscheidungen in Organisationen, Frankfurt 1971.

Irle, M.: Lehrbuch d. Sozialpsychologie, Göttingen 1975.
Iseler, A./Perrez, M. (Hrsg.): Relevanz in der Psychologie, München 1976.
Israel, J./Tajfel, H. (Eds.): The context of social psychology, London 1972.
Ivancevich, J. M.: Effects of goal setting on performance and job satisfaction, J. of Appl. Psychol. 1976, 61, 5, 605-612.
Jacobs, T. O.: Leadership and exchange in formal organizations, Alexandria 1971.
Jäger, A. O.: Personalauslese, in: Handbuch d. Psych., Bd. 9 (Betriebspsych.) Göttingen 1961, (2. Aufl. 1970).
Jäger, A. O./Westmeyer, H.: Analyse wissenschaftlicher Aussagen, Berlin 1972, unveröffentl. Manuskript.
Jäger, A. O.: Dimensionen der Intelligenz, 3. Aufl., Göttingen 1973.
Jahnke, J.: Interpersonelle Wahrnehmung, Stuttgart 1975.
James, L. R./Jones, A. P.: Organizational climate: A review of theory and research, Psych. Bull. 1974, 81, 12, 1096-1112.
James, L. R./Jones, A. P.: Organizational structure – A review of structure dimensions and their conceptual relationships with individual attitudes and behavior, Org. Beh. and Hum. Perf. 1976, 16, 74-113.
Janda, K. F.: Towards the explication of the concept of leadership in terms of the concept of power, Hum. Relat. 1960, 13, 345-363.
Janowsky, B.: Bürokratie, in: Grochla, E. (Hrsg.): Handwörterbuch der Organisation, Stuttgart 1969, Sp. 324f.
Jenkins, D.: Job Power, Reinbek 1975.
Jennings, E. E.: An anatomy of leadership, New York 1960.
Joas, H.: Die gegenwärtige Lage der soziologischen Rollentheorie, Frankfurt 1973.
Jochimsen, R., et al.: Wer studiert, hat's dennoch besser, in: Die Zeit, 1977, Nr. 47.
Johnson, D. W./Matross, R. P.: Methoden der Einstellungsänderung, in: Kanfer, F. H./ Goldstein, A. P. (Hrsg.): Möglichkeiten der Verhaltensänderung, München 1977, 56-102.
Johnson, E.: Studies in multiobjective decision models, Lund 1968.
Johnson, E.: Formulation of a subsystem of goals in a managerial decision process, in: Fisk, G. (Ed.): The analysis of business systems, Lund 1967, 20f.
Jones, E. E./Gerard, H. B.: Foundations of social psychology, New York 1967.
Jurgensen, C. E.: Job Preferences (What makes a job good or bad?), in: Journ. of Appl. Psych., 1978, 63, 3, 267-276.
Jurkovich, R.: A core typology of organizational environments. AS 1974, 19, 45-59.
Kahn, R. L., et al.: Organizational stress. Studies in role conflict and ambiguity. New York 1964.
Kahn, R. L./Katz, D.: Führungspraktiken und ihre Beziehungen zu Produktivität und Arbeitsmoral, 1956, in: Kunczik, M. (Hrsg.): Führung, Düsseldorf/Wien 1974.
Kahn, R. L.: Organisationsentwicklung: einige Probleme und Vorschläge. In: Sievers, B. (Hrsg.): Organisationsentwicklung als Problem, Stuttgart 1977.
Kanelopoulos, C. K.: Kommunikation und Kollegialorgane, Berlin 1970.
Kant, I.: Grundlegung zur Metaphysik der Sitten, Berlin 1903.
Kanter, R. M.: Men and women in the corporation, New York 1977.
Kanter, S. S.: The therapist's leadership in psychoanalytically oriented group psychotherapy. Int. J. Group Psychother. 1976, 26, 139-147.
Kappler, E.: Die Aufhebung der Berater-Klienten-Beziehung in der Aktionsforschung, in: Wunderer, R. (Hrsg.): Humane Personal- und Organisationsentwicklung, Berlin 1979, 41-63.
Kast, F. E./Rosenzweig, J. E.: Organizational psychology, New York 1970.
Kast, F. E./Rosenzweig, J. E.: Contingency views of organization and management, Chicago 1973.
Katz, D./Kahn, R. L.: The social psychology of organizations, New York 1966.

Katz, D./Maccoby, N./Morse, N. C.: Productivity supervision and morale in an office situation. Ann Arbor 1950.
Keeley, M.: A social justice approach to organizational evaluation, ASQ, 1978, 23, 272-292.
Keller, F. S./Schoenfeld, W. N.: Principles of psychology, New York 1950.
Kelley, H. H./Thibaut, J. W.: Group problem solving, in: Lindzey, G./Aronson, E. (Eds.): The Handbook of socialpsychology, Vol. 4, Read. Mass. 1969.
Kelley, H. H.: The process of causal attribution, Amer. Psychol. 1973, 28, 107-128.
Kephart, W. M.: A quantitative analysis of intragroup relationship, Amer. Journ. of Sociol. 1950, 60, 544-549.
Kerber, W.: Arbeit, in: Gaugler, W. (Hrsg.): Handwörterbuch des Personalwesens, Stuttgart 1975, 52f.
Kern, H./Schumann, M.: Technischer Wandel und Arbeiterbewußtsein, in: Hörning, K. H. (Hrsg.): Der „neue" Arbeiter, Frankfurt/M. 1971.
Kerr, S./Schriesheim, C.: Consideration, Initiating Structure and organizational criteria – an update of Korman's 1966 review, Pers. Psychol. 1974, 27, 555-568.
Kerr, S., et al.: Toward a contingency theory of leadership based upon the consideration and initiating structure literature, Org. Behav. and Hum. Perf. 1974, 12, 62-82.
Khandwalla, P. M.: Mass output orientation of operations technology and organizational structure, ASQ 1974, 19, 74-89.
Kiechl, R.: Zur Autorität in der Unternehmensführung – Normative Überlegungen über die Autoritätsformen im kooperativen Führungsstil, Bern/Stuttgart 1977.
Kieser, A.: Einflußgrößen der Unternehmensorganisation. Habil.-Schrift Köln 1973.
Kieser, A.: Organisationsstruktur und Individuum, Probleme der Analyse und empirische Ergebnisse, in: Reber, G. (Hrsg.): Personal- und Sozialorientierung der Betriebswirtschaftslehre, Stuttgart 1977.
Kieser, A./Kubicek, H.: Organisation, Berlin/New York 1977.
Kieser, A./Kubicek, H.: Organisationstheorien, Bd. 1 u. 2, Stuttgart 1978.
Kießler, K./Scholl, W.: Partizipation und Macht in aufgabenorientierten Gruppen, Frankfurt 1976.
Kimberly, J. R.: Organizational size and the structuralist perspective: A review, critique and proposal, ASQ 1976, 21, 571-594.
King, N.: Clarification and evaluation of the two-factor theory of job satisfaction, Psych. Bull. 1970, 74, 18-31.
Kirsch, W.: Die Unternehmungsziele in organisationstheoretischer Sicht, ZfbF 1969, 665-675.
Kirsch, W.: Die Betriebswirtschaftslehre als Führungslehre, München 1976a.
Kirsch, W.: Organisatorische Führungssysteme, München 1976b.
Kirsch, W.: Entscheidungsprozesse, Bd. 1-3, Wiesbaden 1970/71.
Kirsch, W.: Die Idee der fortschrittsfähigen Organisation – Über einige Grundlagenprobleme der Betriebswirtschaftslehre, in: Wunderer, R. (Hrsg.): Humane Personal- und Organisationsentwicklung, Berlin 1979, 3-25.
Kirsch, W./Mayer, G.: Die Handhabung komplexer Probleme in Organisationen, in: Kirsch, W.: Entscheidungsverhalten und Handhabung von Problemen, München 1976.
Kirsch, W./Klein, H. K.: Management-Informations-Systeme, Bd. I, II; Stuttgart 1977.
Kirsch, W. et al.: Das Management des geplanten Wandels von Organisationen, Stuttgart 1979.
Kirscht, J. P./Dillehay, R. C.: Dimensions of authoritarianism: A review of research and theory, Lexington, Ky. 1967.
Klages, H./Schmidt, R. W.: Methodik der Organisationsänderung, Baden-Baden 1978.
Klages, H./Kmieciak, P. (Hrsg.): Wertwandel und gesellschaftlicher Wandel, Frankfurt 1979.

Klatzsky, S. R.: Relationship of organizational size to complexity and coordination, ASQ 1970, 15, 426-438.
Klaus, G.: Semiotik und Erkenntnistheorie, Berlin 1972.
Klaus, G./Buhr, M.: Philosophisches Wörterbuch, 7. Aufl., Berlin 1970.
Klee, E.: Gefahrenzone Betrieb. Verschleiß und Entbehrungen am Arbeitsplatz, Frankfurt 1977.
Klein, L.: New forms of work organization. Cambridge 1976 (dt. 1977). Kleinbeck, U./Schmidt, K.-H.: Die Analyse leistungsbezogener Verhaltenssequenzen: Der Instrumentalitätsaspekt, in: Schmalt, H.-D./Meyer, W.-U.: Leistungsmotivation und Verhalten, Stuttgart 1976, 61-80.
Kline, F. M.: Dynamics of a leaderless group. Int. J. Group Psychother. 1972, 22, 234-242.
Kline, P.: Facts and fantasy in Freudian Theory, London 1972.
Klis, M.: Überzeugung und Manipulation, Wiesbaden 1970.
Kluckhohn, F. R./Strodtbeck, F. L.: Variations in value orientations, Evanston, Ill. 1961, (2nd ed. 1973).
Kluth, H.: Soziologie der Großbetriebe, Stuttgart 1968.
Kmieciak, P.: Auf dem Wege zu einer generellen Theorie sozialen Verhaltens, Meisenheim 1974.
Kmieciak, P.: Wertstrukturen und Wertwandel in der Bundesrepublik Deutschland, Göttingen 1976.
Kmieciak, P.: Werteverfall als Kernproblem westlicher Gegenwartsgesellschaften? Sonde, 1978, 2/2, 126-137.
Knowles, H. P./Saxberg, B. O.: Human relations and the nature of man, Harv. Bus. Rev. 1967, Mar.-Apr., 22f.
Koch, J. L./Steers, R. M.: Job attachment, satisfaction and turnover among public employees, Technic Report No. 6, Office of Naval research, Univ. of Oregon 1976.
Koch, H. W.: Der Sozialdarwinismus, München 1973.
Kochan, T. A., et al.: Superior-Subordinate Relations: Leadership and Headship, Hum. Rel. 1975, 28, 3, 279-294.
Koehne, R.: Das Selbstbild deutscher Unternehmer, Berlin 1976.
König, R. (Hrsg.): Soziologie, Frankfurt/Main 1965.
Kolb, W. L./Gould, J.: Dictionary of the Social Sciences, London 1964.
Kolbinger, J.: Human Relations, In: Grochla, E. (Hrsg.): Handwörterbuch der Organisation, Stuttgart 1969, 694f.
Kolbinger, J.: Kognitive Leitlinie organisatorischen Selbstverständnisses als Grundlage aufgabenbezogener „Personalpolitik", in: Wunderer, R. (Hrsg.): Humane Personal- und Organisationsentwicklung, Berlin 1979, 115-147.
Kolvenbach, H.: Personalentwicklung, in: Gaugler, E. (Hrsg.): HWP, Stuttgart 1975, 1545f.
Komorita, S. S./Moore, D.: Theories and process of coalition formation, Journ. of Pers. and Soc. Psychol., 1976, 33, 3, 371-381.
Komorita, S. S./Meek, D. D.: Generality and validity of some theories of coalition formation, J. of Pers. and Soc. Psychol. 1978, 36, 4, 392-404.
Koontz, H./O'Donnell, C. J.: Zur Management-Spanne, in: Grochla, E. (Hrsg.): Organisationstheorie, 1. Bd., Stuttgart 1975, 62-78.
Korman, A. K.: Consideration, initiating structure and organizational criteria: A review. Person. Psychol. 1966, 19, 349-361.
Korman, A. K.: The prediciton of managerial performance: A review. Pers. Psych. 1968, 21, 3, 285-322.
Korman, A. K.: On the development of contingency theories of leadership: Some methodological considerations and a possible alternative, J. of Appl. Psych., 1973, 58, 3, 384-387.
Korman, A. K.: The psychology of motivation, New Jersey 1974.

Kosiol, E.: Organisation der Unternehmung, Wiesbaden 1962.
Kosiol, E.: Kollegien, in: Grochla, E. (Hrsg.): Handwörterbuch der Organisation, Stuttgart 1969, 817-825.
Kotler, Ph.: Marketing-Management, Stuttgart 1974.
Koubek, K. N., et al. (Hrsg.): Betriebswirtschaftliche Probleme der Mitbestimmung, Frankfurt 1974.
Krappmann, L.: Dimensionen der Identität, Stuttgart 1971.
Krink, J.: Management by Conflicts (MbC), ZfO 1977, 155-166.
Kruglanski, A.: Attributing trustworthiness in supervisor-worker relations, Journ. of Exp. Soc. Psych. 1970, 6, 233-247.
Krüger, H. J.: Arbeit, in: Ritter, J. (Hrsg.): Historisches Wörterbuch der Philosophie, Darmstadt 1971.
Krüger, W.: Grundlagen, Probleme und Instrumente der Konflikthandhabung in der Unternehmung, Berlin 1972.
Krüger, W.: Macht in der Unternehmung, Stuttgart 1976.
Krysmanski, H. J.: Soziologie des Konflikts, Reinbek 1971.
Kubicek, H.: Informationstechnologie und organisatorische Regelungen, Berlin 1975.
Kubicek, H./Thom, N.: Umsystem, betriebliches. In: Grochla, E. (Hrsg.): HWB 3. Bd., Stuttgart 1976, 3977f.
Kubicek, H.: Empirische Organisationsforschung, Stuttgart 1975.
Kubicek, H.: Ein Ansatz zur Operationalisierung der Organisationsphilosophie, Arbeitspapier 1976, 14, des Instituts f. Unternehmungsführung der FU Berlin.
Künzli, B.: Tradition und Revolution, Basel/Stuttgart 1976.
Kuhn, T. S.: The structure of scientific revolutions. Chicago 1962 (dt. 1967).
Kuhn, T. S.: The function of dogma in scientific research, in: Crombie, A. C. (Ed.): Scientific change, London 1963.
Kunczik, M.: Der ASO-(LPC-)Wert im Kontingenzmodell effektiver Führung: Kritischer Überblick und Vorschlag einer alternativen Interpretation, Kölner Zeitschrift für Soziologie und Sozialpsychologie, 1974, 26, 115-137.
Kunczik, M. (Hrsg.): Führung, Düsseldorf/Wien 1972.
Kupsch, P.: Unternehmungsziele, Stuttgart/New York 1977.
Kutter, P.: Über die Beziehung zwischen Individuum und Institution aus psychoanalytischer Sicht. In: Kutter, P. (Hrsg.): Individuum und Gesellschaft, Stuttgart 1973.
Labovitz, S./Miller, J.: Implications of power, conflict and change in an organization setting, Pacific Sociological Review 1974, 17, 214-28.
La Fave, L.: The holism-atomism controversy: Gestalt psychology confronts the revised law of universe variation, Psych. Rep. 1969, 24, 699-704.
Lakatos, I./Musgrave, A. (Eds.): Criticism and the growth of knowledge, Cambridge 1970, (dt.).
Lammers, C. J.: Two conceptions of democratization in organizations, in: Participation and self-management, Dubrovnik 13.-17. 12. 1972, Vol. 4, Zagreb 1973, 57-74.
Lammers, C. J.: Tactics and strategies adoptes by university authorities to counter student opposition. In: Light jr., D. E. (Ed.): The Dynamics of Protest (forthcoming), 1974.
Landesorganisationens företagsdemokratiska rad: Solidariskt medbestämmande, Stockholm 1976.
Landsberger, H.: The horizontal dimension in bureaucracy, ASQ 1961, 6, 299-332.
Laplanche, J./Pontalis, J.-B.: Das Vokabular der Psychoanalyse, Frankfurt 1972.
Latané, H. A., et al. (Eds.): The social science of organizations. Prentice Hall 1963.
Latham, G. P./Yukl, G. A.: A review of research on the application of goal setting in organizations, Academy of Management Journal 1975, 18, 824-845.
Latham, G. P., et al.: Importance of particiapative goal setting and anticipated rewards on goal difficulty and job performance, J. of Appl. Psych., 1978, 63, 2, 163-171.

Latham, G. P./Saari, L. M.: Application of social-learning theory to training supervisors through behavioral modeling, J. of Appl. Psych., 1979, 64, 3, 246-320.
Lattmann, Ch.: Die Humanisierung der Arbeit und die Demokratisierung der Unternehmung, Ziele, Wege und Grenzen, Bern/Stuttgart 1974.
Lattmann, Chr.: Führungsstil und Führungsrichtlinien, Bern/Stuttgart 1975.
Lattmann, Ch.: Leistungsbeurteilung als Führungsmittel, Bern/Stuttgart 1975.
Lattmann, Ch.: Führung durch Zielsetzung, Bern/Stuttgart 1977.
Lau, J. B.: Behavior in organizations, Homewood, Ill. 1975.
Laucken, U.: Naive Verhaltenstheorie, Stuttgart 1974.
Lauster, P.: Statussymbole, Wie jeder jeden beeindrucken will, Stuttgart 1977.
Lautmann, R.: Wert und Norm, Köln 1969.
Laux, E.: Führung und Führungsorgane in der öffentlichen Verwaltung, Stuttgart 1975.
Laux, E./Kaufmann, W.: Praxis der Organisationsänderung-Fallstudie: Bundesgesundheitsamt, Baden-Baden 1978.
Lawler, E. E./Suttle, J. L.: A causal correlational test of the need hierarchy concept, Org. Behav. and Hum. Perf. 1972, 7, 265-287.
Lawler, E. E.: Motivation in work organizations, Belmont, Calif. 1973, dt. Bern/Stuttgart 1977.
Lawler, E. E.: Control systems in organizations, in: Dunnette, M. L. (Ed.): Handbook of industrial and organizational psychology, Chicago 1976.
Lawrence, P. R./Lorsch, J. W.: Organization and environment, Ill. 1967.
Leavitt, H. J./Bass, B. M.: Organizational psychology, Am. Rev. Psychol. 1964, 15.
Leavitt, H. J.: Unhuman organizations, in: Harv. Bus. Rev. 1962, 40, 90-98.
Leavitt, H. J.: Applied Organisational Change in Industry: Structural, technological and humanistic approaches, in: March, J. G. (Ed.): Handbook of Organisations, Chicago 1965, 1154 f.
Lee, S. M.: An empirical analysis of organizational identification, Academy of Management Journal 1971, 14, 213-226.
Leifer, R./Huber, G. P.: Relations among perceived environmental uncertainty, organizational structure and boundary spanning behavior, ASQ 1977, 22, 235-247.
Lenk, H.: Erklärung, Prognose, Planung, Freiburg 1972.
Lenk, H.: Pragmatische Philosophie, Hamburg 1975.
Lenk, H.: Sozialphilosophie des Leistungshandelns, Stuttgart 1976.
Lenk, H.: Das Leistungsprinzip ist historisch nicht überholt – wir brauchen es noch, Psychologie heute, Aug. 1978.
Lepper, J.: Teams in der öffentlichen Verwaltung, Die Verwaltung 1972, 141-171.
Lepper, M. et al.: Die gemeinsame Geschäftsordnung der Bundesministerien (GGO) im Lichte neuer Führungskonzeptionen, ZfO 1977, 144-154.
Lerner, M. J., et al.: Deserving and the emergence of forms of justice, in: Berkowitz, L./Walster, E. (Eds.): Advances in Exp. Soc. Psychology, Vol. 9, New York 1976, 133-162.
Lesieur, F. G. (Ed.): The scanlon plan. New York 1958.
Letsch, B.: Motivationsrelevanz von Führungsmodellen, Bern/Stuttgart 1976.
Leventhal, G. S.: The distribution of rewards and resources in groups and organizations, in: Berkowitz, L./Walster, E. (Eds.): Equity theory: toward a general theory of social interaction. New York 1976a, 92-133.
Leventhal, G. S.: Fairness in social relationships, in: Thibaut, J. W., et al. (Eds.): Contemporary topics in social psychology, Morristown 1976, 211-240.
Levine, S./White, P.: Exchange and interorganizational relationships. ASQ 1961, 10, 583-601.
Levine, N.: On the metaphysics of social psychology: A critical view, Hum. Rel. 1976, 29, 385-400.
Levine, N./Cooper, C. L.: T-Groups – Twenty years on, Hum. Relat., 1976, 29, 1, 1-12.

Levinson, D. J.: Role, personality and social structure in the organizational setting. J. Abnorm. Soc. Psychol. 1959, 58.
Levinson, H.: The exceptional executive, Cambridge 1968.
Levinson, H.: Executive stress, New York 1970.
Levinson, H.: Management by whose objectives? Harvard Business Review 1970, 4, 125-134.
Levinson, H.: Organizational diagnosis, Cambridge 1972.
Lewin, K., et al.: Pattern of aggressive behavior in experimentally created ,,social climates", J. of Soc. Psychol. 1939, 10, 271-99.
Lewin, K.: Feldtheorie, Bern 1963.
Lewin, K.: Die Lösung sozialer Konflikte, Bad Nauheim 1968.
Lichtman, C. M./Hunt, R. G.: Personality and organization theory: a review of some conceptual literature, Psych. Bull. 1971, 76, 4, 271-94.
Liebel, H., et al.: Führungspsychologie, Göttingen 1978.
Liegert, F.: Führungs-Psychologie für Vorgesetzte, München 1973.
Lienert, G.: Testaufbau und Testanalyse, 3. Aufl., Weinheim 1969.
Likert, R.: Neue Formen der Unternehmensführung, Bern 1972, (engl. 1961).
Likert, R.: Die integrierte Führungs- und Organisationsstruktur, Frankfurt 1975, (engl. 1967).
Likert, R./Likert, J. G.: New ways of managing conflict, New York 1976.
Lilge, H. G.: Arbeiterselbstverwaltung. Das Beispiel Jugoslawien, Bern/Stuttgart 1978.
Lilge, H.-G./Grunwald, W.: Humanisierung der Arbeit durch ,,Job Enlargement" und ,,Job Enrichment", in Neubauer, W./Rosenstiel, L. v. (Hrsg.): Handbuch der angewandten Psychologie, Band 1, München 1980.
Lind, G.: Sachbezogene Motivation, Weinheim 1975.
Lindzey, G./Aronson, E. (Eds.): Handbook of social psychology, Vol. 1-4, Reading, Mass. 1969.
Lipp, W.: Institution und Veranstaltung, Berlin 1968.
Lipset, S. M. et al.: Union democracy, Glencoe, Ill. 1956.
Lischeron, J. A./Wall, T. D.: Employees Participation: An exp. field study, Hum. Rel. 1975, 28, 9, 878-884.
Lischeron, J. A./Wall, T. D.: Attitudes towards partizipation among local authority employees, Hum. Relat. 1975, 28, 6, 499-517.
Litwak, E./Hylton, L.: Interorganization analysis: a hypothesis on coordinating agencies. ASQ 1962, 10, 395-420.
Locke, E. A.: The supervisor as ,,motivator": His influence on employee performance and satisfaction, 1970, in: Steers R. M./Porter, L. W. (Eds.): Motivation and work behavior, New York 1975, 360-371.
Locke, E. A.: Nature and cause of job satisfaction, in: Dunnette, M. D. (Ed.): Handbook of industrial and organizational psychology, Chicago 1976, 1297-1349.
Looss, W.: Die optimale Kontrollspanne als Grundlage organisatorischer Strukturmodelle, Bochum 1977.
Lorenzen, P./Schwemmer, O.: Konstruktive Logik, Ethik und Wissenschaftstheorie, Mannheim/Wien/Zürich 1973.
Lorsch, J. W./Morse, J. J.: Organizations and their members. A contingency approach. New York 1974.
Loscher, G.: Die Kontingenztheorie von F. Fiedler, Zeitschr. f. Arb. wiss., 1977, 1, 31, 1-6.
Lott, A. J./Lott, B. E.: Group cohesiveness as interpersonal attraction: A review of relationships with antecedent and consequent variables, Psych. Bull. 1965, 64, 259-309.
Lowin, A./Craig, J. R.: The influence of level of performance on managerial style: an exp. object lesson with ambiguity of sorrelational data, Org. Behav. and Hum. Perf. 1968, 3, 440-458.

Lowin, A.: Participative decision making: A model, literature critique, and prescriptions for research, Org. Behav. and Human Perform., 1968, 3, 68-106.
Lowin, A., et al.: Consideration and Initiating Structure: An experimental investigation of leadership traits. ASQ 1969, 14, 238-253.
Ludz, P. Chr.: „Alienation" als Konzept der Sozialwissenschaften, in: Kölner Zeitschrift f. Soziol. und Sozialpsychologie, 1975, 25, 1-32.
Ludz, P. Chr.: Ideologiebegriff und marxistische Theorie, Opladen 1976.
Luhmann, N.: Funktionen und Folgen formaler Organisation, Berlin 1964.
Luhmann, N.: Vertrauen, Stuttgart 1968.
Luhmann, N.: Zweckbegriff und Systemrationalität, Tübingen 1968.
Luhmann, N.: Sinn als Grundbegriff der Soziologie, in: Habermas/Luhmann 1971.
Luhmann, N.: Soziologische Aufklärung, Köln/Opladen 1970.
Luhmann, N./Mayntz, R.: Personal im öffentlichen Dienst, Eintritt und Karriere, Baden-Baden 1973.
Lukacs, G.: Die Zerstörung der Vernunft, Frankfurt 1970 (orig. 1954).
Lück, H. E.: Soziale Aktivierung, Köln 1969.
Lück, H. E. (Hrsg.): Mitleid, Vertrauen, Verantwortung, Stuttgart 1977.
Lukatis, I.: Organisationsstrukturen und Führungsstile in Wirtschaftsunternehmen, Frankfurt 1972.
Lukesch, H.: Zur Validitätsfrage in der psychologischen Diagnostik: Die Reformulierung eines Problems, Zeitschr. f. Klinische Psychologie und Psychotherapie, 1974, 1, 197-216.
Lukesch, H.: Erziehungsstile, Stuttgart 1975.
Lukesch, H./Kleitner, G. D.: Die Anwendung der Faktoranalyse, Archiv f. Psychol., 1975.
Lupton, T.: Management and the social sciences, Harmondsworth 1971^2.
Luthans, F./Kreitner, R.: Organizational behavior modification, Glenview, Ill., 1975.
Mac Corquodale, K./Meehl, P.: Hypothetical constructs and intervening variables, in: Feigl, H./Brodbeck, M. (Eds.): Readings in the Phil. of Science, New York 1953.
Mac Crimmon, K. R./Taylor, R. N.: Decision making and problem solving, in: Dunnette, M. (Ed.): Handbook of industrial and organizational psychology, Chicago 1976, 1397-1453.
Macharzina, K.: Neuere Entwicklungen in der Führungsforschung, ZfO 1977, 1, 7-16 u. ZfO 1977, 2, 101-108.
Machiavelli, N.: Der Fürst, Stuttgart 1955.
Mack, R. W./Snyder, R. C.: The analysis of social conflict, Journ. of Conflict Resolution, 1957, II, 2, 17f.
Maddi, S. R./Costa, P. T.: Humanism in Personology, Allport, Maslow and Murray, Chicago 1972.
Madsen, K. B.: Theories of motivation, Copenhagen 1972.
Mag, W.: Entscheidung und Information, München 1977.
Mahoney, M. J.: Kognitive Verhaltensmodifikation, München 1977 (engl. 1974).
Maier, N.: Teilautonome Arbeitsgruppen, Meisenheim/Glan 1977.
Maier, N. R. F.: Assets and liabilities in group problem solving: The need for an integrative function, Psych. Review, 1967, 74, 4, 239-49.
Maier, N. R. F.: Problem solving discussions and conferences, New York 1963.
Malewski, A.: Verhalten und Interaktion, Tübingen 1967.
Manager Magazin 1976, 6, 66f.: Merkmale des Erfolgs.
Mandl, H./Huber, G. L.: Kognitive Komplexität, Göttingen 1978.
Mann, R.: A review of the relationship between personality and leadership and popularity, in: Gibb, C. (Ed.): Leadership, Harmondsworth 1969, 152f.
Mansfield, H.: Bureaucracy and centralization: An examination of organization structure, ASQ 1973, 18, 477-488.
March, J. G./Simon, H. A.: Organisation und Individuum, Wiesbaden 1976 (engl. 1958).

March, J. G. (Ed.): Handbook of organizations, Chicago 1965.
March, J. G./Olsen, J. P.: Ambiguity and choice in organizations, Bergen 1976.
March, J. G./Simon, H. A.: Kognitive Grenzen der Rationalität. In: Witte, E./Timm, A. L. (Hrsg.): Entscheidungstheorie. Wiesbaden 1977.
Marr, R./Stitzel, M.: Personalwirtschaft — ein konfliktorientierter Ansatz, München 1979.
Marrow, A. J., et al. (Eds.): Strategies of organizational change. New York 1967.
Martin, J. G.: The tolerant personality, Detroit 1964.
Marwell, G./Schmitt, D. R.: Cooperation, New York 1975.
Marx, A.: Partizipativer Führungsstil und Arbeitsverhalten, in: Marx, A. (Hrsg.): Personalführung. Wiesbaden 1971, 17-34.
Maslow, A. H.: Toward a psychology of being. Princeton 1962, (dt. München 1973).
Maslow, A. H.: Eupsychian management: A journal, Homewood Ill., 1965.
Maslow, A. H.: Deficiency motivation and growth motivation. In: Jones, M. R. (Ed.): Nebraska Symposium on motivation. Lincoln 1965.
Maslow, A. H.: A conversation with Abraham H. Maslow. Psychol. Today 1968, No. 2, 35ff.
Maslow, A. H.: Motivation and personality, 2nd ed., Princeton, New Jersey 1970.
Massie, J. L.: Management theory, in: March, J. G. (Ed.): Handbook of organizations, Chicago 1965, 387-422.
Matthöfer, H.: Humanisierung der Arbeit und Produktivität in der Industriegesellschaft, Köln/Frankfurt 1977.
Mayer, A./Neuberger, O.: Gibt es einen optimalen Führungsstil? Personal 1974/4, 157-161.
Mayer, A./Neuberger, O.: Autorität im Betrieb, in: Gaugler, E. (Hrsg.): Handwörterbuch des Personalwesens, Stuttgart 1975, 512-522.
Mayer, A. (Hrsg.): Organisationspsychologie, Stuttgart 1978.
Mayhew, B. H., et al.: Systems size and structural differentiation in formal organizations; A baseline generator for two major theoretical propositions, Americ. Soc. Review 1972, 37, 629-633.
Mayhew, B. H.: System size and ruling elites. Americ. Soc. Review 1973, 38, 468-478.
Mayhew, B. H./Levinger, R. L.: On the emergence of oligarchy in human interaction, Americ. J. of Sociology, 1977, 5, 81, 1017-1049.
Mayntz, R.: Versuch eines Vergleichs — Ein Nachwort, das man auch als Vorwort lesen kann. In: Presthus, R.: Individuum und Organisation, Frankfurt 1966, 295-330.
Mayntz, R. (Hrsg.): Bürokratische Organisation, Köln/Berlin 1968.
Mayntz, R.: Funktionen der Beteiligung bei öffentlicher Planung, in: Demokratie und Verwaltung, Berlin 1972.
Mayntz, R.: Soziologie der öffentlichen Verwaltung, Heidelberg/Karlsruhe 1978.
Mayntz, R./Scharpf, F. W.: Policy-making in the german federal bureaucracy. Amsterdam 1975.
Mayo, E.: The social problems of an industrial civilization. Boston 1945.
McClelland, D. C.: Die Leistungsgesellschaft. Stuttgart 1961.
McClelland, D. C./Burnham, D. H.: Nette Kerle sind schlechte Vorgesetzte. In: Psychologie heute, April 1976, 68-70.
McClelland, D. C.: Power, the inner experience, New York 1975, (dt. Stgt. 1978).
McCormick, E. J./Tiffin, J.: Industrial psychology, New Jersey 1974.
McDavid, J. W./Harari, H.: Social psychology, New York 1969.
McGrath, J. E./Altman, J.: Small group research. New York 1966.
McGregor, D.: The human side of enterprise. New York 1960.
McGregor, D.: Leadership and motivation. Cambridge 1966.
McGregor, D.: Der Mensch im Unternehmen, Düsseldorf/Wien 1970, (engl. 1960).
Mc Guire, W. J.: The nature of attitudes and attitude change, in: Lindzey, G./Aronson, E. (Eds.): The Handbook of Social Psychol., Vol. III, Read., Mass., 1969, 136-314.

McMillan, Ch., et al.: The structure of organization across societies, Academy of Management Journal 1973, 15, 137-146.
Mead, M.: Co-operation and competition among primitive peoples, New York 1937.
Mechanic, D.: Some considerations in the methodology of organizational studies. In: Latané, H. A. et al. (Eds.): The social science of organizations, Prentice Hall 1963.
Mechanic, D.: Sources of power of lower participants in complex organizations. In: Cooper, W. W., et al. (Eds.): New perspectives in org. research, New York 1964.
Meffert, H.: Die Einführung des Kundenmanagements als Problem des geplanten organisatorischen Wandels, in: Wunderer, R. (Hrsg.): Humane Personal- und Organisationsentwicklung, Berlin 1979, 285-320.
Mehrabian, A./Ksionzky, S.: Models for affiliative and conformity behavior, Psych. Bull. 1970, 74, 2, 110-126.
Meier, A.: Koordination, in: Grochla, E. (Hrsg.): Handwörterbuch der Organisation, Stuttgart 1969, 894-910.
Meier, R.: Führungsrichtlinien, Bern/Stuttgart 1972.
Meinefeld, W.: Einstellung und soziales Handeln, Reinbek 1977.
Melcher, A. J.: Participation, A critical review of research findings, in: Hum. Ress. Man. 1976, Summer 12.
Mellerowicz, K.: Unternehmenspolitik, Bd. I, Freiburg 1963.
Mellerowicz, K.: Strukturwandel und Unternehmensführung, Freiburg 1975.
Mergner, U., et al.: Arbeitsbedingungen im Wandel, Göttingen 1975.
Mertens, W.: Fiedlers Kontingenzmodell effektiver Führung, München 1972.
Mertens, W.: Sozialpsychologie des Experiments, Hamburg 1975.
Mertens, W./Fuchs, G.: Krise der Sozialpsychologie?, München 1978.
Merton, R. K.: Bureaucratic structure and personality, Social Forces 1940, 18, 560-568.
Merton, R. K.: The role set. Brit. J. Soc. 1957, 8.
Metallwerk Plansee (Hrsg.): Plansee-Leitsätze der Zusammenarbeit, Reutte o. J.
Metcalf, H. C./Urwick, L. (Eds.): Dynamic administration: The Collected Papers of Mary Parker Follett, London 1957.
Meyer, W. U./Schmalt, H. D.: Die Attributionstheorie, in: Frey, D. (Hrsg.): Kognitive Theorien der Sozialpsychologie, Bern 1978.
Meyer, M. W.: Size and structure of organizations: A causal model, Americ. Soc. Review 1972, 37, 434-441.
Michaelis, W.: Verhalten ohne Aggression, Köln 1976.
Michalski, W. (Hrsg.): Leistungsfähigkeit und Wirtschaftlichkeit in der öffentlichen Verwaltung, Hamburg 1970.
Michels, R.: Zur Soziologie des Parteiwesens in der modernen Demokratie, Leipzig 1925.
Miles, R. E.: Theories of management. New York 1975.
Miles, M. B., et al.: The consequences of survey feedback. In: Bennis et al. 1969.
Miles, R. E.: Conflicting elements in managerial ideologies, Industr. Rel. 1964, 4, 77-91.
Miller, J. G.: Living systems: The organization, Behavioral Science 1972, 17, 2-182.
Mills, T. M.: Soziologie der Gruppe, 2. Aufl., München 1970.
Mindlin, S. E./Aldrich, H. E.: Interorganizational dependence: A review of the concept and a reexamination of the findings of the Aston group. ASQ 1975, 20, 382-392.
Miner, J. B.: Conformity among university professors and business executives. ASQ 1962, 7, 96-109.
Mintzberg, H.: The nature of managerial work, New York 1973.
Mischel, W.: Toward a cognitive social learning reconceptualization of personality Psych. Rev. 1973, 80, 4, 252-283.
Mischel, W.: On the future of personality measurement, Amer. Psychol., 1977, April, 246-254.
Mitchell, T. R.: Expectancy models of job satisfaction, occupational preference and effort, Psych. Bull. 1974, 81, 12, 1053-77.

Mitchell, T. R.: Motivation and participation: An integration, in: Participation and self-management, Dubrovnik 13.-17. 12. 1972, Vol. 4, Zagreb 1973.
Mittler, P.: The study of twins, Harmondsworth 1971.
Mitzka, W.: Trübners Deutsches Wörterbuch, Berlin 1955 (fortlaufend).
Moldenhauer, P.: The interdependence of behavior and the psychosomatic symptom, Psychother. Psychosom. 1974, 24, 146-150.
Moldenhauer, P./Grunwald, W.: Menschenbild, in: Personal-Enzyklopädie, Bd. 2, München 1978.
Monzelis, N. P.: Bureaucracy, in: Enc. Britt., Chicago 1975.
Morel, J.: Werte als soziokulturelle Produkte, in: Hanf, Th., et al. (Hrsg.): Sozialer Wandel, Bd. 1, Frankfurt 1975, 204-220.
Morel, J.: Wertsystem und letzte Werte, in: Hanf, Th., et al. (Hrsg.): Sozialer Wandel, Bd. 1, Frankfurt 1975, 221 f.
Morris, R./Seeman, M.: The problem of leadership, an interdisciplinary approach, Americ. Journ. of Sociology, 1950, 56, 149 f., deutsch in: Kunczik, M. (Hrsg.): Führung. Düsseldorf/Wien 1972, 142-152.
Morse, N. C./Reimer, E.: The experimental change of a major organizational variable, J. of Abn. and Soc. Psychol. 1956, 52, 120-129.
Mowday, R. T. et al.: Unit performance, situational factors and employee attitudes in spatially separated work units, Org. Beh. and Hum. Perf. 1974, 12, 231-248.
Müller, W.: Die Relativierung des bürokratischen Modells und die situative Organisation, Kölner Zeitschrift f. Soziologie u. Sozialpsychologie 1973, 710-749.
Müller-Nobiling, H.-M.: Führung 77, ZfO 1977, 1, 2-3.
Müller, D. B.: Zur Konvergenzthese marxist. Sozialpsychologen, ZfO 1974, 3, 131-136.
Müller, G. F./Crott, H. W.: Gerechtigkeit in sozialen Beziehungen: Die Equity-Theorie, in: Frey, D. (Hrsg.): Kognitive Theorien der Sozialpsychologie, Bern 1978.
Mulder, M.: The learning of participation, in: Participation and self-management, Dubrovnik 13.-17. 12. 1972, Vol. 4, Zagreb 1973.
Mulder, M.: Power equalization through participation. ASQ 1971, 16, 31-38.
Mulder, M.: The daily power game, Leiden 1977.
Muszinsky, B.: Wirtschaftliche Mitbestimmung zwischen Konflikt und Harmoniekonzeption, Meisenheim 1975.
Naase, Chr.: Konflikte in der Organisation, Stuttgart 1978.
Nachreiner, F.: Die Messung des Führungsverhaltens, Bern/Stuttgart 1978.
Nagel, E.: Über die Aussage: ,,Das Ganze ist mehr als die Summe seiner Teile" (1965) in: Topitsch, E. (Hrsg.): Logik der Sozialwissenschaften, Köln/Berlin 1971, 225-235.
Nagels, K./Sorge, A.: Industrielle Demokratie in Europa, Frankfurt/New York 1977.
Nagerya, H. (Hrsg.): Psychoanalytische Grundbegriffe, Frankfurt 1974.
Nagle, B. F.: Productivity, employee attitude, and supervisor sensitivity, Pers. Psych. 1954, 7, 219-233.
Narr, D./Naschold, F.: Einführung in die moderne politische Theorie, Stuttgart 1969.
Naschold, F.: Organisation und Demokratie, Stuttgart 1971.
Naschold, F.: Schulreform als Gesellschaftskonflikt, Frankfurt 1974.
Nash, A. N./Carroll, S. J.: The management of compensation, Montery, Calif. 1975.
Nealey, S. M./Blood, M. R.: Leadership performance of nursing supervisors at two organizational levels, Journ. of Appl. Psychol., 1968, 52, 414-421.
Nemeth, C.: Bargaining and reciprocity, Psych. Bull. 1970, 74, 309-326.
Nemeth, C.: A critical analysis of research utilizing the prisoner's dilemma paradigm for the study of bargaining, in: Berkowitz, L. (Ed.): Advances in exp. soc. psychol. 1974, Vol. 6, 203 f.
Neuberger, O.: Experimentelle Untersuchung von Führungsstilen, in: Gruppendynamik, 3, 1972.
Neuberger, O.: Organisationsstruktur und Organisationsklima, in: Problem und Entscheidung, H. 10, München/Augsburg 1973.

Neuberger, O./Roth, B.: Führungsstil und Gruppenleistung – eine Überprüfung von Kontingenzmodell und LPC-Konzept, Zeitschr. f. Sozialpsychol., 1974, 5, 133-144.
Neuberger, O.: Theorien der Arbeitszufriedenheit, Stuttgart 1974a.
Neuberger, O.: Messung der Arbeitszufriedenheit, Stuttgart 1974b.
Neuberger, O.: Führungsverhalten und Führungserfolg, Berlin 1976.
Neuberger, O.: Organisation und Führung, Stuttgart 1977.
Neuberger, O.: Führung, in: Mayer, A. (Hrsg.): Organisationspsychologie, Stuttgart 1978a, 272-304.
Neuberger, O.: Motivation und Zufriedenheit, in: Mayer, A. (Hrsg.): Organisationspsychologie, Stuttgart 1978b, S. 231 f.
Newman, W. H., et al.: The process of management, 2. ed., New Jersey 1967.
Nick, F. R./Ehreiser, H.-J.: Unterschiede zwischen Arbeitern und Angestellten im Betrieb, Köln 1974.
Nick, F. R.: Management durch Motivation, Stuttgart 1974.
Nick, F. R.: Anreiz-Beitrags-Theorie, in: Gaugler, E. (Hrsg.): Handwörterbuch des Personalwesens, Stuttgart 1975, 38 f.
Nieder, P./Naase, Chr.: Führungsverhalten und Leistung, Bern/Stuttgart 1977.
Nieder, P. (Hrsg.): Führungsverhalten im Unternehmen, München 1977.
Nisbet, R.: Cooperation, in: Int. Encycl. of the Soc. Sci., Vol. 3, New York 1968.
Noelle-Neumann, E.: Jahrbuch der öffentlichen Meinung, 1968-1973, Allensbach-Bonn 1974.
Nord, W. R.: Social exchange theory: An integrative approach to social conformity, Psych. Bull., 1969, 71, 3, 174-208.
Norman, R.: Organization, mediation and environment. Swed. Inst. Admin. Res. Report UPM-RN-91, 1969.
Norman, R.: Organizational innovativeness: Product variation and reorientation, ASQ 1971, 16, 203-215.
Norman, R.: Skapande företagsledning, Stockholm 1975.
Nunally, J. C.: Psychometric theory, New York 1967.
O'Brien, G.: The measurement of cooperation, Org. Behav. and Hum. Perf., 1968, 3, 427-439.
Odiorne, G. S.: Management by objectives, New York 1965, (dt.).
Offe, C.: Leistungsprinzip und industrielle Arbeit, Frankfurt 1970.
Oldemeyer, E.: Zum Funktionswandel von Moralen, in: Riedel, M. (Hrsg.): Rehabilitierung der praktischen Philosophie, Bd. II, Freiburg 1974.
Oldham, G. R.: The impact of supervisory characteristics on goal acceptance, Academy of management Journal, September 1975, 461-475.
Opel-Hoppmann; in: Vilmar, F. (Hrsg.): Menschenwürde im Betrieb, Hamburg 1973, 186 f.
Organ, D.: Linking pins between organization and environment. Business Horizons, 1971, 14, 73-80.
Ortmann, G.: Unternehmungsziele als Ideologie, Köln 1976.
Ostrom, T. M.: The emergence of attitude theory: 1930-1950, in: Greenwald, A. G., et al. (Eds.): Psychological foundations of attitudes, New York 1968, 1-32.
Page, R. H./McGinnes, E.: Comparison of two styles of leadership in small group discussion, Journ. of Appl. Psychol., 1959, 43, 240 ff.
Pagès, M.: Das affektive Leben der Gruppen, Stuttgart 1974.
Parry, J. H.: The age of reconnaissance, New York 1965.
Paschen, K.: Führerspezialisierung und Führungsorganisation, Köln 1978.
Patchen, M.: Supervisory methods and group performance norms, ASQ 1962, 7, 275-294.
Patchen, M.: Participation, achievement and involvement on the job, New Jersey 1970.
Pateman, C.: Participation and democratic theory, Cambridge 1970.

Paul, G.: Bedürfnisberücksichtigung durch Mitbestimmung. Diss. München 1977 (Hrsg. W. Kirsch).
Paul, W. J./Robertsson, K. B.: Job enrichment and employee motivation, London 1970.
Pauls, W.: Vom Ende des psychologischen Fest-Stellens. Gruppendynamik 1978, 9, 23 ff.
Payne, R.: Factor analysis of a Maslow type need satisfaction questionnaire, Pers. Psych. 1970, 23, 251-268.
Payne, R. L./Mansfield, R.: Relationships of perceptions of organizational climate to organizational structure, context and hierarchical position. ASQ 1973, 18, 515-526.
Payne, R./Pugh, D. S.: Organizational structure and climate, in: Dunnette, M. D. (Ed.): Handbook of industrial and organizational psychology, Chicago 1976, 1125-1174.
Peabody, R. L./Rourke, F. L.: Public bureaucracies. In: March, J. G. (Ed.): Handbook of organizations, Chicago 1965, 802-837.
Pelinka, A.: Dynamische Demokratie, Stuttgart 1974.
Pelz, D. C.: Influence: A key to effective leadership in the first line supervisor, Personnel, 1952, 29, 209-217, dt. in: Kunczik, M. (Hrsg.): Führung, Düsseldorf/Wien 1972, 235 f.
Perridon, L.: Subsidiarität und Solidarität als Grundlagen der Organisation des Produktionshaushaltes, in: Gaugler, E. (Hrsg.): Verantwortliche Betriebsführung, Stuttgart 1969.
Perrow, Ch.: Hospitals, technology and goals, in: March, J. G. (Ed.): Handbook of organizations, Chicago 1965, 910-971.
Perrow, Ch.: A framework for the comparative analysis of organizations. American Sociological Review 1967, 32, 194-208.
Perrow, Ch.: Complex organizations, Glenview, Illinois 1972.
Pettigrew, T. F.: Social evaluation theory: Convergences and applications, in: Levine, D. (Ed.): Nebraska Sympos. on Motivation, Lincoln 1967, 241-319.
Peuckert, R.: Konformität, Stuttgart 1975.
Pfeffer, J.: Size and composition of corporate boards of directors: The organization and its environment, ASQ 1972, 17, 218-228.
Pfeffer, J./Leblibici, H.: The effect of competition on some dimensions of organization structure, Social Forces 1973, 52, 268-279.
Pfeffer, J., et al.: The effect of uncertainty on the use of social influence in organizational decision making. ASQ 1976, 21.
Pfeiffer, D. K.: Organisationssoziologie, Stuttgart 1976.
Pfeiffer, W., et al.: Menschliche Arbeit in der industriellen Produktion, Göttingen 1977.
Pfohl, H. Chr.: Problemorientierte Entscheidungsfindung in Organisationen, Berlin 1977.
Phares, E. J.: Internal-external control as a determinant of amount of social influence exerted, Journ. of personality and social psychology 1965, 2, 642-647.
Phillips, D. N./De Vault, M. V.: Evaluation of research in cooperation and competition, Psych. Rep. 1957, 3, 289-92.
Picot, A.: Experimentelle Organisationsforschung, Wiesbaden 1975.
Pieroth, F. (Hrsg.): Die 8 Stunden am Tag, München 1974 (engl.: Work in America, 1973).
Pilla, B.: Two perspectives on leadership, Personnel Psych. 1976, 55, 6, 304-306.
Piontkowski, U.: Psychologie der Interaktion, München 1976.
Plantenga, H. P.: Kreative Teamarbeit. In: Glasl, F./Houssaye, L. (Hrsg.): Organisationsentwicklung, Bern 1975.
Plesser, H.: Was machen die Unternehmer? Freiburg 1974.
Plon, M.: „Spiele" und Konflikte, in: Moscovici, S. (Hrsg.): Forschungsgebiete der Sozialpsychologie I, Frankfurt 1973, 215-252.
Pollard, H. R.: Developments in management thought, London 1973.
Pondy, L. R.: Effects of size, complexity, and ownership on administrative intensity, ASQ 1969, 14, 47-60.

Poole, M.: Worker's participation in industry, London 1975.
Popitz, H.: Der Begriff der sozialen Rolle als Element der soziologischen Theorie, Tübingen 1975.
Popper, K. R.: Das Elend des Historizismus, Tübingen 1965.
Popper, K. R.: Logik der Forschung, 3. Aufl., Tübingen 1969.
Popitz, H.: Prozesse der Machtbildung, Tübingen 1968.
Pornschlegel, H.: Leistung und Leistungsdetermination, in: Bierfelder, W. (Hrsg.): Handwörterbuch des öffentl. Dienstes, Das Personalwesen, Berlin 1976, 940-943.
Portele, G.: Lernen und Motivation, Weinheim 1975.
Porter, L. W.: Organizational patterns of managerial job attitudes, New York 1964.
Porter, L. W./Lawler, E. E.: Properties of organization, structure in relation to job attitudes and job behavior, Psych. Bull. 1965, 64, 1, 23-51.
Porter, L. W./Lawler, E. E.: Managerial attitudes and performance, Homewood, Illinois 1968.
Porter, L. W./Roberts, K. H.: Communication in organizations, in: Dunnette, M. D. (Ed.): Handbook of industrial and organizational psychology, Chicago 1976, 1553-1590.
Porter, L. W., et al.: Behavior in organizations, New York 1975.
Porter, L. W./Steers, R. M.: Organizational work and personal factors in employee turnover and absenteeism, Psych. Bull. 1973, 80, 161-176.
Porter, L. W., et al.: Organizational commitment, job satisfaction and turnover among psychiatric technicians, Journ. of Applied Psych. 1974, 59, 603-609.
Posth, M.: Personalpolitik, Humanisierung der Arbeitswelt, in: Arbeitgeber, 1974, 26, 14, 536-538.
Preiser, S.: Sozialisationsbedingungen sozialen und politischen Handelns, in: Landeszentrale für politische Bildung (Hrsg.): Selbstverwirklichung und Verantwortung in einer demokratischen Gesellschaft, Mainz 1977.
Presthus, R.: Individuum und Organisation. Typologie der Anpassung, Frankfurt 1962.
Prewo, R., et al.: Systemtheoretische Ansätze in der Soziologie, Reinbek 1973.
Prim, R./Tilmann, H.: Grundlagen einer kritisch-rationalen Sozialwissenschaft, Heidelberg 1973, 2. Aufl. 1975.
Pross, H./Boetticher, K. W.: Manager des Kapitalismus, Frankfurt 1971.
Pugh, D. S., et al.: A conceptual scheme for organizational analysis, ASQ 1963, 8, 289-315.
Pugh, D. S., et al. (Eds.): Writers on organizations, Harmondsworth 1964.
Pugh, D. S./Hickson, D. J.: Eine dimensionale Analyse bürokratischer Strukturen, in: Mayntz, R. (Hrsg.): Bürokratische Organisation, Köln/Berlin 1968, 82-93.
Pugh, D. S., et al.: Dimensions of organizational structure, ASQ 1968, 13, 65-105.
Pugh, D. S., et al.: An empirical taxonomy of structure of work organizations. ASQ 1969, 14, 115-126.
Pugh, D. S., et al.: The context of organizational structures. ASQ 1969, 14, 91-114.
Pugh, D. S./Hinings, C. R.: Organizational structure, extensions and replications, Westmead 1976.
Pugh, D. S., et al.: Research in organizational behaviour: A british survey, London 1975.
Qvale, U.: A norwegian strategy for democratization of industry. Hum. Rel. 1976, 29, 453-469.
Rabbie, J. M. et al.: Differential power and cooperative intergroup interaction on intragroup and outgroup attitudes, Journ. of Personality and Social Psychol., 1974, 30, 46-56.
Rabbie, J. M./Wilkens, G.: Intergroup competition and its effect on intragroup and intergroup relations, European Journ. of Social Psychology, 1971, 1, 215-234.
Rabinowitz, S./Hall, D. T.: Organizational research on job involvement, Psychol. Bull., 1977, 265-288.

Rackham, J./Woodward, J.: The measurement of technological variables, in: Woodward, J. (Ed.): Industrial organisation, behavior and control, London 1970, 19-36.
Raffé, H.: Grundprobleme der Betriebswirtschaftslehre, Göttingen 1974.
Ramström, D.: The use of modern organization theory as a tool for planning in business and public administration. In: Hofstede, G./Sami Kassem, M. (Eds.): European contribution to organization theory, Assenn-Amsterdam 1976.
Raven, B. H./Rietsema, J.: The effect of varied clarity of group goal and group path upon the individual and his relation to his group, Hum. Rel. 1957, 10, 29-44.
Rawls, J.: Eine Theorie der Gerechtigkeit, Frankfurt 1975 (engl. 1971).
Rawls, J.: Ein Entscheidungsverfahren: Zur normativen Ethik, in: Birnbacher, D./Hoerster, N. (Hrsg.): Texte zur Ethik, München 1976, 124f.
Reber, G.: Vom patriarchalisch-autoritären zum bürokratisch-autoritären Führungsstil? ZfB 1970, 9, 633-638.
Reber, G.: Personales Verhalten im Betrieb, Stuttgart 1973.
Reber, G.: Implikationen der Anreiz-Beitrags-Theorie. ZfB 1976, 46, 357-368.
Reber, G.: Individuum, Individuum über alles ..., Die Betriebswirtschaft, 1978, 1, 83-102.
Reber, G./Strehl, F./Böhnisch, W.: Entwicklung des Entwurfs einer projekt- und funktionsorientierten Organisationsstruktur – Fallstudie über einen Teilbereich angewandter Organisationsentwicklung, in: Wunderer, R. (Hrsg.): Humane Personal- und Organisationsentwicklung, Berlin 1979, 63-93.
Reddin, W. J.: Managerial effectiveness, New York 1970, (dt. München 1977).
Reder, Ch.: Organisationsentwicklung in der öffentlichen Verwaltung, Bern 1978.
Redl, F.: Group emotion and leadership. Psychiatry 1942, 5, 575-596. Auszug deutsch. Gruppenemotionen und Führerschaft. In: ders.: Die Erziehung schwieriger Kinder. München 1974.
Reeves, T. K./Woodward, J.: The study of managerial control, in: Woodward, J. (Ed.): Industrial organisation behavior and control, London 1970, 36-56.
Reimann, C.: On the dimensions of bureaucracy structure: An empirical reappraisal. ASQ 1973, 18, 462-476.
Reimann, H.: Kommunikations-Systeme, 2. Aufl., Tübingen 1974.
Remer, A.: Personalmanagement, Berlin/New York 1978.
Remer, A./Wunderer, R.: Entwicklungsperspektiven im betrieblichen Personalwesen, in: ZfbF 1977, S. 742-762.
Remer, A./Wunderer, R.: Personalarbeit und Personalleiter in Großunternehmen, Berlin 1979.
Rescher, N.: What is value change? A framework for research. In: Baier, K./Rescher, N. (Eds.): Values and the future, New York 1969.
Richter, H. E.: Lernziel Solidarität, Reinbek 1974.
Richter, H.-W.: Das Betriebsverfassungsgesetz, Stuttgart 1977.
Rickson, R. E./Simpkins, Ch.: Industrial organization and the ecological process: The case of water pollution, in: Brinkerhoff, M./Kunz, R. (Eds.): Complex organizations and their environments, Dubuque, Iowa 1972, 282-292.
Ridder, P.: Prozesse sozialer Macht, München/Basel 1979.
Riesman, D.: The lonely crowd, New Haven 1950, (dt. Reinbek 1973).
Ritchie, J. B.: Supervision, in: Strauss, G. et al. (Eds.): Organizational behavior: Research and issues, Madison, Wisc., 1974.
Rittel, H. W. J./Weber, M. M.: Dilemmas in a general theory of planning, Policy Sciences 1973, 4, 155-169.
Roberts, K. H., et al.: A factor analytic study of job satisfaction items designed to measure Maslow need categories, Pers. Psych. 1971, 24, 205-220.
Robinson, D. S.: Idealism. In: Enzycl. Britt., Chicago 1976.
Robinson, R.: An atheist's values, Oxford 1964.
Roethlisberger, F. J./Dickson, W. J.: Management and the worker, Cambridge 1939.

Rogers, C. R.: A theory of therapy, personality and interpersonal relationships. In: Koch, S. (Ed.): Psychology, Bd. 3, New York 1959.
Roghmann, K.: Dogmatismus und Autoritarismus, Meisenheim 1966.
Rohmert, W./Weg, F. J.: Organisation teilautonomer Gruppenarbeit, München/Wien 1976.
Roitsch, J.: Vor dem Abitur die Gesellenprüfung. Frankfurter Rundschau 1978, 34, Nr. 1.
Rose, A. M.: Voluntary associations under conditions of competition and conflict. Social Forces 1955, 34, 159-163.
Rose, M.: Industrial behavior, London 1975.
Rosenstein, E.: Histadruts search for a participation program, Industr. Rel. 1970, 9, 170-186.
Rosenstiel, L. v.: Die motivationalen Grundlagen des Verhaltens in Organisationen, Leistung und Zufriedenheit, Berlin 1975.
Rosenstiel, L. v., et al.: Organisationspsychologie, 2. Aufl., Stuttgart 1975.
Rosner, L.: Moderne Führungspsychologie, 3. Aufl., München 1973.
Ross, I. C./Zander, A.: Need satisfaction and employee turnover; Personnel Psychology 1957, 10, 327-338.
Roth, E.: Persönlichkeitspsychologie, Stuttgart 1969.
Rotter, J.: Generalized expectancies of internal versus external control of reinforcement; Psych. Monographs 1966, 80.
Rotter, J.: Generalized expectancies of interpersonal trust; Americ. Psychol. 1971, 26, 443-452.
Rubin, J. Z./Brown, B. R.: The social psychology of bargaining and negotiation, New York 1975.
Rühl, G./Zink, J.: Zur Kritik an der Herzbergschen Motivationstheorie, Fortschrittl. Betriebsführung, 1974, 23, 3, 173-185.
Rühli, E.: Unternehmungsführung und Unternehmungspolitik 1, Bern/Stuttgart 1973.
Rühli, E.: Grundsätzliche Betrachtungen zu einem integrierten Führungsmodell, ZfBF 1977, 29, 729-741.
Rüßmann, K. H./Wilhelm, W.: Ab ins Kollektiv? Manager Magazin 1978, März, 34 ff.
Rüttinger, B.: Konflikt und Konfliktlösen. München 1977.
Ruitenbeek, H. M.: Varieties of personality theory. New York 1964.
Rumpf, H., et al.: Technologische Entwicklung, Teil 1-3, Göttingen 1976.
Russel, B.: Power: A new social analysis. New York 1938.
Saal, F. E.: Job involvement: A multivariate approach, Journ. of Appl. Psychol., 1978, 53-61.
Sader, M.: Rollentheorie, in: Graumann, C. F. (Hrsg.): Sozialpsychologie, Bd. 7/1, Handbuch der Psychologie, Göttingen 1969, 204-231.
Saha, S. K.: Contingency theories of leadership: A study, Hum. Relat., 1979, 313-322.
Sahm, A.: Weiterbildung, betriebliche; in: Gaugler, E. (Hrsg.): HWP, Stuttgart 1975, 2015 f.
Sahm, A.: Das Mitarbeitergespräch als Mittel der Personalentwicklung — Wie läßt sich Gesprächsführung üben?, in: Wunderer R. (Hrsg.): Humane Personal- und Organisationsentwicklung, Berlin 1979, 201-219.
Salancik, G. R./Pfeffer, J.: An examination of need-satisfaction models of job attitudes, ASQ 1977, 22, 427-456.
Sales, S. M.: Supervisory style and productivity: Review and theory, Pers. Psych. 1966, 19, 275-286.
Sami Kassem, M.: European versus American organization theories. In: Hofstede, G./Sami Kassem, M. (Eds.): European contributions to organization theory, Assen-Amsterdam 1976, 1-17.
Sandner, D.: Psychodynamik in Kleingruppen, München/Basel 1978.

Sarges, W.: Empirische Untersuchung zum Zusammenhang zwischen Führungsstil und Leistung in Arbeitsgruppen, Diss. Hamburg 1974.
Sarbin, T. R./Allen, V. L.: Role theory. In: Lindzey, G./Aronson, E. (Eds.): The Handbook of Social Psychology, Vol. II, Read. Mass. 1969.
Saris, R. J.: The development of a 13th subscale to the Leader Behavior Description Questionnaire, Univ. of Idaho, Doctoral Diss., 1969.
Sayles, L. R.: Behavior of industrial work groups, New York 1958.
Sbandi, P.: Gruppenpsychologie, München 1973.
Schachter, S.: The psychology of affiliation: Experimental studies of the source of gregariousness, Stanford, Calif. 1959.
Schäfer, B.: Toleranz-Intoleranz, in: ,,Das Parlament" vom 24. 9. 1977, 38, 23-38.
Schäfer, B./Six, B.: Sozialpsychologie des Vorurteils, Stuttgart 1978.
Schafer, R.: A new language for psychoanalysis. New Haven 1976.
Schanz, G.: Grundlagen der verhaltenstheoretischen Betriebswirtschaft, Tübingen 1977.
Schanz, G.: Verhalten in Wirtschaftsorganisationen, München 1978.
Scharmann, Th.: Teamarbeit in der Unternehmung, Bern/Stuttgart 1972a.
Scharmann, Th.: Leistungsorientierte Gruppen, in: Graumann, C. F. (Hrsg.): Handbuch der Psychologie, Sozialpsychologie, Bd. 7/2, Göttingen 1972b, 1790f.
Scharmann, Th.: Gruppendynamik und Monotonieproblem in der mechanisierten Produktion, Bern 1973.
Schein, E. H./Bennis, W. G.: Personal and organizational change through group methods: The laboratory approach, New York 1965.
Schein, E. H.: Process consultation: Its role in organizational development, Reading, Mass. 1969.
Schein, E. H.: Organizational psychology, Englewood Cliffs, New Jersey 1970.
Schein, E. H.: Individual power and political behavior in organizations, Acad. of Manag. Rev., 1977, 2, 64-77.
Schelsky, H. (Hrsg.): Zur Theorie der Institution, Düsseldorf 1970.
Schlaffke, W., et al.: Qualität des Lebens am Arbeitsplatz, Köln 1974.
Schloz, U. A.: Humanisierung der Arbeit, Frankfurt 1977.
Schmalt, H.-D./Meyer, W. U. (Hrsg.): Leistungsmotivation und Verhalten, Stuttg. 1976.
Schmid, G./Treiber, H.: Bürokratie und Politik, München 1975.
Schmidbauer, W.: Die hilflosen Helfer. Über die seelische Problematik der helfenden Berufe, Reinbek 1977.
Schmidt, H. D., et al.: Soziale Einstellungen, München 1975.
Schmidt, J.: Kommunikation und Kooperation in der öffentl. Verwaltung; Archiv f. Kommunalwiss., 1973, 12, 306-323.
Schmidt, R. W.: Multivariate Verfahren in der empirischen Organisationsforschung, Meisenheim 1976.
Schneider, B./Alderfer, P.: Three studies of measure of need satisfaction in organizations; ASQ 1973, 18, 4, 489-505.
Schneider, B.: Organizational climates: An essay; Personnel Psychol. 1975, 28, 447-479.
Schneider, D.: Implicit personality theory: A review, Psychol. Bull., 1973, 79, 294-309.
Schneider, F.: Führungsgrundsätze – Hilfe oder Hindernis. In: Personalführung, 1976, 12, 265f.
Schneider, K.: Leistungsmotiviertes Verhalten als Funktion von Motiv, Anreiz und Erwartung; in: Schmalt, H.-D./Meyer, W. U. (Hrsg.): Leistungsmotivation und Verhalten, Stuttgart 1976, 33-60.
Schneider, S.: Matrixorganisation, Frankfurt/Zürich 1974.
Schneider, S.: Konflikte in einer Matrixorganisation; ZfO 1975, 6, 321-328.
Schneider, S.: Matrixorganisation in der öffentlichen Verwaltung; ZfO 1977, 1, 37-47.
Schneider, H.-D.: Kleingruppenforschung, Stuttgart 1975.
Schneider, H.-D.: Sozialpsychologie der Machtbeziehungen, Stuttgart 1978.

Schnelle, E.: Entscheidung im Management, Quickborn 1966.
Scholz, L.: Technologie und Innovation in der industriellen Produktion, Göttingen 1974.
Schopler, J.: Social power, in: Berkowitz, L. (Ed.): Advances in exper. social psychol., Vol. 2, New York 1965, 177-219.
Schriesheim, C./Kerr, S.: Psychometric properties of the Ohio State Leadership Scales, Psych. Bull., 1974, 81, 756-765.
Schreyögg, G.: Das Fiedlersche Kontingenzmodell der Führung, in: Gruppendynamik, 1977, 6, 405-414.
Schreyögg, G.: Umwelt, Technologie und Organisationsstruktur, Bern/Stuttgart 1978.
Schreyögg, G.: Das Fiedlersche Kontingenzmodell der Führung: Eine inhumane Sozialtechnologie?, in: Grunwald, W./Lilge, H. G. (Hrsg.): Partizipative Führung, Bern/Stuttgart 1980.
Schröder, K. T.: Soziale Verantwortung in der Führung der Unternehmung, Berlin 1978.
Schubart, M.: Von der Familiendynamik zur Arbeitsgruppe. Psychol. heute 12/1977.
Schuler, H.: Das Bild vom Mitarbeiter, München 1972.
Schwab, D. P./Cummings, L. L.: Theories of performance and satisfaction: A review; Industr. Relat. 1970, 12, 408-430.
Schwarzkopf, W.: Unternehmerische Antwort auf den Wandel – am Modell des Metallwerks Plansee, in: Die Industrie, Juni 1976, Wien, Nr. 23.
Scott, W. E./Cummings, L. L. (Eds.): Readings in organizational behavior and human performance, Homewood, Ill. 1973.
Scott, W. G.: Organizational structure, in: Inkeles, A., et al. (Eds.): Annual review of sociology, Vol. 1, Palo Alto, Calif. 1975.
Scott, W. G.: Organization government: The prospects for a truly participative system, Publ. Admin. Review, 1969, Jan./Febr.
Scott, W. G./Mitchell, T. R.: Organization theory, Homewood, Ill. 1976.
Seashore, S. E.: Group cohesiveness in the industrial work group, Ann Arbor 1954.
Secord, P. F./Backmann, C. W.: Sozialpsychologie, Frankfurt 1976 (engl. 1974, 1964).
Seeman, M.: On the meaning of alienation, in: Americ. Soc. Rev. 1959, 24, 783-791.
Seeman, M.: Alienation studies, in: Inkeles, A., et al. (Eds.): Annual Review of Sociology, Vol. 1, Palo Alto, Calif. 1977, 91-124.
Seidel, E.: Führungsformwandel und Betriebsherrschaft, ZfO 1974, 43, 137-143.
Seidel, E.: Betriebliche Führungsformen, Stuttgart 1978.
Seidel, E.: Die betriebliche Effizienz direktiver und kooperativer betrieblicher Führungsform, in: Grunwald, W./Lilge, H.-G. (Hrsg.): Partizipative Führung, Bern/Stuttgart 1980, 210-231.
Seiffert, H.: Einführung in die Wissenschaftstheorie, Bd. 1, 3. Aufl., München 1971.
Seiler, B. (Hrsg.): Kognitive Strukturiertheit, Stuttgart 1973.
Seiwert, L.: Was wollen die Mitarbeiter?, Personal, 1979, 4, 149-154.
Sellien, R./Sellien, H. (Hrsg.): Wirtschaftslexikon, 7. Aufl., Wiesbaden 1967.
Selznick, P.: Leadership in administration, Evanston 1957.
Selznick, P.: Law, society and industrial justice; Russel Sage Foundation 1969.
Semmer, N./Pfäfflin, M.: Interaktionstraining, Weinheim 1978.
Shapira, Z.: A facet analysis of leadership styles J. of Appl. Psychol. 1976, 61, 2, 136-139.
Shaw, M. E.: Group dynamics. In: Ann. Rev. Psychol. 1961, 12, 129-156.
Shaw, M. E.: Communication networks, in: Berkowitz, L. (Ed.): Advances in experim. social psychology, Vol. 1, New York 1964, 111-146.
Shaw, M. E./Costanzo, P. R.: Theories of social psychology, New York 1970.
Shaw, M. E.: Group dynamics, New York 1976.
Sheldon, M. E.: Investments and involvements as mechanisms producing commitment to the organization. ASQ 1971, 16, 142-150.
Shepard, H. A.: Changing interpersonal and intergroup relationships in organizations. In: March, J. G. (Ed.): Handbook of organizations, Chicago 1965, 1115f.

Sherif, M.: Group conflict and cooperation, London 1958.
Sherif, M. et al.: Intergroup conflict and cooperation, Norman, Oklah. 1961.
Sherif, M./Sherif C. W.: Social psychology, New York 1969.
Shinoda, Y.: Gruppendynamische Formen der Menschenführung in japanischen Partnerschaftsbetrieben, in: Wunderer, R. (Hrsg.): Humane Personal- und Organisationsentwicklung, Berlin 1979, 411-422.
Siemens AG (Hrsg.): Organisationsplanung, Planung durch Kooperation, München 1974.
Sievers, B. (Hrsg.): Organisationsentwicklung als Problem, Stuttgart 1977.
Sievert, U.: Grundsätzlich nach Grundsätzen führen, in: Neue Zürcher Zeitung, 16. 7. 76, Nr. 116, S. 16.
Silverman, D.: Theorie der Organisation, Graz 1972.
Simon, H. A.: Recent advances in organization theory, Washington 1955.
Simon, H. A.: The architecture of complexity; General Systems Review 1965, 63-76.
Simon, H. A.: Administrative behavior, 3. ed., New York/London 1976.
Simons, H. W.: Persuasion; Read. Mass. 1976.
Simpson, R. L.: Theories of social exchange, in: Thibaut, J. W., et al. (Eds.): Contemporary topics in social psychology, Morristown 1976.
Sims, H. P.: The leader as a manager of reinforcement contingencies: An empirical example and a model, in: Hunt, J. G./Larsson, L. L. (Eds.): Leadership: The cutting edge, Carbondale, Ill. 1977.
Six, B.: Die Relation von Einstellung und Verhalten; Zeitschr. f. Sozialpsychol. 1975, 6, 4, 270-296.
Slater, P. E.: Mikrokosmos. Frankfurt 1970.
Slobin, D. J., et al.: Forms of address and social relations in a business organization; Journ. of Person. and Soc. Psych. 1968, 8, 3, 289-293.
Smith, P. B.: Kleingruppen in Organisationen, Stuttgart 1976 (engl. 1973).
Smith, R. C.: Behavior, results and organizational effectiveness: The problem of criteria, in: Dunnette, M. D. (Ed.): Handbook of industrial and organizational psychology, Chicago 1976, 745-776.
Smyth, R.: The sources and resolution of conflict in management; Pers. Journ. 1977, 56, 5, 225f.
Söllheim, O.: Die Grenzen des Taylorismus. 1922.
Söllner, A.: Arbeitsrecht, 4. Aufl., Stuttgart 1974.
Sorg, R.: Ideologietheorien, Köln 1976.
Spangenberg, K.: Chancen der Gruppenpädagogik, Weinheim 1969.
Specht, D. A.: System size and structural differentiation in formal organizations: An alternative baseline generator. Am. Soc. Rev. 1973, 38, 476-478.
Spiegel-Rösing, J. S.: Wissenschaftsentwicklung und Wissenschaftssteuerung – Einführung und Material zur Wissenschaftsforschung, Frankfurt 1973.
Spiegel, L. A.: Selbst, Selbst-Gefühl und Wahrnehmung; Psyche 1961, 211-236.
Spinner, H.: Pluralismus als Erkenntnismodell. Frankfurt 1974.
Spittler, G.: Herr, Verwaltungsstab und Beherrschte, Freiburg 1973.
Srivastva, S., et al.: Job satisfaction and productivity; Kent State Univ. Press 1975.
Staehle, W. H.: Organisation und Führung soziotechnischer Systeme, Stuttgart 1973.
Staehle, W. H.: Interessenkonflikte in Organisationsentwicklungs-Prozessen, in: Wunderer, R. (Hrsg.): Humane Personal- und Organisationsentwicklung, Berlin 1979, 25-41.
Staehle, W. H.: Management, München 1980.
Stanfield, G. G.: Technology and organization structure as theoretical categories. ASQ 1976, 21, 489-493.
Starbuck, W. H.: Organizational growth and development, in: March, J. G. (Ed.): Handbook of organizations, 1965, 451-533.

Starbuck, W. H.: Organizational metamorphosis, in: Millman, R. W./Hottenstein, M. P. (Eds.): Promising Research Directions; Academy of Management 1968, 113-122.
Starbuck, W. H.: Organizations and their environments. Berlin, International Institute of Management 1973.
Starbuck, W. H.: Organizations and their environments. In: Dunnette, M. D. (Ed.): Handbook of industrial and organizational psychology, Chicago 1976, 1069-1124.
Starbuck, W. (Ed.): Handbook of organizational design, New York 1978.
Steele, F.: The open organization, Reading 1975.
Steers, R. M./Porter, L. W.: The role of task-goal attributes in employee performance. Psych. Bull. 1973, 81, 434-452.
Steers, R. M./Porter, L. W. (Eds.): Motivation and work behavior, New York 1975.
Steers, R. M.: Problems in the measurement of organizational effectiveness. ASQ 1975, 20, 546-558.
Steers, R. M.: Antecedents and outcomes of organizational commitment. ASQ 1977, 22, 46-56.
Steers, R. M.: Organizational effectiveness: A behavioral view, Santa Monica, Ca., Goodyear Publishing Company 1977.
Steiner, J. D.: Group process and productivity, New York 1972.
Steinkamp, H.: Gruppendynamik und Demokratisierung, München 1973.
Steinle, C.: Leistungsverhalten und Führung in der Unternehmung, Berlin 1975.
Steinle, C.: Führung, Stuttgart 1978.
Steinmann, H.: Zur Theorie der Führungsstile – Probleme eines Forschungsansatzes (1974), in: Nieder, P. (Hrsg.): Führungsverhalten im Unternehmen, München 1977, 34-52.
Stiefel, R.: Humanistische Management-Schulung, Frankfurt 1975.
Stock-Whitaker, D./Lieberman, A.: Psychotherapy through the group process, London 1965.
Stogdill, R. M.: Handbook of leadership, New York 1974.
Stone, E. F./Porter, L. W.: Job characteristics and job attitudes, a multivariate study; Journ. of Appl. Psych. 1975, 60, 57-64.
Storr, A.: The integrity of the personality, Harmondsworth 1963.
Stotland, C.: Exploratory investigation of empathy, in: Berkowitz, L. (Ed.): Advances in experim. social psychology, Vol. 4, New York/London 1969, 271-314.
Strasser, H./Knorr, K. D.: Wissenschaftssteuerung, Frankfurt 1976.
Strauss, G.: Some notes on power-equalization. In: Latané, H. A. et al. (Eds.): The social science of organizations, Prentice Hall 1963.
Strauss, G./Rosenstein, E.: Worker's participation: A critical view. In: Industr. Rel. 1970, 9, 197-214.
Strauss, G.: Organization development, in: Dubin, R. (Ed.): Handbook of work, organization and society, Chicago 1976, 615 f.
Strickland, L. H.: Surveillance and trust, Journ. of Personality 1958, 26, 200-215.
Strutz, H.: Wandel industriebetrieblicher Organisationsformen. Stuttgart 1976.
Stymne, B.: Values and processes. A systems study of three organizations, Lund 1970.
Suls, J. M./Miller, R. L. (Eds.): Social comparison processes, New York 1977.
Sundberg, N. D. et al.: Toward assessment of personal competence and incompetence in life situations, Ann. Rev. Psychol., 1978, 29, 179-221.
Susman, G. I./Evered, R. D.: An assessment of the scientific merits of action research, ASQ, 1978, 23, 582-603.
Sykes, A. J. M.: The effects of a supervisory training course in changing supervisors' perceptions and expectations of the role of management. Hum. Rel. 1962, 15, 227-243.
Tagiuri, R.: Person perception. In: Lindzey, G./Aronson, E. (Eds.): The Handbook of Social Psychology, Vol. 2, Read. Mass. 1969.

Tajfel, H.: Social and cultural factors in perception. In: Lindzey, G./Aronson, E. (Eds.): The Handbook of Social Psychology, Vol. 2, Read. Mass. 1969.
Tajfel, H.: Intergroup behavior, social comparison and social change, Univ. of Michigan 1974.
Tajfel, H.: Soziales Kategorisieren, in: Moscovici, S. (Hrsg.): Forschungsgebiete der Sozialpsychologie, Bd. 1, Frankfurt 1975, 345-380.
Tajfel, H./Turner, J.: An integrative theory of intergroup conflict, in: Austin, W. G./Worchel, S. (Eds.): The social psychology of intergroup relations, Montery 1977.
Tannenbaum, A. S. (Ed.): Control in organizations, New York 1968.
Tannenbaum, A. S., et al.: Hierarchy in organizations, San Francisco 1974.
Tannenbaum, R.: Systems of formal participation, in: Strauss et al. (Eds.): Organizational behavior, Belmont 1976.
Tannenbaum, R./Schmidt, W. H.: Die Wahl eines Führungsstils (engl. 1958), zit. nach Grochla, E. (Hrsg.): Management, Düsseldorf/Wien 1974.
Tannenbaum, R., et al.: Leadership and organization: A behavioral science approach, New York 1961.
Tannenbaum, R./Schmidt, W. H.: Zielerreichung durch Führung (1958), in: Grochla, E. (Hrsg.): Management, Düsseldorf/Wien 1974, 55-68.
Tansky, C./Parke, E. L.: Job enrichment, need theory and reinforcement theory, in: Dubin, R. (Ed.): Handbook of work, organization and society, Chicago 1976, 531-566.
Tax, S./Krucoff, L. S.: Social Darwinism; Int. Ency. Soc. Sci. 1968.
Taylor, F. W.: The principles of scientific management, New York 1915, (dt. Weinheim 1977).
TCO-S: TCO-S aktuell vom 16. 11. 1977 a.
TCO-S: Medbestämmande. Lagen med kommentarer för det statliga området, Stockholm 1977b.
Tedeschi, J. T. (Ed.): The social influence processes; Chicago/New York 1972.
Terborg, J. R.: The motivational components of goal setting; J. of Appl. Psychol. 1976, 61, 5, 613-621.
Terhune, K. W.: The effects of personality in cooperation and conflict, in: Swingle, P. (Ed.): The structure of conflict New York/London 1970, 193-234.
Teutsch, G. M.: Lernziel Empathie, in: Lück, H. E. (Hrsg.): Mitleid, Vertrauen – Verantwortung, Stuttgart 1977, 145-155.
Thamhain, H. J., et al.: Leadership, conflict, and program management effectiveness, Sloan Management Review, 1977, 69-89.
Thayer, H. S.: Pragmatism. In: Int. Enc. Soc. Sci. 1967.
Theodorson, G. A./Theodorson, A. G.: A modern dictionary of sociology, London 1970.
Theweleit, L.: Männerphantasien, Bd. 1, Frankfurt 1977; Bd. 2, Frankfurt 1978.
Thews, K. H.: Verhaltensforschung, die uns angeht, Gütersloh 1974.
Thibaut, J. W./Kelley, H. H.: The social psychology of groups, New York 1959.
Thieme, W.: Verwaltungslehre, Köln 1967.
Thomas, J. M./Bennis, W. G.: Management of change and conflict, Harmondsworth 1972.
Thomas, K.: Conflict and conflict management, in: Dunnette, M. D. (Ed.): Handbook of industrial and organizational psychology, Chicago 1976, 889-937.
Thompson, J. D.: Organizations in action, London 1967.
Thompson, J. D./McEwen, W. J.: Organizational goal and environment: Goal setting as an interaction process; Americ. Soc. Review 1958, 23, 23-31.
Thompson, V. A.: Bureaucracy and innovation, in: Shepard, J. M. (Ed.): Organizational issues in industrial society, Englewood Cliffs, New Jersey 1965, 120-134.
Thompson, V. A.: Modern organization, New York 1966.
Thompson, V. A.: Bureaucracy and the modern world, Morristown, New Jersey 1976.

Thorsrud, E., et al.: Sociotechnical approach to industrial democracy, in: Dubin, R. (Ed.): Handbook of work, organization and society, Chicago 1976, 421-464.

Thorsrud, E.: Democratization of work as a process of change towards nonbureaucratic types of organizations. In: Hofstede, G./Sami Kassem, M. (Eds.): European contributions to organization theory, Assen-Amsterdam 1976.

Tietz, B.: Bildung und Verwendung von Typen in der Betriebswirtschaftslehre. Köln/Opladen 1960.

Tietze, B.: Humanisierung der Arbeitswelt: Theoret. Programme und polit. Praxis, Arbeit und Leistung, 1974, 28, 309-15.

Tlach, P.: Führungsstile, in: Gaugler, E. (Hrsg.): Handwörterbuch des Personalwesens, Stuttgart 1975, 905 ff.

Topitsch, E. (Hrsg.): Logik der Sozialwissenschaften, Köln 1965, (6. Aufl. 1970).

Tosi, H./Platt, H.: Administrative ratios and organizational size; Academy of Management Journal, 1967, 10, 161-168.

Tosi, H., et al.: How real are changes induced by management by objectives. ASQ 1976, 21, 276-306.

Tracy, P. K.: The dynamics of growth in complex organizations, Paper presented at the 70th Annual Meeting of the American Sociological Association, San Francisco 1975.

Trebesch, K.: Innovationsfördernde Organisationsstrukturen, Indust. Organisation 1973, 42, 6, 277-282.

Triandis, H. C.: A critique and experimental design for the study of the relationship between productivity and job satisfaction. Psych. Bull. 1959, 56, 309-312.

Tscheulin, D./Rausche, A.: Beschreibung und Messung des Führerverhaltens in der Industrie mit der deutschen Version des Ohio-Fragebogens, Psychologie u. Praxis, 1970, 14, 49 ff.

Turk, H.: Interorganizational networks and urban society. Am. Soc. Rev. 1970, 35, 1-19.

Türk, K.: Grundlagen einer Pathologie der Organisation, Stuttgart 1976.

Überla, K.: Faktorenanalyse, Berlin/Heidelberg/New York 1968.

Ulich, E., et al.: Neue Formen der Arbeitsgestaltung, Frankfurt 1973.

Ulrich, H.: Delegation, in: Grochla, E. (Hrsg.): Handwörterbuch der Organisation, Stuttgart 1969, 433-437.

Ulrich, H.: Kompetenz, in: Grochla, E. (Hrsg.): Handwörterbuch der Organisation, Stuttgart 1969, 852-856.

Ulrich, H.: Unternehmenspolitik, Bern/Stuttgart 1975.

Ulrich, P./Fluri, E.: Management, Bern/Stuttgart 1975.

Upmeyer, A.: Soziale Urteilsbildung, Stuttgart 1980, (i. Druck).

U. S. Department of Health, Education and Welfare: „Work in America", MIT Bess, Cambridge, Mass. 02142, USA, 1973; dt. „Die 8 Stunden am Tag", München 1974, Hrsg.: Pieroth, E.

Vacchiano, R. B.: Dogmatism, in: Blass, T. (Ed.): Personality variables in social behavior, New York 1977, 281-314.

Vansina, L. S.: Organisationsentwicklung – quo vadis? Gruppendynamik 1976, 7, 82-108.

Verba, S.: Small groups and political behavior, Princeton 1961.

Veszy-Wagner, L. (Hrsg.): Gesamtregister zu S. Freud: Ges. Werke, Bd. 18, Frankfurt 1968.

Vilmar, F. (Hrsg.): Menschenwürde im Betrieb. Modelle der Humanisierung und Demokratisierung der industriellen Arbeitswelt, Reinbek 1973.

Vilmar, F.: Was heißt Humanisierung am Arbeitsplatz? Effizienz und Humanisierung als gleichwertige Ziele für die Zukunft. Analysen 3, 1973, 12, 18-21.

Vilmar, F.: Strategien der Demokratisierung, Bd. I, Neuwied 1973.

Vilmar, F.: Politik und Mitbestimmung. Frankfurt 1977.

Vilmar, F.: Von hierarchischen zu kooperativen Entscheidungsstrukturen im Betrieb.

Humanitäre und produktive Effekte. Vortrag auf der 19. Arbeitstagung der Sektion Arbeits- und Betriebspsychologie im BDP 16.-18. 5. 1977.
Voelkner, J.: Zum Problem der Fortbildung von Führungskräften der Wirtschaft, Diss. Univ. Gießen 1975.
Vogel, H. C.: Die Beziehung zwischen Führung und Effizienz von Arbeitsgruppen, Diss. Bochum 1975.
Voitel, R. D., et al.: Initiatoren von Reorganisationsprozessen, München 1976.
Volger, R. E.: On the definition of cooperation, Psych. Rep. 1969, 25, 281-282.
Voosen, H.: Führen nach Grundsätzen, in: Personalführung 1977, 11, 210ff.
Voßbein, R.: Führungssystem und Unternehmensorganisation, Essen 1979.
Vroom, V. H.: Some personality determinants of the effects of participation, Englewood Cliffs, New Jersey 1960.
Vroom, V. H.: Work and motivation, New York 1964.
Vroom, V. H.: Industrial social psychology, in: Lindzey, G./Aronson, E. (Eds.): Handbook of Social Psychology, Vol. 4 Read., Mass. 1969.
Vroom, V. H./Yetton, P. W.: Leadership and decision-making, University of Pittsburgh Press 1973.
Vroom, V. H.: Leadership, in: Dunnette, M. D. (Ed.): Handbook of industrial and organizational psychology, Chicago 1976, 1527-1552.
Vroom, V. H./Jago, A. G.: On the validity of the Vroom-Yetton-Model, J. of Appl. Psych., 1978, 63, 2, 151-162.
Wagner, H.: Die Bestimmungsfaktoren der menschlichen Arbeitsleistung im Betrieb, Wiesbaden 1966.
Wagner, H.: Personal- und Organisationsentwicklung als Ansätze zur Handhabung des Interface-Gap zwischen Systemspezialisten und Benutzern computergestützter Informationssysteme, in: Wunderer, R. (Hrsg.): Humane Personal- und Organisationsentwicklung, Berlin 1979, 255-272.
Wagner, U.: Autorität und Motivation im Industriebetrieb unter den Bedingungen des institutionellen Wandels, Berlin 1978.
Wahba, M. A./Bridwell, L. G.: Maslow reconsidered: A review of research on the need hierarchy theory, Org. Behav. and Hum. Perf., 1976, 15, 212-240.
Walker, K. F.: Worker's participation in management; Intern. Inst. Lab. Stud. Bull. 2, 1967, 1-62.
Wall, T. D./Lischeron, J. A.: Worker participation, London 1977.
Walter-Busch, E.: Arbeitszufriedenheit in der Wohlstandsgesellschaft, Bern/Stuttgart 1973.
Walton, R. E.: Interpersonal peace-making: Confrontations and third-party consultation, Read., Mass. 1969.
Warr, P. B. (Ed.): Psychology at work, Harmondsworth 1974, (2nd. ed. 1978).
Warr, P./Wall, T.: Work and well-being, Harmondsworth 1975.
Warren, R.: The interorganizational field as a focus of investigation, ASQ 1967, 12, 396-419.
Warwick, D. P./Kelman, H. C.: Ethical issues in social intervention. In: Bennis, W. G. et al. (Eds.): The planning of change, New York 1976.
Waters, L. K./Waters, C. W.: An empirical test of five versions of the two-factor theory of job satisfaction, Org. Beh. and Hum. Perf., 1972, 7, 18-24.
Waters, L. K./Roach, D. E.: A factor analysis of need fulfillment items designed to measure Maslow's need categories, Personnel Psychol., 1973, 26, 185-196.
Weber, M.: Wissenschaft als Beruf, Berlin 1959.
Weber, M.: Wirtschaft und Gesellschaft, Tübingen 1972 (orig. 1922).
Weber, M.: Der staatliche Herrschaftsbetrieb als Verwaltung, in: Staatssoziologie, 2. Aufl., Berlin 1966.
Weber, M.: Die protestantische Ethik und der Geist des Kapitalismus, München 1965 (1920).

Weber, W.: Ethik der Arbeit. In: Gaugler, E. (Hrsg.): Handwörterbuch des Personalwesens, Stuttgart 1975.
Weder, W.: Die Einstellung des Mitarbeiters zum Führungsstil der Unternehmung, Bern/Stuttgart 1976.
Weick, K.: The social psychology of organizing, Stanford, Cal. 1969.
Wellendorf, F.: Zur Praxis der Beratung pädagogischer Institutionen. Konzeptionelle und methodische Probleme. Vortrag 3. Bundeskonf. f. Schulpsychol. u. Bildungsberatung Bremen, 14. 10. 1977.
Weiner, B.: Theorien der Motivation, Stuttgart 1976a (engl. 1972).
Weiner, B.: Attributionstheoretische Analyse von Erwartung × Nutzen-Theorien, in: Schmalt, H.-D./Meyer, W. U. (Hrsg.): Leistungsmotivation und Verhalten, Stuttgart 1976b, 81-100.
Weingart, P. (Hrsg.): Wissenschaftssoziologie, I, II, Frankfurt 1973.
Weingart, P.: Wissensproduktion und soziale Struktur, Frankfurt 1976.
Weiss, R. S./Riesman, D.: Social problems and disorganization in the world of work, in: Merton, R. K./Nisbet, R. A. (Eds.): Contemporary social problems, New York 1961.
Weissenberg, P./Kavanagh, M. J.: The independence of initiating structure and consideration: A review of the evidence, Pers. Psych. 1972, 25, 119-130.
Weissenberg, P.: Book Review Likert/Likert, J. G.: 1976, New ways of managing conflict. ASQ 1977, 22, 545-549.
Weizsäcker, C. F. v.: Der Garten des Menschlichen. Beiträge zur geschichtlichen Anthropologie. München 1977.
Wellendorf, F.: Schulische Sozialisation und Identität, Weinheim 1973.
Wernimont, P. F./Fitzpatrick, S.: The meaning of money; Journ. of Appl. Psych. 1972, 56, 3, 218-226.
Wesche, E.: Tauschprinzip-Mehrheitsprinzip-Gesamtinteresse, Stuttgart 1979.
West, G. E.: Bureaupathology and the failure of MbO; Hum. Ress. 1977, 2, 16, 33f.
Westerlund, G./Sjöstrand, S. E.: Organisationsmyther, Stockholm 1975.
Wheeler, L.: Motivation as a determinant of upward comparison; J. of Exp. Soc. Psychol. 1966, Anhang 1, 27-31.
Wheeler, L., et al.: Factors determining choice of a comparison other; J. of Exp. Soc. Psychol. 1969, 5, 219ff.
White, R. W.: Motivation reconsidered: The concept of competence, Psych. Rev., 1959, 66, 297-333.
White, W. F.: Industrial and organizational relations, Encycl. Brit., Chicago 1975.
Whorf, B. L.: Sprache, Denken, Wirklichkeit, Hamburg 1963.
Whyte, W. H.: The organization man, New York 1956.
Whyte, W. H.: Organizational behavior, Homewood, Illinois 1969.
Wiggins, J. S.: Personality and prediction, Read. Mass., 1973.
Wild, J./Schmidt: Managementsystem für die Verwaltung: PPBS und MbO; Die Verwaltung, 1973, 2, 145-166.
Wild, J.: Organisation und Hierarchie, ZfO 1973, 1, 45-54.
Wild, J.: MbO als Führungsmodell für die öffentliche Verwaltung; Die Verwaltung 1973, 2, 283-316.
Wild, J.: Betriebswirtschaftliche Führung und Führungsmodelle, in: Wild, J. (Hrsg.): Unternehmungsführung, Festschrift zum 75. Geburtstag von E. Kosiol, Berlin 1974, 145-179.
Wildmann, G.: Personalismus, Solidarismus und Gesellschaft, Wien 1961.
Wileman, D./Freese, H.: Problems new-venture teams face; Innovation 1972, 28, 40-47.
Wilpert, B.: Führung in deutschen Unternehmen, Berlin 1977.
Wilson, G. D. (Ed.): The psychology of conservatism, London 1973.
Wilson, J. Q.: Innovation in organizations: Notes towards a theory, in: Thomas, J. M./Bennis, W. G. (Eds.): Management of change and conflict, Harmondsworth 1972.

Winnicott, D. W.: Some thoughts on the meaning of the word democracy. In: Winnicott, D. W.: The family and individual development. London 1965.
Winter, D. G.: The power motive, New York 1973.
Wistinghausen, J.: Unternehmensgrundsätze. ZfO 1977, 2, 61-66.
Wiswede, G.: Rollentheorie. Stuttgart 1977.
Witte, E.: Führungsstile, in: Grochla, E. (Hrsg.): Handwörterbuch der Organisation, Stuttgart 1969, 595 f.
Witte, E.: Organisation für Innovationsentscheidungen – Das Promotorenmodell, Göttingen 1973.
Witte, E.: Zu einer empirischen Theorie der Führung, in: Wild, J. (Hrsg.): Unternehmungsführung, Berlin 1974, 181-220.
Witte, E., et al.: Führungskräfte der achtziger Jahre, Stuttgart 1980.
Witte, E. H.: Das Verhalten in Gruppensituationen, Göttingen 1979.
Wöhler, K. (Hrsg.): Organisationsanalyse, Stuttgart 1978.
Wofford, J. C.: Managerial behavior situation factors and productivity and morale. ASQ 1971, 16, 10-17.
Wollnik, M./Kubicek, H.: Einflußfaktoren der Koordination in Unternehmungen, ZfbF 1976, 28, 502-524.
Wood, M. T.: Power relationships and group decision making in organisations. Psych. Bull. 1973, 79, 5, 280-293.
Woodward, J.: Industrial organizations: Theory and practice; London 1965.
Woodward, J. (Ed.): Industrial organizations: Behavior and control; London 1970.
Woodward, J.: Technology, management control and organizational behavior. In: Woodward, J. (Ed.): Industrial organizations: Behavior and control, London 1970, 234-243.
Work in America, Washington 1973.
Wrightsman, L. S.: Social psychology in the seventies, Belmont, Calif., 1973.
Wunderer, R.: Zur Mitbestimmung der Führungskräfte unter Aspekten der Managementlehre, in: Der Betrieb 1970, S. 2441-2444.
Wunderer, R.: Bestimmungsgründe für den Erfolg von Führungskräften, in: Personal 1971, S. 256-258.
Wunderer, R.: Führungskraft im Wandel, aus: Kolleg für Unternehmensführung im Institut für Unternehmenspolitik an der Universität Stuttgart, Veröff. 4, Frankfurt 1972.
Wunderer, R.: Zur Theorie von Nachfolgeregelungen, in: Nachfolgeregelungen für Führungskräfte, hrsg. v. R. Wunderer, München 1973, 8-47.
Wunderer, R.: Lateraler Kooperationsstil, in: Personal 1974, S. 166-170.
Wunderer, R.: Die Leitsätze für Zusammenarbeit im Metallwerk Plansee; in: Plansee-Werkzeitung 1975a, 3, 4f.
Wunderer, R.: Personalwesen als Wissenschaft, in: Personal 1975b, 35ff.
Wunderer, R.: Arbeitsplatzbeschreibung, in: Management-Enzyklopädie, München 1975c. 218-238.
Wunderer, R.: Personalbeurteilung, in: Management-Enzyklopädie, München 2, 1975d. 2594-2600.
Wunderer, R.: Personalwerbung, in: Gaugler, E. (Hrsg.): Handbuch des Personalwesens, Stuttgart 1975e., Sp. 1690ff.
Wunderer, R.: Institutionelle Dimensionen der Führung in Unternehmen (empirische Analysen) – hekt. DFG-Forschungsbericht, Essen 1975f.
Wunderer, R.: Kooperationskonflikte, laterale; Personal-Enzyklopädie, Bd. II, München 1978a, S. 407-411.
Wunderer, R.: Verhaltensleitsätze, in: Personal-Enzyklopädie, Bd. III, München 1978b, S. 574-581.
Wunderer, R.: Das „Leader-Match-Concept" als Fred Fiedlers „Weg zum Führungser-

folg", in: Wunderer, R. (Hrsg.): Humane Personal- und Organisationsentwicklung, Berlin 1979a, 219-255.

Wunderer, R./Boerger, M./Löffler, H.: Zur Beurteilung wissenschaftlich-technischer Leistungen, Baden-Baden 1979b.

Wunderer, R. (Hrsg.): Humane Personal- und Organisationsentwicklung, Festschrift zum 80. Geburtstag von Guido Fischer, Berlin 1979c.

Wygotski, L. S.: Denken und Sprechen, Stuttgart 1971.

Wylie, R. C.: The self-concept, Lincoln 1974.

Wyss, D.: Die tiefenpsychologischen Schulen, Göttingen 1972.

Yankelovich, D.: Wer hat noch Lust zu arbeiten?, Psychol. heute, 1978, 11, 15-21.

Yukl, G.: Toward a behavioral theory of leadership; Org. Behav. and Hum. Perf. 1971, 6, 414-440.

Yukl, G. A./Lathham, G. P.: Interrelationships among employees participation, individual differences, goal difficulty, goal acceptance, goal instrumentality and performance, Pers. Psychol. 1978, 31, 2, 305-323.

Zajonc, R. B.: Social psychology, Belmont, Calif. 1966.

Zaleznik, A., et al.: The motivation, productivity and satisfaction of workers, Boston, Mass. 1958.

Zaleznik, A.: The dynamics of interpersonal behavior, Boston 1964.

Zaleznik, A./Moment, D.: The dynamics of interpersonal behavior, New York 1964.

Zaleznik, A.: Interpersonal relations in organizations, in: March, J. G. (Ed.): Handbook of organizations, Chicago 1965, 574f.

Zaleznik, A.: Das menschliche Dilemma des Führers, Wiesbaden 1973.

Zand, D. E.: Trust and managerial problem solving. ASQ 1972, 17, 229-239; dt. 1977 in: Lück, H. E. (Hrsg.): Mitleid-Vertrauen-Verantwortung, Stuttgart 1977.

Zander, E. et al.: Führungssysteme in der Praxis, Heidelberg 1972.

Zeigler, H./Dye, T. R.: „Editors' Note", Americ. Scientist 1969, 13, 167-168.

Zelger, I.: 17 Vorschriften zur Vermeidung der ärgsten Verwirrungen beim Gebrauch des Wortes Macht, Conceptus, Zeitschr. f. Philosophie, 1972, VI, 51-70.

Zelst, R. H. van: Sociometrically selected work teams increase production, Personnel Psychology, 1952, 5, 175-185.

Zepf, G.: Der Prozeß der Zielbildung in Unternehmungen aus verhaltenstheoretischer Sicht; ZfO 1970, 39, 71-79.

Zepf, G.: Kooperativer Führungsstil und Organisation, Wiesbaden 1972.

Ziegler, R.: Kommunikationsstruktur und Leistung sozialer Systeme, Meisenheim 1968.

Ziegler, H.: Strukturen und Prozesse der Autorität in der Unternehmung, Stuttgart 1970.

Zimmermann, E.: Das Experiment in den Sozialwissenschaften, Stuttgart 1972.

Zink, K. J.: Motivation und Leistung, in: Fortschrittl. Betriebsführung 1974, 23, 3, 167-172.

Zink, K. J.: Differenzierung der Theorie der Arbeitsmotivation von F. Herzberg zur Gestaltung sozio-technischer Systeme, Zürich 1975.

Zipse, H. W.: Quantitative Aussage über die Erhöhung der Erfolgswahrscheinlichkeit durch gezielte Informationskopplungen, Symposiumsbericht: Modell- und computergestützte Unternehmungsplanung (BIFOA), Univ. Köln, März 1972.

Zumkley-Münkel, C.: Imitationslernen, Düsseldorf 1976.

Namenregister

Adams, J. S.   136, 148 f., 375, 388 f.
Adorno, T. W.   86, 120
Ajzen, J.   66, 112, 438
Albach, H.   12, 406 f., 428
Alderfer, C. P.   177, 179, 186 ff.
Aldrich, H. E.   367, 373 f.
Allen, V. L.   129, 133, 347
Allport, G. W.   84, 86, 124 f., 176
Alston, W. P.   123
Altman, J.   27, 273
Anderson, R. C.   223 f., 238
Anzieu, D.   164
Appley, M. H.   136, 169, 170, 177
Arendt, W.   391, 394 f.
Argyle, M.   130 f.
Argyris, Chr.   96, 100 f., 174, 283, 323
Aristoteles   5, 54, 76, 113
Asch, S. E.   85
Aschauer, E.   71, 73, 113 f., 122, 134 f., 146, 166
Atkinson, J. W.   136 f., 206 f., 211
Austin, W.   148, 150

Backman, C. W.   84 f., 86
Bales, R. F.   58, 130, 238
Banbury, J.   81
Banner, G.   305 f.
Barck, K.   106
Barnard, Ch.   260, 280, 323, 342
Barnes, L. B.   186
Barrett, G. V.   77, 126
Barrow, J. C.   73
Bartölke, K.   310
Bass, B. M.   2, 6, 58, 77, 106, 125 f., 238, 270
Bastine, R.   64, 222, 266
Baugut, G.   7, 9, 23, 65, 283 f., 288, 290 f., 310 f., 427
Baumgarten, R.   63, 101, 222, 225, 255, 274, 425, 428 f., 432 f.
Beckerath, P. G. v.   403 f., 425, 429, 432, 434, 440
Bendix, R.   95
Bennis, W. G.   75, 100, 174 f., 283
Berger, P. L.   8
Bergler, R.   84, 87
Berkowitz, L.   136, 146, 148, 151, 160
Berle, A. E.   68
Berthel, J.   94
Bessai, B.   65, 73, 276
Biddle, B. J.   129

Bieding, F.   288
Bion, W. R.   164
Birnbacher, D.   22 f.
Blackler, F.   100, 104
Blai, B.   183
Blake, R.   218, 225 ff., 243
Blanchard, K. H.   232 ff., 274
Blau, P. M.   63, 146 f., 363, 366
Blauner, R.   4, 111, 175
Bleicher, K.   64, 221, 225 ff., 235 ff., 283, 306 f., 427
Blood, M. R.   267
Blowers, T. A.   366
Blum, G. S.   161
Boesch, E. E.   77
Böhme, G.   288 ff.
Böhret, C.   434 f.
Bohle, M.   207
Bonner, H.   16
Bosetzky, H.   100, 343 f., 440
Bowers, D. G.   136, 256
Brandt, G. B.   106
Brandt, U.   22, 100
Brenner, Ch.   161, 167
Brickenkamp, R.   120
Bridwell, L. G.   179, 183
Brinkmann-Herz, D.   402
Britterton, H.   367
Bronfenbrenner, U.   16
Brown, A.   285
Brown, C. A.   100, 104
Bruggemann, A.   176
Bruner, J. S.   84
Bücher, K.   95
Bühl, W. L.   28 f., 105, 166
Bühner, R.   134 f., 261, 369, 439
Bürgin, U. O.   63, 65, 220
Bugental, D. E.   183
Buhr, G.   27, 57, 75
Bunge, M.   29, 167
Bunz, A. R.   5
Burke, P. J.   130
Burnham, J.   314
Burns, J. M.   164, 323

Calvin, J.   91
Campbell, J. P.   37 f., 41, 100, 126, 151, 196, 202 ff., 210
Cantril, H.   84
Carnap, R.   31, 53
Cartwright, D.   65, 68, 70

Carvell, F. J.   7
Centers, R.   183
Chadwick-Jones, J. K.   146, 160, 167
Champion, D.   367
Chemers, M. M.   135, 262ff.
Child, J.   135, 314f., 316, 345, 354, 358ff., 366f., 373, 379, 381, 388
Chmielewicz, K.   391ff.
Claessens, D.   129, 351
Clauss, G.   42ff., 51
Cloyd, J. S.   381
Coch, L.   207
Cofer, C. N.   136, 169, 171, 177
Cohen, M. V.   340f.
Colin, J. M.   81
Collins, B. E.   63, 66f., 70
Cook, D. T.   37f.
Cook, T. D.   148
Coons, A. E.   239
Cooper, C.   105
Cooper, C. L.   96
Costanzo, P. R.   32, 34, 160, 164
Cronbach, L. J.   41
Crott, H.   58, 151, 160
Crowe, B. J.   252
Crozier, M.   77, 367, 374f., 381
Cyert, R. M.   378

Dahl, R. A.   66, 68f.
Dahms, K.   64, 73
Dahrendorf, R.   129
Dale, E.   280
Davis, L. E.   409
Davis, K.   192
Deci, E. L.   212
Dessler, G.   136f.
Deutsch, M.   154, 157, 356
Devereux, G.   18, 78
Dickson, W. J.   96, 282
Dill, W. R.   99, 379
Dlugos, G.   391, 396
Dorow, W.   60, 378
Drever, J.   49
Dubin, R.   323, 373
Duncan, R. B.   373f.
Dunnette, M. D.   170, 195
Durkheim, E.   9
Dutton, J. M.   379
Dye, T. R.   314

Easton, D.   35
Ebner, H.   42ff.
Eckensberger, L.   77
Ellenberger, H. F.   161
Ellis, T.   358

Emery, F. E.   102, 379, 384
Endler, N. S.   127
England, G. W.   126, 179
Erikson, E.   77, 85
Erlenkämper, R.   28
Eschenburg, Th.   72
Essler, K. W.   30f.
Etzioni, A.   66, 80, 172f., 175
Evans, M. G.   136f.
Evans, W. R.   374, 379, 388
Eysenck, H. J.   35
Ezriel, H.   164

Farris, G. F.   218, 234
Fayol, H.   94, 260, 278, 280ff.
Festinger, L.   67, 148f., 208
Feyerabend, P.   17, 34
Fiedler, H.   111, 135, 219f., 238, 250, 261ff., 274, 425
Fiedler-Winter, R.   425
Fishbein, M.   66, 112, 438
Fiske, D. W.   41, 122
Fitting, K.   395
Fittkau, B.   241, 261
Fittkau-Garthe, H.   241, 243
Fleishman, E. A.   218, 239, 242ff., 256, 261
Follet, M. P.   282
Frank, H. H.   18
Franke, H.   28
Frederiksen, N.   136
Freeman, J. H.   367
French, J. R. P.   66, 68, 207
Frese, E.   285, 288, 291
Freud, S.   86, 161, 163, 167
Frew, D. R.   247
Freyer, H.   8
Friedlander, F.   177, 183
Friedrichs, J.   32, 38f., 45, 51
Fröhlich, W. D.   49
Fromm, E.   176
Fuchs, G.   17, 36, 38, 111, 117
Fuchs, R.   328f.
Fuchs-Wegner, G.   310f.
Fürstenau, P.   163

Gadamer, H.-G.   76f., 111
Galperin, H.   395
Gamson, W.   66
Gardell, B.   404
Gaugler, E.   3, 12, 63, 283
Gebert, D.   24, 136f., 140, 167, 287, 291, 347, 379, 427f.
Gehlen, A.   324
Geiger, Th.   71
Gellermann, S.   283

Gerard, H. B.   146, 156, 160
Gergen, K. J.   146, 158
Ghiselli, E. E.   126
Gibb, C. A.   55, 64, 122, 126, 136, 141f., 146, 166
Gibson, F. K.   174
Gipper, H.   8
Glaser, H.   161
Glasl, F.   276, 285, 405, 433f., 439
Götze, A.   63, 220
Goldman, P.   367
Goldstein, K.   176
Golembiewski, R. T.   53
Goode, W. J.   356
Goodman, R.   183
Gottschall, D.   232ff., 407f.
Gough, H.   120
Gouldner, A. W.   122, 323, 326f.
Graen, G.   357
Gramatzki, H. E.   8
Graumann, C. F.   86, 123, 126, 136, 146f., 166, 169
Grell, J.   223, 246
Grochla, E.   277ff., 315
Groeben, N.   54
Groskurth, P.   173
Grubitzsch, S.   113
Gruenfeld, L. W.   267
Grün, O.   327
Grunwald, W.   17, 34, 65, 127, 162, 223, 314, 356
Guilford, J. P.   124f.
Guion, R. M.   126
Gulick, L. H.   281
Gullett, C. R.   65, 223
Guntrip, H.   161
Gurin, G.   183
Guserl, R.   288ff., 311, 432
Gutenberg, E.   63

Habermas, J.   37, 341f.
Häusler, J.   220
Hahn, D.   63
Haire, M.   181
Halisch, F.   212
Hall, D. T.   183f.
Hall, R. H.   319, 373
Halpin, W.   239, 245f., 252
Hamner, W. C.   66
Harari, H.   82
Hare, A. P.   283
Harris, E. F.   242ff.
Harsanyi, J.   65
Hartig, M.   211
Hartmann, H.   73f., 319

Haug, F.   129, 134
Hebb, D. O.   116
Heckhausen, H.   37, 116, 210f., 215
Heider, F.   212
Heigl-Evers, A.   164
Heinen, E.   274, 279, 283
Helle, H. J.   273, 349
Hellpach, W.   95
Hempel, C. G.   31f.
Hemphill, J. K.   142, 218, 239, 256
Hendershot, G. E.   366
Hennis, W.   4
Herber, H.-J.   169
Herrman, J. B.   183
Herrmann, Th.   34, 40, 48, 125
Hersey, P.   232ff., 274
Herzberg, F. H.   76, 102, 106, 136, 168, 175, 178, 188ff., 204
Hicks, G. H.   65, 223, 277f., 282
Hickson, D. J.   316, 345, 353
Hill, W.   78, 81, 84, 105, 108, 277, 329ff., 383, 428, 433
Hinings, C. R.   316, 344f.
Hinterhuber, H. H.   232, 370, 432
Hoerster, N.   22f.
Höfer, R.   368f., 379, 385ff.
Höhn, R.   288ff., 293ff., 311, 425, 429, 432, 438
Hofer, M.   86
Hoffmann, F.   316
Hoffmann, L. R.   131
Hofmann, M.   91, 111, 161, 288, 432
Hofstätter, P.   28, 43, 130
Hofstede, G. H.   77, 225, 440
Hogan, R.   123, 125, 127
Hoiberg, E. O.   381
Holdaway, E. A.   366
Hollander, E. P.   55, 135, 247
Holm, K.   66, 69
Holzkamp, K.   36
Homans, G. C.   59, 146f., 381
Hondrich, K. O.   34
Honolka, H.   37
Horkheimer, M.   71
House, R. J.   136ff., 194f.
Hovland, C. I.   66
Huber, G. L.   86
Huizinga, G.   177, 192
Hulin, C. L.   183, 191
Humble, J.   305ff., 311
Hummell, H. J.   29
Hunt, J. G.   252, 254
Hunt, R. G.   175
Hylton, L.   373
Hyman, H. H.   66

Illetschko, L. L. 65
Indik, B. P. 11, 13, 16, 273
Inglehart, R. 1
Inkson, J. H. 316, 358, 360
Insko, C. A. 112
Irle, M. 17, 22, 37, 63 f., 67, 84, 87, 126 f., 146, 148, 152, 156, 160, 179
Iseler, A. 22, 36
Israel, J. 78, 111
Ivancevich, J. M. 310
Jacobs, T. O. 146, 384
Jäger, A. O. 19, 47 f., 126
Jahnke, J. 85 f.
James, L. R. 327
James, T. F. 366
Janowsky, B. 344
Jennings, E. E. 113
Joas, H. 129
Jones, A. P. 327
Jones, E. E. 146, 156, 160
Jones, M. R. 169
Johnson, E. 306
Julian, J. W. 55, 135, 247
Junkers, M. T. 434 f.
Jurkovich, R. 374, 383 f.

Kahn, R. L. 55, 218, 256, 347, 350, 352, 356, 389
Kanter, S. S. 163
Kaplan, H. D. 66
Kast, F. E. 60, 80, 97, 281, 234 ff.
Katz, D. 55, 87, 218, 256, 347, 350, 389
Kavanagh, M. J. 250 f.
Kelley, H. H. 146, 151, 153, 155, 212
Kelman, H. C. 66
Kerr, S. 245 f., 247 ff.
Khandwalla, P. M. 366, 379
Kieser, A. 78, 81, 134 f., 315 f., 319, 340 f., 344 f., 353 ff., 373, 376, 380, 383 f., 440
Kießler, K. 172, 174 f.
Kimberly, J. R. 366 f.
King, N. 191
Kirchner, W. K. 170
Kirsch, W. 28 f., 55, 65, 81, 283, 311, 432, 439
Klages, H. 12
Klaus, G. 27, 57, 76
Klein, H. 81
Klein, H. K. 81
Kleinbeck, U. 196 ff., 210
Kleitner, G. D. 50
Kline, P. 35
Klis, M. 9, 66
Kluckhohn, F. R. 88

Kluth, H. 73
Kmieciak, P. 1, 3, 12, 22, 36, 179, 368
Knorr, K. D. 17
Koch, H. W. 91 f.
Kochan, T. A. 64
Köhler, B. 22, 100
König, R. 71
Kolbinger, J. 95
Koontz, H. 93
Korman, A. K. 126, 136 f., 169, 171, 196, 227, 247, 249 f.
Kotler, P. H. 381
Krappmann, L. 129, 349
Kronenfeld, J. E. 367
Krucoff, L. S. 91
Krüger, S. 7, 9, 23, 65, 283 f., 288, 290 f., 310 f., 427
Krüger, W. 59, 65 f., 68
Kruglanski, A. 216
Kubicek, H. 78, 81, 134 f., 315 f., 319, 340 f., 344 f., 353 ff., 373, 376 ff., 390, 405, 440
Kündig, B. 106
Kuhn, T. S. 18, 34
Kunczik, M. 267, 274
Kupsch, P. 306
Kutter, P. 163 f.

La Fave, L. 27 f.
Lakatos, I. 34, 180
Landmann, M. 77
Langer, I. 261
Laplanche, J. 161 f.
Lasswell, H. D. 66
Lattmann, Ch. 80, 185, 218, 220 f., 237 ff., 274, 287, 403, 406, 424, 434, 440
Lau, J. B. 80 f.
Laucken, U. 84, 124, 277
Lautmann, R. 53
Laux, E. 2, 12, 65, 343
Lawler, E. E. 136, 169, 171, 180 f., 194, 196, 199 ff., 205, 211, 217, 239
Lawrence, P. R. 111, 371, 373, 378 f., 384, 390
Leavitt, H. J. 125
Lemân, G. 8
Lenk, H. 21, 26
Lepper, M. 220, 419 ff.
Lerner, M. J. 147, 158
Letsch, B. 288, 290 f.
Leventhal, G. S. 158, 160
Levine, N. 18, 78, 381
Levine, S. 373
Levinger, R. L. 314

Levinson, H.   161 f., 167, 350
Lewin, K.   27, 80, 206, 218, 222 ff., 251, 260
Lichtman, C. M.   175
Liebel, H.   241
Liebermann, A.   164
Lienert, G.   39, 41
Lievegoed, B. C. J.   276, 285, 405, 433 f., 439
Likert, J. G.   257, 260, 279
Likert, R.   6, 12, 80 f., 101, 104, 106, 175, 218, 238, 245, 256 ff., 261, 274, 279, 283
Lilge, H.-G.   8
Lind, C.   212
Lindzey, G.   179
Lipset, S. M.   314
Litwak, E.   373
Locke, E. A.   108, 179, 208 f.
Lorenzen, P.   23
Lorsch, J. W.   111, 370 ff., 374, 378 f., 381, 384, 390
Loscher, G.   270
Luckmann, T.   8
Ludz, P. C.   4, 37
Luhmann, N.   154, 319, 341 f., 388
Lukesch, H.   41, 50, 220, 224, 245, 260

Mac Corquodale, K.   15
Mac Crimmon, K. R.   60
Macharzina, K.   112
Machiavelli, N.   5, 54,113
Madsen, K. B.   136, 169, 171
Mag, W.   306
Magnusson, D.   127
Mahoney, M. J.   214
Malewski, A.   146
Mandl, H.   86
Mann, R.   113, 120, 122, 239
Mansfield, R.   366 f.
March, J. G.   280, 322 ff., 340, 345, 370, 378
Marrow, A. J.   256, 274
Marwell, G.   67
Marx, A.   220
Maslow, A.   78, 101, 136, 168, 175 ff., 186, 204, 217, 283
Massie, J. L.   92 f., 94, 278 ff., 310
Matthes, J.   34
Mayer, A.   220, 231, 342
Mayhew, B. H.   314, 367
Mayntz, R.   12, 100, 154, 272, 315 f., 319, 323, 341, 440
Mayo, E.   96
Mc Clelland, D. C.   65, 136

Mc David, J. W.   82
Mc Dougall, W.   179
Mc Ginnes, E.   238
Mc Grath, J. E.   27
Mc Gregor, D.   9, 22, 78 f., 81, 93, 100, 104, 110, 175, 185, 283
Mc Guire, W. J.   66, 112
Mechanic, D.   66
Meehl, P.   15, 41
Meinefeld, W.   112
Mellerowicz, K.   63
Mergner, U.   106
Mertens, W.   17, 36, 38, 111, 117
Mertens, W.   224, 267 f.
Merton, R. K.   87, 323 f., 356, 374
Meyer, E.   221, 225 ff., 237, 306 f., 427
Meyer, M. W.   366
Meyer, W. U.   196, 205, 212, 215, 217
Michels, R.   314
Miles, R. E.   65, 80 f., 100, 105 f., 125, 173 f., 247, 276, 282 f., 287
Miller, J. G.   388
Miller, R. L.   148
Mindlin, S. E.   367
Miner, J. B.   99
Mischel, W.   122 f., 125, 127
Mitchell, T. R.   140, 205, 407, 440
Mittler, P.   37
Mitzka, W.   54
Moment, D.   161
Monzelis, N. P.   314, 316
Morel, J.   2, 75
Morse, J. J.   370 f., 374, 381
Mouton, J. S.   218, 225 ff., 242
Müller, D. F.   151
Müller-Nobiling, H.-M.   64, 221
Mulder, M.   59, 65
Musgrave, A.   34, 180

Naase, Chr.   356
Nachreiner, F.   241
Nagel, E.   27 f.
Narr, D.   341
Naschold, F.   341
Nealey, S. M.   267
Neuberger, O.   17, 40, 43, 57, 111, 113 f., 121 f., 126, 128, 131 ff., 136 ff., 145, 150, 166 f., 170 f., 176 f., 178, 186, 188 ff., 195, 198, 201 ff., 217, 220, 223, 227 f., 238 f., 242 f., 254, 267, 270, 274, 342, 427
Newmann, W. H.   65
Nick, F. R.   169, 176, 177
Nieder, P.   274
Nord, W. R.   146

Nordsieck, F. 63
Norman, R. 379
Nougaim, K. E. 179, 183f.
Nunally, J. C. 39

Odbert, N. S. 124
Odiorne, G. S. 306, 311
O'Donnell, C. J. 93
Olsen, J. P. 340
Opp, K. D. 17, 20, 21, 26, 30, 34f., 51, 180, 256
Organ, D. 388
Ortmann, G. 306
Ostrom, T. M. 112

Page, R. H. 238
Pagès, M. 164, 167
Parsons, T. 373
Paschen, K. 166
Patchen, M. 196, 207ff.
Paul, G. 402
Payne, R. 105, 183
Pelz, D. C. 254
Perrez, M. 22, 36
Perrow, Ch. 366, 373
Peters, D. R. 242
Pettigrew, T. F. 148
Peuckert, R. 66, 100
Pfeiffer, D. K. 315, 319
Pfohl, H. Chr. 61
Phares, E. J. 154
Pilla, B. 287
Piontkowski, U. 146f., 151, 154, 157, 167
Platon 5, 54, 113
Plesser, H. 369f., 405, 409ff.
Pollard, H. R. 78, 81, 92, 94f., 246, 278, 287, 311
Pondy, L. R. 366
Pontalis, J.-B., 161
Popitz, H. 320, 349
Popper, K. R. 17, 20, 28
Portele, G. 212
Porter, L. W. 27, 92, 95, 97, 102, 106, 111, 136, 167, 169f., 180f., 201, 204, 208, 217, 316
Portmann, A. 77
Presthus, R. 99, 111, 323, 373
Preston, M. G. 141
Prewo, R. 342
Prim, R. 17, 21, 22, 24f., 51
Pritchard, R. D. 100, 151, 196, 202ff., 210
Pugh, D. S. 316, 323, 344f., 365, 375f.

Qvale, U. 368

Rausche, A. 241f.
Raven, B. H. 63, 66f., 70
Rawls, J. 147
Reber, G. 28, 65, 283, 288, 291
Reddin, W. J. 218, 231ff., 274
Redl, F. 163
Reeves, T. K. 365
Reimann, C. 367
Remer, A. 2
Rescher, N. 1
Rexilius, G. 113
Rice, R. W. 267, 388
Richter, H. E. 99
Riesman, D. 99
Roach, D. E. 191
Roberts, K. H. 183
Roethlisberger, F. J. 96, 282
Rogers, C. R. 176
Rohmert, W. 397ff.
Rose, M. 78, 81, 95f., 101, 105f., 111, 173, 278f., 368
Rosenstiel, L. v. 84, 94, 100f., 111, 129, 176, 179, 187, 217
Rosenzweig, J. E. 60, 90, 97, 281, 324ff.
Roth, B. 267
Roth, E. 123f., 125, 134
Rotter, J. 212
Rühl, G. 189
Rühli, E. 63, 72, 283
Rüßmann, K. H. 391f.
Ruitenbeek, H. M. 176
Rumpf, H. 106
Russell, B. 65
Ryterband, E. C. 2

Sader, M. 129, 133f., 347, 350
Sadler, P. J. 225
Sadowski, D. 12
Saha, S. K. 261
Sami Kassem, M. 77
Sarbin, T. R. 129, 133, 347
Sarges, W. 267, 269
Saris, R. J. 255
Sayles, L. R. 111
Schäfer, B. 85f.
Schafer, R. 162
Schaffer, H. R. 179
Schanz, G. 28
Schein, E. H. 78, 80f., 84, 93, 102f., 106ff., 111, 174, 316
Schelsky, H. 28
Schiller, F. 128
Schloz, U. A. 3

Schmalt, H.-D. 196, 205, 212, 215, 217
Schmid, G. 318, 320f., 368
Schmidt, H. D. 112
Schmidt, K.-H. 196ff., 210
Schmidt, R. W. 46
Schmidt, W. H. 218, 225f., 234
Schmitt, D. R. 67
Schneider, B. 187
Schneider, D. 84, 111
Schneider, H. D. 28, 58f., 65f., 67f., 70f.
Schneider, K. 206f.
Schnutenhaus, O. 63
Schön, D. A. 96
Schönherr, R. 363, 366f.
Scholl, W. 172, 174f.
Scholz, K. 288
Scholz, L. 106
Schopler, J. 65
Schreyögg, G. 270
Schriesheim, C. 248ff.
Schröder, K. T. 407
Schubert, M. 291
Schuler, H. 87, 111
Schwemmer, O. 23
Scott, R. W. 63
Scott, W. G. 440
Seashore, S. E. 256
Secord, P. F. 84f., 86
Seeman, M. 4, 175
Seidel, E. 53f., 55, 58, 61, 64, 73, 274
Seiler, B. 86
Selznick, P. 22, 325, 373
Shapira, Z. 270ff.
Shaw, M. E. 32, 34, 160, 164, 167
Silverman, D. 96, 98, 347, 349, 440
Simon, H. A. 280, 322ff., 345, 370
Simons, H. W. 9
Simpson, R. L. 146
Sims, H. P. 66
Six, B. 84f., 87, 112
Slater, P. E. 58, 130, 164, 238
Smith, A. 89
Smith, R. C. 38, 40
Söllheim, O. 95
Söllner, A. 391, 401
Sorg, R. 37
Specht, D. A. 367
Spencer, H. 91
Spiegel-Rösing, J. S. 19
Spinner, H. 17, 34
Spittler, G. 320
Staehle, W. H. 78f., 84, 108f., 311, 324, 370, 382
Stalker, G. M. 164, 323

Stanfield, G. G. 366f.
Starbuck, W. H. 373, 375ff., 382
Steers, R. M. 92, 95, 97, 102, 106, 111, 136, 167, 169f., 204, 208, 217
Stegmüller, W. 20, 31, 53
Steiner, J. D. 54f., 277
Steinkamp, H. 113, 135, 223
Steinle, C. 54, 73, 81, 176, 274, 288, 291, 293ff.
Steinmann, H. 225
Stock-Whitaker, D. 164
Stogdill, R. M. 9, 14, 37, 50, 54ff., 61ff., 73, 111, 113ff., 136, 146, 166, 208, 224, 239, 247, 252f., 274
Strasser, H. 17
Strickland, L. H. 216
Strodtbeck, F. L. 88
Suls, J. M. 148
Suttle, J. L. 180
Sykes, A. J. 96

Tagiuri, R. 84
Tajfel, H. 86
Tannenbaum, R. 58, 218, 225f., 234
Tausch, A. 219, 222ff.
Tausch, R. 219, 222ff., 260ff.
Tax, S. 91
Taylor, F. 92, 94f., 108, 278ff.
Taylor, R. N. 60
Teasley, C. E. 174
Tedeschi, J. T. 70
Thibaut, J. W. 146, 151, 153, 155
Thoenig, J. C. 374
Thom, N. 376ff., 390
Thomae, H. 100
Thomas, E. J. 129
Thompson, J. D. 342f., 373, 379, 384, 388, 440
Thorsrud, E. 102
Tietz, B. 272
Tietze, B. 3
Tilmann, H. 17, 21, 22, 23f., 51
Topitsch, E. 273
Tosi, H. 310
Treiber, H. 318, 320f., 368
Trist, E. L. 373, 379, 384
Tscheulin, D. 241f.
Turk, H. 374

Überla, K. 48f., 50f.
Ulrich, H. 405
Upmeyer, A. 86
Urwick, L. F. 94, 280f.

Valenzi, E. R. 270
Veszy-Wagner, L. 161

Vogel, H. C.   67, 96
Vogel, P.   76, 111
Volpert, W.   173
Vroom, V. H.   136f., 196f., 205, 211, 246

Wagner, U.   73, 341
Wahba, M. A.   178, 179, 183
Walster, E.   136, 146, 148f., 160
Walter-Busch, E.   194
Warren, R.   374
Waters, C. W.   191
Waters, L. K.   191
Weber, M.   66, 71, 91f., 278, 290, 312f., 316ff., 324, 341, 351
Weg, F. J.   397ff.
Weick, K.   373
Weiner, B.   67, 136, 154, 196, 205, 208, 212ff., 217
Weingart, P.   17
Weiss, R. S.   99
Weissenberg, P.   250f.
Wendt, D.   43
Westmeyer, H.   19, 54
White, P.   373
Whorf, B. L.   8
Whyte, W. H.   99
Wieser, Fr.   71
Wigdor, L. A.   194f.
Wiggins, J. S.   39
Wild, J.   220, 276, 285f., 305ff., 310, 427

Wilhelm, W.   391f.
Wilson, G. W.   35
Winer, B. J.   239, 245f.
Winter, D. G.   69f.
Wistinghausen, J.   287, 403ff., 425, 432, 434, 440
Wiswede, G.   129f., 133f., 166, 347ff., 356, 358, 440
Witte, E.   220
Wöhe, G.   63
Wofford, J. C.   255
Wollnick, M.   354
Woodward, J.   111, 365f., 373
Wrightsman, L. S.   88f.
Wunderer, R.   2f., 17, 22, 60, 111f., 123, 134, 181, 260ff., 290, 342, 425ff.
Wygotsky, L. S.   8
Wyss, D.   161

Yukl, G. A.   143ff., 167, 255

Zaleznik, A.   108, 161
Zander, E.   403, 434
Zauner, A.   91, 111
Zeigler, H.   314
Zelger, I.   65, 69
Zepf, G.   290f.
Zetterberg, H. L.   45
Ziegler, H.   66, 73, 341, 349
Zimmermann, E.   37f.
Zink, K. J.   189, 191ff.
Zumkley-Münkel, C.   66

Sachregister zu Band I

Administratives Management 278 ff.
–, Elemente 280
–, Prinzipien 280 ff.
Allgemeine Führungsanweisung 289
Amtshierarchie 318
Analyseebenen 11 f., 27 f.
–, atomistisch 27 f.
–, holistisch 27 f.
–, Vergleich 164 ff.
Analyseebenen (metatheoretische)
–, beschreibende 19
–, erklärende 19 ff.
–, formale 19
–, pragmatische 26
–, spekulative 22
–, wertende 22 f.
Anpassung 99 f.
Anspruchsniveau 151 ff., 211 f.
Arbeitsmotivation 168 ff.
–, Definition 171
Arbeitszufriedenheit 188 ff.
Aston-Modell 344 ff.
–, empirische Befunde 362 ff.
–, Grundannahmen 345
–, Kritik 365 ff.
–, organisatorische Umgebung 375 f.
–, Strukturvariablen 345 ff.
Atomismus 27 f.
Attribuierungsstile 154 f., 216
–, Bedingungen 213 ff.
Attribuierungstheorie 154 f., 211 ff.
Aufgabenorientierung (s. Initiating Structure) 231, 238 ff.
Aufgabenstruktur 263
Austauschtheorie 146 f.
Autorität 71 ff.
–, formale 72 f., 318
–, funktionale 72 f., 103
–, Amts- 72 f.
–, Sach- 72 f.

Beamte 320 f.
Bedürfnisse 176 ff., 186 ff.
–, Defizit- 177
–, Wachstums- 177
Bedürfnishierarchie 101 ff., 176 ff., 186 ff.
–, empirische Überprüfung 180 ff.
–, Kritik 178 ff.
–, modifizierte Version 186 ff.

Begriffsexplikation 31 f.
Beteiligungsrechte der AN 395 f.
Betriebsverfassungsgesetz 391 f., 395 ff.
–, Beteiligungsberechtigte 396 ff.
–, Beteiligungsebenen 396 ff.
–, Beteiligungsrechte 396 ff.
Bürokrat 322
Bürokratie 313 f.
–, Funktionalität 342
–, Institutionalisierung 341 f.
–, Kritik 342 ff.
–, Merkmale 318 f.
–, Typen 322 ff.
Bürokratiemodelle 316 ff., 323 ff., 334 f.
–, historische Aspekte 315 f.
Büropathologie 342 f.

Consideration (s. Mitarbeiterorientierung) 238 ff.
–, empirische Befunde 243 ff.
–, Fragebogen 240 ff.
–, Skalen 248 ff.

Definition 29 ff.
–, Arten 29 ff.
–, Funktionen 29 f.
–, Nominal- 30
–, operationale 31 f.
–, Real- 30 f.
Defizitmotive 176 f.
Determinationskoeffizient 45
Dezentralisierung 317
Differenzierung 347
Diskrepanz-Modell 143 f.
Divergenztheorem (s. Führungsdual) 131
Drei-D-Theorie der Führung 231 ff.

Ehernes Gesetz der Oligarchie 314
Eigenschaftsbegriff 123 ff.
–, Generalität 125
–, Konsistenz 125
–, Singularität 125 f.
–, Spezifität 125
–, Universalität 125 f.
Eigenschaftstheorie der Führung 113 ff.
–, Grundprobleme 127 ff.
–, Kritik 122 ff.
Einfluß 59, 70 f.
Einliniensystem 281

Einstellung 84
–, Funktionen 87
Einstellungsänderung 84
Einstellungsdimensionen 359f.
Entfremdung 4f.
Enthierarchisierung 327
Entscheidung 60f.
Entwicklung 60
Equity-Theorie 148ff.
Erfolgserwartung 196ff., 208
E.R.G.-Theorie 186ff.
–, empirische Befunde 187
Erklärung 20f.
–, logische Struktur 20f.
–, Mehrebenen- 29
Erklärungsebenen 19ff., 165ff.
–, beschreibende 19
–, erklärende 19ff.
–, pragmatische 26
–, spekulative 22
–, wertende 22ff.
Erwartungs-Valenz-Theorie 137
Erwartungs-Wert-Theorie 137ff., 196ff.
–, kognitive-Determinanten 200ff.
–, Kritik 204ff.
Experiment 37f.
Experimentalsituation 38f.
Explanandum 20f.
Explanans 20f.
Extrinsische Motivation 202

Faktorenanalyse 46ff.
–, Faktoren 47, 49
–, Faktorenladungen 48f.
–, Interpretation von Faktoren 50f.
–, Kommunalität 49
–, logische Basis 47
Formalisierung 345ff.
Führer 53ff., 127
–, Definition 54ff.
Führereigenschaften 113ff.
Führer-Mitarbeiter-Beziehungen 262
Führerrollen 131
Führung 5f.
–, abhängige Variable 15f.
–, Analysemodell 26
–, Begriffsexplikation 54
–, Bezugssystem 11f.
–, interdisziplinär 5ff.
–, intervenierende Variable 15f.
–, Leistung 247, 253
–, unabhängige Variable 15f.
–, Zufriedenheit 244
Führung im Mitarbeiterverhältnis 289
Führungsdefinitionen 53ff., 61ff., 63ff.

Führungsdual (s. Divergenztheorem) 58, 131
Führungseigenschaften 114ff.
Führungselemente 235ff.
Führungsformen (koop.) 220ff.
–, Einflußfaktoren 2
Führungsforschung 14f.
–, theoretisch-spekulative 17f.
–, methodisch-statistische 17f., 37f.
Führungsfunktionen 141ff.
Führungsgrundsätze 424ff.
Führungsideale 54
Führungsinstrumente 221
Führungsmerkmale 56ff., 253f.
Führungsmodell 284ff.
Führungsrichtlinien 424ff.
Führungssituation 84
Führungsstile 220ff.
–, autokratische 222ff., 236f., 288ff., 432
–, Definitionen 220ff.
–, demokratische 222ff.
–, Elemente 235ff., 243
–, Etymologie 220
–, idealtypische Konzepte 225ff.
–, kooperative 236f.
–, Kritik 272ff.
–, laissez-faire 222ff.
–, Typologien 222ff.
–, Verhaltensgitter 225ff.
Führungsstilprofil 9f.
Führungstechnik 221f.
Führungstheorien 113ff., 164ff.
– Austauschtheorie 146ff.
– Drei-D-Theorie 231
–, Eigenschaftstheorie 113ff.
–, Gleichheitstheorie 148ff.
–, Interaktionstheorie 145ff.
–, Kontingenztheorie 261ff.
–, Motivationstheorie 136ff.
–, psychoanalytische Theorie 260ff.
–, Rollentheorie 129f.
–, Situationstheorie 134ff.
–, Verhaltenstheorie 141ff.
Führungssysteme 256ff.
Führungsverhalten 142ff., 220
–, entscheidungsbezogen 226
–, Hauptmerkmale 243
–, idealtypische Konzepte 225ff.
Führungswandel 1ff.
Funktionale Organisation 329ff.

Gefangenendilemma 157
Geführte 53ff., 127, 238ff.
Gemeinsame Geschäftsordnung der Bundesministerien (GGO) 419ff.

Gesetzesaussage 20f.
Gleichheitstheorie (s. Equity-Theorie) 148ff.
Goldene Regel 147f.
Grenzrollen 388ff.
Gruppenbildung 163
Gruppenerfolg 120ff.
Gruppenprozesse 58, 130ff.

Harzburger Modell 288ff., 432
–, Allgemeine Führungsanweisung 289f.
–, Kritik 290f.
–, Stellenbeschreibung 289f.
–, Vergleich mit dem Leistungs-Verhaltens-Modell 293ff.
Hawthorne-Effekt 173
Hawthorne-Studien 96, 173, 282
Herrschaft 71, 320
–, charismatische 71, 320
–, legale 71, 320
–, traditionelle 71, 320
Hierarchie 327ff., 246f., 255
Holismus 27f.
Humanistische Psychologie 100
Humanisierung der Arbeit 3ff., 409
Human-Relations-Schule 78, 95ff., 173, 282ff.
Human-Resources-Schule 100ff., 174
Hygiene-Faktoren 188, 193

Idealtypen 272f.
Identifizierung 162ff.
Implizite Persönlichkeitstheorie 84ff.
–, Personenwahrnehmung 84f.
–, soziale Urteilsbildung 86
Information 60
Initiating Structure (s. Aufgabenorientierung) 238ff.
–, empirische Befunde 243ff.
–, Fragebogen 240f.
–, Skalen 248ff.
Institutionalismus 28f.
Instrumentalität 196ff., 202f., 210
Interaktion 135ff.
–, asymmetrische 157
–, Pseudo- 156
–, reaktive 157
–, wechselseitige 157f.
Interaktionstheorie der Führung 145ff.
–, Kritik 160
Intrinsische Motivation 104f., 202

Job enlargement 5, 191
Job enrichment 5, 191
Job rotation 5, 191

Kausalattribuierung 212f.
Kausalbeziehungen 366ff.
Klassifikation 272f.
Klassifikationsschema 11
kognitive Schemata 154
Kommunikation 60
Konfiguration 346ff.
Konflikte 60, 101f., 105, 161, 386
Kongruenzprinzip 290
Kontaktorientierung 231
Kontext (sozio-kultureller) 11
Kontingenzmodell 261ff.
–, Aufgabenstruktur 263
–, Führer-Mitarbeiter-Beziehung 262f.
–, Günstigkeit der Situation 265f.
–, Kritik 266ff.
–, Positionsmacht des Führers 263
–, Würfelmodell 263f.
Kooperation 154, 431
Kooperative Führung 8ff., 60, 95, 98, 104, 107f., 158, 419ff.
–, Defintion 10f.
–, Elemente 154
–, Führungsaufgaben 435f.
–, Führungsmittel 436ff.
–, Grundregeln 435f.
–, Hauptprinzipien 259ff.
–, Selbstverwirklichung 25
–, Wechselseitigkeit 25
Kooperative Führungsansätze 2
Korrelationsstatistik 41ff.
–, Interpretationsprobleme 43f., 366ff.
–, Kausalitätsbeziehungen 43f., 366ff.
–, Korrelationskoeffizient 42f.
–, Korrelationsmatrix 48f.

Leader Behavior Description Questionaire 239ff., 248ff.
Leistungsmotivationstheorie 195f.
–, Attribuierung 212ff.
–, Begriffsklärung 206f.
–, Erfolgsanreize 209f.
–, Erfolgserwartung 208f.
–, kognitive Zwischenprozesse 211ff.
–, Leistungsmotiv 207f.
–, motivationale Tendenz 207
–, Selbstbekräftigung 211f.
Leistungs-Verhaltens-Modell 293ff.
Leistungsziele 259
Leitung 63ff., 419ff.
–, Etymologie 63
–, Merkmale 64
Linienorganisation 329ff.
LPC-Maß 262, 267ff.

Macht 65 ff., 351
-, Definition 70 f.
-, Dimensionen 68
-, Quellen 65 f.
Management 65
-, Begriffsexplikation 65
Management-by-Ansätze 285 ff.
-, Management by break through 287 f.
-, Management by delegation 288 ff.
-, Management by exception 282 f.
-, Management by ideas 287
-, Management by motivation 169, 285
-, Management by objectives 305 ff.
-, Management by system 282 f.
Managementlehre 277 ff.
-, Fayols Ansatz 280 f.
-, Human-Relations 287
-, vorwissenschaftliche 278
-, Weiterentwicklung 283 f.
-, Wissenschaftliche Betriebsführung 278 ff.
Managementprinzipien 281 f., 310 ff.
Managementtheorien 276 ff.
Managerial Grid (s. Verhaltensgitter) 225 ff.
Matrix-Organisation 329 ff.
Mehrliniensystem 281
Menschenbilder 76 ff.
-, Calvinismus 91 f.
-, dichotomische 76
-, empirische Befunde 88 f.
-, führungsbezogene 77 ff.
-, Funktionen 87
-, Human-Relations-Ansätze 95 ff.
-, Human-Resources-Ansätze 100 ff.
-, komplexer Mensch 106 ff.
-, kooperative Führung 109 ff.
-, ökonomischer Mensch 89 ff.
-, Organisationsmensch 99 ff.
-, protestantische Ethik 91
-, Selbstentfaltung 100 ff.
-, Sozialdarwinismus 91
-, sozialer Mensch 95 ff.
-, Taylorismus 92 ff.
-, Typologien 80 ff.
Methodologischer Individualismus 28 f.
Meßmethodische Gütekriterien 39 ff.
-, Objektivität 39
-, Reliabilität 39
-, Validität 39 ff.
Michigan-Gruppe 238 ff.
Mitarbeiterorientierung (s. Consideration) 238 ff.
Mitbestimmung 402 ff.

-, formale 402
-, tatsächliche 402
Mitbestimmungsgesetz 391 ff.
-, Geltungsbereich 395
Mitbestimmungsrechte 396
Mitwirkungsrechte 396
Moderatorvariable 17
Motivationsbegriff 169 ff.
-, Motiv 169 f., 206
-, Motivation 169 f.
-, Motivationsprozeß 170 f.
- der Human-Relations-Schule 173 f.
- der Human-Resources-Schule 174 ff.
- der Wissenschaftlichen Betriebsführung 172 f.
Motivationsforschung 136, 168 ff.
Motivationstheorien 168 ff., 176 ff.
-, Bedürfnishierarchie 176 ff.
-, E.R.G.-Theorie 186 f.
-, Zwei-Faktoren-Theorie 188 ff.
-, kognitive 195 ff.
-, Erwartungs-Wert-Theorie 196 ff.
-, Leistungsmotivationstheorie 206 ff.
Motivatoren 188, 193 f.
„Mülleimer-Modell" 340 ff.
Multiple-Verbindungs-Modell 144 f.
Nachtwächterstaat 89
Naturalistischer Fehlschluß 24
Nominaldefinition 30
Normen 22 ff., 349 f.
-, Akzeptanz 438 ff.
-, Ausgleichs- 160
-, Begründung 23 ff.
-, Formalisierung 438 ff.
-, Gleichheits- 160
-, organisationsspezifische 403 ff.

Objektivität 39
Ohio-Gruppe 238 ff.
Oligarchie 314
Organisation 315 ff.
-, Begriff 315
-, formale 355, 361
-, funktionale 329 ff.
-, informale 96
-, Komplexität 343 f.
-, Kontextvariablen 348
-, Strukturtypen 329 ff.
-, Strukturvariablen 345 ff., 354 ff.
-, Umgebung 376 ff., 381 ff.
-, Umweltanpassung 385 ff.
Organisationsentwicklung 287, 426 ff., 431, 433 ff.
Organisationsgrundsätze 403 ff.
-, Einführungsprobleme 433 ff.

Sachregister

–, Humanisierung der Arbeit 409 f.
–, personale und soziale Aspekte 405 ff.
–, vergleichende Übersicht 409 ff.
Organisationsmodelle 334 ff.
Organisationsstruktur 315, 322 f., 354 ff.
Organisationssysteme 335 ff.
Organisationstypen 334 ff.
Organisationsumgebung 368 ff.
Organisationsumwelt 12 f.
Organisationsziele 407 f., 439 f.

Partizipation 143
Persönlichkeitseigenschaften 59, 114 ff.
Persönlichkeitstheorie 84 ff.
Personalvertretungsgesetze 391, 401 ff.
Personenwahrnehmung 84 ff.
Positionsmacht des Führers 263
Prinzip der Reziprozität 147, 158 ff.
Prinzip der überlappenden Gruppen 259 f.
Prinzip der unterstützenden Beziehungen 259 f.
Prinzip hoher Leistungsziele 259 f.
Produktionsorientierung (s. Aufgabenorientierung) 238 ff.
Prognose 21
Protestantische Ethik 91 f.
Pseudointeraktion 156 f.
Psychoanalytische Theorie der Führung 160 ff.
–, Kritik 164

Realdefinition 30 f.
Reduktionismus 27 f.
Reifegrad-Theorie 232 ff.
Relative Deprivation 148
Reliabilität 39
Reziprozitätsprinzip 147, 158 ff.
Rollen 129 ff., 347 ff.
–, Begriff 129 f., 347 ff.
–, Dimensionen 133
–, Grenzrollen 388 ff.
Rollenaspekte 352, 358, 130 ff., 352
Rollendifferenzierung 58, 130 ff., 352
Rollendistanz 356
Rollenerwartungen 129 f., 349 f., 356 ff.
Rollenkonflikte 133, 351 f.
Rollenkonformität 363 ff.
Rollenkonsens 350
Rollenmacht 58, 351 f.
Rollenmehrdeutigkeit 356 ff.
Rollenspezifität 353
Rollentheorie 347 ff.
Rollentheorie der Führung 129 ff.
–, Kritik 133 ff.
Rollenwahrnehmung 358 ff., 362 f.

Sachaufgabenorientierung 238 ff.
Schicksalssteuerung 15
Selbstentfaltung 104 ff.
Selbstverwirklichungskonzept 176 ff.
–, Kritik 177 ff.
Situation 135 f., 354
–, Begriff 135 f.
–, Merkmale 135
Situationstheorie der Führung 134 ff.
–, Kritik 135 f.
Situationstheorien 334 ff.
Situative Reifegrad-Theorie 232 ff.
Solidarität 159
Sozialdarwinismus 91
Soziale Beziehungen 3
Soziale Interaktion 59, 146 ff., 151 ff.
–, allgemeines Vergleichsniveau 151 ff.
–, alternatives Vergleichsniveau 151 ff.
–, Definition 146
–, Formen 155 ff.
Sozialer Austausch 146 ff.
Sozialwissenschaft 6
Spezialisierung 345 ff.
Stab-Linien-Organisation 329 ff.
Standardisierung 345 ff.
Status 159
Stellenbeschreibung 289
Strukturalisten 322 f.
Strukturformen 327 f.
–, hierarchische 327
Strukturmerkmale 327
Strukturtypen 329 ff.
Strukturvariablen 345
Symbolischer Interaktionismus 349

Taylorismus 92 ff., 279 ff.
Theorien 32 ff., 76 ff., 113 ff., 164 ff., 168 ff., 176 ff., 276 ff.
– Bewertungskriterien 34 ff.
– notwendige Merkmale 34
– wünschenswerte Merkmale 34
Theorie X 79 ff.
Theorie Y 79 ff.

Überlappende Gruppen 259
Übertragung 162 f.
Umgebungsbegriff 371 f., 373 f., 376 ff.
Umgebungsgrenze 379 ff.
Umwelteinfluß 368 ff.
Umwelttypologien 383 f.
Ungleichheit 150 f.
Unterstützende Beziehungen 259

Valenz 137, 196 ff.
Validität 39

– Inhaltsvalidität 39f.
– Kriteriumsvalidität 40
– Konstruktvalidität 40f.
Varianz 45, 47, 49
Verhalten in Organisationen 356ff.
– Bezugssystem 11ff., 372
Verhaltensdimensionen 359f.
Verhaltensgitter (s. Managerial Grid) 225ff.
Verhaltensleitsätze 403ff., 424ff.
–, Begriffsklärung 424ff.
–, Dimensionen 427, 430f.
–, Einführung 432ff.
–, Formalisierungsgrad 438
–, Funktion 426ff.
–, Inhalte 428ff.
–, Instrumente 430f.
–, Legitimation 438f.
–, Prinzipien 430f.
–, Wirksamkeit 438ff.
–, Ziele 430
Verhaltensspielräume 358ff.
–, Messung 358f.
Verhaltenssteuerung 15, 356ff.
Verhaltenstheorie der Führung 141ff.
–, Kritik 145
Vertrauen 154, 216

Wachstumsmotive 176ff., 186
Weg-Ziel-Theorie der Führung 136ff.
–, Ergebnisgleichung 137
–, Kritik 140ff.
–, Motivationsgleichung 137
–, Verhaltensgleichung 137
Wertbildung 59
Werte 1ff., 22ff., 349f.
Werthierarchie 2
Wertorientierungen 88
Werturteil 24f.
Wertwandel 1f.
Wettbewerbssituation 154
Wissenschaftliche Betriebsführung 92, 172, 278ff.
–, Prinzipien 279
Wissenschaftstheorie 15ff.
–, Bewertung von Führungstheorien 164ff.

Zentralisierung 317, 346ff.
Zielorientierung 58
Zwei-Faktoren-Theorie 188ff.
–, empirische Befunde 189ff.
–, Entwicklungstendenzen 192ff.
–, Hygiene-Faktoren 188ff.
–, **Kritik** 194ff.
–, **Motivatoren** 189ff.
–, **Präzisierung** 191f.

Walter de Gruyter
Berlin · New York

R. Baumgarten — **Führungsstile und Führungstechniken**
15,5 x 23 cm. 256 Seiten. Mit 66 Abbildungen und 5 Fragebögen. 1977. Plastik flexibel DM 34,–
ISBN 3 11 006541 X (de Gruyter Lehrbuch)

E. Potthoff — **Betriebliches Personalwesen**
12 x 18 cm. 208 Seiten. Mit 11 Abbildungen. 1974. Kartoniert DM 14,80 ISBN 3 11 003891 9
(Sammlung Göschen, Band 6005)

E. Potthoff — **Personelle Unternehmungsorganisation**
12 x 18 cm. 1976. Kartoniert DM 16,80
ISBN 3 11 005835 9 (Sammlung Göschen, Band 2020)

K. H. Nüßgens — **Führungsaufgabe Personalwesen**
Analyse und Maßnahmen zur Gestaltung eines Personalinformationssystems
15,5 x 23 cm. 215 Seiten. Mit 85 Abbildungen.
1975. Gebunden DM 88,– ISBN 3 11 004960 0

F. Fürstenberg — **Soziale Unternehmenspolitik**
Strategien und Perspektiven
13,5 x 20,5 cm. 200 Seiten. 1977.
Kartoniert DM 28,– ISBN 3 11 007022 7

K. Mellerowicz — **Die betrieblichen sozialen Funktionen**
12 x 18 cm. 240 Seiten. 1971.
Kartoniert DM 10,80 ISBN 3 11 003479 4
(Sammlung Göschen, Band 4004; Allgemeine Betriebswirtschaftslehre V)

Preisänderungen vorbehalten

Walter de Gruyter
Berlin · New York

Mensch und Organisation
Herausgegeben von W. H. Staehle

M. Gaitanides — **Industrielle Arbeitsorganisation und technische Entwicklung**
Produktionstechnische Möglichkeiten qualitativer Verbesserungen der Arbeitsbedingungen
15,5 x 23 cm. 194 Seiten. 1976. Gebunden DM 71,–
ISBN 3 11 005938 X (Band 1)

H. Schlicksupp — **Kreative Ideenfindung in der Unternehmung**
Methoden und Modelle
15,5 x 23 cm. 255 Seiten. 1977. Gebunden DM 76,–
ISBN 3 11 006809 5 (Band 2)

H. J. Weihe — **Unternehmensplanung und Gesellschaft**
15,5 x 23 cm. 246 Seiten. 1976. Gebunden DM 86,–
ISBN 3 11 006810 9 (Band 3)

B. Wilpert — **Führung in deutschen Unternehmen**
15,5 x 23 cm. 188 Seiten. 1977. Gebunden DM 84,–
ISBN 3 11 006914 8 (Band 4)

H.-Ch. Pfohl — **Problemorientierte Entscheidungsfindung in Organisationen**
15,5 x 23 cm. 329 Seiten. 1977. Gebunden DM 98,–
ISBN 3 11 007093 6 (Band 5)

A. Remer — **Personalmanagement**
Mitarbeiterorientierte Organisation und Führung von Unternehmungen
15,5 x 23 cm. 509 Seiten. Mit 198 Abbildungen. 1978.
Gebunden DM 138,– ISBN 3 11 007289 0 (Band 6)

J. K. Weitzig — **Gesellschaftsorientierte Unternehmenspolitik und Unternehmensverfassung**
15,8 x 23,4 cm. 252 Seiten. Mit 34 Abbildungen. 1979.
Gebunden DM 108,– ISBN 3 11 007866 X (Band 7)

G. Grabatin — **Effizienz von Organisationen**
15,5 x 23 cm. Etwa 280 Seiten. 1981. Gebunden etwa DM 110,–
ISBN 3 11 008432 5 (Band 8)

Preisänderungen vorbehalten